L'AUTO 2005

Catalogage avant publication de Bibliothèque et Archives Canada

Vedette principale au titre : L'auto 2005
Comprend un index.

ISBN 2-923194-06-3

1. Automobiles - Achat - Guides, manuels, etc. 2. Automobiles - Spécifications - Guides, manuels, etc. I. LeFrançois, Éric, 1965- .

TL162.A97 2004   629.222'029   C2004-941449-6

....

Les Éditions
LA PRESSE

44, rue Saint-Antoine Ouest,
Montréal (Québec)
H2Y 1J5
Téléphone : (514) 904-5537
Télécopieur : (514) 904-5543

Président
André Provencher

Directeur de l'édition
Martin Rochette

Ajointe à l'édition
Martine Pelletier

Directeur de projet
Marc Doré

Superviseur
Paul Durivage

Rédacteurs
Éric Descarries
Éric LeFrançois
Alain McKenna
Alain Raymond

Réviseurs
Anne Rouleau
Brigitte Fournier

Directeur artistique
Benoît Giguère

Conception graphique
Julien Chung

Mise en page
Serge Delisle
ADN Laboratoire Graphique
   Jules-Alexandre Obry
   Catherine Obry

Traitement de l'image
Stéphane Doe

Illustrateurs
Kevin Hulsey
(www.khulsey.com)
Alain Lévesque
(www.arteauto.com)

....

© Les Éditions La Presse
TOUS DROITS RÉSERVÉS

Dépôt légal - 4e trimestre 2004
Bibliothèque nationale du Québec
Bibliothèque nationale du Canada

ISBN 2-923194-06-3

Imprimé et relié au Québec
Impression: Imprimerie Interglobe

L'AUTO 2005

Les Éditions
LA PRESSE

En guise de présentation

C'EST BIEN CONNU, LES QUÉBÉCOIS SONT À LA FOIS DES PASSIONNÉS D'AUTOMOBILE ET DES CONSOMMATEURS AVERTIS. ILS PRENDRONT DONC CONNAISSANCE AVEC INTÉRÊT DE *L'AUTO 2005* QUE LEUR PRÉSENTENT POUR LA PREMIÈRE FOIS LES ÉDITIONS LA PRESSE.

Ce nouveau répertoire se distingue de ceux qui existent déjà en regroupant en 17 catégories l'ensemble des véhicules du marché afin d'offrir au lecteur la possibilité de comparer facilement les modèles qui l'intéressent.

Dans le même esprit, chaque catégorie — à une exception près — est l'œuvre d'un seul journaliste-essayeur, ce qui permet de conserver une certaine logique dans l'évaluation des véhicules. Le lecteur y trouve son compte, pensons-nous : tous les véhicules comparables sont regroupés, et ils sont tous évalués par la même personne. Chaque fiche individuelle s'accompagne également d'un tableau qui présente l'essentiel du véhicule.

Cette façon de procéder nous a permis de réduire la longueur des textes pour les véhicules déjà sur le marché : les fiches sont plus rapides à consulter et les commentaires vont directement au cœur du sujet. Les considérations générales pour l'ensemble des voitures d'une catégorie se retrouvent dans un texte placé en introduction de chaque catégorie. Quant aux tendances prévisibles dans l'évolution de la catégorie, elles sont regroupées en fin de chapitre.

Les nouveaux véhicules — on en compte une quarantaine — font l'objet d'une analyse plus approfondie : leur fiche s'étend sur deux pages.

De plus, chaque chapitre est complété par une grille comparative dans laquelle le consommateur à la recherche de la voiture de ses rêves dispose de tous les éléments pertinents qui lui permettront de faire un choix rationnel. Ces grilles représentent un travail énorme de collecte, mais aussi de « digestion » des données. Nos chroniqueurs ont fouillé avec acharnement les publications des fabricants de véhicules automobiles, sur papier et sur le Web, ainsi que les données fournies par certains organismes publics, pour rendre les grilles comparatives les plus précises et les plus utiles possibles.

Nous n'avons pas oublié que l'automobile passionne les Québécois : les questions esthétiques sont abordées à plusieurs reprises, et le livre est illustré par plus de 1000 photos et dessins. La grille graphique créée spécialement pour l'occasion permet de rendre plus aisée et plus rapide la consultation de l'ouvrage.

Enfin, nous avons adopté un format qui facilite la manipulation, car nous osons croire que vous apporterez *L'Auto 2005* avec vous lors de votre visite chez un concessionnaire pour acquérir un nouveau véhicule.

Quand vous le ferez, ce sera comme si Éric Descarries, Éric LeFrançois, Alain McKenna et Alain Raymond — nos quatre chroniqueurs — entraient avec vous dans la salle d'exposition pour vous aider à choisir une voiture correspondant à vos goûts et à vos moyens.

Bonne lecture et bon magasinage !

Quatre chroniqueurs chevronnés

ÉRIC **LEFRANÇOIS**

> Voitures intermédiaires
> Cabriolets
> Voitures exotiques
> VGM
> Berlines sport
> Voitures de luxe
> Fourgonnettes

ERIC **DESCARRIES**

> Utilitaires compacts
> Utilitaires intermédiaires
> Utilitaires grand format
> Véhicules multi-segments
> Camionnettes compactes
> Camionnettes plein format
> Voitures intermédiaires

Journaliste automobile, Éric LeFrançois signe chaque semaine le banc d'essai du cahier L'Auto dans *La Presse*. Tous les premiers lundis du mois, il arbitre également le *Match de l'Auto*, une confrontation rigoureuse entre différents véhicules d'une même catégorie. Collaborateur de Jacques Duval au cours des années 80 et 2000, M. LeFrançois a aussi occupé le poste de rédacteur en chef de plusieurs revues et annuels automobiles. Sa voiture préférée : une Audi UR Quattro (la sienne). Pas de constructeur préféré ; il les aime tous. Son idole dans le domaine est l'ex-chroniqueur automobile français José Rosinski.

Chroniqueur automobile depuis plus de 20 ans, M. Descarries a été adjoint à la rédaction de *L'Almanach de l'auto* de 1985 à 1999. Spécialiste des pneus et passionné de camions, M. Descarries collabore régulièrement au cahier L'Auto de *La Presse*. Vous le retrouverez également dans les revues *Garagiste* et *CASP*, ainsi qu'au Réseau des Sports (NASCAR et RDS Motorisé). La voiture qui l'a le plus impressionné est la Cadillac CTS-V. Son constructeur préféré ? Carroll Shelby et ses Cobra. Son idole : Bob Lutz, celui qui « réveille » l'industrie automobile de nos jours.

ALAIN **McKENNA**

> Voitures sous-compactes

> Voitures compactes

> Voitures compactes hors-série

> Coupés

> Voitures intermédiaires

ALAIN **RAYMOND**

> Automobiles de prestige

Journaliste de formation et technophile par excellence, Alain McKenna est aussi l'éditeur du bimestriel *TA&P*, un magazine automobile axé sur la performance et sur le marché des voitures modifiées. Ses intérêts personnels et professionnels le mènent continuellement à approfondir ses connaissances autant du côté de la technologie que du côté du marketing de l'industrie automobile. Ses premières recherches remontent à 1993, et portaient sur l'utilisation de l'hydrogène comme carburant alternatif. Il était alors en secondaire 4. En plus de collaborer régulièrement au cahier L'Auto de *La Presse*, il est aussi chroniqueur sur les nouvelles technologies du quotidien montréalais. Sa voiture préférée est (déjà) le prototype Hi-Wire, de GM.

Gourmand lecteur, Alain Raymond lit et se renseigne sur tout ce qui roule et porte un intérêt particulier à l'histoire de l'automobile. Il a collaboré au Guide de l'auto de Jacques Duval ainsi qu'à son émission télévisée. Il signe depuis deux ans la chronique *Rétroviseur* qui porte sur l'histoire de l'automobile et qui paraît tous les lundis dans le cahier L'Auto de *La Presse*. Sa voiture la plus marquante : la Lotus Elan. Sa voiture préférée : l'Aston Martin DB4 GT Zagato. Son constructeur préféré : Carlo Abarth. Son idole : Jim Clark.

Comment utiliser les données de ce guide

❶ LA FOURCHETTE DE PRIX

À moins d'avis contraire, tous les prix contenus dans ce guide portent sur les véhicules de l'année 2005. Le prix le plus bas fait référence à la somme que commande le modèle d'entrée, et le plus élevé réfère à la version la plus chère. À noter que ces montants n'incluent pas les frais de transport et de préparation (environ 1000 $), ni les accessoires offerts en option, ni les taxes applicables.

❷ LA MARGE BÉNÉFICIAIRE

La marge bénéficiaire fait référence à celle du concessionnaire et non à celle du constructeur. Elle a pour unique objectif de vous permettre de négocier adéquatement votre prochain véhicule. Cette marge bénéficiaire ne tient pas compte des remises, ni des promotions des constructeurs à l'égard des concessionnaires.

❸ LES VENTES

Pour déterminer si les ventes sont à la hausse ou à la baisse, nous avons comparé les ventes enregistrées au Canada au cours des deux dernières années. Ces statistiques ont été compilées par DesRosiers Automotive.

❹ INDICE DE FIABILITÉ

Les automobiles sont de plus en plus fiables, pourrez-vous constater. Nos données proviennent de diverses études réalisées auprès de consommateurs, de concessionnaires et de lecteurs du cahier L'Auto de *La Presse*.

❺ CONSOMMATION D'ESSENCE

Les cotes de consommation inscrites dans chacun de nos tableaux sont basées sur le modèle d'entrée de gamme, c'est-à-dire celui équipé du moteur et de la boîte de vitesses de série dans le cadre d'une utilisation mixte entre ville et route.

À RETENIR

❶ Fourchette de prix : **66 500 $ à 77 700 $**

❷ Marge bénéficiaire : **9,9 %**

❸ Ventes : ↑

❹ Indice de fiabilité : ★★★★☆

❺ Consommation d'essence : **11,9 L/100 km**

❻ CO₂ sur une base annuelle : **7,8**

❼ Valeur résiduelle au terme de 48 mois : **48 à 49 %**

❽ Cote de sécurité en cas d'impact : ★★★★☆

❻ CO$_2$ SUR UNE BASE ANNUELLE

Les émissions de CO_2 sont calculées en tonnes métriques à partir des mêmes critères que la consommation d'essence. Selon l'équipement, le moteur ou la boîte de vitesses retenu, cet indice peut augmenter, mais ne peut jamais diminuer...

❼ VALEUR RÉSIDUELLE AU TERME DE 48 MOIS

Les données proviennent d'ALG, firme californienne chargée d'établir la valeur résiduelle de chaque véhicule vendu au Canada. À noter que les constructeurs ont la liberté de l'augmenter pour rendre les mensualités plus intéressantes lorsqu'il s'agit d'une location à long terme.

❽ COTE DE SÉCURITÉ EN CAS D'IMPACT

Les données proviennent de la National Highway Traffic Safety Administration (NHTSA), l'agence américaine responsable de la sécurité routière, et portent sur les modèles de l'année 2005. Le nombre d'étoiles fait référence à la seule protection du conducteur. Le passager avant n'est pas nécessairement aussi bien protégé.

TABLE DES **MATIÈRES**

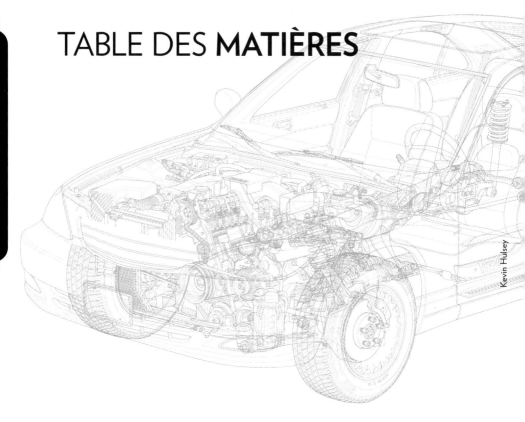

Kevin Hulsey

TABLE DES MATIÈRES

Kevin Hulsey

Le français et l'automobile

ALAIN RAYMOND

Le français et l'automobile font bon ménage depuis l'invention de l'automobile à la fin du 19e siècle. Il s'agit d'ailleurs de la langue officielle de la Fédération internationale de l'automobile (FIA) et de la Fédération internationale du sport automobile (FISA). Si notre langue au Québec est parfois polluée par l'anglais américain, il n'en demeure pas moins que le vocabulaire de l'automobile existe bel et bien en français. Il suffit de le connaître. Nous espérons que ces quelques termes et expressions, accompagnés de leur définition, contribueront à la remontée spectaculaire effectuée par le vocabulaire de l'automobile au Québec au cours des 30 dernières années.

Note : les termes en gras accompagnés d'un astérisque (*) renvoient à une autre définition. Le terme anglais correspondant figure en italiques et entre parenthèses.

ABS — Voir **Antiblocage**.

Accélération
Augmentation de vitesse. Dans le domaine de l'automobile, l'accélération s'exprime souvent par le nombre de secondes que nécessite un véhicule pour passer de l'arrêt (0 km/h) à 100 km/h. On parle de « reprises » pour désigner le pouvoir d'accélération d'un véhicule en marche (p. ex., le temps qu'il faut pour accélérer de 80 à 120 km/h).

Adhérence
(traction)
Terme qui désigne la capacité d'un pneu de « coller » à la chaussée lorsqu'il roule. Il est incorrect de parler de **traction***, qui concerne en français l'action de tirer, de remorquer.

Agrément
Qualité de ce qui est agréable. Pour que l'automobile soit « agréable », il faut que le conducteur prenne plaisir à la conduire et qu'il apprécie l'expérience vécue au volant. Ainsi, une voiture molle, peu précise et manquant de

Alain Lévesque

puissance n'est pas agréable à conduire. À l'inverse, une voiture confortable et qui réagit bien aux commandes du conducteur est agréable à conduire et offre donc un bon *agrément* de conduite.

Antiblocage ou ABS
(antilock brake system)
Système intelligent qui empêche le blocage des roues lors d'un freinage violent ou sur chaussée glissante. Lorsque vous appuyez sur la pédale de frein, l'ABS détecte automatiquement toute

tendance au blocage des roues et pompe les freins (plus vite que n'importe quel humain) pour empêcher le blocage des roues et vous permettre de conserver la maîtrise de la direction et de contourner ou d'éviter un éventuel obstacle. Si vous n'avez jamais senti l'ABS fonctionner, vous risquez d'être surpris la première fois par les vibrations et le bruit qu'il génère, et vous pourriez penser que les freins sont défectueux. Le sigle anglais ABS s'est imposé dans le langage courant.

Antidérapage ou ESP

(electronic stability program)
Système intelligent de correction de la trajectoire qui détecte automatiquement tout mouvement excessif de **lacet*** de la voiture et le corrige. L'antidérapage agit sur l'un des quatre freins et, au besoin, réduit la puissance du moteur pour faire pivoter la voiture dans le sens voulu et la ramener sur la bonne trajectoire. L'antidérapage fonctionne de concert avec l'ABS et l'antipatinage. Le sigle anglais ESP ne s'est pas imposé dans le langage courant. L'expression « contrôle électronique de la stabilité », un calque de l'anglais, est à proscrire.

Antipatinage

(traction control)
Système intelligent qui se sert de certains éléments de l'antiblocage (ABS) pour empêcher le patinage des roues en accélération. Selon les systèmes, l'antidérapage agit sur les freins pour réduire le patinage d'une ou des deux roues motrices, améliorant ainsi la motricité, la stabilité et la maîtrise de la direction, et agit aussi sur le moteur en réduisant les gaz pour diminuer la puissance excessive transmise aux roues motrices. L'expression « traction asservie » est à proscrire.

Comportement routier

Ensemble des réactions qui caractérisent un véhicule en marche : **maniabilité***, **tenue de route***, **tenue de cap***, **confort***.

Confort

On distingue deux niveaux de confort dans un véhicule automobile, à savoir le confort des sièges et le confort de la suspension. Pour être confortables, les sièges doivent bien soutenir le corps de l'occupant et lui permettre de parcourir de longues distances sans se fatiguer. Une suspension confortable est celle qui absorbe bien les irrégularités de la route tout en limitant au maximum l'inclinaison de la voiture en virage (le roulis) et les mouvements d'avant en arrière (le tangage). Il est incorrect de parler de « portée » (calque de l'anglais ride) pour désigner le confort de suspension.

Couple

(torque)
Force qui s'exerce sur l'extrémité d'un bras de levier. Dans un moteur, le couple correspond à la force qui s'exerce sur le vilebrequin au moment de l'explosion du mélange air-essence. Pour illustrer, prenons l'exemple du cycliste dont la jambe exerce une force sur le pédalier. Cette force, multipliée par la longueur du bras du pédalier, constitue le couple. Le couple s'exprime en livres-pied (lb-pi) et, dans le Système international, en Newton-mètre (N-m). En général, le couple arrive à son maximum à mi-régime (env. 3000 tr/min). Plus le couple est élevé, plus les reprises seront fortes. Les moteurs de grosse cylindrée, diesel ou suralimentés produisent un couple plus élevé.

Cylindrée

(engine capacity)
Volume total d'air qui peut être admis dans un moteur. Pour calculer la cylindrée d'un seul cylindre, il faut multiplier la surface du piston par la distance sur laquelle se déplace le piston (la course). On multiplie ensuite la valeur obtenue (qu'on appelle cylindrée unitaire) par le nombre de cylindres du moteur (4, 6, 8, 12, etc.) pour obtenir la cylindrée totale. La cylindrée s'exprime en litres (L) ou en centimètres cubes (cm^3) et, dans le système impérial, en pouces cubes (po^3). Pour convertir des pouces cubes en centimètres cubes, multipliez par 16,38 ($350\ po^3 = 5733\ cm^3$, soit près de 5,7 L). Il est incorrect de parler de la capacité d'un moteur. Par ailleurs, il ne faut pas confondre la cylindrée avec le nombre de cylindres.

Distribution variable

(variable valve timing)
Système qui permet de varier le degré d'ouverture des soupapes selon le régime du moteur afin d'en favoriser le rendement. Se trouve sur certains moteurs multisoupapes à haut rendement (p. ex. VTEC de Honda). Il est incorrect de dire « calage variable des soupapes ».

ESP — Voir **Antidérapage**

Fiabilité

Qualité de ce qui fonctionne sans défaillance. Pour que l'automobile soit fiable, il faut qu'elle fonctionne sans défaillance sur une longue période. Il ne faut pas confondre fiabilité avec robustesse. Ainsi, un 4x4 doit être robuste pour pouvoir affronter les terrains accidentés, mais s'il tombe souvent en panne, il est peu fiable.

Alain Lévesque

Groupe motopropulseur
(*powertrain*)
Ensemble formé par les organes d'un véhicule qui produisent le mouvement (le moteur) et le transmettent (la transmission). Ne pas confondre avec le groupe propulseur, qui ne comprend que la transmission (embrayage, boîte de vitesses, arbres de transmission, essieu). Il est incorrect de dire « rouage d'entraînement ».

Intégrale
(*all-wheel drive, AWD*)
Contraction de l'expression **transmission intégrale***. On dit une intégrale (comme on dit une **traction*** ou une **propulsion***) pour désigner un

véhicule dont les quatre roues sont motrices en permanence sans nécessiter l'intervention du conducteur, contrairement à un 4x4 pour lequel le conducteur doit agir pour engager le système de quatre roues motrices. Il est incorrect de dire « traction intégrale », puisque la traction désigne l'action de tirer des roues motrices avant.

Lacet
(*yaw*)
Mouvement d'un objet (avion, auto) autour de son axe vertical. Pour illustrer, prenons l'exemple du patineur artistique qui exécute une pirouette, et imaginons une ligne qui partirait du patin pour rejoindre la tête du patineur. Cette ligne autour de laquelle le patineur tourne constitue son axe vertical. Dans le cas d'une

voiture, l'axe vertical est la ligne imaginaire qui traverse le centre de la voiture et sort par le milieu du toit. C'est autour de cet axe que pivote la voiture en virage. Si le conducteur devait perdre la maîtrise de la voiture, elle pourrait faire plusieurs tours autour de cet axe vertical. C'est ce qu'on appelle le tête-à-queue.

Maniabilité
(*maoeuvrability*)
Qualité de ce qui est facile à manœuvrer. Ne pas confondre avec **tenue de route***. On dit qu'une petite voiture est maniable en ville grâce à ses dimensions réduites. La maniabilité est bonne ou mauvaise. Il est incorrect de parler d'une maniabilité précise, douce ou sportive.

Motricité
(traction)
Ce qui assure le mouvement. On dit qu'un véhicule présente une bonne motricité s'il se déplace facilement dans des conditions difficiles (sable, boue, neige). Il est incorrect de parler de « traction », qui signifie plutôt « tirer », « remorquer ».

Plateforme
Structure de base d'un véhicule sur laquelle on peut élaborer plusieurs modèles, à la façon de la fondation d'une maison sur laquelle on peut construire plusieurs modèles différents.

Propulsion
Action de pousser. En automobile, on appelle une propulsion toute voiture munie de roues motrices arrière. Voir **Traction***, **Intégrale***.

Puissance
Travail accompli par une machine (un moteur) par rapport au temps qu'il lui a fallu pour l'accomplir ; autrement dit, la quantité d'énergie fournie par un moteur par unité de temps. La puissance s'exprime en watts mais, dans le domaine de l'automobile, il est courant de parler encore de chevaux (ch). La puissance du moteur augmente avec le régime (vitesse de rotation) et arrive à son maximum au régime maximum autorisé (la ligne rouge du compte-tours). Ainsi, quand on dit qu'un moteur produit 200 chevaux, il s'agit de sa puissance au régime maximum (par exemple, 6000 tours/minute).

Rigidité
(stiffness, rigidity)
Résistance que présente la caisse (structure) d'un véhicule aux efforts de déformation qui s'imposent en virage et sur route accidentée. La déformation peut agir latéralement (torsion) ou dans le sens de la longueur (flexion). Plus la caisse d'un véhicule est rigide, plus les suspensions peuvent travailler avec efficacité et plus les vibrations et les bruits sont atténués. Du fait qu'il leur manque un toit pour « fermer la caisse », les cabriolets présentent en général moins de rigidité que les berlines.

Sécurité active
Capacité d'un véhicule à obéir aux commandes du conducteur afin de rester sur la route et d'éviter les obstacles. Évidemment, la compétence du conducteur joue un rôle déterminant lorsqu'il s'agit d'éviter la collision ou la sortie de route. N'empêche que la **tenue de route***, la stabilité et l'efficacité des freins — principaux éléments de la sécurité active — varient d'un véhicule à l'autre et influent sur la sécurité des occupants. En règle générale, les véhicules lourds et élevés (ex. les utilitaires) présentent moins de sécurité active que les véhicules plus légers et plus bas (les voitures sport).

Sécurité passive
Protection qu'offre un véhicule lors d'une collision ou d'une sortie de route. Les ceintures de sécurité, l'aménagement intérieur (p. ex. l'élimination des arêtes vives), la **rigidité*** de la structure et les coussins de sécurité sont des éléments qui favorisent la sécurité passive, car ils protègent les occupants et réduisent les risques de blessures lors d'une collision.

Sous-virage
(understeer)
En virage, lorsqu'un véhicule refuse de tourner et continue tout droit, on dit qu'il y a sous-virage. Si le conducteur ne parvient pas à corriger la glissade de l'avant, c'est la sortie de route.

Survirage
(oversteer)
En virage, tendance de l'arrière de la voiture à « décrocher », à glisser, forçant la voiture à

Alain Lévesque

Alain Lévesque

effectuer une pirouette. Si le conducteur ne parvient pas à corriger la glissade de l'arrière, c'est le tête-à-queue.

Tenue de cap
(stability)
Aptitude d'un véhicule à rouler en ligne droite sur route plate, sans nécessiter des corrections fréquentes de la part du conducteur. On peut aussi dire « stabilité en ligne droite », mais « stabilité » seul ne suffit pas. Le vent latéral peut nuire à la tenue de cap.

Tenue de route
(handling, cornering) —
Façon dont un véhicule se comporte en virage. La tenue de route peut être bonne ou mauvaise, sportive, rassurante, etc. Il est incorrect de parler d'une tenue de route douce, confortable ou stable.

Traction
Action de tirer. Le cheval qui tire une charrette exerce une traction. En automobile, une traction est un véhicule dont les roues motrices sont à l'avant. Ces roues « tirent » le reste du véhicule, par opposition à une **propulsion***, dont les roues motrices se trouvent à l'arrière et qui est donc « poussé ». Sous l'influence de l'anglais (*traction*), on utilise incorrectement le mot traction pour désigner l'**adhérence*** des pneus sur la chaussée ou la **motricité***. De plus, l'expression « traction intégrale » (voir **Intégrale**) est fautive.

Transmission
(drivetrain)
Ensemble des éléments mécaniques qui permettent de transmettre le mouvement du moteur aux roues motrices : la boîte de vitesses, l'arbre de transmission, le différentiel et les arbres des roues. Sous l'influence de l'américain, c'est le mot *transmission* qui désigne souvent la boîte de vitesses (que les Britanniques appellent correctement *gear box*). Et puisqu'aux États-Unis, *transmission* désigne la boîte de vitesses, il a fallu créer un autre terme pour désigner la transmission, d'où le mot *drivetrain*, que l'on peut traduire par « groupe propulseur ». Il est incorrect de dire « rouage d'entraînement ».

Transmission intégrale
(all-wheel drive system, AWD)
Mécanisme qui permet de transmettre le mouvement du moteur intégralement aux quatre roues. Les quatre roues sont donc motrices en tout temps (à des degrés variables selon les systèmes), assurant ainsi une motricité optimale. L'expression « traction intégrale » est techniquement incorrecte. Pour éviter la confusion causée par le mot **transmission***, on peut aussi dire « système de transmission intégrale » pour désigner le mécanisme.

AUTOMOBILES

SOUS-COMPACTES

Chevrolet Aveo **Hyundai Accent** Kia Rio **Mini Cooper**

Pontiac Wave **Smart Fortwo** Suzuki Swift⁺ **Toyota Echo**

TEXTES, RECHERCHES ET ESSAIS : **ALAIN McKENNA**

smart fortwo

RECENTRER L'OFFRE

TROIS PRINCIPAUX FACTEURS EXTERNES ONT INCITÉ UNE POIGNÉE DE FABRICANTS À SE LANCER DANS LE MARCHÉ DES VOITURES SOUS-COMPACTES : LE COÛT GRIMPANT DE L'ÉNERGIE, LA BAISSE DES VENTES DE VÉHICULES NEUFS AU DÉBUT DE 2004 ET LE BESOIN RENOUVELÉ D'ALLER CHATOUILLER LES JEUNES AUTOMOBILISTES AVEC DES PRODUITS PLUS PRÈS DE LEUR BUDGET.

Bon, ce n'est peut-être pas le cas de Mercedes qui, avec la Smart, s'adresse plutôt à une clientèle professionnelle s'affichant comme écolo branchée, ou allez savoir quelle autre combinaison de tendances sociales au goût du jour. Ni de Suzuki, qui fait dans la sous-compacte depuis que le monde est monde. Par contre, le retour du duo Pontiac/Chevrolet et de Toyota dans ce marché ne sont qu'une première vague d'invasions très peu barbares.Le calcul est simple. Le marché canadien de la voiture neuve se divise entre beaucoup de compactes, beaucoup d'intermédiaires, des fourgonnettes, quelques utilitaires sport, et le reste. Quand la demande se concentre à une extrémité du spectre, l'industrie ne peut que vouloir recentrer l'offre autour de cette concentration. Dans ce cas-ci, on traduit cette tendance par le retour d'un format de voitures qui a frôlé l'extinction au cours des 10 dernières années : la sous-compacte.

Déjà, Honda et Ford ont annoncé qu'ils allaient eux aussi sauter dans le train, tandis que Mazda, BMW (qui offre déjà la Mini) et Nissan y songent très sérieusement. Que de mauvaises nouvelles pour les fabricants coréens, qui faisaient leurs choux gras d'un marché qu'ils occupaient pratiquement seuls ces dernières années !

D'ailleurs, avez-vous remarqué la chute de la popularité de Hyundai en 2004 ? CQFD.

Comment bien investir 15 000 $

La présence d'une gamme étendue de voitures neuves à un prix avoisinant les 15 000 $ pourrait pousser les consommateurs qui lorgnent vers les voitures d'occasion à refaire leurs devoirs et se diriger vers un concessionnaire d'autos neuves.

Une occasion ou une petite voiture neuve ? Soyons sérieux, les berlines compactes à 15 000 $ ne sont intéressantes qu'une fois bien équipées, ce qui fait grimper très rapidement leur prix à 18 000 $, voire 20 000 $. Du côté des sous-compactes, l'enjeu est plus important que la simple valeur unitaire du produit.

D'abord, il y a bien entendu toutes les questions relatives aux besoins de l'automobiliste : rangement, confort, capacité de remorquage, etc. Déjà, à la simple mention de ces facteurs, vous êtes en mesure de savoir si une voiture de trois mètres de long par un mètre et demi de large peut suffire à transporter la famille, les amis, les boîtes oblongues d'Ikea (qui n'entrent de toute façon dans aucun coffre conventionnel) ou la tente-roulotte.

Ensuite viennent les coûts afférents : essence, assurances, entretien. Normalement, une voiture neuve est à l'abri des surprises qui n'épargneront pas une voiture âgée de quatre ou cinq ans, particulièrement si cette dernière, de retour d'une location, a été mal entretenue par son premier propriétaire. C'est pourquoi les fabricants d'automobiles ont mis sur pied des programmes de garanties étendues pour leurs voitures d'occasion, ce qui peut compenser pour l'âge déjà avancé d'un véhicule.

Côté consommation, à un dollar le litre, on ne peut pas balancer entre une Toyota Echo de l'année et une Volkswagen Jetta 1.8T 2002 sans considérer la différence monétaire que cela implique. Idem pour les assurances : que quelqu'un trouve un assureur qui fait un bon prix pour une Civic usagée, la voiture la plus volée au pays ! Ça ne sera pas aussi abordable que la prime d'assurance d'une Swift+, on s'entend...

Enfin, puisqu'un choix de la sorte n'est jamais entièrement rationnel, n'hésitez pas à laisser parler vos goûts en matière de style, de conduite ou de confort. Payer un peu plus pour s'éviter un mal de dos, par exemple, peut en valoir la peine. Et pas besoin de consulter un chiro à ce sujet, on sait déjà qu'il ne sera pas d'accord...

....

Hé toi, le jeune !

Les sociétés automobiles s'arrachent les jeunes conducteurs, frais émoulus du cégep ou de l'université, qui ont besoin d'un véhicule pour se déplacer. Il a fallu quelques savoureuses débandades (l'Aztek, vous vous rappelez ?) avant de réaliser que la plupart des jeunes, en fin de compte, n'ont pas un budget si permissif.

Et il ne faut pas se laisser berner par le sentiment de liberté trompeur d'une voiture. En ville, en tout cas.

En effet, en ville, la solution la plus abordable, croyez-moi, demeure le transport en commun. Dommage que la Société de transports de Montréal (STM) soit gérée comme un patient en phase terminale. Parce que ça et une moto, l'été, c'est le bonheur. Pas chère à l'achat, une moto « de seconde main » peut dépanner très agréablement, en plus de consommer peu de carburant. En prime, c'est *cool*. Et ça libère un budget pour les taxis de fin de soirée...

PONTIAC **WAVE**

Rêver en couleur?

General Motors Canada a une surprise pour les acheteurs peu attirés par la Chevrolet Aveo : la Pontiac Wave. Celle-ci, qui diffère vraiment peu de sa consœur, est tout de même mise en marché avec une image de sous-compacte plus sportive.

Tout comme pour l'Aveo, l'acheteur peut choisir entre une berline à quatre ou cinq portes, cette dernière version de la Wave étant mise de l'avant comme modèle sportif. Le même moteur de 1,6 litre et 103 chevaux est logé sous le capot des deux versions et la boîte manuelle est de série partout. Une automatique à quatre rapports est optionnelle. La consommation en carburant de ce moteur n'est pas exceptionnelle, ses statistiques le plaçant à la traîne du marché des voitures d'entrée de gamme. Toyota et Honda, notamment, ont prouvé qu'il est possible de faire mieux que les 7,6 litres aux 100 kilomètres que requiert le quatre-cylindres de la Wave.

Côté performance, bien plus que les chevaux annoncés, c'est le couple qui, à 107 livres-pied, sera le plus apprécié du conducteur. Cela se traduit par une poussée en avant plus prononcée en accélération, permettant à Pontiac d'oser parler de la Wave comme d'un modèle sportif.

La suspension et le freinage sont identiques à leurs homologues de l'Aveo. Une suspension à essieu rigide et des freins à tambour à l'arrière n'ont rien pour soulever l'enthousiasme des amateurs de petites sportives, surtout que Toyota offre une Echo qui a déjà fait ses preuves à ce chapitre jusque sur circuit fermé. Par contre, le prix de cette dernière grimpe en flèche lorsque vient le temps de parler commodités. Heureusement pour Pontiac, ce sont justement les nombreux accessoires disponibles qui font de la Wave un véhicule attrayant : feux antibrouillard de série sur la cinq-portes, groupe électrique, radio avec lecteur de disques compacts et de fichiers MP3 en option, freins antiblocage aux quatre roues ainsi qu'un groupe esthétique comprenant des roues en alliage de 14 pouces, des garde-boue, un becquet arrière ainsi qu'un toit ouvrant électrique.

Il faut aussi admettre que certaines couleurs de carrosserie, dont l'orange brûlé métallisé du modèle démonstrateur que Pontiac trimballe un peu partout au pays,

sont assez originales. À l'intérieur, on a misé sur une combinaison alliant des détails pratiques à une présentation sobre et moderne. La banquette est rabattable en deux sections, des pochettes de rangement additionnelles sont présentes et une prise de 12 volts supplémentaire permet de recharger son téléphone cellulaire tout en conduisant.

Côté présentation, une finition deux tons du tableau de bord intègre des touches métalliques qui égaient le tout. Parmi les autres sous-compactes offertes sur le marché, peu peuvent s'enorgueillir d'une finition d'habitacle véritablement élégante. Cette attention aux détails permet sans doute à la Wave de tirer son épingle du jeu dans ce domaine, une initiative qui la distinguera de ses concurrentes également construites en Corée, dont la Hyundai Accent et la Kia Rio.

Du côté de Suzuki, la Swift+ est l'émule de la Wave et de l'Aveo. Si les trois modèles sont en apparence identiques, on peut prétendre que la Wave se distingue des deux autres modèles par la liste d'équipements offerts en option, plus généreusement garnie.

Côté sécurité, les sacs gonflables pour conducteur et passager avant sont d'office sur la berline ainsi que sur la hatchback. Là aussi, ça sent le compromis pour faire de la Wave un véhicule avant tout abordable.

La Wave est conçue pour les jeunes automobilistes qui en sont à leur première voiture neuve. La sous-compacte américaine est pratique en ville, en raison de son format réduit et de sa simplicité de conduite. La visibilité est bonne, les bruits extérieurs sont présents mais tout de même limités lorsqu'on compare avec certains concurrents, tandis que la boîte manuelle est agréable à manipuler. La boîte automatique, plus lente, est une option qui n'est pas à conseiller.

Exclusivité canadienne, la Wave de Pontiac ne passera pas à l'histoire. Cette nouveauté est l'exemple type de la dualité qui existe entre Chevrolet et Pontiac. Tandis qu'on aurait pu détailler un seul modèle avec des caractéristiques plus étoffées, on a préféré miser sur une stratégie qui a déjà fait ses preuves avec le duo Cavalier et Sunfire : séparer les deux hémisphères du cerveau en créant, à partir du même moule, une voiture plus sobre et une autre, la Wave, un peu plus originale.

ON AIME
> L'habitacle réussi
> Le prix de détail
> Les nombreuses options

ON AIME MOINS
> Les freins
> La fausse image de sportive

À RETENIR
Fourchette de prix :
13 595 $ à 14 450 $

Marge bénéficiaire : **9,8 %**

Indice de fiabilité :
★★★★☆

Consommation d'essence :
8,9 L/100 km

CO_2 sur une base annuelle : **4,8**

Valeur résiduelle au terme de 48 mois : **n.d.**

Cote de sécurité en cas d'impact : **n.d.**

NOUVEAUTÉS
> Nouveau modèle exclusivement canadien

LE MOT DE LA FIN
La sous-compacte pour l'étudiant qui désire se distinguer, selon Pontiac.

SMART **FORTWO**

L'économie...
mais à quel prix ?

Introduite au Canada en 2004, la Smart est offerte en deux versions : le coupé et le cabriolet. Si on fait abstraction du toit, rétractable dans le second cas, le reste est identique, autant au niveau des organes mécaniques que des accessoires.

Si à tout hasard vous vous demandez d'où peut bien sortir cette nouvelle marque, sachez qu'elle est en réalité une division de la multinationale germanique DaimlerChrysler. La Smart est par conséquent distribuée au Canada par les concessionnaires affiliés à Mercedes-Benz.

À en juger par sa fiche technique, il n'y a qu'un seul choix à effectuer au moment de l'achat d'une Smart : c'est de l'acheter, ou pas. La Smart, qui est par au moins un mètre le véhicule le plus court disponible au Canada, exige qu'on en paie le prix, mais elle n'est pas livrée dégarnie.

Le petit moteur diesel à trois cylindres — la seule mécanique offerte — est secondé par une boîte automatique séquentielle à six rapports. Autrement dit, la transmission s'opère sans embrayage, mais on peut tout de même effectuer les changements de rapports soi-même. Avec un moteur dont la technologie impose une limite peu élevée du régime-moteur, on doit constamment passer d'un rapport à l'autre, et la boîte séquentielle n'est pas exactement en mesure d'effectuer cela de façon transparente. Bref, ça brasse plus qu'on le désirerait.

Surtout qu'en ville, le terrain de jeux tout dévolu pour une si petite automobile, on doit constamment arrêter, accélérer, ralentir et arrêter à nouveau. Ce n'est pas l'idéal, dans les circonstances, de manipuler une telle boîte.

C'est le compromis que Smart a cru bon faire pour réaliser une voiture à la consommation d'essence frôlant le ridicule. Sur papier, les chiffres sont éloquents : une consommation moyenne de 3,5 litres aux 100 kilomètres (3,9 L/100 km en ville). Comme pour tout moteur diesel, en plus de cette consommation parcimonieuse,

le couple est remarquable. À 74 livres-pied, il double presque la puissance maximale de 40 chevaux. La Smart en tire profit dès les 1800 tours-minute.

Elle peut par ailleurs réaliser un chrono au 0 à 100 km/h tout juste sous les 20 secondes, et sa vitesse maximale est de 135 km/h. Sur l'autoroute, ce n'est pas une sinécure.

Les freins pourraient être perçus comme la portion la plus technologiquement avancée du véhicule. Les paires de disques et de tambours sont supervisées par un système électronique de stabilité qui gère aussi l'antiblocage et la répartition de la force de freinage entre les quatre roues. Vous l'aurez compris, la Smart, quand on lui intime d'arrêter, ne fait ni une ni deux : elle s'immobilise presque aussitôt. Des roues de 15 pouces sont de série sur la Smart.

Côté ergonomie, personne n'aurait aimé être à la place de l'ingénieur qui a dû dessiner l'intérieur de la Smart. Réduit à sa plus simple expression, l'habitacle est en théorie non existant : les pédales sont dans le pare-chocs, les passagers sont assis sur le moteur et le coffre possède toutes les qualités d'un bon vide-poches — mais pas d'un coffre.

Pour le conducteur et son (unique) passager, à part l'étrange proximité de tout ce qui se trouve à l'extérieur du véhicule, ce n'est tout de même pas trop mal. Le dégagement est limité horizontalement dans toutes les directions, mais est loin d'être étouffant. Surtout que l'habitacle est habillé de matériaux aux couleurs claires qui réduisent l'impression d'étroitesse.

Pourtant, pour rassurer les plus craintifs, Transports Canada a eu le mandat d'organiser les simulations de collisions de la Smart en circuit fermé. S'il avait été démontré que la sous-sous-compacte à la conception pour le moins étroite était dangereuse pour ses occupants, soyez certains qu'elle n'aurait jamais pu emprunter nos routes. Après tout, on a révoqué des licences de radiodiffusion pour moins que cela. Il a fallu plusieurs mois à la Smart avant de faire sa niche en Europe, où elle roule depuis quelques années déjà. En Allemagne, notamment, on en voit aujourd'hui plusieurs sur les routes secondaires (sur l'Autobahn ? Ce n'est pas sérieux !) Et dans le nord de l'Europe, l'hiver, il ne fait pas nécessairement chaud. Même qu'il neige pas mal, à certains endroits...

ON AIME

> Le format réduit
> L'économie de carburant
> Le toit rétractable
  (modèle cabrio)

ON AIME MOINS

> La boîte de vitesses séquentielle
> Le coffre (quoique...)

À RETENIR

Prix : **16 500 $**

Marge bénéficiaire : **9,8 %**

Indice de fiabilité : **n.d.**

Consommation d'essence : **n.d.**

CO_2 sur une base annuelle : **n.d.**

Valeur résiduelle au terme de 48 mois : **n.d.**

Cote de sécurité en cas d'impact : **n.d.**

NOUVEAUTÉS

> Nouveau modèle

LE MOT DE LA FIN

La Smart est avant tout une voiture urbaine qui se stationne n'importe où.

CHEVROLET **AVEO**

ON AIME

> Le prix de détail
> La liste d'équipements
> Le choix de modèles (berline, cinq-portes)

ON AIME MOINS

> La consommation d'essence
> Les freins
> Le clonage entre Chevrolet, Pontiac et Suzuki

À RETENIR

Fourchette de prix :
13 595 $ à 14 450 $

Marge bénéficiaire : **9,8 %**

Ventes : **n.d.**

Indice de fiabilité :
★★★★☆

Consommation d'essence :
8,85 L/100 km

CO_2 sur une base annuelle :
5,8

Valeur résiduelle au terme de 48 mois : **24 à 27 %**

Cote de sécurité en cas d'impact : ★★★★★

NOUVEAUTÉ

> Nouvelles couleurs de carrosserie
> Nouveau modèle-jumeau chez Pontiac (Wave)

LE MOT DE LA FIN

Plus raffinée que les autres produits coréens, mais pas aussi économique qu'une Toyota Echo.

L'aubaine rit

Le modèle d'entrée de gamme de Chevrolet est parmi les plus petits et les plus abordables sur le marché en 2005. En gros, la Aveo est livrée en deux versions, soit en berline à quatre ou cinq portes. Les deux modèles partagent un moteur à quatre cylindres de 1,6 litre produisant 103 chevaux, une puissance en plein dans la moyenne de la catégorie des sous-compactes.

En 2005, trois niveaux d'équipement sont offerts : valeur spéciale (VS), LS et LT. Introduite l'an dernier, l'Aveo offre donc peu de nouveautés cette année. Parmi celles-ci, notons des roues en alliage de série pour l'Aveo LT et deux nouvelles couleurs de carrosserie pour les versions à quatre portes : un rouge métallisé et un bleu-vert. La boîte manuelle est de série sur toute la gamme, l'automatique à quatre rapports étant optionnelle sur la LS et la LT.

Pour un prix de détail avoisinant les 14 000 $, l'Aveo est plus alléchante que bien des concurrentes pour son côté rationnel prononcé. Le style de carrosserie, que se partagent l'Aveo et la Suzuki Swift+, n'est peut-être pas très photogénique, mais ce n'est là qu'un bien mince détail.

En fait, puisque Pontiac hérite de son côté d'une nouvelle Wave qui, au premier coup d'œil, semble la jumelle de l'Aveo, il faut s'attendre à ce que le caractère plus économique de cette dernière soit mis de l'avant. Construite en Corée dans les anciennes usines de Dæwoo, l'Aveo utilise des matériaux de finition plus attrayants que d'autres concurrentes coréennes, comme la Rio de Kia ou l'Accent de Hyundai. Celles-ci peuvent toutefois revendiquer une allure un peu plus sportive.

Côté technologie, il faut s'en douter, la sous-compacte américaine (si on peut dire) n'est pas exactement à la fine pointe. La suspension à l'arrière repose sur un essieu rigide, les freins arrière sont des tambours et l'antiblocage est optionnel.

Enfin, comme on achète généralement une voiture comme l'Aveo pour des raisons économiques, il est intéressant de noter que la consommation de carburant de la petite Chevrolet, à 7,6 litres aux 100 kilomètres, est supérieure d'au moins 10 à 15 % à celle de sa principale rivale, la Toyota Echo. Dans votre budget annuel, cela peut faire une différence que le prix de détail n'absorbe pas entièrement.

Acheter un paiement

L'introduction par Toyota de l'Echo Hatchback a coïncidé avec le déclin soudain des ventes de l'Accent, jusque-là la sous-compacte la plus en vue. Pourtant, la petite coréenne se détaille à partir d'un peu moins de 13 000 $, un prix qui n'a pas d'égal, si ce n'est du côté de l'autre constructeur coréen présent au pays, Kia.

Peut-être la société Hyundai Canada a-t-elle trouvé la solution à ce problème en mettant en vente, pour 2005, une nouvelle version de l'Accent, qui sera certainement très appréciée par les acheteurs de petites voitures : une cinq-portes. Jusqu'ici, seule une version à trois portes faisait office de petite hatchback, une configuration qui, on le sait, a la cote au Québec. Ajoutez à cela deux portières additionnelles pour les places arrière et hop ! vous obtenez une sous-compacte combien plus pratique et confortable.

Rien d'autre pour 2005, si ce n'est une sonorisation plus moderne sur tous les modèles, l'édition de base (GS) héritant d'un lecteur de disques compacts de série et les autres versions (GSI, GL), d'un lecteur de CD capable de lire les fichiers MP3. La mécanique, un moteur à quatre cylindres de 1,6 litre faisant 104 chevaux, est jumelée à une boîte manuelle à cinq rapports. Légère, l'Accent peut profiter du couple de 106 livres-pied pour offrir un peu de sensation à l'automobiliste qui recherche un tel effet.

La sécurité des occupants est un aspect important de l'Accent, qui mise non seulement sur une protection frontale grâce à une paire de coussins gonflables, mais qui offre aussi de série une protection contre les impacts latéraux. C'est bien là l'une des seules caractéristiques exceptionnelles de l'habitacle, car pour le reste, on est bien en deçà de la qualité moyenne dans ce marché. Le tableau de bord est par ailleurs pour le moins monotone.

La garantie des produits Hyundai est l'une des meilleures au pays. Voilà un autre incitatif pour celui qui désire une voiture simple, abordable et sans tracas. Ce n'est peut-être pas grâce à cette petite coréenne que le marché des sous-compactes est soudainement très hot, mais l'entrée en scène d'une Accent à cinq portes viendra sûrement voler un peu du spectacle à ses concurrentes plus branchées...

ON AIME

> La garantie de cinq ans
> Le modèle à cinq portes
> Le prix de détail

ON AIME MOINS

> La finition intérieure
> La durabilité incertaine
> Le niveau sonore de l'habitacle

À RETENIR

Fourchette de prix :
14 595$ à 17 595$

Marge bénéficiaire : **n.d.**

Ventes : ↓

Indice de fiabilité :
★★★★☆

Consommation d'essence :
8,7 L/100 km

CO_2 sur une base annuelle :
⬛⬛⬛⬛⬛⬛⬛⬛⬛ **4,7**

Valeur résiduelle au terme de 48 mois : **14 à 24 %**

Cote de sécurité en cas d'impact : ★★★★☆

NOUVEAUTÉS

> Nouveau modèle à cinq portes
> Radio avec capacité de lecture MP3 de série

LE MOT DE LA FIN

L'Accent est une sous-compacte abordable, sans plus.

KIA **RIO**

ON AIME

> La garantie de Kia comprend l'entretien à vie
> La sécurité des occupants
> Le prix de détail

ON AIME MOINS

> Le comportement routier
> La valeur de revente

À RETENIR

Fourchette de prix :
12 795 $ à 18 095 $

Marge bénéficiaire :
7,1 à 7,7 %

Ventes : ↓

Indice de fiabilité :
★★★☆☆

Consommation d'essence :
9,3 L/100 km

CO_2 sur une base annuelle :
 5

Valeur résiduelle au terme
de 48 mois : **19 à 20 %**

Cote de sécurité en cas
d'impact : ★★★★☆

NOUVEAUTÉS

> Nouveau modèle Anniversaire
> Antiblocage de série (sauf Rio S)
> Direction assistée de série

LE MOT DE LA FIN

La Rio est la voiture la moins chère sur le marché.

Souris de la jungle urbaine

L a sous-compacte la plus abordable sur le marché a prouvé une chose : ce n'est pas uniquement par souci d'économie que les Québécois et Québécoises achètent une petite voiture. Sinon, la Rio dominerait largement la colonne des ventes de son créneau, grâce à ses deux configurations de base : la berline et la cinq-portes. En 2005, la Rio sera offerte en cinq versions, les quatre ensembles déjà au menu en 2004 (S, RS, LS et RX-V) étant épaulés par une édition Anniversaire.

La mécanique de la petite coréenne, un moteur à quatre cylindres de 1,6 litre produisant 104 chevaux, n'est pas une aubaine à la pompe. Bruyant, compte tenu du résultat, et mal secondé par une boîte automatique brutale, il a au moins le mérite de se situer dans la moyenne côté performance. Les autres organes mécaniques sont également moyens. La suspension est souvent en retard sur les événements et cause un roulis prononcé. La caisse valdingue, les freins en arrachent et les pneus sont du même moule. En 2005, la direction assistée est de mise sur tous les modèles, tout comme l'antiblocage, qui ne sera toutefois pas au menu de la Rio S.

Cela n'a pas empêché Kia Canada de lancer la Rio édition Tuner, une version équipée d'un aileron, d'une trappe d'air sur le capot, de roues en alliage de 15 pouces habillées de pneus Khumo, nettement supérieurs aux pneus d'origine, et d'un habitacle rehaussé. Déjà, les pneus doivent faire toute une différence au chapitre de la conduite. Heureusement pour les passagers, la Rio profite d'une réputation enviable côté sécurité, un coussin gonflable pour le conducteur et son passager étant de série sur toutes les versions de la voiture. Évidemment, la Rio S est particulièrement dégarnie, tandis qu'à l'opposé, la RX-V fait office de (très) petite familiale, grâce à un volume arrière élargi par le hayon.

Tout comme l'Accent de Hyundai, la Rio peut se targuer de posséder l'une des meilleures garanties sur le marché. Aux cinq ans et 100 000 kilomètres de la garantie pare-chocs à pare-chocs s'ajoute un service complet gratuit pour la durée de possession du véhicule. Un incitatif qui confirme la réputation de la Rio qui, avant d'être une sous-compacte au style innovateur ou à la conduite inspirante, est un moyen de transport utile au prix de détail très, très bas.

Banquier express

L a Mini Cooper n'est pas la voiture la plus abordable sur le marché. Heureusement, l'icône britannique de conception allemande mise sur un équipement à la fine pointe : direction assistée, freins antiblocage, coussins gonflables frontaux et latéraux, élégantes roues de 15 pouces et phares au xénon. La finition plus qu'originale et l'agilité de la petite sportive sont d'autres arguments qui jouent en sa faveur et qui tempèrent les 26 000 $ qu'il vous faudra débourser pour en acquérir un exemplaire (à moins d'opter pour la Mini Classic, qui en offre un peu moins, à 23 500 balles).

Côté design, à part avoir l'allure d'un gros jouet, la Mini offre aussi une disposition intéressante des roues, aux extrémités de la caisse, qui centralise le poids du véhicule. La caisse élevée n'obstrue pas la visibilité, qui demeure excellente dans toutes les directions. La suspension, que d'aucuns jugent inutilement dure, explique aussi son comportement plus audacieux. En ville, elle est impardonnable, et les nids de poule sont ressentis comme des tranchées militaires.

Le moteur à quatre cylindres de 1,6 litre est la base pour tous les modèles de la Mini (Cooper, Cooper S et décapotable), mais la Cooper et la Classic n'ont pas droit au compresseur. La puissance obtenue de 115 chevaux est supérieure à la moyenne des voitures de dimensions similaires. Sa consommation d'essence est raisonnable, voire étonnante, même. Elle permet d'amoindrir la douleur des paiements mensuels pour une telle sous-compacte tout en n'enlevant rien au plaisir de conduire la petite sportive.

Tandis que l'espace pour les occupants des deux sièges avant est généreux, à l'arrière, c'est un peu plus juste. À quatre, on s'en sort tout de même assez bien, mais n'espérez pas faire une trop grosse épicerie du même coup. Le coffre n'est pas la panacée non plus, à l'instar d'un rangement déficient à la grandeur de l'habitacle.

On a cédé sous le poids des apparences, préférant de loin en mettre plein la vue de ce côté. Le gros cadran central et les commutateurs au bas de la console qui contrôlent tout dans le véhicule sont peu commodes mais combien esthétiques. Mais bon. C'est un peu ça, la Mini. Du style à revendre, un comportement fougueux et un ensemble très attrayant. Mais tout ça, mes amis, a un prix.

ON AIME

> La consommation d'essence
> Le dynamisme de la mécanique
> L'allure audacieuse

ON AIME MOINS

> La suspension trop ferme
> Le coffre trop petit
> La prime d'assurance

À RETENIR

Fourchette de prix :
23 500 $ à 25 800 $

Marge bénéficiaire :
6,3 à 9,88 %

Ventes : ↑

Indice de fiabilité :
★★★★☆

Consommation d'essence :
8,6 L/100 km

CO_2 sur une base annuelle :
▬▬▬▭ **5,5**

Valeur résiduelle au terme de 48 mois : **55-56 %**

Cote de sécurité en cas d'impact : ★★★★☆

NOUVEAUTÉS

> Version décapotable (voir plus loin)

LE MOT DE LA FIN

Une petite sportive un peu plus chère, mais qui vaut la surprise.

SUZUKI **SWIFT+**

ON AIME

> La consommation d'essence

> Le prix de détail

ON AIME MOINS

> Le nombre limité
de versions

> Les freins

À RETENIR

Fourchette de prix :
13 595 $ à 16 695 $

Marge bénéficiaire : **n.d.**

Ventes : ↑

Indice de fiabilité :
★★★★☆

Consommation d'essence :
8,9 L/100 km

CO_2 sur une base annuelle :
 4,8

Valeur résiduelle au terme
de 48 mois : **n.d.**

Cote de sécurité en cas
d'impact : **n.d.**

NOUVEAUTÉS

> Rien de majeur pour 2005

LE MOT DE LA FIN

La Swift+ se veut une
sous-compacte abordable,
tant pour le prix que pour
les options limitées.

On s'est déjà rencontré ?

S uzuki n'a pas les racines de General Motors au Canada, si bien que la Swift+, une cinq-portes aussi reproduite dans le catalogue de Chevrolet et de Pontiac sous les noms d'Aveo et de Wave, n'a pas la même portée. Ça n'empêche pas la modeste société japonaise d'offrir une sous-compacte tout aussi abordable et spacieuse que ses « partenaires » américains.

Si vous n'êtes pas du genre à aimer vous plonger dans une liste d'accessoires complexe, la Swift+ vous attirera davantage. Sa configuration est simplement divisée en deux groupes d'options : le modèle de base et la S. Les deux offrent d'ailleurs beaucoup d'équipements de série (on ne peut en dire autant de l'Echo Hatchback de base) : servodirection, tachymètre, deux coussins gonflables et prise de courant auxiliaire. Une bonne stratégie pour s'attirer la clientèle dans le marché des sous-compactes : Suzuki a compris qu'il fallait tout de même offrir un certain nombre de commodités d'usage même sur le modèle de base.

Toujours dans le rayon des avantages pratiques, la Swift+ possède aussi l'un des coffres les plus spacieux de sa catégorie. Avec tout près de 1200 litres avec sièges rabattus, son volume est une fois et demie plus grand que celui de la Mazda3. Sous le capot, on trouve un moteur à quatre cylindres de 1,6 litre qui produit 105 chevaux. On est loin de l'époque où la Swift était animée par un moteur dit « de tondeuse » à trois cylindres. Sans être particulièrement économique en carburant, le moteur que se partagent Suzuki, Chevrolet et Pontiac a la réputation d'avoir été fabriqué pour durer. Autrement dit, peut-être coûtera-t-il peu en réparations et en entretien supplémentaire.

Suzuki l'annonce de but en blanc, si vous désirez personnaliser davantage votre Swift+ en échangeant certaines options contre d'autres ne faisant pas partie des deux ensembles offerts, allez voir chez Chevrolet. Si, au contraire, vous préférez ne pas vous casser la tête, la Swift+ est la bonne solution.

Car considérer la Swift+ comme un véhicule différent de l'Aveo et de la Wave, c'est faire comme l'auteur Raymond Queneau et raconter 99 fois la même histoire, mais avec des mots différents.

Echo et effet Doppler

Il a fallu créer une série de course automobile pour convaincre les gars que l'Echo Hatchback était une sportive, en plus d'être une sous-compacte fonctionnelle. Laissant dans l'ombre sa contrepartie à quatre portes, celle-ci démontre une chose : le Québec, ce n'est pas l'Amérique.

La première chose à savoir, c'est qu'il faut absolument éviter le modèle de base, très abordable, mais combien dégarni. Allongez les 2 000 $ supplémentaires pour profiter d'une LE avec direction assistée et freins antiblocage. Vous vous en féliciterez, car la maniabilité de l'Echo en est immédiatement améliorée. Cependant, son prix de détail devient moins concurrentiel, Suzuki et Chevrolet offrant de meilleures aubaines. Les autres options comprennent des coussins gonflables latéraux, des roues de 15 pouces (en remplacement des 14 pouces), le groupe électrique et une banquette rabattable, sur la berline.

Sous le capot, la cylindrée de 1,5 litre est le moteur à combustion le plus économique sur le marché. Il produit 108 chevaux et un couple de 105 livres-pied, ce qui est suffisant pour entraîner une sous-compacte tout de même plus lourde que bien des concurrentes. Fait rare pour les petites voitures, la boîte automatique offerte en option se comporte plutôt bien, malgré une hésitation récurrente à rétrograder. Elle contribue à rendre les déplacements assez confortables, quoique l'isolation sonore soit déficiente et que le véhicule soit sensible aux vents latéraux, à haute vitesse.

L'habitacle très vertical dégage un espace intéressant pour les passagers avant. À l'arrière, c'est un peu plus compliqué, surtout lorsque vient le temps d'entrer ou de sortir du véhicule. Cela dit, le rangement est bien pensé, les vide-poches étant nombreux et le coffre à gants étant lui-même doublé d'un compartiment supérieur additionnel. La finition du tableau de bord, avec les cadrans au centre, risque de déplaire à plusieurs automobilistes. Ça et l'apparence bon marché de l'ensemble sont probablement les deux seuls défauts à ce chapitre.

Un prix moyen et une réputation enviable jouent en faveur de l'Echo et de l'Echo Hatchback. Certaines lacunes au niveau de son comportement sur autoroute sont toutefois à noter, ce qui n'enlève rien au côté pratique de cette sous-compacte.

ON AIME
> La consommation d'essence
> Les dimensions extérieures
> Le rangement bien pensé

ON AIME MOINS
> L'espace limité pour les jambes
> La version de base dégarnie
> Un comportement perfectible

À RETENIR
Prix : **14 080 $**

Marge bénéficiaire : **5,7 %**

Ventes : ↑

Indice de fiabilité :
★★★★★

Consommation d'essence :
7 L/100 km

CO$_2$ sur une base annuelle :
▬▬▬▬▬▬▬ **3,8**

Valeur résiduelle au terme de 48 mois : **37 à 39 %**

Cote de sécurité en cas d'impact : ★★★★☆

NOUVEAUTÉS
> Rien de majeur pour 2005

LE MOT DE LA FIN
L'Echo n'est pas la plus abordable des sous-compactes, mais c'est la plus économique à long terme.

CE QU'IL FAUT RETENIR

	Type de carrosserie	Lieu d'assemblage	Cycle de remplacement	Garantie de base (années/km)	Capacité du réservoir de carburant (L)	Essence recommandée
Chevrolet Aveo	Berline	Corée du Sud	Inconnu	3/60 000	45	Ordinaire
Hyundai Accent	Berline	Corée du Sud	Inconnu	5/100 000	45	Ordinaire
Hyundai Accent (coupé)	Coupé 3 portes	Corée du Sud	Inconnu	5/100 000	45	Ordinaire
Kia Rio	Berline	Corée du Sud	Inconnu	5/100 000	45	Ordinaire
Kia Rio RX-V	Familiale	Corée du Sud	Inconnu	5/100 000	45	Ordinaire
Mini Cooper	Coupé 3 portes	Angleterre	Inconnu	4/80 000	50	Ordinaire
Pontiac Wave	Berline	Corée du Sud	Inconnu	3/60 000	45	Ordinaire
Pontiac Wave 5	Berline 5 portes	Corée du Sud	Inconnu	3/60 000	45	Ordinaire
Smart ForTwo	Coupé	France	Inconnu	4/80 000	27	Diesel
Smart ForTwo (cabriolet)	Cabriolet	France	Inconnu	4/80 000	27	Diesel
Suzuki Swift +	Berline 5 portes	Corée du Sud	Inconnu	3/60 000	45	Ordinaire
Toyota Echo	Berline	Japon	2006	3/60 000	45	Ordinaire

SURVOL TECHNIQUE

	Moteur	Puissance (hp à tr/mn)	Couple (lb-pi à tr/mn)	Poids (kg)	Rapport poids-puissance	Accélération 0-100 km/h
Chevrolet Aveo	L4 DACT 1,6	103 à 6000	107 à 3600	1075	10,4	10,52
Hyundai Accent	L4 DACT 1,6	104 à 5800	106 à 3000	1039	9,9	10,29
Hyundai Accent (coupé)	L4 DACT 1,6	104 à 5800	106 à 3000	1023	9,8	10,29
Kia Rio	L4 DACT 1,6	104 à 5800	104 à 4700	1090	10,4	10,61
Kia Rio RX-V	L4 DACT 1,6	104 à 5800	104 à 4700	1090	10,4	10,61
Mini Cooper	L4 DACT 1,6	115 à 6000	110 à 4500	1215	10,5	9,89
Pontiac Wave	L4 DACT 1,6	103 à 6000	107 à 3600	1075	10,4	10,52
Pontiac Wave 5	L4 DACT 1,6	103 à 6000	107 à 3600	1065	10,3	10,52
Smart ForTwo	L3 0,8	40,2 à 4200	73,8 à 1800	730	18,1	19,21
Smart ForTwo (cabriolet)	L3 0,8	40,2 à 4200	73,8 à 1800	740	18,4	19,43
Suzuki Swift +	L4 DACT 1,6	103 à 6000	107 à 3600	1065	10,3	10,52
Toyota Echo	L4 DACT 1,5	108 à 6000	105 à 4200	939	8,7	9,91

Empattement (mm)	Longueur (mm)	Largeur (mm)	Hauteur (mm)	Volume du coffre min/max (L)	Mode
2480	4235	1670	1495	330	Traction
2440	4257	1675	1395	n.d.	Traction
2440	4222	1675	1395	n.d.	Traction
2410	4240	1675	1440	261	Traction
2410	4240	1675	1440	261/n.d.	Traction
2470	3630	1690	1410	150/n.d.	Traction
2480	4235	1670	1495	330	Traction
2480	3881	1671	1496	200/1190	Traction
1812	2500	1515	1549	150/260	Traction
1812	2500	1537	1549	150/260	Traction
2480	3881	1671	1496	200/1190	Traction
2370	4180	1660	1510	383	Traction

Boîte de vitesses de série	Boîte de vitesse optionnelle	Direction	Diamètre de braquage (m)	Suspension avant/arrière	Freins (avant/arrière)	Pneus de série (avant/arrière)
Man. 5 rapports	Auto. 4 rapports	Crémaillère	9,8	Ind/semi-ind.	Disque/tambour	185/60R14
Man. 5 rapports	Auto. 4 rapports	Crémaillère	9,9	Ind/semi-ind.	Disque/tambour	185/60R14
Man. 5 rapports	Auto. 4 rapports	Crémaillère	9,9	Ind/semi-ind.	Disque/tambour	185/85R13
Man. 5 rapports	Auto. 4 rapports	Crémaillère	9,4	Ind/semi-ind.	Disque/tambour	175/65R14
Man. 5 rapports	Auto. 4 rapports	Crémaillère	9,4	Ind/semi-ind.	Disque/tambour	175/65R14
Man. 5 rapports	Auto. CVT	Crémaillère	10,7	Ind./multibras	Disque/disque	195/55R16
Man. 5 rapports	Auto. 4 rapports	Crémaillère	9,8	Ind/semi-ind.	Disque/tambour	185/60R14
Man. 5 rapports	Auto. 4 rapports	Crémaillère	9,8	Ind/semi-ind.	Disque/tambour	185/60R14
Aut. 6 rapports	Aucune	Crémaillère	n.d.	Ess.rig/ess.rig.	Disque/tambour	135/70R15–175/55R15
Aut. 6 rapports	Aucune	Crémaillère	n.d.	Ess.rig/ess.rig.	Disque/tambour	135/70R15–175/55R15
Man. 5 rapports	Auto. 4 rapports	Crémaillère	9,8	Ind/semi-ind.	Disque/tambour	185/60R14
Man. 5 rapports	Auto. 4 rapports	Crémaillère	10	Ind/semi-ind.	Disque/tambour	175/65R14

Ce n'est pas fini !

La sous-compacte nous a fait le coup du phénix en 2004. Elle était, il y a à peine deux ans, une part de marché négligée par à peu près tous les constructeurs non coréens, ce qui n'est plus le cas en 2005.

L'offre est d'ailleurs étonnamment diversifiée : les plus abordables, Kia Rio et Hyundai Accent, sont mises à mal par Chevrolet, Suzuki et Toyota, mais la Mini, plus coûteuse et nettement plus branchée, et la Smart, qui demeure à ce jour indéfinissable, sont aussi de la partie. D'autres nouveautés nous attendent également pour 2006.

Mazda Verisa

La Mazda Verisa est une sous-compacte se comparant à l'actuelle Echo Hatchback de Toyota, tant au chapitre des dimensions que de la mécanique. Animée par un moteur à quatre cylindres de 1,5 litre produisant 112 chevaux, elle est qualifiée de familiale en Asie mais, en sol nord-américain, elle serait plutôt qualifiée de petite berline à hayon, puisqu'elle possède cinq portes.

Si Mazda opine à la requête de sa filiale canadienne, on pourrait voir la Verisa au Canada très rapidement.

Honda Fit

Du côté de Honda, la déclaration officielle émise par la direction va comme suit : « Nous allons introduire un nouveau modèle d'entrée de gamme plus petit que la Civic dès 2006 et qui visera à attirer une clientèle de jeunes acheteurs. »

À l'occasion d'une conférence à Tokyo, à la mi-juillet, le vice-prési-dent de Honda Canada, Jim Miller, a avoué à la presse que la sous-compacte Fit (nommée Jazz en Europe) pourrait constituer le choix final, mais au moment d'aller sous presse, rien n'était encore décidé.

Ford Fiesta

Ford, pour sa part, ne se compro-met en aucun cas dans le jeu des spéculations. Le président de Ford du Canada a toutefois admis à *La Presse* que le modèle lancé au pays en 2006 sera « basé sur un véhicule Ford existant déjà ».

Tout juste sous la Focus, Ford détaille déjà la Fiesta et la Futura, deux modèles sous-compacts actuellement vendus en Europe. La première est la plus abordable, à un prix de détail de 11 000 € (environ 18 000 $), la seconde étant plus coûteuse de 2000 €.

Pour ajouter à la confusion, Ford du Canada vient tout juste d'an-noncer que sa nouvelle berline intermédiaire, jusqu'ici appelée Futura, sera finalement nommée Fusion. Elle sera également mise en vente comme nouveau modèle en 2006.

COMPACTES

Acura 1.7EL **Chevrolet Cavalier** Chevrolet Cobalt **Chevrolet Optra** Chrysler PT Cruiser **Dodge SX 2.0** Ford Focus **Honda Civic** Hyundai Elantra **Kia Spectra** Mazda3 **Mazda3 Sport** Mitsubishi Lancer **Nissan Sentra** Pontiac Pursuit **Pontiac Sunfire** Pontiac Vibe **Saab 9-2x** Saturn Ion **Subaru Impreza** Suzuki Aerio **Toyota Corolla** Toyota Matrix **Volkswagen Golf** Volkswagen Jetta

TEXTES, RECHERCHES ET ESSAIS : **ALAIN McKENNA**

Toyota Corolla

UN LAC GROUILLANT

LE MARCHÉ DES VOITURES COMPACTES EST TRÈS VIVANT EN 2005. LE RETOUR EN FORCE DES MODÈLES À HAYON EST UN PHÉNOMÈNE QUI, S'IL NE VIENT PAS CARRÉMENT DOUBLER L'OFFRE, MULTIPLIE GÉNÉREUSEMENT LES POSSIBILITÉS D'ACHAT.

Pour moins de 20 000 $, plusieurs options s'offrent effectivement à vous. Lors du magasinage d'une voiture neuve, vous pouvez considérer plusieurs facteurs avant de parapher un contrat d'achat ou de location. Le choix est plus que substantiel, et le marché propose au moins un modèle de voiture compacte correspondant à vos besoins.

D'abord, selon votre degré de coquetterie ou d'avant-gardisme, considérez les trois variables suivantes : âge du modèle, valeur à l'achat et valeur de revente. Certes, une Mazda3 apporte plusieurs petites gâteries, mais n'attendez pas une bonne affaire de la part d'un concessionnaire. Un nouveau modèle instantanément acclamé par la critique et pratiquement en rupture d'inventaire ne sera jamais vendu à prix d'aubaine.

À l'inverse, la Volkswagen Golf et la Honda Civic sont deux compactes en fin de parcours, ce qui se traduit souvent par un besoin pressant du fabricant et des détaillants de vider les entrepôts. Il pourrait en résulter un financement à taux réduit, ou alors on pourrait vous faire cadeau d'un groupe d'accessoires additionnels pour à peu près rien.

Côté valeur de revente, un modèle comme la Civic, justement, peut vous en donner pour votre argent. Dans tous les cas, une location de quelques années ou un achat et un entretien régulier et minutieux feront de votre acquisition un investissement plus rentable.

L'arrivée en 2006 d'une remplaçante plus grosse, plus puissante et plus chère pour cette compacte réputée signifie que certains préféreront attendre de voir de quoi aura l'air le nouveau modèle ; toutefois, d'autres pourraient être tentés de profiter des rabais de fin de production que ce renouvellement de produit provoquera sans doute avant la fin de 2005.

Enfin, certains modèles méritent peut-être d'être achetés d'occasion. Prenez la Ford Focus : le modèle 2005 est plus puissant et plus élégant que son prédécesseur, mais pour ceux qui ne sont pas encore convaincus qu'une voiture doit faire plus que faciliter les déplacements, opter pour un modèle d'occasion de la Focus vaudra le coup. Surtout que la valeur de revente de la Focus est, contrairement à la Civic, nettement plus attrayante pour l'acheteur.

Honda Civic

L'essentielle essence

L'achat d'une voiture neuve est généralement accompagné d'une foule de frais connexes dont plusieurs (dont votre obligé) négligent l'importance. La consommation d'essence, le coût des assurances et l'achat ultérieur d'un jeu de pneus d'hiver sont des exemples typiques.

Les deux derniers critères sont importants, mais ils relèvent d'un magasinage intensif qui ne peut être résumé dans une publication annuelle. L'autre facteur, eh! bien, est de plus en plus important, quoi qu'en dise l'industrie.

En fait, comme la plupart des constructeurs d'automobiles sont convaincus que les acheteurs de compactes ne tiennent compte que du prix d'achat de leur véhicule et qu'ils se fichent du reste, ils ont tendance à bricoler une bagnole qu'ils pourront détailler à un prix ridiculement bas.

Ainsi, tous les constructeurs ne se soucient pas du niveau de consommation d'essence de leurs véhicules. Les voitures compactes n'y échappent pas. Heureusement, les États-Unis ont mis au point une norme de consommation moyenne plus ou moins sévère qui force les

fabricants à réduire la consommation de leurs produits.

Qu'à cela ne tienne, les constructeurs japonais offrent les voitures les plus économiques. La Toyota Corolla et la Honda Civic font belle figure à ce chapitre. Les Allemands tirent également bien leur épingle du jeu : on n'a qu'à penser aux Golf et Jetta TDI, qui surclassent ces dernières haut la main grâce à leur moteur diesel. Et, croyez-le ou non, la Mini Cooper, équipée du moteur à aspiration naturelle, est remarquablement économique. Remarquez qu'il s'agit tout de même d'une sous-compacte...

Cela dit, vous en conviendrez, ce ne sont pas là les modèles les plus abordables dans leur catégorie. Mais à long terme, ils sont peut-être, malgré tout, plus économiques.

Par exemple, l'Acura 1.7 EL affiche une consommation moyenne en ville de 7,8 litres aux 100 kilomètres. La Chevrolet Optra, à 10,6 L/100 km, peut coûter jusqu'à 700 $ de plus en carburant sur 25 000 kilomètres. Plus économique, la Chevrolet ?

Tout à coup, c'est moins sûr.

CHEVROLET **COBALT**

Métal précieux

La Cobalt est un nouveau modèle de berline compacte qui reprend certaines caractéristiques de la Cavalier, qu'elle est appelée, à terme, à remplacer dans la gamme Chevrolet : un coupé et une berline sont offerts, et tous deux sont animés par le moteur Ecotec de 2,2 litres que l'on retrouve dans plusieurs autres produits du groupe General Motors.

À 140 chevaux, cette cylindrée a la réputation d'offrir une bonne puissance, mais d'être plutôt bruyante et, pire encore, d'être parmi les moins économiques en essence. L'équipement offert dans la version de base de la Cobalt est plutôt attrayant. D'entrée de jeu, il comprend un climatiseur, un lecteur de disques compacts et une banquette divisée et rabattable à l'arrière.

Les versions plus équipées (LS pour le coupé et la berline ainsi que LT pour la berline) y ajoutent des commodités auxquelles plusieurs sont déjà habitués : groupe électrique, freins antiblocage et télédéverrouillage. La boîte manuelle à cinq rapports est de mise sur le modèle de base et sur la version LS, tandis que la LT, disponible seulement en berline à quatre portes, est livrée avec une boîte automatique à quatre rapports de série.

Plus tard en 2005, Chevrolet procédera aussi au lancement de la Cobalt SS, un modèle suralimenté de 205 chevaux qui réjouira les amateurs de performance. Vous pouvez en lire davantage sur ce modèle en feuilletant la section des compactes hors série.

Hormis dans le cas de la SS, on ne peut pas dire que la performance soit un facteur déterminant dans la conception de la Cobalt. Sans grande innovation, les organes mécaniques ressemblent beaucoup à ceux de la Cavalier : suspension à jambes de force à l'avant et semi-indépendante à l'arrière. Des barres stabilisatrices ajoutent un peu de rigidité à l'ensemble.

Même logique pour le freinage, avec des disques à l'avant et des tambours à l'arrière. Comme mentionné précédemment, l'option antiblocage est offerte sur les modèles un peu plus garnis. Si d'aventure vous optez pour une Cobalt à boîte

automatique avec freins antiblocage, surprise : Chevrolet inclut pour une somme modique un système électronique d'antipatinage. Cela dit, c'est apparemment au niveau du châssis et de la carrosserie qu'il y a du nouveau. La rigidité de la caisse est un facteur important, tant sur le plan de la sécurité que du confort. Répondant à notre critique antérieure concernant le bruit du moteur, Chevrolet a amélioré l'insonorisation de l'habitacle. Le constructeur utilise aussi un capot limitant davantage l'expression sonore de la mécanique.

Visuellement, la Cobalt est complètement différente de la Cavalier. La portion avant est plutôt sobre, les courbes de la carrosserie et des phares n'étant pas particulièrement osées. L'arrière du modèle coupé est un peu plus distinctif, les quatre feux arrière circulaires étant un clin d'œil renvoyant avant tout à la Corvette.

L'intention des designers de Chevrolet étant de donner une allure un peu plus luxueuse à la Cobalt, il n'est pas étonnant de retrouver des roues surdimensionnées de 16 et même de 17 pouces sur certaines versions. Même les roues de 15 pouces de la Cobalt de base sont au-dessus de la moyenne de la catégorie, la plupart des concurrentes reposant sur des roues de 14 pouces, plus abordables.

À l'intérieur, compte tenu des caractéristiques attribuables à un modèle coupé, c'est du côté de la berline qu'il faut se tourner pour profiter à plein de la banquette. En tout cas, pour y asseoir deux adultes, c'est un *must*.

Différente de la Cavalier, qui nous a habitués ces 10 dernières années à un tableau de bord déprimant et à des matériaux peu invitants, la Cobalt présente un intérieur plus raffiné. Le contour métallique des cadrans est en soi une amélioration visuelle remarquable. Ajoutez à cela un peu de couleur (certains modèles sont livrés avec une finition à trois tons), et c'est déjà un peu plus vivable.

La combinaison de neuf et de vieux dans la réalisation de la nouvelle compacte de Chevrolet suggère que le prix de détail, inconnu au moment d'écrire ces lignes, pourrait être fort alléchant. Mais on aurait pu en croire autant de la Cavalier, qui n'est pas nécessairement l'aubaine du siècle. Un prix raisonnable, à tout le moins, devrait être annoncé à l'automne 2004 pour la Cobalt, une voiture compacte à l'image de Chevrolet et qui sera, sans doute, un autre succès de ventes au Québec.

ON AIME

> La silhouette
> L'équipement de base
> La finition intérieure

ON AIME MOINS

> La consommation d'essence

À RETENIR

Fourchette de prix :
15 495 $ à 22 995 $

Marge bénéficiaire : **n.d.**

Ventes : **n.d.**

Indice de fiabilité : **n.d.**

Consommation d'essence :
8,4 L/100 km

CO_2 sur une base annuelle :
n.d.

Valeur résiduelle au terme de 48 mois : **n.d.**

Cote de sécurité en cas d'impact : **n.d.**

NOUVEAUTÉS

> La Cobalt est un nouveau modèle pour 2005

LE MOT DE LA FIN

La Cobalt promet de remplacer la Cavalier de belle façon.

COMPACTES

Le couteau suisse

Ford du Canada affirme à qui veut bien l'entendre que ce n'est pas le nombre de modèles de voitures qui lui fait défaut. Avec plus de 16 configurations différentes à elle seule, la Focus appuie drôlement bien les propos du constructeur automobile.

Nouveau modèle en 2005, la compacte profite de son changement de peau pour démêler les versions de carrosserie et les groupes d'équipements. Autrement dit, les versions offertes ces dernières années refont leur apparition sous de nouvelles appellations. Le coupé de base, la berline à quatre portes et sa contrepartie à hayon se nomment ZX3, ZX4 et ZX5, tandis que la familiale hérite du sobriquet ZXW. S'ajoutent à ces modèles des groupes d'équipements définis baptisés S, SE, SES.

À la suite de la disparition de l'édition très sportive de la Focus, la SVT, une nouvelle version de la berline ZX4 a été créée, la Focus ZX4 ST. Celle-ci reproduit plusieurs éléments esthétiques de la défunte SVT et bénéficie d'un moteur plus puissant que ses consœurs. Il faut toutefois préciser que son comportement n'égale pas celui de la SVT, ce qui est tout à fait normal.

La nouvelle calandre de la Focus 2005 est plus moderne et légèrement plus chic. Fidèle en ce sens à la nouvelle approche générale de la marque Ford, elle s'apparente au look introduit avec la berline haut de gamme Five Hundred. Les versions à hayon et la familiale conservent leur silhouette générale, mais la berline présente un train arrière revu lui aussi.

Sous le capot, des mécaniques plus robustes, plus « méchantes », mais aussi plus économiques et moins polluantes font leur apparition : les Duratec 20 et Duratec 23. Les deux quatre-cylindres sont de 2,0 ou 2,3 litres et font respectivement 136 et 151 chevaux, le Duratec 23 étant cependant offert exclusivement sur la ZX4 ST. Leur puissance est suffisante pour une conduite normale et, dans le second cas, pour profiter aussi d'un peu plus de fougue à l'accélération. Manuelle ou automatique, la boîte est délicate et effectue les changements de rapports en douceur, bien qu'un peu lentement.

Puisque les propriétaires de Focus passent plus de temps à regarder leur véhicule de l'intérieur, Ford y a mis le paquet. Le style plus sobre de la nouvelle compacte est orienté vers une ergonomie améliorée. Le rangement est optimisé — par exemple, les boîtiers de disques compacts peuvent maintenant être rangés dans un coffre assez large — et de nouveaux porte-gobelets sont ajoutés aux vide-poches des portières. À l'arrière, deux adultes peuvent s'asseoir sans trop de complications. Le coffre est l'un des plus grands de la catégorie, surtout dans le cas des deux versions à hayons.

En ce qui concerne la sécurité des occupants, une autre nouveauté est à mentionner : la Focus peut être équipée d'un duo de coussins gonflables latéraux, une option qui s'ajoute aux deux coussins situés à l'avant. Toujours dans le rayon de la sécurité, les freins offerts sont un peu décevants, mais on comprend l'équation performance/prix. On a donc droit à des freins à tambour à l'arrière, l'antiblocage étant (malheureusement) une option.

Ford a également amélioré la sonorisation sur tous les modèles de la gamme Focus. Ainsi, dès les versions de base, un radio avec lecteur de CD est offert avec un dispositif d'ajustement de volume en fonction de la vitesse (et donc, du bruit ambiant). Des commandes de la radio sont dupliquées au volant sur les modèles plus équipés, un accessoire qui devient de plus en plus appréciable (et sécuritaire), compte tenu de la quantité d'éléments de distraction qui s'ajoutent désormais à la conduite d'une automobile.

Forte d'une synergie de plus en plus apparente entre ses diverses filiales, Ford a pu élaborer un trio de berlines compactes conjointement avec Volvo et Mazda. Peu apparente sur la Focus, cette convergence devrait par contre s'accentuer au fil des ans.

Avec un prix de détail avoisinant les 17 000 $ pour la version la plus abordable, la Focus 2005 a le difficile mandat d'affronter une concurrence nombreuse où règnent les produits japonais. Ajoutez à cela un favoritisme généralisé et tenace qui joue à l'avantage des voitures importées et vous comprenez pourquoi la Focus reste dans l'ombre. Ford aimerait bien voir la Focus décrocher les honneurs qu'elle mérite, mais sa stratégie reste la même que par les années passées : la Focus est une voiture polyvalente et est offerte à un prix alléchant.

ON AIME

> Les nouvelles lignes
> L'édition ST
> L'habitacle

ON AIME MOINS

> Le prix de base un peu plus élevé
> La boîte automatique

À RETENIR

Fourchette de prix :
16 795 $ à **22 605 $**

Marge bénéficiaire :
4,6 à **7,9** %

Ventes : ↑

Indice de fiabilité :
★★★★★

Consommation d'essence :
8,9 L/100 km

CO_2 sur une base annuelle :
▬▬▭ **6,1**

Valeur résiduelle au terme de 48 mois : **27** à **34** %

Cote de sécurité en cas d'impact : ★★★★★

NOUVEAUTÉS

> La Focus est un nouveau modèle en 2005

LE MOT DE LA FIN

La nouvelle Focus est une compacte sous-estimée qui offre un choix épatant de modèles.

KIA **SPECTRA**

Glutamate monosodique

La nouvelle Spectra qui a vu le jour au printemps dernier est la première véritable édition de la berline compacte depuis que Kia vend des véhicules au Canada. Ça ne change pas grand-chose à sa configuration, mais ça demeure un indicateur du succès exceptionnel de cette marque coréenne en sol nord-américain.

La Kia Spectra 2005 est supérieure à sa plus proche concurrente, la Hyundai Elantra. Même moteur (2 litres, 138 chevaux) et même prix de détail (environ 16 000 $), mais quelle différence sur la route! Elle est en effet beaucoup moins capricieuse sur tous les aspects : accélération, freinage, virage.

Son comportement n'est peut-être pas tout à fait comparable à celui d'une Mazda3 pour le caractère sportif ou même d'une Focus pour le confort, mais il va sans dire qu'on a quand même amélioré sa réaction à une conduite un peu plus « sévère ». Bref, la marque Kia, qui offre une excellente garantie et des véhicules généralement sécuritaires, pourrait faire un tabac avec cette nouveauté.

En plus de la berline, Kia profite de l'occasion pour introduire la Spectra5, une version à cinq portes qui lui manquait cruellement pour satisfaire la forte demande pour les voitures à hayons. La Rio RX-V, plus petite et moins raffinée, ne fait tout simplement pas l'affaire à ce chapitre.

Réalisée à partir de la plateforme de la future Elantra (Kia étant propriété de « l'autre » marque coréenne depuis quelques années), la Spectra possède un empattement plus long de cinq centimètres par rapport à l'ancien modèle, mais est plus courte, plus large et plus haute dans l'ensemble.

La cylindrée de 2 litres est la seule offerte sur tous les modèles, avec une boîte manuelle à cinq rapports de série, l'automatique étant, évidemment, optionnelle. Cette dernière est plus paresseuse et nuit aux performances autrement correctes du quatre-cylindres. Les deux versions de la berline, soit LX et EX (une LX commodité étant offerte en guise d'intermédiaire), sont livrées d'office avec des coussins gonflables à l'avant, des rideaux gonflables et des freins à disque aux quatre roues. Curieusement, l'antiblocage n'est pas disponible pour la Spectra LX (il l'est,

mais en option, pour la EX). D'autres caractéristiques propres à la EX comprennent le climatiseur, le groupe électrique et des rétroviseurs chauffants.

À l'intérieur, l'ergonomie est réussie. Souvent, c'est en faisant les choses simplement qu'on arrive aux meilleurs résultats. La qualité des matériaux utilisés est convaincante, ou en tout cas égale à la moyenne des voitures compactes. Le style de l'habitacle est peut-être un peu ordinaire, mais bon. La banquette peut accueillir deux adultes sans trop d'inconfort, à part peut-être au niveau de la tête. À l'avant, la visibilité est remarquable dans toutes les directions.

Pour une version un peu plus sportive de la Spectra, regardez du côté de la Spectra5. Plus équipée, la hatchback sera livrée avec une suspension raffermie et des roues en alliage de 16 pouces, un ensemble de bas de caisse unique et une grille foncée au caractère sportif accru. À l'intérieur, une sellerie en tissu au look sportif et des touches de métal brossé compléteront l'ensemble, qui vise résolument à intéresser les jeunes automobilistes en quête d'une voiture neuve qui, sans être inabordable, n'est pas non plus dépouillée de tout style. Ces accessoires sont également offerts en option sur la berline à quatre portes, sans être un groupe précis d'équipements. Kia Canada espère créer un tel groupe plus tard, dans un ou deux ans, en édition « Tuner » (comme la Rio). Cela ferait suite à une tournée de la Spectra5 modifiée que Kia présente au SEMA Show 2004 à Las Vegas, la mecque de la performance automobile en Amérique du Nord.

Mais ce coup de marketing obligatoire pour toucher une autre partie de la clientèle ne doit pas faire oublier les qualités avant tout pratiques de la compacte coréenne : une mécanique qui, tout comme celle de l'Elantra, est avant tout économique en carburant et une qualité de finition étonnante venant s'ajouter à un prix de détail assez attrayant et à une garantie de cinq ans (100 000 km) égalée seulement par Hyundai.

D'ailleurs, en plus de la garantie en soi, Kia offre l'entretien du véhicule tout à fait gratuitement. Les changements d'huile et de filtre, donc, pour rien, zéro, nada. Il s'agit là d'un petit cadeau que vous pouvez souvent obtenir chez le concessionnaire après moult négociations sur de nombreuses voitures neuves, mais c'est toujours moins difficile lorsque c'est le constructeur qui offre !

ON AIME

> Le comportement moins capricieux
> L'habitacle simple mais efficace

ON AIME MOINS

> Le bruit ambiant
> La puissance limitée du moteur

À RETENIR

Fourchette de prix :
15 895 $ à 21 095 $

Marge bénéficiaire : **n.d.**

Ventes : ↓

Indice de fiabilité : **n.d.**

Consommation d'essence :
8,2 L/100 km

CO_2 sur une base annuelle :
n.d.

Valeur résiduelle au terme de 48 mois : **n.d.**

Cote de sécurité en cas d'impact : **n.d.**

NOUVEAUTÉS

> Nouvelle version à cinq portes (Spectra5)

LE MOT DE LA FIN

La Spectra et la Spectra5 valent le détour.

À l'ombre de Detroit

Aux étages supérieurs du Renaissance Center de Detroit — cette imposante structure qui sort tout droit d'un film futuriste des années 1960 — la haute direction de General Motors a signé l'arrêt de mort de la Sunfire sans lui nommer de successeur. À Oshawa, un peu plus au nord, on a toutefois déjà réglé la question : ce sera la Pontiac Pursuit.

Construite selon l'architecture Delta de GM, la Pursuit, qui n'est pas sans rappeler la Cobalt de Chevrolet, est une berline à quatre portes qui reprend les thèmes chers à la division Pontiac : allure sportive, mécanique dynamique et équipement un peu plus généreux.

Offerte en trois versions (de base, SE Sport et GT), la Pursuit ne se distingue pas vraiment sur papier, sa mécanique étant, sauf pour la GT, plutôt quelconque : moteur Ecotec de 2,2 litres produisant 140 chevaux, suspension arrière à barre de torsion et freins à disque à l'avant et à tambour à l'arrière, livrés antiblocage sur la SE Sport. La GT, cette chanceuse, hérite toutefois de quatre freins à disque antiblocage et d'un système électronique d'antipatinage. Elle est également animée par un moteur Ecotec de 2,4 litres, un peu plus nerveux, qui produit 170 chevaux. Ironiquement, la Pursuit GT est la seule à ne pas offrir de boîte manuelle de série. La boîte Hydra-Matic à quatre rapports de GM est l'unique boîte offerte sur ce modèle.

Les distinctions entre les trois versions de la Pursuit comprennent des roues de 15, 16 et 17 pouces, ces dernières étant l'apanage exclusif de la GT. À l'intérieur, une sellerie de cuir est disponible pour améliorer l'allure de l'habitacle.

Répondant aux critiques concernant les modèles d'entrée de gamme de Pontiac et Chevrolet, GM a apporté une attention toute particulière à l'isolation sonore de l'habitacle de la Pursuit (tout comme pour la Cobalt, d'ailleurs).

Bien entendu, la rigidité accrue de la plateforme Delta contribue à réduire le niveau sonore. À l'avant, on a aussi utilisé des matériaux spéciaux pour réduire le bruit provenant du moteur, une initiative répétée partout où l'on trouve des joints

susceptibles de laisser passer une quelconque onde sonore. Le moteur a aussi été révisé pour émettre un grondement moins audible.

Pour en revenir à la rigidité du châssis, mentionnons également que des barres stabilisatrices ont été ajoutées à la suspension à l'avant et à l'arrière, histoire d'en améliorer la réaction. Un seuil de gravité abaissé (par rapport à la Sunfire), un empattement élargi et une structure plus rigide permettent de croire que le comportement routier de la nouvelle petite Pontiac sera nettement plus sportif et agréable. À l'intérieur, tout porte à croire que les ingénieurs de Pontiac ont fait leurs devoirs. À en juger par les premières impressions laissées par les lignes fluides et colorées du tableau de bord et des sièges, voici une berline compacte d'allure sportive qui n'aura pas l'air d'un produit bas de gamme. La finition de la Sunfire, qui en a désenchanté plusieurs, et qui reposait sur une combinaison plutôt terne de matériaux bon marché, sera oubliée sans peine.

La finition deux tons, en soi bien réalisée, est rehaussée de garnitures en nickel satiné (un métal brossé tout ce qu'il y a de plus tendance) et de cadrans à fond métallisé au scintillement rouge vif. Le pommeau de levier de vitesses et le volant sont gainés de cuir sur les modèles SE Sport et GT.

Les commandes sont simples et efficaces. Leur disposition semble ergonomique. GM a laissé tomber les minuscules boutons et molettes des années précédentes, si difficiles à manipuler. La simplicité volontaire, ce n'est pas pour rien... Deux coussins gonflables frontaux sont livrés de série sur toutes les versions de la Pursuit, et des rideaux latéraux sont également disponibles afin d'améliorer la sécurité passive. Le système d'antipatinage que l'on trouve sur la Pursuit GT est aussi offert en option sur les modèles moins équipés.

Sans rien réinventer, GM Canada a tout de même réussi à créer un duo de petites voitures compactes qui succéderont bien à la paire Cavalier/Sunfire. La Pursuit, une exclusivité canadienne en 2005, sera un peu plus chère que la Cobalt, mais elle possède une personnalité distincte qui lui sera utile si elle désire affronter avec succès une concurrence nombreuse, diversifiée et, dans le cas des voitures importées, à la réputation plus solide et plus attrayante.

ON AIME

> Les nombreuses options
> L'insonorisation améliorée
> La puissance accrue du modèle GT

ON AIME MOINS

> Le dédoublement de la Cobalt de Chevrolet

À RETENIR

Fourchette de prix :
15 925 $ à 20 795 $

Marge bénéficiaire : **n.d.**

Ventes : **n.d.**

Indice de fiabilité : **n.d.**

Consommation d'essence :
8,4 L/100 km

CO_2 sur une base annuelle : **n.d.**

Valeur résiduelle au terme de 48 mois : **n.d.**

Cote de sécurité en cas d'impact : **n.d.**

NOUVEAUTÉS

> Nouveau modèle exclusivement canadien

LE MOT DE LA FIN

La Pursuit est une berline compacte qui offre un catalogue intéressant d'options.

SAAB **9-2X**

Jöhanssen Nakatani ?

La convergence nous apporte une nouvelle petite voiture, la 9-2X de Saab. On vous le donne en mille, il s'agit d'une petite familiale à cinq portes et quatre roues motrices directement inspirée de la Subaru Impreza. Évidemment, la suédoise possède un style fortement caractéristique de la gamme Saab, mais elle a droit à une caisse et à des motorisations empruntées à son homologue nippone.

Les deux versions offertes de la 9-2X sont équipées d'un moteur à quatre cylindres à plat de type boxer et d'une transmission intégrale. Tandis que la cylindrée de 2,5 litres qui équipe la 9-2X Linear fait 165 chevaux, l'Aero profite du moteur de 2 litres turbo de la WRX pour générer un peu plus de muscle, à 227 chevaux. L'Aero est d'ailleurs affublée d'une trappe d'air fonctionnelle sur le capot. Visuellement, la portion avant de la nouvelle compacte est très distinctive. C'est derrière le pilier B que ça se gâte, la silhouette du hayon étant un indice gênant des origines japonaises de la 9-2X. La 9-2X est livrée avec une boîte manuelle à cinq rapports de série ou avec une automatique à quatre rapports. Des freins à disque aux quatre roues avec antiblocage sont de mise, derrière d'élégantes roues de 16 ou de 17 pouces.

La sécurité passive des occupants est assurée par un ensemble de coussins gonflables avant et latéraux installés sur tous les modèles. GM mise d'ailleurs sur l'aspect sécuritaire de la 9-2X pour courtiser une clientèle plus sérieuse. Plusieurs éléments, dont l'acier déformable à l'avant et à l'arrière de la carrosserie, contribuent à rehausser le niveau de sécurité de la petite suédoise.

Visant une clientèle un peu plus raffinée que l'Impreza, la 9-2X ne sacrifie pas pour autant les qualités pratiques d'une familiale compacte. Son volume de chargement, à l'arrière, est gigantesque, que la banquette soit rabattue ou non. Le coffre de la suédoise est jusqu'à une fois et demie plus spacieux que la moyenne des voitures compactes à hayons, ce qui n'est pas peu dire.

Malheureusement, ce gain en espace de rangement est réalisé au détriment de l'espace laissé aux places arrière. Déjà que les portières ne favorisent pas le pas-

sage d'adultes de grande taille, le dégagement général de la banquette n'est pas matière à pavoiser non plus.

Pour en terminer avec l'habitacle, disons que la configuration générale n'est pas mauvaise. La disposition des éléments du tableau de bord est agréable et très ergonomique. Les aficionados seront cependant déçus d'apprendre que le tableau de bord n'est pas particulièrement fidèle à l'image de la marque Saab. Pourtant, le constructeur y a consacré une bonne dose d'énergie, ce qui se ressent notamment dans une meilleure insonorisation. La sellerie de cuir est un autre as dans la manche de la 9-2X.

Cela dit, le comportement routier de la 9-2X fait rapidement oublier les petites déceptions esthétiques. Évidemment, ce qui impressionne le plus, c'est l'accélération que procure le moteur turbo de la version Aero. Sa puissance est explosive, par contre, avec un effet de couple notoire une fois dépassé le seuil des 4000 tours-minute. La 9-2X Linear est plus modeste, sa puissance convenant à des déplacements de routine. La boîte automatique diminue légèrement les performances. La direction, révisée par les ingénieurs de la division Saab, est précise et enivrante. Idem pour le freinage, qui est mieux dosé et plus progressif que celui de l'Impreza. La suspension de la Saab a été ajustée pour être un peu plus douce que celle de la Subaru, ce qui ne l'empêche pas d'hériter de sa tendance maniaque à réagir au moindre dos d'âne ou nid-de-poule que la voiture rencontre.

On peut s'attendre à ce que l'utilisation de pièces empruntées à un modèle de voiture se détaillant à plus grand volume permette à Saab d'offrir une voiture compacte — la plus petite de sa gamme — à un prix très, très concurrentiel. Les 29 000 $ qu'il faut débourser pour un exemplaire de la 9-2X Linear peuvent sembler un peu exagérés, mais il ne faut pas oublier que la concurrence, à ce chapitre, n'est pas particulièrement plus abordable.

La nouvelle V50 de Volvo, « l'autre » familiale d'origine suédoise, se détaille à 2 500 $ de plus. La plus puissante version de 227 chevaux de la 9-2X se situe à environ 38 000 $. C'est une grosse prime à payer pour obtenir plus de nerf, mais on pourrait en dire autant de la WRX.

ON AIME
> La version turbo
> Le hayon
> Le rouage intégral

ON AIME MOINS
> Les places arrière
> L'allure de l'arrière-train à la Subaru

À RETENIR
Fourchette de prix :
28 950 $ à 38 835 $

Marge bénéficiaire :
10,6 à 10,8 %

Indice de fiabilité :
★★★★★

Consommation d'essence :
11,3 L/100 km

CO_2 sur une base annuelle :
▬▬▬────── **6**

Valeur résiduelle au terme de 48 mois : **36 à 43 %**

Cote de sécurité en cas d'impact : **n.d.**

NOUVEAUTÉS
> Nouveau modèle pour 2005

LE MOT DE LA FIN
La 9-2X s'inspire grandement de la Subaru Impreza mais conserve une allure typiquement suédoise.

Ne manquez pas le cahier
L'AUTO

TOUS LES **LUNDIS** DANS

LA PRESSE

Alter ego

La berline compacte la plus huppée sur le marché revient inchangée en 2005, après une révision sommaire qui, l'an dernier, lui a permis de se distinguer un peu plus de son alter ego, la Honda Civic. Une gueule plus franche, avec l'air de famille d'Acura, et une amélioration des caractéristiques relatives au confort des occupants en font une petite voiture qui, sans être la luxueuse sportive annoncée, n'est pas moins silencieuse, maniable et oui, finalement, plutôt luxueuse. C'est sans doute la valeur ajoutée qui comble l'écart monétaire séparant la Civic de la EL. À environ 23 000 $, celle-ci partage les mêmes organes mécaniques que la Civic Si : moteur de 127 chevaux et suspension indépendante aux quatre roues. À ce chapitre, l'Acura a le mérite d'offrir de meilleurs freins (à disque aux quatre roues avec antiblocage) et de meilleurs pneus (des Bridgestone Potenza), entre autres. Cela dit, côté performance, c'est encore loin d'une berline Mazda3 bien équipée, qui tombe dans la même fourchette de prix. Il faut donc considérer les nombreux accessoires offerts et le prestige redevable à la marque Acura pour en justifier la valeur. Sans négliger les qualités attribuables au moteur VTEC (économie de carburant et fiabilité viennent immédiatement à l'esprit), c'est avant tout cet aspect du véhicule qui le distingue de la concurrence.

On a profité du remaniement du modèle en 2004 pour améliorer l'insonorisation de la EL. Non pas qu'il s'agissait d'un défaut criant de l'édition antérieure, mais l'effort n'aura pas été vain : l'isolation sonore de l'habitacle renforce l'impression de prestige que créent, visuellement, le volant gainé de cuir, les cadrans rétro-éclairés noir et blanc et la finition en similibois. Le groupe électrique et la sonorisation à six haut-parleurs sont aussi de série sur les deux versions (Touring et Premium). Un embêtant accoudoir central et permanent est aussi présent. Il s'agit d'un autre exemple montrant que la EL est plus confortable que sportive. À l'arrière, la banquette est configurable avec la clé d'allumage, une serrure logée dans le plateau supérieur permettant de déverrouiller l'une ou l'autre des deux sections rabattables du dossier. Sécuritaire mais pas tout à fait pratique quand on a une grosse boîte Ikea sous le bras. Quant à lui, le coffre est l'un des plus grands de sa catégorie (il est surtout profond). La Civic a longtemps été qualifiée de meilleure voiture compacte au pays. Sans être aussi sportive que le laisse entendre Acura, la EL est en plus confortable et d'apparence luxueuse. C'est dire !

ON AIME

> La valeur ajoutée
> Le confort des places avant
> La fiabilité

ON AIME MOINS

> Les places arrière
> Le prix de détail
> Les performances moyennes

À RETENIR

Fourchette de prix :
23 000 $ à 24 600 $

Marge bénéficiaire : **n.d.**

Ventes : ↓

Indice de fiabilité :
★★★★☆

Consommation d'essence :
6,8 L/100 km

CO₂ sur une base annuelle :
▭▭▭▭▭ **3,7**

Valeur résiduelle au terme de 48 mois : **n.d.**

Cote de sécurité en cas d'impact : ★★★★★

NOUVEAUTÉS

> Pas de nouveautés en 2005

LE MOT DE LA FIN

Une berline compacte à la valeur ajoutée intéressante qui privilégie le confort à la performance.

CHEVROLET **CAVALIER**

ON AIME

> Le prix de détail

> La meilleure insonorisation

ON AIME MOINS

> La finition intérieure

> Les places arrière

> La valeur de revente

À RETENIR

Fourchette de prix :
16 230 $ à 22 230 $

Marge bénéficiaire :
8 à 11,4 %

Ventes : ↓

Indice de fiabilité :
★★★☆☆

Consommation d'essence :
8,9 L/100 km

CO_2 sur une base annuelle :
 4,8

Valeur résiduelle au terme
de 48 mois : **22 à 25 %**

Cote de sécurité en cas
d'impact : ★★★★☆

NOUVEAUTÉS

> Pas de nouveautés en
  2005

LE MOT DE LA FIN

La Cavalier est une voiture
compacte qui ne coûte pas
cher à l'achat. Point à la ligne.

Extrême-onction ?

Après un remaquillage en 2004, la Chevrolet Cavalier demeure inchangée pour sa dernière année en scène (la Cobalt prendra sa place l'été prochain). Les versions actuelles demeurent, soit un coupé et une berline, toutes deux animées par le même moteur Ecotec de 2,2 litres qui fait 140 chevaux, et équipées d'une boîte manuelle à cinq rapports. L'automatique est en option, tout comme un groupe d'accessoires à caractère sportif incluant des roues en alliage de 16 pouces.

L'Ecotec, une motorisation très polyvalente utilisée à toutes les sauces par les diverses marques de la société General Motors, possède aussi l'avantage d'être plutôt économique du point de vue consommation. C'est par ailleurs avec surprise qu'on constate l'efficacité de la boîte automatique de la Cavalier. L'accélération n'est pas exceptionnelle, mais la rapidité de réaction et la douceur du passage des rapports avantagent la petite américaine.

La conduite est acceptable, mais c'est au niveau du confort et de la finition de l'habitacle qu'on réalise qu'il s'agit avant tout d'une voiture économique. Le dossier des sièges est dur, tandis que l'accès aux places arrière, dans les modèles coupés, est une démonstration acrobatique sans égal. À l'avant, le tableau de bord fait un triste usage des innovations dans le domaine des plastiques. Les matériaux sont plutôt ternes, leur assemblage laisse à désirer et l'ergonomie de l'ensemble n'est pas idéale.

Le coffre pourrait quant à lui bénéficier d'une plus grande ouverture. Son volume est dans la moyenne de la catégorie, mais il est impossible d'y insérer de gros objets.

La Cavalier, tout comme la Sunfire de Pontiac, d'ailleurs, est avant tout un objet de consommation jetable à prix réduit. Son âge avancé explique la désuétude de l'ensemble et la finition au goût douteux. L'introduction d'au moins deux nouveaux modèles, qui vont la remplacer sans qu'une larme ne soit versée, explique le peu d'enthousiasme soulevé, tant du côté de la clientèle que du côté de GM.

Bof (et hop !)

General Motors n'a pas mis de temps à transformer les usines coréennes récupérées de la faillite de la marque Dæwoo. La preuve, déjà, réside dans les nouveaux produits de marque Chevrolet et Pontiac apparus au cours de 2004. Les Optra et Optra5 font partie de cette brochette de petites-coréennes-qui-n'en-sont-pas-vraiment. Les bénéfices immédiats sont palpables : en tête de liste, un prix de détail alléchant et un format apprécié des automobilistes québécois. Pourtant, cela ne se traduit pas par une voiture particulièrement économique. Loin sous la moyenne à ce chapitre, l'Optra est même la voiture de moins de 20 000 $ qui affiche la plus haute consommation de carburant, selon ÉnerGuide.

En 2005, l'introduction d'un nouveau modèle familial devrait cependant plaire à plusieurs. L'espace utile de ce modèle est impressionnant et améliore le confort des places arrière. À l'avant, comme dans les autres modèles, on est bien assis. L'impression laissée par le tableau de bord est plutôt favorable. Le moteur à quatre cylindres de deux litres et 119 chevaux suffira à la tâche pour animer cette nouvelle version de l'Optra. Toutes les livrées de cette petite Chevrolet sont d'abord offertes avec boîte manuelle, la boîte automatique à quatre rapports étant, il faut le dire, plutôt désagréable, surtout lorsqu'il est question d'effectuer un dépassement sur l'autoroute. Les changements de rapports sont longs et torturent le moteur au point de lui extraire un cri de douleur bien audible. Moins puissante que la Cavalier mais offrant beaucoup plus de possibilités, tant au chapitre des versions que de l'équipement, l'Optra se détaille à un prix à peu près équivalent, soit un peu plus de 16 000 $ pour le modèle de base. L'Optra5, qui prend les allures d'une sous-compacte à cinq portes, lui dame le pion côté style. Visant le marché des jeunes automobilistes en quête d'une première voiture neuve, l'Optra mise aussi sur des accessoires qui les rejoignent : toit ouvrant, radio avec lecteur de CD capable d'interpréter les fichiers musicaux MP3, roues en alliage de 15 pouces. Voilà des options qui devraient attirer cette clientèle difficile à saisir. Chevrolet, qui ne manque pas de petites voitures, veut remplacer avec brio sa Cavalier, vieillotte, mais pourtant si bonne vendeuse. Même si, au Canada, elle mise en premier lieu sur la Cobalt, GM espère bien que l'Optra fera également sa part, grâce à l'Optra familiale et à l'Optra5, notamment.

ON AIME

> Le tableau de bord
> La familiale
> Le prix de détail

ON AIME MOINS

> La consommation d'essence
> Les places arrière étroites

À RETENIR

Fourchette de prix :
15 550 $ à 18 650 $

Marge bénéficiaire : **9,8 %**

Ventes : ↑

Indice de fiabilité :
★★★★☆

Consommation d'essence :
10,6 L/100 km

CO_2 sur une base annuelle :
▬▬▬▬▭ **5,7**

Valeur résiduelle au terme de 48 mois : **n.d.**

Cote de sécurité en cas d'impact : **n.d.**

NOUVEAUTÉS

> Une familiale s'ajoute à la famille

LE MOT DE LA FIN

L'Optra est une compacte polyvalente mais pas nécessairement économique.

CHRYSLER **PT CRUISER**

ON AIME

> Le moteur turbo
> L'équipement généreux

ON AIME MOINS

> Le roulis prononcé
> Un prix un peu élevé

À RETENIR

Fourchette de prix :
21 170 $ à 32 290 $

Marge bénéficiaire : **n.d.**

Ventes : ↓

Indice de fiabilité :
★★★★☆

Consommation d'essence :
10,8 L/100 km

CO_2 sur une base annuelle :
6,7

Valeur résiduelle au terme
de 48 mois : **33 à 38 %**

Cote de sécurité en cas
d'impact : **n.d.**

NOUVEAUTÉS

> L'équipement est redistribué

LE MOT DE LA FIN

La PT Cruiser est une petite
familiale intéressante, mais il
faut en payer le prix.

Salade du chef

Dans le marché des petites familiales, la PT Cruiser est une voiture à part. Son style détonne, tout comme son prix de détail, un poil au-dessus de la moyenne. Une mécanique un peu plus vigoureuse (sur les versions à moteur turbo) et beaucoup d'espace de rangement sont-ils des ingrédients qui rendent la recette intéressante ?

Pour 2005, les quatre versions de la compacte qui ne sont pas décapotées (un modèle décrit ailleurs dans cet ouvrage) se partagent trois motorisations, dont deux avec turbocompresseur. Le moteur atmosphérique de 150 chevaux est plus économique, mais adjoignez-lui la boîte automatique et vous obtenez une voiture lente, mais lente...

Heureusement, les modèles Classic et Touring sont mieux pourvus en équipements : changeur de six CD intégré, climatiseur et roues de 16 pouces en option, la Touring ayant une apparence un peu plus luxueuse et sportive grâce à une suspension révisée et à des garnitures de cuir. Dans les deux cas, un moteur turbo de 180 chevaux est offert en option et transforme la minifamiliale en voiture dynamique. La PT Cruiser GT, pour sa part, en rejette encore plus, avec un moteur turbo de 220 chevaux. Une boîte manuelle à cinq rapports, des roues de 17 pouces et une suspension sport assurent un comportement routier très agréable. Dans tous les cas, le turbo est fortement recommandé, si votre budget d'essence le permet. Les freins à tambour à l'arrière sont échangés pour des freins à disque sur la PT Cruiser GT. Celle-ci profite d'un antiblocage également optionnel sur les autres versions de la compacte et d'un système antipatinage additionnel. À l'intérieur, on remarque rapidement l'espace dégagé à l'arrière pour du chargement ou pour des passagers. À l'avant, l'effet est poussé à son extrême ; on dirait qu'il manque d'accessoires ou que l'habitacle est dégarni. La position de conduite est relativement élevée, ce qui procure une bonne visibilité. Deux coussins gonflables à l'avant sont de série partout, un rideau latéral étant offert sur la GT et optionnel ailleurs. Dans tous les cas s'ajoute cette année un nouveau système appelé « UConnect », qui permet d'utiliser la sonorisation de la voiture comme système mains libres pour jusqu'à quatre appareils cellulaires.

Pas un mauvais choix, la PT Cruiser. Pour qui a les moyens, évidemment.

Erreur sur la personne

DaimlerChrysler aimerait bien convaincre les acheteurs de petites voitures que la SX 2.0 est une solution de rechange viable aux autres produits américains. Un changement de modèle prévu pour l'an prochain mais reporté à l'année suivante (modèle 2007) ne laisse cependant pas beaucoup d'espace pour des améliorations majeures.

En 2005, une nouvelle version, la SX 2.0 Sport, s'inspire de la tonitruante SRT-4, avec plusieurs clins d'œil esthétiques. Hormis cela, c'est toujours la même chose : une mécanique de 132 chevaux qualifiée d'économique (ce qui reste à prouver), à laquelle on joint une suspension indépendante correcte et des freins ordinaires à tambours à l'arrière (quatre disques et antiblocage sont offerts en option). Au prix demandé (entre 15 000 $ et 21 000 $), ce n'est pas l'aubaine du siècle.

Son comportement est tout de même correct, compte tenu de la catégorie. Le roulis est prononcé, par contre. Le confort des occupants n'est pas mis en péril par ces facteurs. Les sièges sont plutôt confortables et le dégagement, à l'avant, est généreux. À l'arrière, c'est plutôt serré, si vous faites plus de 1,70 m. Les portières arrière n'aident pas trop, non plus.

Les matériaux utilisés pour la confection du tableau de bord — beaucoup de plastique — sont un peu décevants, ne serait-ce que parce qu'ils ont l'air de plastique bas de gamme. La finition n'est pas parfaite, non plus. Enfin, les bruits ambiants sont nombreux et constants.

Au niveau du coffre, le volume n'est pas des plus impressionnants. Le seuil est élevé, un défaut agaçant lorsque vient le temps d'y charger une bicyclette, par exemple. Les articulations sont encombrantes. Malheureusement pour DaimlerChrysler, la valeur de revente de la SX est minimale. Ajoutez à cela les nombreuses ventes de liquidation du fabricant et vous comprendrez pourquoi la petite Dodge n'a pas une image très reluisante.

De plus, le modèle vieillit mal. Le renouvellement de la Focus et la disparition en cours d'année du duo Cavalier/Sunfire laisseront la SX seule dans une classe peu enviable, celle des berlines compactes américaines très bon marché.

ON AIME

> Les nouvelles lignes
> Les nombreux rabais

ON AIME MOINS

> La mécanique en général
> Le coffre
> La valeur de revente

À RETENIR

Fourchette de prix :
15 505 $ à 18 505 $

Marge bénéficiaire :
5,4 à 6,3 %

Ventes : ↑

Indice de fiabilité :
★★★☆☆

Consommation d'essence :
8,4 L/100 km

CO_2 sur une base annuelle :
▬▬▬▭ **4,5**

Valeur résiduelle au terme de 48 mois : **22 à 26 %**

Cote de sécurité en cas d'impact : **n.d.**

NOUVEAUTÉS

> De nouvelles lignes extérieures
> Un groupe optionnel s'inspirant de la SRT-4

LE MOT DE LA FIN

La SX est une berline qui prend de l'âge et que Dodge tarde à remplacer.

ON AIME

> La Civic Hybrid
> L'économie en carburant des autres versions
> La valeur de revente

ON AIME MOINS

> L'attrait du modèle auprès des voleurs
> La suspension

À RETENIR

Fourchette de prix :
16 200 $ à **22 700 $**

Marge bénéficiaire : **7,5 %**

Ventes : ↓

Indice de fiabilité :
★★★★★

Consommation d'essence :
6,8 L/100 km

CO_2 sur une base annuelle :
 3,7

Valeur résiduelle au terme de 48 mois : **40** à **45 %**

Cote de sécurité en cas d'impact : ★★★★★

NOUVEAUTÉS

> Pas de nouveautés en 2005

LE MOT DE LA FIN

La Civic est vieillissante mais demeure attrayante pour des raisons d'économie et de valeur de revente.

Le vertige des sommets

Une fois au sommet, on n'a nulle part où aller, sinon vers le bas. De nombreuses années de succès incontesté ont placé la Civic de Honda dans la mire de tous ses concurrents. Une fiabilité reconnue, secondée par une consommation de carburant décente et un prix de détail dans la moyenne de la catégorie constituaient les trois caractéristiques définissant le marché des berlines compactes.

Il fallait que Mazda connaisse un succès retentissant en misant plutôt sur les qualités sportives de sa petite Mazda3 pour que la déconfiture s'ensuive chez Honda. Les quelques défauts de la Civic apparaissent alors : une suspension qui se fatigue rapidement, un habitacle manquant drôlement d'inspiration et une mécanique tout juste assez puissante pour se traîner elle-même. Parce qu'un malheur n'arrive jamais seul, il fallait que la Civic soit, avec la EL d'Acura, l'une des voitures les plus volées au pays. Et pouf! Les primes d'assurances explosent.

Au cours de l'année dernière, on a pu observer un style légèrement retouché et l'apparition de nouvelles caractéristiques. Un nouveau modèle en 2006 signifie que cette année, on ne touche pas à un cheveu de la Civic. Au menu, des versions à deux ou quatre portières de 115 chevaux et une édition SI de 127 chevaux. Sans compter l'intrigante SiR, une sportive à cinq portières et 160 chevaux, ainsi que la Civic Hybrid, une voiture résolument économique qui est malheureusement la négligée du marché des véhicules semi-électriques. Les freins à tambour à l'arrière sont de série sur tous les modèles (excepté la SiR), l'antiblocage n'étant pas offert sur les versions de base, tout comme les coussins gonflables à l'avant. Avec les nombreuses versions disponibles de la Civic, le choix offert plaira toujours à toutes les générations d'acheteurs. La Focus, de Ford, serait probablement la seule autre compacte à offrir autant de possibilités. Elle a le mérite de coûter un peu moins cher, mais n'offre pas un degré de raffinement comparable à celui de la Civic.

En plus d'une nouvelle Civic en 2006, Honda songerait à introduire une sous-compacte encore plus abordable. Certains auraient même déjà signalé la présence d'un modèle prototype sur la piste d'essai de Honda en Californie. Rien n'est toutefois confirmé à ce chapitre.

Mystérieuse Corée

Une solide garantie, un prix alléchant et un habitacle ergonomique sont-ils des facteurs qui influencent votre choix lorsque vous magasinez une voiture neuve ? Si oui, sautez vite sur l'aubaine que vous offre Hyundai, car l'Elantra, qui a été très (très, très) légèrement rafraîchie l'an dernier, est une valeur sûre dans sa catégorie.

Pour la petite histoire, mentionnons qu'un modèle complètement nouveau sera introduit en 2006 et qu'il reprendra plusieurs éléments de la Kia Spectra 2005. Avouez que c'est beau, la convergence... Pour 2005, vous l'aurez compris, cela se traduit par un statu quo presque total pour l'Elantra, si ce n'est une mise à niveau de la sonorisation, qui se mérite un lecteur de disques compacts pouvant également lire les fichiers musicaux de type MP3. Pour le reste, les changements relèvent de la bureaucratie : qu'on opte pour la version à quatre ou cinq portes, on a maintenant droit à trois versions différentes, soit GL (de base), VE et SE pour la berline à quatre portes et GL (de base), VE et GT pour la simili-familiale.

Dans le cas de l'Elantra SE, c'est du bonbon : toit ouvrant, volant et pommeau de levier de vitesses gainé de cuir, roues en alliage, feux antibrouillard et freins antiblocage. De son côté, l'Elantra GE à cinq portes est un nouveau groupe plus abordable. Il comprend par conséquent un peu moins d'équipements, mais tire profit d'un hayon, une caractéristique populaire sur le marché. La performance de l'Elantra n'a rien d'exceptionnelle. En plein milieu de peloton à ce chapitre, elle mise sur un confort qui se ressent dans une suspension perfectible, surtout sur la cinq-portes. Celle-ci, au passage, est loin d'être la sportive espérée ; elle est plutôt, à l'instar de la berline, pratique, spacieuse et confortable. C'est que le moteur, à 140 chevaux, n'a pas le nerf que l'on peut espérer d'une compacte prétendument performante ; le quatre-cylindres de 2 litres de la compacte coréenne est toutefois économique en carburant.

Qu'à cela ne tienne, ce ne sont pas là les qualités recherchées par l'acheteur d'une Elantra (comme si on vous faisait la morale !) En offrant l'Elantra en location sur 60 mois avec une garantie complète de cinq ans, Hyundai illustre bien la nouvelle stratégie des marques coréennes : pas cher, pas cher !

ON AIME

> Le confort de l'habitacle
> Le moteur économique
> La garantie de cinq ans

ON AIME MOINS

> Le comportement de la version GT
> La puissance limitée du moteur

À RETENIR

Fourchette de prix :
15 625$** à **22 225$

Marge bénéficiaire : **n.d.**

Ventes : ↓

Indice de fiabilité :
★★★★☆

Consommation d'essence :
9,1 L/100 km

CO_2 sur une base annuelle :
▬▬▬▬▬ 4,9

Valeur résiduelle au terme de 48 mois : **26 à 31 %**

Cote de sécurité en cas d'impact : **n.d.**

NOUVEAUTÉS

> Sonorisation améliorée

LE MOT DE LA FIN

L'Elantra est une berline économique qui est avant tout confortable.

ON AIME

> La finition de l'habitacle
> Les freins
> La boîte manuelle

ON AIME MOINS

> L'ergonomie
> du tableau de bord
> La boîte automatique

À RETENIR

Fourchette de prix :
16 295 $ à 21 445 $

Marge bénéficiaire : **7,1 %**

Ventes : ↑

Indice de fiabilité :
★★★★☆

Consommation d'essence :
9,3 L/100 km

CO_2 sur une base annuelle :
 5,7

Valeur résiduelle au terme
de 48 mois : **35 %**

Cote de sécurité en cas
d'impact : ★★★★☆

NOUVEAUTÉS

> Pas de nouveautés en
> 2005

LE MOT DE LA FIN

La Mazda3 offre un équipement de série et optionnel qu'on retrouve rarement sur une compacte.

Sainte Trinité

Un an plus tard, force est d'admettre que l'attraction s'est généralisée à la province entière : la recette nippo-européenne qui distingue la Mazda3 de ses concurrentes a porté ses fruits. Fallait-il s'en étonner, dans un marché fortement caractérisé par son appréciation des petites voitures à l'européenne et de la fiabilité des produits japonais ?

Au premier abord, d'aucuns admettront que la Mazda3 s'apparente drôlement à une consœur allemande, la Volkswagen Jetta. Les deux silhouettes sont semblables : caisse élevée, coffre très court et pare-chocs discrets intégrés à l'ensemble. Une allure très chic qui, dans le cas de la japonaise, crée un précédent. Démontrant qu'il est possible d'apprécier les petites voitures autrement que pour des raisons d'économie, la Mazda3 offre des accessoires et des garnitures, en somme un habitacle qui tranche avec la philosophie réductrice du beau-bon-pas-cher généralement associée aux voitures compactes. Des freins à disque aux quatre roues, c'est rare sur la version de base d'une compacte !

Côté pratique, notons que la Mazda3 possède l'un des coffres les plus spacieux de sa classe. Idem pour l'habitacle, où, en prime, les espaces de rangement se sont multipliés. Côté sécurité, la petite berline profite de plusieurs technologies peu fréquentes dans ce marché : par exemple, une colonne de direction déformable en cas d'impact et une structure d'acier de différentes épaisseurs visant à diriger la force d'une collision loin des occupants. Pour cela, il faut remercier la synergie au sein de la société Ford, qui a réuni pour l'occasion des ingénieurs de Mazda, de Ford et de Volvo.

Il restait aux gens de Mazda à accoucher d'une mécanique rendant honneur à tout cela. Pour les modèles GX et GS, il est question d'un moteur à quatre cylindres de deux litres qui, à 148 chevaux, se situe dans la moyenne de la catégorie, tant au niveau de la puissance et du couple qu'au chapitre de la consommation d'essence. À moins d'un besoin insatiable de performance, ce moteur convient à toutes les situations. Cela dit sans offense à « l'autre », l'édition à 2,3 litres de 160 chevaux, livrée sur la version GT. Le léger gain en puissance (et en couple) conviendra mieux aux cowboys d'autoroute, qui sont plus prompts dans leurs dépassements.

À moi l'Europe !

L a Protegé5 avait créé un certain émoi au sein de l'intelligentsia automobile québécoise. La cinquième portière faisait-elle un retour en force ? Que ceux qui en doutaient soient à jamais honnis, car non seulement l'aventure fut-elle un succès pour Mazda, mais la Mazda3 Sport, sa remplaçante, pousse l'audace encore plus loin.

Visuellement, il va sans dire que la 3-Sport est une européenne courageusement larguée en sol nord-américain. Autant elle est anonyme sur le Vieux Continent, autant elle se démarque sur nos routes. L'empattement exagéré, la voie apparemment élargie, les roues qui semblent surdimensionnées de 16 ou 17 pouces, voilà les traits qui lui donnent cette allure sportive distinctive.

À l'intérieur, des sièges en tissu de caractère sportif, un volant à trois rayons avec commandes de la sonorisation et du régulateur de vitesse intégrées et un jeu de trois cadrans à rétroéclairage rouge et bleu créent une ambiance réussie. L'instrumentation est moderne, même si son ergonomie est parfois douteuse. À l'arrière, plus de place sur la banquette, des porte-gobelets additionnels à l'extrémité des vide-poches et un coffre qui, s'il n'est pas aussi spacieux qu'on l'aurait désiré, est à tout le moins généreusement extensible, si l'on rabat le dossier de la susdite banquette. N'est-ce pas là l'une des plus grandes qualités de ces voitures à cinq portes ?

Sous le capot, le « gros » moteur de la famille (!), le quatre-cylindres de 2,3 litres, à 160 chevaux. La Mazda3 n'est pas exceptionnellement légère, et son moteur n'est pas le plus puissant de sa catégorie, mais la direction assistée, la boîte manuelle et la suspension allient la douceur de roulement à une agilité qui ne fait pas de doute.

Si, à un peu plus de 20 000 $, la 3-Sport n'est pas exactement une aubaine, ce n'est pas à cause d'une mauvaise mise en marché. Au contraire, quand on se mérite le titre de « meilleure berline sportive de moins de 35 000 $ » de la part de l'Association des journalistes automobiles du Canada, et qu'on arrive en plus à satisfaire les exigences d'une clientèle habituée aux petites voitures à cinq portes, avouez que la surprime est bien méritée...

ON AIME

> Le hayon
> Le confort des places avant
> Le comportement relevé

ON AIME MOINS

> L'ergonomie du tableau de bord
> Les pneus
> L'épuisement des stocks

À RETENIR

Fourchette de prix :
20 285 $ à 21 485 $

Marge bénéficiaire : **7,1 %**

Ventes : ↑

Indice de fiabilité :
★★★★★

Consommation d'essence :
9,7 L/100 km

CO$_2$ sur une base annuelle :
▬▬▬▬▬) **6,2**

Valeur résiduelle au terme de 48 mois : **41 %**

Cote de sécurité en cas d'impact : **n.d.**

NOUVEAUTÉS

> Pas de nouveautés en 2005

LE MOT DE LA FIN

La Mazda3 Sport est une berline à cinq portes qui combine le côté pratique au plaisir de conduire.

MITSUBISHI **LANCER**

Quête du Graal

La marque Mitsubishi était nouvelle au Canada. Son image, jeune et fraîche, en promettait autant pour ses produits. Malheureusement, les modèles les plus importants pour conquérir le marché canadien, dont la berline compacte Lancer, sont toujours en quête de la fontaine de Jouvence. La jeunesse éternelle est bel et bien un mythe.

Avec une allure révisée l'an dernier et l'introduction d'une version familiale nommée Sportback, la Lancer revient en 2005 avec bien peu de modifications. Les modèles ES, OZ-Rally et Ralliart sont offerts sur la berline. Hormis quelques accessoires ajoutés à un groupe optionnel au modèle ES (de base), la Lancer revient avec un choix de deux moteurs et un équipement qui accuse du retard sur la compétition. Heureusement, son prix de détail, démarrant légèrement au-dessus des 15 000 $, demeure dans la bonne fourchette pour soutirer des ventes à des concurrents comme Nissan ou Chevrolet.

Sur papier, autant la Lancer ES que la Lancer OZ-Rally souffrent d'un manque de puissance les plaçant loin derrière la moyenne de la catégorie. Ces 120 chevaux et 130 livres-pied de couple étaient suffisants en 2000, mais la plupart des acheteurs seront maintenant tentés de considérer une Ford Focus ou même une Hyundai Elantra, toutes deux proposant une puissance supérieure ou égale à 140 chevaux pour un prix similaire.

À l'intérieur, le confort est satisfaisant, mais l'ergonomie simpliste du tableau de bord ne cache pas l'aspect monotone de l'habitacle. Côté rangement, le coffre écope, avec un volume utile sous la moyenne de la catégorie. Évidemment, la Lancer Sportback n'a pas à souffrir de cette remarque. La Lancer Ralliart, avec un moteur de 2,4 litres produisant 162 chevaux, offre beaucoup plus de nerf, une suspension indépendante, des roues en alliage de 16 pouces et des freins à disque aux quatre roues avec antiblocage de série. C'est bien entendu la sportive du groupe, la légendaire Lancer Evo étant une inconnue pour nous, simples Canadiens. La vie éternelle, les chimères, c'est croire que Mitsubishi fait dans le fantastique ! Dommage que la magie n'opère pas aussi efficacement pour la Lancer, qui traîne de la patte face à une concurrence plus attrayante.

L'âge de mes artères

S i Nissan se lance tête première dans les VUS et les voitures de luxe (par l'entremise de sa division Infiniti), plus spécialisés et plus payants, il apparaît évident qu'elle n'offre pas beaucoup de soutien à sa compacte, la Sentra. Ordinaire dans tous les aspects, elle commence clairement à laisser voir un âge avancé. Sur papier, elle ne fait plus le poids face à la concurrence.

Offerte uniquement en berline à quatre portes, la Sentra mise avant tout sur l'économie d'essence de son moteur à quatre cylindres de 1,8 litre. À 126 chevaux, il est parmi les moins musclés de la catégorie, ce qui ne paraît pas trop grâce à un couple suffisant et constant tout au long de la plage de régime. Malheureusement, il contribue à créer un niveau sonore désagréable et constant dans l'habitacle.

En 2005, une nouvelle version est offerte, la 1.8 Édition spéciale. Outre les modèles 1.8 (de base) et 1.8 S, Nissan offre aussi les SE-R et SE-R Spec V (voir section sur les compactes hors-série), plus sportives grâce à un quatre-cylindres de 2,5 litres produisant respectivement 165 et 175 chevaux. Les modèles pourvus du 1,8 L sont équipés de freins à tambour à l'arrière, l'antiblocage n'étant même pas optionnel sur la 1.8 de base. L'édition spéciale est livrée avec le groupe électrique, une grille modifiée à l'avant et des feux antibrouillard. À l'intérieur, un tissu au motif plus moderne (?) est aussi offert. Parlant de l'habitacle, mentionnons que la Sentra est l'une des voitures compactes les moins attrayantes au niveau du volume utile. Le coffre est peu commode en raison des articulations, qui obstruent son ouverture. Les portières arrière ne sont pas très larges non plus.

La rumeur veut que Nissan, en partenariat avec Renault, la maison-mère, révise la Sentra en entier pour 2006. Il est question de reprendre plusieurs caractéristiques de l'actuelle Mégane, un véhicule au style unique, nettement plus spacieux et au tempérament plus relevé. Pour 2007, il est aussi question d'emprunter la technologie hybride de Toyota pour faire de la Sentra le premier modèle à moteur hybride essence-électricité de la gamme Nissan.

En attendant, on a encore droit à une compacte sobre, banale et très ordinaire qui a la nostalgie des années 1980.

ON AIME

> L'édition SE-R
  (décrite plus loin)
> L'ergonomie du tableau
  de bord

ON AIME MOINS

> Le niveau sonore
  de l'habitacle
> Le volume utile limité

À RETENIR

Fourchette de prix :
15 598 $ à **18 298 $**

Marge bénéficiaire :
6,3 à 7,4 %

Ventes : ↓

Indice de fiabilité :
★★★★★

Consommation d'essence :
8,7 L/100 km

CO_2 sur une base annuelle :
▬▬▬▬▬▭ **4,7**

Valeur résiduelle au terme
de 48 mois : **33 à 38 %**

Cote de sécurité en cas
d'impact : ★★★★☆

NOUVEAUTÉS

> Nouvelle version
  1.8 Édition spéciale

LE MOT DE LA FIN

La Sentra est un vieux modèle qui peine à suivre côté puissance et espace utile.

PONTIAC **SUNFIRE**

Épreuve d'endurance

En théorie, 2005 marque la dernière année de la Sunfire et de sa jumelle de Chevrolet, la Cavalier. Tandis que cette dernière sera remplacée par la Cobalt en cours d'année, la compacte de Pontiac n'a pas de remplaçante en vue. Revu en 2004, ce duo a reçu les honneurs d'une nouvelle mécanique et d'une carrosserie légèrement redessinée. En 2005, les changements sont donc mineurs. Pour la Sunfire, cela signifie qu'on ajoute seulement, en plus de quelques couleurs de carrosserie, un groupe d'options nommé Sportec, qui comprend un toit ouvrant électrique, une sonorisation à six haut-parleurs plus puissante, des roues en aluminium de 15 pouces, un échappement à embout chromé et un emblème Sportec officialisant le tout.

Pour le reste, peu de choses à dire qui n'ont pas déjà fait la manchette. À un prix de détail variant entre 16 000 et 20 000 $, les quatre versions de la Sunfire (en réalité deux versions pour le coupé et deux pour la berline à quatre portes) sont présentées par GM comme des compactes au caractère sportif avec valeur ajoutée. Pourtant, il faut avouer que le principal atout de la Sunfire, c'est justement son prix de détail, qui peut difficilement dépasser les 20 000 $ avant taxes et coûts supplémentaires divers.

Mécaniquement, la Sunfire ne fait pas bande à part avec un moteur à quatre cylindres de 2,2 litres produisant 140 chevaux, tout à fait moyen pour une compacte. La suspension à poutre de torsion, à l'arrière, est un peu rude, mais l'ensemble, avec une boîte automatique (en option), peut tout de même s'avérer intéressant à conduire. Le compromis entre ce fameux côté sportif et le confort « à l'américaine » est juste. À l'intérieur, l'espace est limité, surtout à l'arrière. Ajoutez à cela une finition aux matériaux de qualité douteuse et vous obtenez un habitacle peu enthousiasmant. Surtout que dans ce marché, Mazda, Ford et Toyota ont compris que la valeur ajoutée, quand elle est évidente, attire les foules.

Une chose est sûre, les dirigeants de Chevrolet doivent se frotter les mains de pouvoir enfin remplacer la Cavalier. Chez Pontiac, malgré des chiffres qui parlent d'eux-mêmes (le duo Cavalier/Sunfire est le plus vendu au pays), on a probablement hâte d'en faire autant avec la Sunfire.

Laissée pour compte

Nombreuses sont les critiques qui montent en épingle la Toyota Matrix, mais il ne faudrait pas oublier que Pontiac offre une version de la familiale qui n'est pas piquée des vers. La Vibe, qui profite cette année de quelques modifications esthétiques d'usage, est une compacte spacieuse, originale et combien pratique. Sur le marché, la Vibe se situe à mi-chemin entre la Chrysler PT Cruiser et la Subaru Impreza Outback. Sans être la sportive annoncée, elle est certes polyvalente pour les familles qui voyagent souvent ensemble. L'habitacle est spacieux, les places arrière sont suffisantes pour deux adultes et le coffre est généreux, ce qui va de soi dans une familiale. De nouveaux éléments de sécurité sont disponibles en 2005, dont des coussins latéraux gonflables et des rideaux gonflables, en plus de l'antidérapage « StabiliTrak » de GM. Le tableau de bord est moderne, bien que certains désapprouvent la disposition des cadrans, à rétroéclairage rouge vif. Leur apparence se combine aux éléments de l'habitacle pour donner une impression de qualité et de solidité qui n'est minée que par une finition quelque peu imparfaite. Le grondement du moteur très audible est un autre défaut à noter.

Sous le capot, la mécanique est sensiblement la même pour les trois versions de la Vibe, mais les chiffres varient en fonction du modèle. La Vibe de base affiche 130 chevaux, l'édition à transmission intégrale (Vibe TI) en a 123, et la Vibe GT, présentée comme la sportive, 170. Chacune possède aussi une boîte de vitesses différente, la boîte manuelle à cinq rapports faisant place à une automatique dans la Vibe TI et à une boîte manuelle à six rapports dans la GT. Toutes trois agréables à conduire, elles sont cependant loin de produire une puissance suffisante pour créer des sensations sportives. C'est que le quatre-cylindres de 1,8 litre produit sa puissance maximale à un régime élevé, surtout dans le cas de la GT (7600 tr/min). La boîte automatique n'est pas terrible non plus. La mécanique de la Vibe est conçue pour optimiser la consommation d'essence, chose qu'elle réussit avec succès. Silencieuse et souple, elle s'agence à une suspension indépendante tout aussi douce qui maximise le confort des occupants.

Il manquerait un modèle moins garni de la Vibe pour offrir une gamme de prix véritablement concurrentielle. Sinon, il s'agit tout de même d'une familiale compacte qui vaut le détour.

ON AIME

> Le volume utile
> La finition intérieure

ON AIME MOINS

> Le bruit ambiant
> Le grondement du moteur

À RETENIR

Fourchette de prix :
19 850 $ à 25 620 $

Marge bénéficiaire :
8,6 à 9,8 %

Ventes : ↑

Indice de fiabilité :
★★★★★

Consommation d'essence :
8,3 L/100 km

CO_2 sur une base annuelle :
5,4

Valeur résiduelle au terme
de 48 mois : **33 à 37 %**

Cote de sécurité en cas
d'impact : ★★★★★

NOUVEAUTÉS

> Nouveaux rideaux gonflables et coussins gonflables latéraux
> Système d'antidérapage StabiliTrak

LE MOT DE LA FIN

La Vibe est une petite familiale très pratique.

SATURN **ION**

ON AIME

> Les demi-portières arrière
> Le nouveau volant
> Le moteur Ecotec plus silencieux

ON AIME MOINS

> Le comportement routier
> Le bruit ambiant

À RETENIR

Fourchette de prix :
14 855 $ à 20 060 $

Marge bénéficiaire : **9,1 %**

Ventes : ↑

Indice de fiabilité :
★★★☆☆

Consommation d'essence :
9 L/100 km

CO_2 sur une base annuelle :
▬▬▬▭▭▭ **4,8**

Valeur résiduelle au terme de 48 mois : **31 à 33 %**

Cote de sécurité en cas d'impact : ★★★★★

NOUVEAUTÉS

> Nouvelle calandre
> Habitacle révisé
> Nouveaux éléments silencieux autour du moteur

LE MOT DE LA FIN

La Ion est une berline originale, mais le coupé retient davantage l'attention.

Le rapsode qui venait du ciel

Ion est à la mythologie grecque ce que Wilfred LeBouthillier est à l'empire Quebecor : une sorte de barde dont le rôle est d'enrichir le quotidien de ses congénères grâce à des histoires héroïques largement exagérées. Si vous permettez l'analogie, on ne peut pas dire que Saturn ait mal choisi le nom de sa compacte, puisque la berline (et le coupé) Ion peut se définir de la même façon : une voiture originale dont les qualités sont en partie exagérées.

Pour 2005, Saturn a corrigé plusieurs traits de la Ion. Le style de la calandre, qui faisait très « vaisseau spatial », est beaucoup plus traditionnel. L'habitacle hérite d'une nouvelle sellerie plus confortable et est mieux insonorisé, un défaut criant (!) sur la Ion des années passées. Même l'Ecotec est révisé, avec des pièces assurant un silence accru. La mécanique change aussi légèrement. On a en effet retravaillé la direction et la suspension, améliorant la maniabilité de la voiture. Enfin, la boîte VTi à rapports constants est éliminée de la liste des options au profit d'une boîte automatique traditionnelle à quatre rapports.

Peut-être que cette liste d'améliorations permettra à la réalité de rejoindre la fiction. Après tout, les défauts de la berline (quatre portes) et du coupé « Quad Cab » (avec portières « suicide ») étaient avant tout reliés aux nombreux bruits de l'habitacle et aux performances déficientes au niveau de la suspension. Le freinage, inchangé, demeure une lacune de la Ion. L'antipatinage est toutefois disponible en option.

À l'intérieur, on a remplacé l'affreux volant à deux rayons, une pseudo-imitation des anneaux de Saturn peu pratique, voire dangereuse. On a aussi mis à jour le style du tableau de bord, et les sièges ont une meilleure apparence. Spacieuse, la Ion est l'une des voitures offrant le plus d'espace de rangement. Son coffre, avec plus de 400 litres, est l'un des plus grands de la catégorie.

Avec l'édition Red Line, visant à attirer une clientèle friande de performances relevées, la Ion a quelques atouts dans sa manche, à commencer par son prix, fort compétitif. Malheureusement, son nouveau style extérieur n'a rien pour inspirer la passion. Dommage, car la Ion est un bien meilleur choix que ses clones de Chevrolet et de Pontiac.

Vieillir ensemble

S'il est un véhicule automobile qui a évolué au rythme de la demande au cours des 10 dernières années, c'est bien la Impreza. Malgré des aptitudes dynamiques supérieures à la moyenne (rouage intégral, direction), une présentation intérieure discutable et un volume utile ordinaire en font une voiture compacte au prix de détail très élevé. Dans la même fourchette, la Jetta ou la Golf de Volkswagen ont l'avantage d'être plus jolies.

Des révisions esthétiques mineures ont été apportées à l'habitacle pour le modèle 2005, dont une console révisée et un nouveau volant à trois rayons. Les deux berlines et les deux familiales, incluant l'édition Outback Sport, partagent le même moteur à quatre cylindres à plat de 165 chevaux, tandis que l'Impreza WRX, à moteur turbo, fait 227 chevaux (sans parler des 300 chevaux de la WRX Sti). Le rouage intégral est de série dans tous les cas (sauf sur une version économique de la berline), tout comme quatre freins à disque avec antiblocage.

Boîte manuelle à cinq rapports de série ou automatique à quatre rapports en option et roues de 16 pouces sont d'autres caractéristiques génériques, la sécurité active étant constituée d'une paire de sacs gonflables à l'avant (des rideaux sont aussi offerts sur la WRX). Pour un compromis se voulant une version plus abordable de la WRX, la 2.5RS est toute désignée, puisqu'elle en reprend la plupart des accessoires (sièges, radio, etc.). Une direction précise et un rouage intégral permettent à l'Impreza de se distinguer sur la route. Qui plus est, l'accélération de la WRX est épatante, malgré un effet de couple prononcé redevable à la turbo-compression. La suspension, à tous les coups, est très ferme, voire indélicate, et le moteur est plutôt bruyant sur toutes les versions de la compacte.

Heureusement, le confort des sièges et l'ergonomie générale des commandes sont un baume au chapitre de l'expérience de conduite. La banquette est un peu serrée aux genoux pour les adultes, mais le dossier rabattable, dans la familiale, permet d'utiliser le coffre un peu comme celui d'un utilitaire sportif (VUS). C'est d'ailleurs toute la raison d'être de l'Outback Sport : convaincre les acheteurs de VUS de format compact qu'une familiale avec rouage intégral, finalement, c'est pas mal mieux. Une logique à laquelle l'Impreza permet de souscrire sans broncher.

ON AIME
> Le rouage intégral
> La puissance du moteur
> L'espace utile de la version Outback

ON AIME MOINS
> Le prix élevé
> Le volume du coffre de la berline

À RETENIR
Fourchette de prix :
22 995 $ à 35 495 $

Marge bénéficiaire :
7,4 à 10,5 %

Ventes : ↓

Indice de fiabilité :
★★★★★

Consommation d'essence :
11,3 L/100 km

CO₂ sur une base annuelle :
6

Valeur résiduelle au terme de 48 mois : **43 à 45 %**

Cote de sécurité en cas d'impact : **n.d.**

NOUVEAUTÉS
> Nouvelle console
> Nouveau volant à trois rayons

LE MOT DE LA FIN
Un VUS pratique et sécuritaire pour qui ne désire pas trop payer.

SUZUKI **AERIO**

ON AIME

> Le nouveau tableau de bord
> Le volume de chargement (Fastback)
> Le rouage intégral

ON AIME MOINS

> Le bruit ambiant
> La hausse du prix de détail

À RETENIR

Fourchette de prix :
18 995 $ à 22 195 $

Marge bénéficiaire : **n.d.**

Ventes : ↓

Indice de fiabilité :
★★★☆☆

Consommation d'essence :
9,8 L/100 km

CO_2 sur une base annuelle :
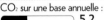 **5,2**

Valeur résiduelle au terme
de 48 mois : **27 à 31 %**

Cote de sécurité en cas
d'impact : **n.d.**

NOUVEAUTÉS

> Tableau de bord redessiné
> Sacs gonflables latéraux

LE MOT DE LA FIN

Une petite voiture qui se veut
une familiale compacte et
économique.

Retour aux valeurs sûres

S uzuki a bien écouté la critique concernant sa compacte Aerio, une berline offerte en modèle à quatre portes ou en minifamiliale. Après avoir augmenté la puissance du moteur à 155 chevaux l'an dernier (une bonne idée, non pas pour l'aspect sportif mais carrément pour l'utilité de la petite voiture), le fabricant japonais se concentre maintenant sur le confort et la sécurité des occupants.

Suzuki en profite aussi pour apporter quelques retouches esthétiques à sa petite berline. Le carénage, à l'avant, et le pare-chocs arrière sont redessinés. À l'intérieur, on a (enfin !) remplacé les cadrans numériques par un bloc d'instrumentation analogique. Le tableau de bord est redessiné en conséquence, et d'autres accessoires pas nécessairement de série sont maintenant disponibles. Ils comprennent les commandes audio montées sur le volant, un siège conducteur à hauteur réglable, une fonction d'entrée sans clé et une chaîne stéréo à six haut-parleurs.

La sécurité des occupants est aussi améliorée, les coussins gonflables frontaux étant secondés de coussins latéraux. Autre grande nouveauté, l'antiblocage est enfin disponible. En prime, il est livré avec un système de répartition électronique de la force de freinage ! Livrée de série avec une boîte manuelle, l'Aerio 2005 coûtera un peu plus cher, en raison de ces nouvelles modifications. Le prix de détail sera de 19 000 $ pour la berline, alors que la Fastback (alias la familiale) coûtera 21 000 $ et la version à transmission intégrale, 24 000 $.

Les principaux défauts de l'Aerio étaient, en 2004, le freinage, la lecture difficile du tableau de bord et le bruit généralement élevé dans l'habitacle ; on soupçonne qu'au moins deux critiques sur trois peuvent être effacées. Pour ce qui est du bruit, c'est un bien mince défaut compte tenu de l'espace offert par l'habitacle (surtout sur la Fastback). Le volume utile, à l'arrière notamment, est parmi les plus importants offerts dans cette catégorie.

Seule voiture de la gamme à être construite exclusivement par et pour Suzuki, l'Aerio est une compacte méconnue. À tel point que des rumeurs laissent entendre qu'on pourrait l'éliminer des salles d'exposition bien avant 2007, l'année prévue pour un changement complet de modèle.

Conservatrice

Pour 2005, Toyota apporte quelques modifications à la Corolla. La populaire berline compacte s'est fait repoudrer le nez, pour ainsi dire, puisqu'il s'agit surtout de quelques retouches esthétiques visant à rafraîchir les lignes de la calandre et des feux arrière. Par contre, une nouvelle édition voit le jour : la Corolla XRS, à 170 chevaux, soit 40 de plus que les Corolla CE, LE et S. La Corolla est une compacte confortable et soignée fabriquée dans une usine canadienne réputée, chez Toyota, pour la qualité d'assemblage de ses produits. Ajoutez à cela une mécanique dont la fiabilité est renommée et vous comprendrez ce qui fait la réputation des véhicules japonais (même s'ils sont assemblés « à l'étranger »).

Le moteur à quatre cylindres de 1,8 litre est silencieux et économique et s'agence à une boîte manuelle à cinq rapports tout aussi douce (une boîte automatique à quatre rapports est offerte en option). Les freins à disque à l'avant et à tambour à l'arrière profitent d'un antiblocage optionnel (de série sur la XRS) et se terrent sous des roues de 15 pouces. Les modèles LE et S ont droit à un antipatinage optionnel ; vous pouvez aussi opter pour du cuir à l'intérieur. Autre option, introduite en 2005 : des rideaux gonflables.

La consommation d'essence de la Corolla est possiblement son plus grand attrait, puisqu'elle est la plus économique de sa catégorie. Sur la route, son accélération est dans la moyenne, à l'image du comportement général de la voiture. Sa suspension est réglée pour optimiser le confort mais son roulis est exagéré, un défaut qui devient rapidement désagréable.

À l'intérieur, malgré un habitacle en apparence immense, on s'aperçoit rapidement de l'étroitesse de la banquette, pénalisant les adultes qui auraient le malheur d'avoir de grandes jambes. Le coffre est de dimension moyenne et la banquette se rabat en deux sections, comme le veut la tendance. Point de vue rangement, on ne peut pas dire que la Corolla soit un exemple d'ingéniosité. En revanche, à un peu moins de 16 000 $, il s'agit de l'un des meilleurs rapports qualité-prix sur le marché en ce moment. La Corolla est idéale pour l'acheteur consciencieux qui ne désire pas visiter son banquier à la fréquence des pleins d'essence...

ON AIME
> La consommation d'essence
> Le prix de détail
> Le confort des places avant

ON AIME MOINS
> Le roulis exagéré
> L'étroitesse de la banquette

À RETENIR
Fourchette de prix :
15 490 $ à 21 600 $

Marge bénéficiaire :
6,9 à 8,3 %

Ventes : ↑

Indice de fiabilité :
★★★★★

Consommation d'essence :
7,6 L/100 km

CO_2 sur une base annuelle :
4,1

Valeur résiduelle au terme de 48 mois : **40 à 43 %**

Cote de sécurité en cas d'impact : **n.d.**

NOUVEAUTÉS
> La calandre et les feux arrière sont redessinés
> Sacs gonflables latéraux en option

LE MOT DE LA FIN
L'une des compactes les plus alléchantes, tant pour la fiabilité que pour le prix.

TOYOTA **MATRIX**

Réalité virtuelle

Avec ses airs de voiture de rallye, la Matrix de Toyota s'est rapidement arrogée une image qui lui permet de conquérir nombre d'acheteurs qui, autrement, bouderaient le créneau mal aimé des familiales. Pourtant, ces amateurs de conduite relevée seront déçus d'apprendre que seule la boîte automatique à quatre rapports est offerte avec la transmission intégrale.

Pour 2005, Toyota offre à sa compacte une nouvelle calandre, des feux arrière rafraîchis ainsi que des ajouts au niveau de la sécurité. Mise au point conjointement avec General Motors, la familiale Matrix/Pontiac Vibe a cependant la chance d'être équipée d'une mécanique Toyota : un quatre-cylindres de 1,8 litre de 130 chevaux pour les versions à deux roues motrices, qui descend à 123 chevaux en version intégrale. Il atteint 170 chevaux sous le capot de la Matrix XRS (avec boîte manuelle à six vitesses seulement), grâce à un ajustement du calage variable des soupapes VVT-i de Toyota. Sauf en régime-moteur très élevé (au-delà des 6000 tours-minute), ces diverses configurations de moteur ont une performance plutôt similaire. Le freinage à antiblocage est de série sur la XRS mais en option sur tous les autres modèles, tandis que des sacs gonflables latéraux sont aussi nouvellement proposés en option. Des roues de 16 pouces (17 pour la XRS) sont de mise dans tous les cas. Sur la route, la Matrix émet une gamme étonnante de bruits de vent. Ce dernier adore d'ailleurs faire valser la caisse élevée de la familiale à haute vitesse, ce qui n'empêche pas la suspension d'agir efficacement dans toutes les situations. Le roulis est faible dans les circonstances et le freinage (avec antiblocage) est surprenant. Rappelez-vous qu'il s'agit d'une familiale à la silhouette verticale ! C'est ce qui permet d'ailleurs d'optimiser l'habitacle, où la position de conduite élevée est agréable. Les cadrans rétroéclairés en rouge ont une allure moderne, et les accessoires du tableau de bord sont faciles d'accès. À l'arrière, l'espace pour les occupants est très correct, et l'espace utile du coffre, avec ou sans le dossier de la banquette, est généreux.

La Matrix, la Vibe et la Subaru Impreza en édition Outback Sport sont d'excellentes solutions de rechange aux véhicules utilitaires sportifs de format compact. Leur prix, variant entre 20 000 et 25 000 $ en version intégrale, est plus avantageux, tout comme la consommation de carburant. Pensez-y.

Une dernière ronde ?

En Amérique du Nord, Volkswagen est une société centralisée dont les décisions sont prises exclusivement en fonction du marché américain. Dans cette optique, il n'est pas étonnant d'apprendre que la nouvelle Golf, introduite en Europe en 2004, ne sera pas livrée en notre blanche contrée avant le printemps 2006. Maintenu en vie de façon artificielle, le modèle actuel, ou Golf 4, sera donc inchangé d'ici là.

Cela dit, la Golf actuelle se présente dans une grande diversité de modèles. À deux ou quatre portières, elle peut être équipée d'un moteur à quatre cylindres de 2 litres (versions de base), d'un fougueux mais fragile moteur turbo de 1,8 litre (le fameux 1.8T de Volkswagen) ou d'un moteur turbodiesel nettement plus économique de 1,9 litre (TDI). Dans tous les cas, on a droit à une attrayante boîte manuelle de série ou à une automatique, nettement moins intéressante, en option.

La qualité des matériaux utilisés dans la confection de l'habitacle est sans aucun doute une caractéristique inhérente aux produits Volkswagen qui vaut le détour. Les sièges, le tableau de bord et ses cadrans aux couleurs bleu et rouge distinctives et les divers accessoires donnent tous une impression durable de qualité et d'originalité. C'est dommage que la plupart des propriétaires de Golf doivent subir les nombreux problèmes électriques qui sont l'apanage de ce modèle depuis des années.

La conduite relevée est un autre trait de personnalité unique à la Golf. La configuration de sa suspension, même sur les modèles de base, est idéale. Un juste mélange de rigidité et de souplesse. Ajoutez à cela un moteur turbo (le 2 litres est plutôt ordinaire) et vous obtenez une petite sportive très agréable à conduire. Côté pratique, le coffre de la Golf offre beaucoup d'espace. À 18 pieds cube, c'est l'un des plus spacieux dans le créneau des voitures compactes à hayon, à égalité avec la Ford Focus. Avec la banquette rabattable, une telle voiture remplit bien le rôle de compromis entre un véhicule économique et une familiale plus spacieuse. À condition de transporter des objets inanimés, car l'espace disponible pour des occupants sur la banquette est dérisoire, sans parler de l'accès à cette banquette sur les modèles à deux portes. Erreur de marketing pour Volkswagen, donc, qui nous annonce une Golf améliorée deux ans à l'avance. En attendant, qui veut d'une Golf de fortune ?

ON AIME

> La version TDI
> Le volume du coffre
> La finition intérieure

ON AIME MOINS

> La mauvaise réputation côté fiabilité
> La fragilité du 1.8T
> L'étroitesse de la banquette

À RETENIR

Fourchette de prix :
18 300 $ à 24 720 $

Marge bénéficiaire :
4,2 à 8,8 %

Ventes : ↓

Indice de fiabilité :
★★★☆☆

Consommation d'essence :
10 L/100 km

CO_2 sur une base annuelle :
■■■□ 5,4

Valeur résiduelle au terme de 48 mois : **41 à 44 %**

Cote de sécurité en cas d'impact : ★★★★★

NOUVEAUTÉS

> Inchangée pour 2005, la Golf sera transformée en 2006

LE MOT DE LA FIN

La Golf TDI est un peu chère, mais combien économique en carburant.

ON AIME

> Le choix de versions
> La version TDI
> La finition intérieure

ON AIME MOINS

> La mauvaise réputation côté fiabilité
> Le prix un peu trop élevé
> Le volume utile limité

À RETENIR

Fourchette de prix :
24 750 $ à 32 670 $

Marge bénéficiaire : **8,8 %**

Ventes : ↓

Indice de fiabilité :
★★★☆☆

Consommation d'essence :
10 L/100 km

CO_2 sur une base annuelle :
 5,4

Valeur résiduelle au terme de 48 mois : **41 à 45 %**

Cote de sécurité en cas d'impact : ★★★★★

NOUVEAUTÉS

> Nouveau modèle annoncé pour l'été

LE MOT DE LA FIN

La Jetta TDI est une voiture très économique.

Le chant du cygne

Si vous vous demandez pourquoi la Golf 5 se fait attendre, c'est qu'il s'agit d'un modèle boudé par les Amerloques. Chez l'Oncle Sam, la Jetta est de loin la plus populaire des deux. Voilà pourquoi on aura droit à un changement de modèle pour la Jetta dès le printemps prochain.

Entre temps, peu de choses vont changer pour le modèle courant. Même choix de moteurs (2 litres, 1.8T, 1,9 litre turbodiesel et V6 de 2,8 litres), en plus d'une version TDI Sport qui offre quelques accessoires exclusifs donnant un peu plus de clinquant au modèle TDI de base.

Selon la version désirée, on a droit à une boîte manuelle à cinq ou six rapports de série, ou à une boîte automatique en option sur les modèles à caractère moins sportif. La Jetta est l'une des rares compactes, avec la Golf, à offrir un freinage à quatre disques avec antiblocage de série, ainsi qu'une batterie de coussins de sûreté. En revanche, il faut dire que la Jetta est probablement la compacte la plus coûteuse sur le marché, avec un prix de détail démarrant à 24 500 $.

La version la plus chère est l'édition sportive, la Jetta GLI VR6. Son fougueux V6 de 200 chevaux comblera les amateurs d'accélération brute, la courbe de puissance du V6 étant plus étendue que celle du 1.8T, qui fait tout de même 180 chevaux bien sentis.

Côté pratique, la Jetta fait dans la demi-mesure à bien des égards. Son espace utile est limité, le coffre est étroit, même les porte-gobelets se font rares. C'est dire ! Heureusement, la clientèle privilégie le design moderne et unique de la voiture.

Au printemps, l'introduction d'une nouvelle Jetta fabriquée au Mexique risque d'en faire trépigner plusieurs d'impatience. Elle reprend plusieurs éléments, tant visuels que mécaniques, de la nouvelle Golf européenne, dont un moteur turbo de 2 litres.

Sa fabrication mexicaine pourrait se traduire par un prix de détail plus concurrentiel, mais aussi par une fabrication moins méticuleuse, la main-d'œuvre n'étant pas aussi bien formée qu'en Europe.

Tempus fugit...

Eh oui, le temps fuit pour plusieurs constructeurs, qui doivent déjà en être aux derniers coups de crayon dans l'élaboration d'un nouveau modèle remplaçant leur berline compacte actuelle. Certains seront plus conservateurs, d'autres peut-être moins.

Honda Civic 2006

Honda prévoit changer la Civic pour l'année-modèle 2006. On ne sait pas encore à quoi elle ressemblera, mais il est question d'en augmenter les dimensions et la puissance, ce qui n'est pas exactement une philosophie révolutionnaire. Il n'est pas impossible que la cylindrée de 2 litres du coupé RSX d'Acura soit utilisée pour ce nouveau modèle, et la rumeur veut qu'un modèle à cinq portes fasse son apparition, une première en Amérique du Nord. Il s'agirait d'un modèle plus abordable que l'actuelle SiR. Nos voisins du Sud espèrent aussi que Honda importera sur notre continent la Stream, qui est à la CRX ce que Star Trek : The Next Generation est à Spock et à l'amiral Kirk. Pas exactement une continuité, mais pas loin.

Hyundai Elantra

La compacte coréenne est appelée à changer de traits en 2006. C'est un secret de polichinelle que la prochaine génération d'Elantra sera dérivée de la Kia Spectra, elle-même redessinée en entier pour 2005. Les Coréens, qui comprennent vite quand on leur explique longtemps, viennent de réaliser que les coûts sont moins élevés s'ils fabriquent plus d'une voiture à l'aide de la même plateforme. Quatre ans après tout le monde, mais quand même. L'Elantra devrait être un peu plus luxueuse que la Spectra, car la marque Kia devient par défaut une gamme axée sur le prix, Hyundai préférant jouer les trouble-fête dans la cour de Honda, Toyota, Ford et consorts.

Nissan Sentra 2006

L'alliance Renault-Nissan a redonné des ailes à Nissan, qui offre depuis quelques années des produits au style fort distinctif. Ne manque qu'un nouveau design pour la Sentra, en fait, pour dire que le revirement est total. Ça tombe bien, ça s'en vient en 2006. Il est question de faire une Sentra à partir de la Renault Mégane, une charmante petite voiture très caractéristique du design automobile français. Rien n'a été dit à ce jour concernant le design du modèle japonais.

CE QU'IL FAUT RETENIR

	Lieu d'assemblage	Cycle de remplacement	Garantie de base (années/km)	Mode	Nombre de portières	Capacité du réservoir de carburant	Essence recommandée
Acura 1.7 EL	Canada	2006	3/60 000	Traction	4	50	Ordinaire
Chevrolet Cavalier	États-Unis	Modèle en sursis	3/60 000	Traction	2 ou 4	53	Ordinaire
Chevrolet Cobalt	États-Unis	Nouveau modèle	3/60 000	Traction	2 ou 4	49	Ordinaire
Chevrolet Optra	États-Unis	n.d.	3/60 000	Traction	4 ou 5	55	Ordinaire
Chrysler PT Cruiser	États-Unis	n.d.	3/60 000	Traction	5	57	Ordinaire
Dodge SX	États-Unis	2007	3/60 000	Traction	4	47	Ordinaire
Ford Focus	États-Unis	Nouveau modèle	3/60 000	Traction	2, 3, 4 ou 5	53	Ordinaire
Honda Civic	Japon	2006	3/60 000	Traction	2, 3 ou 4	50	Ordinaire
Hyundai Elantra	Corée	2006	5/100 000	Traction	4 ou 5	55	Ordinaire
Kia Spectra	Corée	Nouveau modèle	5/100 000	Traction	4 ou 5	55	Ordinaire
Mazda3	Japon	n.d.	3/80 000	Traction	4	55	Ordinaire
Mazda3 Sport	Japon	n.d.	3/80 000	Traction	5	55	Ordinaire
Mitsubishi Lancer	Japon	2006	3/60 000	Traction	4 ou 5	50	Ordinaire
Nissan Sentra	États-Unis	2006	3/60 000	Traction	4	50	Ordinaire
Pontiac Pursuit	États-Unis	Nouveau modèle	3/60 000	Traction	4	53	Ordinaire
Pontiac Sunfire	États-Unis	Modèle en sursis	3/60 000	Traction	2 ou 4	53	Ordinaire
Pontiac Vibe	États-Unis	n.d.	3/60 000	Traction	5	50	Ordinaire
Saab 9-2X	Japon	Nouveau modèle	4/80 000	Intégrale	5	60	Ordinaire
Saturn Ion	États-Unis	n.d.	3/60 000	Traction	3 ou 4	54	Ordinaire
Subaru Impreza	Japon	n.d.	3/60 000	Intégrale	4 ou 5	60	Ordinaire
Suzuki Aerio	Japon	n.d.	3/60 000	Traction	4 ou 5	50	Ordinaire
Toyota Corolla	Canada	n.d.	3/60 000	Traction	4	50	Ordinaire
Toyota Matrix	Canada	n.d.	3/60 000	Traction	5	50	Ordinaire
Volkswagen Golf	Mexique	Automne 2005	4/80 000	Traction	3 ou 5	55	Ordinaire
Volkswagen Jetta	Mexique	Printemps 2005	4/80 000	Traction	4	55	Ordinaire

Empattement (mm)	Longueur (mm)	Largeur (mm)	Hauteur (mm)	Nombre de places	Volume du coffre – min/max (L)	Moteur de série	Puissance (hp à tr/mn)
2620	4488	1715	1440	5	365	L4 SACT 1,7	127 à 6300
2644	4640	1724	1389	5	386	L4 DACT 2,2	140 à 5600
2624	4584	1725	1450	5	394	L4 DACT 2,2	145 à 5600
2600	4515	1725	1445	5	350	L4 DACT 2,0	119 à 5400
2615	4290	1704	1540	5	538	L4 DACT 2,4	150 à 5100
2667	4430	1711	1421	4	371	L4 SACT 2,0	132 à 5600
2614	4280	1694	1443	5	509	L4 DACT 2,0	136 à 6000
2620	4488	1715	1440	5	365	L4 SACT 1,7	127 à 6300
2610	4520	1720	1425	5	365	L4 DACT 2,4	138 à 6000
2610	4340	1735	1470	5	518	L4 DACT 2,4	138 à 6000
2639	4529	1755	1466	5	323	L4 DACT 2,0	148 à 6500
2639	4486	1755	1466	5	484	L4 DACT 2,3	160 à 6500
2600	4510	1695	1390	5	320	L4 DACT 2,0	120 à 5500
2535	4510	1711	1410	5	329	L4 DACT 1,8	126 à 6000
2623	4580	1725	1450	5	394	L4 DACT 2,2	140 à 5600
2644	4653	1725	1389	5	370	L4 DACT 2,2	140 à 5600
2600	4365	1775	1580	5	570	L4 DACT 1,8	130 à 6000
2525	4460	1695	1465	5	790	H4 SACT 2,5	165 à 5600
2621	4686	1707	1458	5	416	L4 DACT 2,2	140 à 5800
2525	4460	1695	1465	5	790	H4 SACT 2,5	165 à 5600
2479	4351	1720	1544	5	413	L4 DACT 2,3	155 à 5400
2600	4530	1700	1480	5	390	L4 DACT 1,8	130 à 6000
2600	4350	1775	1540	5	428	L4 DACT 1,8	130 à 6000
2511	4189	1735	1439	5	509	L4 SACT 2,0	115 à 5200
2513	4375	1735	1440	5	368	L4 SACT 2,0	115 à 5200

SURVOL TECHNIQUE

	Couple (lb-pi à tr/mn)	Rapport poids-puissance	Accélération 0 à 100 km/h (sec)	Autre(s) moteur(s)	Transmission de série	Transmission optionnelle
Acura 1.7 EL	114 à 4800	9,38	9,3	n.d.	Man. 5 rapports	Auto. 4 rapports
Chevrolet Cavalier	150 à 4000	8,67	9	n.d.	Man. 5 rapports	Auto. 4 rapports
Chevrolet Cobalt	155 à 4000	8,97	n.d.	n.d.	Man. 5 rapports	Auto. 4 rapports
Chevrolet Optra	126 à 4000	10,5	10	n.d.	Man. 5 rapports	Auto. 4 rapports
Chrysler PT Cruiser	165 à 4000	9,06	9,6	L4 2,4L 180 ch, 220 ch	Man. 5 rapports	Auto. 4 rapports
Dodge SX	130 à 4600	10,12	9,4	n.d.	Man. 5 rapports	Auto. 4 rapports
Ford Focus	133 à 4500	9,24	7,9	L4 2,3L 151 ch	Man. 5 rapports	Auto. 4 rapports
Honda Civic	114 à 4800	9,38	9,3	n.d.	Man. 5 rapports	Auto. 4 rapports
Hyundai Elantra	136 à 4500	9,17	10,8	n.d.	Man. 5 rapports	Auto. 4 rapports
Kia Spectra	136 à 4500	9,35	n.d.	n.d.	Man. 5 rapports	Auto. 4 rapports
Mazda3	135 à 4500	8,28	8	L4 2,3L 160 ch	Man. 5 rapports	Auto. 4 rapports
Mazda3 Sport	150 à 4500	7,66	7,7	n.d.	Man. 5 rapports	Auto. 4 rapports
Mitsubishi Lancer	130 à 4250	10,21	10,5	L4 2,4L 160 ch	Man. 5 rapports	Auto. 4 rapports
Nissan Sentra	129 à 2400	9,28	10,3	n.d.	Man. 5 rapports	Auto. 4 rapports
Pontiac Pursuit	150 à 4000	10,42	n.d.	L4 2,4L 170 ch	Man. 5 rapports	Auto. 4 rapports
Pontiac Sunfire	150 à 4000	8,56	8,9	n.d.	Man. 5 rapports	Auto. 4 rapports
Pontiac Vibe	125 à 4200	9,42	10,8	L4 1,8L 170 ch	Man. 5 rapports	Auto. 4 rapports
Saab 9-2X	166 à 4000	8,44	6,1	H4 turbo 2L 227 ch	Man. 5 rapports	Auto. 4 rapports
Saturn Ion	145 à 4400	8,72	8,4	n.d.	Man. 5 rapports	Auto. 4 rapports
Subaru Impreza	166 à 4000	8,44	6,1	H4 turbo 2L 227 ch	Man. 5 rapports	Auto. 4 rapports
Suzuki Aerio	152 à 3000	7,85	9,1	n.d.	Man. 5 rapports	Auto. 4 rapports
Toyota Corolla	125 à 4200	8,81	9,4	n.d.	Man. 5 rapports	Auto. 4 rapports
Toyota Matrix	125 à 4200	9,42	10,8	L4 1,8L 170 ch	Man. 5 rapports	Auto. 4 rapports
Volkswagen Golf	122 à 2600	10,93	10,1	L4 1,9L 100 ch (diesel)	Man. 5 rapports	Auto. 4 rapports
Volkswagen Jetta	122 à 2600	11,41	10,6	L4 1,9L 100 ch (diesel)	Man. 5 rapports	Auto. 4 rapports

1 Aussi disponible : manuelle 6 rapports
2 D/t : Disque/tambour, D/d : Disque/disque

Direction	Rayon de braquage (m)	Suspension avant/arrière	Freins avant/arrière [2]	ABS	Distance de freinage 100 à 0 km/h (m)	Dimensions des pneus de série
Crémaillère	10,4	Jambes de force/leviers triangulés	D/d	De série	43	195/60R15
Crémaillère	10,9	MacPherson/semi-ind.	D/t	Optionnel	40	195/70R14
Crémaillère	10,2	Jambes de force/semi-ind.	D/t	Optionnel	n.d.	195/60R15
Crémaillère	10,4	MacPherson/MacPherson	D/d	Optionnel	n.d.	195/55R15
Crémaillère	11,2	MacPherson/semi-ind.	D/t	Optionnel	37	195/65R15
Crémaillère	11,5	MacPherson/multibras	D/t	Optionnel	n.d.	175/70R14
Crémaillère	10,4	MacPherson/multibras	D/t	Optionnel	n.d.	195/60R15
Crémaillère	10,4	Jambes de force/leviers triangulés	D/d	De série	43	195/60R15
Crémaillère	9,9	Jambes de force/multibras	D/d	Optionnel	n.d.	195/60R15
Crémaillère	10,9	Jambes de force/semi-ind.	D/t	Optionnel	n.d.	195/60R15
Crémaillère	11,4	MacPherson/multibras	D/d	Optionnel	36	195/65R15
Crémaillère	11,4	MacPherson/multibras	D/d	Optionnel	36	205/50R17
Crémaillère	10,3	Jambes de force/multibras	D/t	Optionnel	41	195/60R15
Crémaillère	10,6	Jambes de force/semi-ind.	D/t	Optionnel	40	195/60R15
Crémaillère	10,2	Jambes de force/semi-ind.	D/t	Optionnel	n.d.	195/60R15
Crémaillère	10,9	MacPherson/semi-ind.	D/t	Optionnel	40	195/65R15
Crémaillère	11,2	MacPherson/semi-ind.	D/t	Optionnel	41	205/55R16
Crémaillère	10,8	MacPherson/MacPherson	D/d	De série	40	205/55R16
Crémaillère	10,8	Jambes de force/semi-ind.	D/t	Optionnel	45	185/70R14
Crémaillère	10,8	MacPherson/MacPherson	D/d	De série	40	205/55R16
Crémaillère	10,7	MacPherson/jambes de force	D/t	Optionnel	41	185/65R14
Crémaillère	10,7	MacPherson/semi-ind.	D/t	Optionnel	48	185/65R15
Crémaillère	11,2	MacPherson/semi-ind.	D/t	Optionnel	41	205/55R16
Crémaillère	10,9	MacPherson/semi-ind.	D/d	De série	40	195/65R15
Crémaillère	10,9	MacPherson/semi-ind.	D/d	De série	40	195/65R15

COMPACTES HORS-SÉRIE

Acura RSX Type S **Dodge SRT-4** Honda Civic SiR **Mini Cooper S** Mitsubishi Lancer RalliArt **Nissan Sentra SE-R** Saturn Ion Redline **Subaru WRX STi** Toyota Corolla XRS **Volkswagen GTI**

TEXTES, RECHERCHES ET ESSAIS : **ALAIN McKENNA**

POUR EN FINIR
AVEC LES PRÉJUGÉS

LES VERSIONS SPORTIVES DE VOITURES COMPACTES POPULAIRES
NE DOIVENT PAS ÊTRE JUGÉES À TRAVERS LE STÉRÉOTYPE DE LA
PETITE BOMBE TONITRUANTE ET EXPLOSIVE. AU CONTRAIRE,
DANS TOUS LES CAS, LES FABRICANTS ONT COMPRIS QUE LE
PLAISIR DE CONDUIRE N'ÉTAIT PAS SEULEMENT UNE QUESTION DE
PUISSANCE BRUTE.

Une tendance qui, on vous le rappelle, était plutôt à la mode à une
époque où la génération actuelle d'acheteurs n'était pas encore née et où
la clientèle cible était, justement, ceux qui désapprouvent aujourd'hui la
renaissance de cette mode.

En effet, l'époque où l'on roulait avec la grosse bière entre les jambes est
révolue depuis belle lurette.

Pour un budget de 25 000 $, il est possible de mettre la main sur une
voiture un peu plus sportive qui, sans nécessairement délaisser l'aspect
confort, accroît en prime la sécurité des occupants. Par exemple, seulement en troquant les freins d'origine du modèle à grand tirage par un
ensemble de freins munis d'un système antiblocage, on rend un grand service à l'acheteur qui, comme nous tous, doit vivre avec un hiver encombrant... et des étés pluvieux, aussi !

Une suspension sport n'a rien pour contrecarrer cet argument non plus :
une meilleure tenue de route se traduit par une direction plus précise,
puisque la voiture réagit rapidement aux commandes du conducteur sur le
volant. Mais, évidemment, une sportive peut devenir dangereuse si on en
abuse.

Pour le reste, on peut blâmer la SAAQ qui enjoint les instructeurs de
conduite automobile à parler de pompage de freins à une époque où cela
est tout sauf sécuritaire. On ne peut pas critiquer la voiture pour l'igno-
rance de son conducteur...

Bref, comme les goûts en matière d'automobiles au Québec diffèrent sensiblement de ceux du reste du continent, il n'est pas surprenant de voir
plusieurs de ces petits modèles circuler sur nos routes. La performance
n'est pas qu'une affaire de grosses bagnoles, contrairement à ce que pensent bon nombre d'Américains.

Le retour du turbo ?

Vous désirez un petit aparté sur les tendances du jour ? Deux tendances sont à noter pour le marché des sportives. D'abord, c'est moins évident dans le créneau des sportives de format compact, mais la propulsion est plus que jamais à la mode. Est-ce que cette tendance va se généraliser ? Bonne question.

En tout cas, les férus de sport compact en sont à effectuer des séances de dérapage contrôlé qui favorisent largement l'utilisation de voitures à roues arrière motrices. Voilà qui pourrait trouver écho chez certains détaillants, dont d'anciens modèles sont soudainement plus en demande. Nissan, notamment, doit bien se demander ce qui se passe avec sa 240SX des

années 1990, tout comme Toyota, dont la vieille Corolla GT-S est de plus en plus prisée par les fanas de «drifting».

Une deuxième tendance concerne les moteurs à (turbo)compression. Volkswagen a de quoi se réjouir puisqu'elle offre depuis belle lurette son 1.8T (qui a déjà un remplaçant de 2 litres, avec turbo, sur les planches). Mais Subaru, Mini, Dodge, Saturn et Chevrolet ont ou auront bientôt des modèles équipés de mécaniques suralimentées qui plairont aux gens croyant en cette tendance.

**Pontiac
Sunfire GXP**

MP3 : avis aux directeurs du marketing

Comme les jeunes constituent la plupart des acheteurs de petites voitures à caractère sportif, il n'est pas étonnant que les fabricants d'automobiles s'attardent sur certains détails qui leur plairont. En 2005, il va sans dire que la grosse, grosse tendance dans le domaine des « accessoires inutiles » est d'ajouter la capacité de lire les fichiers MP3 aux radios d'origine.

Ainsi, il suffit de graver pour environ 700 mégaoctets de musique en format numérique sur un disque compact et de se taper un trajet Montréal-Gaspé pour constater que c'est là une très bonne nouvelle.

Malheureusement, cette initiative n'est pas nécessairement la meilleure. Pendant que l'industrie automobile fait un effort en ce sens, l'industrie du divertissement est déjà plus loin et tend à délaisser le format du disque compact pour celui, plus polyvalent, du lecteur MP3 portatif.

Honda, entre autres, offre depuis quelques années un port d'entrée où il est possible de brancher une source sonore externe (comme un lecteur MP3 portatif).

Votre obligé, qui possède un téléphone cellulaire avec lecteur MP3 intégré, ne peut que souhaiter qu'il s'agisse là de la prochaine initiative des constructeurs dans le petit monde de la musique pour auto.

Mazda a déjà fait preuve d'avant-gardisme avec la Protegé MP3. Verra-t-on, l'an prochain, une édition de la Mazda3 baptisée « Mazda3 USB » ? Puisque Mini a déjà lancé la Mini iPod avec un petit socle pour le lecteur MP3 d'Apple, peut-être que la prochaine étape serait la « Mazda3 Bluetooth », capable de lire les fichiers MP3 de votre lecteur sans avoir à brancher quoi que ce soit...

TOYOTA **COROLLA XRS**

Quand les fils se touchent

A ux États-Unis, Toyota a lancé une division baptisée Scion pour attirer les jeunes dans ses salles d'exposition. Au Canada, ils ont droit à... la Corolla XRS. La disparition de la Celica, l'an prochain, explique en partie l'introduction de modèles au caractère sportif, comme la version XRS de la Corolla et de la Matrix.

Comme il n'est pas (encore) question de lancer Scion au Canada, disons que la pression est forte sur ces deux modèles pour faire les yeux doux aux amateurs de performance... L'arrivée de la version XRS coïncide avec une révision esthétique de la Corolla — la berline compacte affiche notamment une nouvelle calandre. La XRS, pour sa part, possède aussi les jupes et pare-chocs de la Corolla Sport, un aileron arrière et des roues en alliage de 16 pouces.

La cylindrée produit quelques chevaux en plus, et la mécanique comprend une boîte manuelle à six rapports ainsi qu'une suspension raffermie (grâce à l'ajout d'une barre stabilisatrice à l'avant). La Corolla XRS possède d'autres caractéristiques exclusives, comme des freins à disque antiblocage et répartition électronique de la force de freinage, des pneus Michelin Pilot Sport et un indicateur de pression des pneus.

Pourtant, malgré ses prétentions, la XRS est avant tout une compacte confortable et soignée. Son moteur à quatre cylindres de 1,8 litre est le même que celui de la Celica GT-S — mêmes qualités, donc mêmes défauts. Il utilise la technologie de calage variable des soupapes VVTL-i de Toyota pour accroître sa puissance à haut régime.

Seul hic : c'est à 7000 tr/min qu'on ressent le plus gros bénéfice de cette technologie — un peu tardivement, compte tenu que la ligne rouge se situe à 8000 tr/min. Ce qui n'est pas sans enlever le plaisir de pousser cette mécanique jusque dans ses derniers retranchements. Sinon, la compacte n'est pas si différente des autres versions de la Corolla, ce qui n'est pas nécessairement mauvais, remarquez : sa mécanique figure parmi les plus économiques du marché et sa fiabilité est réputée parmi les meilleures de l'industrie.

En situation de conduite sportive, la boîte manuelle est carrément un plaisir à manipuler. Également empruntée à la Celica, elle permet d'exploiter à fond la puissance du moteur sur tous les rapports. Sans générer une accélération décapante (un chrono au 0-100 km/h juste sous les huit secondes), cette combinaison serait idéale sur l'Autobahn (autoroute allemande) : on peut flirter avec les 180 km/h sans aucun problème. Un avantage bien inutile en sol canadien, vous en conviendrez. Le roulis est toujours au rendez-vous ; il n'est pas trop diminué par les réglages de la suspension, qui se commet rapidement lors de virages prononcés. On sent par ailleurs que le confort est une priorité chez Toyota. En ce sens, mais aussi pour des raisons de sécurité, l'antiblocage est une bénédiction.

À l'intérieur, la version XRS est équipée de sièges sport à deux tons exclusifs, à l'instar du volant et du pommeau de levier de vitesses, qui sont gainés de cuir. Il en va de même avec les cadrans Optitron du tableau de bord. La sonorisation comprend une radio d'allure stérile dont les boutons sont plutôt petits. L'ergonomie en souffre — il faut un long bras droit pour manipuler sans ambages certaines commandes de cette radio.

La qualité des matériaux est satisfaisante pour une voiture de ce prix. Il est vrai que d'autres modèles, comme les produits Volkswagen, sont un peu plus stylisés, mais on ne peut pas tout avoir. L'habitacle de la Corolla est par ailleurs assez bruyant, des bruits de vent étant nettement audibles au-delà des 100 km/h.

La position de conduite est correcte et, chose surprenante, la banquette est spacieuse, suffisamment pour deux adultes de taille moyenne, en tout cas. Si on rabat le dossier, le coffre devient à son tour spacieux. Son volume n'est autrement que très moyen.

En plus d'offrir la Corolla XRS, Toyota Canada entend détailler plusieurs pièces et accessoires de performance par l'entremise de la division TRD, dont la bannière orne la vitrine d'un certain nombre de concessionnaires Toyota au pays. Un échappement au diamètre agrandi et des roues en alliage surdimensionnées font partie du lot. Il était même question d'un compresseur volumétrique au moment de l'essai de la voiture. Là, on commence à parler de performance !

ON AIME

> La puissance ajoutée
> Les sièges avant
> La fiabilité

ON AIME MOINS

> Les caprices de la technologie VVT-i
> Le bruit ambiant

À RETENIR

Prix : **24 185 $**

Marge bénéficiaire : **8,3 %**

Ventes : **n.d.**

Indice de fiabilité :
★★★★★

Consommation d'essence :
9,6 L/100 km

CO_2 sur une base annuelle :
▬▬▬▬▬◯ **6,3**

Valeur résiduelle au terme de 48 mois : **43 %**

Cote de sécurité en cas d'impact : **n.d.**

NOUVEAUTÉS

> La Corolla XRS est un nouveau modèle en 2005

LE MOT DE LA FIN

Pour l'acheteur qui recherche un peu plus de « pep » sous le capot d'une berline autrement confortable.

ACURA **RSX TYPE S**

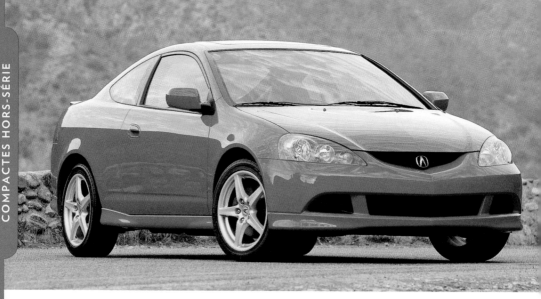

ON AIME

> La direction précise

> La suspension juste parfaite

> Le tableau de bord

ON AIME MOINS

> Le bruit du moteur
à haut régime

> Les caprices du i-VTEC

À RETENIR

Prix : **33 000 $**

Marge bénéficiaire : **8,7 %**

Ventes : **n.d.**

Indice de fiabilité :
★★★★★

Consommation d'essence :
10 L/100 km

CO_2 sur une base annuelle :
 6,4

Valeur résiduelle au terme
de 48 mois : **48 %**

Cote de sécurité en cas
d'impact : ★★★★★

NOUVEAUTÉS

> Nouvelle calandre et
nouveaux feux arrière

> Dix chevaux de plus

LE MOT DE LA FIN

L'Acura RSX Type S est sans
doute le meilleur achat de
cette catégorie.

À tout seigneur tout honneur

Le coupé RSX est déjà un très bon achat en version de base, imaginez ce que ça devient lorsqu'on lui accole le petit écusson Type S, signe que sa configuration a été optimisée pour être encore plus attrayante — pour qui aime les coupés, évidemment. Côté familial, le coupé RSX et la Type S perdent du terrain par rapport à la concurrence, d'où l'intérêt de regarder du côté de la version la plus performante, qui l'est encore davantage cette année.

En plus de la révision esthétique pour 2005, Acura a ajouté 10 chevaux à la puissance déjà élevée du moteur de son petit coupé — on atteint ainsi 210 chevaux à 7800 tr/min, grâce à la technologie i-VTEC. Pour accroître l'utilisation de cette puissance, obtenue il est vrai à un régime très élevé, on a repoussé la ligne rouge à 8300 tr/min, ce qui, malgré tout, ne laisse pas beaucoup d'espace pour s'amuser. Par ailleurs, des roues de 17 pouces sont aussi une nouveauté en 2005 pour la Type S.

Qu'à cela ne tienne, la Type S n'a pas pour autant changé de personnalité. Le plaisir est au rendez-vous à haut régime, le moteur s'époumone joyeusement, les six rapports de la boîte manuelle sont courts et précis, alors que le châssis, rigide, assure un roulis minimal et une maniabilité accrue. Les disques avant de la Type S sont plus gros que sur les autres versions de la RSX et, jumelés à l'antiblocage de série, procurent un freinage sec et sécuritaire.

Des sièges en cuir sont également de série sur cette édition du coupé, tout comme un changeur de disques compacts incorporé au tableau de bord. Des coussins gonflables frontaux figurent au menu, pour une sécurité accrue. On note également la présence de la climatisation, d'un toit ouvrant et de garnitures exclusives dès la sortie de l'usine.

Pour le prix, l'Acura RSX Type S est l'une des sportives les plus attrayantes du marché. Une finition impeccable, un comportement exemplaire et un style rafraîchi qui a, il faut le dire, une certaine classe, sont les atouts de ce coupé japonais. Par contre, n'oublions pas que le volume utile est minimal, à l'arrière comme dans le coffre.

Bel et bien Dodge

L a fin approche pour la compacte SX, qui a étiré son existence bien au-delà de sa popularité. L'édition R/T sortant les pieds devant, il ne reste que la SRT-4 pour essayer de convaincre les jeunes amateurs de performance que Dodge, finalement, ce n'est pas si mal que ça.

La formule ne change pas beaucoup en 2005 pour la SRT-4. Le moteur à quatre cylindres de 2,4 litres produit 230 chevaux grâce à un turbocompresseur, une puissance qui est (heureusement) transmise aux roues avant par un différentiel autobloquant. La boîte manuelle à cinq rapports est la seule offerte, tandis que quatre freins à disque antiblocage sont aussi de série, un ensemble optionnel sur la SX. À l'instar des freins, la suspension de la SRT-4 est réglée de façon à être plus performante — plus basse et raffermie, quoi. De plus, des roues de 17 pouces, un bas de caisse unique, une trappe d'air sur le capot et un aileron à l'arrière, des sièges sport, un cadran gradué jusqu'à 240 km/h ainsi qu'un pédalier au style ins-piré d'une voiture de course constituent les éléments visuels exclusifs à la SRT-4.

En fait, ces éléments sont regroupés dans un ensemble nommé SRT Design, qui sera offert en option cette année sur la version SXT de la compacte.

Ce qui frappe d'abord le conducteur, c'est la vitesse d'accélération de la SRT-4. À tous les rapports, à toute vitesse, elle affiche des reprises remarquables, avec très peu d'effet de couple. La direction et la suspension sont également agréables, mais un léger roulis se fait sentir. Le grondement du moteur est doux à l'oreille du pilote, mais le bruit ambiant n'est pas exactement reposant.

L'habitacle est légèrement dégarni, malgré le petit cadran indicateur de la pression du turbo et le pommeau de levier de vitesses stylisé. Le plastique gris qui couvre la plupart des surfaces est pour le moins ordinaire. Les sièges avant de la SRT-4 sont quant à eux bien dessinés, et offrent un bon appui à leurs occupants.

Sans avoir la finition ni même l'aura d'une Honda Civic ou d'une Mazda3, la SRT-4 n'en demeure pas moins une bagnole très performante pour un prix de détail toujours à la baisse. Une combinaison qui laisse assez d'espace, dans un budget, pour y apporter ses propres améliorations...

ON AIME
> L'accélération
> La boîte de vitesses
> Les sièges avant

ON AIME MOINS
> Le roulis
> L'habitacle décevant

À RETENIR
Prix : **27 280 $**

Marge bénéficiaire : **7,8 %**

Ventes : **n.d.**

Indice de fiabilité :
★★★★☆

Consommation d'essence :
10,7 L/100 km

CO$_2$ sur une base annuelle :
▬▬▬▬▬▭ **5,7**

Valeur résiduelle au terme de 48 mois : **33 %**

Cote de sécurité en cas d'impact : **n.d.**

NOUVEAUTÉS
> Pas de nouveautés en 2005

LE MOT DE LA FIN
La SRT-4 devrait inspirer les ingénieurs de Dodge lors du redesign de la SX.

HONDA **CIVIC SiR**

ON AIME

> La puissance ajoutée

> Les freins antiblocage

> Le hayon

ON AIME MOINS

> Le roulis prononcé

> Le prix de détail

À RETENIR

Prix : **25 500 $**

Marge bénéficiaire : **n.d.**

Ventes : ↑

Indice de fiabilité :
★★★★★

Consommation d'essence :
9,5 L/100 km

CO_2 sur une base annuelle :
5,2

Valeur résiduelle au terme
de 48 mois : **44 %**

Cote de sécurité en cas
d'impact : ★★★★★

NOUVEAUTÉS

> Pas de nouveautés en
2005

LE MOT DE LA FIN

La Civic SiR est une cinq-
portes sportive juste un peu
trop chère.

Pas facile de briller

L a Honda Civic SiR est une petite hatchback qui renvoie aux belles années
de la Civic. Avec une puissance supérieure aux autres versions de la compacte et une mécanique généralement plus performante, il va sans dire
qu'il s'agit du modèle sportif de la gamme.

Le moteur de 2 litres de la SiR produit 160 chevaux. Il est couplé à une boîte
manuelle à cinq rapports dont le levier est logé en plein cœur de la console centrale de l'habitacle. Pas d'automatique pour ce modèle. Une suspension à caractère
sportif, offerte de série, équipe également la SiR. Elle conserve tout de même la
configuration d'origine à jambes de force MacPherson à l'avant et à triangles
doubles à l'arrière. Le débattement est limité, et la voiture ne flotte pas au-dessus
de la route lors de descentes brusques comme les autres Civic — mais elle
demeure « sautilleuse » lorsque le pavé est imparfait.

En courbe, le roulis survient tôt en virage et la direction à crémaillère répond tardivement aux décisions du conducteur. On sent aussi que la voiture est sensible aux
vents latéraux, ce qui fait légèrement valdinguer la caisse.

Des freins à disque antiblocage (ABS) sont de série sur la SiR, tout comme les
roues de 16 pouces, deux caractéristiques que ne partagent pas les autres
versions. Le seul reproche qu'on peut faire à Honda à propos de l'ABS est de ne
pas l'offrir sur les modèles plus abordables. Un toit ouvrant est disponible sans frais
additionnels. Il procure un éclairage naturel sur l'agréable tableau de bord, bien
dessiné. Par ailleurs, malgré sa disposition inusitée, le levier de vitesses se manipule
aisément. Les sièges de type sportif sont confortables, mais les plus grands se
frotteront la tête au plafond s'ils les ajustent incorrectement. À l'arrière, on
remarque le dégagement pour les jambes, au-dessus de la moyenne pour une
compacte. L'accès est compliqué par l'absence de portières, mais bon... Le hayon
et la banquette rabattable permettent d'obtenir plus de rangement que sur la
berline, et ça, c'est vraiment plaisant.

Pratique et sportive, la Civic SiR est un modèle qui, s'il était un peu plus abordable, attirerait les foules chez Honda. Peut-être le renouvellement du modèle, en
2006, permettra-t-il de vérifier cette hypothèse ? Espérons-le.

Indeed, lad !

On l'a vite compris au Québec : une petite voiture peut être sportive. Avec ses 168 chevaux, sa boîte manuelle à six rapports et une suspension qui ne pardonne aucun nid-de-poule, la Cooper S confirme bien cette idée. Si seulement elle pouvait être un peu plus civilisée...

Le moteur de 1,6 litre avec compresseur gagne en puissance pour 2005. Pas de quoi s'étouffer, mais l'affaire de cinq chevaux. En plus des freins à disque avec antiblocage de série, la Cooper S offre le luxe d'une suspension réglée pour une performance accrue, de roues de 16 pouces à roulement à plat et d'une prise d'air sur le capot.

Ajoutez à cela le groupe Sport et vous obtenez un système d'antipatinage et des roues de 17 pouces. Optez plutôt pour l'ensemble John Cooper Works (pas donné, à plus de 8000 $) et faites sauter la banque avec une puissance de 200 chevaux, des roues de 18 pouces et une suspension encore plus rigide.

La consommation de carburant est beaucoup plus élevée sur la Cooper S, surtout si vous la conduisez comme une voiture de course. Ce qui est tentant, remarquez, la Mini étant toujours aussi agile — elle tourne « sur un 10 cents » et sa tenue de route est remarquable — et pourvue de freins appropriés. Malheureusement, sur une longue période, sa rigidité fatigue, puisque la chaussée inégale s'en trouve amplifiée.

Pourtant, l'habitacle est plutôt confortable, malgré le bruit ambiant toujours présent. Tout est facilement accessible au conducteur. À l'arrière, malgré l'étroitesse apparente, les passagers se plaignent rarement du manque d'espace (ils sont peut-être polis à l'excès ?) le coffre est pour sa part très étroit ; il faut rabattre le dossier de la banquette pour en profiter pleinement.

La puissance accrue de la Cooper S et son style unique en font une sportive distinguée. Oubliez toutefois immédiatement l'économie d'essence annoncée sur le modèle de base et attendez-vous à rager contre les nids-de-poule.

Le reste n'est que partie de plaisir...

ON AIME
> La tenue de route
> Le levier de vitesses
> La direction

ON AIME MOINS
> La suspension trop rigide
> Le coffre
> Le bruit ambiant

À RETENIR
Prix : **30 500 $**

Marge bénéficiaire : **9,8 %**

Ventes : ↑

Indice de fiabilité :
★★★★☆

Consommation d'essence :
9,4 L/100 km

CO_2 sur une base annuelle :
▬▬▬▬▬⬜ **5,1**

Valeur résiduelle au terme de 48 mois : **55 %**

Cote de sécurité en cas d'impact : **n.d.**

NOUVEAUTÉS
> Un solide gain de cinq chevaux

LE MOT DE LA FIN
La Cooper S est une voiture pas très économique mais ô combien fougueuse!

ON AIME

> Le tableau de bord
> L'accélération intéressante
> Le prix de détail

ON AIME MOINS

> Les pneus peu adhérents
> Le roulis
> Le bruit ambiant

À RETENIR

Prix : **n.d.**

Marge bénéficiaire : **7,5 %**

Ventes : **n.d.**

Indice de fiabilité :
★★★★☆

Consommation d'essence :
9,6 L/100 km

CO_2 sur une base annuelle :
6,3

Valeur résiduelle au terme
de 48 mois : **31 %**

Cote de sécurité en cas
d'impact : ★★★★☆

NOUVEAUTÉS

> Pas de nouveautés
  en 2005

LE MOT DE LA FIN

Une berline surprenante, à un
prix intéressant.

Jet de pierre

L'édition RalliArt de la Lancer est apparue l'an dernier. Pourvue d'un moteur plus puissant et bénéficiant de caractéristiques relevées, cette édition est un compromis pour ceux qui n'osent pas regarder la Lancer Evolution dans les yeux. De toute façon, ici, on n'a pas le choix. Le moteur à quatre cylindres de 2,4 litres de la Lancer RalliArt produit 162 chevaux et est jumelé à une boîte manuelle de série, échangeable contre une automatique, au besoin. Offerte en deux versions, une berline et une familiale, la RalliArt propose des coussins gonflables frontaux de série dans les deux cas ainsi que des coussins latéraux de série sur la familiale (en option sur la berline). Le reste est similaire sur les deux modèles : des freins à disque antiblocage, des roues en alliage de 16 pouces, une suspension réglée pour une fermeté accrue, des garnitures exclusives à l'extérieur comme à l'intérieur et des sièges similaires à ceux de la Lancer Evo mentionnée en début de programme.

Un chrono au 0 à 100 km/h en deçà des huit secondes, pour une berline compacte de 23 000 $, c'est quelque chose. L'ajout d'une barre stabilisatrice (à l'arrière) améliore la suspension, mais ne vous y méprenez pas, la voiture a encore tendance à décoller lorsqu'elle rencontre des dos d'âne trop brusquement. La RalliArt n'est pas pour autant dépourvue de personnalité. Son comportement est amusant et sécuritaire, et les nouveaux pneus qui l'équipent en 2005 pourraient faire oublier la piètre adhérence des Bridgestone qui la chaussaient en 2004 — qui en constituaient d'ailleurs l'un des plus grands défauts.

À l'intérieur, la finition à deux tons est impeccable. L'ajout d'appliqués qui imitent la fibre de carbone et l'alu brossé s'inscrit dans une tendance qui plaira aux jeunes automobilistes. En option, une sono plus puissante comprenant un caisson de graves logé dans le coffre est un autre attrait pour cette clientèle. La position de conduite est intéressante et toutes les places dans l'habitacle (soit quatre) sont confortables, encore qu'à l'arrière, la banquette semble un peu trop ferme. Mais le dégagement est correct pour des adultes.

À ce prix, la Lancer RalliArt est intéressante pour qui recherche une voiture pratique mettant la performance un peu en avant-plan. Son comportement fait rapidement oublier les versions plus abordables de la Lancer, ça c'est certain.

L'ange cornu

I
l n'est pas faux d'affirmer que les éditions sportives des berlines à vocation familiale sont souvent sises entre deux chaises. La performance peut-elle être optimisée sans sacrifier le confort ? Une question qui demeure à l'esprit lors de la conduite d'une Sentra SE-R, l'édition à 165 chevaux (ou 175 sur la Spec V) de la berline compacte de Nissan.

L'édition 2005 amène son lot de petits changements pour la Sentra, changements dont profite la SE-R. Vous obtiendrez ainsi de nouveaux tissus pour les sièges, de nouveaux cadrans et un pommeau de levier de vitesses exclusif. Sans parler des quatre nouvelles couleurs de carrosserie (pas une grosse affaire)... Pour satisfaire l'appétit de sensations relevées, la SE-R fait dans la demi-mesure, histoire de conserver sa polyvalence originelle. Des freins à disque équipent la berline, mais l'antiblocage est en option, et la SE-R Spec V hérite d'une boîte manuelle à six rapports qui permet d'accélérer le rythme des passages de vitesses (la SE-R est automatique). Des roues de 16 et 17 pouces complètent le tableau.

En ce qui concerne les freins, notez qu'il est possible de mettre la main sur un ensemble de marque Brembo sur le modèle Spec V. La suspension est raffermie pour accroître l'agilité, mais seule la Spec V profite d'un différentiel autobloquant qui permet de réduire l'effet de couple, un problème de la SE-R. L'accélération en est handicapée mais les courbes se prennent tout de même assez vite, malgré un roulis davantage présent que sur bien d'autres modèles similaires. Le freinage est fort, mais sans l'antiblocage, il demeure peu sécuritaire, car les roues avant bloquent facilement lorsqu'on freine à fond. Ça n'aide pas à éliminer le sous-virage apparent de la berline. À l'intérieur, le style est sobre et anonyme, malgré les appliqués métalliques exclusifs aux deux modèles SE-R. Les sièges avant sont fermes et offrent une bonne position de conduite. Malheureusement, plusieurs détails agacent : l'espace de chargement est limité pour une quatre-portes, le bruit dans l'habitacle est élevé et la sono, malgré une qualité améliorée par un caisson de graves logé dans le coffre (une option), demeure insuffisante pour contrecarrer le bruit ambiant. Nissan fait de la performance une question d'image depuis quelques années. La nouvelle Sentra, annoncée pour 2006, n'offrira probablement pas de version survitaminée comme la SE-R. Une version qui, sous sa robe d'ange, dissimule un petit air démoniaque attrayant.

ON AIME

> L'édition Spec V
> Les freins Brembo en option
> L'accélération de la Spec V

ON AIME MOINS

> La course du levier de rapports
> L'absence de différentiel sur la SE-R
> Le bruit ambiant

À RETENIR

Fourchette de prix :
21 498 $ à 21 998 $

Marge bénéficiaire :
8 à 8,6 %

Ventes : **n.d.**

Indice de fiabilité :
★★★★★

Consommation d'essence :
10,5 L/100 km

CO_2 sur une base annuelle :
▬▬▬▬▭ **5,6**

Valeur résiduelle au terme de 48 mois : **37 à 38 %**

Cote de sécurité en cas d'impact : **n.d.**

NOUVEAUTÉS

> Nouveaux tissus pour les sièges
> Nouveaux cadrans et pommeau de levier de vitesses

LE MOT DE LA FIN

La Sentra SE-R est une sportive qui demeure avant tout civilisée, la Spec V étant plus performante.

SATURN ION REDLINE

ON AIME

> La boîte manuelle
> La puissance accrue
> La visibilité

ON AIME MOINS

> La banquette
> Le bruit ambiant
> L'habitacle dégarni

À RETENIR

Prix : **27 060 $**

Marge bénéficiaire : **9,1 %**

Ventes : **n.d.**

Indice de fiabilité :
★★★★☆

Consommation d'essence :
10,5 L/100 km

CO_2 sur une base annuelle :
 6,8

Valeur résiduelle au terme de 48 mois : **33 %**

Cote de sécurité en cas d'impact : ★★★★★

NOUVEAUTÉS

> Pas de changement en 2005

LE MOT DE LA FIN

La Saturn Ion Redline est une version sportive réussie d'un coupé original.

Beaucoup plus de nerf

S aturn reprend la configuration à quatre portières pour son coupé sportif Ion Redline. En fait, il s'agit des portes de type suicide du Ion Quad Coupe. De plus, pour museler les 205 chevaux de la mécanique survitaminée de l'édition Redline, on a droit à une boîte manuelle à cinq rapports, à une suspension révisée et à des roues en alliage de 17 pouces. Les freins antiblocage offerts en option sur la Ion sont livrés d'office sur la Redline. Un système d'antipatinage est également de série.

Pour favoriser l'accélération de la petite sportive, la cylindrée est livrée avec un compresseur qui génère une puissance supplémentaire. La course du levier de rapports de la Redline est plus courte que celle des autres Ion, ce qui permet d'effectuer les changements de rapports plus efficacement et d'ajouter aux performances de la voiture.

On a souvent dit de la Ion qu'elle se comportait comme une petite japonaise. La version Redline confirme ce trait, la suspension raffermie diminuant le roulis en courbe et la direction étant plus précise. Le rayon de braquage est aussi plus court, pour les amateurs de slalom...

À l'intérieur, les cadrans sont regroupés au milieu du tableau de bord. On s'y habitue, mais il s'agit en fait de l'un des rares défauts de l'habitacle — à part peut-être la finition plutôt terne de l'ensemble, en raison de matériaux peu inspirants. Les sièges de la Ion Redline sont plus fermes et soutiennent bien le conducteur dans un contexte davantage rock 'n roll.

La Ion est l'une des berlines les plus longues de sa catégorie, ce qui se traduit par un espace intérieur important. À l'arrière, on peut s'asseoir plus confortablement dans une Ion que dans bien des concurrentes. Il en va de même pour le coffre, qui prend des dimensions plus que généreuses lorsqu'on rabat la banquette.

Les performances de la Ion Redline n'ont de contre-argument que le style insipide de son habitacle. Le comportement routier, sans être parfait, demeure relevé, mais ce serait encore plus agréable de se balader au volant de la Ion si elle avait eu droit aux mêmes attentions esthétiques que l'autre véhicule Redline, la Vue.

SUBARU **WRX STi**

Le rallye est antidémocratique

L a Subaru WRX STi est une voiture très performante, probablement trop pour le commun des mortels. Elle reprend en fait les éléments de la WRX pour les améliorer — tous, sans exception. Son moteur turbo fait 300 chevaux et est couplé exclusivement à une boîte manuelle à six rapports. La WRX est quant à elle pourvue d'un 225 chevaux, tout de même amusant, et d'une boîte manuelle à cinq rapports qu'on peut troquer pour une automatique. La suspension est raffermie (de beaucoup), les freins sont plus gros et plus puissants et les roues mesurent 17 pouces. Le rouage intégral de la STi est exclusif et propose un différentiel qui permet d'ajuster manuellement la répartition du couple entre les roues avant et arrière.

Le chrono de la WRX au 0 à 100 km/h est déjà pas mal, à tout près de 6,5 secondes, mais la STi fait encore mieux, avec cinq secondes. C'est l'explosion du turbocompresseur qui étonne, les premières fois. En courbe, inutile de dire que la STi se comporte remarquablement : le roulis est faible, l'entrée tardive est favorisée par un freinage plus que suffisant et la sortie est grandement aidée par la transmission intégrale. Malheureusement, on ne peut apprécier ses qualités dynamiques ailleurs que sur la piste. En ville, les cahots prennent l'ampleur de cratères. À l'intérieur, la WRX est munie de coussins gonflables frontaux et latéraux, au cas où. La finition générale est correcte et l'instrumentation se manipule aisément. La STi en rajoute avec des appliqués métallisés exclusifs.

Les sièges de la WRX et de la WRX STi serrent bien leurs occupants, mais les plus corpulents pourraient s'en trouver incommodés. À l'arrière, la plupart des adultes ne trouveront pas à redire, par contre. Le coffre de la STi est pénalisé par une banquette fixe. Dans la WRX, une trappe est présente, ce qui est légèrement mieux. Dans tous les cas, le volume du coffre est moyen, mais que ceux qui achètent une STi pour sa convivialité aillent de ce pas consulter un psy.

Dans la catégorie des voitures compactes, la Subaru WRX est parmi les plus chères, mais aussi parmi les plus équipées, le moteur turbo et la transmission intégrale étant de très bons atouts. La STi, une voiture pour laquelle il n'existe pas de superlatif précis, est simplement trop. En tout cas, trop pour une voiture de tous les jours. Sur la piste, alors là...

ON AIME
> L'accélération décapante
> Aucun effet de couple
> Le différentiel à réglage manuel

ON AIME MOINS
> Le comportement peu civilisé
> Le bruit ambiant
> La banquette fixe

À RETENIR
Prix : **47 995 $**

Marge bénéficiaire : **9,1 %**

Ventes : **n.d.**

Indice de fiabilité :
★★★★☆

Consommation d'essence :
13,1 L/100 km

CO_2 sur une base annuelle :
7,1

Valeur résiduelle au terme de 48 mois : **42 %**

Cote de sécurité en cas d'impact : **n.d.**

NOUVEAUTÉS
> Pas de changements en 2005

LE MOT DE LA FIN
La WRX STi est avant tout une voiture de rallye.

VOLKSWAGEN **GTI**

ON AIME

> Le moteur turbo
> L'allure réussie
> La boîte manuelle

ON AIME MOINS

> Les places arrière
> La fiabilité incertaine

À RETENIR

Fourchette de prix :
26 550 $ à 30 000 $

Marge bénéficiaire : **8,8 %**

Ventes : **n.d.**

Indice de fiabilité :
★★★★☆

Consommation d'essence :
11,1 L/100 km

CO$_2$ sur une base annuelle :
5,9

Valeur résiduelle au terme
de 48 mois : **43 à 45 %**

Cote de sécurité en cas
d'impact : **n.d.**

NOUVEAUTÉS

> Pas de nouveautés
  en 2005

LE MOT DE LA FIN

La GTi compte parmi les
coupés les plus attrayants sur
le marché.

Un peu de patience !

Ce n'est pas avant 2006 que l'on verra une GTi renouvelée. Vendue en Europe depuis plus d'un an, la cinquième génération de la Golf a déjà accouché d'un prototype de GTi qui en rejette. Entre-temps, on a encore droit à un coupé qui, malgré les récriminations concernant une fiabilité incertaine, en donne pour son argent au chapitre des performances.

Deux versions de la GTi sont proposées. L'une utilise le moteur turbo 1.8T de 180 chevaux du duo Golf/Jetta, tandis que l'autre hérite du V6 de 2,8 litres de la Jetta GLi et prend l'appellation de GTi VR6. Ses 200 chevaux, ainsi qu'un moteur à aspiration naturelle, distinguent grandement l'édition VR6 de la 1.8T, mais les deux mécaniques offrent une puissance suffisante pour satisfaire le conducteur. Une boîte manuelle à cinq rapports est de mise sur la 1.8T, mais elle peut être troquée pour une automatique. La GTi VR6 est livrée exclusivement avec une manuelle à six rapports. L'antipatinage est de mise sur les deux versions, le V6 ayant droit en sus à un antidérapage additionnel. Les freins à disque aux quatre roues sont équipés d'un système antiblocage de série. Les roues en alliage de 16 pouces de la GTi 1.8T sont échangées contre des 17 pouces pour la VR6, mais les deux modèles partagent une suspension similaire, à poutre de torsion à l'arrière et avec barres antiroulis aux deux extrémités. Côté sécurité, on a droit à la totale : les coussins gonflables frontaux et latéraux ainsi que les rideaux gonflables latéraux font tous partie de l'équipement de base. La GTi est un peu plus chère, mais elle est équipée. Bien que le quatre-cylindres turbo soit le modèle le plus enjoué, la GTi VR6 s'avère un peu plus rapide en accélération. Le comportement de cette dernière est un peu plus rude, mais la suspension à réglages sportifs demeure assez civilisée. Celle-ci contribue grandement à améliorer le rendement de la direction.

L'intérieur est moderne, original et spacieux. À part le faible dégagement pour les genoux à l'arrière, on ne peut reprocher grand-chose à l'habitacle de la GTi, à part peut-être la manipulation malaisée des petites touches de la radio. Le coffre est spacieux et pratique (il faut dire qu'une hatchback part toujours avec une longueur d'avance à ce chapitre). L'équipement de série et l'originalité de la GTi en font une sportive incontournable. Son prix est peut-être un peu élevé, mais il faut parfois payer un peu plus pour en obtenir un peu plus.

Des fois que ça ne serait pas assez...

La course à la performance ne se terminera donc jamais ? Voici deux modèles déjà en plan pour 2006 dans le fabuleux petit marché des voitures compactes de performance.

Chevrolet Cobalt SS

Au cours de l'été, Chevrolet procédera au lancement d'une version hautement performante de la Cobalt, sa nouvelle berline compacte. La Cobalt SS sera équipée de série d'un moteur de 2 litres avec compresseur qui produira un intéressant total de 205 chevaux — de quoi s'amuser ferme. Ce moteur sera couplé à une boîte manuelle à cinq rapports seulement. Pas d'automatique, pas d'hérésie ? On a déjà vu ce moteur sur certains modèles Saab, notamment.

La configuration de la suspension sera de toute évidence inchangée, mais des freins à disque ventilés à l'avant et pleins à l'arrière seront exclusifs à ce modèle. Des roues de 18 pouces et des pneus de haute performance sont aussi prévus, tout comme certaines retouches esthétiques.

Volkswagen GTi

Présenté au Salon de Francfort pour la première fois en 1975, le premier prototype de GTi a bouclé la boucle en 2003, alors que Volkswagen présentait le plus récent prototype de ce coupé au même endroit, à la même occasion... mais 28 ans plus tard !

Voilà pour la petite histoire de l'automobile.

Concrètement, ce dévoilement permet de constater que plusieurs nouveautés seront au menu pour la remplaçante (éventuelle) de la GTi. Le groupe Volkswagen a mis le paquet.

Remplaçant le moteur 1.8T, une mécanique de 2 litres turbo produisant 200 chevaux fait son apparition. Elle est jumelée à une boîte manuelle à six rapports, qui transmet la puissance de cette cylindrée aux quatre roues. Oui, aux quatre roues. N'est-ce pas là un baume sur nos plaies, pauvres Québécois négligés que nous sommes, qui n'avons pas pu voir la GTi R32 de près ?

La Golf de cinquième génération n'est pas encore vendue en Amérique du Nord. Ne retenez pas non plus votre souffle en attendant que la GTi arrive, puisqu'on parle d'un lancement au cours de 2006.

CE QU'IL FAUT RETENIR

	Lieu d'assemblage	Cycle de remplacement	Garantie de base (années/km)	Mode	Sonorisation
Acura RSX Type S	Japon	Inconnu	4/80 000	Traction	Bose à 6 CD avec caisson
Dodge SRT-4	États-Unis	2006	3/60 000	Traction	Kicker à 6 CD (opt.)
Honda Civic SiR	Japon	2006	3/60 000	Traction	AM/FM/CD
Mini Cooper S	Angleterre	Inconnu	4/80 000	Traction	AM/FM/CD
Mitsubishi Lancer RalliArt	Japon	2006	3/60 000	Traction	6 haut-parleurs avec caisson
Nissan Sentra SE-R	Japon	2006	3/60 000	Traction	Rockford-Fosgate 300W avec caisson
Saturn Ion Redline	États-Unis	Inconnu	3/60 000	Traction	AM/FM/CD/MP3
Subaru WRX/STi	Japon	Inconnu	3/60 000	Intégrale	Changeur à 6 CD
Toyota Corolla XRS	Canada	Inconnu	3/60 000	Traction	AM/FM/CD
Volkswagen GTI	Allemagne	2007	4/80 000	Traction	Monsoon à 8 h.-parleurs et changeur 6 CD (opt.)

SURVOL TECHNIQUE

	Moteur de série	Puissance (hp à tr/mn)	Couple (lb-pi à tr/mn)	Rapport poids-puissance	Accélération 0 à 100 km/h (sec)	Autre(s) moteur(s)	Transmission de série
Acura RSX Type S	L4 DACT 2,0	210 à 7800	143 à 7000	6,13	8,7	n.d.	Man. 6 rapports
Dodge SRT-4	L4 DACT 2,4 Turbo	230 à 5300	250 à 2200	5,72	5,6	n.d.	Man. 5 rapports
Honda Civic SiR	L4 DACT 2,0	160 à 6500	132 à 5000	7,8	7,5	n.d.	Man. 5 rapports
Mini Cooper S	L4 1,6 Comp.[1]	168 à 6000	162 à 4000	7,23	7,4	L4 1,6 (200 hp)	Man. 6 rapports
Mitsubishi Lancer RalliArt	L4 DACT 2,4	162 à 5750	162 à 4000	7,56	9	n.d.	Man. 5 rapports
Nissan Sentra SE-R	L4 DACT 2,5	165 à 6000	175 à 4000	7,61	7,9	L4 2,5 (175 hp)	Auto. 4 rapports
Saturn Ion Redline	L4 DACT 2,0 Comp.	205 à 5600	200 à 4400	6,48	8	n.d.	Man. 5 rapports
Subaru WRX/Sti	H4 DACT 2,0 Turbo	227 à 6000	217 à 4000	6,16	5,7	H4 2,4 (300 hp)	Man. 5 rapports
Toyota Corolla XRS	L4 DACT 1,8	170 à 7600	127 à 4400	7,12	7,6	n.d.	Man. 6 rapports
Volkswagen GTI	L4 DACT 1,8 Turbo	180 à 5500	173 à 1950	7,39	6,5	V6 2,8 (200 hp)	Man. 5 rapports

1 Compresseur volumétrique

Empattement (mm)	Longueur (mm)	Largeur (mm)	Hauteur (mm)	Nombre de places	Volume du coffre (L)	Capacité du réservoir (L)	Essence recommandée
2570	4379,5	1723,9	1393,6	4	453	50	Ordinaire
2667	4430	1711	1421	5	371	47	Super
2570	4208	1695	1440	5	445	50	Ordinaire
2467	3666	1688	1416	4	430	60	Super
2598	4572	1695	1390	5	320	50	Ordinaire
2535	4508	1709	1410	5	328	50	Ordinaire
2629	4699	1725	1418	4	402	50	Super
2525	4415	1710	1440	5	311	60	Super
2600	4530	1700	1475	5	390	50	Ordinaire
2511	4189	1735	1439	4	509	55	Super

Transmission optionnelle	Rayon de braquage (m)	Suspension avant/arrière	Freins avant/arrière	Distance de freinage 100 à 0 km/h (m)	Pneus de série
n.d.	11,4	Ind./ind.	D/d + ABS	42	215/45R17
n.d.	10,8	Ind./ind.	D/d + ABS	40	205/50ZR17
n.d.	10,6	Ind./ind.	D/d + ABS	41	205/55R16
n.d.	10,7	Ind./ind.	D/d + ABS	38	195/55R16
Auto. 4 rapports	14,7	Ind./ind.	D/d + ABS	40	205/50R16
Man. 6 rapports (Spec V)	11,7	Ind./ind.	D/d, ABS opt.	42	195/55R16
n.d.	10,8	Ind./semi-ind.	D/d + ABS	36	215/45R17
Auto. 4 rap./Man. 6 rapports (STI)	10,8	Ind./ind.	D/d + ABS	42	205/55R16
n.d.	10,7	Ind./semi-ind.	D/d + ABS	38	195/55R16
Auto. 5 rap./Man 6 rapports (VR6)	10,9	Ind./semi-ind.	D/d + ABS	39	205/55R16

INTERMÉDIAIRES

Buick Allure **Buick Century** Buick LeSabre **Chevrolet Epica** Chevrolet Impala **Chevrolet Malibu** Chevrolet Malibu Maxx **Chrysler 300** Chrysler Sebring **Dodge Magnum** Ford Five Hundred **Ford Taurus** Honda Accord **Hyundai Sonata** Hyundai XG350 **Kia Amanti** Kia Magentis **Mazda6** Mercury Grand Marquis **Mitsubishi Galant** Nissan Altima **Pontiac Bonneville** Pontiac G6 **Subaru Legacy** Suzuki Verona **Toyota Avalon** Toyota Camry **Toyota Prius** Volkswagen Passat

TEXTES, RECHERCHES ET ESSAIS :

ÉRIC LEFRANÇOIS, ALAIN McKENNA, ÉRIC DESCARRIES

Le moteur hybride de l'Accord Hybrid est une version plus évoluée du groupe IMA (pour Integrated Motor Assist) de Honda.

UNE CATÉGORIE HÉTÉROCLITE

DRÔLE DE CRÉNEAU QUE CELUI DES INTERMÉDIAIRES. À PREMIÈRE VUE, IL PEUT EN EFFET PARAÎTRE BIZARRE DE VOIR UNE MERCURY GRAND MARQUIS CÔTOYER UNE MAZDA 6, OU ENCORE UNE CHRYSLER 300 AVEC UNE PONTIAC G6.

Dans le meilleur des mondes, cette catégorie devrait comporter une sous-catégorie, à savoir celle des intermédiaires dites traditionnelles dans laquelle s'inscriraient notamment les Buick Allure, Dodge Magnum et Ford Five-Hundred. Toutes des américaines, à l'exception sans doute des Toyota Avalon, Kia Amanti et Hyundai XG350, pour ne nommer qu'elles, qui cherchent en vain à devenir des « Buick japonaises » aux yeux des consommateurs américains.

Ces intermédiaires traditionnelles reviennent en force cette année et, une fois de plus, c'est l'industrie automobile américaine qui sonne la charge. Par rapport aux Camry, Accord, Altima et autres intermédiaires bien connues, celles-ci ont une approche différente. D'abord, elles sont plus imposantes à l'extérieur comme à l'intérieur. Elles sont également animées par des mécaniques puissantes, et aucune d'elles ne soulève son capot à un moteur quatre-cylindres qui, il faut bien l'avouer, représente la mécanique de choix pour les consommateurs en raison du prix élevé de l'essence. Enfin, elles ne constituent pas systématiquement des tractions. La 300 de Chrysler, par exemple, marque le retour de la propulsion (roues arrière motrices) alors que la Five-Hundred de Ford se dit prête à accueillir un rouage à quatre roues motrices, tout comme les 300 et Magnum de DaimlerChrysler. Un choix technique que l'on ne retrouve pas chez les intermédiaires dites « populaires ».

Bien que cette catégorie puisse paraître hétéroclite, chaque compétitrice bataille sensiblement dans la même fourchette de prix. Bien entendu, comme partout ailleurs, il y a des exceptions à la règle.

Si la berline sport se tire très bien d'affaire, les intermédiaires ont vu une partie importante de leur clientèle migrer vers les utilitaires. À leurs yeux, ces véhicules avaient beaucoup mieux à offrir : position de conduite surélevée, aptitudes (fausses, bien entendu) à pouvoir grimper aux arbres et polyvalence accrue. De plus, l'offre était plus alléchante, avec cette fournée de nouveaux modèles chaque année.

Le vent tourne. Pour preuve, la position de conduite des intermédiaires prend de l'altitude, le rouage à quatre roues motrices entreprend une percée et la polyvalence se manifeste avec l'arrivée de nouvelles carrosseries, plus pratiques, plus fonctionnelles. Ainsi, au cours de la dernière année, des constructeurs ont réhabilité la berline cinqportes et la familiale. Deux styles de carrosserie qui, hier encore, n'étaient pas en odeur de sainteté sur le continent nord-américain.

Résumons. Deux approches différentes, mais un but commun : vous inciter à (re)considérer cette catégorie. Et la cuvée est bonne, comme vous le constaterez dans les pages qui suivent, surtout chez les Américains qui ont — enfin — réaffecté aux automobiles les sommes qu'ils consacraient annuellement aux utilitaires.

Ford Five Hundred

Innovation :
l'économie de carburant

Il ne s'agit pas d'innovations à proprement parler, mais de petites améliorations favorisant l'économie de carburant. Il importe d'abord de lever notre chapeau à Honda qui propose cette année une version hybride (mi-essence, mi-électricité) de sa populaire Accord. Bien sûr, Toyota a déjà fait sa part avec la Prius, mais celle-ci, aux yeux de plusieurs, klaxonne trop bruyamment sa différence au monde extérieur (style, présentation intérieure, etc.), en plus de commander un prix assez élevé.

La deuxième innovation, qui n'en est pas une, est ce dispositif permettant de désactiver un certain nombre de cylindres (quatre pour être précis) du gros V8 Hemi qui équipe la 300 C.

Enfin, la troisième, la boîte à variation continue à bord de la Five-Hundred de Ford.

Rien de spectaculaire, mais la planète ne s'en portera que mieux.

La Five Hundred est équipée d'une boîte automatique à rapports variables, ce qui offre une meilleure économie d'essence.

BUICK **ALLURE**

Une offre qui a « de l'allure »

Ce serait trop facile d'épiloguer des paragraphes durant sur les raisons qui ont motivé la direction de General Motors du Canada à modifier l'appellation originale de cette intermédiaire de Buick. Ce qu'il faut retenir, c'est qu'elle fera carrière sous le nom de La Crosse aux États-Unis et de Allure au Canada. Cette nouvelle venue a pour mandat de prendre le relais de la Century (dont la commercialisation se poursuit encore pour quelques mois) et de la Regal.

Peu importe le nom, un fait demeure : cette intermédiaire pourrait très bien se révéler l'une des surprises de l'année dans sa catégorie. Moins extrovertie sur le plan esthétique qu'une Chrysler 300 et moins raffinée sur le plan technique qu'une Ford Five-Hundred, cette Buick a néanmoins deux arguments de taille à faire valoir : son prix et sa prudence à étrenner des composantes techniques. D'abord, le prix. Au moment d'écrire ces lignes (attention, les prix seront assurément majorés en cours d'année), le modèle d'entrée de gamme, la CX, coûte un peu plus de 25 000 $. Une aubaine, pour une Buick s'entend, puisque la très « roturière » Chevrolet Impala commande un prix supérieur (26 405 $). Une bonne affaire, on est d'accord ? Second argument qui milite en faveur de cette Buick : aucune composante n'est à proprement parler source d'inquiétudes. En d'autres mots, les différentes composantes retenues ont accumulé des centaines de milliers de kilomètres à ce jour. On pense notamment au châssis, mais aussi au moteur V6 de 3,8 litres, une vieille connaissance.

Fiable, cette voiture ne casse cependant rien sur le plan dynamique. C'est une Buick pure laine, avec ses suspensions suffisamment souples pour ne pas avoir à s'inquiéter des nids-de-poule, mais suffisamment fermes pour contenir les mouvements de caisse lorsqu'on décide de jouer de l'accélérateur et du volant. Bien sûr, cette Allure ne pourra jamais contempler autre chose que les feux arrière des ténors de cette catégorie, mais elle n'a tout de même pas à rougir de la comparaison face à une Camry, par exemple. Le gros V6 de 3,8 litres n'a pas le raffinement des concurrents, et sa boîte de vitesses automatique (la seule disponible) ne comporte pas cinq rapports, mais quand il faut que ça déménage, comptez sur lui — il ne trébuchera pas dans les lacets de ses espadrilles. Même si sa

conception remonte à des temps immémoriaux, ce moteur a néanmoins le privilège d'avoir fait l'objet de constants progrès au fil des ans, ce qui lui permet
aujourd'hui d'afficher une consommation d'essence raisonnable, surtout en ville.
Pour un raffinement accru, tournez-vous du côté de la version CXS. Pour justifier
son prix élevé, cette version offre naturellement plusieurs accessoires, mais aussi
un V6 de 3,6 litres à doubles arbres à cames en tête, de facture plus moderne.
Malgré son raffinement, cette mécanique n'est étrangement pas aussi convaincante que le 3,8 litres. C'est bien pour dire... Même si nous n'avons pas pu procéder aux mesures habituelles, nous notons que le 3,8 litres n'a manifestement rien à
envier au 3,6 au chapitre des accélérations et des reprises.

Même si cette berline est plutôt tristounette à conduire, il reste qu'elle cherche
plutôt à être jugée pour la qualité de l'insonorisation, la douceur de roulement et la
capacité de pouvoir héberger toute votre petite famille. Si l'agrément de conduite
représente pour vous un critère essentiel, passez votre chemin, cette Buick vous
ennuiera mortellement. Elle sous-vire dès qu'on la pousse un peu, mais le freinage
demeure adéquat tant qu'on ne le pousse pas dans ses derniers retranchements.
Quant à la direction, elle est suffisamment précise pour découper les virages de
l'autoroute Jean-Lesage et assez souple pour s'engouffrer dans le premier espace
de stationnement venu.

Bien entendu, aux côtés d'une Mazda6 par exemple, cette Buick semble appartenir
à la catégorie supérieure en raison de l'espace qu'elle occupe sur la chaussée. Par
contre, du point de vue du format, elle se compare avantageusement aux autres
intermédiaires américaines. À l'intérieur, l'espace ne manque pas, et votre fils ne
pourra accuser votre fille (à moins que ce ne soit l'inverse) de lui avoir mis le
coude dans la figure. Le coffre est également invitant, même s'il faut débourser
quelques centaines de dollars supplémentaires pour que le dossier de la banquette
s'incline afin d'accroître le volume de chargement. La présentation intérieure ne
révolutionne rien, mais les principaux accessoires se trouvent là où ils le devraient.
Les sièges avant manquent toutefois cruellement de maintien — une raison de plus
pour lever le pied dans les virages. — E.L.

ON AIME

> L'élégance de la silhouette

> Le prix très compétitif

> Les organes mécaniques
éprouvées

ON AIME MOINS

> Le comportement routier
peu inspiré

> Le faible maintien des sièges

> Le fait qu'elle n'innove
en rien

À RETENIR

Fourchette de prix :
25 200 $ à 33 265 $

Marge bénéficiaire : **n.d. %**

Indice de fiabilité : **n.d.**

Consommation d'essence :
n.d.

CO_2 sur une base annuelle :
n.d.

Valeur résiduelle au terme
de 48 mois : **n.d.**

Cote de sécurité en cas
d'impact : **n.d.**

NOUVEAUTÉS

> Nouveau modèle pour
2005

LE MOT DE LA FIN

En terme de rapport
gabarit/prix, difficile
de trouver mieux.

Back to the future

C arrure de Rambo, propulsion, gros V8, cette 300C marque un retour aux sources pour Chrysler. Comme ses glorieuses aînées des années 1950, elle arbore une calandre impressionnante, revient aux roues arrière motrices (abandonnées par la 300M lancée en 1998) et retrouve un moteur V8 de 5,7 litres, baptisé Hemi en hommage à son grand-père de 300 chevaux. Bref, une américaine pur jus comme Chrysler n'en faisait plus, à laquelle on ne croyait plus.

Avec ses glaces taillées comme des meurtrières, son nez enfoncé de boxeur et ses flancs aussi lisses que des galets, la nouvelle Série 300 arbore un look qui ne fait pas l'unanimité, mais qui a le mérite de se détacher du style parfois frileux des véhicules concurrents. Qu'on aime ou pas, on ne peut pas nier que la 300 a du caractère. Et de la prestance. Avant de regarder par l'étroit pare-brise, jetons un œil sur la présentation intérieure, ou plutôt sur l'ambiance qui s'en dégage. Tableau de bord massif, panneaux façon aluminium, cuir de bonne facture, volant à quatre branches, instrumentation dont les aiguilles noires semblent patiner sur de la glace : la première impression est bonne. Dans le détail toutefois, on est encore loin d'une Mercedes. En effet, les portières s'ouvrent et se referment non pas comme le coffre de la Deutsche Bank, mais plutôt comme celui d'une petite banque américaine. Si la qualité apparente a beaucoup progressé, il reste qu'on peut encore aisément débusquer ici et là quelques fautes de finition. Enfin, même si la structure des baquets avant provient de chez Mercedes, ceux-ci offrent un faible maintien.

Par chance, l'imposant gabarit extérieur de la 300 se reflète à l'intérieur. À l'arrière, par exemple, le dégagement ne pose aucun problème et la banquette vous accueille confortablement. Le coffre est tout aussi hospitalier pour vos bagages.

Américaine dans la forme, cette 300 ne s'exprime pas moins avec un fort accent allemand, puisqu'elle emprunte le châssis de la Mercedes de Classe E — même si les concepteurs prétendent s'en être simplement inspiré, notamment avec une suspension multibras. Parmi les autres emprunts à Mercedes, mentionnons la boîte automatique à cinq rapports, la direction et l'architecture électronique — tous des éléments éprouvés sur des centaines de milliers de kilomètres et qui, par

ON AIME

> L'équipement complet

> L'habitabilité et le volume du coffre

> La fourchette de prix très compétitive

ON AIME MOINS

> La consommation du moteur Hémi

> La suspension avant trop souple en détente

> Des détails de finition à revoir

À RETENIR

Fourchette de prix :
29 995 $ à 45 250 $

Marge bénéficiaire :
9,4 à 9,6 %

Indice de fiabilité : **n.d.**

Consommation d'essence :
10 L/100 km

CO_2 sur une base annuelle :
n.d.

Valeur résiduelle au terme de 48 mois : **37 à 42 %**

Cote de sécurité en cas d'impact : ★★★★★

NOUVEAUTÉS

> Nouveau modèle pour 2005

LE MOT DE LA FIN

Une saprée bonne affaire!

conséquent, ne devraient pas nous inquiéter en matière de robustesse et de fiabilité. Avant d'aller plus loin, soulevons le capot. Sous celui des versions 300 Touring et Limited on trouve le moteur V6 3,5 litres de 250 chevaux, jumelé à une boîte automatique à quatre rapports. La 300C dont il est question ici compte sur un V8 Hemi de 5,7 litres et 340 chevaux, de quoi vous mettre les poils des avant-bras au garde-à-vous. Jugez-en : moins de six secondes pour atteindre les 100 km/h à la suite d'un départ arrêté, et des reprises tout aussi enivrantes grâce au couple monstrueux produit par cette mécanique. Seul ennui, surtout par les temps qui courent : la consommation. Elle est carrément désastreuse, sans compter que la 300C s'abreuve d'un indice d'octane légèrement supérieur à celui contenu dans l'essence ordinaire.

Par chance, un très original système de désactivation des cylindres (MDS) repris des Mercedes V12 permet, de façon totalement imperceptible, de faire tourner le V8 sur quatre cylindres lorsqu'il n'est pas entièrement sollicité. La coupure est totalement invisible (40 millisecondes) pour le conducteur, qui réactivera la totalité des cylindres en enfonçant l'accélérateur. Presque impériale sur voies rapides, la 300 surprend également par sa neutralité et par la quasi-absence de roulis en courbes serrées. Cette américaine reste facile à conduire, même si la tenue de cap manque de rigueur. Un dispositif d'antipatinage, qui entre en fonction peu importe la vitesse, est offert pour calmer les roues arrière motrices.

La 300 nous fait toutefois payer son embonpoint si le ruban d'asphalte se met à zigzaguer. La suspension peine alors à tenir la voiture en détente. De plus, lorsqu'elle est appelée à emprunter des routes de fin du monde (lire les routes du Québec), le train avant se déleste rapidement et tutoie aisément les butées de suspension. Un phénomène agaçant observé essentiellement à faible vitesse. Comme le laisse deviner le diamètre de braquage, la 300 manque d'agilité en ville, mais la direction suffisamment légère permet aux conducteurs habiles de se tirer d'affaire.

Premier bilan largement positif pour cette nouvelle intermédiaire de Chrysler dont la fourchette de prix étudiée lui permettra de ratisser assez large auprès des consommateurs. D'ailleurs, nul besoin de s'offrir la version C pour bénéficier des nombreux attributs de la Série 300. La version Touring, vendue pour un peu moins de 32 000 $, représente à nos yeux la meilleure affaire. — E.D.

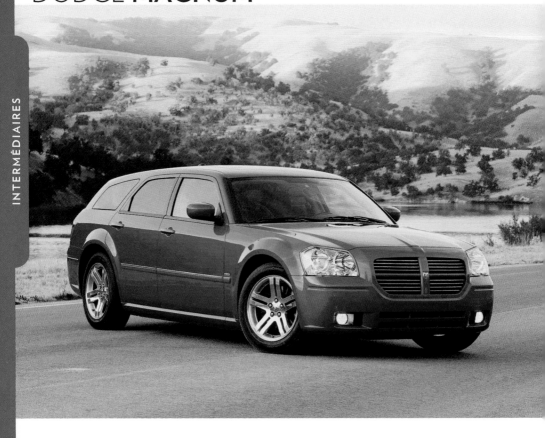

Livraison rapide

S'il est un constructeur automobile n'ayant pas peur de prendre des risques, c'est bien Chrysler. Souvenez-vous de la Prowler, des succès comme la fourgonnette Dodge Caravan, de la Airflow très aérodynamique des années 1930... pas un grand succès commercial, mais un modèle qui a influencé le design des générations suivantes.

Chrysler innove encore, cette fois en reprenant une ancienne configuration mécanique que l'on croyait presque disparue : la propulsion. La spectaculaire Dodge Magnum est ainsi l'une des premières grandes voitures de Chrysler à recevoir la propulsion.

On entend déjà les détracteurs parler de l'inefficacité de la propulsion sur la neige ou la glace. N'ayez crainte, Daimler-Benz a élaboré un châssis avec un pont arrière à glissement limité qui, lorsque équipé de l'antipatinage, est presque aussi efficace qu'une traction. Mettez-y de bons pneus d'hiver et amusez-vous. Nous l'avons essayé au printemps dernier, et le résultat est étonnant.

La marque Dodge revient lentement au Canada où, il y a quelques années, elle ne commercialisait plus que des camionnettes (ainsi que l'unique Viper). La Magnum se joint donc à la petite berline SX 2.0 pour relancer la marque au pays.

La Magnum (et elle porte bien son nom) signale le retour de la grosse américaine à la sauce moderne. L'énorme calandre affiche le caractère agressif de la voiture, alors que la silhouette surbaissée avec de grands passages de roue (bien remplis, en passant) révèle les véritables intentions de cette voiture. Par contre, Dodge n'a pas choisi le format berline pour sa Magnum — on aurait pourtant cru cette configuration indispensable au succès de la voiture : les dessinateurs ont plutôt choisi un style « familiale sportive ». Et l'effet est plutôt réussi.

L'habitacle de la Magnum est tout aussi spectaculaire. Le tableau de bord est simple, mais les quatre gros cadrans de l'instrumentation ressortent devant le conducteur, cachant un peu aux passagers certaines informations susceptibles de les inquiéter. Quant aux baquets, ils sont confortables. À l'arrière, le dossier de la banquette se rabat 60/40 pour offrir encore plus d'espace de chargement en cas

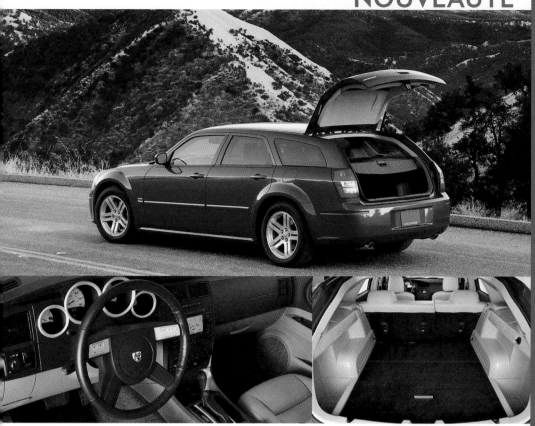

de livraison rapide. Par ailleurs, étant donné que le toit se referme vers l'arrière, les concepteurs de Dodge ont créé pour la Magnum un hayon dont les charnières sont fixées vers l'avant du toit. Il en résulte une grande ouverture qui facilite le chargement du cargo.

Évidemment, Dodge doit composer avec une clientèle très variée, attirée autant par la puissance que par l'allure de la Magnum. Le constructeur propose donc un V6 de base de 2,7 litres (il sera d'abord réservé aux parcs automobiles) ou un V6 plus approprié de 3,5 litres. Le premier fait 190 chevaux, le deuxième 250, et ils sont jumelés exclusivement avec une boîte automatique à quatre rapports.

Toutefois, la Magnum ne serait pas la Magnum sans le V8 Hemi optionnel de 5,7 litres qui produit 340 chevaux, accompagné d'une boîte automatique à cinq vitesses. On entend déjà les cris de ceux qui ne veulent pas visiter tous les postes d'essence de la ville. Ne craignez rien, le Hemi est pourvu d'une cylindrée variable qui lui permet de fonctionner sur quatre cylindres quand il n'est pas à l'effort. La consommation pourra alors varier entre huit et 12 litres aux 100 km, selon les circonstances. Par ailleurs, notons que le Hemi est même disponible avec la transmission intégrale !

Alors, c'est comment, une Magnum ? Disons qu'avec le moteur V6 intermédiaire, on obtient une tenue de route respectable et des performances agréables pour une voiture d'un pareil gabarit. Ce sera certes l'une des versions les plus populaires. La consommation est raisonnable et les coûts semblables à ceux de la Chrysler 300 de même souche.

Quant à la version R/T de performance pourvue du Hemi, elle est tout simplement époustouflante. Le passage de 0 à 100 km/h se fait en moins de sept secondes, et le son du moteur est presque enivrant. Sur la route, on n'a surtout pas l'impression de conduire une familiale d'autrefois (vous vous souvenez de ces ballottements qui rendaient les enfants malades ?). N'oublions pas qu'on trouve une suspension indépendante plus précise à l'arrière.

Bref, cette voiture fera assurément tourner plus d'une tête. Gageons que Chrysler aura encore une fois gagné son pari. — E.D.

ON AIME

> Le look unique
> Le moteur Hemi impressionnant
> La tenue de route respectable

ON AIME MOINS

> Le moteur V6 moins animé
> La version de police à venir!
> Le volant plutôt grand

À RETENIR

Fourchette de prix :
27 995 $ à 40 160 $

Marge bénéficiaire :
5,4 à 7 %

Indice de fiabilité : **n.d.**

Consommation d'essence :
n.d.

CO_2 sur une base annuelle :
n.d.

Valeur résiduelle au terme de 48 mois : **34 à 35 %**

Cote de sécurité en cas d'impact : **n.d.**

NOUVEAUTÉS

> Toute nouvelle voiture
> Transmission intégrale disponible avec le V6 et le V8

LE MOT DE LA FIN

Cette belle voiture est fabriquée au Canada !

La nouvelle révolution de Ford

Ford s'est retrouvé deux fois acculée au pied du mur. En 1949, le construc-teur a assuré sa survie en lançant une grande Ford. Puis, en 1986, c'est avec la Taurus qu'il a retrouvé la voie de la rentabilité. Ford tente mainte-nant de rééditer ces exploits avec la nouvelle Five Hundred. Mentionnons immédiatement que la Five Hundred n'est pas la remplaçante de la Taurus. Il s'agit plutôt d'une toute nouvelle berline, qui s'insère entre la Taurus et la Crown Victoria. Et ne l'appelez surtout pas 500 («cinq cents») : c'est Five Hundred. Le nom commence par la lettre F, comme le veut la nouvelle tendance chez Ford (Focus, Freestyle, Freestar, F-Series... sauf Mustang!).

Cette berline adopte un style européen qui n'est pas sans rappeler celui des Volkswagen Passat, en ce qui a trait au pavillon, et des Mercedes, pour l'arrière. Quant à l'avant, il reprend un thème commun à plusieurs voitures Ford, dont la Focus et la Taurus. La calandre avec grille quadrillée ne fait par ailleurs pas l'unani-mité, même si elle est identique à celle des autres voitures de Ford. Ne cherchez pas le spectaculaire dans l'habitacle de la nouvelle Five Hundred. Cependant, peu de berlines offrent autant d'espace intérieur : les deux places avant occupent une bonne partie de ce vaste environnement, mais il reste beaucoup d'espace à l'arrière pour les trois passagers, surtout pour les jambes et la tête. Quant au coffre arrière, n'en demandez pas plus. Grâce à sa profondeur, il peut loger huit (oui, oui, huit) sacs de golf! Il fait plus de 21 pieds cubes, ce qui est presque unique dans cette catégorie. La finition a paru exemplaire, et aucun bruit de caisse ne s'est fait entendre dans nos voitures d'essai, des unités de préproduction.

Sous le capot de cette Five Hundred se cache le seul moteur disponible dans cette gamme, le V6 Duratec 30 de 3 litres, un moulin complètement révisé qui produit 203 chevaux. Quelques Five Hundred à traction seront livrées avec une boîte automatique à six rapports, mais la plupart des autres modèles seront pourvus d'une boîte automatique constamment variable de ZF-Batavia. Celle-ci fonctionne à l'aide de chaînes, contrairement à des unités semblables qui utilisent des cour-roies et qui ne sont pas un succès technologique. Ainsi, lorsque vous accélérez, c'est à peine si le moteur change de son. On sent pourtant le passage des vitesses, tout en discrétion : c'est voulu, pour ne pas désorienter la clientèle traditionnelle. La nouvelle berline de Ford peut être livrée avec la traction ou la transmission

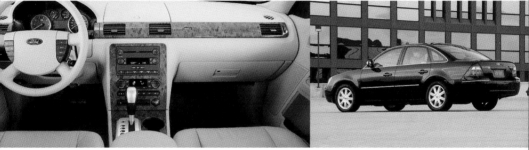

intégrale. Qu'importe, sur pavé sec, la différence est virtuellement impossible à déceler. Cependant, on se doute qu'en hiver, la transmission intégrale sera plus efficace (devons-nous rappeler la nécessité des pneus d'hiver ?). La suspension est indépendante aux quatre roues et la direction, à crémaillère. Incidemment, la plate-forme de cette Ford est une adaptation de celle des Volvo S60 et XC90 — il faut dire que Ford est propriétaire de Volvo, et que le fait de se fier à l'un de ses excellents produits ne peut pas nuire. Que la Five Hundred remplace éventuellement la Taurus ne serait pas une surprise lorsque cette dernière sera abandonnée. Mais, pour le moment, les dirigeants de Ford veulent conserver leur nouvelle berline pour le marché des consommateurs et laisser la Taurus jouer le rôle ingrat de véhicule commercial. Par ailleurs, Ford ne souhaite pas faire de cette berline une voiture spectaculaire. En fait, Ford veut plutôt imiter certaines grandes marques japonaises en offrant aux automobilistes nord-américains une voiture qui les conduira en toute sécurité, en tout confort et en toute fiabilité du point A au point B.

C'est ce que nous avons pu constater lors de nos premiers essais. La Five Hundred est une belle voiture moderne, facile à conduire et très sûre en cas de neige (avec la transmission intégrale). Il ne s'agit toutefois pas d'une voiture de performance prête à concurrencer les plus excitantes berlines importées, voire américaines. Non, la Five Hundred est plutôt réservée, tout en étant compétente. Un court essai sur une côte de sable nous a prouvé qu'avec la transmission intégrale, elle saura se débrouiller en toutes circonstances. Ne vous attendez pas à des performances étincelantes de la part du V6. Il est même un peu juste pour cette grande caisse. La boîte automatique constamment variable joue très bien son rôle : elle réussit à transmettre toute la puissance du V6 aux roues avant. Les accélérations sont bonnes et les reprises sont sécuritaires, mais sans plus. Cependant, la Five Hundred est confortable, et assure une très bonne visibilité. Le freinage est solide et la suspension indépendante aux quatre roues contribue grandement à la solide tenue de route de la Five Hundred. Ford souhaite reprendre la première position au chapitre des ventes. Pour ce faire, le constructeur doit déloger la Honda Accord et la Toyota Camry, ce qui ne sera pas chose facile. Néanmoins, si les automobilistes américains retrouvent dans la Five Hundred cette même sensation de produit bien fini et de douceur de roulement, combinée à une grande fiabilité et à une durabilité sans borne, Ford aura gagné son pari. — E.D.

ON AIME

> La grande habitabilité
> La boîte de vitesses qui opère de façon imperceptible
> Valise très profonde

ON AIME MOINS

> Le moteur suffisant tout juste à la tâche
> La calandre peu jolie
> La finition intérieure plastique

À RETENIR

Fourchette de prix :
29 295 $ à 38 845 $

Marge bénéficiaire :
7,4 à 8,3 %

Indice de fiabilité : **n.d.**

Consommation d'essence :
n.d.

CO_2 sur une base annuelle :
n.d.

Valeur résiduelle au terme de 48 mois : **n.d.**

Cote de sécurité en cas d'impact : **n.d.**

NOUVEAUTÉS

> Tout nouveau véhicule

LE MOT DE LA FIN

Cette berline devrait relancer la marque !

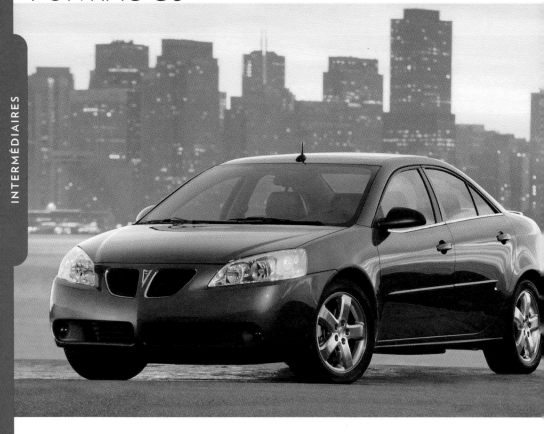

Moins rock, plus roll

Certains diront que la redoutable machine commerciale de la General Motors y est pour quelque chose, mais un fait demeure : au palmarès des intermédiaires les plus vendues au Canada, la Grand AM de Pontiac figure parmi les meneuses. Pas besoin de la « tête à Papineau » pour comprendre que son renouvellement représente un exercice délicat pour la marque américaine. Il l'est d'autant plus cette fois que la Grand AM change de nom pour adopter un code alphanumérique : G6.

Outre l'appellation différente, la G6 entend se démarquer de sa devancière par une robe plus sobre, plus moderne, plus fluide. Fini les excroissances « à gogo », les panneaux rainurés : la G6 ne cherche plus à ressembler à une Firebird quatre-portes et à nous faire croire qu'il s'agit d'éléments essentiels à « la passion de conduire ». Le même souci de sobriété a guidé les designers dans la conception de l'habitacle.

La G6 adopte, comme la Malibu Maxx et la Malibu, la plateforme Epsilon. Cette dernière a été élaborée, rappelons-le, de concert avec les deux filiales européennes du groupe, c'est-à-dire Opel et Saab. Bien sûr, pour se démarquer des autres, les concepteurs de la G6 ont veillé notamment à modifier les trains roulants, à modifier les voies avant et arrière (une vieille habitude chez Pontiac) et à « épicer » certaines composantes. Malheureusement, plusieurs de ces « épices » ne seront pas immédiatement disponibles pour consommation — on pense à cette version mus-clée, la GTP, animée d'un moteur V6 de 3,9 litres avec boîte de vitesses manuelle qui n'apparaîtra qu'au printemps 2005.

Les concessionnaires n'ont que deux versions à offrir : un modèle de base et une version GT, toutes deux dotées du moteur V6 de 3,5 litres (200 chevaux) accou-plé à une boîte de vitesses automatique à quatre rapports. Des versions plus éco-nomiques à moteur quatre-cylindres sont également prévues, mais elles n'arrive-ront qu'au mois de juin 2005.

Revenons aux deux versions qui figurent présentement au catalogue. Le modèle de base débarque tout d'abord avec l'essentiel : régulateur de vitesse, commande de télé-déverrouillage, glaces et rétroviseurs à commande électrique. On trouve

des disques à l'avant comme à l'arrière, mais pas de dispositif antiblocage — une option, tout comme l'antipatinage. La version GT y a toutefois droit sans frais supplémentaires, et propose en prime un pédalier électrique, un démarreur à distance et un groupe sport, pour ne nommer que ces trois éléments. Au sujet de ce groupe sport, précisons qu'il consiste en une monte pneumatique plus performante, un rapport de pont modifié et une suspension ayant un parti pris plus prononcé encore pour la tenue de route. La boîte automatique est doublée du dispositif « Shift Tap » apparu sur la Grand Prix et qui permet le passage manuel des rapports. À noter que la puissance du V6 de 3,5 litres est identique pour les deux modèles. D'ailleurs, le comportement des deux versions est assez similaire. On a beau les conduire l'une à la suite de l'autre, les différences sont plutôt subtiles. À vrai dire, on optera pour la version GT avant tout pour l'équipement plus riche et pour les portes qu'elle ouvre au rayon des accessoires plutôt que pour les performances. En fait, tout indique que les concepteurs de la G6 mettront le meilleur de leurs connaissances au service de la GTP qui, elle, bénéficiera d'une direction à assistance hydraulique à la place de l'électrique, qui a la fâcheuse tendance de gommer le toucher de route et conséquemment d'inscrire l'auto dans les virages avec précision. Le tandem moteur-boîte n'attire quant à lui aucune critique particulière. Sans être particulièrement puissant (la concurrence fait beaucoup mieux dans ce domaine), ce moteur culbuté a néanmoins du couple à revendre pour assurer de solides reprises. Les mouvements de caisse sont pour leur part bien maîtrisés, mais la G6 ne se gêne pas pour afficher sa propension à élargir sa trajectoire en sortie de courbes.

L'habitacle, on l'a dit, est aussi davantage « rococo » que par le passé. La nuit, l'instrumentation et les principales commandes s'enflamment pour créer de l'ambiance. Le conducteur n'aura aucun mal à se tailler une position de conduite agréable, mais le baquet manque cruellement de support sur la version de base. À l'arrière, le dégagement est dans la norme, avec suffisamment d'espace pour accueillir deux personnes. On s'étonne de l'écrire, mais la G6 n'a pas une personnalité aussi flamboyante que la Grand AM, donc elle paraît a priori moins attrayante. C'est du moins la première impression. En prenant du recul, on constate qu'il s'agit d'une berline talentueuse, mais à laquelle il manque encore ce « petit quelque chose » qui lui permettrait de se battre à la régulière (et non à l'aide de rabais et de remises) avec les ténors de la catégorie. B pour l'effort. — E.L.

ON AIME

> La sobriété de la silhouette
> L'habitabilité
> La relation qu'entretient le moteur avec la boîte automatique

ON AIME MOINS

> Les trop subtiles différences de comportement entre les versions
> De devoir attendre la GTP
> La direction à assistance électronique peu communicative

À RETENIR

Fourchette de prix :
24 670 $ à 27 685 $

Marge bénéficiaire : **11 %**

Ventes : ↑

Indice de fiabilité : **n.d.**

Consommation d'essence : **n.d.**

CO_2 sur une base annuelle : **n.d.**

Valeur résiduelle au terme de 48 mois : **n.d.**

Cote de sécurité en cas d'impact : **n.d.**

NOUVEAUTÉS

> Nouveau modèle pour 2005 (remplace la Grand AM)

LE MOT DE LA FIN

Combien de temps encore avant de pouvoir s'offrir la GTP?

La légende continue

L a marque Subaru n'a plus besoin de présentation au Québec. Ce constructeur japonais s'est taillé toute une réputation chez nous, grâce à la transmission intégrale dont bénéficient ses véhicules, une configuration mécanique très utile en hiver. Le modèle le plus imposant de la gamme est la grande Legacy, disponible en berline ou en familiale, qui sert aussi de base à l'utilitaire Outback. En 2005, ces voitures changent de robe.

La quatrième génération de Legacy est présentée chez les concessionnaires Subaru depuis juin 2004. Reposant sur une plateforme révisée, la Legacy conserve des lignes distinctives, mais les designers lui ont donné une silhouette qui la fait paraître plus grande. Elle l'est tout de même un peu, sa longueur totale ayant augmenté de 45 mm (environ deux pouces). L'avant de la voiture est également plus pointu qu'auparavant, et le pare-chocs s'intègre bien à la ligne du capot. Le pavillon de la berline se termine par une lunette plus fuyante, et l'arrière affiche un dessin élégant avec un capot légèrement relevé. La carrosserie de la familiale est quant à elle très semblable à celle de la génération précédente, à l'exception des feux, plus imposants, qui ne se continuent plus dans le hayon.

La gamme des Legacy débute avec la 2.5i, et se poursuit avec les versions Limited, puis avec les plus racées 2.5 GT et 2.5GT Limited, tant pour les berlines que pour les familiales. Sous le capot, Subaru continue de faire confiance au fidèle moteur à quatre cylindres à plat de 2,5 litres, qui fait 168 chevaux et 166 livres-pied de couple. Cependant, le moulin a été complètement redessiné. Grande surprise pour 2005 : Subaru ramène le turbocompresseur pour donner un peu de vitamines à ce moteur. Livré dans la version GT, il produit 250 chevaux et 250 livres-pied de couple. Notons que le bloc-cylindres, le turbo et le refroidisseur ont été spécifiquement conçus pour la 2.5 GT. Le moteur de base est disponible avec une boîte de vitesses manuelle à cinq rapports, mais une automatique à quatre rapports est toujours offerte moyennant supplément. Le moteur turbocompressé est également livrable avec la boîte mécanique, mais l'automatique optionnelle est à cinq rapports. Cette dernière peut par ailleurs être manipulée comme une manuelle grâce à la fonction « Sportshift ». La puissance passe aux quatre roues grâce à un système de transmission intégrale symétrique dont le cœfficient de couple est de 50/50, alors qu'avec la boîte manuelle, un différentiel central à

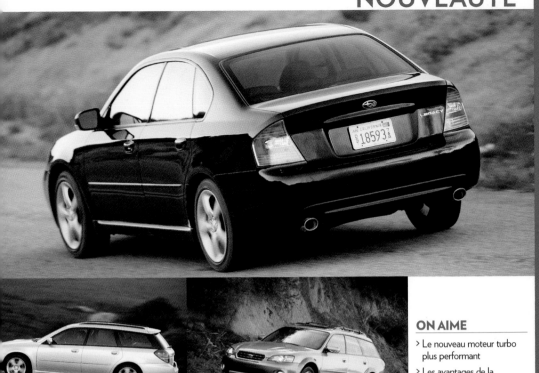

viscocouplage répartit ce couple. La boîte automatique à quatre rapports repose sur un embrayage de transfert constamment variable géré électroniquement, et celle à cinq rapports utilise un système semblable mais à transfert hydraulique, qui envoie la majeure partie de la puissance aux roues arrière d'abord. Le système la renverra aux roues avant lorsque les roues arrière commenceront à patiner.

Subaru a complètement redessiné l'habitacle de la Legacy pour correspondre au nouveau look. La ligne du tableau de bord se marie à la console centrale et aux garnitures de portières, et l'instrumentation, très lisible, est judicieusement placée devant le conducteur. La version GT bénéficie d'une sellerie de cuir et d'un volant Momo à trois branches. Quant aux baquets, ils sont très confortables et offrent un bon support. À l'arrière, la banquette est divisible 60/40 sur la familiale pour améliorer la surface de chargement ; on y trouve plus de 66 pieds cubes d'aire pour le cargo. Incidemment, les portières font toujours ce son « creux » lorsqu'on les ferme, en raison de l'absence de cadre autour des glaces.

Nous avons eu notre premier contact avec la nouvelle gamme de Subaru en Nouvelle-Écosse. C'était l'endroit approprié pour évaluer le comportement routier de cette voiture, car on y trouve plusieurs routes sinueuses. Évidemment, la journée a commencé avec de la pluie, ce qui nous a démontré non seulement l'efficacité de la transmission intégrale de la voiture, mais aussi la sécurité qu'elle assure, car elle permet de négocier des courbes serrées sans dérapage. Le moteur à quatre cylindres de base est à l'aise, mais surtout avec la boîte manuelle — il peine un peu avec l'automatique. La version turbocompressée présente évidemment une différence appréciable au niveau des performances. La boîte automatique Sportshift est quant à elle pratique pour rétrograder, surtout en conduite sportive sur les routes sinueuses. Les accélérations sont franches et les reprises, très rassurantes lors des dépassements. Les gros pneus sur jantes de 16 pouces aident énormément à la tenue de route qui est, somme toute, remarquable.

En passant, pour profiter au maximum de la transmission intégrale durant la saison froide, il est toujours préférable d'équiper la voiture de bons pneus d'hiver. Enfin, bizarrement, le moteur à six cylindres à plat n'est offert qu'avec la version Outback. C'est bien dommage, car il serait bien à sa place dans la berline GT Limited. — E.L.

Ne manquez pas le cahier
L'AUTO

DETROIT
TOKYO
PARIS
TORONTO
MONTRÉAL

TOUS LES **LUNDIS** DANS

LA PRESSE

PRÉSENT DANS TOUS LES SALONS AUTOMOBILES

Dame de compagnie

Surpris de retrouver la Century ? Pas autant que nous. L'Allure (voir autre texte dans cette section), appelée à prendre sa succession, est une bien meilleure voiture. Qu'à cela ne tienne, soucieuse de faire une transition en douceur entre la « vieille » et la « nouvelle », la direction de General Motors conserve la Century encore quelques mois dans sa formation partante.

La présentation intérieure de la Century désole à plusieurs points de vue, et manque décidément de couleur. Le tableau de bord ennuyant comme un jour de pluie n'est pas du genre distrayant ; on n'y retrouve que l'essentiel, rien de plus. Par contre, la cabine se veut vaste et lumineuse, même si la banquette avant (divisée 55/45) vous interdit, contrairement aux affirmations de Buick, d'inviter six personnes à y prendre place (d'autant plus que, pour des raisons de sécurité, les jeunes enfants doivent toujours s'asseoir sur la banquette arrière). Ajoutons au demeurant que les banquettes avant et arrière sont étonnamment confortables, et que seul le conducteur reprochera à la Century de ne pas lui offrir un soutien latéral plus consistant. Point positif : les rétroviseurs extérieurs sont probablement trois fois plus grands que ceux de la LeSabre.

À son corps défendant, la direction de Buick rappelle à qui veut l'entendre que la Century vise une clientèle plus âgée et, au fil des kilomètres passés derrière le volant, on finit par le croire. La suspension « DynaRide » pompe sur les revêtements bosselés, tangue dans les virages et pique du nez sitôt qu'on applique les freins avec une certaine fermeté. Au sujet des freins, ajoutons qu'ils sont difficiles à moduler, tant les étriers sont nerveux. La direction isole le conducteur de la route et ne lui transmet que peu d'information, dites-vous ? Mais c'est cela, le confort Buick. Quant au moteur, il « pompe l'huile » à la moindre reprise ou accélération. Par chance, la boîte automatique qui l'accompagne effectue son travail en douceur, sans précipitation, et les matériaux isolants se chargent de chasser les décibels hors de l'habitacle pour ne pas troubler la quiétude des occupants.

On pourrait encore adresser bien des reproches à la Century. Mais c'est peine perdue ! Comme le souligne si bien Buick, cette intermédiaire est « construite pour être de bonne compagnie et rendre votre voyage agréable ». À condition que le trajet soit essentiellement composé d'éternelles lignes droites. — E.L.

ON AIME

> La fiabilité éprouvée
> Le confort de roulement
> Le prix que nous fera le concessionnaire pour s'en départir

ON AIME MOINS

> La conception technique archaïque
> La très faible valeur de revente
> La présentation d'un autre siècle

À RETENIR

Prix : **26 445 $**

Marge bénéficiaire : **11 %**

Ventes : ↓

Indice de fiabilité :
★★★★★

Consommation d'essence :
11,2 L/100 km

CO_2 sur une base annuelle :
▬▬▬▬▬ **7,3**

Valeur résiduelle au terme de 48 mois : **23 %**

Cote de sécurité en cas d'impact : ★★★★☆

NOUVEAUTÉS

> Modèle en sursis

LE MOT DE LA FIN

Cinq ans plus tard, le siècle s'achève.

ON AIME

> La douceur de roulement

> Le vaste habitacle

> La valise caverneuse

ON AIME MOINS

> Le roulis prononcé

> La silhouette dépassée

> La mécanique vieillotte

À RETENIR

Fourchette de prix :
34 550 $ à 40 385 $

Marge bénéficiaire : **11 %**

Ventes : ↓

Indice de fiabilité :
★★★★★

Consommation d'essence :
11,4 L/100 km

CO_2 sur une base annuelle :
▬▬▬▬▬〉 **7,4**

Valeur résiduelle au terme
de 48 mois : **29 à 33 %**

Cote de sécurité en cas
d'impact : **★★★★☆**

NOUVEAUTÉS

> Système On Star de série

> Nouvelles jantes de
  16 pouces

LE MOT DE LA FIN

Vraiment prête pour un
rajeunissement, non ?

La plus traditionnelle des Buick

La grande berline LeSabre de Buick n'est pas si vieille qu'elle en a l'air : la dernière retouche ne remonte qu'à cinq ans. Toutefois, Buick est très consciente que cette voiture a son public — en général assez âgé — et qu'il lui sera difficile de l'adapter aux goûts des acheteurs plus jeunes.

Ne cherchez donc pas d'innovations technologiques avancées dans cette voiture. D'ailleurs, les acheteurs de LeSabre préfèrent la bonne réputation de fiabilité du véhicule, telle que démontrée année après année dans les sondages de la firme américaine J.D. Power.

Du côté mécanique, un seul ensemble est proposé, soit le moteur V6 à culbuteurs 3800 de série II (205 chevaux) combiné à la boîte automatique à quatre rapports. Évidemment, il s'agit d'une traction. La LeSabre n'a pas été créée pour les amateurs de performance, mais sait se montrer agréable pour les longues distances — la suspension est en effet axée sur le confort. La conduite est toutefois plus stable avec l'option « Grand Touring ».

Sans surprise, l'habitacle de cette voiture représente le luxe combiné à la simplicité et à la sobriété de design. On ne s'exclamera donc pas sur le dessin du tableau de bord, qui ne contient que de gros cadrans ronds fournissant l'information de base. Les grandes banquettes offrent quant à elles un confort supérieur, mais également peu de soutien latéral. La valise est par ailleurs très spacieuse.

On sent que cette LeSabre vit ses derniers jours. La rumeur veut qu'une nouvelle version soit à l'étude, qui serait peut-être dévoilée au prochain Salon de Detroit. On dit même qu'elle ressemblerait à la nouvelle Allure. Il ne faut assurément pas s'attendre à de grandes innovations technologiques, mais peut-être un V8 comme la Pontiac Bonneville ? — E.D.

Pour les parcs de voitures de location et les corps de police

L a Chevrolet Impala ne devrait pas être considérée comme une voiture de tourisme, mais plutôt comme un véhicule commercial. En effet, même si un certain nombre d'acheteurs privés se montrent intéressés, il reste qu'elle satisfait davantage les sociétés de location, les grandes entreprises et les organismes publics comme les corps de police.

Les berlines Impala sont livrées dans les versions de base, LS et SS. Les modèles de 2005 sont presque identiques à ceux de 2004 ; seule la version de performance SS est quelque peu retouchée, avec de nouveaux emblèmes.

Sous le capot, Chevrolet propose l'un de ses trois moteurs V6. Le moteur de base est un simple petit moulin de 3,4 litres produisant à peine 180 chevaux, mais qui réussit tout de même à se tirer d'affaire tout en étant moins énergivore que bien d'autres. La plupart des acheteurs opteront toutefois pour le V6 3800 Series II de 3,8 litres et 200 chevaux. Loin d'être un moteur de performance, c'est tout de même une composante mécanique fiable et durable. Enfin, pour ceux qui ont le pied « pesant », Chevrolet propose le même V6, mais pourvu d'un compresseur mécanique. Ce moteur produit alors 240 chevaux et assure des performances supérieures, mais demeure rugueux et bruyant. Incidemment, la seule boîte de vitesses disponible sur ce véhicule à traction est une Hydra-Matic à quatre rapports.

L'habitacle prouve que l'Impala est davantage une bête de somme qu'une voiture de luxe. Tout d'abord, le tableau de bord est fonctionnel, mais peu décoré. Les sièges baquets sont fermes — un peu durs, mais supportables — et l'arrière présente une grande banquette avec beaucoup d'espace pour les jambes. La valise est profonde et pratique. Bref, ce n'est pas l'intérieur de l'Impala qui nous inspirera. Un bon « char de location », quoi ! Rappelons toutefois qu'il s'agit d'un véhicule fiable et confortable pour celui ou celle qui cherche une berline spacieuse traditionnelle. — E.D.

ON AIME

> Le vaste espace intérieur
> La consommation raisonnable
> La finition SS reconnaissable

ON AIME MOINS

> Le moteur à compresseur rugueux (SS)
> La finition intérieure dénudée
> La silhouette qui commence à dater

À RETENIR

Fourchette de prix :
26 405 $ à 30 345 $

Marge bénéficiaire : **11 %**

Ventes : **↑**

Indice de fiabilité :
★★★★★

Consommation d'essence :
10,6 L/100 km

CO_2 sur une base annuelle :
6,9

Valeur résiduelle au terme de 48 mois : **27 à 33 %**

Cote de sécurité en cas d'impact : **★★★★★**

NOUVEAUTÉS

> OnStar standard
> Nouveaux emblèmes pour la SS

LE MOT DE LA FIN

Apprenez à reconnaître cette favorite des flottes de police.

ON AIME

> La polyvalence et l'originalité de la Maxx
> L'habitabilité
> La position de conduite

ON AIME MOINS

> Se faire demander auprès de quelle agence nous l'avons louée
> La direction trop légère
> Le manque de support des sièges

À RETENIR

Fourchette de prix :
22 375 $ à 31 805 $

Marge bénéficiaire : **11 %**

Ventes : ↑

Indice de fiabilité :
★★★★☆

Consommation d'essence :
10,1 L/100 km

CO_2 sur une base annuelle :
6,6

Valeur résiduelle au terme de 48 mois : **25 à 31 %**

Cote de sécurité en cas d'impact : ★★★★☆

NOUVEAUTÉS

> Des peccadilles

LE MOT DE LA FIN

Idéal pour vos déplacements en Floride.

Glace à la vanille

C iblant la très conservatrice clientèle américaine, elle n'évite pas l'écueil de la voiture « consensuelle » : un style extérieur sans imagination et une ambiance intérieur sobre. Proposée en version à quatre portes, la Malibu est aussi offerte à cinq portes et six glaces latérales sous l'appellation Malibu Maxx, qui en fera sourire quelques-uns. Elle a tout de même le mérite d'offrir ce que les voitures concurrentes n'ont pas, la Mazda6 mise à part. À l'ouverture des portières, l'univers proposé par Chevrolet paraît au premier coup d'œil plus inspiré que les formes extérieures. Oh, bien sûr, la gaieté ne déferle pas sur la physionomie de l'habitacle tout de gris vêtu ; bien fini, mais tellement sérieux ! Les motifs de satisfaction sont ailleurs, dans la position de conduite, qui est excellente, et dans les repères, si vite pris. On reprochera toutefois aux baquets avant de manquer cruellement de support. Contre toute attente, on est mieux installé à l'arrière qu'à l'avant. L'espace est un brin plus mesuré qu'à bord d'une Camry, par exemple, mais deux adultes ne se sentiront nullement coincés.

Première réflexion avant de prendre le volant de cette intermédiaire américaine : « le plaisir n'est peut-être pas tant dans le statique que dans le dynamique ». En effet, chez GM, on ne manque jamais l'occasion de rappeler que la Malibu étrenne la moderne et très médiatisée architecture Epsilon. À défaut d'apporter la touche de sophistication attendue sur une automobile dite « moderne » et des accélérations qui vous mettent du vent dans le toupet, le V6 de 3,5 litres a le mérite d'offrir un rendement sans histoire et une consommation d'essence modérée. Pour transmettre la puissance aux roues avant motrices, Chevrolet a recours à une boîte automatique à quatre rapports. Cette dernière est doublée d'une commande qui permet le passage manuel des trois premiers rapports, ce qui peut se révéler pratique dans certaines conditions. La rigidité du châssis se fait immédiatement sentir, mais affiche toutefois ses limites assez rapidement en raison d'une monte pneumatique d'une qualité fort quelconque. La direction à assistance électronique se révèle un atout dans les manœuvres (elle est d'une légèreté déconcertante), mais impose des variations d'effort parfois désagréables à vitesse de croisière, en plus de priver le conducteur d'informations sur l'adhérence de la chaussée. Quant aux suspensions, on leur reprochera une certaine fermeté en détente et une trop grande élasticité dans l'effort. Dommage qu'avec le style qu'elle affiche, la Malibu charme les parcs de location davantage que les consommateurs. — E.L.

Une de plus !

C hevrolet profite des usines de GMDAT, en Corée, pour offrir depuis l'an dernier une poignée de nouveaux modèles de berlines abordables. L'Epica, qui figure sur cette liste, n'en déroge pas. Pour 2005, deux petites nouveautés pour la berline intermédiaire : des sacs gonflables frontaux et latéraux à déploiement gradué et un pare-brise chauffant.

L'Epica est offerte en deux versions, LS et LT, livrées d'office avec un moteur à six cylindres de 2,5 litres et une boîte automatique à quatre rapports. Les caractéristiques de série comprennent le télédéverrouillage, un siège pour conducteur à réglage électrique, un volant et un pommeau de levier de vitesses gainés de cuir ainsi qu'une banquette divisée rabattable.

L'Epica LT profite en plus de sièges en cuir, d'un toit ouvrant électrique et de roues de 16 pouces (15 pouces sur la LS). La suspension est indépendante aux quatre roues, les freins à disque sont de mise partout, mais l'antiblocage est un privilège de l'édition LT (en option sur le modèle LS).

Les 155 chevaux de la mécanique de l'Epica constituent une puissance moyenne pour une telle cylindrée. S'attaquant directement aux deux autres berlines intermédiaires coréennes offertes au pays, la Hyundai Sonata et la Kia Magentis, elle doit aussi composer avec un poids plus élevé. Heureusement, la boîte automatique est adaptative et est programmée pour favoriser l'économie de carburant, ce qu'elle accomplit avec plus de succès que ses concurrentes.

À l'intérieur, l'espace est bien aménagé et les places arrière, surtout, se méritent un peu plus d'espace que la concurrence. La banquette accueille en théorie trois passagers, préférablement de petite taille. Le volume du coffre est ordinaire pour une intermédiaire mais, bien entendu, la banquette débloquera un peu plus d'espace, au besoin.

Avec un prix de détail qui démarre au-dessus de 24 000 $, l'Epica n'est pas le plus abordable des trois modèles cités plus haut. Par contre, tout comme la Sonata, l'Epica s'avère une aubaine, compte tenu de l'équipement offert. — A.M.

ON AIME
> L'équipement offert
> La boîte automatique

ON AIME MOINS
> La puissance moyenne du V6
> Le prix de détail un peu plus élevé que celui de la concurrence

À RETENIR
Fourchette de prix :
24 710 $ à 27 245 $

Marge bénéficiaire : **11 %**

Ventes : ↑

Indice de fiabilité :
★★★★☆

Consommation d'essence :
11,7 L/100 km

CO_2 sur une base annuelle :
▬▬▬▬▬▭ **7,6**

Valeur résiduelle au terme de 48 mois : **28 à 29 %**

Cote de sécurité en cas d'impact : **n.d.**

NOUVEAUTÉS
> Sacs gonflables à déploiement graduel
> Pare-brise chauffant

LE MOT DE LA FIN
L'Epica rivalise bien avec ses rivales coréennes, malgré un prix un peu plus élevé.

CHRYSLER **SEBRING**

ON AIME

> L'habitacle
> Le prix de détail
> Les nombreux rabais du fabricant

ON AIME MOINS

> Le moteur à quatre cylindres anémique
> La consommation d'essence élevée du V6

À RETENIR

Fourchette de prix :
24 460 $ à 27 245 $

Marge bénéficiaire :
8,1 à 8,9 %

Ventes : ↓

Indice de fiabilité :
★★★★☆

Consommation d'essence :
11,2 L/100 km

CO_2 sur une base annuelle :
 7,2

Valeur résiduelle au terme de 48 mois : **29 à 30 %**

Cote de sécurité en cas d'impact : ★★★★★

NOUVEAUTÉS

> Pas de nouveautés pour 2005

LE MOT DE LA FIN

La Sebring est une intermédiaire dans la moyenne, mais dont le prix est fort attrayant.

Raisonnable en tout

L
a Chrysler Sebring est parmi les rares berlines intermédiaires à offrir les modèles coupé et décapotable. Tandis que la berline et la décapotable partagent la même plateforme, le coupé repose sur celle de la Mitsubishi Eclipse 2004-2005. Trois versions de la berline sont disponibles au Canada, soit la Sebring, la Sebring Touring et la Sebring Limited. La version de base utilise un anémique moteur à quatre cylindres de 2,4 litres de 150 chevaux. Les deux autres ont droit à un V6 de 2,7 litres beaucoup plus satisfaisant, à 200 chevaux. Cette cylindrée est parmi les plus puissantes de la catégorie et s'avère de tempérament agréable. Par contre, la consommation d'essence de ce moteur est plutôt élevée. Dans tous les cas, une boîte automatique à quatre rapports est de mise.

Pour 2005, pas grand-chose de nouveau sur la berline, qui a déjà eu droit à un rafraîchissement esthétique l'an dernier. La Sebring Limited hérite à tout le moins d'un réglage automatique des phares et d'un climatiseur avec contrôle de la température ambiante.

La suspension de la Sebring est réglée pour absorber les cahots, mais cela fait en sorte que la voiture donne l'impression de surfer légèrement lorsque la route est en mauvaise condition. Les freins à disque avec système antiblocage (tout cela est optionnel) sont recommandés. Leur performance est adéquate dans toutes les conditions. L'habitacle a de quoi rivaliser avec toute la concurrence. Le niveau sonore n'est pas tellement élevé, mais c'est surtout l'utilisation de matériaux de bon goût qui plaira à l'acheteur. L'espace pour les passagers est suffisant, mais à l'arrière, les plus grands auront la tête plaquée au plafond, ce qui peut devenir désagréable. Malgré tout, la berline est tout à fait confortable. Le rangement est disponible un peu partout, mais les dimensions du coffre sont assez moyennes. En tout cas, ce n'est pas l'argument de vente qui décidera les clients potentiels.

Avec un prix de détail raisonnable, la Sebring est une berline qui se distingue bien de la concurrence. Elle n'a peut-être par la finition exemplaire de certains modèles japonais, mais son confort n'est pas à négliger, et les aubaines qu'offre régulièrement le groupe Chrysler, bien qu'elles nuisent à la valeur de revente, en font une voiture d'autant plus abordable. — A.M.

L'irréductible

Bombardée de toutes parts par les chroniqueurs automobiles les plus acharnés, la Ford Taurus est toujours au catalogue en 2005. Pourtant, elle n'est pas si mal, cette voiture. En fait, elle joue bien son rôle, au même titre que sa concurrente la plus sérieuse, soit la Chevrolet Impala. Toutes deux constituent de bons véhicules fiables pour les grands parcs de location ou les entreprises.

La Taurus dispose d'un avantage par rapport à bien des concurrentes : elle est proposée en berline ou en familiale. Cependant, il n'y a plus rien de bien excitant au sein de cette gamme, que Ford nous ramène d'ailleurs presque intégralement en 2005.

Il est difficile de décrire l'habitacle de la Taurus 2005, car rien n'a changé de ce côté depuis déjà un bon bout de temps. Le tableau de bord fait un peu moins « commercial » que celui de sa concurrente, mais son design n'épate pas davantage. Les sièges avant offrent un certain support et sont relativement confortables, et la banquette arrière accueille facilement trois passagers — celui du centre ne sera toutefois pas aussi à l'aise que les deux autres. Notons par contre que cet habitacle est l'un des plus sûrs en cas de collision frontale indirecte, selon l'Insurance Institute for Highway and Safety. Enfin, la familiale procure 81,3 pieds cubes de chargement avec la banquette arrière rabattue.

Deux V6 de 3 litres figurent au catalogue de cette Ford à traction. Le premier, à culbuteurs, produit 153 chevaux, alors que le deuxième, plus moderne et avec arbres à cames en tête, fait 201 chevaux. Les deux se ressemblent beaucoup au point de vue performance, même si le « gros six » est évidemment un peu plus rapide. Seule une boîte automatique à quatre rapports est proposée. Par ailleurs, mentionnons que le design de la suspension indépendante aux quatre roues commence à dater, et cela se sent face à des concurrentes plus modernes.

Serait-ce la fin de la Taurus ? Pas nécessairement. En effet, ni la Five Hundred ni la Freestyle ne la remplaceront, et les grandes entreprises de location continuent d'apprécier cette voiture. Pour les particuliers, ce véhicule un peu vieillot, vendu à un prix raisonnable, demeure néanmoins adéquat. — E.D.

ON AIME

> Un style simple
> Les notions de sécurité
> La possibilité d'avoir une familiale

ON AIME MOINS

> Le manque de performance
> L'identification commerciale
> La mécanique moins impressionnante

À RETENIR

Fourchette de prix :
24 995 $ à 39 645 $

Marge bénéficiaire :
8,6 à 9,1 %

Ventes : ↓

Indice de fiabilité :
★★★★☆

Consommation d'essence :
11,7 L/100 km

CO₂ sur une base annuelle :
▭▭▭▭▭▭ 7,6

Valeur résiduelle au terme de 48 mois : **23 à 24 %**

Cote de sécurité en cas d'impact : ★★★★☆

NOUVEAUTÉS

> Gamme simplifiée
> Nouvelles couleurs

LE MOT DE LA FIN

Six millions de Taurus vendues depuis 1986, ça vous dit quelque chose ?

HONDA **ACCORD**

ON AIME

- > La grande homogénéité
- > Les baquets avant confortables
- > La possibilité de rouler propre (version hybride)

ON AIME MOINS

- > Le volume du coffre
- > Les sautillements de la suspension arrière
- > L'idée d'avoir favorisé la rigidité au détriment de la fonctionnalité

À RETENIR

Fourchette de prix :
24 300 $ à 33 600 $

Marge bénéficiaire : **8,1 %**

Ventes : ↓

Indice de fiabilité :
★★★★★

Consommation d'essence :
10,1 L/100 km

CO_2 sur une base annuelle :
◖▬▬▬▬◗ **6,3**

Valeur résiduelle au terme de 48 mois : **42 à 46 %**

Cote de sécurité en cas d'impact : **★★★★★**

NOUVEAUTÉS

- > Révision des accessoires

LE MOT DE LA FIN

La berline intermédiaire avec laquelle il faut prendre rendez-vous.

La meilleure, on est d'accord ?

Conquérante, cette Honda ? Disons qu'elle ne manque pas d'arguments pour convaincre, cette année surtout avec l'arrivée d'une version hybride (essence-électricité), une possibilité intéressant face à la très « baroque » Prius de Toyota. Même si la silhouette (inspirée d'un guépard, dit-on) ne casse rien sur le plan esthétique, elle n'en demeure pas moins très efficace sur le plan aérodynamique. L'habitacle de l'Accord séduit par son style moderne et la qualité de ses baquets avant (celui du conducteur, notamment). Si la sensation d'espace est omniprésente, sachez que les chiffres font mentir cette impression : la Camry, par exemple, se révèle plus spacieuse à l'arrière. La vraie déception, c'est toutefois en ouvrant le coffre que vous l'aurez. Facile d'accès, ce coffre propose un volume de chargement inférieur à celui de ses principales concurrentes. Pis encore, le dossier de sa banquette ne se fractionne pas. Il se rabat d'une traite, et l'ouverture qui relie le coffre à l'habitacle est plutôt étroite. Mentionnons cependant qu'il existe un autre « passage » : une ouverture a été pratiquée dans l'accoudoir central pour faciliter le transport d'objets longs. L'Accord en condensé : plus vivante qu'une Camry, moins « excitée » qu'une Altima et moins « vroum-vroum » qu'une Mazda6. Bref, elle représente encore l'intermédiaire la plus homogène de sa catégorie, et ce, peu importe la mécanique retenue. Le quatre-cylindres de 2,4 litres tourne rondement, affiche une verve remarquable et monte aisément dans les tours. Que demander de plus ? De consommer l'essence avec modération ? Il le fait également.

Le moteur V6 n'est pas en reste. Uniquement jumelé à la boîte automatique, ce moteur offre un rendement sans histoire, mais nous lui préférons tout de même le quatre-cylindres. De direction précise, l'Accord enfile les virages sans le moindre effort. À un rythme soutenu sur une route sinueuse, le train avant, aidé il est vrai par une monte pneumatique plus généreuse, se laisse moins déborder qu'auparavant et fait donc preuve de plus de ténacité à maintenir la trajectoire imposée par le conducteur. Le train arrière est moins mobile (lire moins agile) qu'autrefois, ce qui fera assurément regretter l'ancienne à ceux qui aiment s'amuser au volant. Mais force est de reconnaître que, pour la majorité des consommateurs intéressés par une intermédiaire, ce type de comportement est plus sécurisant. Que dire de plus, si ce n'est que l'Accord n'excelle peut-être pas dans tous les domaines de comparaison, mais qu'au final, elle se retrouve tout de même première. — E.L.

Une berline qui cherche sa place

Légèrement retouchée l'an dernier, la berline haut de gamme de Hyundai est inchangée en 2005. Assemblée à partir de la plateforme de la Sonata, la XG350 devra attendre au plus tôt l'an prochain avant d'être redessinée sur une plateforme élargie. Entre-temps, on se demande encore où elle se situe dans le marché. On trouve sous le capot de la berline coréenne un V6 de 3,5 litres produisant 194 chevaux. Bruyant et peu économique, ce V6 aurait besoin de meilleures statistiques pour être réellement attrayant. La boîte automatique à cinq rapports fait tout pour en tirer profit, l'accélération étant un peu plus puissante que celle de la Sonata. Tout comme la Sonata, la XG350 possède une suspension réglée pour optimiser le confort des occupants. De série, des freins à disque anti-blocage et un système d'antipatinage permettent d'en améliorer le comportement, autrement peu remarquable ; le roulis est en effet prononcé et le sous-virage est prompt. À l'image de la Sonata, la XG350 présente un intérieur raffiné qui, mal-gré un sens évident de l'économie, n'a pas l'air faussement prétentieux. Comme il s'agit d'une voiture se voulant un peu haut de gamme, il va sans dire que Hyundai a mis le paquet côté équipement : climatiseur, sellerie de cuir et sièges chauffants (sur la version plus équipée).

À l'avant comme à l'arrière, le dégagement est généreux pour des adultes de taille normale. Les dimensions de la voiture ne permettent toutefois pas de trop espérer côté espace pour les genoux à l'arrière, ce qui mériterait d'être corrigé dans la pro-chaine génération. Le coffre est ordinaire, et même la banquette rabattable, qui ne libère qu'un étroit passage un peu décevant dans les circonstances, ne parvient pas à optimiser adéquatement ces conditions. Comme les autres produits coréens, la berline XG350 tire son épingle du jeu côté prix de détail et garantie de base. Sans être exactement abordable, cette berline offre cependant une liste d'équipe-ments plutôt complète. Pour sa part, la garantie de Hyundai, qui offre une couver-ture complète sur cinq ans ou 100 000 kilomètres, est théoriquement supposée mettre l'acheteur en confiance pour une période inégalée par le reste de l'industrie. Dans le cas d'une voiture haut de gamme, cela ne suffit peut-être pas à convaincre la clientèle type, davantage portée vers des voitures avant tout performantes, de pencher du côté de la XG350. — A.M.

ON AIME

> Le style de l'habitacle
> Les freins antiblocage de série

ON AIME MOINS

> Le moteur bruyant et peu économique
> Le coffre

À RETENIR

Prix : **32 995$**

Marge bénéficiaire : **n.d.**

Ventes : **↓**

Indice de fiabilité :
★★★★☆

Consommation d'essence :
13,1 L/100 km

CO_2 sur une base annuelle :
8,6

Valeur résiduelle au terme de 48 mois : **30 à 31 %**

Cote de sécurité en cas d'impact : ★★★★★

NOUVEAUTÉS

> Pas de nouveautés en 2005

LE MOT DE LA FIN

La performance fait défaut à la berline qui, autrement, est très confortable.

HYUNDAI **SONATA**

L'aubaine coréenne

L e marché des berlines intermédiaires est largement saturé. Pourtant, malgré un modèle qui prend de l'âge, Hyundai est parmi les constructeurs à offrir l'un des meilleurs produits de cette catégorie. Pour un prix de détail raisonnable, la Sonata en donne un peu plus côté équipement. La Sonata est offerte avec deux motorisations, un quatre-cylindres de 2,4 litres produisant 138 chevaux et un V6 de 3,7 litres de 170 chevaux. Ce dernier n'est offert qu'avec une boîte automatique à quatre rapports. Celle-ci passe les rapports avec douceur, malgré une certaine hésitation récurrente lorsque vient le temps de rétrograder. L'accélération, malgré tout, demeure près de la moyenne de la catégorie.

Misant avant tout sur le confort, la suspension de la Sonata est réglée « à l'américaine ». Elle absorbe au maximum les inégalités de la route mais revient lentement à sa configuration d'origine. Cela provoque notamment un roulis notoire en virage serré. En 2005, une nouvelle version est proposée juste au-dessus de la Sonata GL. La VE est disponible avec l'une ou l'autre des deux mécaniques, mais offre de série les freins à disque antiblocage (optionnel sur les autres modèles) et des roues en alliage de 16 pouces (avec le quatre-cylindres, des roues de 15 pouces sont normalement livrées de série). La Sonata V6 VE a aussi droit à un toit ouvrant électrique. Reprenant la même formule que pour ses autres produits, Hyundai offre un lecteur de disques compacts de série qui peut aussi lire les fichiers musicaux MP3 gravés sur CD.

L'habitacle de la Sonata est réussi. L'intermédiaire coréenne a de la personnalité, malgré les appliqués en imitation de bois qui dévoilent leur vraie nature au premier coup d'œil : c'est du plastique. Heureusement, l'ergonomie est réussie et quatre passagers peuvent prendre place confortablement à l'intérieur. Le coffre n'est pas particulièrement spacieux, mais la banquette est rabattable, ce qui aide grandement. Avec une garantie unique dans l'industrie, les produits de la marque Hyundai partent avec un avantage marqué sur leurs concurrents. Dans le cas de la Sonata, un prix de détail alléchant ajoute de l'attrait à une berline autrement confortable. Par contre, la valeur de revente n'égale pas celle des produits japonais.

Comme le modèle devrait être renouvelé en cours d'année, il faut s'attendre à des rabais encore plus marqués sur la version actuelle. — A.M.

Ils sont fous, ces Coréens!

Qui l'aurait cru... Non seulement les Coréens s'attaquent-ils au marché des berlines haut de gamme, mais ils y mettent les bouchées doubles. À l'instar de la XG350 de Hyundai, la Kia Amanti prône une valeur ajoutée se traduisant par une foule d'accessoires à un prix pas si élevé. Mais il y a tout de même loin de la coupe aux lèvres.

Plus cossue que la XG350, l'Amanti partage avec celle-ci un V6 de 3,5 litres et une boîte automatique à cinq rapports. La cylindrée produit dans ce cas-ci 200 chevaux, par contre. Les freins à disque avec antiblocage, les coussins gonflables frontaux et latéraux, le climatiseur et les sièges électriques sont des caractéristiques de série. Avec cette configuration, le V6 s'avère plutôt souple, surtout dans les reprises, mais il est aussi l'un des plus assoiffés de carburant sur le marché.

Pour poursuivre avec la liste d'équipement de série, notons que Kia ajoute en 2005 une banquette arrière chauffante, un changeur de six disques compacts incorporé au tableau de bord ainsi qu'un capteur permettant aux essuie-glaces de se déclencher automatiquement lorsqu'il pleut.

La suspension, terrible en toutes circonstances, rappelle sans équivoque les grosses Buick des années 1990. Le débattement est long, ce qui amène la caisse à se démener dans tous les sens lorsqu'on pousse la voiture un tant soit peu. Considérez le système d'antipatinage optionnel. À l'intérieur, les gens qui n'ont jamais passé une journée au volant d'une Mercedes apprécieront la pâle copie que Kia en a faite. L'Amanti reprend plusieurs éléments intérieurs de ce type de berline, mais à la sauce écono. Le résultat est plus ou moins réussi.

L'habitacle est relativement bien isolé des bruits extérieurs, et les sièges sont confortables, même à l'arrière. L'espace disponible pour les occupants est satisfaisant. Il en va de même pour le coffre, dans la moyenne. Kia, tout comme Hyundai, offre une garantie de base de cinq ans ou 100 000 kilomètres. Ajoutez à cela un prix de détail qui se veut abordable compte tenu de la liste de caractéristiques de série et vous comprendrez la stratégie de Kia, semblable dans tous les créneaux du marché. Mais une voiture haut de gamme qui mise sur un prix abordable, avouez que c'est une drôle de logique. — A.M.

ON AIME
> L'équipement généreux
> La garantie de cinq ans
> Le silence de l'habitacle

ON AIME MOINS
> La suspension
> La direction
> La consommation d'essence élevée

À RETENIR
Prix : **34 995 $**

Marge bénéficiaire : **n.d.**

Ventes : ↑

Indice de fiabilité :
★★★★☆

Consommation d'essence :
13,3 L/100 km

CO_2 sur une base annuelle :
▬▬▬▬▬▬ **8,8**

Valeur résiduelle au terme de 48 mois : **29 %**

Cote de sécurité en cas d'impact : **n.d.**

NOUVEAUTÉS
> Banquette chauffante
> Changeur de six disques compacts
> Essuie-glaces à déclenchement automatique

LE MOT DE LA FIN
Une berline pseudo-luxueuse qui mise sur une longue liste d'accessoires pour compenser un mauvais comportement routier.

KIA **MAGENTIS**

ON AIME

> L'équipement généreux
> La garantie de cinq ans
> L'espace intérieur

ON AIME MOINS

> Le roulis prononcé
> Le moteur à quatre cylindres

À RETENIR

Fourchette de prix :
22 250 $ à 28 750 $

Marge bénéficiaire : **n.d.**

Ventes : ↑

Indice de fiabilité :
★★★★☆

Consommation d'essence :
10,3 L/100 km

CO_2 sur une base annuelle :
▬▬▬▬⟩ **6,8**

Valeur résiduelle au terme
de 48 mois : **24 à 26 %**

Cote de sécurité en cas
d'impact : ★★★★☆

NOUVEAUTÉS

> Nouvelle édition
  Anniversaire

LE MOT DE LA FIN

La Magentis est une voiture
intermédiaire confortable et
pratique.

Bougie... d'anniversaire

K ia Canada a cinq ans cette année. Pour souligner l'événement, la marque
coréenne a créé une édition Anniversaire de sa berline intermédiaire, qui
remplace, pour 2005, le modèle LX de base. Reprenant la formule qui
oriente la mise en marché des fabricants coréens, la Magentis continue
d'en offrir un peu plus pour un peu moins.

L'édition Anniversaire est équipée d'un moteur à quatre cylindres de 2,4 litres que
l'on trouve aussi sur la Hyundai Sonata. Il en va de même pour le V6 de 2,7 litres
des Magentis LX V6 et SE V6. Tandis que celles-ci sont livrées avec une foule
d'accessoires de série, l'édition Anniversaire est plus sobre, bien qu'elle ajoute à la
version qu'elle remplace une boîte manuelle à cinq rapports, un toit ouvrant électrique, des roues en alliage de 15 pouces ainsi que le volant et le pommeau de
levier de vitesses gainés de cuir.

Pour leur part, les versions équipées du V6 de 170 chevaux sont livrées d'office
avec une boîte automatique à quatre rapports et quatre freins à disque antiblocage
et répartition de la force de freinage. La Magentis SE possède aussi des sièges
chauffants, des coussins latéraux gonflables et une sellerie de cuir.

La suspension indépendante aux quatre roues est aidée par des barres antiroulis
qui rendent le comportement de la Magentis un peu plus appréciable. Pourtant, le
roulis est encore prononcé. Le freinage, pour sa part, est parmi les plus longs de la
catégorie, même avec l'antiblocage.

À l'intérieur, les matériaux utilisés ont une apparence simple qui n'est pas particulièrement originale. L'ergonomie du tableau de bord est réussie, mais c'est surtout
l'espace disponible qui est remarquable. Quatre adultes peuvent prendre place
confortablement à bord de la Magentis. Le coffre est quant à lui de dimensions
moyennes. Kia offre, comme Hyundai, une garantie qui devrait plaire à plusieurs.
Sans être parmi les modèles les plus abordables du marché, la Magentis est toutefois équipée pour la peine, ce qui rend son prix de détail intéressant. Sans être une
voiture au comportement routier digne de mention, la Magentis demeure une berline intermédiaire confortable et pratique. — A.M.

Une personnalité attachante

L a berline intermédiaire de Mazda s'est méritée de nombreux honneurs dès son lancement, il y a deux ans. L'introduction d'une version à cinq portes et d'une familiale, au cours de l'an dernier, contribuent à faire de la Mazda6 une voiture polyvalente et pratique. Les Mazda6 GS et GT sont offertes avec deux motorisations. Le V6 de 3 litres et 220 chevaux est livré avec une boîte manuelle à cinq rapports ou une boîte automatique à six rapports (une nouveauté en 2005), tandis que le quatre-cylindres de 2,3 litres et 160 chevaux n'est pas offert sur la familiale. Une boîte automatique à quatre rapports est livrée en option avec cette cylindrée.

La Mazda6 GS à quatre-cylindres est une version qui se distingue par sa courte liste d'accessoires. Pour obtenir les freins à disque avec antiblocage et antipatinage, il faut opter pour le groupe Sport suggéré en option. Pour 2005, cependant, la Mazda6 GS V6 est un peu plus abordable, donc moins équipée elle aussi. La berline hérite de roues en acier de 16 pouces échangeables pour les roues en alliage de 17 pouces que l'on retrouve par défaut sur la Mazda6 Sport (cinq portes) et la familiale. Alors que le quatre-cylindres est déconseillé avec la boîte automatique, le V6 est recommandé dans tous les cas. La nouvelle boîte à six rapports en améliore la consommation, ce qui est une bonne nouvelle. Sur la route, les trois versions de l'intermédiaire se comportent assez bien, grâce à une direction amusante ainsi qu'à une suspension bien calibrée. Les freins sont puissants, et l'antiblocage est chaudement recommandé. Cela reflète bien le caractère de la marque, qui mise sur le plaisir de conduire.

À l'intérieur, le niveau sonore peut devenir agaçant à des vitesses un peu élevées. Il faut monter le son de la radio pour compenser. Pour le reste, l'habitacle est bien conçu. Les cadrans à rétroéclairage rouge sont lisibles, et les commandes sont pour la plupart bien placées et faciles à manipuler. Le coffre est un atout sur la berline, mais prend toute sa mesure dans le modèle à cinq portes. La familiale, évidemment, n'a pas vraiment de complexe de ce côté non plus.

Pratique, polyvalente et amusante à conduire, la Mazda6 fait partie de ces quelques berlines intermédiaires qui sont recommandables. De plus, les versions à cinq portes et familiale ont très peu de concurrentes dans leur catégorie. — A.M.

ON AIME

> L'allure extérieure
> Le tableau de bord
> La version à cinq portes

ON AIME MOINS

> Les pneus
> Le moteur à quatre cylindres
> Le niveau sonore élevé

À RETENIR

Fourchette de prix :
24 395 $ à 32 995 $

Marge bénéficiaire :
7,1 à 8,3 %

Ventes : ↑

Indice de fiabilité :
★★★★☆

Consommation d'essence :
9,9 L/100 km

CO_2 sur une base annuelle :
6,3

Valeur résiduelle au terme
de 48 mois : **39 à 41 %**

Cote de sécurité en cas
d'impact : ★★★★★

NOUVEAUTÉS

> Nouvelles familiales et cinq-portes lancées l'été dernier
> Remaniement des groupes d'équipement

LE MOT DE LA FIN

Polyvalente, la Mazda6 conjugue bien le côté pratique au plaisir de conduire.

MERCURY **GRAND MARQUIS**

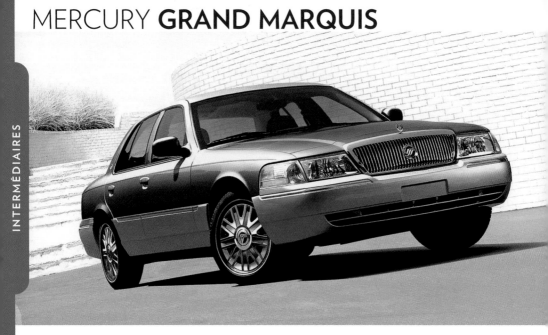

ON AIME

> Le style limousine
> Le grand confort
> L'espace intérieur généreux

ON AIME MOINS

> La suspension très moelleuse
> La direction plus ou moins précise
> L'instrumentation limitée

À RETENIR

Fourchette de prix :
36 735 $ à 41 465 $

Marge bénéficiaire :
8,8 à 9,2 %

Ventes : **↓**

Indice de fiabilité :
★★★★★

Consommation d'essence :
13,3 L/100 km

CO_2 sur une base annuelle :
8,7

Valeur résiduelle au terme de 48 mois : **30 à 31 %**

Cote de sécurité en cas d'impact : **★★★★★**

NOUVEAUTÉS

> Peinture deux teintes optionnelle
> Jantes chromées de 16 pouces
> Nouveau volant

LE MOT DE LA FIN

Pour amateurs du confort traditionnel à l'américaine seulement !

La dernière de sa génération

S i les amateurs de voitures importées ou de performance boudent la Mercury Grand Marquis, cette dernière a tout de même ses fans, qui sont généralement, avouons-le, assez âgés. Il est difficile de distinguer la nouvelle Grand Marquis des versions précédentes, car les changements sont minimes. On verra tout de même des peintures à deux teintes et de nouvelles jantes chromées de 16 pouces. Soulignons par ailleurs que cette grande Mercury est construite à l'usine de Saint-Thomas en Ontario et que, malgré sa réputation de voiture « pépère », elle jouit d'une bonne fiabilité.

L'habitacle de la Grand Marquis est peut-être banal, mais il est spacieux et confortable. Le tableau de bord n'est certes pas le fruit d'une recherche approfondie en design : il est traversé par une barre de simili-bois, et l'instrumentation numérique comme les commandes sont toutes disposées à l'horizontale. Rien d'excitant, mais rien de compliqué non plus. Tous les sièges sont moelleux et n'offrent que peu de support latéral. Les dirigeants de Ford ont toutefois réservé le traitement royal aux passagers arrière ; il faut dire que plusieurs de ces Mercury sont utilisées comme limousine et sont même allongées pour la circonstance. Quant au coffre arrière, c'est un véritable gouffre, avec plus de 20 pieds cubes d'espace disponible et un seuil de chargement assez bas. Il ne faut pas se faire d'illusion lorsqu'on se glisse derrière le volant d'une Grand Marquis : ce n'est pas une européenne. La voiture est moelleuse et la direction, très tendre — c'est à peine si l'on sent les imperfections de la route.

Le V8 de 4,6 litres et 224 chevaux est très à l'aise dans cette grande caisse, mais peu d'utilisateurs en exploiteront le potentiel. La voiture est par ailleurs bonne pour « descendre en Floride » grâce à son régulateur de vitesse, surtout si l'on s'en tient à 100 km/h. Le freinage est appuyé de l'ABS, et il est même possible d'obtenir l'antipatinage. Enfin, la capacité de remorquage n'est pas des plus spectaculaires, puisqu'elle se limite à 1500 livres. — E.D.

Condamnée à l'ombre

Une Galant passe, une autre arrive, et ainsi de suite tous les quatre ans. Le rythme immuable de renouvellement des modèles japonais nous vaut de découvrir depuis tout juste un an une Galant améliorée certes, mais aussi une intermédiaire « bien ordinaire » condamnée à jouer les seconds rôles. En fait, le (seul ?) point fort de cette nouvelle Galant est sans contredit son volume intérieur — mais le coffre n'est pas des plus vastes. Par chance, le seuil de chargement est peu élevé et la forme très cubique permet de profiter pleinement de l'espace disponible. Dommage que la banquette ne se rabatte pas pour augmenter le volume utile. En lieu et place, on a droit à une trappe permettant de glisser les skis. Vous ne faites pas de ski ? Dommage.

Le dessin épuré de la planche de bord est plus original que celui de la carrosserie. Comme chez Toyota, la nomenclature des groupes d'options est parfois insolite, toujours coûteuse. Si l'habitacle témoigne d'un réel effort de présentation et d'originalité, il reste que l'aspect des plastiques et le dessin de certaines commandes sont moins réussis. Les premiers tours de roue effectués au volant de cette berline japonaise mettent en évidence le manque de progressivité des suspensions à basse vitesse. Sur mauvaises routes, quelques trépidations entachent un confort autrement étonnant — sur ce plan, cette Mitsubishi s'approche des meilleures berlines de sa catégorie. Toutefois, les progrès sont plus mitigés en ce qui concerne le comportement routier. Ainsi, on apprécie la précision de la direction, la stabilité et la neutralité en grande courbe, ainsi que le roulis bien maîtrisé. Par contre, pour tout dire, la Galant ne peut tenir tête aux meilleures, qui offrent un agrément de conduite nettement supérieur. Bref, une Galant assez placide dont la conduite, sous certains rapports, rappelle celle d'une Camry.

En ce qui a trait à la mécanique, deux moteurs figurent au catalogue : un quatre-cylindres de 2,4 litres ou un V6 de 3,8 litres. Ce dernier s'impose pour compenser le poids de la berline. Son rendement est sans histoire, mais nous l'aurions tout de même souhaité moins rugueux, plus souple et moins exigeant sur la qualité de l'essence (que du super). En somme, la Galant est incapable d'émerger du peloton : elle constitue une offre raisonnable et convaincante, mais sans plus. En fait, l'ennui est qu'il y a bien d'autres véhicules plus talentueux vendus à prix équivalent. — E.L.

ON AIME

> L'espace intérieur
> Le confort des éléments suspenseurs
> Le comportement routier sans surprise

ON AIME MOINS

> Le volume du coffre et son peu de polyvalence
> La coûteuse liste d'options
> Le faible agrément de conduite de ce véhicule

À RETENIR

Fourchette de prix :
23 498 $ à 29 698 $

Marge bénéficiaire :
9,9 à 11,2 %

Ventes : ↑

Indice de fiabilité :
★★★★☆

Consommation d'essence :
10,3 L/100 km

CO₂ sur une base annuelle :
 6,7

Valeur résiduelle au terme de 48 mois : **29 à 34 %**

Cote de sécurité en cas d'impact : ★★★★★

NOUVEAUTÉS

> Modèle reconduit

LE MOT DE LA FIN

Une bonne berline des années 1990...

NISSAN **ALTIMA**

ON AIME

> Le V6 de 3,5 litres
> Le confort de l'habitacle

ON AIME MOINS

> La finition de l'habitacle
> La consommation d'essence un peu élevée
> La version de base (dégarnie)

À RETENIR

Fourchette de prix :
23 798 $ à 29 698 $

Marge bénéficiaire : **9,8 %**

Ventes : ↑

Indice de fiabilité :
★★★★☆

Consommation d'essence :
10,3 L/100 km

CO₂ sur une base annuelle :
 6,8

Valeur résiduelle au terme de 48 mois : **45 à 49 %**

Cote de sécurité en cas d'impact : **n.d.**

NOUVEAUTÉS

> Nouvelle version SE-R
> V6 de 250 chevaux

LE MOT DE LA FIN

L'Altima est une intermédiaire qui mise sur l'émotion plus que sur la raison.

Un peu de nerf !

Nissan nous courtisait depuis trois ans avec une berline intermédiaire pratiquement inchangée. Cette année, non seulement la voiture est révisée à plusieurs niveaux, mais une nouvelle édition sportive, l'Altima SE-R, fait son entrée au pays. Visuellement, l'Altima est plus facilement identifiable à la gamme Nissan : la calandre est en effet redessinée pour lui donner des airs de famille. À l'intérieur, la finition est également modifiée, notamment par l'introduction de nouveaux matériaux, dont des appliqués de chrome.

Du côté mécanique, les versions 2.5 et 2.5 S héritent d'un quatre-cylindres de 2,5 litres, alors que les 3.5 SE et 3.5 SL sont munies d'un V6. Ce dernier gagne cinq chevaux en 2005, portant son total à 250. Une boîte manuelle est offerte de série dans toutes ces versions, mais une nouvelle boîte automatique à cinq rapports est disponible en option pour les éditions équipées du V6. Les autres versions ont droit à une automatique à quatre rapports.

Par ailleurs, mentionnons que le V6 de l'Altima est particulièrement fougueux. Moins bruyant et plus endurant que le quatre-cylindres, il est même plaisant avec une boîte automatique, malgré l'effet de couple omniprésent. C'est dire... La version de base est particulièrement dégarnie. Les freins avec antiblocage sont optionnels dans tous les autres modèles, tandis qu'un système d'antipatinage est livré sur les véhicules à moteur V6 et boîte automatique. L'édition SE-R, qui sera lancée un peu plus tard en 2005, vise quant à elle un public avide de sensations fortes. Il s'agit en fait d'une Altima 3.5 SE munie d'une suspension plus rigide et de barres stabilisatrices plus solides. Des roues en alliage de 18 pouces et des pneus unidirectionnels à cote Y sont également de la partie, tout comme un aileron unique, une calandre à l'air un peu plus « méchant » et un échappement de large diamètre.

Enfin, l'habitacle est confortable, à défaut d'être élégant. La finition est inégale, et on remarque surtout du plastique. Par contre, il offre toutes les commodités les plus récentes, y compris la navigation par satellite. Bref, l'Altima est l'une des intermédiaires les plus agréables à conduire. D'un style plus sportif que convivial et d'une finition discutable, cette japonaise est toutefois loin d'être ennuyante. — A.M.

Abandonnée à elle-même

I l était un temps où le nom Bonneville signifiait puissance et performance. On dirait toutefois que Pontiac a progressivement abandonné cette belle berline à elle-même. Pourtant, elle pourrait être beaucoup plus qu'une simple voiture de parcs d'automobiles. L'année dernière, le constructeur a dévoilé une nouvelle version de performance de sa grande Bonneville, la GXP. Mue par un moteur V8 Northstar, la GXP est apparue dénudée de ces carénages de plastique qui faisaient la gloire de la Bonneville sur l'ancienne SSEi. Et c'est tant mieux, car elle n'avait vraiment pas besoin de ce camouflage. Cette année, toutes les versions de la Bonneville adoptent le style épuré de la GXP : on verra donc de nouvelles SE et SLE aux lignes moins chargées. Toutefois, ne craignez rien, la Bonneville demeure toujours une grande berline à quatre portes au gabarit imposant.

Reposant toujours sur la même vieille plateforme à traction, la Bonneville de 2005 est équipée d'un moteur V6 3800 Series II de 3,8 litres qui produit 205 chevaux. Un nouveau V8 Northstar de 4,6 litres de 275 chevaux est livrable avec la version GXP. Le V6 a déjà fait ses preuves au point de vue fiabilité, et sa consommation n'est pas des plus mauvaises. Il permet également de bonnes accélérations et des reprises rassurantes, mais il demeure rugueux par rapport au V8. De plus, le V6 est parfois un peu bruyant, transmettant son grondement à l'habitacle. Seule une boîte automatique à quatre rapports est disponible pour cette voiture. La suspension est indépendante aux quatre roues, mais notons que les SLE et GPX bénéficient d'un ensemble de fermeté et de stabilité accrues. Quant à la direction à crémaillère, la GXP jouit du système à rapport variable magnétique, agréable tout en étant relativement précis. Contrairement à bien des voitures de cette catégorie, la Bonneville présente un habitacle très invitant. Les sièges bien moulés acceptent quatre personnes — on pourrait même loger un cinquième passager au centre de la banquette arrière, mais ce ne sera pas le plus grand des conforts. Notons toutefois que les sièges peuvent devenir inconfortables à la longue. Le tableau de bord peut sembler surchargé à première vue, mais on s'y fait rapidement. Les commandes sont toutes à la portée et on apprécie la plupart des boutons, facilement manipulables. Enfin, les dimensions de la valise sont appréciables. Si son gabarit en fait un véhicule un peu encombrant en situation urbaine, c'est sur l'autoroute qu'on apprécie le plus la Bonneville : il s'agit en effet d'une grande routière que l'on aime conduire sur de longues distances. — E.D.

ON AIME

> Le choix des moteurs
> La tenue de route appréciable (SLE et GXP)
> L'habitacle agréable

ON AIME MOINS

> Un véhicule trop axé vers les parcs commerciaux
> Le moteur V6 rugueux
> La visibilité 3/4 arrière difficile

À RETENIR

Fourchette de prix :
35 150 $ à 46 200 $

Marge bénéficiaire : **11 %**

Ventes : ↓

Indice de fiabilité :
★★★★☆

Consommation d'essence :
11,4 L/100 km

CO_2 sur une base annuelle :
▬▬▬▬▬ **7,4**

Valeur résiduelle au terme de 48 mois : **27 à 34 %**

Cote de sécurité en cas d'impact : ★★★★☆

NOUVEAUTÉS

> Adoption du style GXP pour toute la gamme

LE MOT DE LA FIN

Voilà une Pontiac qui mériterait un meilleur traitement !

SUZUKI **VERONA**

> L'équipement généreux

> Le roulement confortable

ON AIME MOINS

> Le coffre

> Le moteur aux performances moyennes

À RETENIR

Fourchette de prix :
22 995 $ à **26 495 $**

Marge bénéficiaire : **n.d.**

Ventes : ↑

Indice de fiabilité :
★★★☆☆

Consommation d'essence :
11,7 L/100 km

CO_2 sur une base annuelle :
⬛⬛⬛⬛⬛◻ **7,6**

Valeur résiduelle au terme
de 48 mois : **29** à **30 %**

Cote de sécurité en cas
d'impact : **n.d.**

NOUVEAUTÉS

> Pas de nouveautés pour 2005

LE MOT DE LA FIN

La Verona est une berline
intermédiaire plutôt ordinaire.

En quête d'originalité

Grâce à une entente avec General Motors, Suzuki a réussi à mettre sur le marché ses propres modèles issus des anciennes usines de Daewoo, en Corée. La Verona, par exemple, est une berline intermédiaire qui aurait mérité d'être plus originale que les produits GM issus des mêmes usines.

Ses caractéristiques de série et son prix de détail sont dans la moyenne. Pour les acheteurs qui veulent simplifier leur achat, la Verona est préférable à sa contre-partie de marque Chevrolet. Elle est offerte en deux versions. D'abord, la Verona GL est animée par un moteur à six cylindres de 2,5 litres, jumelé à une boîte automatique à quatre rapports. Des freins à disque et des roues de 15 pouces sont également de série. La Verona GLX ajoute à cela des systèmes d'antiblocage et d'antipatinage, ainsi que des feux antibrouillard, des roues en alliage de 16 pouces et une climatisation avec contrôle de température ambiante.

Le châssis de la Verona est plutôt rigide, ce qui, combiné à une suspension indé-pendante réglée pour maximiser le confort des occupants, permet d'effectuer de longs trajets sans souffrir des mauvaises conditions de la route. À 155 chevaux, la cylindrée de la berline est toutefois à peine assez puissante pour déplacer le véhi-cule. Ses reprises se voient handicapées, en plus, par une boîte de vitesses pares-seuse lorsqu'il faut rétrograder. Cela dit, l'impression générale est plus favorable que pour les concurrentes coréennes de la Verona. À l'intérieur, la finition semble réussie. Bon, elle est plutôt conservatrice, mais on ne peut pas tout avoir ! Disons que les instruments sont bien dessinés et qu'ils se manipulent aisément. Les sièges avant sont corrects, même si le confort n'est pas garanti ; les conducteurs de grande taille pourraient peiner à s'installer correctement derrière le volant de la Verona. À l'arrière, pourtant, ce n'est presque pas le cas. Deux adultes s'assoient confortablement sur la banquette.

Le volume utile du coffre est tout ce qu'il y a de plus ordinaire. Dans la moyenne à ce chapitre, le coffre peut être agrandi substantiellement en rabattant la ban-quette. Spécialiste des (très) petites voitures, Suzuki devrait profiter, à long terme, de son partenariat avec GM en Corée. Pour le moment, la Verona en est à ses premiers pas et, malgré un prix correct et une liste d'équipements bien étoffée, l'intermédiaire mériterait un peu plus de nerf sous le capot. — A.M.

La mal-aimée

Connaissez-vous la grande Toyota Avalon ? Non ? Pas surprenant, car il y en a peu sur nos routes. On dit aux États-Unis que Toyota y vend tout ce qu'elle produit, ce qui expliquerait la rareté de l'Avalon chez nous. Mais ne serait-ce pas plutôt parce qu'elle n'est pas si attirante ? Ou est-ce que son prix serait trop élevé ? Peu importent les raisons expliquant la rareté du véhicule, une remplaçante se pointe à l'horizon. Malheureusement, au moment d'écrire ces lignes, rien n'a transpiré quant au nouveau modèle à venir, sauf quelques photos. Gageons toutefois que la version 2005 sera plus jolie que celle qui s'en va ; l'Avalon n'est pas vraiment laide, mais elle n'a pas grand-chose d'attirant. Basée sur la plateforme de la Camry, l'Avalon est toutefois plus longue : elle se présente d'ailleurs comme une berline presque pleine grandeur.

L'habitacle de l'Avalon est quant à lui dépassé pour une Toyota, mais n'est ni mieux ni pire que celui d'une Buick LeSabre ou d'une Mercury Grand Marquis. Le tableau de bord de l'Avalon est également fade et peu attirant. Cinq personnes peuvent prendre place à bord de cette voiture, deux à l'avant et trois à l'arrière, dans un environnement de « grosse américaine » (dans le sens négatif de l'expression). L'équipement très complet ne suffit pas à convaincre les acheteurs. Par ailleurs, la valise fait presque 16 pieds cubes, soit environ 450 litres, ce qui est bien, mais peut-être insuffisant pour les valises de tous les occupants en voyage. D'ailleurs, une expérience antérieure a démontré que la suspension arrière s'affaissait sous le poids des bagages.

S'il y a un bon côté à l'Avalon, c'est bien sa mécanique. Il s'agit d'un V6 de 3 litres de 210 chevaux combiné à une boîte automatique à quatre rapports, un ensemble qui lui permet d'atteindre le cap des 100 km/h en une dizaine de secondes. Rien pour écrire à sa mère, mais tout se fait en silence, en douceur, en souplesse. Même la suspension est un peu trop molle — comme une vraie Buick, une ancienne Buick, cela va de soi. Cependant, c'est une Toyota, et tous les éléments sont d'une fiabilité exemplaire. Bon ! Arrêtons de dénigrer le produit, il est en voie d'être remplacé. Si les photos espion sont bonnes (et généralement, elles le sont), la future Avalon devrait être un peu plus grande et, surtout, plus moderne. Elle perdra son allure trop conventionnelle pour adopter une silhouette plus évoluée. C'est avec impatience que nous l'attendons. — E.D.

ON AIME

> La fiabilité reconnue
> Le grand confort
> L'assemblage exemplaire

ON AIME MOINS

> L'allure dépassée
> L'habitacle mal adapté
> La mollesse de la suspension

À RETENIR

Prix : **46 000 $**

Marge bénéficiaire : **n.d.**

Ventes : ↓

Indice de fiabilité :
★★★★★

Consommation d'essence :
11,1 L/100 km

CO_2 sur une base annuelle :
▬▬▬▬◯ **7,1**

Valeur résiduelle au terme de 48 mois : **41 à 42 %**

Cote de sécurité en cas d'impact : **n.d.**

NOUVEAUTÉS

> En attente d'une version complètement révisée

LE MOT DE LA FIN

Bye-bye Avalon, vivement ta remplaçante !

TOYOTA **CAMRY**

ON AIME

> La douceur de roulement

> Les performances adéquates

> La fiabilité reconnue

ON AIME MOINS

> La silhouette trop anonyme (LE et XLE)

> Le freinage perfectible

> La mollesse de la version de base

À RETENIR

Fourchette de prix :
24 950 $ à 33 245 $

Marge bénéficiaire :
10 à 10,7 %

Ventes : ↓

Indice de fiabilité :
★★★★★

Consommation d'essence :
9,7 L/100 km

CO_2 sur une base annuelle :
⬤▬▬▬▬▬▭ **6,3**

Valeur résiduelle au terme
de 48 mois : **43 à 45 %**

Cote de sécurité en cas
d'impact : **n.d.**

NOUVEAUTÉS

> Boîte automatique à cinq rapports

> Version SE plus sportive

LE MOT DE LA FIN

La nouvelle version SE attirera enfin les amateurs de sportives.

Victime de son succès

L a Camry est toujours la voiture la plus vendue en Amérique. C'est aussi la voiture la plus fiable. Elle a reçu nombre de mentions d'honneur pour la satisfaction de ses propriétaires, et s'est également distinguée pour sa consommation raisonnable, ses éléments de sécurité, son prix décent et ses coûts d'entretien minimes. Alors pourquoi Toyota sent-elle le besoin de la revoir, même si ce n'est qu'en partie, pour 2005 ?

Pour lui donner un peu plus de piquant, Toyota a revu la calandre, les phares et les feux des versions LE et XLE V6. Quant à la SE, elle affiche maintenant une nouvelle calandre grillagée, de nouveaux phares à fond noir et des feux arrière modifiés. La Camry LE ou SE de base compte sur un moteur à quatre cylindres de 2,4 litres et 157 chevaux, amplement suffisant pour la majorité des clients. Les LE V6 et XLE V6 viennent quant à elles avec un V6 de 3 litres qui produit 210 chevaux. La plus excitante des Camry, la SE V6, est mue par le V6 de 3,3 litres de 225 chevaux. Le moteur à quatre cylindres est livrable avec la boîte manuelle à cinq vitesses, alors que tous les V6 ne viennent qu'avec la boîte automatique à cinq rapports lancée l'année dernière. Et cette année, cette boîte est également disponible avec le quatre-cylindres. Évidemment, toutes les Camry sont à traction, et l'ABS des freins les équipe désormais dès leur sortie de l'usine. À l'intérieur, tous les instruments ont été remplacés par des jauges plus lisibles. La commande du volume de la radio est aussi ajoutée à tous les volants, peu importe le modèle.

La Camry n'est pas une voiture de performance : il est donc un peu étrange de la voir avec le nouveau look SE. Toutefois, elle est certainement agréable à conduire. Les accélérations sont bonnes, même avec le quatre-cylindres — mais surtout avec la boîte auto à cinq rapports —, et les reprises sont rassurantes. La suspension en surprendra également plus d'un : c'est un bon compromis entre le confort routier et une maîtrise satisfaisante de la voiture. Incidemment, la LE à quatre-cylindres et boîte automatique (qui représente 46 % des ventes de Camry au Canada) se vendra 24 950 $, soit 150 $ de plus que l'année dernière, mais avec 850 $ d'équipement additionnel, dont la boîte auto maintenant à cinq rapports, l'ABS et le filtre d'air d'habitacle. — E.D.

Oui, il y a de l'espoir

Lancée en 2004, la Prius de seconde génération a relancé l'intérêt de l'industrie envers les véhicules à motorisation hybride essence-électrique. Bénie par les dieux, la Prius connaît le même succès auprès des automobilistes. Aurait-on retrouvé la raison ? Pourtant, la Prius se veut toujours une vitrine technologique qui offre bien plus qu'une économie en carburant. Cela explique peut-être pourquoi la Civic Hybrid de Honda n'a pas eu droit au même accueil, elle qui est pourtant tout aussi économique. Mais avouez que ça en rejette beaucoup plus, dans une conversation, de mentionner la boîte à commande électronique de la Prius, tout comme l'écran tactile central ainsi que le système de déverrouillage et de démarrage sans clé.

Côté performance, les accélérations de la Prius, avec les 110 chevaux du moteur hybride, sont en deçà de la moyenne. Elle rattrape graduellement son retard à ce chapitre, mais ses performances ne sont toujours pas dignes d'intérêt. Le chiffre primordial qu'il faut retenir est 4,1. C'est le nombre de litres d'essence qu'il vous faudra pour rouler sur une distance de 100 kilomètres. Depuis l'an dernier, la Prius est une intermédiaire à cinq portes, ce qui en fait une voiture non seulement écolo, mais aussi pratique. Les batteries sont logées sous le seuil du coffre, qui s'en voit pénalisé, mais si peu. La banquette est confortable et le hayon, qui élève le toit à ce niveau, dégage plus d'espace pour la tête des occupants des places arrière.

Côté sécurité, mentionnons que les freins sont secondés de systèmes antiblocage et antipatinage qui limitent les excès pouvant résulter en perte de maîtrise du véhicule. Si on pouvait aussi régler la question du roulis, ce serait pas mal. Heureusement, la direction à assistance possède d'autres qualités, comme un rayon de braquage assez court. Est-ce que les voitures hybrides sont plus attrayantes que les voitures à moteur diesel ? Bonne question. Disons que ça peut dépendre de l'utilisation que vous faites de votre véhicule ; pour la ville, une voiture hybride qui désactive le moteur à essence à basse vitesse est de loin supérieure. Sur l'autoroute, le diesel a l'avantage. Mais la bonne nouvelle demeure qu'enfin, depuis 2004, les voitures « vertes » ne sont plus une affaire marginale méconnue du grand public. Ce n'est qu'une question de temps avant que le phénomène ne fasse boule de neige. — A.M.

ON AIME

> La vitrine technologique
> L'économie de carburant
> La conscience environnementale

ON AIME MOINS

> L'accélération pénible
> La sensibilité aux vents latéraux

À RETENIR

Prix : **29 990 $**

Marge bénéficiaire : **7,5 %**

Ventes : ↑

Indice de fiabilité : **n.d.**

Consommation d'essence : **6,3 L/100 km**

CO_2 sur une base annuelle : **3,2**

Valeur résiduelle au terme de 48 mois : **n.d.**

Cote de sécurité en cas d'impact : ★★★★★

NOUVEAUTÉS

> Pas de nouveautés pour 2005

LE MOT DE LA FIN

La voiture hybride n'est plus l'affaire d'une poignée d'écolos, mais une option alléchante pour bien des conducteurs.

ON AIME

> L'économie de la Passat TDI

> La finition intérieure

> Le rouage intégral 4Motion

ON AIME MOINS

> Le moteur turbo qui manque de jus

> La fin de production du modèle courant

À RETENIR

Fourchette de prix :
30 190 $ à 45 650 $

Marge bénéficiaire :
9,8 à 11,2 %

Ventes : ↓

Indice de fiabilité :
★★★★☆

Consommation d'essence :
10,5 L/100 km

CO_2 sur une base annuelle :
 6,8

Valeur résiduelle au terme de 48 mois : **40 à 48 %**

Cote de sécurité en cas d'impact : ★★★★★

NOUVEAUTÉS

> Nouveau modèle à l'automne

LE MOT DE LA FIN

Si vous avez les moyens et le goût du risque, la Passat est une intermédiaire polyvalente et élégante.

Coup de balai

En 2005, Volkswagen passe le balai dans les allées de son entrepôt. La Golf, la Jetta et la Passat vont être complètement transformées en cours d'année, mais rien de concret n'est annoncé avant l'été. En attendant, on coupe dans les modèles moins populaires.

Pour la Passat, cela se traduit par la disparition du modèle W8. Le service OnStar tire aussi sa révérence, tout comme la boîte manuelle à cinq rapports sur les modèles équipés d'un V6 (GLX, GLS), ainsi qu'une panoplie d'autres détails, surtout des agencements de tissus et de garnitures de second ordre.

Mais cela ne signifie pas la fin pour la Passat. La berline et la familiale offrent toujours un moteur diesel des plus économiques et un confort relevé qui est l'effet direct d'un habitacle spacieux, tant pour les passagers que pour les bagages.

Les trois versions de la Passat se nomment GL, GLS et GLX. Les deux premières sont livrées de base avec le moteur turbo 1.8T de 170 chevaux et une boîte manuelle à cinq rapports. Le V6, de série sur la Passat GLX, produit 190 chevaux et ne vient qu'avec une boîte automatique à cinq rapports. La TDI (134 chevaux) est disponible en version GL ou GLS avec boîte automatique. Le système de rouage intégral « 4Motion » est offert sur la GLS V6 et la GLX. Un antidérapage est de série sur cette dernière (nouveau en 2005).

Amusant, le petit moteur turbo est recommandé avec la boîte manuelle. L'automatique sied bien au V6 si vous privilégiez la douceur de roulement. La suspension, en tout cas, la privilégie, son roulis n'étant pas idéal pour une conduite trop sportive. Le rouage intégral ajoute au chapitre de la sécurité, surtout avec l'antidérapage. L'habitacle est efficace, élégant et silencieux. Les sièges avant s'ajustent dans tous les sens, ce qui compense pour le plafond un peu bas. Côté chargement, la familiale est évidemment généreuse, mais le coffre de la berline n'est pas mal non plus, surtout lorsque la banquette est rabattue.

Dans le marché des intermédiaires, il va sans dire que les produits japonais sont à l'avant-scène. Par contre, si vous magasinez pour une familiale, la Passat GLS V6, avec ou sans le 4Motion, tire drôlement bien son épingle du jeu. — A.M.

Le retour des berlines ?

Beaucoup d'autres chambardements sont à prévoir dans la catégorie des berlines. La Sonata (Hyundai), l'Avalon (Toyota) et la Passat (Volkswagen), pour ne nommer que ces trois-là, seront bientôt renouvelées. La Passat sera vraisemblablement la dernière à se manifester, puisque la nouvelle mouture est censée apparaître en Europe en 2005, et la politique du constructeur allemand a toujours été de laisser une année s'écouler avant d'exporter ses nouveaux produits en Amérique du Nord.

Saturn, qui n'est jamais parvenu à mettre sa Série L en orbite, prépare activement la sortie d'une nouvelle intermédiaire dont on sait encore très peu de choses. Le lancement est prévu pour 2006. Par contre, on en sait davantage sur la Fusion (non pas la version européenne), une berline intermédiaire qui sera logée entre la Focus et la Five-Hundred. Cette nouvelle venue, censée au départ s'appeler Futura, reposera sur la plateforme mécanique de l'actuelle Mazda6. DaimlerChrysler prépare également la sortie de nouvelles intermédiaires pour remplacer ses

actuelles Stratus (exclusive au marché américain) et Sebring, et trouve également le temps de peaufiner la mise au point d'une Dodge Charger, pour faire taire ses concessionnaires américains qui réclament une berline classique aux côtés de la Magnum. Aucune décision n'a encore été prise quant à savoir si cette nouvelle addition à la marque Dodge sera proposée aux consommateurs canadiens.

Même si les ventes demeurent étonnamment importantes, l'Impala parcourt ses derniers kilomètres dans sa forme actuelle. Idem pour la Mercury Grand Marquis. Quant à la Taurus, elle s'effacera avec autant de subtilité du catalogue de Ford que la Century le fera de la gamme de modèles de Buick : sans laisser de traces.

Enfin, même si les ventes de la Prius s'enflamment, Toyota pourrait très bien officialiser sa décision de greffer un groupe motopropulseur hybride à bord de sa Camry.

Ford Fusion

CE QU'IL FAUT RETENIR

	Lieu d'assemblage	Type de carrosserie	Autre(s) carrosserie(s)	Cycle de remplacement	Mode
Buick Allure	Canada	Berline	Aucune	Nouveau modèle 2005	Traction
Buick Century	Canada	Berline	Aucune	Modèle en sursis	Traction
Buick LeSabre	États-Unis	Berline	Aucune	2006	Traction
Chevrolet Epica	Corée du Sud	Berline	Aucune	Inconnu	Traction
Chevrolet Impala	Canada	Berline	Aucune	2006	Traction
Chevrolet Malibu	États-Unis	Berline	Aucune	2007-2008	Traction
Chevrolet Malibu Maxx	États-Unis	Berline 5 portes	Aucune	2007-2008	Traction
Chrysler 300	Canada	Berline	Aucune	2007-2008	Propulsion
Dodge Magnum	Canada	Familiale	Aucune	2007-2008	Propulsion
Ford Five Hundred	États-Unis	Berline	Aucune	Nouveau modèle 2005	Traction
Ford Taurus	États-Unis	Berline	Familiale	Modèle en sursis	Traction
Honda Accord	États-Unis	Berline	Aucune	2007	Traction
Hyundai Sonata	Corée du Sud	Berline	Aucune	2005-2006	Traction
Hyundai XG350	Corée du Sud	Berline	Aucune	2006-2007	Traction
Kia Amanti	Corée du Sud	Berline	Aucune	2006-2007	Traction
Kia Magentis	Corée du Sud	Berline	Aucune	2006	Traction
Mazda 6	États-Unis	Berline	Berline 5 [1]	2007-2008	Traction
Mercury Grand Marquis	Canada	Berline	Aucune	2006-2007	Propulsion
Mitsubishi Galant	États-Unis	Berline	Aucune	Inconnu	Traction
Nissan Altima	États-Unis	Berline	Aucune	2007	Traction
Pontiac Bonneville	États-Unis	Berline	Aucune	2007-2008	Traction
Pontiac G6	États-Unis	Berline	Aucune	Nouveau modèle 2005	Traction
Subaru Legacy	États-Unis	Berline	Familiale	Nouveau modèle 2005	Intégral
Subaru Outback	États-Unis	Familiale	Aucune	Nouveau modèle 2005	Intégral
Suzuki Verona	Corée du Sud	Berline	Aucune	Inconnu	Traction
Toyota Avalon	États-Unis	Berline	Aucune	2005-2006	Traction
Toyota Prius	Japon	Berline 5 portes	Aucune	Inconnu	Traction
Volkswagen Passat	Allemagne	Berline	Familiale	2006	Traction

1 Berline 5 portes et familiale

Rouage intégral disponible	Empattement (mm)	Longueur (mm)	Largeur (mm)	Hauteur (mm)	Volume du coffre (L)	Capacité du réservoir de carburant (L)	Essence recommandée
Non	2807	5031	1853	1458	453	66	Ordinaire
Non	2769	4943	1847	1438	473	64	Ordinaire
Non	2850	5080	1867	1448	510	70	Ordinaire
Non	2700	4770	1815	1450	380	63	Ordinaire
Non	2807	5080	1854	1456	527	64,4	Ordinaire
Non	2700	4783	1776	1461	436	61	Ordinaire
Non	2852	4770	1773	1476	646/1161	62	Ordinaire
Oui	3048	4999	1881	1483	442	68	Ordinaire
Oui	3048	5021	1881	1481	770	68	Ordinaire
Oui	2867	5099	1892	1527	600	72	Ordinaire
Non	2760	5020	1850	1470	481	68	Ordinaire
Non	2740	4810	1810	1450	396	65	Ordinaire
Non	2700	4750	1820	1420	398	65	Ordinaire
Non	2750	4875	1820	1420	410	70	Ordinaire
Non	2800	4980	1850	1490	440	70	Ordinaire
Non	2700	4720	1815	1410	386	65	Ordinaire
Non	2680	4750	1780	1440	430	66	Ordinaire
Non	2910	5380	1990	1440	583	72	Ordinaire
Non	2750	4840	1840	1470	376	67	Ordinaire
Non	2800	4860	1790	1470	442	76	Ordinaire
Non	2850	5146	1885	1438	510	70	Ordinaire
Non	2852	4802	1749	1450	396	64	Ordinaire
De série	2670	4730	1945	1425	433	64	Ordinaire
De série	2670	4795	1945	1475	949/1747	64	Ordinaire
Non	2700	4770	1815	1450	380	63	Ordinaire
Non	2720	4870	1820	1465	450	70	Ordinaire
Non	2700	4445	1725	1490	459	45	Ordinaire
Oui	2700	4680	1750	1500	400	62	Super

SURVOL TECHNIQUE

	Moteur	Puissance (hp à tr/mn)	Couple (lb-pi à tr/m)	Poids (kg)	Rapport poids-puissance	Autre(s)moteur(s)
Buick Allure	V6 ACC 3,8	200 à 5200	230 à 4000	1585	7,9	V6 DACT 3,6 (240 hp)
Buick Century	V6 ACC 3,1	175 à 5200	195 à 4000	1516	8,6	Aucun
Buick LeSabre	V6 ACC 3,8	205 à 5200	230 à 4000	1621	7,9	Aucun
Chevrolet Epica	L6 DACT 2,5	155 à 5800	177 à 4000	1533	9,8	Aucun
Chevrolet Impala	V6 ACC 3,4	180 à 5200	200 à 4000	1572	8,7	V6 ACC 3,8 (200 hp) [3]
Chevrolet Malibu	L4 DACT 2,2	144 à 5600	155 à 4000	1440	10	V6 ACC 3,5 (200 hp)
Chevrolet Malibu Maxx	V6 ACC 3,5	200 à 5400	220 à 3200	1569	7,8	Aucun
Chrysler300	V6 DACT 2,7	190 à 6400	190 à 4000	1683	8,8	V6 SACT 3,5 / V8 ACC 5,7
Dodge Magnum	V6 DACT 2,7	190 à 6400	190 à 4000	1745	9,1	V6 SACT 3,5 / V8 ACC 5,7
Ford Five-Hundred	V6 DACT 3,0	203 à 5750	207 à 4500	1652	8,1	Aucun
Ford Taurus	V6 ACC 3,0	153 à 5800	186 à 3250	1499	9,8	V6 DACT 3,0
Honda Accord	L4 DACT 2,4	160 à 5500	161 à 4500	1420	8,8	V6 SACT 3,0
Hyundai Sonata	L4 DACT 2,4	138 à 5500	147 à 3000	1443	10,4	V6 DACT 2,7
Hyundai XG350	V6 DACT 3,5	194 à 5500	216 à 3500	1635	8,4	Aucun
Kia Amanti	V6 DACT 3,5	203 à 5500	222 à 3300	1822	8,9	Aucun
Kia Magentis	L4 DACT 2,4	138 à 5500	147 à 3000	1430	10,3	V6 DACT 2,7
Mazda 6	L4 DACT 2,3	160 à 6000 [2]	155 à 4000	1502	9,3	V6 DACT 3,0
Mercury Grand Marquis	V8 DACT 4,6	224 à 4800	272 à 4000	1792	8	Aucun
Mitsubishi Galant	L4 SACT 2,4	160 à 5500	157 à 4000	1520	8,6	V6 SACT 3,8
Nissan Altima	L4 DACT 2,5	175 à 6000	180 à 4000	1371	7,8	V6 DACT 3,5
Pontiac Bonneville	V6 ACC 3,8	205 à 5200	230 à 4000	1628	7,9	V8 DACT 4,6 (275 hp)
Pontiac G6	V6 ACC 3,5	200 à 4800	220 à 4400	1533	7,6	Aucun
Subaru Legacy	H4 DACT 2,5	168 à 5600	166 à 4000	1470	8,7	H4 DACT 2,5 T (250 hp)
Subaru Outback	H4 DACT 2,5	168 à 5600	166 à 4000	1520	9	H4 DACT 2,5 T- H6 3,0
Suzuki Verona	L6 DACT 2,5	155 à 5800	177 à 4000	1533	9,8	Aucun
Toyota Avalon	V6 DACT 3,0	210 à 5800	220 à 4400	1570	7,4	Aucun
Toyota Prius	L4 DACT 1,5 [1]	76 à 5000	82 à 4200	1310	17,2	Aucun
Volkswagen Passat	L4 DACT 1,8 T	170 à 5900	166 à 1950	1457	8,5	L4 1,9 Tdi / V6 2,8

1 Version suralimentée par compresseur disponible sur SS

2 5 portes + familiale

3 De série avec le modèle à rouage intégral

4 Automatique 5 rapports avec moteur suralimenté par turbocompresseur et H6

Capacité de remorquage minimum/maximum (kg)	Boîte de vitesses de série	Boîte de vitesses optionnelle	Direction	Rayon de braquage (m)	Suspension avant/arrière	Freins avant/arrière	Pneus de série
454	Auto. 4 rapports	Aucune	Crémaillère	12,3	Ind./ind.	D/d	225/60R16
454	Auto. 4 rapports	Aucune	Crémaillère	11,4	Ind./ind.	D/d	205/70R15
454	Auto. 4 rapports	Aucune	Crémaillère	12,4	Ind./ind.	D/d	215/70R15
454	Auto. 4 rapports	Aucune	Crémaillère	10,4	Ind./ind.	D/d	205/65R15
454	Auto. 4 rapports	Aucune	Crémaillère	11,6	Ind./ind.	D/d	225/60R16
454	Auto. 4 rapports	Aucune	Crémaillère	10,9	Ind./ind.	D/t	205/65R15
454	Auto. 4 rapports	Aucune	Crémaillère	11,4	Ind./ind.	D/d	215/60R16
454	Auto. 4 rapports	Auto. 5 rapports	Crémaillère	11,9	Ind./ind.	D/d	215/65R17
454	Auto. 4 rapports	Auto. 5 rapports	Crémaillère	11,9	Ind./ind.	D/d	215/65R17
454	Auto. 6 rapports	Auto. CVT [4]	Crémaillère	12,2	Ind./ind.	D/d	215/60R17
454	Auto. 4 rapports	Aucune	Crémaillère	12,1	Ind./ind.	D/d	215/60R16
454	Man. 5 rapports	Auto. 5 rapports	Crémaillère	11	Ind./ind.	D/d	195/65R15
454	Man. 5 rapports	Auto. 4 rapports	Crémaillère	10,5	Ind./ind.	D/d	205/65R15
454	Auto. 5 rapports	Aucune	Crémaillère	11	Ind./ind.	D/d	205/60R16
454	Auto. 5 rapports	Aucune	Crémaillère	n.d.	Ind./ind.	D/d	225/60R16
454	Auto. 4 rapports	Aucune	Crémaillère	10,4	Ind./ind.	D/d	205/60R16
454	Man. 5 rapports	Auto. 4 rapports	Crémaillère	11,8	Ind./ind.	D/d	215/60R16
454	Auto. 4 rapports	Aucune	Crémaillère	12	Ind./ess. rig.	D/d	225/60R16
454	Auto. 4 rapports	Aucune	Crémaillère	12,2	Ind./ind.	D/d	215/60R16
454	Man. 5 rapports	Auto. 4 rapports	Crémaillère	11,8	Ind./ind.	D/d	205/65R16
454	Auto. 4 rapports	Aucune	Crémaillère	12,3	Ind./ind.	D/d	225/60R16
454	Auto. 4 rapports	Aucune	Crémaillère	11,6	Ind./ind.	D/d	215/60R16
453	Man. 5 rapports	Auto. 4 rapports [4]	Crémaillère	10,8	Ind./ind.	D/d	205/55R16
454	Man. 5 rapports	Auto. 4 rapports [4]	Crémaillère	10,8	Ind./ind.	D/d	205/55R16
454	Auto. 4 rapports	Aucune	Crémaillère	10,4	Ind./ind.	D/d	205/65R15
454	Auto. 4 rapports	Aucune	Crémaillère	11,5	Ind./ind.	D/d	205/60R16
n.d.	Auto. CVT	Aucune	Crémaillère	10,2	Ind./ind.	D/d	185/65R15
454	Man. 5 rapports	Auto. 5 rapports	Crémaillère	11,4	Ind./ind.	D/d	205/55R16

BERLINES SPORT

Acura TL **Acura TSX** Audi A4 **BMW Série 3** Cadillac CTS **Infiniti G35** Jaguar X-Type **Lexus IS300** Lincoln LS **Mercedes Classe C** Nissan Maxima **Pontiac Grand Prix** Saab 9-3 **Volvo S40-V50** Volvo S60

TEXTES, RECHERCHES ET ESSAIS : **ÉRIC LEFRANÇOIS**

Volvo S40 2005

QUI EST MENACÉ ?

ON S'INQUIÈTE BEAUCOUP DU SORT DES BERLINES CES DERNIÈRES ANNÉES. LES STATISTIQUES DÉMONTRENT QUE LES CONSOMMATEURS LES FRÉQUENTENT MOINS ASSIDÛMENT. C'EST VRAI POUR LES BERLINES DE MONSIEUR ET MADAME TOUT-LE-MONDE, MAIS LE SUCCÈS (ENCORE MODESTE EN TERMES DE VOLUME DE VENTES, J'EN CONVIENS) REMPORTÉ PAR LES BERLINES SPORT PROUVE QU'IL EXISTE UNE CLIENTÈLE INCAPABLE DE CONCEVOIR QU'ON PUISSE ÉPROUVER DE L'AGRÉMENT À CONDUIRE UN CAMION. ET VOUS VOULEZ SAVOIR QUOI ? ILS ONT PARFAITEMENT RAISON.

Toutes ces berlines se chargent de nous faire oublier les dures réalités de la vie moderne, en caressant notre ego dans le sens du poil. Cuir à demeure, équipement ultra-complet, à la condition bien sûr de sortir notre chéquier.

Même si elles sont toutes à quatre portes (certaines sont déclinées en familiale, un segment porteur), ces berlines ont, et c'est la beauté de l'histoire, une personnalité qui leur est propre. Certaines sont plus logeables, d'autres plus sportives. Ne reste plus qu'à choisir. Mais aussi bien vous le dire tout de suite : vous aurez peine à vous décider tant les forces en présence sont équilibrées. Enfin, presque toutes !

Le calme avant la tempête

Hormis l'arrivée des nouvelles S40 et V50, cette catégorie demeure inchangée par rapport à l'année dernière. Certaines voitures, dont la IS300 de Lexus et la Série 3 de BMW, entreprennent leur dernier tour de piste dans leur forme actuelle. Les autres, encore jeunes, se bonifient par l'ajout de nouveaux accessoires ou encore par l'augmentation de la cavalerie du moteur pour attirer à la fois vos regards et vos dollars.

À l'heure actuelle, cette catégorie ne comporte que de gros noms (BMW, Cadillac, Lexus), mais quelques constructeurs dits généralistes songent à s'y frayer un chemin. C'est le cas de Volkswagen, de Subaru, mais aussi de Kia et de Hyundai qui, selon Dame rumeur, préparent des berlines taillées sur mesure pour ce créneau.

D'ici là, il faut retenir que si ces berlines paraissent financièrement abordables (avant de se mettre à cocher les options), il ne faut pas négliger de jeter un œil sur les coûts du service et de l'entretien avant d'apposer votre signature au bas du contrat de vente. En effet, le tarif horaire est parfois plus élevé que celui pratiqué dans l'atelier d'un constructeur généraliste. À vérifier aussi, le coût des assurances et de certaines pièces de remplacement (plaquette de freins, amortisseurs, etc.). À noter que dans cette catégorie, toutes les candidates à l'exception d'Acura proposent une garantie complète supérieure aux trois ans/60 000 km d'usage. Certaines proposent même de couvrir sans frais certains entretiens.

Le choix « à la carte »

Longtemps l'apanage d'Audi, le rouage à quatre roues motrices n'est plus l'exception mais la règle dans cette catégorie. Un atout de taille pour nous qui devons, plusieurs mois par année, faire face à des conditions climatiques difficiles. À l'exception de Cadillac, de Lincoln et de Lexus, toutes les propulsions dans ce créneau proposent un rouage intégral. De quoi rassurer ceux et celles qui doutent encore que les nouveaux dispositifs d'aide à la conduite puissent gommer les inconvénients liés à la conduite d'une propulsion au cours de la saison froide. Du côté des tractions (roues avant motrices), Saab et Acura font toujours la sourde oreille, prétextant non sans raison que ce dispositif, si efficace soit-il, a une incidence sur la consommation et les coûts d'entretien.

Les jours de la Lexus IS300 Sportback 2005 sont comptés.

Cette fois, c'est la bonne

L a critique avait beau les trouver moches et dépassées, les S40 (S = berline) et V40 (V = familiale) ont néanmoins rempli leur mission : asseoir des gens qui n'avaient jamais mis les fesses dans une Volvo. Rénovée de la cave au grenier, la seconde génération de la série 40 (et 50, matricule unique pour la familiale) entend non seulement prendre sa revanche auprès de la critique, mais aussi, et surtout, séduire une clientèle encore plus jeune.

Comme la génération précédente, cette nouvelle voiture repose sur une architecture dont Volvo n'est pas le seul géniteur. Mais cette fois-ci, le constructeur scandinave s'est tourné vers le groupe Ford, auquel il appartient, plutôt que du côté de Mitsubishi. Incidemment, cette nouvelle plateforme n'est pas aussi inédite que l'on pourrait le penser : il s'agit en fait de la même qui supporte actuellement la Mazda3. Selon Volvo, ce châssis est nettement plus rigide. De plus, sa très grande flexibilité permet à la firme de Götenberg d'offrir la motricité aux quatre roues sur sa livrée la plus performante, la T5.

Au Canada, deux mécaniques, montées transversalement, peuvent animer la S40. La première consiste en un cinq-cylindres de 2,4 litres à aspiration normale de 168 chevaux. La seconde, exclusive à la T5, comporte également cinq cylindres, mais pour justifier son étiquette sportive, elle affiche une cylindrée supérieure (2,5 litres) en plus d'être suralimentée à l'aide d'un turbocompresseur. Ces transformations font bondir la puissance à 218 chevaux, lesquels transitent, de série, par une boîte manuelle à six rapports aux roues avant motrices.

Physiquement, la carrosserie de la nouvelle S40 ne laisse planer aucun doute quant à son appartenance à la famille Volvo. Ses points communs avec la grande S60 pourraient d'ailleurs faire hésiter le consommateur néophyte. D'autant plus que le nouveau ticket d'entrée de la marque suédoise a, lui aussi, accès aux cinq cylindres de sa grande sœur. Il suffit pourtant de conduire ces voitures l'une après l'autre pour réaliser qu'il n'y a pas matière à comparaison.

Bien que plus courte que la génération antérieure, la nouvelle S40 n'en repose pas moins sur un empattement allongé. Un gage d'habitabilité ? Vrai qu'elle est plus large et plus haute, mais la garde au toit est limite à l'arrière pour les grandes

personnes. Soulignons également que les espaces de rangement sont plutôt rares et que l'accès du coffre est étroit. On lui préfère la V50 même si celle-ci, comme la V40, privilégie l'élégance au chargement.

Sur la route, la T5 (le modèle essayé) avec quatre roues motrices en met plein la vue. Le moteur vif, souple et musclé s'entend comme larrons en foire avec la boîte manuelle à six rapports à la commande douce et précise. Agile, frondeuse, elle enroule les virages sans se désunir. Le train avant est précis et l'assistance de la direction, bien calibrée.

Que des qualités ? Oh, que non ! Sur une chaussée abîmée, les suspensions ont tendance à rebondir et génèrent des mouvements de caisse. De plus, les bruits de roulement sont très présents et ce, même à faible vitesse. On peste également contre le fort rayon de braquage de l'auto (un cinq-cylindres monté transversalement a ses inconvénients).

Offerte pour moins de 30 000 $ (au moment de mettre sous presse), la version de base, la 2,4i, paraît plus alléchante qu'elle ne l'est véritablement. L'éventuel acheteur devra en effet se résoudre, par exemple, à payer un supplément pour obtenir des jantes en alliage (1000 $). Les équipements de sécurité passifs, marque de commerce du constructeur scandinave, sont toutefois tous offerts de série. À l'intérieur, toute l'attention est dirigée vers la très originale console en forme de lame d'acier. Cette dernière regroupe six gros boutons, soit la totalité des commandes non liées à la conduite. Très originale, elle rompt avec le classicisme habituel des créations de Volvo. Les baquets avant figurent parmi les meilleurs de la catégorie.

Lignes ramassées, prix attractifs et choix de modèles, la S40 et la V50 représentent une option à considérer très sérieusement pour qui recherche le prestige à meilleur prix.

ON AIME

> L'idée qu'on ne reverra plus l'ancienne génération
> Le choix de modèles
> L'agrément de conduite de cette voiture

ON AIME MOINS

> La garde au toit à l'arrière. C'est limite...
> Le peu d'espaces de rangement
> L'effet de couple ressenti sur les modèles tractés

À RETENIR

Fourchette de prix :
29 995 $ à 37 495 $

Marge bénéficiaire : **7,5 %**

Ventes : ↓

Indice de fiabilité : **n.d.**

Consommation d'essence : **n.d.**

CO_2 sur une base annuelle : **n.d.**

Valeur résiduelle au terme de 48 mois : **42 à 45 %**

Cote de sécurité en cas d'impact : **n.d.**

NOUVEAUTÉS

> Nouveau modèle pour 2005

LE MOT DE LA FIN

Après le brouillon, la copie au propre.

ON AIME

> La qualité de fabrication

> L'équilibre entre confort et tenue de route

> Le freinage efficace

ON AIME MOINS

> Le rayon de braquage qui s'apparente à celui d'un camion

> Version Navi à oublier

> L'effet de couple lors des accélérations brusques

À RETENIR

Fourchette de prix :
40 800 $ à 44 000 $

Marge bénéficiaire : **8,7 %**

Indice de fiabilité :
★★★★★

Consommation d'essence :
11,6 L/100 km

CO_2 sur une base annuelle :
7,4

Valeur résiduelle au terme de 48 mois : **47 à 49 %**

Cote de sécurité en cas d'impact : ★★★★★

NOUVEAUTÉS

> Modèle reconduit

LE MOT DE LA FIN

On ne craque pas, mais force est d'admettre qu'elle est homogène.

Du talent, mais peu de charisme

D u caractère, elle en a. Campée sur ses grandes roues de 17 pouces, la TL a la silhouette d'une athlète prête à s'élancer pour le 100 mètres. L'ennui, c'est que la TL sera régulièrement prise pour une TSX, l'autre Acura. Pis encore, en dépit de son raffinement accru et de ses technologies plus raffinées, la TL « nouvelle manière » n'a pas le charisme de l'ancienne qui, rappelez-vous, avait insufflé une bouffée d'air frais dans un segment où la concurrence était soit bien timide, soit un peu trop sûre d'elle pour s'inquiéter.

Comprenons-nous bien, la nouvelle TL représente tout de même un bond en avant par rapport à la version antérieure. La cylindrée demeure la même, mais ce V6 n'en figure pas moins parmi les plus puissants avec 270 chevaux. Cette Acura affiche également une consommation d'essence raisonnable (mais elle ne s'abreuve que de super) et l'un des rapports poids/puissance les plus avantageux. Pourtant, elle n'est pas la plus rapide. L'explication réside en grande partie dans le fait qu'il s'agit d'une traction (roues avant motrices). Avec ou sans antipatinage, rien à faire, la TL ne parvient pas à calmer ses roues avant motrices pour lui permettre de décoller avec autant d'empressement qu'un missile Patriot. Que des dixièmes de seconde la séparent des meilleures, passe encore, seulement voilà, lors de fortes accélérations, les remontées de couple dans le volant déçoivent et contrarient. Par ailleurs, son rayon de braquage — gigantesque — la rend pénible à garer. En revanche, la suspension présente un compromis intéressant entre bonne tenue de route et confort, et la direction permet de ciseler les virages avec une précision certaine. Capable de jouer les lièvres, la TL sait aussi s'immobiliser efficacement. La qualité qui règne à bord ne prête aucunement flanc à la critique. Les baquets fleurent le bon cuir et la console, tapissée façon titane, est du plus bel effet. Le bloc d'instrumentation, facile à consulter, est aussi apaisant pour la conduite de nuit. Peu importe la couleur du ciel, le système de navigation monté à bord de la version Navi est, même en modifiant la luminosité, difficile à consulter en plein jour. Coûteuse à assurer, la TL est également celle qui offre la garantie la plus pingre de sa catégorie. En revanche, la valeur de revente élevée rassure, tout comme la finition et les faibles émanations qu'elle rejette dans l'atmosphère. Autant de points qui en font somme toute un choix à considérer.

L'homogénéité a parfois bon goût

P résentée sans détour comme une version « Acurarisée » de la Honda Accord européenne, la TSX est sans doute aujourd'hui la berline sport offrant, pour moins de 35 000 $, le meilleur rapport qualité/prix/performances. L'habitacle n'est sans doute pas aussi original que celui d'une 9-3 ou d'une S40, mais il est remarquablement bien assemblé. Le choix des matériaux et l'agencement des couleurs font que l'on se sent comme chez soi. Sculptés, les baquets de la TSX comportent suffisamment de réglages pour vous aider à trouver une position de conduite juste et confortable. À l'arrière, n'invitez que deux personnes. Trois ? On joue trop du coude, quelqu'un pourrait se blesser. Peu accueillant, le coffre est également handicapé par un seuil de chargement élevé, et requiert donc un effort supplémentaire pour embarquer de lourds objets. Pour vous permettre de rabattre, en tout ou en partie, les dossiers de la banquette arrière, deux petites ganses jaunes sont suspendues au fond du coffre.

Comme c'est souvent le cas chez Honda (ou Acura, c'est du pareil au même), la mécanique séduit par son brio et sa souplesse. Le quatre-cylindres de 2,4 litres donne envie de faire grimper l'aiguille du compte-tours, qui ne demande que cela. Tant mieux, puisque sous les 3000 tr/min, ce moteur peine à se relancer, forçant ainsi le pilote à rétrograder d'un rapport ou deux pour maintenir le rythme. Par chance, le levier de la boîte manuelle à six rapports se laisse guider avec beaucoup d'aisance. La boîte semi-automatique (offerte sans frais supplémentaires) est bien adaptée à la courbe de puissance du moteur. Équilibrée en appui, elle demeure amusante à conduire et sécurisante grâce à son système d'antidérapage qui corrige avec justesse et finesse les éventuelles dérobades. Par contre, la berline sport d'Acura s'avère moins enthousiasmante à conduire en ville, où son fort rayon de braquage la fait mal paraître. De plus, même si la direction permet de ciseler les virages avec précision, elle ne transmet guère d'informations qui permettraient de bien sentir l'adhérence. Côté budget, la TSX est la meilleure affaire. Prix attrayant, équipement complet (la boîte semi-automatique est offerte sans frais), solide valeur de revente et dossier de fiabilité de la marque en font une occasion à saisir. En revanche, les garanties proposées manquent d'étoffe, et les dimensions de l'habitacle et du coffre sont mesurées.

ON AIME

> Le rapport qualité/prix/équipements
> Le moteur en verve
> La finition impeccable

ON AIME MOINS

> La garantie chiche
> Le volume du coffre limité
> Le manque de couple

À RETENIR

Prix : **34 800 $**

Marge bénéficiaire : **8,7 %**

Ventes : n.d.

Indice de fiabilité :
★★★★★

Consommation d'essence :
10,3 L/100 km

CO_2 sur une base annuelle :
⬛⬛⬛⬛⬛⬛⬛⬛⬛ **6,6**

Valeur résiduelle au terme de 48 mois : **48 à 50 %**

Cote de sécurité en cas d'impact : ★★★★★

NOUVEAUTÉS

> Des détails

LE MOT DE LA FIN

Est-elle sur votre liste? Vous avez intérêt à ce qu'elle y soit!

AUDI A4

ON AIME

> Les technologies (CVT + Quattro)
> La qualité de fabrication remarquable
> Le choix de modèles

ON AIME MOINS

> L'habitacle étriqué
> Le manque de panache du V6
> Le comportement placide (S4 comprise)

À RETENIR

Fourchette de prix :
34 985 $ à 47 690 $

Marge bénéficiaire :
9,2 à 9,4 %

Ventes : ↑

Indice de fiabilité :
★★★★☆

Consommation d'essence :
10,7 L/100 km

CO_2 sur une base annuelle :
▬▬▬▬▬▬) **6,8**

Valeur résiduelle au terme
de 48 mois : **43 à 46 %**

Cote de sécurité en cas
d'impact : ★★★★☆

NOUVEAUTÉS

> Des détails

LE MOT DE LA FIN

Une version partiellement redessinée est en route. On attend!

Il n'y a pas que les fleurs qui se fanent

L a A4 a mis peu de temps à inscrire son nom au générique des berlines sport les plus réputées de la planète. Elle a également (et surtout) permis à Audi de retrouver ceux qui avaient boudé le temple et de recruter dans les paroisses voisines. Il faut laver une A4 à la main pour apprécier pleinement la solidité de ses tôles et pour bien palper la qualité de sa fabrication, solide en dehors comme au dedans. Dès que l'on ouvre les portières, la qualité de la construction semble impeccable et le choix des matériaux, flatteur. Reste qu'on éprouve une sensation de confinement à bord en raison de la ceinture de caisse très haute, du tableau de bord très enveloppé et sans doute aussi des coloris assez sombres (optez pour un peu de couleur).

Les baquets ne s'avèrent pas aussi confortables que ceux des Volvo ou des Saab, et on rouspète sur la disposition de certaines commandes, platement alignées, et toujours dotées de touches inutilement menues et complexes. À l'arrière aussi ça chiale : les passagers doivent jouer du coude. Par ailleurs, le coffre est peut-être profond, mais il n'est pas très large. La familiale, connue sous le nom Avant, fait mieux, mais encore. La robustesse et la rapidité d'action (temps de réponse du turbo presque imperceptible) du moteur quatre cylindres de 1,8 litre suralimenté par turbocompresseur enchantent toujours. Pour sa part, le V6 de 3 litres déçoit avec son manque de panache et de vivacité. Quant au V8 de la S4, il pousse, mais n'enivre pas autant que le six-cylindres en ligne de la M3.

La voiture n'est cependant pas aussi douée qu'une Série 3 de BMW et ce, même si l'on coche l'option sport performance, qui ne rend pas la A4 plus vive ou plus agile que sa concurrente de Munich. Toutefois, si la Série 3 n'existait pas, on ne trouverait sans doute à peu près rien à redire : comportement routier rassurant, direction à l'assistance bien dosée, rayon de braquage particulièrement court et freins au poil. Vendue à prix compétitif, la A4 a pour elle la qualité de son pays d'origine et un choix étendu de modèles (familiale ou berline, traction ou intégrale, etc.). Elle a néanmoins perdu la fraîcheur de sa jeunesse, tout comme l'espace pour se dégourdir à son bord.

Sainte ni touche

L a Série 3 parcourt ses derniers kilomètres dans sa forme actuelle. Dans quelques mois, Chris Bangle, le controversé styliste de la marque bavaroise, dévoilera les nouvelles formes et couleurs de la plus accessible, mais aussi la plus populaire, des BMW. Avec Bangle, le pire est toujours à craindre, mais il semblerait qu'il ait compris (ou lui aurait-on fait comprendre ?) qu'il n'y avait pas de risque à prendre avec le renouvellement de ce modèle.

Mais personne, pas même BMW, n'est à l'abri d'une bourde. Par ailleurs, en dépit du halo de prestige qui auréole ses créations, la Série 3 n'est tout de même pas parfaite. La liste des lacunes pourrait même surprendre : des places arrière étriquées, une qualité de finition parfois discutable. On peut également critiquer l'austérité de la présentation, sans commune mesure avec la jovialité légendaire des Bavarois. Ajoutons à cette volée de bois vert l'interminable et coûteuse liste d'accessoires optionnels (on se croirait chez Mercedes), souvent jugée incontournable par les acheteurs pour élever la Série 3 à un niveau de confort et de luxe acceptable. Même si elle a recours depuis nombre d'années à l'un des systèmes d'antipatinage les plus sophistiqués qui soient, la Série 3 n'a jamais été (comme plusieurs autres propulsions d'ailleurs) parfaitement à l'aise sur une chaussée enneigée. Ce n'est plus tout à fait vrai depuis que les responsables de la marque bavaroise proposent, moyennant bien sûr un supplément, un système de transmission intégrale (quatre roues motrices) au catalogue.

Nerveuses et performantes, les mécaniques proposées permettent d'exploiter pleinement les ressources du châssis finement réglé de la Série 3. Le comportement routier se veut équilibré et sûr, tandis que la rapidité de la direction ajoute au plaisir à son volant. Profitant de la parfaite répartition de ses masses et de la géométrie modifiée de son train avant, inspiré de celui de l'ancienne M3, elle ne donne jamais l'impression d'être plus grosse ou plus lourde qu'elle ne l'est. Facile à prendre en main, son équilibre est tout simplement imperturbable.

Chose certaine, la Série 3 ne roule assurément pas sur une réputation surfaite et se révèle encore aujourd'hui la plus désirable des berlines sportives. Dommage que le flacon soit si petit et si cher.

ON AIME

> Le comportement sportif, peu importe la version
> Le timbre des moteurs
> La fiabilité éprouvée

ON AIME MOINS

> Le nombre et le coût des options
> Que ce modèle en soit à ses derniers tours de roues
> Les places arrière étriquées

À RETENIR

Fourchette de prix :
34 950 $ à 47 690 $

Marge bénéficiaire : **9,8 %**

Ventes : ↓

Indice de fiabilité :
★★★★★

Consommation d'essence :
11,6 L/100 km

CO_2 sur une base annuelle :
7,5

Valeur résiduelle au terme de 48 mois : **45 à 55 %**

Cote de sécurité en cas d'impact : ★★★★☆

NOUVEAUTÉS

> Rien

LE MOT DE LA FIN

Dommage que la retraite soit obligatoire.

CADILLAC **CTS**

ON AIME

> Le style qui n'a rien de frileux

> L'habitabilité

> Les performances ahurissantes (CTS-V)

ON AIME MOINS

> L'aspect bon marché de certains matériaux

> L'ergonomie à réviser

> Le comportement un peu empesé

À RETENIR

Fourchette de prix :
41 645 $ à 70 000 $

Marge bénéficiaire : **9,2 %**

Ventes : ↑

Indice de fiabilité :
★★★★☆

Consommation d'essence :
12,3 L/100 km

CO_2 sur une base annuelle :
8,1

Valeur résiduelle au terme de 48 mois : **41 à 44 %**

Cote de sécurité en cas d'impact : ★★★★☆

NOUVEAUTÉS

> Nouveau moteur 2,8 litres

LE MOT DE LA FIN

Est-ce que tous les moteurs actuels seront de retour l'an prochain?

Chaise musicale

Une fois passe toujours, mais deux fois en autant d'années ? On peut aisément présumer que les premiers acheteurs de CTS doivent aujourd'hui regretter leur empressement. Et pour cause, puisque les mécaniques ont complètement changé, au grand bonheur de ceux qui ont eu la sagesse d'attendre.

Produisant 255 chevaux, le V6 de 3,6 litres, le favori, compte sur une boîte automatique à cinq rapports, à la fois souple et rapide, pour signer des performances pour le moins convaincantes. Ceux (et celles) qui souhaitent une CTS à « trois pédales » doivent dorénavant se rabattre sur le V6 de 2,8 litres, accompagné d'une boîte manuelle portée à six rapports. Résumons : c'est un rapport de plus, mais 10 chevaux de moins que l'an dernier. Pis encore : de 220 livres-pied de couple, le moteur de la CTS à boîte manuelle passe aujourd'hui à 195 livres-pied. Les performances en souffrent, mais reconnaissons que vous êtes peu nombreux (moins de 5 %) à opter pour ce tandem moteur-boîte.

À l'exception de la série V, carrément merveilleuse, la CTS ne parvient pas à offrir un comportement aussi dynamique que ses rivales les plus douées, même si son châssis ne manque aucunement de rigidité. Il s'agit en fait d'une berline sûre, stable et qui ne prend pas trop de roulis, mais c'est aussi une auto un peu empâtée qui ne nous incite pas, dès les premiers tours de roue, à nous « défoncer » au volant. Cette Cadillac demande à être apprivoisée avant de se livrer totalement.

À bord, la qualité des matériaux nous arrache pratiquement une larme tant on a l'impression de baigner dans une mer de plastique. La sellerie de cuir est sans doute le seul élément visuel et tactile qui rappelle que nous sommes à bord d'une automobile censée appartenir à la classe supérieure. Par chance, sous la visière, le bloc d'instrumentation est complet. On regrette cependant de trouver le commutateur du système antipatinage dans le coffre à gants et de ne pouvoir déplacer la colonne de direction qu'en hauteur.

Somme toute, la CTS vaut bien que vous posiez les yeux sur elle. Sa garantie est attrayante (révision incluse), tout comme les offres qui l'accompagnent (promotions, taux d'intérêt, etc.).

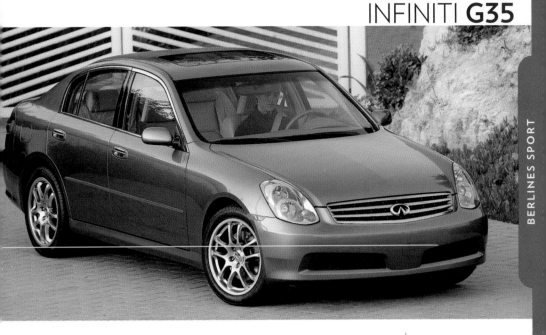

Tête d'affiche

L a G35 demeure toujours aussi agréable à regarder avec ses porte-à-faux très courts, ses phares oblongs et ses ailes avant bombées. Et elle n'est pas seulement bien tournée : elle a du talent — juste assez douée pour figurer parmi les têtes d'affiche de sa catégorie.

Belle et talentueuse est cette voiture, pourtant, à son bord, on éprouve des sentiments contradictoires. D'un côté, on apprécie la qualité de l'assemblage, de l'autre, on s'indigne de la qualité de certains plastiques et de la — trop — forte ressemblance, en matière de décoration, avec les actuels produits Nissan. Cela dit, la position de conduite est agréable mais manque un peu de support. Les commandes de réglage des sièges sont ingénieusement situées entre le baquet et la console centrale, et les principales commandes sont faciles à identifier. Dommage cependant qu'une fois la nuit venue, le bloc d'instrumentation s'illumine d'un orange psychédélique aussi criard.

Le conducteur sportif que vous êtes formulera deux réserves : le frein d'urgence se trouve à proximité du pied gauche et il n'y a aucune commande au volant pour sélectionner manuellement les rapports de la boîte semi-automatique. Rapide, la G35 le serait sans doute encore davantage si la boîte automatique qui accompagne son V6 de 3,5 litres avait été mieux étagée. De plus, cette boîte serait plus agréable encore si l'accélérateur n'était pas aussi sensible. La boîte manuelle, alors ? Son guidage imprécis vous fera sans doute regretter de ne pas avoir opté pour l'automatique. Sur la route, cette Infiniti fait la fière, et avec raison : son châssis est habilement réglé. Saine, équilibrée, prévisible sont autant de qualificatifs qui collent bien au comportement routier de la berline. En revanche, toutes ces qualités sont assombries par des éléments suspenseurs plutôt fermes qui malmènent les occupants lorsque la chaussée n'est pas aussi lisse qu'un tapis de billard, ainsi que par un niveau sonore un brin plus élevé que la moyenne. Deux personnes pourront prendre place à l'arrière en raison de l'altitude du tunnel de transmission.

Même si ses talents semblent se monnayer à prix fort, il reste que la G35 figure parmi les berlines procurant le plus de plaisir à conduire sportivement ; de plus, avec sa transmission intégrale, elle s'avère parfaitement adaptée à notre climat.

ON AIME
> La possibilité d'obtenir la transmission intégrale
> Le comportement équilibré
> La qualité de fabrication

ON AIME MOINS
> Les boîtes de vitesses
> La sécheresse de la suspension sur certains revêtements
> La qualité de certains matériaux

À RETENIR
Fourchette de prix :
39 600 $ à 47 700 $

Marge bénéficiaire :
8 à 10,3 %

Ventes : ↑

Indice de fiabilité :
★★★★☆

Consommation d'essence :
11,7 L/100 km

CO_2 sur une base annuelle :
) 7,7

Valeur résiduelle au terme de 48 mois : **50 à 52 %**

Cote de sécurité en cas d'impact : **n.d.**

NOUVEAUTÉS
> Puissance accrue
> Discrètes retouches esthétiques
> Barres stabilisatrices plus grosses

LE MOT DE LA FIN
Pour bien vieillir, il faut s'entretenir...

JAGUAR **X-TYPE**

Fauve qui peut ?

Elle devait doubler les ventes de Jaguar : elle n'y est pas parvenue. L'ajout d'une version familiale en cours d'année ne changera vraisemblablement pas la donne : cette Jaguar manque de « grrrr ! » pour avaler la concurrence.

À l'intérieur, les baquets ont la chaleur d'une poignée de main et, fait rare, l'assise est suffisamment longue pour soutenir nos cuisses. On regrette seulement que les sièges soient dépourvus d'une jupe qui dissimulerait toute la quincaillerie qui s'y trouve. À l'arrière, la X-Type n'est guère plus accueillante qu'une compacte : seulement deux personnes y trouveront le confort. C'est bien connu, les Jaguar n'ont jamais été très pratiques. La berline nous le rappelle. Par contre, la familiale est très accueillante pour les valises, marchandises et autres objets qui nous accompagnent.

Techniquement, cette Jaguar emprunte beaucoup à la grande série de Ford. Dérivée de la Ford Mondeo (vendue en Europe), la X-Type masque habilement ses origines roturières, par exemple en greffant un système de transmission intégrale. Des deux moteurs proposés, le 3 litres est à privilégier. Plus vif, plus souple aussi que le 2,5 litres, il n'a cependant ni la volupté ni le mordant d'un six-cylindres de BMW. Aidée par sa transmission intégrale, la X-Type enfile les courbes avec une déconcertante facilité. Pour ajouter au plaisir, la direction est à la fois rapide et précise et, contrairement à celle des Jaguar essayées ces dernières années, correctement calibrée au chapitre de l'assistance. En fait, c'est seulement lorsque le pied droit se fait particulièrement lourd que le châssis laisse voir son manque d'entrain : la trajectoire ne cesse de s'élargir en sortie de virage. La suspension plaque correctement les roues au sol, à défaut de lisser les imperfections de la chaussée. À qui la faute ? À l'ensemble Sport (une option) qui, non seulement filtre mal les imperfections de la route, mais fait également trépider les éléments suspenseurs à basse vitesse plus que nous ne le souhaiterions. Pour couronner le tout, les bruits de roulement sont particulièrement élevés. Quant au freinage, les étriers mordent à pleines dents dans les disques.

Un bon choix, cette Jaguar ? À la condition de résister à la tentation de l'équiper outre mesure. Je vous préviens, cela ne sera pas facile.

ON AIME

> La version familiale et son espace de chargement

> La possibilité de passer l'hiver sans soucis (transmission intégrale)

> L'idée de rouler en Jaguar à si bas prix

ON AIME MOINS

> Les places arrière étriquées

> Le comportement empesé

> Les bruits de roulement, shocking !

À RETENIR

Fourchette de prix :
41 195 $ à 46 995 $

Marge bénéficiaire : **9,8 %**

Ventes : ↓

Indice de fiabilité :
★★★☆☆

Consommation d'essence :
12,7 L/100 km

CO_2 sur une base annuelle :
8,2

Valeur résiduelle au terme de 48 mois : **38 à 40 %**

Cote de sécurité en cas d'impact : **n.d.**

NOUVEAUTÉS

> Des changements anodins

LE MOT DE LA FIN

Dommage, elle promettait beaucoup...

Meilleure chance la prochaine fois...

Même à l'époque où elle laquait ses tôles d'un jaune ensoleillé (« Jaune Super », dixit Lexus), la IS300 ne parvenait pas à faire tourner les têtes. Pour tout dire, la première incursion de Lexus dans ce segment de marché a été un échec. Connue sous le nom d'Altezza (noble en italien) sur le continent asiatique, la IS300 vit ses dernières heures. Sa remplaçante a en effet été présentée sous une forme conceptuelle (étude LF-C) lors du dernier salon automobile de New York. L'extérieur sobre de la IS300 tranche avec l'intérieur, dans lequel s'entrechoquent les genres — on pense à la pelure de chrome étincelant qui recouvre le pommeau du levier de vitesses à la manière des Ferrari, ou encore aux garnitures de plastique crépues (et horriblement laides) singeant le cuir matelassé des sportives d'antan. L'originalité de la IS300 réside, encore et toujours, dans son bloc d'instrumentation qui témoigne de la passion de son concepteur pour les chronographes.

À l'arrière, le confort est adéquat, sans plus. Le coffre n'est guère plus accueillant. Rigidité oblige, impossible de rabattre le dossier de la banquette pour accroître le volume de chargement. On prend plaisir à provoquer la IS300 sur une route sinueuse. Le châssis, dont les masses sont presque équitablement réparties, donne une agilité d'acrobate à cette berline sport et propage, sans retenue, le plaisir de conduire. On se sent en parfaite maîtrise au volant d'une IS300 chaussée de pneus de 17 pouces. La direction ferme est d'une précision rigoureuse et permet, compte tenu du travail remarquable des éléments suspenseurs contrôlant parfaitement le roulis et le tangage, d'aligner la IS300 au millimètre près. Un seul problème, à la limite : le train arrière décroche de façon assez brutale. Ajoutons que les pneus de 17 pouces ne filtrent pas aussi bien les décibels et les inégalités de la chaussée que les 16 pouces. La IS300 ainsi équipée est plus prévisible et plus confortable.

Malgré d'évidentes qualités, la IS300 n'a pas su évoluer au même rythme que ses concurrentes, ni se diversifier. Reste maintenant à voir si Lexus corrigera ses erreurs passées avec la seconde génération, promise dans quelques mois.

ON AIME

> La robustesse de son moteur
> Son instrumentation
> La précision de sa conduite

ON AIME MOINS

> La qualité de certains de ses matériaux
> Ses réactions à la limite
> Les roues de 17 pouces

À RETENIR

Fourchette de prix :
37 990 $ à 44 640 $

Marge bénéficiaire :
9,8 à 10,4 %

Ventes : ↓

Indice de fiabilité :
★★★★★

Consommation d'essence :
12,9 L/100 km

CO_2 sur une base annuelle :
⬤━━━━━⟩ **8,5**

Valeur résiduelle au terme de 48 mois : **44 à 46 %**

Cote de sécurité en cas d'impact : **n.d.**

NOUVEAUTÉS

> Modèle en sursis

LE MOT DE LA FIN

Dire qu'à ses débuts elle prétendait pouvoir inquiéter une BMW

LINCOLN **LS**

ON AIME

> Les mécaniques bien adaptées

> Les places arrière confortables

> La silhouette classique, qui vieillit bien

ON AIME MOINS

> Les maladresses sur le plan de l'ergonomie

> Le manque de profondeur du coffre

> Le manque de support des sièges

À RETENIR

Fourchette de prix :
43 865 $ à 58 430 $

Marge bénéficiaire :
5,8 à 7 %

Ventes : ↓

Indice de fiabilité :
★★★★☆

Consommation d'essence :
11,7 L/100 km

CO₂ sur une base annuelle :
〉 **7,5**

Valeur résiduelle au terme de 48 mois : **34 à 36 %**

Cote de sécurité en cas d'impact : ★★★★★

NOUVEAUTÉS

> Carénage avant partiellement redessiné

> Rideaux gonflables et capteurs de stationnement offerts

> Pédalier électrique (version V6)

LE MOT DE LA FIN

Pour des consommateurs aussi indécis que Lincoln.

Que reste-t-il ?

Une berline sport, la Lincoln LS ? Plus les années passent, plus on se le demande. Cette berline était présentée en 2000 comme une solution de rechange aux BMW, Mercedes et autres Jaguar. D'ailleurs, pour nous en convaincre à l'époque, elle n'hésita pas à arrimer l'une de ses mécaniques à une boîte manuelle... Du jamais vu depuis la Cosmopolitain 1951.

Même si elle a été constamment améliorée, il n'en demeure pas moins que la LS n'est plus une jeunesse. Ses formes, déjà jugées trop traditionnelles à ses débuts, sont aujourd'hui carrément obsolètes.

À l'intérieur, on se désole tout autant. La position de conduite est certes agréable, mais un peu plus de support au niveau des cuisses et des épaules n'aurait pas fait de mal. Repose-pied confortable et instrumentation complète et relativement facile à consulter (l'écran du système de navigation niché au pied de la console oblige fréquemment à quitter la route des yeux) sont autant d'éléments qui font oublier la présentation un peu terne de cette Lincoln, de même que certaines maladresses sur le plan ergonomique. Les passagers qui prendront place à l'arrière ne trouveront guère à redire sur l'espace qui leur est réservé. Il en va autrement de leurs bagages, car le coffre manque de profondeur.

La LS a encore de beaux restes. Elle freine et vire comme aucune autre Lincoln, et elle accélère bien, surtout lorsque le V8 se glisse sous le capot. Le V6 est agréable, mais sans plus lorsqu'il tourne en deçà de 4000 tr/min. Mais ce que l'on retient surtout de la livrée équipée du V6, c'est son appétit modéré en hydrocarbures et son équilibre. Équilibre des masses, d'abord, avec une répartition presque parfaite (51/49) qui contribue assurément au plaisir que l'on éprouve à la piloter. La version équipée du V8 est plus lourde et ne bénéficie pas d'une répartition des masses aussi avantageuse — elle n'en est pas moins aussi agréable à conduire, d'autant que ce V8 file le parfait bonheur avec la boîte semi-automatique à cinq rapports, au rendement plus souple cette année.

Dans sa forme actuelle, la LS flageole sur ses vieux os. À l'image de son constructeur, elle fait la girouette. Pas assez sportive pour se frotter à une CTS, pas assez raffinée pour se retrouver dans la catégorie des automobiles de luxe. C'est quoi alors ?

Le plaisir en option

L es berlines et familiales plus « accessibles » de Mercedes sont profondément remaniées cette année. Les dimensions demeurent les mêmes, mais le style gagne en finesse et en modernisme, même s'il faut un œil exercé pour établir les différences.

Coup de balai également à l'intérieur : le tableau de bord et tous les boutons qui lui poussent dessus font peau neuve, alors que des appliques en nickel enjolivent l'habitacle pour accentuer l'effet nouveauté et nous en mettre plein les yeux. Quoique complet, l'équipement de série n'exclut pas une généreuse liste d'options. Ainsi, pour obtenir des baquets avant chauffants, le concessionnaire soulagera votre portefeuille de bien des façons. Peu importe le montant que vous débourserez pour « votre » Classe C, la qualité des matériaux sera irréprochable, et palpable. N'a-t-on rien à lui reprocher ? Si, le levier du régulateur de vitesse, toujours aussi inesthétique qu'encombrant. Par ailleurs, les places arrière sont assez étriquées, et les dimensions du coffre sont toujours aussi moyennes.

Une monte pneumatique vêtue d'une semelle plus large et plus adhérente, des éléments suspenseurs aux réglages raffinés cherchent à rendre le comportement routier plus dynamique. Pour ce faire, même la commande de la boîte manuelle à six rapports offerte de série sur la livrée Sport a été remaniée pour offrir des changements plus souples et plus précis. Dommage que la gestion de la transmission semi-automatique n'ait pas fait l'objet d'une pareille attention. Côté motorisations, la Classe C ouvre son capot à quatre mécaniques. En entrée de gamme, on trouve le quatre-cylindres suralimenté par compresseur. Ajoutez deux cylindres et vous obtenez le 2,6 litres ou le 3,2 litres. Le 2,6 litres se révèle bien adapté à l'auto et satisfera une grande majorité d'automobilistes. Si l'argent ne pose pas problème, le V8 de 5,5 litres de la C55 AMG transforme la Classe C en un véritable dragster. Au chapitre du comportement routier, la Classe C affiche un équilibre et une tenue de route difficiles à prendre en défaut. Le contraire aurait été étonnant vu la qualité et le nombre de béquilles électroniques dont cette automobile est affublée.

Somme toute une bonne berline, confortable, solide et fiable, mais un peu austère dans une catégorie où le plaisir ne doit pas figurer en option.

ON AIME

> La version familiale
> La possibilité d'obtenir les quatre roues motrices
> Le sérieux de sa fabrication

ON AIME MOINS

> Les places arrière
> La liste interminable d'options
> L'austérité

À RETENIR

Fourchette de prix :
37 950 $ à 72 600 $

Marge bénéficiaire :
9,6 à 9,8 %

Ventes : ↓

Indice de fiabilité :
★★★★★

Consommation d'essence :
11,8 L/100 km

CO_2 sur une base annuelle :
▬▬▬▬▭ **8,1**

Valeur résiduelle au terme de 48 mois : **39 à 45 %**

Cote de sécurité en cas d'impact : ★★★★☆

NOUVEAUTÉS

> Plusieurs remaniements esthétiques et mécaniques

LE MOT DE LA FIN

Le choix d'un comptable ou d'un banquier.

NISSAN **MAXIMA**

ON AIME

> L'originalité de la présentation

> Le comportement somme toute assez sportif

> Le choix de modèles

ON AIME MOINS

> La qualité de fabrication

> L'effet de couple sous fortes accélérations

> Le manque d'agilité en ville

À RETENIR

Fourchette de prix :
34 500 $ à 39 300 $

Marge bénéficiaire : **9,8 %**

Ventes : ↑

Indice de fiabilité :
★★★★☆

Consommation d'essence :
11,4 L/100 km

CO_2 sur une base annuelle :
7,3

Valeur résiduelle au terme de 48 mois : **43 à 44 %**

Cote de sécurité en cas d'impact : **n.d.**

NOUVEAUTÉS

> Course du levier de vitesses (manuelle) améliorée

> Sellerie de cuir plus souple

LE MOT DE LA FIN

Parfois, il ne faut pas la regarder de trop près.

Le summum, vraiment ?

Les aficionados du modèle ont encore du mal à l'admettre, mais la génération actuelle de Maxima ne soulève plus les mêmes passions qu'autrefois. Serions-nous nostalgiques ? Pourtant, la Maxima fait toujours tourner les têtes. Et, ce qui ne gâte rien, elle fait aussi bonne impression les portières ouvertes : l'intérieur révèle en effet une ambiance high-tech avec des appliqués de couleur titane. Ajoutez la petite horloge, et vous aurez l'impression que c'est signé Infiniti, la marque de prestige de Nissan.

Les caractéristiques du modèle ont été bonifiées à l'occasion de sa refonte, et une version à quatre places (3,5 SE — 4 places), peu fonctionnelle (le dossier de la banquette est immuable), mais tout de même originale, a été ajoutée.

Alors, où est le problème ? En toute franchise, on ne tombe pas sous le charme de la Maxima dès le premier coup de volant. Bien sûr, son V6 de 3,5 litres vous transporte avec entrain, profitant de son couple pour offrir de franches reprises et des accélérations dignes de ce nom. Mais à quoi bon, les ingénieurs de Nissan n'étant pas parvenus à corriger de façon satisfaisante les errances du train avant, principal talon d'Achille de cette plateforme. Par chance, les systèmes d'antidérapage et d'antipatinage calment — un peu mollement, il faut dire — le tempérament parfois impulsif de cette Nissan. Pour profiter de ces aides électroniques à la conduite, il faut au préalable s'assurer d'avoir coché la boîte automatique au rayon des options, faute de quoi vous n'obtiendrez qu'un différentiel autobloquant.

En appui dans une courbe, on s'étonne par ailleurs que les irrégularités de la chaussée se fassent ressentir si durement dans la direction. Cette dernière manque un brin de précision et exige, en conduite sportive, d'incessantes corrections de trajectoire. Plus dérangeant encore est le rayon de braquage, qui s'apparente davantage à celui d'un autobus scolaire qu'à celui d'une automobile. Côté confort, la suspension absorbe avec fermeté les — nombreuses — déformations des routes québécoises. Équilibrée et stable, la Maxima vire plat, mais parvient difficilement à mettre le conducteur en confiance. La Maxima fera le bonheur de ceux et celles qui cherchent un véhicule à l'allure originale, à défaut d'être correctement assemblé. Si l'agrément de conduite prime, alors il existe d'autres véhicules, parfois moins spacieux il est vrai, plus amusants à considérer.

Redoutable,
en apparence seulement

Silhouette sculptée, cockpit impressionnant, mécanique suralimentée... Cette Pontiac a de quoi consoler tout parent contraint de renoncer au coupé sport au profit d'une berline familiale. Toutefois, même si la Grand Prix promet beaucoup, elle livre peu. Même immobile et muette, cette voiture dégage une impression de force pas du tout tranquille. L'habitacle, spacieux, est étonnamment polyvalent pour une berline puisque le dossier de la banquette arrière se rabat (en tout ou en partie), tout comme celui du passager avant. Ce faisant, on peut glisser des objets ayant jusqu'à trois mètres de long sans avoir à faire flotter un chiffon rouge derrière le véhicule. Va pour les bagages, mais les occupants de la banquette arrière, quant à eux, pesteront contre le coussin ancré trop bas à cause de la ligne fuyante du toit. La position de conduite, en revanche, est agréable, mais on s'étonne qu'une automobile s'adressant à des « pilotes » ne propose ni pédalier réglable, ni frein à main d'urgence, ni colonne de direction ajustable en profondeur.

Pour préserver l'image sportive qui lui vaut son succès, la Grand Prix renvient avec des mécaniques connues. La plus bouillante demeure le six-cylindres 3,8 litres suralimenté par un compresseur qui équipe la version GTP. Cette dernière bénéficie de surcroît du « Tap-Shift » qui permet le passage manuel des quatre rapports (oui, seulement quatre) à l'aide des commutateurs — difficiles à manipuler — logés à l'intérieur de la jante du volant. Équipée de la — sèche — suspension sport, la Grand Prix accuse chaque bosse et petite imperfection de la chaussée ce qui, au fil des kilomètres, risque de donner naissance à des bruits ou craquements. Si cette Pontiac fait preuve d'une superbe stabilité en ligne droite et se laisse inscrire dans les longs virages sans imposer une correction de la trajectoire initiale, elle demeure cependant pataude sur routes sinueuses, où la paresse de son châssis finit par épuiser.

Dans sa livrée GTP — de loin la plus intéressante — la Grand Prix est sans doute la berline sport américaine de moins de 40 000 $ la plus sophistiquée de l'heure. Toutefois, la qualité de fabrication encore inégale et le manque de raffinement font en sorte qu'elle se trouve encore à la remorque de ses concurrentes.

ON AIME

> Ses airs de grosse méchante (GTP)
> La modularité de l'habitacle
> La stabilité sur route

ON AIME MOINS

> Les mécaniques peu raffinées
> Le dispositif Tap-Shift
> La qualité de fabrication toujours inégale

À RETENIR

Fourchette de prix :
27 865 $ à 34 160 $

Marge bénéficiaire : **11 %**

Ventes : ↑

Indice de fiabilité :
★★★☆☆

Consommation d'essence :
11,4 L/100 km

CO$_2$ sur une base annuelle :
▬▬▬▭ **7,3**

Valeur résiduelle au terme de 48 mois : **33 à 34 %**

Cote de sécurité en cas d'impact : ★★★☆☆

NOUVEAUTÉS

> Système de navigation disponible
> Démarreur à distance disponible
> Climatisation bi-zone

LE MOT DE LA FIN

Deux portes de moins et on pourrait écrire que la Firebird existe encore.

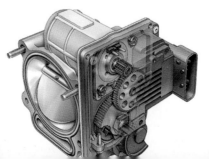

SAAB **9-3**

ON AIME

> La vitalité des mécaniques disponibles

> Les lubies du constructeur

> La boîte automatique bien adaptée

ON AIME MOINS

> L'entretien et les pièces de remplacement coûteux

> La qualité de certains matériaux

> La boîte manuelle caoutchouteuse

À RETENIR

Fourchette de prix :
36 995 $ à 44 000 $

Marge bénéficiaire : **10,8 %**

Ventes : ↑

Indice de fiabilité :
★★★☆☆

Consommation d'essence :
10,3 L/100 km

CO_2 sur une base annuelle :
 6,4

Valeur résiduelle au terme de 48 mois : **37 à 38 %**

Cote de sécurité en cas d'impact : **n.d.**

NOUVEAUTÉS

> Système de navigation disponible

LE MOT DE LA FIN

Malheureusement, on voit où GM est passé.

Mieux, mais moins Saab

Excentrique, marginale, individualiste : trois qualificatifs qui résument bien ce qu'est une Saab. Ou plutôt ce qu'était une Saab, car l'actuelle 9-3 n'en est pas tout à fait une... Une vraie, s'entend. Avec cette première 9-3 du nouveau millénaire, Saab entre dans un segment de marché où le talent ne manque pas. Pour susciter la convoitise, elle mise sur son approche décalée face à la concurrence. C'est-à-dire ? Par exemple, une clef de contact qui loge toujours entre les — confortables — sièges avant ou encore le panneau « Night Panel » qui, la nuit venue, permet d'illuminer strictement les fonctions dites essentielles. C'est bien peu, vous en conviendrez, pour une automobile dont la réputation s'est bâtie sur son anticonformisme.

Même si les cotes d'habitabilité se comparent avantageusement à la concurrence, l'espace à l'arrière est compté, surtout pour les pieds, qui ont du mal à se tailler une place sous les baquets avant. À défaut d'offrir la polyvalence du temps où elle s'habillait d'une carrosserie à hayon, la 9-3 permet de rabattre en tout ou en partie le dossier de la banquette, et une ouverture a été pratiquée dans l'accoudoir pour faciliter le transport de longs objets. Reposant sur une plateforme Epsilon, similaire à celle de la Chevrolet Malibu, la 9-3 a au moins le mérite d'être supérieure à tous points de vue à la génération antérieure, sans pour autant devenir LA référence, tant souhaitée par ses concepteurs, en matière d'agrément de conduite. Plus dynamique qu'une S60 et plus confortable qu'une A4, elle n'est en revanche pas aussi agile et sportive qu'une Série 3, ni même qu'une TSX.

Le moteur de série (175 chevaux) ne manque pas de tonus. Souple, progressif et civilisé, ce 2 litres suralimenté par turbocompresseur fonce tête baissée dès que l'aiguille du compte-tours franchit la barre des 3000 tr/min. Pour davantage de sensations, les versions plus coûteuses de la 9-3 proposent un moteur de 210 chevaux. Au rayon des boîtes de vitesses, les manuelles souffrent d'un levier à la course trop longue pour un usage sportif. La boîte semi-automatique à cinq rapports est, étonnamment, la mieux adaptée.

Même si le calendrier d'entretien de Saab est plus « flexible », reste que les pièces de remplacement coûtent « un bras » et que la valeur de revente est relativement basse.

De beaux restes

A vec la nouvelle S40 qui s'amène dans le portrait, difficile de ne pas s'interroger sur le sort que le public réservera à la S60. Puisqu'il vaut mieux prévenir que guérir, la direction canadienne de Volvo a révisé la gamme de cette sœur aînée.

Toujours originale, la silhouette de la S60 est cependant loin d'être fonctionnelle. Le dessin tombant des portières arrière oblige les grands gabarits à plier le cou pour accéder à l'intérieur sans se cogner le « ciboulot ». On se désole également du faible volume du coffre ; on peut toujours rabattre les dossiers de la banquette, mais des renforts de structure et une ouverture étroite empêchent d'y mettre de gros objets. Fidèle à la tradition, la S60 n'écorne nullement la réputation d'ergonomie des habitacles du constructeur scandinave. Grâce à ses multiples réglages, le baquet enveloppant permet de s'asseoir confortablement et de façon détendue.

La gamme S60 se décline en quatre livrées distinctes (mécaniques comprises). La livrée de base adopte un cinq-cylindres à aspiration normale — un peu « souffreteuse » — alors que les trois autres ajoutent un turbocompresseur qui ne manque pas de souffle. La question est seulement de savoir à quel point vous souhaitez vous faire décoiffer ! Sur un parcours tourmenté, elle se fera suer à vouloir suivre le rythme d'une Série 3 de BMW, plus efficace sur un tel terrain. Si on sait toujours où pointent les roues directrices, la direction — au demeurant d'une belle précision — gagnerait à être plus ferme et plus linéaire. L'autre talon d'Achille de cette Volvo réside dans son fort rayon de braquage, qui rend l'exécution de certaines manœuvres parfois très pénible. Ferme, sans pour autant être inconfortable, la suspension génère tout de même certains mouvements de caisse, et le train avant ne s'accroche pas au bitume avec la férocité digne d'une berline sport.

Pour connaître l'ivresse sans le flacon, c'est du côté de la version R qu'il faut se tourner. Avec 300 chevaux sous le pied droit, le pilotage ne requiert que du discernement tant le châssis, guidé par les aides électroniques à la conduite et la suspension ajustée, excelle dans tous les exercices. Parfaite pour le conducteur moyen en quête de sensations, la conduite d'une R apparaîtra cependant trop « calculée » pour valoriser le conducteur expérimenté.

ON AIME

> Le choix de modèles
> Les baquets confortables et enveloppants
> Les mécaniques suralimentées

ON AIME MOINS

> Le diamètre de braquage, qui rivalise avec celui d'un camion
> L'accès difficile à l'arrière
> Le manque de fermeté de la direction

À RETENIR

Fourchette de prix :
36 995 $ à 59 995 $

Marge bénéficiaire : **8,1 %**

Ventes : ↓

Indice de fiabilité :
★★★★☆

Consommation d'essence :
11,4 L/100 km

CO_2 sur une base annuelle :
▬▬▬▬▬⬜ **7,5**

Valeur résiduelle au terme de 48 mois : **40 à 47 %**

Cote de sécurité en cas d'impact : **n.d.**

NOUVEAUTÉS

> Quelques notes distinctives par rapport à la S40

LE MOT DE LA FIN

La version de base représente une bonne affaire.

CE QU'IL FAUT RETENIR

	Lieu d'assemblage	Mode	Rouage intégral	Volume du coffre (L)
Acura TL	États-Unis	Traction	n.d.	324
Acura TSX	Japon	Traction	n.d.	368
Audi A4	Allemagne	Traction	optionnel	380
BMW série 3	Allemagne	Propulsion	optionnel	440
Cadillac CTS	États-Unis	Propulsion	n.d.	362
Infiniti G35	Japon	Propulsion	optionnel	419
Jaguar X-Type	Angleterre	Intégral	de série	453
Lexus IS 300	Japon	Propulsion	n.d.	390
Lincoln LS	États-Unis	Propulsion	n.d.	382
Mercedes Classe C	Allemagne	Propulsion	optionnel	430
Nissan Maxima	États-Unis	Traction	n.d.	439
Pontiac Grand Prix	Canada	Traction	n.d.	453
Saab 9-3	Suède	Traction	n.d.	425
Volvo S40	Hollande	Traction	n.d.	394
Volvo S60	Belgique	Traction	optionnel	394

Empattement (mm)	Longueur (mm)	Largeur (mm)	Hauteur (mm)	Poids (kg)
2740	4730	1835	1441	1583 à 1625
2670	4657	1762	1456	1465 à 1505
2651	4547	1765	1428	1474 à 1781
2725	4471	1739	1415	1425 à 1614
2880	4829	1793	1440	1618 à 1746
2850	4737	1752	1466	1573 à 1655
2710	4671	2002	1392	1555 à 1595
2670	4485	1721	1415	1490 à 1547
2908	4925	1859	1425	1669 à 1709
2715	4610	1728	1401	1445 à 1625
2824	4915	1821	1481	1560 à 1587
2807	5038	1875	1420	1577 à 1625
2675	4635	1997	1466	1440 à 1490
2639	4468	1770	1453	1399
2718	4577	1803	1427	1440 à 1637

SURVOL TECHNIQUE

	Moteur de série	Puissance (hp à tr/mn)	Couple (lb-pi à tr/mn)	Autre(s) moteur(s) (1/2)
Acura TL	V6 DACT 3,2	270 à 6200	238 à 5000	n.d.
Acura TSX	L4 DACT 2,4	200 à 6800	166 à 4500	n.d.
Audi A4	L4 DACT 1,8 Turbo	170 à 5900	166 à 1950	V6 3,0L/V8 4,2 L (S4)
BMW série 3	L6 DACT 2,2	168 à 6250	155 à 3500	L6 2,5/3,0
Cadillac CTS	V6 DACT 2,8	210 à 6500	195 à 3200	V6 3,6/V8 5,7 (CTS-V)
Infiniti G35	V6 DACT 3,5	280 à 6200	270 à 4800	n.d.
Jaguar X-Type	V6 DACT 2,5	192 à 6800	178 à 3000	V6 3,5 (227 hp)
Lexus IS 300	L6 DACT 3,0	215 à 5800	218 à 3800	n.d.
Lincoln LS	V6 DACT 3,0	232 à 6750	220 à 4500	V8 4,0 L (280 hp)
Mercedes Classe C	L4 SACT 1,8 Comp.	189 à 5800	192 à 3500	V6 2,6/3,2/V8 5,5 AMG
Nissan Maxima	V6 DACT 3,5	265 à 6600	255 à 4400	n.d.
Pontiac Grand Prix	V6 ACC 3,8	200 à 5200	230 à 4000	V6 3,8 (Compresseur)
Saab 9-3	L4 DACT 2,0 Turbo	175 à 5500	195 à 2500	L4 2,0 (210 hp)
Volvo S40	L5 DACT 2,4	168 à 6000	166 à 4400	L5 2,5 L (218 hp)
Volvo S60	L5 DACT 2,4	168 à 5900	170 à 4500	L5 2,5/2,3 L Turbo

Transmission de série	Transmission optionnelle	Direction	Freins avant/arrière	Pneus de série
Manuelle 6 rapports	Auto. 5 rapports	Crémaillère	Disque/disque	235/45R17
Manuelle 6 rapports	Auto. 5 rapports	Crémaillère	Disque/disque	215/50R17
Manuelle 5/6 rapports	Auto. 5/6 rapports	Crémaillère	Disque/disque	215/55R16
Manuelle 5 rapports	Auto. 5 rapports	Crémaillère	Disque/disque	195/65R15
Manuelle 6 rapports	Auto. 5 rapports	Crémaillère	Disque/disque	225/55HR16
Auto. 5 rapports	n.d.	Crémaillère	Disque/disque	215/55VR17
Manuelle 5 rapports	Auto. 5 rapports	Crémaillère	Disque/disque	205/55HR16
Manuelle 5 rapports	Auto. 5 rapports	Crémaillère	Disque/disque	205/55R16
Auto. 5 rapports	n.d.	Crémaillère	Disque/disque	225/55R16
Manuelle 6 rapports	Auto. 5 rapports	Crémaillère	Disque/disque	205/55R16
Manuelle 6 rapports	Auto. 4/5 rapports	Crémaillère	Disque/disque	225/55R17
Auto. 4 rapports	n.d.	Crémaillère	Disque/disque	225/60R16
Manuelle 5/6 rapports	Auto. 5 rapports	Crémaillère	Disque/disque	195/60R15
Manuelle 5/6 rapports	Auto. 5 rapports	Crémaillère	Disque/disque	295/65R15
Manuelle 5/6 rapports	Auto. 5 rapports	Crémaillère	Disque/disque	195/65R15

Le meilleur est (encore) à venir

Saab 9-3 Sport Hatch

L'amateur de nouveautés qui sommeille en vous sera sans doute déçu de constater qu'il n'y a à proprement parler que deux nouveaux volants (Volvo S40 et V50) dans la catégorie des véhicules sport en ce début d'année. Attention, le vent de la nouveauté va se remettre sous peu à souffler sur ce créneau.

D'abord, il est clair que Lexus prépare la succession de la IS300. Idem pour Audi, qui a déjà présenté en Europe les formes et couleurs de sa future A4, qui tatoue à son tour son museau de l'immense calandre inspirée des Auto-Union de l'avant-guerre.

En Suède, Saab met la touche finale à la version « Sport Hatch » de la 9-3. Très attendue des amateurs de la marque suédoise en raison de son hayon arrière ouvrant, cette déclinaison de l'actuelle 9-3 se trouvera à cheval entre une berline cinq-portes et une familiale.

Plus logeable et plus polyvalente que la berline dont elle est issue, cette Saab est attendue à l'automne 2005.

C'est également dans 12 mois que la Série 3 fera peau neuve, et les premières photos non officielles ont de quoi rassurer ceux et celles qui craignaient que Chris Bangle, le controversé designer américain chargé de la nouvelle identité visuelle des BMW, dénature ce modèle mythique. La Série 3, qui assure le gros des revenus de la marque à l'hélice, partagera bien sûr certains codes visuels avec les autres membres de la famille BMW, mais le « flame surfacing », si cher à Bangle et qui consiste en un amalgame de formes concaves et convexes, est plutôt discret.

COUPÉS

Acura RSX **BMW Série 3 coupé** Chevrolet Monte Carlo **Chrysler Crossfire** Ford Mustang **Honda Accord coupé** Honda Civic coupé **Hyundai Tiburon** Infiniti G35 coupé **Mazda RX-8** Mercedes-Benz CLK **Mercedes-Benz coupé Classe C** Mitsubishi Eclipse **Nissan 350Z** Saturn Ion Quad Coupe **Toyota Celica** Toyota Echo Hatchback **Toyota Solara** Volkswagen New Beetle

TEXTES, RECHERCHES ET ESSAIS : **ALAIN McKENNA**

Chrysler Crossfire SRT-6

L'EXIGENCE DU MARCHÉ

IL Y EN A POUR TOUS LES GOÛTS ET TOUTES LES BOURSES DANS LE MARCHÉ DES COUPÉS. ON POURRAIT FACILEMENT DIVISER CETTE SECTION EN CLASSES UN PEU PLUS PRÉCISES DÉfiNISSANT LES MODÈLES CORRESPONDANT À CHACUNE DES PARTS DE MARCHÉ. PEUT-ÊTRE QUE L'ACHETEUR POURRAIT ALORS MIEUX DÉFINIR SES PRIORITÉS ET SE CONCENTRER SUR LES MODÈLES ADAPTÉS À SES BESOINS.

On trouve d'abord les coupés sportifs, qui ne sont que cela. Pensons au Chrysler Crossfire ou au Nissan 350Z. Il n'existe pas de version plus civilisée de ces modèles, ceux-ci étant conçus avant tout pour offrir un maximum de performances ou, en tout cas, pour en donner l'apparence. Ils ne possèdent pas de banquette, et le coffre demeure dans ce cas une notion floue qui signifie surtout « espace vide inutilisable entre les sièges et le pare-chocs arrière ». Par contre, on peut exiger davantage de leur comportement routier.

Ensuite, notons les berlines que les fabricants maquillent en coupés. La Série 3, de BMW, est ainsi une excellente source de plaisir au volant même si on ne sacrifie pas les deux portières de la berline. Pourquoi, alors, opter pour le coupé ? Une question d'image, sans doute. Il en va de même pour l'Accord de Honda ou le Solara de Toyota, qui offrent des versions à deux portes certes attrayantes mais qui ne valent pas toujours un tel compromis. L'allure du modèle coupé peut toutefois différer grandement de celui de la berline, ce qui peut jouer en sa faveur. Du côté de BMW, l'édition M du coupé de Série 3 permet sans doute à des gens moins exigeants de posséder une version plus modeste de la fameuse M3, pour un prix moindre.

Quelque part entre ces deux extrêmes se trouvent les voitures à caractère sportif mais au compromis évident afin de procurer une certaine polyvalence. Le Mazda RX-8 qui, tout comme l'Ion Quad de Saturn, dans un créneau plus abordable, a la particularité d'être équipé de demi-portières additionnelles favorisant un accès à la banquette arrière. Voilà qui est du propre. Sans trop diminuer les qualités dynamiques de la sportive, cela constitue un avantage pour l'acheteur qui n'a pas les moyens d'acquérir un coupé en plus d'une voiture de tous les jours.

Dans tous les cas, les gens en quête d'image ou de légende n'ont pas à aller plus loin que dans le petit univers des coupés. C'est ici que l'on trouve la plus forte concentration de modèles que les fabricants aimeraient bien élever au statut de voitures mythiques ou légendaires. En fait, de tels qualificatifs sont pratiquement chose commune dans cette étroite part de marché.

Sans tomber dans la mauvaise foi, il faut souvent prendre le temps de réaliser que lorsque l'on vend de l'image, c'est souvent que le produit, lui, n'est pas si attrayant. Après tout, les performances ne sont pas les seules qualités qu'une voiture peut posséder.

BMW Série 3 coupé

Cultes de génération

En 2005, les baby-boomers constituent encore les plus importants consommateurs, au détriment des plus jeunes, qui sont forcés malgré eux de créer leur propre histoire.

Plusieurs sociétés automobiles misent à nouveau sur des produits qui ont connu un grand succès il y a plus de 30 ans.

Les enfants ont quitté le nid familial il y a plusieurs années, un couple sur deux est séparé et une large proportion de ces consommateurs de la vieille garde refusent d'admettre qu'ils ont dépassé la vingtaine par au moins deux générations. Bref, c'est le bonheur pour une industrie en quête d'acheteurs impulsifs.

Ainsi, on vous épargnera l'histoire complète, mais Ford revient avec un modèle de Mustang qui devrait ranimer une étincelle qui, depuis 40 ans, s'est allumée, s'est éteinte, s'est rallumée, et ainsi de suite. Et on ne parle même pas de la Volkswagen New Beetle !

Nissan tente le même coup avec la Z depuis deux ans. Ce nom, qui a connu ses heures de gloire il y a 30 ans, vise un public qui peut maintenant se permettre d'acheter une deux-places de ce prix.

Mazda, avec son coupé RX-8 et le possible retour d'un modèle RX-7, reproduit la stratégie de Nissan. Il est intéressant de noter que l'arrivée de nouveaux modèles a coïncidé avec un revirement comptable surprenant pour les deux sociétés, qui sont à nouveau rentables après une décennie de misère.

Qu'en pensent les nouveaux acheteurs de voitures ? Les légendes naissent, passent et changent. Dans 30 ans, se souviendra-t-on de la Honda Civic, de la Mitsubishi Eclipse ou de la Chevrolet Camaro ? Comptez sur les fabricants pour nous le rappeler le moment venu...

FORD **MUSTANG**

Le muscle débridé

Une silhouette de bois et d'argile se profilait sous une longue toile blanche. Dans une salle sombre à l'éclairage diffus, quelque part dans l'État du Michigan, il y a de cela trois ans, une centaine de journalistes de partout dans le monde allaient servir de cobayes. L'expérience ? Le dévoilement du concept car qui allait devenir, cette année, le nouveau coupé de Ford. Le Ford Mustang 2005.

À peu de choses près, Ford a conservé les traits qui faisaient onduler le tissu recouvrant l'ébauche grandeur nature présentée ce jour-là. L'effet rétro, que de plus en plus de gens commencent à trouver barbant, définit pourtant bien les nouvelles lignes du muscle car ressuscité.

Un long capot, des phares ronds encastrés dans une sombre calandre horizontale, des prises d'air latérales, un coffre court et des feux arrière en trois sections sont des éléments visuels qui nous ramènent à une époque où les États-Unis étaient en guerre, les Républicains étaient au pouvoir et une pénurie de pétrole n'allait pas tarder. L'habitacle est plus spacieux qu'auparavant et fait aussi dans le rétro-futurisme à la J Mays (responsable du design chez Ford). Les cadrans circulaires et le volant à trois rayons imitent bien les traits du « vieux » coupé Mustang.

Pourtant, les choses ont changé. Sièges baquets séparés par une large console, appliqués de métal brossé sur la longueur du tableau de bord, levier de vitesses en... c'est quoi ça ? Enfin, vous comprenez. Il est aussi possible de choisir parmi 125 couleurs d'éclairage pour les cadrans, au moment de l'achat. De série sur tous les modèles, on retrouve une banquette rabattable en deux sections, le groupe électrique et une radio avec lecteur de disques compacts.

C'est sous le capot que ça devient plus sérieux. Deux nouvelles mécaniques, en remplacement de deux moteurs précédents, ajoutent un peu de puissance. Le Mustang V6 est animé par une cylindrée de 4 litres qui produit 210 chevaux et un couple de 235 livres-pied, une légère augmentation par rapport aux 3,8 litres des dernières années. Un collecteur et un échappement conçus pour faire rugir la bête se chargent de faire hennir la sportive américaine. De série, une boîte manuelle à cinq rapports est de mise, mais notez que l'automatique passe au 21ᵉ siècle, offrant

cinq rapports dans une configuration permettant des passages de rapports rapides et efficaces.

Mais ce ne sont là que billevesées, car c'est dans le ventre du Mustang GT que rugit le V8 qui en réjouira plusieurs. Pas moins de 300 chevaux sont soutirés de la cylindrée de 4,6 litres ou, comme on dit dans le milieu des muscle car, 281 pouces cubes. Ford clame qu'il s'agit de la voiture à 300 chevaux la plus abordable sur le marché. Pourtant, comme c'est le cas avec les V8, c'est avant tout le couple qui est intéressant : à 320 livres-pied, on attend de petits exploits d'une telle mécanique. On a déjà vu un Mustang sauter la barre des 300 chevaux, mais il s'agissait d'une édition spéciale comme la SVT Cobra.

On peut reprocher plusieurs choses à la société Ford, mais on ne peut pas accuser ses ingénieurs d'être analphabètes lorsque vient le temps de parler freins et suspension. Les roues de 16 pouces du modèle V6 cèdent le pas à du 17 pouces sur le GT, lequel est chaussé de pneus à cote Z. Les puissants freins à disque aux quatre roues sont livrés avec un système antiblocage et un antidérapage, tous deux de série sur le Mustang GT (en option avec le V6). Le retour à la propulsion est une chose, son utilisation sécuritaire en est une autre !

Sous le châssis, les jambes de force MacPherson aux quatre roues sont appuyées par deux solides barres stabilisatrices. À l'arrière, une structure à trois points d'ancrage a pour mandat de superviser le débattement de l'essieu lorsque la voiture est en virage. Aussi, l'empattement gagne un peu plus de 15 centimètres en longueur, ce qui permet d'améliorer l'équilibre et de réduire le roulis de la voiture. La sécurité des passagers est également assurée par un système de coussins gonflables frontaux à déploiement progressif. La rigidité du châssis, accrue de près du tiers, assure aussi une absorption plus grande de la force d'impact. Cependant, pas de coussins latéraux (en option seulement).

Lorsqu'il s'agit de performance automobile, la société Ford a prouvé ces dernières années qu'elle possédait les éléments lui permettant de créer des machines très puissantes. Pourtant, cette capacité ne s'exprime que dans des éditions limitées de voitures de série. Qualifiée de plus dynamique, plus puissante et plus sécuritaire, le Mustang 2005 serait, selon Ford, le fruit de ces efforts.

ON AIME

> La puissance du V8
> La nouvelle carrosserie
> Le prix annoncé

ON AIME MOINS

> La boîte automatique
> Le marketing, qui martèle le même refrain depuis toujours

À RETENIR

Fourchette de prix :
23 495 $ à 31 795 $

Marge bénéficiaire :
6,7 à 11,4 %

Ventes : ↑

Indice de fiabilité : **n.d.**

Consommation d'essence : **n.d.**

CO_2 sur une base annuelle : **n.d.**

Valeur résiduelle au terme de 48 mois : **n.d.**

Cote de sécurité en cas d'impact : **n.d.**

NOUVEAUTÉS

> Le coupé Mustang est tout nouveau en 2005

LE MOT DE LA FIN

Le coupé Mustang possède l'allure, la puissance et le prix qu'il faut pour relancer le modèle.

Terre conquise

I l aura fallu peu de temps à la sous-compacte à hayon de Toyota pour conquérir le Québec. Nombreuses ont été les conductrices à sauter au volant de la diminutive Echo Hatchback. Oui, Toyota a eu la surprise d'attirer davantage de femmes que prévu avec sa petite voiture, qui est tout de même une amusante petite sportive à ses heures.

La Yaris, ou la Vitz, ou l'Echo Hatchback, finalement, est une véritable petite voiture globale. Son design aux formes très peu nord-américaines est son premier atout en sol québécois. Elle partage avec la berline Echo une petite cylindrée de 1,5 litre et profite de la technologie de calage variable des soupapes VVT-i qui optimise grandement ses 108 chevaux. En lui jouxtant la boîte manuelle de série, ce petit moteur est capable de fournir un couple adéquat à tout moment. Une boîte automatique à quatre rapports est aussi proposée, des fois que...

L'économie d'essence remarquable de ce petit moteur est déjà prouvée. Étrangement, les autres petites voitures offertes sur le marché sont loin de rivaliser avec l'Echo. Ses plus proches adversaires à ce chapitre sont des berlines compactes...

Les sous-compactes japonaises étant généralement construites sur un axe vertical, on ne s'étonne pas du seuil de gravité élevé de l'Echo Hatchback et du roulis, qui inquiète la première fois qu'on la pousse à fond. L'empattement, presque aussi long que la voiture elle-même, permet de surpasser cette crainte, et — les pilotes expérimentés vous le diront — l'impression que la voiture pourrait se retourner est fallacieuse. Cette sous-compacte est capable de prendre les courbes à une vitesse surprenante, et son agilité est supérieure à ce que bien des critiques ont pu affirmer à ce jour.

Les freins à disque et tambour de l'Echo sont livrés avec un système antiblocage sur certaines versions seulement. Grâce à ce système, le freinage est plutôt court. De leur côté, les roues de 14 pouces sont chaussées de pneus étroits, ce qui peut provoquer d'inconfortables changements de cap sur les routes un peu âgées sur lesquelles de larges camions ont imprimé des ornières, ou lorsque le pavé est imparfait.

ON AIME

> L'économie de carburant
> La tenue de route surprenante
> L'antiblocage

ON AIME MOINS

> L'espace des places avant
> L'espace des places arrière

À RETENIR

Fourchette de prix :
12 995 $ à 14 705 $

Marge bénéficiaire : **5 %**

Ventes : ↑

Indice de fiabilité :
★★★★★

Consommation d'essence :
7 L/100 km

CO$_2$ sur une base annuelle :
3,8

Valeur résiduelle au terme de 48 mois : **n.d.**

Cote de sécurité en cas d'impact : **n.d.**

NOUVEAUTÉS

> Pas de nouveautés en 2005

LE MOT DE LA FIN

L'Echo Hatchback à trois portes est plutôt dynamique pour une sous-compacte de ce genre.

Le petit modèle à trois portes de l'Echo, malgré des dimensions réduites, peut accommoder quatre adultes. Les places arrière sont très serrées et l'accès n'y est pas optimal, on s'en doute. À l'avant, le passager n'a pas droit à beaucoup d'espace pour les jambes, ce qui devient rapidement ennuyant. Cela dit, le dégagement pour le haut du corps est plus généreux. En raison de custodes arrière très courtes, le coffre souffre aussi d'un volume très limité, un point sur lequel l'Echo Hatchback cède le pas à ses concurrentes.

Le tableau de bord, avec les cadrans regroupés au centre, est un succès mitigé. L'industrie s'oriente vers une telle configuration dans le marché des petites voitures, mais ce ne sont pas tous les automobilistes qui apprécient. La radio, sur le modèle de base, ne possède qu'un lecteur de cassettes. Un lecteur de disques compacts est un luxe que peuvent se permettre ceux qui opteront pour le modèle supérieur. Il en va de même pour la servodirection.

Pour tout dire, en ce qui concerne l'équipement embarqué, le modèle de base, à 13 000 $, n'a de véritable attrait que son prix de détail, l'un des moins élevés sur le marché. Pour y arriver, Toyota Canada a dû laisser de côté bien des accessoires. En parlant d'accessoires, ne manquez pas de mettre la main sur le catalogue d'accessoires vendus par le fabricant pour personnaliser votre Echo Hatchback. Il y en a plus d'une centaine !

Dans tous les cas, la finition est exemplaire. Les matériaux utilisés par Toyota exhument une qualité que Hyundai ou que toute autre sous-compacte de fabrication coréenne n'a pu égaler à ce jour.

Évidemment, puisqu'il s'agit avant tout d'une voiture abordable, l'Echo Hatchback ne possède pas de moyens excessifs pour s'avérer réellement sportive. Qu'à cela ne tienne, une mécanique bien adaptée aux dimensions de la voiture, une solidité sans équivoque et une silhouette qui détonne dans la gamme de Toyota, autrement plus mondaine, font de la sous-compacte à trois portes une voiture dynamique et inspirante qui livre exactement ce qu'elle promet : un mélange réussi alliant économie à agrément de conduite.

ACURA **RSX**

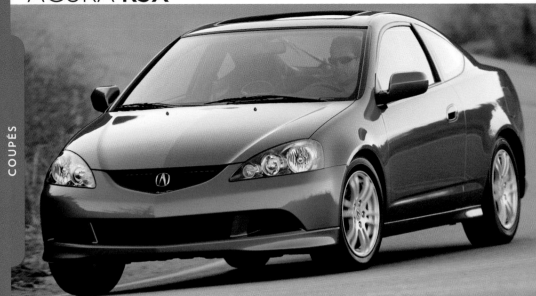

ON AIME

> Le comportement
  fougueux du coupé
> Le tableau de bord
> Les nouvelles lignes

ON AIME MOINS

> Les places arrière
> Le bruit du moteur

À RETENIR

Fourchette de prix :
24 900 $ à 33 000 $

Marge bénéficiaire : **8,6 %**

Ventes : ↓

Indice de fiabilité :
★★★★★

Consommation d'essence :
9,3 L/100 km

CO_2 sur une base annuelle :
 5,8

Valeur résiduelle au terme
de 48 mois : **45 à 48 %**

Cote de sécurité en cas
d'impact : ★★★★★

NOUVEAUTÉS

> Nouvelle calandre et
  nouveaux feux arrière
  en 2005

> Révision mécanique pour la
  Type S (voir plus loin)

LE MOT DE LA FIN

Le coupé RSX d'Acura est
l'un de meilleurs achats de
cette catégorie.

Légende en devenir

A cura apporte quelques retouches à son petit coupé RSX pour 2005. Visuellement, cela se traduit par un look peut-être plus élégant, moins éclaté. Ainsi, les rondeurs sous les phares disparaissent, tout comme celles situées sous les feux arrière. La calandre paraît également plus allongée, avec un pare-chocs très mince sur lequel trône le trapèze inversé, signature visuelle d'Acura. Tandis que la silhouette générale demeure presque inchangée (la voiture est plus haute d'un demi-centimètre), à l'arrière, on se rapproche du style de feu l'Integra (le modèle remplacé par le RSX il y a trois ans).

Les trois versions du RSX, de base, Premium et Type S sont révisées au chapitre de l'équipement (ce dernier étant détaillé plus loin dans ces pages). À l'intérieur, des touches métalliques sont ajoutées aux appuie-tête et au pommeau du levier de vitesses. L'édition Premium hérite de chics roues chromées de 16 pouces, alors que la Type S fait dans la grande pointure, à 17 pouces. Côté sécurité, Acura ajoute l'antiblocage de série sur toutes les versions du coupé, en plus des coussins gonflables frontaux et latéraux, ce qui n'est pas à négliger. Maniable, grâce à une direction agile et à un empattement court, le coupé devrait profiter de ces ajouts à sa liste d'équipement. Sous le capot, seule la mécanique de la Type S est révisée, sa puissance passant de 200 à 210 chevaux. Les 160 chevaux du moteur à quatre cylindres de 2 litres des RSX de base et RSX Premium sont un peu tardifs en accélération, mais une bonne utilisation des cinq rapports de la boîte manuelle ou automatique permet d'en apprécier toute la souplesse.

Au volant, malgré la plainte insistante du moteur (surtout à haut régime), on ne peut qu'apprécier les sensations que procure la suspension indépendant. Le tableau de bord est moderne et particulièrement réussi. De l'intérieur, le coupé RSX est attrayant, surtout grâce à la finition très chic. Petit bémol : la banquette est difficile d'accès et étroite, une caractéristique qui n'est pas sans trouver écho chez les concurrentes, la Mini Cooper n'étant pas mieux à ce niveau. Idem pour la Toyota Celica, d'ailleurs. À presque 25 000 $ pour le modèle de base, le RSX n'est pas une aubaine au sens commun du terme. Par contre, ses qualités dynamiques sont appréciables. Pour l'amateur de conduite racée, l'Acura RSX est une voiture compacte et sportive qui tient le haut du pavé dans sa catégorie.

Valeur sûre

On a dit beaucoup de bien de la Série 3 et de ses différentes versions — berline, coupé, cabriolet — au fil des ans. La gamme, complètement redessinée pour 2006, est la clé de voûte du succès de BMW depuis tellement longtemps qu'on se demande s'il aura le goût du risque. En attendant, la cuvée 2005 est inchangée, mais demeure un choix sensé dans sa catégorie. Le coupé est offert en trois versions, 325Ci, 330Ci et 330Ci M. Ce dernier reprend des éléments inspirés du coupé M3 et affiche une puissance de 235 chevaux, soit 10 de plus que le 330Ci, pourtant pourvu du même moteur à six cylindres en ligne. Par ailleurs, 184 chevaux animent le six-en-ligne de 2,5 litres du 325Ci. Un peu moins entraînante, cette version est la seule à offrir une boîte manuelle à cinq rapports de série, les deux autres ayant droit à un sixième rapport.

Une suspension à caractère sportif assistée de barres antiroulis à l'avant et à l'arrière, ainsi que des freins à disques ventilés avec antiblocage sont de série, tout comme un système d'antipatinage fort apprécié. La suspension du 330Ci M est un peu plus ferme. Un groupe aérodynamique est exclusif à ce modèle, tout comme certains accessoires de l'habitacle, dont le volant.

L'intérieur du coupé de Série 3 est simple mais efficace. Le tableau de bord est sombre et discutable, mais l'ergonomie est bonne et la lecture des divers cadrans est rapide. Les quatre places sont confortables, encore qu'à l'arrière, c'est un peu serré. Le coffre est étroit, sous la moyenne dans cette catégorie de véhicules.

Sur la route, l'équilibre de la voiture est sans conteste. Même si la cylindrée de 3 litres n'est pas particulièrement puissante, les qualités dynamiques du coupé demeurent manifestes. La répartition du poids entre l'essieu avant et l'essieu arrière est presque égale et représente un atout dans les courbes. Le freinage est aussi une de ses belles qualités.

Dans le marché des voitures de plus de 35 000 $, les statistiques parlent d'elles-mêmes : BMW connaît un succès fou avec la Série 3. Que ceux qui craignent que le renouvellement prévu à l'automne ne soit pas concluant n'hésitent pas à opter pour le modèle actuel qui, malgré son âge, démontre de très belles qualités routières.

ON AIME

> Le moteur de trois litres
> La position de conduite
> Le confort de la suspension

ON AIME MOINS

> Les places arrière
> Le tableau de bord
> La fin de carrière imminente

À RETENIR

Fourchette de prix :
42 250 $ à **49 550 $**

Marge bénéficiaire : **9,8 %**

Ventes : **n.d.**

Indice de fiabilité :
★★★★★

Consommation d'essence :
11,6 L/100 km

CO_2 sur une base annuelle :
7,5

Valeur résiduelle au terme de 48 mois : **45 à 55 %**

Cote de sécurité en cas d'impact : **n.d.**

NOUVEAUTÉS

> Pas de nouveautés en 2005

LE MOT DE LA FIN

Le coupé de Série 3 demeure une valeur sûre.

CHEVROLET **MONTE CARLO**

ON AIME

> La puissance du modèle Supercharged SS
> Le confort des places avant
> La boîte automatique

ON AIME MOINS

> L'allure extérieure
> Les places arrière
> Le tableau de bord

À RETENIR

Fourchette de prix :
27 840 $ à 36 890 $

Marge bénéficiaire :
11 à 11,1 %

Ventes : ↓

Indice de fiabilité :
★★★☆☆

Consommation d'essence :
11,2 L/100 km

CO_2 sur une base annuelle :

Valeur résiduelle au terme de 48 mois : **30-38 %**

Cote de sécurité en cas d'impact : ★★★★★

NOUVEAUTÉS

> Disparition de la version SS au profit d'une version LT
> Système OnStar disponible

LE MOT DE LA FIN

Le Monte Carlo est un coupé au goût des années 1980, voire 1970.

Chevrolet pur sang

L e coupé Monte Carlo est sans conteste le seul pur sang de l'écurie Chevrolet en 2005. Bon, c'est faire abstraction de la Corvette, mais on s'entend, la Corvette fait délicieusement bande à part dans la gamme de la marque américaine. Au contraire, toutes les composantes du Monte Carlo, particulièrement celles formant l'habitacle, sont immédiatement associées aux usines de Chevrolet.

Pour 2005, le gros coupé à la *stock* car est légèrement amélioré, le système OnStar faisant son entrée dans les trois versions. Tandis que les versions LS et Supercharged SS sont de retour, l'édition mitoyenne SS est rebaptisée LT. Chaque modèle est animé par un moteur différent, qu'il s'agisse d'un V6 à aspiration naturelle de 180 ou 200 chevaux, ou encore d'un V6 avec compresseur, qui produit 240 chevaux. Dans tous les cas, la puissance est au bas mot suffisante pour satisfaire le conducteur, mais le bruit du moteur est très présent dans l'habitacle, un défaut agaçant. Le Monte Carlo Supercharged SS hérite également d'une suspension raffermie, de roues de 17 pouces (en remplacement des roues de 16 po des autres versions), de retouches esthétiques intérieures et extérieures et de roues chromées optionnelles. La conduite est plus sportive, mais n'en espérez pas trop. L'accélération est certes puissante, mais tout le reste fait défaut : les freins et la suspension ont des limites bien en deçà de nos espérances.

Une douce boîte automatique à quatre rapports et des freins à disque complètent le tableau dans les trois cas. L'antiblocage, un système d'antidérapage et un indicateur de pression des pneus font partie de l'équipement des modèles LT et Supercharged SS, mais sont aussi disponibles sur le LS. À l'intérieur, les habitués de Chevrolet sont en terrain connu. Tout est gris et beige, disons. Sans être épatant, le tableau de bord est toutefois ergonomique. On y est également confortable, même malgré un embonpoint causé par l'ingurgitation excessive de tacos (clientèle cible oblige !), sauf à l'arrière, où la banquette est difficilement accessible et peu spacieuse. La sécurité des occupants est moyenne, seul le conducteur ayant droit à des coussins gonflables de série (frontal) et en option (latéral).

À moins d'avoir le drapeau américain tatoué sur le cœur, il n'est pas mauvais de lorgner du côté de la nouvelle Toyota Camry Solara. La comparaison est intéressante.

Le bon, la brute et le truand

Ah, le mélange des genres ! Il n'y a pas que les westerns spaghettis. Ironiquement, le Chrysler Crossfire, un coupé à l'américaine tel qu'imaginé par une poignée d'Allemands, pourrait s'approprier le titre de l'un des classiques de ce genre cinématographique.

Le coupé a vu le jour en 2004. Son design, inspiré des belles années de l'automobile américaine, a été associé à une motorisation empruntée au SLK 2004 de Mercedes-Benz. Deux places, un coffre étriqué et une visibilité pour le moins limitée sont l'apanage de cette stratégie. Le roadster, quant à lui, est en gros un Crossfire à toit mou. Le coupé est offert en deux versions, de base et Limited, auxquelles s'ajoute l'exubérant Crossfire SRT-6. Dans les trois cas, une motorisation Mercedes-Benz anime la bête : l'entraînant V6 de 215 chevaux avec boîte manuelle à six rapports des deux premiers modèles est troqué pour un puissant V6 à compresseur de 330 chevaux livré uniquement avec une boîte automatique à cinq rapports (en option sur les autres modèles) sur le SRT-6. Sa suspension est plus sportive, tandis que des retouches esthétiques intérieures et extérieures sont aussi de mise.

Agile et nerveux, le Crossfire profite heureusement de freins à disque antiblocage, d'un système d'antidérapage et de coussins gonflables latéraux pour assurer la sécurité des occupants. La suspension est ferme et la direction, assurée. Le comportement du coupé est sportif, mais le confort en souffre pleinement. Dans tous les cas, il profite par contre d'une bonne accélération. Enfin, la boîte manuelle est difficile à opérer en raison d'une grille peu amène. D'énormes roues de 18 pouces à l'avant et de 19 à l'arrière vous causeront sans doute un sacré casse-tête l'hiver venu. Bonne chance ! De plus, aucun pneu de secours n'est offert, mais une cannette de scellant et un compresseur à air sont néanmoins fournis. À l'intérieur, le cuir est optionnel sur les modèles Limited et SRT-6. L'instrumentation est une version en gris clair d'un tableau de bord signé Mercedes-Benz, à l'ergonomie pour le moins désagréable. L'habitacle du coupé est sombre, et on ne voit pas grand-chose, latéralement ou à l'arrière. C'en est presque dangereux. Sorte de Corvette germano-américaine, le Crossfire souffre de cette dualité. On obtient un coupé photogénique au tempérament rude et, dans le cas du SRT-6, carrément brutal.

ON AIME
> L'accélération du coupé
> Le duo suspension-direction

ON AIME MOINS
> Le prix élevé
> La visibilité réduite à l'arrière
> La position de conduite

À RETENIR
Fourchette de prix :
39 995 $ à 62 475 $

Marge bénéficiaire :
3,4 à 8,4 %

Ventes : ↑

Indice de fiabilité :
★★★★☆

Consommation d'essence :
11,4 L/100 km

CO$_2$ sur une base annuelle :
▬▬▬ **7,3**

Valeur résiduelle au terme
de 48 mois : **40 à 42 %**

Cote de sécurité en cas
d'impact : ★★★★★

NOUVEAUTÉS
> Une version SRT-6 devrait
s'ajouter au coupé et au
roadster

LE MOT DE LA FIN
Le Crossfire est un coupé qui
veut bien faire à un prix qui
l'en empêche.

HONDA **ACCORD COUPÉ**

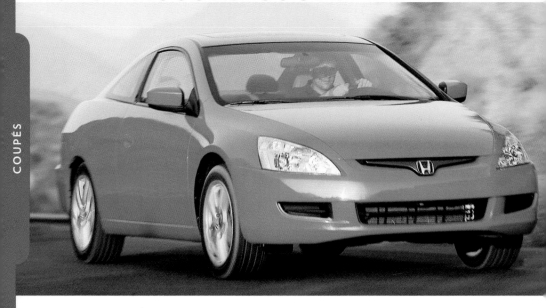

ON AIME

> La silhouette effilée
> La boîte à six rapports
> La boîte automatique à cinq rapports

ON AIME MOINS

> Le moteur à quatre cylindres
> L'étroite banquette

À RETENIR

Fourchette de prix :
25 700 $ à 30 300 $

Marge bénéficiaire : **n.d.**

Ventes : **n.d.**

Indice de fiabilité :
★★★★★

Consommation d'essence :
9,1 L/100 km

CO_2 sur une base annuelle :
▬▬▬▬◯ 6

Valeur résiduelle au terme
de 48 mois : **42 à 46 %**

Cote de sécurité en cas
d'impact : ★★★★★

NOUVEAUTÉS

> Ajout de rideaux latéraux gonflables sur toutes les versions du coupé

LE MOT DE LA FIN

Sauf pour la version EX V6 à six vitesses, le coupé Accord est plutôt ordinaire. La berline ferait-elle mieux l'affaire?

Vade retro Satanas !

C'est sans doute une bouffée de chaleur venue des tréfonds de la terre qui a mené à la création de l'Accord coupé. La berline est posée, raisonnable, voire angélique, mais le coupé largue tout ça par-dessus bord. Avec son design aux courbes attrayantes et un comportement routier plus relevé que celui de la quatre-portes, l'Accord coupé incarne une tentation toute démoniaque. Pas de nouveauté en 2005. La donne est la même qu'en 2004, hormis l'ajout de rideaux latéraux gonflables de série sur toutes les versions du coupé. C'est donc dire que les versions LX, EX et EX V6 sont de retour, tout comme l'Accord coupé EX V6 à boîte manuelle à six rapports, la plus sportive du lot.

Les modèles LX et EX sont animés par un moteur à quatre cylindres de 2,4 litres qui produit 160 chevaux. La boîte manuelle à cinq rapports, de série uniquement sur ces deux modèles, est échangeable contre une automatique à cinq rapports également (qui se retrouve aussi sur les LX V6 et EX V6). Celle-ci effectue des changements de rapports doux et rapides sans compromettre beaucoup les performances du moteur. Il va sans dire que le V6 est plus endurant et que ses 240 chevaux sont à conseiller pour qui désire réellement une voiture au caractère sportif.

La suspension indépendante rappelle celle de la berline. Elle est réglée pour prendre en douceur les cahots éventuels, et la voiture, à traction bien entendu, est par conséquent sous-vireuse. L'Accord LX est munie de freins à tambour à l'arrière, les autres versions ayant toutes droit à quatre disques et à l'antiblocage, les trois EX étant en prime équipées d'un système d'antipatinage. En plus d'un sixième rapport, la « seconde » EX V6 est aussi la seule à offrir une barre antirapprochement avant et des roues de 17 pouces, ce qui durcit sa réaction aux nids-de-poule et consorts. À l'intérieur, le dégagement pour les passagers avant est excellent, ce qui n'est pas le cas à l'arrière. En tout cas, pas pour des adultes. La console est très élégante, en plus d'être pratique, et l'ensemble des accessoires est de bon goût, flirtant légèrement avec l'audace d'un style un peu plus osé.

La fiabilité de l'Accord coupé et ses performances un peu plus enlevantes la distinguent irrévocablement du Sebring de Chrysler, mais aussi du Solara de Toyota. Le choix entre les trois modèles demeure difficile, mais l'Accord coupé vous en donnera assurément pour votre argent.

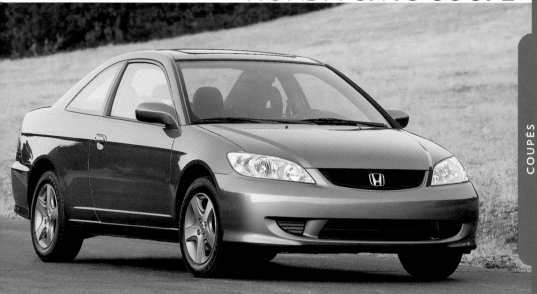

Pensez-y bien...

I l n'est plus besoin de décrire la berline compacte Honda Civic (encore qu'on l'ait fait, une fois de plus, dans ces pages). Le retour en 2004 du coupé SI était souhaitable pour certains, mais les caractéristiques peu originales des autres versions de ce coupé et l'attrait des deux portières additionnelles qu'offre la berline nous mènent à cette mise en garde : pensez-y bien. Les versions DX, SE et LX du coupé Civic, avec 115 chevaux, sont d'une puissance bien limitée. L'utilisation du VTEC sur le modèle SI fait grimper la puissance à 127 chevaux, mais c'est encore bien peu face à une concurrence qui en offre davantage. À titre comparatif, l'Ion Quad Coupe de Saturn fait 140 chevaux.

Malgré un couple déficient, le coupé Civic s'en tire relativement bien. La cylindrée japonaise est par ailleurs très économique, et la boîte manuelle de série vous accorde le droit à un peu de dynamisme, l'automatique étant pour sa part portée sur la douceur des changements de rapports. La suspension indépendante avec barres stabilisatrices promet une vigueur apparente, mais les pneus gâchent un peu le plaisir avec une adhérence bien inférieure à ce que l'on souhaiterait. Le comportement général est orienté vers un compromis privilégiant le confort — il faut regarder du côté du SiR pour un esprit sportif plus prononcé. Secondant des freins à disque et à tambour, l'antiblocage est une option exclusive à la SI, avec un système électronique de répartition de la force de freinage. À l'intérieur, le modèle DX n'est pas livré avec un lecteur de CD de série. D'autres accessoires, dont le groupe électrique, sont aussi rayés de la liste pour cette version. Les Civic LX et SI troquent les roues de 14 pouces pour d'autres de 15 pouces et le SI, ce chanceux, arbore des roues en alliage plus attrayantes. Il faut dire que le coupé LX est plutôt dégarni. Il faut se préparer à payer un peu plus que le prix de base pour profiter de quelques commodités supplémentaires, y compris la climatisation. Pour une voiture compacte, le coupé Civic fait preuve d'une belle gestion de l'espace. Évidemment, l'accès à la banquette est plutôt difficile, et son dégagement en hauteur est limité. Un seul coussin gonflable est présent, côté conducteur.

Avant tout abordable, le coupé Civic de Honda est aussi réputé pour être fiable. Toutefois, à moins de lorgner du côté du modèle SI, la berline, un peu plus spacieuse, est à considérer sérieusement.

ON AIME
> Le coupé SI
> Le volume de l'habitacle

ON AIME MOINS
> Le coupé DX trop dégarni
> Les pneus décevants
> La puissance limitée

À RETENIR
Fourchette de prix :
16 200 $ à **23 600 $**

Marge bénéficiaire : **n.d.**

Ventes : **n.d.**

Indice de fiabilité :
★★★★★

Consommation d'essence :
7,8 L/100 km

CO_2 sur une base annuelle :
━━━━━━ **4,3**

Valeur résiduelle au terme de 48 mois : **40** à **45 %**

Cote de sécurité en cas d'impact : ★★★★★

NOUVEAUTÉS
> Pas de changements en 2005

LE MOT DE LA FIN
Un autre cas où il faut vraiment considérer la valeur des deux portières additionnelles de la berline.

HYUNDAI **TIBURON**

Le requin a des dents

Le seul coupé sportif de fabrication coréenne vendu au pays s'est dégonflé au fil des ans. Marquant la troisième année du modèle sous sa forme actuelle, 2005 apporte quelques changements mineurs à l'allure du Hyundai Tiburon. Visuellement, la silhouette est rafraîchie, histoire de rajeunir un peu les traits du requin hispano-coréen. Les trois versions du Tiburon, de base, SE et Tuscani, sont livrées de série avec une boîte manuelle à cinq rapports ; l'édition Tuscani jaune à six rapports disparaît du catalogue. Une boîte automatique à quatre rapports, moins enivrante, est aussi offerte en option.

Les Tiburon et Tiburon SE sont animés par un moteur à quatre cylindres de 2 litres qui produit 138 chevaux. Malgré un certain embonpoint, le coupé exploite bien la puissance de cette petite cylindrée. L'édition Tuscani est pour sa part affublée d'un V6 de 2,7 litres qui n'a pas la même verve, malgré ses 172 chevaux obtenus au même régime, soit 6000 tr/min. Dans les deux cas, les performances sont bien en deçà de ce que la concurrence peut offrir. L'Acura RSX, à 160 ou 210 chevaux, fait beaucoup mieux, surtout avec quelque 100 kilos de moins.

Des freins à disque aux quatre roues sont de mise sur tous les Tiburon. Malheureusement, l'antiblocage est en option sur les deux versions à quatre-cylindres. Mordants, les freins sont par contre peu endurants ; on se rappelle avoir vu de la fumée se dégager rapidement des roues lors d'un essai sur piste. Par ailleurs, le Tuscani, avec ses étriers peints en rouge et ses roues de 17 pouces aux rayons étroits, se donne des airs de Porsche. Les autres modèles sont munis de roues de 16 pouces de série. À l'intérieur, le tableau de bord de couleur sombre est rehaussé d'appliqués métalliques. C'est beau à voir. Par contre, le dégagement pour la tête est très limité, tout comme l'espace général, surtout à l'arrière. Deux coussins gonflables frontaux sont par ailleurs installés à l'usine.

Surfant sur la mince vague de popularité des petites sportives, le coupé Tiburon essaie de ne pas se casser les dents sur les écueils de la concurrence, très vive dans ce marché. Un prix alléchant, un look accrocheur et une garantie hors pair peuvent-ils noyer dans l'oubli les performances un peu trop modestes de sa mécanique ? C'est à l'acheteur d'établir ses priorités.

La difficile raison d'être du coupé

Il est de bon aloi pour une société automobile qui fait dans le haut de gamme de produire une berline et un coupé sportif à partir de son modèle d'entrée de gamme. BMW et Mercedes l'ont fait, alors pourquoi pas Infiniti ? Critiqué pour ses performances moins enjouées que prévu, le coupé G35 est maintenant plus puissant et plus élégant, grâce à l'ajout de deux nouveaux groupes d'équipement à caractère sportif. Ainsi, du point de vue esthétique, les roues de 18 pouces de la version manuelle du coupé sont remplacées par des roues surdimensionnées de 19 pouces. L'habitacle est pour sa part rehaussé d'appliqués en aluminium et d'un pédalier en alu perforé. Le V6 de 3,5 litres est aussi ajusté à 298 chevaux, soit un gain de 18 chevaux — qui ne sont pas de trop. Les 20 chevaux additionnels qui séparent les autres versions du coupé de la berline G35 à quatre portes (à 260 chevaux) sont très discrets. Le groupe Sport comprend aussi un différentiel à viscocoupleur plus nerveux que le différentiel autobloquant de série. Les freins à disque antiblocage assurent un freinage très puissant. La suspension du coupé, plus ferme que celle de la berline, procure des sensations relevées similaires à celles du coupé Z de Nissan. La boîte manuelle à six rapports peut être échangée pour une automatique à cinq rapports qui ajuste le régime-moteur lorsqu'elle rétrograde au rapport inférieur, adoucissant les changements de rapports et améliorant les accélérations. Le tableau de bord est entièrement redessiné sur toutes les versions du coupé. La sellerie de cuir et un changeur de six disques compacts avec lecture de fichiers MP3 sont de série. Côté sécurité, des coussins frontaux et latéraux, ainsi que des rideaux gonflables, sont installés à l'usine. Les places avant sont très confortables. Le dégagement est optimal et la position de conduite est excellente. La visibilité est elle aussi à son meilleur. Les places arrière sont difficiles d'accès et un peu étroites, tout comme le coffre, qui perd beaucoup de volume sur le coupé. Pour l'aspect pratique, la berline est chaudement recommandée. Plus fougueux qu'un coupé de Série 3 de BMW, le coupé G35 d'Infiniti est de cette poignée de sportives haut de gamme qui redéfinissent le marché des voitures de prestige de moins de 50 000 $. L'Acura TL, la Classe C de Mercedes-Benz et le G35 sont, de l'avis de plusieurs, parmi les voitures les plus attrayantes sur le marché en ce moment.

ON AIME

> La puissance ajoutée
> Le tableau de bord
> Le freinage puissant

ON AIME MOINS

> Les places arrière
> Le coffre étroit

À RETENIR

Fourchette de prix :
45 200 $ à 47 700 $

Marge bénéficiaire :
10,2 à 10,3 %

Ventes : **n.d.**

Indice de fiabilité :
★★★★★

Consommation d'essence :
11,9 L/100 km

CO_2 sur une base annuelle :
7,7

Valeur résiduelle au terme
de 48 mois : **50 à 52 %**

Cote de sécurité en cas
d'impact : **n.d.**

NOUVEAUTÉS

> Deux nouveaux groupes d'équipement à caractère sportif
> Vingt chevaux de plus pour le coupé

LE MOT DE LA FIN

Le coupé G35 sacrifie le côté pratique de la berline pour une performance correcte, mais qui ne vaut peut-être pas la peine.

MAZDA **RX-8**

ON AIME

> Le grondement du moteur rotatif

> La maniabilité du coupé

> La présentation de l'habitacle

ON AIME MOINS

> La boîte automatique

> Les places arrière

> La consommation d'essence

À RETENIR

Fourchette de prix (2004) :
36 795 $ à 39 795 $

Marge bénéficiaire : **n.d.**

Ventes : ↑

Indice de fiabilité :
★★★★☆

Consommation d'essence :
12,9 L/100 km

CO₂ sur une base annuelle :
 8,4

Valeur résiduelle au terme de 48 mois : **45 à 46 %**

Cote de sécurité en cas d'impact : ★★★★☆

NOUVEAUTÉS

> Pas de nouveautés en 2005

LE MOT DE LA FIN

Le RX-8 est une voiture sportive qui est tout de même assez douce pour rouler en ville.

L'empêcheur de tourner en rond

Le coupé RX-8 de Mazda en est à l'an 2. Moins chère que bien des concurrentes, plus pratique et bénéficiant d'un design inspiré (quoique étrangement peu photogénique), la sportive nippone incarne à elle seule l'image de Mazda : plaisir de conduire sur toute la ligne. Le moteur rotatif de type Wankel produit 197 chevaux lorsqu'il est jumelé à une boîte automatique à quatre rapports, et 238 lorsqu'il est associé à une boîte manuelle à six rapports. Cette dernière version profite également de roues surdimensionnées de 18 pouces, d'une suspension plus ferme et d'un différentiel autobloquant. Le RX-8 automatique possède des roues de 16 pouces, mais peut être équipé en option des éléments susmentionnés autrement exclusifs à la version manuelle. Dans les deux cas, des freins à disque antiblocage, des coussins gonflables frontaux et des rideaux gonflables sont installés à l'usine. Un élégant mélange de cuir deux tons est aussi disponible, tout comme un système d'antidérapage et, pourquoi pas, un système de navigation par GPS.

Le bruit distinctif du gros cylindre de 1,3 litre est unique, tout comme son comportement, très progressif. L'étagement des rapports est adapté à ce contexte, mais les deuxième et troisième rapports sont les plus sollicités puisqu'ils couvrent à eux seuls la plus grande plage de vitesses légale. Ils ne sont pas particulièrement économiques, cependant, mais exigent de la suspension qu'elle démontre son talent à tenir les roues bien collées au sol, ce qu'elle fait somptueusement. Contrairement au 350Z de Nissan, le RX-8 reste civilisé, sans compter qu'il possède une banquette accessible grâce à des portières de type suicide — cette banquette, ou plutôt les deux places séparées par une grosse console en plastique, est toutefois peu pratique. La visibilité vers l'arrière n'est pas parfaite non plus et, comme dans tout bon coupé, l'espace de chargement est ridicule. Par contre, le tableau de bord est un exemple de design moderne et original. Pour 2006, la rumeur veut que Mazda introduise un nouveau RX-7 à deux places à moteur rotatif. Une version turbo pourrait produire près de 300 chevaux, et ce coupé serait aussi livré en version décapotable. Puisque Mazda engrange à nouveau les profits, les chances sont excellentes pour qu'on assiste au retour du coupé RX-7.

Oui, madame !

Mercedes-Benz a lancé le coupé C230 il y a quelques années avec la ferme intention de convaincre les jeunes professionnelles (oui, ...elles) qu'un modèle Mercedes siérait bien à leur train de vie. Avec l'entrée en scène du V6 l'an dernier et une révision esthétique cette année, le coupé d'entrée de gamme de Mercedes-Benz n'est pourtant pas à déconseiller à l'homme en quête de sensations fortes... sur la route, s'entend. Deux versions du coupé se détaillent au Canada. Le C230 qui, comme son nom ne le dit pas, est animé par un moteur à quatre cylindres de 1,8 litre à compresseur qui fait 189 chevaux. L'autre, le C320, hérite du V6 de 3,2 litres et 215 chevaux de la marque allemande.

Comme le but de l'exercice est d'abord d'attirer une clientèle urbaine, le coupé n'a pas un caractère sportif par défaut. Le quatre-cylindres, avec la boîte automatique à cinq rapports, accélère promptement, grogne un peu et est enjoué, mais il faut opter pour la boîte manuelle à six rapports pour lui donner un peu plus de nerf. Le V6 est mieux adapté à une conduite sportive, avec un couple dont la courbe est très longue. Les reprises sont plus convaincantes et l'accélération est franche, sans être décapante. La suspension de type sport des coupés se combine à une rigidité remarquable du châssis de la Classe C pour offrir au conducteur un comportement routier relevé. Les roues de 17 pouces amplifient légèrement l'impact des imperfections du pavé. La direction est agréable et le freinage est puissant et sécuritaire, grâce à l'antiblocage. Un système d'antidérapage fait également partie des caractéristiques de série du coupé.

Les changements visuels pour 2005 se concentrent au niveau de la calandre, des feux arrière et des garnitures de l'habitacle. Celui-ci est muni en plus de coussins gonflables frontaux et latéraux et propose, en option, un intéressant toit panoramique qui en rejette, surtout si vous êtes assis à l'arrière. D'ailleurs, la banquette est étrangement confortable et plus spacieuse que celle de bien des voitures de cette dimension. Le coffre est volumineux pour un coupé et la banquette se rabat, des fois que... Le coupé de Classe C est une belle solution de rechange aux berlines d'entrée de gamme de plus de 30 000 $. Ses performances à elles seules ne justifient pas le prix de détail, mais c'est une Mercedes, et pour le monde de la ville, l'image, ce n'est pas rien...

ON AIME
> Le toit panoramique
> Le six-cylindres
> La rigidité du coupé

ON AIME MOINS
> La boîte automatique
> La puissance à peine suffisante du moteur à compresseur

À RETENIR
Fourchette de prix :
36 450 $ à 40 600 $

Marge bénéficiaire : **9,8 %**

Ventes : **n.d.**

Indice de fiabilité :
★★★★★

Consommation d'essence :
11,1 L/100 km

CO_2 sur une base annuelle :
7,2

Valeur résiduelle au terme de 48 mois : **39 à 45 %**

Cote de sécurité en cas d'impact : **n.d.**

NOUVEAUTÉS
> Nouvelle calandre et feux arrière revus
> Nouvelles garnitures dans l'habitacle

LE MOT DE LA FIN
Un coupé alléchant et original, même si les performances ne sont pas à la hauteur des attentes.

MERCEDES-BENZ **CLK**

ON AIME

> L'absence de pilier central (visibilité)
> Le tableau de bord
> Le silence de l'habitacle

ON AIME MOINS

> Trop d'options
> Les places arrière
> Le prix rébarbatif

À RETENIR

Fourchette de prix :
65 290 $ à 103 300 $

Marge bénéficiaire : **9,9 %**

Ventes : **n.d.**

Indice de fiabilité :
★★★★☆

Consommation d'essence :
12 L/100 km

CO_2 sur une base annuelle :
 7,7

Valeur résiduelle au terme
de 48 mois : **47 à 56 %**

Cote de sécurité en cas
d'impact : **n.d.**

NOUVEAUTÉS

> Pas de nouveautés
   en 2005.

LE MOT DE LA FIN

Malgré un prix un peu élevé,
ce coupé offre plusieurs
configurations intéressantes.

Ach so !

L e coupé CLK de Mercedes-Benz a été introduit sous sa forme actuelle en 2003. Un cabriolet, lancé l'an dernier, a également permis de conquérir le cœur d'une clientèle autrement portée vers les autres marques allemandes. Avec des retouches prévues pour le modèle 2006, la version à deux portes de la Classe C de Mercedes demeure toutefois inchangée cette année.

Le coupé a la particularité de ne pas comporter de pilier central. Il est offert en trois versions, soit le CLK320, qui reprend le V6 de 215 chevaux de la Classe C, le CLK500 animé par un V8 de 302 chevaux et le CLK55 de la division AMG, plus dynamique grâce aux 362 chevaux de son propre V8. Une boîte automatique à cinq rapports est de série, l'édition AMG étant en plus munie de boutons de sélection de rapports au volant. Il n'est pas impossible que Mercedes troque la boîte à cinq rapports du CLK pour sa nouvelle boîte à sept rapports, ou que le système « 4Matic » soit offert en option d'ici la fin de 2005.

Des freins à disque antiblocage, un système d'antipatinage, des coussins frontaux et latéraux ainsi que des rideaux latéraux gonflables font partie de l'équipement de base des trois modèles. Des roues de 18 pouces sont d'office sur les CLK500 et CLK55, le V6 étant livré avec des roues de 16 pouces. Une batterie d'accessoires sont offerts en option, ce qui comprend plusieurs technologies électroniques très poussées mais combien superflues.

Sans être d'une agilité à tout casser, le coupé CLK manœuvre avec dextérité dans les sentiers sinueux. Évidemment, le CLK55 surclasse ses confrères, mais même le CLK320 est amusant, le V6 offrant une accélération satisfaisante la plupart du temps. Le confort est une qualité évidente de ce coupé, l'habitacle étant plutôt silencieux. La mécanique ne se fait pratiquement pas entendre. À l'arrière, l'espace pour les jambes est plutôt limité, et il ne faut pas oublier que les deux portières limitent l'accès à la banquette. Le volume de chargement est toutefois important, plus sur le coupé que dans la décapotable (ce qui va de soi).

Les coupés haut de gamme de cette catégorie ne sont pas tous aussi chers. C'est un défaut du modèle Mercedes, mais il faut avouer que la voiture possède des qualités très attrayantes pour qui ne regarde pas de trop près la note.

Bientôt totalement éclipsé

Le coupé Mitsubishi qui a déjà fait courir les foules traverse une période difficile. Elle tire à sa fin, par contre, car un modèle d'allure beaucoup plus osée devrait être lancé pour 2006 — et probablement disponible à l'été 2005. Entre-temps, on continue avec le coupé (et la décapotable) des deux dernières années. Mitsubishi insiste surtout sur le prix de détail alléchant de son coupé Eclipse — il faut dire que les nombreuses versions proposées couvrent un large éventail de prix. Les modèles RS et GS sont équipés d'un moteur à quatre cylindres de 147 chevaux (142 avec la boîte automatique). Un V6 de 200 chevaux anime les deux autres versions, nommées GT et GT-Premium, qui bénéficient également des freins à disque aux quatre roues et des roues de 17 pouces, exclusifs.

L'antiblocage, l'antidérapage et les coussins gonflables latéraux font partie de l'équipement de série additionnel de l'Eclipse GT-Premium. Les quatre modèles sont livrés avec une boîte manuelle d'office, mais l'automatique à quatre rapports avec sélection manuelle de rapports n'est pas offerte sur le modèle RS, qui hérite d'une boîte automatique optionnelle dépourvue de cette fonction.

Sur la route, le moteur à quatre cylindres est décevant pour un coupé à vocation sportive. La boîte automatique est limitative sur tous les modèles, l'accélération étant plus facile avec les changements de rapports manuels. Tout de même confortable, l'Eclipse démonte un caractère légèrement paresseux en raison d'une direction indifférente, d'un freinage qui peine sans antiblocage et d'un rayon de braquage assez long.

À l'intérieur, l'ergonomie est attrayante et les sièges sont invitants. À l'arrière, c'est un peu moins évident, on s'en doute. De plus, le bruit du moteur devient agaçant à la longue. Enfin, l'espace de chargement est généreux pour un coupé, surtout lorsqu'on rabat la banquette. L'Eclipse est un modèle âgé dont le look ne suscite pas de véritable passion. Cette notion très intangible joue pourtant un rôle décisif dans le processus d'achat dans ce créneau. Acura et, cette année, Ford proposent des véhicules qui vont clairement dans ce sens. C'est lors de l'introduction du modèle 2006 que Mitsubishi démontrera son intention de persévérer dans ce marché, ce qui semble assuré, car le véhicule concept dévoilé en 2004 en a intéressé plusieurs.

ON AIME
> Le prix de détail intéressant
> Le confort de l'habitacle

ON AIME MOINS
> La boîte automatique
> La direction paresseuse
> Le freinage déficient

À RETENIR
Fourchette de prix :
23 998 $ à 34 488 $

Marge bénéficiaire : **10,5 %**

Ventes : ↑

Indice de fiabilité :
★★★☆☆

Consommation d'essence :
10,2 L/100 km

CO_2 sur une base annuelle :
▬▬▬▬ **6,6**

Valeur résiduelle au terme de 48 mois : **29 à 35 %**

Cote de sécurité en cas d'impact : ★★★★☆

NOUVEAUTÉS
> Pas de nouveautés en 2005.

LE MOT DE LA FIN
Même les représentants de Mitsubishi suggèrent d'attendre le modèle 2006...

NISSAN **350Z**

ON AIME

> La boîte manuelle
> La boîte automatique
> Les freins

ON AIME MOINS

> Le coffre (risible)
> La suspension peu civilisée

À RETENIR

Prix : **45 400 $**

Marge bénéficiaire : **10,5 %**

Ventes : ↑

Indice de fiabilité :
★★★★☆

Consommation d'essence :
12 L/100 km

CO_2 sur une base annuelle :
 7,7

Valeur résiduelle au terme
de 48 mois : **46 à 52 %**

Cote de sécurité en cas
d'impact : **n.d.**

NOUVEAUTÉS

> Nouvelle pédale
   d'embrayage
> Nouvelle boîte automatique

LE MOT DE LA FIN

Toute une sportive, mais
moins conviviale lors d'une
utilisation plus conservatrice.

350 bonnes raisons d'aimer le Z

Le 350Z, l'un des coupés sportifs les plus appréciés depuis deux ans, est de retour en 2005 avec des changements mineurs. Sur la version manuelle (six rapports), la pédale d'embrayage est modifiée pour alléger la pression nécessaire à son opération, alors que sur la version automatique (cinq rapports), le régime-moteur est ajusté automatiquement lors de la rétrogradation au rapport inférieur, ce qui adoucit les changements de rapports et améliore la tenue de route. Le V6 de 3,5 litres du Z est ajusté à 287 chevaux. C'est bien assez pour créer une poussée amusante à l'accélération et pour générer une puissance suffisante en toute circonstance. Cela n'empêche pas les rumeurs de circuler quant à l'hypothétique ajout, pour 2006, d'un compresseur volumétrique et du rouage intégral du G35 d'Infiniti. Déjà, le 350Z dans sa forme actuelle est une voiture dynamique et maniable, grâce à une suspension très, très ferme et à un freinage puissant muni d'un antiblocage de série. Imaginez avec quatre roues motrices et 50 chevaux de plus ! Épatant sur la piste, le Z est malheureusement mal équipé pour les grands trajets, en raison des ajustements de la suspension indépendante, qui amplifient la moindre imperfection du pavé. Un système d'antipatinage est de série, un antipatinage additionnel étant offert sur les versions plus équipées. À l'intérieur, malgré un design original, la qualité des matériaux en laisse plusieurs cois. Le plastique brun-gris qui recouvre le tableau de bord est un peu moche. Pourtant, malgré une visibilité arrière réduite, la voiture offre une position de conduite idéale. Le coffre souffre d'un espace restreint, encombré de surcroît par une large barre antirapprochement qui le traverse de bord en bord. Enfin, le niveau sonore de l'habitacle est plutôt élevé. Malgré cela, plusieurs acheteurs de Porsche Boxster ont fait le troc pour un 350Z et s'en réjouissent. Ses qualités dynamiques et son design unique en font une sportive incontestée, mais sa finition intérieure demeure perfectible. Le prix de détail est plus bas que celui de son concurrent allemand, mais les amateurs de performance au budget plus serré peuvent aussi se tourner vers le RX-8 de Mazda, qui est certainement le plus civilisé des trois.

Cela n'empêche pas le 350Z d'être un coupé sportif — ainsi qu'un roadster— qui offre beaucoup de sensations fortes à ses passagers à un prix honnête.

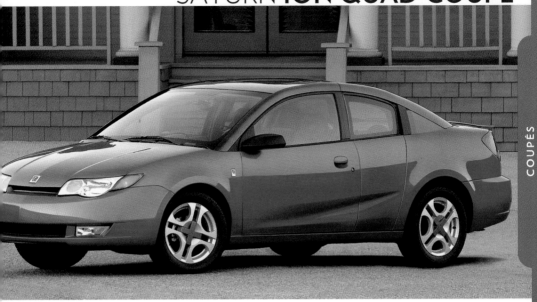

Coupé surprise

T andis que la berline de format compact de Saturn se refait une beauté cette année, son dérivé coupé, quant à lui, hérite de changements plus modestes. Le Ion Quad Coupe est de toute façon une petite voiture déjà très originale, ne serait-ce que par la prétention d'adjoindre deux portières suicide pour accéder aux places arrière du coupé. Son design, lui aussi original, le distingue de belle façon des autres compactes de la société General Motors.

L'insonorisation du moteur est un problème qui a été étudié de près par les ingénieurs de GM. L'Ecotec de 140 chevaux, utilisé à différentes fins par plusieurs marques du fabricant américain, hérite d'un couvercle d'insonorisation plus efficace. Un matériau insonorisant est aussi utilisé à l'avant pour absorber les ondes sonores qui s'en extirperont tout de même. Enfin, le coupé étant la seule version de la berline Ion à pouvoir être équipée d'une boîte à variation continue (baptisée VTi), il est donc aussi le seul modèle à voir cette option disparaître du menu, la boîte manuelle de série étant échangeable pour une automatique plus traditionnelle à quatre rapports pour un léger supplément.

À l'intérieur, la disposition centrale des cadrans et les ouvertures latérales du coupé sont des traits uniques dans le petit marché des coupés de format compact. Cette année, Dieu soit loué, le volant à quatre rayons de l'Ion Red Line remplace l'affreux cerceau qui se trouvait auparavant à cet endroit dans toutes les autres versions de l'Ion. Les matériaux et la finition sont un peu banals, mais cela n'empêche pas l'habitacle d'être plutôt polyvalent, grâce aux portières, mais aussi à un coffre assez spacieux. Pour en faire une voiture abordable, les ingénieurs de Saturn ont créé un coupé qui, malgré son originalité à bien des égards, souffre de quelques défauts de comportement qui n'ont rien à voir avec l'âge adolescent de la marque Saturn. Ainsi, des grincements et des craquements surgissent immanquablement du coupé lorsqu'on prend des courbes de façon un peu sportive. Le freinage est décevant, et l'antiblocage optionnel est fortement conseillé — surtout qu'il est livré avec un système d'antipatinage.

Côté concurrence, l'Ion Quad Coupe a du pain sur la planche. La Honda Civic et la Ford Focus sont deux compactes à offrir des modèles coupés au moins aussi attrayants, sinon plus.

ON AIME

> Les demi-portières arrière
> L'espace utile

ON AIME MOINS

> L'habitacle dans son ensemble
> Le comportement de la suspension

À RETENIR

Fourchette de prix :
16 310 $ à 20 060 $

Marge bénéficiaire : **9,1 %**

Ventes : ↓

Indice de fiabilité :
★★★☆☆

Consommation d'essence :
9 L/100 km

CO_2 sur une base annuelle : **4,8**

Valeur résiduelle au terme de 48 mois : **33 %**

Cote de sécurité en cas d'impact : ★★★★★

NOUVEAUTÉS

> Nouveau volant à quatre rayons

LE MOT DE LA FIN

Ironiquement, il faut considérer le coupé Ion Quad pour ses qualités pratiques...

TOYOTA **CELICA**

ON AIME

> L'agilité du coupé
> Les freins antiblocage

ON AIME MOINS

> L'espace des places avant
> La visibilité limitée à l'arrière
> La puissance tardive de la GT-S

À RETENIR

Fourchette de prix :
24 900 $ à 34 130 $

Marge bénéficiaire :
7 à 9,1 %

Ventes : ↓

Indice de fiabilité :
★★★★★

Consommation d'essence :
9,1 L/100 km

CO_2 sur une base annuelle : **5,9**

Valeur résiduelle au terme
de 48 mois : **46 %**

Cote de sécurité en cas
d'impact : ★★★★☆

NOUVEAUTÉS

> Dernière année d'existence
pour la Celica

LE MOT DE LA FIN

Le coupé de Toyota est
original et maniable, mais
peine à suivre la concurrence.

C'est la fin

L a société automobile japonaise Toyota a annoncé l'été dernier la fin de la production du coupé sportif Celica après le modèle 2005. Malgré ce deuil annoncé, aucune édition spéciale n'est à l'ordre du jour, si ce n'est le Celica Tsunami, qu'on a déjà pu voir l'an dernier. Pour son dernier tour de piste, le coupé Celica demeure inchangé. Design unique, maniabilité intéressante et consommation d'essence décente pour une sportive constituent ses points forts, tandis qu'une banquette peu pratique, une visibilité réduite et une mécanique difficile à apprécier pleinement sont ses points faibles.

Il faut dire que la technologie de calage variable des soupapes VVT-i constitue la clé de voûte du Celica. Favorisant une cohabitation harmonieuse entre économie d'essence et puissance accrue, cette technologie permet d'étirer à 180 chevaux la puissance du quatre-cylindres de 1,8 litre pour le modèle GT-S (les autres Celica font 140 chevaux). Mais la puissance maximale est obtenue tard en régime, et pour en profiter, il faut faire crier la cylindrée de façon très désagréable.

Cela mis à part, le coupé de Toyota est agile et vif. La plateforme est rigide (en témoignent aussi la Corolla et la Matrix) et la direction, précise. Les freins à disque antiblocage de la GT-S sont recommandés. Introduit pour la première fois en sol nord-américain en 1971, le coupé Celica aura donc connu sept générations depuis ses débuts jusqu'à la version actuelle, en vente depuis le tournant du millénaire. S'inspirant d'une étude de style nommée EX-1, le coupé Celica se voulait la représentation de la sportive de demain, en raison d'un style révolutionnaire et pour le moins original. Sans conteste l'une des rares sportives japonaises à avoir connu une telle longévité, le Celica a d'ailleurs contribué à créer au fil des ans le populaire segment des compactes sportives, ou « sport compact ». Sa disparition des salles d'exposition sera sans doute remarquée par de nombreux amateurs de performance abordable.

Le marché américain perd du même coup une seconde sportive de marque Toyota, soit le MR-2 et son pendant décapotable MR-2 Spyder. Introduit en 1985, le MR-2 a connu un succès mitigé depuis, malgré une aura d'exotisme qui aura attiré plusieurs amateurs.

Coupé conservateur

Le coupé Solara est en réalité une version à deux portières de la Camry, une berline aux qualités reconnues. Aussi carrossé comme décapotable, le coupé reprend les points forts de la Camry et y ajoute (en théorie) un peu de piquant, histoire de s'attaquer au mythe de la « Toyota-voiture-conservatrice ».

Le coupé est offert en trois versions, SE, SE Sport et SLE, utilisant le moteur à quatre cylindres de 157 chevaux ou le V6 de 3,3 litres présent sur d'autres modèles Toyota, qui produit 225 chevaux. Seule la petite cylindrée est livrée avec une boîte manuelle, une automatique à quatre rapports étant aussi disponible. Le Solara V6 hérite d'une boîte automatique à cinq rapports, et c'est non négociable.

Un bas de caisse d'allure plus sportive et une suspension recalibrée pour en améliorer la performance sont également des exclusivités du modèle SE Sport. Des roues de 17 pouces sont aussi offertes sur la version SLE, tandis que le SE bénéficie de roues de 16 pouces. Les trois versions sont équipées de freins à disque antiblocage et de coussins gonflables frontaux. Des rideaux gonflables sont disponibles moyennant supplément. Sans être une bête domptée pour les grandes performances (elle hérite de la douceur de roulement de la Camry et de sa consommation d'essence très raisonnable), le Solara peut se démener sur un circuit sinueux, surtout grâce à la suspension plus ferme du Solara SE Sport. Mais sans exagérer.

À l'intérieur, l'espace est suffisant pour quatre adultes, malgré le difficile accès aux places arrière. Le levier de la boîte automatique, capricieux, pourrait en embêter plusieurs lors des premiers tours de roue. Mais les autres commandes sont ergonomiques, et l'ensemble, quoique monotone, n'est pas pour autant de mauvais goût. Le coffre est handicapé par une ouverture étroite, mais le dossier rabattable en deux sections contrebalance ce léger défaut. Le volume utile est très pratique.

Reprenant plusieurs des caractéristiques de la Camry, le coupé Solara est davantage une berline à deux portes qu'une sportive. Il faut dire que son tempérament n'est pas particulièrement fougueux. À ce chapitre, l'Accord coupé de Honda le surclasse largement, bien que les deux soient des exemples de fiabilité et de finition impeccable.

ON AIME
> L'allure similaire à celle d'une Lexus
> L'habitacle confortable

ON AIME MOINS
> Le quatre-cylindres
> La boîte automatique

À RETENIR
Fourchette de prix :
26 850 $ à 35 850 $

Marge bénéficiaire :
9,4 à 10,1 %

Ventes : ↓

Indice de fiabilité :
★★★★★

Consommation d'essence :
10,1 L/100 km

CO_2 sur une base annuelle : 6,5

Valeur résiduelle au terme de 48 mois : **39 à 54 %**

Cote de sécurité en cas d'impact : **n.d.**

NOUVEAUTÉS
> Pas de nouveautés en 2005

LE MOT DE LA FIN
Pourquoi sacrifier deux portières pour oublier qu'on conduit une Camry ?

VOLKSWAGEN **NEW BEETLE**

ON AIME

> La version TDI
> La suspension

ON AIME MOINS

> Le moteur de 115 chevaux
> La boîte automatique
> La silhouette

À RETENIR

Fourchette de prix :
23 910 $ à **25 690 $**

Marge bénéficiaire : **6,4 %**

Ventes : ↑

Indice de fiabilité :
★★★★☆

Consommation d'essence :
6,5 L/100 km

CO$_2$ sur une base annuelle :
 3,9

Valeur résiduelle au terme
de 48 mois : **46 à 52 %**

Cote de sécurité en cas
d'impact : ★★★★☆

NOUVEAUTÉS

> Plusieurs options
disparaissent du catalogue

LE MOT DE LA FIN

La New Beetle a perdu son
effet « wow » il y a belle
lurette. Vivement un
renouvellement du modèle !

La Cuccaracha (air connu)

P eu de changements pour la New Beetle en 2005. La rumeur veut que le
modèle soit complètement revu pour 2006, avec nouvelle silhouette et
nouvelle mécanique à la clé. Entre-temps, Volkswagen rationne ses stocks.
La New Beetle est disponible en modèle coupé, et l'introduction l'an dernier de la New Beetle Cabrio a permis à Volkswagen d'élargir la gamme. Sans toit
décapotable, le coupé GLS à moteur 2 litres de 115 chevaux et sa contrepartie à
moteur diesel, la New Beetle TDI, sont les seules variantes offertes par le
constructeur allemand.

Le fougueux petit moteur turbo 1.8T est offert exclusivement sur la Cabrio.
Coupant généreusement dans les frais, Volkswagen élimine aussi les phares à
haute intensité au xénon sur toutes les versions de la New Beetle. Il va sans dire
que l'édition TDI est la plus économe des deux versions disponibles du coupé.
La boîte manuelle à cinq rapports de série est amusante à manipuler et permet de
tirer le maximum de puissance de chacun des deux moteurs. Le design de la New
Beetle est probablement le principal élément qui mène à l'achat de ce véhicule,
mais les statistiques plus qu'intéressantes du moteur TDI au chapitre de la
consommation de carburant pourraient aussi intéresser de nombreux acheteurs —
quoique la Golf en offre autant avec, en prime, deux portières additionnelles. La
New Beetle GLS, avec ses maigres 115 chevaux, s'en tire assez bien avec la boîte
manuelle. Une nouvelle boîte automatique à six rapports (!) avec mode séquentiel
TipTronic s'avère une option plus intéressante que l'ancienne boîte automatique,
qui tuait dans l'œuf toute volonté de pousser le moteur à fond. Ironiquement, c'est
le moteur turbodiesel qui s'avère le plus intéressant, puisqu'il possède un couple
assez élevé dès les plus bas régimes. Sur la route, la suspension et les roues de
16 pouces absorbent les cahots sans limiter la maniabilité du véhicule. Moins agile
que l'Acura RSX, sans doute, la New Beetle se tire néanmoins bien d'affaire, même
en virage serré. À l'intérieur, la configuration est étrangement spacieuse, mais la
visibilité n'est pas optimale. Les sièges sont confortables et le volume de chargement est adéquat, surtout avec la banquette rabattue.

Pour le prix, la New Beetle n'offre pas grand-chose d'autre qu'un design unique. La
version TDI est recommandable, mais le coupé a du chemin à faire avant de rattraper la concurrence à bien d'autres niveaux.

Ce n'est pas fini !

Si vous pensez que le coût de l'énergie est une variable décisive dans la conception de voitures, voici qui devrait vous convaincre du contraire. Jusqu'à la prochaine véritable crise d'approvisionnement, les fabricants continueront d'offrir des voitures toujours plus grosses et plus puissantes.

Mitsubishi Eclipse

Dévoilée au Salon de Detroit en janvier 2004, l'étude de style Concept-E de Mitsubishi démontre l'allure que prendra la prochaine génération du coupé et du cabriolet Eclipse dès l'été prochain. La silhouette du véhicule concept devrait en dire long sur l'allure du modèle de production, mais c'est à peu près tout ce qu'il est permis d'affirmer pour le moment. Le prototype utilisait un duo réunissant un moteur à combustion et un moteur électrique pour entraîner les roues avant et arrière, dans une configuration à transmission intégrale pour le moins intéressante (la puissance annoncée était de 470 chevaux !) Le modèle de série devrait conserver le rouage intégral et la silhouette, mais on parle d'un moteur turbo plus conventionnel sous le capot.

Mazda RX-7

Une version écourtée de la plateforme de la RX-8 devrait donner naissance à la Mazda RX-7 d'ici 2007, selon les rumeurs. Un coupé plus compact (sans banquette) et une version décapotable sont des possibilités pour lesquelles on voit même des photos circuler. Les ébauches font rêver les fanas du moteur rotatif...

Volkswagen New Beetle

Volkswagen a lancé la New Beetle dans un contexte qui jouait en sa faveur — c'était l'une des premières itérations de la mode rétro, qui allait durer plusieurs années. L'an prochain, ce ne sera pas la même chose, cette tendance de design étant morte et enterrée (à part peut-être pour Ford) depuis peu. Tandis que la silhouette générale devrait être la même (on veut conserver la notion des « trois arcs de cercle »), la nouvelle New Beetle sera assise sur la plateforme des générations à venir de Golf et Jetta, et sera plus effilée. Elle devrait également reprendre la motorisation des deux autres modèles de la gamme Volkswagen.

CE QU'IL FAUT RETENIR

	Lieu d'assemblage	Cycle de remplacement	Mode	Capacité du réservoir de carburant (L)	Essence recommandée
Acura RSX	Japon	Inconnu	Traction	50	Ordinaire
BMW Série 3	Allemagne	2006-2007	Propulsion	63	Super
Chevrolet Monte Carlo	Canada	2006	Traction	64,4	Ordinaire
Chrysler Crossfire	Allemagne	Inconnu	Propulsion	60	Super
Ford Mustang	États-Unis	Nouveau modèle 2005	Propulsion	60,5	Ordinaire
Honda Accord Coupe	États-Unis	2006-2007	Traction	64,7	Ordinaire
Honda Civic Coupe	États-Unis	2005-2006	Traction	50	Ordinaire
Hyundai Tiburon	Corée du Sud	2006	Traction	55	Ordinaire
Infiniti G35 Coupe	Japon	2007	Propulsion	76	Super
Mazda RX-8	Japon	Inconnu	Propulsion	60	Super
Mercedes C Coupe	Allemagne	Modèle en sursis	Propulsion	62	Super
Mercedes CLK	Allemagne	2007-2008	Propulsion	62	Super
Mitsubishi Eclipse	États-Unis	2005-2006	Traction	62	Ordinaire
Nissan 350 Z	Japon	Inconnu	Propulsion	76	Super
Saturn Ion Quad	États-Unis	2008-2009	Traction	50	Ordinaire
Toyota Camry Solara	États-Unis	Inconnu	Traction	70	Ordinaire
Toyota Celica	Japon	Modèle en sursis	Traction	55	Ordinaire
Toyota Echo Hatchback	Japon	2006-2007	Traction	45	Ordinaire
Volkswagen New Beetle	Mexique	Inconnu	Traction	55	Ordinaire

Empattement (mm)	Longueur (mm)	Largeur (mm)	Hauteur (mm)	Volume du coffre (L)
2570	4370	1720	1400	504 (max)
2725	4488	1757	1369	410
2807	5026	1846	1403	447
2400	4058	1766	1307	215
2720	4775	1877	1407	371
2670	4766	1810	1415	371
2620	4438	1695	1399	365
2530	4400	1760	1330	418
2850	4630	1810	1390	221
2700	4420	1770	1340	290
2715	4340	1730	1380	280/1080
2715	4640	1740	1381	386
2560	4490	1750	1310	478
2650	4310	1820	1315	193
2621	4699	1725	1422	402
2720	4890	1820	1430	488
2600	4330	1735	1305	365
2370	3730	1660	1500	205
2510	4080	1720	1498	300

SURVOL TECHNIQUE

	Moteur	Puissance (hp à tr/mn)	Couple (lb-pi à tr/m)	Poids(kg)	Autre(s)moteur(s)
Acura RSX	L4 DACT 2,0	160 à 6500	141 à 4000	n.d.	L4 DACT 2,0 (210 hp)
BMW Série 3	L6 DACT 2,5	184 à 6000	175 à 3500	1450	L6 DACT 3,0 / L6 DACT 3,3
Chevrolet Monte Carlo	V6 ACC 3,4	180 à 5200	205 à 4000	1515	V6 ACC 3,8 (A ou SC) [1]
Chrysler Crossfire	V6 SACT 3,2	215 à 5700	229 à 3000	1388	V6 SACT 3,2 SC
Ford Mustang	V6 SACT 4,0	210 à 5250	240 à 3500	1520	V8 SACT 4,6
Honda Accord Coupe	L4 DACT 2,4	160 à 5500	161 à 4500	1380	V6 SACT 3,0
Honda Civic Coupe	L4 DACT 1,7	115 à 6100	110 à 4500	1103	Aucun
Hyundai Tiburon	L4 DACT 2,0	134 à 6000	132 à 4500	1368	V6 DACT 2,7
Infiniti G35 Coupe	V6 DACT 3,5	280 à 6200	298 à 6400	1581	Aucun
Mazda RX-8	Bi-Rotor 1,3	238 à 8000	159 à 5500	1365	Aucun
Mercedes C Coupe	L4 DACT 2,3 SC	189 à 5800	192 à 3500	1474	V6 SACT 3,2
Mercedes CLK	V6 SACT 3,2	215 à 5700	229 à 3000	1594	V8 5,0 / V8 5,5 SC
Mitsubishi Eclipse	L4 SACT 2,4	147 à 5500	158 à 4000	1320	V6 SACT 3,0
Nissan 350 Z	V6 DACT 3,5	287 à 5200	274 à 4800	1473	Aucun
Saturn Ion Quad	L4 DACT 2,2	140 à 5800	145 à 4400	1221	Aucun
Toyota Camry Solara	L4 DACT 2,4	157 à 5600	162 à 4000	1465	V6 DACT 3,3
Toyota Celica	L4 DACT 1,8	140 à 6400	125 à 4200	1100	L4 DACT 1,8 (180 hp)
Toyota Echo Hatchback	L4 DACT 1,5	108 à 6000	105 à 4200	n.d.	Aucun
Volkswagen New Beetle	L4 SACT 2,0	115 à 5400	122 à 2600	1244	L4 DACT 1,8 T / L4 1,9 Tdi

1 Moteur 3,8 litres à aspiration normale ou suralimentée par compresseur
2 Manuelle 6 rapports avec V6

Boîte de vitesses de série	Boîte de vitesses optionnelle	Direction	Rayon de braquage (m)	Suspension avant/arrière	Freins avant/arrière	Pneus de série (avant)	Pneus de série (arrière)
Man. 5 rapports	Auto. 5 rapports	Crémaillère	12	Ind./ind.	D/d	195/65R15	195/65R15
Man. 5 rapports	Auto. 5 rapports	Crémaillère	10,5	Ind./ind.	D/d	205/55R16	205/55R16
Auto. 4 rapports	Aucune	Crémaillère	11,6	Ind./ind.	D/d	225/60R16	225/60R16
Man. 6 rapports	Auto. 5 rapports	Crémaillère	10,3	Ind./ind.	D/d	225/40ZR18	255/35ZR19
Man. 5 rapports	Auto. 5 rapports	Crémaillère	10,9	Ind./ess. rig.	D/d	215/65R16	215/65R16
Man. 5 rapports [2]	Auto. 5 rapports	Crémaillère	11,6	Ind./ind.	D/d	195/60R15	195/60R15
Man. 5 rapports	Auto. 4 rapports	Crémaillère	10,6	Ind./ind.	D/t	185/70R14	185/70R14
Man. 5 rapports [2]	Auto. 4 rapports	Crémaillère	10,9	Ind./ind.	D/d	205/55R16	205/55R16
Man. 6 rapports	Auto. 5 rapports	Crémaillère	11,4	Ind./ind.	D/d	225/50R17	235/50R17
Man. 6 rapports	Auto. 5 rapports	Crémaillère	10,6	Ind./ind.	D/d	225/45R18	225/45R18
Man. 6 rapports	Auto. 5 rapports	Crémaillère	10,8	Ind./ind.	D/d	205/55R16	205/55R16
Auto. 5 rapports	Aucune	Crémaillère	10,8	Ind./ind.	D/d	225/45ZR17	225/45ZR17
Man. 5 rapports	Auto. 4 rapports	Crémaillère	11,1	Ind./ind.	D/d	195/65R15	195/65R15
Man. 6 rapports	Auto. 5 rapports	Crémaillère	11,3	Ind./ind.	D/d	225/50R17	235/50R17
Man. 5 rapports	Auto. 4 rapports	Crémaillère	10,8	Ind./semi-ind.	D/t	195/60R15	195/60R15
Auto. 5 rapports	Aucune	Crémaillère	11,1	Ind./ind.	D/d	215/60R16	215/60R16
Man. 5 rapports [2]	Auto. 4 rapports	Crémaillère	10,9	Ind./ind.	D/d	195/60R15	195/60R15
Man. 5 rapports	Auto. 4 rapports	Crémaillère	9,9	Ind./semi-ind.	D/t	175/65R14	175/65R14
Man. 5 rapports	Auto. 4 rapports	Crémaillère	10,9	Ind./ind.	D/d	205/55R16	205/55R16

CABRIOLETS

Audi A4 Cabriolet **Audi TTS** BMW Série 3 cabriolet **BMW Série 6 cabriolet** BMW Z4 **Chevrolet Corvette** Chevrolet SSR **Chrysler CrossFIre** Chrysler PT Cruiser Cabriolet **Chrysler Sebring Cabriolet** Ferrari 360 Spyder **Ford Thunderbird** Honda S2000 **Jaguar XK** Lotus Elise **Maserati Spyder** Mazda Miata **Mercedes CLK** Mercedes SLK **Mini Cabriolet** Mitsubishi Eclipse **Nissan 350Z** Porsche 911 Cabriolet **Porsche Boxster** Saab 9-3 Cabriolet **Toyota Camry Solara Cabriolet** Volkswagen New Beetle Cabriolet

TEXTES, RECHERCHES ET ESSAIS : **ÉRIC LEFRANÇOIS**

La nouvelle Mini décapotable.

PLACE AU SOLEIL

LE CABRIOLET, C'EST COMME LE POLLEN : CELA NOUS DÉMANGE CHAQUE ANNÉE AUX PREMIERS BEAUX JOURS. NOUS ÉPROUVONS LE BESOIN DE ROULER DIFFÉREMMENT, DE SORTIR LA TÊTE ET DE PRENDRE UN BOL D'AIR BIEN FRAIS, DE RESPIRER LES ODEURS ET DE PROFITER DU MOINDRE RAYON DE SOLEIL.

Et puis, au volant d'un cabriolet, le grand plaisir, c'est de flâner, de respecter les limites de vitesse, l'idéal au cours de cette période estivale où les forces de l'ordre usent et abusent du radar...

Même s'il est microscopique (les ventes sont dans bien des cas intégrées à celles du modèle dont ils dérivent), le marché des cabriolets continue d'attirer les constructeurs. Pour leur image ou tout simplement pour nous faire rêver, les constructeurs en donnent toujours davantage : plus de performances, plus de rigidité, moins de poids... Les stylistes débrident leur imagination : allure avant-gardiste ou clin d'œil nostalgique.

Pour 2005, les recrues ne manquent pas, et plusieurs d'entre elles ont déjà effectué leurs premiers tours de roues au cours de l'été, dont notamment la PT Cruiser Cabriolet et la Mini Cooper. D'autres se manifesteront au cours de l'automne, comme la Mercedes SLK, deuxième du nom, et la Lotus Elise, toujours en attente au moment d'écrire ces lignes d'une autorisation de Transports Canada pour obtenir le droit de rouler sur nos routes.

D'ici à ce que les premiers bourgeons printaniers apparaissent, Porsche nous donnera envie de découvrir sa future Boxster, et Pontiac, sa Solstice qui, c'est officiel, entrera en production.

Une innovation exclusive

Mercedes benz SLK350

Lorsque Mercedes dévoila, en 1996, la première génération de SLK avec un toit rigide escamotable, les observateurs de la scène automobile étaient unanimes à croire qu'un nouveau chapitre de l'histoire des cabriolets allait s'écrire. Révolutionnaire, ce toit rigide escamotable n'était pourtant pas inédit. En leur temps, les Peugeot 402 et 601 Eclipse (1934-1939) ou la Ford Fairlane Skyliner (1957) réalisaient déjà ce tour de force. Malheureusement, contrairement à ce qui se passe sur le Vieux continent, où les consommateurs peuvent se procurer des cabriolets Renault ou encore Peugeot coiffés d'un toit rigide escamotable, cette innovation demeure ici la chasse gardée des cabriolets de luxe.

Ce qu'il faut savoir

Vrai, le cabriolet traîne aussi une mauvaise réputation : plutôt cher à assurer, chiche en espace, guère pratique (coffre, espaces de rangement, lavage...), souvent plus lourd que le véhicule dont il dérive... De plus, certains, une fois le toit en place, rendent carrément claustrophobes (la Viper, par exemple). Mais ces inconvénients tendent à disparaître. À défaut de pouvoir emmener famille et bagages (parfois, il faut choisir entre les deux), certains se révèlent tout à fait agréables à vivre l'année durant, hiver compris.

Qu'elle soit à commande manuelle ou électrique, la capote déshabille ou rhabille les cabriolets modernes en un clin d'œil. Par contre, sur plusieurs modèles dont la capote est en toile, on ne peut en dire autant du couvre-tonneau, dont la fonction principale est de masquer l'armature du toit... et de casser des ongles.

Bien conçue, une capote se révèle quasiment aussi imperméable au bruit qu'un toit dur. En revanche, elle occupera toujours une partie du coffre et des places arrière, et les montants latéraux gênent souvent la visibilité de trois-quarts arrière. Prudence lors des manœuvres de dépassements !

Point névralgique des cabriolets : la sécurité. Bien que la structure du châssis (montants du pare-brise compris) soit, dans tous les cas, considérablement renforcée, tous n'offrent pas la même sécurité en cas de retournement, surtout chez les cabriolets de moins de 50 000 $.

La Peugeot 206CC à toit dur rétractable.

CHEVROLET **CORVETTE**

Sentir la bise sans décoiffer votre portefeuille

L'essence du plaisir en automobile n'est-elle pas de pouvoir chatouiller 400 chevaux tout en allant parfois le nez au vent ? Si vous êtes d'accord avec cet énoncé, laissez-nous vous présenter la sixième génération de Corvette, elle en connaît un rayon sur le sujet.

La sortie d'une nouvelle Corvette représente toujours un événement, et la mise en circulation de cette sixième génération ne fait pas exception. Avec cette refonte, plus profonde qu'elle n'y paraît, ce cabriolet a connu davantage une évolution qu'une révolution, à plusieurs égards. Plus raffinée, plus sophistiquée, plus efficace que la génération antérieure, cette Corvette vise une carrière internationale, ce qui explique pourquoi ses dimensions sont plus compactes, histoire de mieux se faufiler sur les routes étroites du Vieux Continent. Seul ennui : ainsi amputé en longueur et en largeur, ce cabriolet offre 99 litres de moins de volume de chargement lorsque le couvre-chef est en place. Au sujet de la capote, à commande électrique, mentionnons qu'elle demeure en toile, ce dont personne ne se plaindra même si la tendance actuelle est au toit métallique escamotable.

S'il y a un domaine où la Corvette n'a guère évolué cependant, c'est sur le plan fonctionnel : les espaces de rangement sont toujours aussi rares. Il aurait pourtant été facile de faire mieux (pas beaucoup, certes, vu la taille de l'habitacle) en collant une « poche de kangourou » sur la devanture des assises des sièges, par exemple. Ce sera pour la prochaine fois. Par ailleurs, l'instrumentation du tableau de bord est complète et facile à consulter, et les principales commandes sont correctement logées près du conducteur. La finition est correcte, mais réservons notre jugement pour plus tard, puisque les exemplaires mis à notre disposition pour l'essai routier n'étaient pas représentatifs des modèles que vous pourrez vous procurer chez le concessionnaire. Ce sera mieux, dit-on.

Sur la route, on se laisse enivrer par cette artillerie lourde, au son du canon de l'immense moteur V8 de 400 chevaux. Mais au-delà de la puissance brute, on retient

surtout de cette mécanique culbutée, sujet de moqueries chez les puristes, la montagne de couple dégagé et ce, peu importe où l'aiguille du compte-tours

se trouve. On s'étonne aussi de la souplesse de la boîte mécanique à six rapports. Son pommeau, maintenant plus ergonomique, se laisse guider avec une aisance déconcertante et son embrayage ne requiert pas une semelle de plomb pour l'actionner. Pour ceux qui craignent de ne pouvoir mater toute cette puissance sans avoir les deux mains sur le volant, une boîte automatique est également proposée pour faire une sélection appropriée des rapports. À quand une boîte séquentielle avec commandes dupliquées au volant ?

En fait, il y a peu à redire sur le comportement de cette Corvette, pour peu que la chaussée soit libre et suffisamment large. Car en ville, la conduite de ce cabriolet (du coupé aussi, faut-il préciser) est loin d'être une sinécure. Le diamètre de braquage est imposant et il est difficile de cerner, les premiers temps du moins, l'espace nécessaire pour la garer. Cet inconvénient mis à part, cette Corvette « plein air » se prête bien à une utilisation quotidienne, même s'il est souvent frustrant de savoir toute cette puissance sous le pied droit devenue inutile dans le train-train de la circulation.

Précis, le châssis de cette Chevrolet demande tout de même un temps d'adaptation. Même si certaines de ses dimensions ont été revues à la baisse, il reste que le capot est long et le train avant, lourd. Pourtant, après quelques kilomètres (quelques centaines de mètres, si vous vous trouvez sur un circuit fermé), la Corvette vous met immédiatement en confiance. Une fois qu'on a compris que cette propulsion sait se caler franchement et progressivement — même en cas de débordement de puissance et en déconnectant les aides à la conduite — on profite de la brutalité de la bête. Car elle sait ciseler les virages avec une efficacité diabolique, plaçant même ses hanches avec finesse d'un bon coup d'accélérateur. Dieu que c'est bon !

Sans toit, la Corvette nous fait changer de monde, nous fait goûter aux saveurs du vent comme peu de cabriolets savent le faire. Comme plusieurs cabriolets européens très en vue, elle vous ouvre les portes du rêve, mais sans vous ruiner. Ainsi vous aurez plus de sous pour la citerne d'essence nécessaire pour l'abreuver, ainsi que pour la fabrique de pneus indispensable pour compenser les kilomètres de gommes laissées derrière.

ON AIME

> Les performances grisantes
> La boîte manuelle étonnamment facile
> Le rapport prix-performances imbattable

ON AIME MOINS

> L'habitacle peu pratique pour le rangement
> Le coffre lilliputien
> Le manque d'aisance dans la cité

À RETENIR

Prix : **79 495 $**

Marge bénéficiaire : **17,5 %**

Ventes : ↓

Indice de fiabilité : **n.d.**

Consommation d'essence : **n.d.**

CO_2 sur une base annuelle : **n.d.**

Valeur résiduelle au terme de 48 mois : **n.d.**

Cote de sécurité en cas d'impact : **n.d.**

NOUVEAUTÉS

> Nouveau modèle pour 2005

LE MOT DE LA FIN

Elle vous permet de bronzer vite et bien.

Une SLR en réduction

Vous ne trouvez pas qu'elle ressemble beaucoup à une SLR ? Les propriétaires de cette dernière s'en offusqueront peut-être, surtout que la SLK, deuxième du nom, se transige à des prix nettement plus abordables — que la SLR s'entend, puisque les prix du coupé-cabriolet de Mercedes ont substantiellement augmenté. Votre banquier comprendra en la regardant et en parcourant sa fiche technique. C'est promis !

Plus longue, plus large, en un mot plus imposante que le modèle précédent (les capteurs de stationnement offerts en option s'imposent pour ne pas déformer ses contours), cette deuxième version est plus ambitieuse sur le plan sportif. À l'image de la Z4 de BMW, la SLK imprime le mot sportif sur sa carte de visite et va même jusqu'à accueillir un V8.

Cabriolet l'été, coupé l'hiver grâce à un toit rigide escamotable, la SLK n'autorise toujours que deux personnes à son bord. Celles-ci auront cependant droit à un espace accru et se sentiront plus à l'aise pour entreprendre des voyages au long cours. Assis aux commandes, on note que l'ambiance est également plus sportive. Le bloc d'instrumentation comporte notamment deux indicateurs inclinés qui se frôlent du regard. Une petite casquette les coiffe pour éloigner les reflets du soleil, qui met quelque 20 secondes (22 précisément aux dires de Mercedes) pour baigner l'habitacle de ses doux et chauds rayons. Une fois le toit rangé dans le coffre, le volume de chargement n'est plus que de 208 litres (ajoutez 63 litres quand la SLK sort coiffée). Parmi les petits bonheurs de cette SLK, on note la présence, en option, d'un sèche-cheveux... Une blague ? Presque, puisque de petits aérateurs tatoués aux appuie-tête diffusent de l'air chaud sur la nuque, idéal pour rouler à découvert sous la lune. Ce dispositif, baptisé « Airscarf », est offert moyennant supplément (êtes-vous surpris ?) et est accompagné d'éléments chauffants pour l'assise et le dossier des sièges.

Sur le plan dynamique, les concepteurs ont surtout porté leurs efforts sur le châssis. Ce dernier est plus rigide, histoire de mettre encore un peu de piquant à la conduite. On s'en réjouit, puisque hormis la version AMG de la génération précédente, la SLK manquait un peu de sel. Pour en ajouter (du sel), la SLK est enfin dotée d'une direction plus communicative, plus sensible. Elle troque ses billes

contre un mécanisme à crémaillère plus efficace, plus direct et offrant surtout un meilleur toucher de la route. Agile, la SLK se gare dans un mouchoir de poche grâce à son rayon de braquage étonnamment court. Pour une efficacité accrue, Mercedes propose un châssis sport avec suspensions abaissées pour « raser les courbes de plus près ».

Mécaniquement parlant, la SLK étrenne un V6 de 3,5 litres. Pourvu de quatre soupapes par cylindre et d'arbres à cames à calage variable, ce moteur produit 268 chevaux et 258 livres-pied de couple. Suffisant pour se faire plaisir, surtout que ce moteur n'est pas avare de sensations. Sans avoir l'onctuosité des « six en ligne » de son concurrent bavarois BMW, ce moteur ne ménage pas ses efforts pour nous en mettre plein la vue. Les montées en régimes sont franches et vigoureuses et, ce qui ne gâte rien, le timbre des échappements est envoûtant. Que demander de plus ? Qu'il consomme moins, et de l'essence ordinaire seulement...

Pour faire passer la puissance aux roues arrière motrices, la SLK conjugue son moteur à une boîte manuelle à six rapports qui, heureux que nous sommes, n'a rien à voir avec celle autrefois offerte à bord de ce roadster. La commande est plus directe, moins caoutchouteuse, les verrouillages plus efficaces. On s'amuse enfin, et davantage qu'avec la boîte automatique à sept rapports offerte en option. Cette dernière semble avoir un peu trop de rapports à gérer dans sa petite tête, et les commandes doublées au volant ne sont pas un succès sur le plan ergonomique. Ai-je les mains pleines de pouces ? Dommage d'apprendre que cette boîte est la seule offerte sur la version AMG également inscrite au catalogue *because* elle seule peut encaisser les 375 livres-pied de couple du moteur V8 de 5,5 litres.

Vendue près de 20 000 $ de plus que la SLK à moteur V6, la version AMG compte regrettablement un tiroir plein d'options. Même le dispositif Airscarf y figure, mais à un tarif plus raisonnable puisque les sièges chauffants sont aussi de série.

Plus sportive, toujours unique (vous connaissez d'autres coupés-cabriolets ?), cette voiture connaîtra assurément une carrière commerciale dorée et peut-être même, au cours des premières années, à guichets fermés. Comme sa devancière.

ON AIME
> Se faire souffler de l'air chaud dans le cou
> La direction plus incisive
> L'agrément que procure la boîte manuelle

ON AIME MOINS
> Le prix demandé, avec les options
> La lenteur de la boîte automatique
> L'idée de voyager très léger

À RETENIR
Fourchette de prix :
64 500 $ à 115 650 $

Marge bénéficiaire : **9,8 %**

Ventes : **n.d.**

Indice de fiabilité : **n.d.**

Consommation d'essence : **n.d.**

CO_2 sur une base annuelle : **n.d.**

Valeur résiduelle au terme de 48 mois : **n.d.**

Cote de sécurité en cas d'impact : **n.d.**

NOUVEAUTÉS
> Nouveau modèle pour 2005

LE MOT DE LA FIN
J'en veux une...

AUDI **A4 CABRIOLET**

ON AIME

> La qualité de la fabrication
> Le souci apporté aux détails
> Le rouage intégral

ON AIME MOINS

> Les prestations
  du moteur V6
> La piètre qualité des
  éléments suspenseurs
> Le comportement placide

À RETENIR

Fourchette de prix :
51 625 $ à 65 125 $

Marge bénéficiaire : **9,1 %**

Ventes : **n.d.**

Indice de fiabilité :
★★★★☆

Consommation d'essence :
10,3 L/100 km

CO_2 sur une base annuelle :
6,7

Valeur résiduelle au terme
de 48 mois : **46 à 50 %**

Cote de sécurité en cas
d'impact : **n.d.**

NOUVEAUTÉS

> Modèle reconduit presque
  intégralement

LE MOT DE LA FIN

Maintenant que vous l'avez
vu, vous pouvez aller ailleurs.

Ici, le soleil ne brille pas fort

Malgré une filiation évidente avec la berline A4, la carrosserie du cabriolet n'en reprend que les poignées de portières. Sa robe lisse, tout juste soulignée par quelques traits d'aluminium, évoque une TT engrossée, à laquelle elle emprunte d'ailleurs les aérateurs ronds pour aérer ou réchauffer, c'est selon, l'habitacle. L'instrumentation est également spécifique à cette version plein air qui, même privée de toit, commande un prix élevé. Par ailleurs, la capote — électrique, bien entendu — à triple épaisseur assure une bonne isolation. Quant à l'habitabilité, elle demeure correcte pour un cabriolet, en tout cas suffisante pour quatre adultes. Toutefois, le filet anti-remous, presque indispensable pour rouler à l'air libre, condamne alors les places arrière. À l'avant, on regrette que les baquets ne soient pas plus confortables. La ceinture de caisse passablement haute vous complique également la tâche si vous souhaitez conduire le coude soudé au sommet de la portière. Enfin, comme tout cabriolet qui se respecte, les larges montants de toit incitent à la prudence lors de dépassements. Comme toute Audi, ce A4 Cabriolet met l'accent sur la présentation et la qualité de fabrication, avec un équipement de série assez relevé. La présence du seul V6 de 3 litres sous le capot souligne l'esprit bourgeois de cette décapotable. Alors que la berline débute en quatre-cylindres, le cabriolet propose d'emblée le V6. Malgré de bonnes performances et une jolie sonorité à l'échappement, le tempérament de ce moteur n'est guère dynamique : les accélérations sont tout justes acceptables et les reprises manquent de tonus. À qui la faute ? Bien sûr, la boîte semi-automatique qui l'accompagne s'emmêle aisément dans ses rapports, mais le poids du véhicule constitue le véritable handicap. Si vous le trouvez encore un peu trop « lièvre » et pas assez « tortue », vous n'avez qu'à cocher l'option Quattro (quatre roues motrices), quelques kilos supplémentaires s'ajouteront à la pesée. Sur la route, ce cabriolet se comporte bien placidement ; en toute franchise, on s'ennuie un peu. Il ne découpe ni n'enroule les virages avec la même agilité que sa rivale, la Série 3. En outre, il est peu confortable : rabaissé par rapport à la berline, il repose sur des ressorts plus fermes qui affectent la rigidité du châssis. Le CLK (rigidité) et le 9-3 (confort) font mieux. Par chance, le freinage se révèle à la hauteur de toutes les situations auxquelles nous l'avons confronté. Hormis une finition sérieuse et un rouage intégral efficace, le A4 Cabriolet n'a guère mieux à offrir que ses concurrents, pour qui le soleil semble réserver ses plus beaux rayons.

AUDI **TTS**

CABRIOLETS

Toutes saisons

A vec son look très design, la TTS fait tourner encore bien des têtes. Et les arguments techniques ne manquent pas pour faire saliver les amateurs de performances. Visuellement, cette TT n'a pas pris une ride, quoique son profil soit aujourd'hui légèrement perturbé par le très discutable aileron posé sur le couvercle du coffre, nécessaire, dit-on, pour assurer la stabilité de l'ensemble à haute vitesse.

À l'intérieur, la TT émerveille toujours avec des lignes simples et fonctionnelles, les formes circulaires et l'aluminium s'y imposant comme deux constantes de l'ensemble du véhicule. Ainsi, les quatre indicateurs — l'indicateur de vitesse, le compte-tours, la jauge à essence et l'indicateur de température — logent tous dans un anneau d'aluminium brossé. Les buses d'aération sont aussi entourées d'aluminium. On retrouve le même dessin sur la base du levier de vitesses, du volant et du capuchon du réservoir à essence, leur garniture circulaire permettant en outre de les ouvrir et de les fermer d'une simple rotation. Bref, le poste de pilotage est des plus intéressants. C'est bien beau tout cela, mais le cockpit de la TT n'échappe pas pour autant à la critique : la position de conduite n'est pas des plus confortables, et l'on a parfois l'impression d'être assis dans une baignoire tant la ceinture de caisse est haute. Pour se faire plaisir, on confiera au V6 de 3,2 litres la tâche d'animer ce roadster. Doux et velouté, ce moteur répond instantanément à chacune des pressions sur la pédale d'accélérateur. De plus, la boîte à commande séquentielle (DSG) mise au point par Audi est un pur délice à exploiter.

Globalement moins sportif que ses rivales sur le plan de la tenue de route, ce *roadster* prend cependant sa revanche sur une chaussée détrempée ou enneigée en raison des avantages que lui confère son rouage intégral. Malgré un gabarit de jockey, la TT est plus sécurisante qu'agile. Son poids y est pour quelque chose. En outre, les suspensions du roadster, même si elles sont moins fermes que sur le coupé, manquent de progressivité et de débattement. Elles tolèrent mal les mauvais revêtements et oublient pratiquement toute notion de confort.

Alors que ses rivales sommeilleront tout l'hiver dans un garage en attendant le retour des beaux jours, la TTS ne craint pas d'affronter nos routes enneigées. Seulement pour cela, elle mérite toute notre considération.

ON AIME
> La capacité de rouler l'hiver
> La boîte DSG
> Le look si particulier

ON AIME MOINS
> Qu'elle néglige son petit côté sportif
> La ceinture de caisse haute
> Le manque de progressivité des suspensions

À RETENIR
Fourchette de prix :
59 575 $ à 64 950 $

Marge bénéficiaire :
9,1 à 9,3 %

Ventes : **n.d.**

Indice de fiabilité :
★★★★☆

Consommation d'essence :
11,2 L/100 km

CO_2 sur une base annuelle :
7,3

Valeur résiduelle au terme de 48 mois : **45 %**

Cote de sécurité en cas d'impact : **n.d.**

NOUVEAUTÉS
> Moteur quatre-cylindres de 180 chevaux retiré du catalogue
> Nouvelle teinte extérieure
> Triangle de secours retiré du coffre

LE MOT DE LA FIN
Avec le V6 et la boîte DSG, sinon rien.

201

BMW SÉRIE 3 CABRIOLET

ON AIME

> L'équilibre toujours aussi sain

> Les mécaniques vivantes et bien rondes

> La fiabilité éprouvée

ON AIME MOINS

> Qu'elle doive bientôt tirer sa révérence

> La liste d'options qui n'en finit plus de finir

> Les matériaux pas toujours chics

À RETENIR

Fourchette de prix :
53 950 $ à 63 950 $

Marge bénéficiaire : **9,8 %**

Ventes : **n.d.**

Indice de fiabilité :
★★★★★

Consommation d'essence :
11,6 L/100 km

CO_2 sur une base annuelle :
7,5

Valeur résiduelle au terme de 48 mois : **55 %**

Cote de sécurité en cas d'impact : **n.d.**

NOUVEAUTÉS

> Rien de majeur

LE MOT DE LA FIN

Un bon choix, surtout si vous craignez que la prochaine édition soit trop « Bangle » (le designer en chef).

Sport en plein air

Une invitation à conduire une M3 ne se refuse pas si on est un tant soit peu amateur d'automobiles. Encore plus si la monture proposée est équipée d'un toit escamotable et de la boîte séquentielle (SMG) élaborée par BMW. Rares sont les cabriolets de moins de 100 000 $ capables, comme la M3 cabriolet, de nous envoyer le prochain virage en plein pare-brise. Son moteur, un six-cylindres en ligne de 333 chevaux, flirte avec des limites qui seront toujours les nôtres et non les siennes, et hurle d'une voix stridente et métallique ses intentions de nous catapulter vers l'horizon.

Pour tout dire, ce moteur, c'est du Mozart à 8000 tr/min. Le son est tellement travaillé qu'il paraît artificiel. La M3, c'est aussi une disponibilité moteur incroyable. Dès 1000 tr/min, le « six en ligne » est à son aise et il ne fait que se renforcer, se muscler au fil des 7000 tours qui restent à prendre.

Et, bonne nouvelle, le reste suit ! Le châssis de la M3 est parfaitement équilibré. Au-delà de la belle santé affichée par son moteur, cette BMW nous en met plein la vue avec son comportement routier stupéfiant. La direction rapide et précise découpe les virages comme le ferait un Montoya, et la rigidité du châssis l'immunise contre les mouvements physiques indésirables. Quant à la suspension, pourtant plus ferme que sur une Série 3 « standard », elle réagit étonnamment bien aux imperfections de la chaussée. Les plus exigeants pourront seulement regretter les trépidations du train arrière lorsque la M3 file à un train de sénateur sur une chaussée dégradée. On doit donc faire avec ou s'offrir l'une des Série 3 cabriolet inscrites au catalogue. Elles sont plus sages, plus souples, mais aussi homogènes.

La présentation intérieure ne s'éloigne guère de celle de la Série 3. Hormis les touches sportives, visibles mais tout de même discrètes, la M3 épouse les forces et les faiblesses de la Série 3, à savoir une présentation sobre à la limite de l'austérité, une ergonomie sans faille, mais aussi un accès difficile aux places arrière où le dégagement est compté. Rapide, équilibrée et facile à prendre en main, son curriculum est étoffé. Malheureusement, la M3 est aussi une automobile frustrante dans la mesure où le conducteur ne pourra jamais exploiter son plein potentiel sur nos routes sans risquer son permis.

Perdre la tête lui fait du bien

Héritière d'une famille de coupés emblématiques abandonnée depuis plus de 13 ans, la Série 6 reprend du service (voir notre analyse dans la section Automobiles exotiques) et, pour la première fois de son histoire, a droit à une version cabriolet. Au toit escamotable rigide, à la mode chez nombre de constructeurs, la firme bavaroise a préféré une classique capote en toile, et ce, notamment pour des raisons esthétiques. Un toit rigide aurait obligé BMW à revoir le dessin si particulier de l'arrière de ce grand cabriolet à quatre places, ce qui lui aurait fait perdre une bonne partie de sa personnalité. Cependant, la véritable raison est que, étant donné la taille du coffre, il aurait été impossible d'y ranger un toit escamotable rigide, même plié en 10. Petite touche d'originalité, la lunette arrière en verre, positionnée verticalement, n'est pas solidaire de la capote. Escamotable, elle fait également office d'anti remous.

Concurrent direct des Mercedes CLK et Jaguar XK, cet imposant cabriolet ne manque pas de personnalité, comme le coupé d'ailleurs, avec ses flancs lisses et sa calandre à haricots. Plus lourd que le coupé, il n'en demeure pas moins sportif sur le plan du comportement, même s'il ne sera jamais le roi des virages en épingle et des parcours tortueux. Le châssis rigide n'est nullement pénalisé par l'absence de toit. On se retrouve donc aux commandes d'un cabriolet qui se délecte des grandes courbes et profite d'une direction à démultiplication variable pour offrir une vraie agilité dans les virages moyens. Sécurisante à conduire, cette Série 6 n'est toutefois pas une sportive pur jus, mais plutôt une Grand Tourisme efficace et diaboliquement rapide. Elle n'a sans doute pas le caractère d'une 911, ni autant d'émotion à offrir que cette dernière. Elle n'a pas non plus la personnalité si attachante, malgré ses nombreux travers, d'une Jaguar XK. À son bord, l'équipement est digne d'une automobile de ce rang, mais il lui manque ce petit quelque chose qui la rendrait carrément ensorcelante. On l'a dit un peu plus haut, cette Série 6 cabriolet prétend nous faire prendre un bol d'air en famille. Par contre, prévenez les enfants tout de suite, les places arrière sont comptées, plus encore que sur une Série 3.

Homogène, solidement assemblé, ce cabriolet de Série 6 est offert à un prix très compétitif — pour la catégorie, s'entend — et on lui pardonne plus aisément qu'au coupé son comportement policé et son orientation GT plus que sportive.

ON AIME

> La prestance et la « zolidité » allemande
> Le comportement rassurant
> Le prix très compétitif

ON AIME MOINS

> Devoir se contenter seulement du moteur V8
> La personnalité un peu froide, que même le soleil ne peut réchauffer
> Aux places arrière, on a le visage qui bronze mais les orteils brisés

À RETENIR

Prix : **108 500 $**

Marge bénéficiaire : **9,8 %**

Ventes : **n.d.**

Indice de fiabilité : **n.d.**

Consommation d'essence : **12,7 L/100 km**

CO_2 sur une base annuelle : **8,2**

Valeur résiduelle au terme de 48 mois : **49 %**

Cote de sécurité en cas d'impact : **n.d.**

NOUVEAUTÉS

> Nouveau modèle pour 2005

LE MOT DE LA FIN

Froid dehors, mais chaud en dedans.

BMW Z4

ON AIME

> Les formes réussies

> Le comportement sportif et amusant

> Les moteurs toniques

ON AIME MOINS

> Le tableau de bord épuré

> Les options nombreuses et coûteuses

> L'assistance électronique de la direction qui gomme les sensations

À RETENIR

Fourchette de prix :
51 800 $ à 59 900 $

Marge bénéficiaire : **9,8 %**

Ventes : ↑

Indice de fiabilité :
★★★★☆

Consommation d'essence :
11,1 L/100 km

CO_2 sur une base annuelle :
7,2

Valeur résiduelle au terme de 48 mois : **48 à 49 %**

Cote de sécurité en cas d'impact : ★★★★☆

NOUVEAUTÉS

> Modèle reconduit

LE MOT DE LA FIN

Chez les cabriolets allemands, difficile de trouver mieux à ce prix.

Au diable la nostalgie !

C ontrairement à la Z3, dont les formes rétro ont incité quelque 300 000 nostalgiques à retrouver leurs casquettes, écharpes, gants ajourés et lunettes d'aviateur, la Z4 de BMW ne tente pas de recréer l'époque où le seul fait de rouler sans toit était l'image même du pur esprit sportif. À l'intérieur, les sièges couverts de cuir font belle impression, mais la finition n'atteint pas le niveau espéré d'une BMW. Même chose pour le tableau de bord minimaliste et aux formes très (trop) épurées. Les espaces de rangement, on s'en doute, ne sont pas nombreux. Côté équipements, la Z4 offre l'essentiel, mais propose tout de même quelques coûteuses options... Ne refermez pas votre portefeuille trop vite.

Au rayon moteurs, à vous de choisir entre 2,5 ou 3 litres. Les deux vous donneront satisfaction : d'un tempérament docile, ils font preuve d'une étonnante disponibilité, même à très bas régime. La boîte manuelle à six rapports de série qui les accompagne est bien étagée, mais gagnerait en agrément si la pédale d'embrayage était plus courte. Est-ce parce qu'elle est assistée électroniquement que la direction gomme ainsi les sensations ? Est-elle également responsable du manque de précision à haute vitesse, ce qui nécessite de nombreuses corrections au volant pour garder le cap ? Chose certaine, même en pressant la touche Sport, qui raffermit la direction et rend la pédale d'accélérateur plus sensible, on sent qu'il s'agit d'un moyen trop artificiel. En revanche, pour rouler sans appréhension sur chaussée glissante, la présence en série de l'antidérapage (DSC) est plutôt rassurante. D'autant plus qu'il se double ici du DTC, pour Dynamic Traction Control. Encore un acronyme à retenir. Plus vive et agile qu'une TT (Audi), mais moins qu'une S2000 (Honda) ou qu'une Boxster, la Z4 se montre particulièrement efficace sur les routes qui sont aussi tourmentées que les lignes de sa carrosserie. Par ailleurs, côté confort, ça manque un peu de mœlleux. Êtes-vous surpris ? À ce bémol, ajoutons le manque de stabilité lors de freinages puissants, conséquence des pneus très larges qui tendent à suivre trop fidèlement les sillons creusés dans la chaussée.

Plus civilisée et moins épuisante au quotidien qu'une S2000, plus sportive qu'une TT, mieux équipée et moins coûteuse qu'une Boxster, la Z4 se révèle, dans sa version 3.0 à tout le moins, une affaire à saisir.

Bonne à rien ?

Drôle d'engin que cette SSR. Cette camionnette au style néo-rétro n'a en effet aucune vertu utilitaire, hormis de pouvoir tirer une remorque de 1134 kilos. Même les 671 litres de sa benne sont pratiquement inutilisables. À défaut d'être utile, qu'est-elle au juste ?

Sportive ? Pourquoi pas, les lettres SSR ne sont-elles pas justement l'acronyme de Super Sport Roadster ? Il est encore permis de douter. Avec une répartition du poids presque parfaite (étonnant, non ?) un gros V8 de 6 litres et des « bottines grosses comme ça », la SSR aurait ce qu'il faut pour tutoyer les sportives. Eh bien non ! Le châssis, dérivé des actuels Colorado et TrailBlazer, n'a rien de sportif, et ce, même avec une démultiplication de direction révisée et des éléments suspenseurs retouchés. Rien à faire, les origines de la SSR remontent rapidement à la surface : c'est un camion.

Jusqu'à l'année dernière, le rapport poids-puissance posait problème : trop de poids, pas assez de chevaux. Cette année, avec le moteur de 6 litres et une boîte manuelle, c'est peut être trop de chevaux pour un châssis aux manières aussi rustres. Pour jouer les touristes sur les boulevards, la SSR sait faire, même si son fort diamètre de braquage pose problème au moment de garer. Pour s'amuser sur les petites routes sinueuses, c'est une autre histoire. D'abord, il faut composer avec une direction lourde, un train avant qui sautille à la moindre imperfection et des pneumatiques qui, en dépit de leur taille, ne collent pas à la chaussée. Outre les nids-de-poule et autres saignées qui font trembler une partie du mobilier, la SSR se révèle pataude dans les enchaînements. Rien pour se bâtir une confiance au volant, surtout que la pédale de freinage manque de fermeté en plus d'être difficile à moduler.

Pour goûter aux charmes de la SSR, il faut savoir déguster calmement. Il suffit d'appuyer sur un bouton et d'attendre que le toit s'ouvre. Et hop ! votre chevelure (ou ce qu'il en reste) prend l'air. Mais avant la métamorphose, il importe de trouver une position de conduite agréable. La tâche n'est pas facile, et on s'étonne de se sentir aussi coincé au volant. Retour à la case départ, donc. Si ce véhicule ne fait ni ceci, ni cela, il fait quoi au juste ?

ON AIME

> La possibilité d'élargir notre cercle d'amis-es en la conduisant
> L'idée de ne pas en croiser une autre tous les jours
> La possibilité de se faire bronzer

ON AIME MOINS

> Le prix anormalement élevé
> La structure qui manque de rigidité et de sportivité
> Le manque de fonctionnalité

À RETENIR

Fourchette de prix :
52 295 $

Marge bénéficiaire : **n.d.**

Ventes : ↑

Indice de fiabilité :
★★★☆☆

Consommation d'essence :
14,8 L/100 km

CO_2 sur une base annuelle :
▬▬▬▬▬◻ **10**

Valeur résiduelle au terme de 48 mois : **44 %**

Cote de sécurité en cas d'impact : **n.d.**

NOUVEAUTÉS

> Moteur de 6 litres disponible
> Boîte manuelle offerte

LE MOT DE LA FIN

Seulement si vous ne savez plus quoi faire de votre argent.

CHRYSLER **CROSSFIRE**

ON AIME

- > La version SRT-6 pour ses performances
- > La stabilité et l'équilibre du comportement
- > La boîte automatique parfaitement adaptée au tempérament de la voiture

ON AIME MOINS

- > La fragilité de certaines des commandes
- > Le nombre de chevaux sous le capot
- > Le comportement moins sportif que l'apparence

À RETENIR

Fourchette de prix :
51 595 $ à 66 325 $

Marge bénéficiaire :
7,6 à 8,7 %

Ventes : **n.d.**

Indice de fiabilité :
★★★★☆

Consommation d'essence :
11,3 L/100 km

CO_2 sur une base annuelle :
▭▭▭▭▭▭▭▭ **7,3**

Valeur résiduelle au terme de 48 mois : **43 à 46 %**

Cote de sécurité en cas d'impact : **n.d.**

NOUVEAUTÉS

- > Nouveau modèle

LE MOT DE LA FIN

On ne peut pas toujours faire du neuf avec du vieux.

Pure voiture d'égoïste

La direction de DaimlerChrysler l'avait promis : la Crossfire perd la tête. Mais contre toute attente, elle coiffe une capote en toile et non un toit métallique comme la première SLK dont elle dérive étroitement.

La Crossfire néglige les aspects pratiques sur l'autel du style : un seul porte-gobelet, des espaces de rangement nombreux mais peu pratiques, des commandes de radio qui ne se dupliquent pas au volant et des glaces qui ne montent pas toutes seules. La liste est longue.

On connaissait le V6 de 3,2 litres de Mercedes souple et généreux dans l'effort, le voilà mélodieux. La jolie note émise par la double sortie d'échappement centrale de la Crossfire participe à l'agrément de conduite. Mais la puissance demeure limitée à 215 chevaux, valeur identique à celle d'une... PT Cruiser Turbo. Pour plus de frissons, la version SRT-6 s'impose avec son moteur suralimenté par compresseur.

En ville, la direction est lourde et manque de rappel à basse vitesse. Les pneus, sans doute ? Il y a plus gênant encore : la visibilité arrière est à ce point mauvaise qu'elle impose un maximum d'attention dans les manœuvres et les dépassements.

Sur l'autoroute, la Crossfire prend ses aises. Son comportement routier satisfera une majorité de clients mais décevra les vrais amateurs de pilotage. Les sensations de conduite sont proches de celles ressenties à bord de l'ancienne SLK, l'adhérence en plus. Si le potentiel d'adhérence des pneus sur route sèche est très spectaculaire, il reste que l'amortissement de cette Chrysler ne suit pas. En clair, les pneus tiennent, mais la caisse du coupé se dandine dans les virages abordés rapidement et la calandre (ainsi que tout ce qui suit) plonge un peu trop aisément lors d'un freinage appuyé. En toute franchise, la Crossfire est nettement plus à l'aise sur les grands axes bien revêtus que sur de petites routes tortueuses. Par ailleurs, la boîte manuelle à six rapports est précise mais trop lente pour un usage résolument sportif. On préfère la boîte automatique à cinq rapports, mieux adaptée à la nature de ce cabriolet. Il ne faut pas s'étonner de cette volonté délibérée de ne pas verser dans le sport extrême, puisque c'est exactement la philosophie qui a présidé à la conception de la SLK il y a près de 10 ans. Un cabriolet aux qualités dynamiques indéniables, mais surtout fait pour flâner.

CHRYSLER **PT CRUISER CABRIOLET**

Pour que le soufflé ne retombe pas

Les concepteurs des New Beetle et Thunderbird vous le confirmeront : les modes sont fugitives. D'où la nécessité, pour entretenir le succès, de multiplier les variantes, les couleurs et les combinaisons. C'est dans cette logique que le PT Cruiser Cabriolet fait son entrée cette année. Dans sa forme décapsulée, le PT Cruiser est moins polyvalent que la version « traditionnelle », mais qu'à cela ne tienne, sa modularité est infiniment plus grande que les autres cabriolets du même prix. Pratique, l'habitacle peut être configuré de neuf façons différentes. On accède au coffre en rabattant le couvercle vers le bas, comme celui d'une sécheuse à linge (la mienne, en tout cas) — c'est-à-dire aussi plié en deux. Pas toujours commode, mais son volume l'est. L'embonpoint causé par les multiples renforts que nécessite l'absence de toit ankylose sérieusement l'aiguille de l'indicateur de vitesse du PT Cruiser s'il ne peut compter que sur le moteur à quatre cylindres atmosphérique de 150 chevaux. Les versions suralimentées sont à privilégier, surtout la version la plus extrême (lire la GT) qui produit 220 chevaux, soit 40 de plus que l'autre Turbo inscrit au catalogue. La boîte automatique qui accompagne, moyennant supplément, ces deux mécaniques suralimentées convient parfaitement à la courbe de puissance. Mieux, en tout cas, que la boîte manuelle à cinq rapports, dont l'étagement est long et le guidage est vague. Au quotidien, la version GT du PT Cruiser procure davantage de sensations, et de loin. Les mouvements de caisse sont bien contrôlés, et les remontées de couple dans le volant relativement bien maîtrisées. On regrette seulement que son diamètre de braquage soit toujours aussi grand et pénalise du coup son agilité dans les espaces réduits. Sur la version Touring, les débattements de suspension assurent une bonne qualité de filtration sur mauvais revêtements. Par contre, dès que le rythme s'accélère, les trépidations apparaissent aussitôt que le bitume est lézardé ou bombé. La colonne de direction se met alors à trembler, mais par chance ce Parkinson est sans conséquence, seulement irritant. On observe le même phénomène au volant de la version GT, mais dans l'ordre contraire. Plus fonctionnel qu'une Mini et moins vétuste qu'une Sebring Cabriolet, ce PT Cruiser a tout ce qu'il faut pour se faire aimer. Mieux encore, par rapport au New Beetle Cabriolet, aucun risque de se faire étiqueter de « cabriolet pour dames ».

ON AIME

> La fonctionnalité
> Le silence qui règne à l'intérieur
> La possibilité de prendre un bain de soleil en groupe

ON AIME MOINS

> Les lamentations du moteur atmosphérique
> Les suspensions soit trop rigides, soit trop molles
> La crainte de se faire scalper par l'arceau en montant derrière

À RETENIR

Fourchette de prix :
27 315 $ à 32 290 $

Marge bénéficiaire :
9,2 à 9,8 %

Ventes : **n.d.**

Indice de fiabilité :
★★★★☆

Consommation d'essence :
10,8 L/100 km

CO$_2$ sur une base annuelle :
6,7

Valeur résiduelle au terme de 48 mois : **38 à 42 %**

Cote de sécurité en cas d'impact : **n.d.**

NOUVEAUTÉS

> Nouveau modèle pour 2005

LE MOT DE LA FIN

Il ne manque que la crème solaire.

CHRYSLER **SEBRING CABRIOLET**

ON AIME

> La silhouette élégante

> La tenue de route saine

> La possibilité de rouler à quatre sous le soleil

ON AIME MOINS

> La suspension flasque

> Les prix qui prennent de l'altitude

> La caisse qui prend de l'âge

À RETENIR

Fourchette de prix :
35 695 $ à 40 390 $

Marge bénéficiaire :
8,9 à 9,4 %

Ventes : ↓

Indice de fiabilité :
★★★★☆

Consommation d'essence :
10,6 L/100 km

CO_2 sur une base annuelle :
6,9

Valeur résiduelle au terme de 48 mois : **32 à 37 %**

Cote de sécurité en cas d'impact : **★★★☆☆**

NOUVEAUTÉS

> Des teintes nouvelles

LE MOT DE LA FIN

Le PT Cruiser Cabriolet représente une meilleure affaire, vous ne trouvez pas?

Ballade tranquille

L e choix d'un cabriolet, c'est souvent un coup de cœur pour une silhouette élancée, racée, bref valorisante. Dans cette optique, le cabriolet Sebring dispose de bien des atouts : regard froncé, gueule béante et insigne ailé attirent l'œil. Seul l'important porte-à-faux arrière brise un peu la ligne.

L'aménagement intérieur du cabriolet Sebring est aussi attirant malgré cette juste impression de se retrouver en pays de connaissance. En effet, par souci de rentabilité, le cabriolet utilise à peu près le même mobilier intérieur que la berline du même nom. Cela dit, l'aspect le plus appréciable de ce cabriolet est qu'il peut accueillir quatre personnes. Toutefois, la patience des occupants des places avant sera mise à rude épreuve chaque fois qu'un passager voudra prendre place à l'arrière, puisque les baquets se dégagent largement pour faciliter l'accès, mais ne reprennent pas leur position initiale.

La lunette offre une piètre visibilité arrière en raison de la largeur des montants. La capote souffre d'une insonorisation très moyenne (le PT Cruiser fait mieux dans ce domaine) et le couvre-capote fait jurer quand vient le moment de l'installer ou de le remiser (il occupe beaucoup d'espace dans le coffre dont les formes sont biscornues). D'accord, rouler sans toit permet de goûter aux parfums et à la belle lumière de nos étés. À rythme tranquille, nez au vent, coude à la portière, le cabriolet de Chrysler se révèle un bon compagnon de ballade et promet aux quatre occupants de profiter pleinement du paysage qui se dessine autour d'eux. Le moteur V6 de 2,7 litres chargé d'animer ce cabriolet américain ne suscite pas beaucoup de passion. Plus discret que nerveux, ce moteur incite à garder l'allure décontractée qui convient en décapotable et à profiter du paysage qui défile de chaque côté de la route. Même si le châssis a été généreusement renforcé, il n'en manque pas moins de rigidité. En effet, dès que la qualité de la chaussée se détériore, les montants du pare-brise et le tableau de bord tremblent continuellement, capote en place ou non. Et le freinage ? C'est bien, mais sans plus.

Moins abouti que ses coûteux rivaux européens (Audi A4, BMW Série 3), ce cabriolet séduit avant tout par son apparence contemporaine face aux cabriolets néo-rétro qui, manifestement, ne plaisent pas à tout le monde.

Bella, bella

L a 360 Spyder pourrait aisément être assimilée à ce que la nature a fait de plus beau, la féminité. Ronde, élancée, douce, sensuelle, on se perd en qualificatifs pour décrire sa somptueuse silhouette qui n'a pas flétri. Pourtant, dans sa forme actuelle, cet envoûtant roadster en est à ses derniers numéros de charme avant de céder la place à sa remplaçante, la F430 (voir autre texte dans la section Automobiles exotiques).

Recouverte d'une capote commandée électriquement, cette Ferrari plein air a, sous tous ses angles, avec ou sans toit, la beauté d'une œuvre d'art. Le moteur ne tourne pas, les échappements ne grondent pas et, pourtant, le cœur bat déjà la chamade juste à voir le Cavallino Rampante sur le moyeu du volant Momo. Le rêve ! Reviendrez-vous sur terre en apercevant ces fils ou encore ces relais électriques qui « traînent » sous le tableau de bord ? Allez-vous invoquer tous les saints du ciel quand vous constaterez que plusieurs commandes sont ordonnées comme les ingrédients d'une pizza, c'est-à-dire à la volée ? Des détails qui n'ont aucune importance quand on aime.

Et pour cause, une Ferrari ne se juge pas à des détails. Dès que le moteur se met en route, on oublie tout. On se laisse bercer par la sonorité tantôt rauque, tantôt aiguë de ce V8 de 3,6 litres. Mmmm... On cherche à enclencher la première. La pédale d'embrayage résiste et le levier ne se laisse pas guider facilement. De plus, à l'usage (ou à l'usure) on observe que l'enclenchement des rapports demande des mouvements bien séparés, d'où une certaine lenteur incompatible avec la motorisation qui en redemande encore et encore. On lui préfère la boîte F1 avec ses palettes au volant. Celle de gauche, ça descend, à droite, ça monte. Pas toujours évident, mais avec de la pratique, on arrive à exploiter le tout avec la dextérité d'un Schumacher. D'accord, disons d'un Barichello.

Après avoir maîtrisé le mode d'emploi de cette boîte, le reste n'est que pur plaisir. Une tenue de route extraordinaire qui vous permet aisément de flirter avec vos propres limites, un moteur qui donne tout ce qu'il a dans le ventre et des freins qui ne vous font pas faux bond lorsque vous devez leur « sauter dessus ». Que demander de plus ? Que la force policière ferme les yeux, car cette Ferrari incite aux plaisirs défendus.

ON AIME

> Entendre le concert du V8 en plein air
> La boîte manuelle étonnamment civilisée
> L'agilité

ON AIME MOINS

> L'étroitesse des baquets
> La boîte séquentielle lente et rude
> Devoir la remiser l'hiver

À RETENIR

Fourchette de prix :
272 200 $ à 288 863 $

Marge bénéficiaire : **n.d.**

Ventes : **n.d.**

Indice de fiabilité : **n.d.**

Consommation d'essence :
21,2 L/100 km

CO_2 sur une base annuelle :
▬▬▬▬▬▬▬▬▭ **13,7**

Valeur résiduelle au terme de 48 mois : **n.d.**

Cote de sécurité en cas d'impact : **n.d.**

NOUVEAUTÉS

> Modèle en sursis

LE MOT DE LA FIN

Sortez le panier
à pique-nique.

FORD **THUNDERBIRD**

ON AIME

> Rouler sur les boulevards
> L'émotion qu'elle suscite chez les nostalgiques
> Le ronron du moteur V8

ON AIME MOINS

> Le comportement peinard
> L'ergonomie discutable
> La carrière qui « s'en va chez le yable »

À RETENIR

Prix : **56 775 $**

Marge bénéficiaire : **8,2 %**

Ventes : ↓

Indice de fiabilité :
★★★★☆

Consommation d'essence :
13,8 L/100 km

CO_2 sur une base annuelle :
⬛⬛⬛ **8,7**

Valeur résiduelle au terme de 48 mois : **38 %**

Cote de sécurité en cas d'impact : ★★★★☆

NOUVEAUTÉS

> Rien à signaler

LE MOT DE LA FIN

Nostalgiques, sortez vos mouchoirs, elle est sur le point de nous quitter.

Chronique d'une mort annoncée

C es dernières années, plusieurs grands modèles de l'histoire automobile ont pris du galon, par nostalgie, par refus de vieillir ou pour faire tinter la tirelire. Pas plus folle que d'autres, la société Ford a ainsi redonné des ailes à la Thunderbird pour répondre à une génération de baby-boomers visiblement en manque de réminiscence. L'ennui, c'est qu'ils étaient moins nombreux que prévu. Ford cessera donc sa production l'année prochaine ou d'ici deux ans au plus tard. Routière paisible, la T-Bird n'est pas du genre à cirer ses bottines à l'angle des rues ni à mordre le point de corde de chaque virage. Au volant, cette voiture nous rappelle gentiment que la vie est une longue route tranquille. Le moteur, un V8 de 3,9 litres, ne déménage pas le châssis de la T-Bird avec vélocité, pas plus qu'il ne peut soutenir le rythme des autres cabriolets vendus dans la même fourchette de prix. Rien pour aider : la boîte de vitesses s'emmêle aussi dans les rapports. Quant à la caisse, elle se contorsionne dans les virages pris avec trop d'empressement, comme si elle avait des crampes au ventre, et la semelle de ses pneumatiques laisse comprendre qu'elle ne s'édentera pas pour garder contact avec la chaussée.

On perçoit en virage les torsions de la caisse, notamment des trépidations dans la direction, au demeurant un peu lourde à basse vitesse et un brin trop légère à haute vitesse. Vu son poids et ses dimensions, la Thunderbird n'est guère prédisposée à jouer les contorsionnistes sur des routes sinueuses, préférant plutôt fouler le macadam des grands boulevards. On apprécie alors son confort de roulement, son assurance, sa stabilité. Stricte deux-places, la Thunderbird recommande à ses passagers de voyager léger ou encore de se limiter à des excursions d'un jour. Derrière les confortables baquets de cuir, on trouve juste assez d'espace pour un sac à main de bonnes dimensions. Et ne comptez pas sur le coffre : lorsque inutilisé, le couvre-capote en encombre les 189 litres. Pourquoi ne pas avoir songé à un filet anti-remous afin que le vent ne coure après sa queue dans l'habitacle au point de nous décoiffer ou encore de nous obliger à élever la voix ou le volume de la radio ? Tout bien considéré, comme la New Beetle et la SSR, la Thunderbird ne peut se prétendre tout à fait fonctionnelle. Aurait-il mieux valu qu'elle le soit ?

Machine à rouler

Soucieux de vous retrouver dans une ambiance de course automobile ? La S2000 a de quoi vous faire saliver : pédalier en aluminium ajouré, instrumentation de type F1, petit levier surmonté d'un pommeau en titane. De plus, cette voiture démarre, après avoir introduit la clef dans le contact, à l'aide d'un bouton poussoir rouge placé à la gauche du volant. Tout autour s'agglutinent enfin une série de commandes (un peu en désordre quand même), pas toujours faciles à repérer dans le feu de l'action. Voilà pour l'ambiance.

Une fois installé dans le baquet qu'on jurerait, à l'œil, trop petit, soyez prêt à en voir de toutes les couleurs. Dotée d'une direction à assistance électrique judicieusement calibrée et d'une commande de boîte d'une exceptionnelle qualité (rapidité et précision), la S2000 donne envie de trouver la « ligne de course », même sur l'autoroute Jean-Lesage... Par contre, tout ce plaisir ne vient pas gratuitement. La S2000 donne beaucoup, mais exige tout autant de son « pilote ». Les éléments suspenseurs vous rappelleront également à quel point nos routes manquent d'asphalte. Dès les premiers mètres, la S2000 révèle son véritable tempérament. Fonctionnant comme un moteur (presque) classique jusqu'à 6400 tr/min, son quatre-cylindres change ensuite de registre et se rue sur le rupteur à 9000 tr/min avec une violence (et un bruit) inouïe. Une furie mécanique renouvelée à chaque changement de rapport, avec des temps d'accélération canons. Seul bémol, les reprises manquent de tonus, surtout si le pilote paresse et néglige de jouer de la boîte de vitesses.

Les qualités routières de la S2000 sont à l'avenant. Précis et efficace, le châssis très rigide supporte joyeusement ce « trop-plein » d'énergie, bien aidé il est vrai par le différentiel à glissement limité. Les freins ne sont pas en reste : faciles à doser, ils procurent des décélérations pratiquement équivalentes à celles de la BMW, dont la réputation dans ce domaine n'est plus à faire. Bien évidemment, la S2000 requiert, sur une chaussée mouillée, une certaine expérience et une maîtrise du contre-braquage. L'exercice peut d'ailleurs se révéler délicat compte tenu de la position de conduite très basse et du manque de dégagement entre la portière et le coude gauche. Procurant des sensations extrêmes à un prix presque abordable, la S2000 fait toujours battre le cœur des passionnés. Quelle machine à rouler !

ON AIME
> Un tempérament bouillant
> Les vocalises du moteur
> L'agilité démoniaque

ON AIME MOINS
> Le quotidien au volant
> Les suspensions de bois
> L'habitacle étriqué

À RETENIR
Prix : **49 000 $**

Marge bénéficiaire : **9,2 %**

Ventes : ↑

Indice de fiabilité :
★★★★★

Consommation d'essence :
12,3 L/100 km

CO_2 sur une base annuelle : **7,9**

Valeur résiduelle au terme de 48 mois : **50 %**

Cote de sécurité en cas d'impact : **n.d.**

NOUVEAUTÉS
> Modèle reconduit

LE MOT DE LA FIN

Ne rêviez-vous pas d'être pilote de Grand Prix?

Belle, mais encore...

Comme son illustre ancêtre, la E-type, la XK proclame son immuable caractère britannique avec un inimitable cachet. Sobre, virile, massive, la carrosserie de ce cabriolet échappe à toute influence extérieure, à tout caprice de la mode. Seul le couvre-capote vient briser la pureté des lignes créées par le regretté Geoff Lawson.

Entrer dans une Jag, c'est pénétrer dans la chambre d'un fabuleux palace de la belle époque : un espace conçu pour un épicurien. La chaude sensation de volupté qui vous envahit quand vous vous installez à bord provient de la splendeur des cuirs odorants, des moquettes haute laine et de l'élégante sobriété des aménagements. Cela dit, la XK offre deux places à l'avant et deux autres à l'arrière, bien que sa configuration n'accorde guère de dégagement aux jambes pour les passagers arrière. À l'avant, ses étroits baquets (claustrophobes, prière de s'abstenir), élégamment vêtus de cuir Connolly, comportent toujours une assise aussi courte en plus de se trouver à une altitude trop élevée, ce qui place les épaules bien au-delà de la ligne de ceinture. Ergonomie parfois fantaisiste, instruments difficiles à lire sont autant d'éléments qui trahissent l'âge de la conception de ce véhicule.

Que les amateurs de bronzette se rassurent : cette XK accélère fortement, mais sans vous claquer les reins, même s'il s'agit de la version R (390 chevaux). De toute façon, l'étagement de la boîte automatique à cinq rapports (d'origine Mercedes) empêche les chevaux de partir à l'épouvante, tellement elle est souple et lente... Feutrée, gracieuse et souveraine, la XK n'aime pas se faire trop bousculer. Jouer les sportives ? Ce n'est pas à proprement parler sa tasse de thé. Pour s'en rendre compte, il faut accumuler quelques centaines de kilomètres à son volant, car elle ne se laisse pas apprivoiser facilement. Une fois que ses réactions vous apparaîtront familières, vous découvrirez que son châssis n'a pas la rigidité espérée, comme en fait foi le rétroviseur central qui gigue dès que la chaussée se dégrade. Vous réaliserez aussi que son encombrement et son poids ne font rien pour faciliter votre « pilotage » lorsque vous vous lancerez à l'assaut des routes sinueuses.

Oui, il existe des cabriolets plus sophistiqués, plus modernes et aussi moins chers que cette XKR, qui n'a pour elle que la beauté et le charme. C'est déjà pas mal, vous ne trouvez pas ?

Prières exaucées

R omano Artiolli a ressuscité Bugatti — ensuite assassinée par des institutions qui n'ont jamais voulu croire aux miracles —, sécurisé l'avenir du groupe Lotus (Proton, un constructeur malaisien, a repris 80 % de l'affaire) et baptisé du joli prénom de sa petite-fille un roadster dont le fondateur de la compagnie, Colin Chapman, aurait été fier. On souhaitait depuis des lunes que Lotus annonce la commercialisation de l'Elise sur notre continent. Nos prières seront exaucées en 2005. Aussi bien l'avouer tout de suite, les photos ne rendent pas totalement justice à cette Elise, plus belle nature avec ses ailes musclées et sa tête de squale. Et plus belle encore lorsqu'on lui retire l'affreux postiche (d'ailleurs complexe à épingler) qui la coiffe par mauvais temps. Pour accéder à l'habitacle, vous descendez dans des baquets recouverts d'une mince peau de cuir, puis tâtez du gros orteil le pédalier et empoignez le court levier de vitesses dont le pommeau vous chatouille la cage thoracique tellement il en est près. L'Elise concède très peu au confort et rien au luxe : ici, ni moquette, ni porte-gobelets ni vide-poches. L'Elise place en effet la conduite au-dessus de toute autre considération.

Contact ! Le quatre-cylindres de 1,8 litre d'origine Toyota s'anime nonchalamment. Mais dès que la minuscule pédale d'accélérateur touche le plancher, l'Elise bondit avec une telle rapidité qu'on se demande bien quel autre véhicule pourra faire mieux. Chose certaine, pas au chapitre du rapport poids-puissance. D'ailleurs, pour atteindre ce poids plume, Lotus a volontairement privé l'Elise des mécanismes d'assistance conventionnels (pas de servodirection, pas de servofreins) et poussés (ABS et antipatinage). Pourtant, elle n'est est pas moins sûre ou moins agréable à conduire ! Le petit volant de cuir transmet sans interférence chacune de vos manœuvres. La répartition des masses (39/61) peut cependant jouer des tours si vous devez lever le pied au milieu d'une grande courbe à vitesse élevée ; le transfert du poids a alors un effet négatif sur le train arrière, qui amorce aussitôt un tête-à-queue sans crier gare. Mais à basse vitesse, cette inquiétante instabilité se transforme en une étonnante agilité. Dès lors, l'Elise se comporte avec la docilité d'une toupie, et point n'est besoin de trop braquer pour l'inscrire dans la direction souhaitée.

Est-il besoin d'en écrire plus ? Cette Lotus représente l'occasion à saisir, pour peu que vous en ayez les moyens.

ON AIME

> La conduire
> La fiabilité que son moteur Toyota lui procurera
> L'exclusivité

ON AIME MOINS

> Que le réseau de concessionnaires soit si épars
> Les concessions en matière de confort sur une base quotidienne
> La relation entre les suspensions et la chaussée québécoise

À RETENIR

Fourchette de prix :
55 000 $ à 60 000 $

Marge bénéficiaire : **n.d.**

Indice de fiabilité : **n.d.**

Consommation d'essence : **n.d.**

CO_2 sur une base annuelle : **n.d.**

Valeur résiduelle au terme de 48 mois : **n.d.**

Cote de sécurité en cas d'impact : **n.d.**

NOUVEAUTÉS

> Nouveau modèle, si Transports Canada le veut bien

LE MOT DE LA FIN

Une voiture sport à l'état pur.

MASERATI **SPYDER**

ON AIME

> Les regards qui se posent sur elle

> Le souffle du moteur

> La boîte de vitesses Cambiocorsa

ON AIME MOINS

> Le manque de rigidité du châssis

> La finition légère

> Que ses aptitudes sportives soient si effacées

À RETENIR

Prix :
119 850 $ à 125 361 $

Marge bénéficiaire : **n.d.**

Ventes : **n.d.**

Indice de fiabilité : **n.d.**

Consommation d'essence :
19,8 L/100 km

CO_2 sur une base annuelle :
12,7

Valeur résiduelle au terme de 48 mois : **n.d.**

Cote de sécurité en cas d'impact : **n.d.**

NOUVEAUTÉS

> Modèle reconduit

LE MOT DE LA FIN

On n'en rêve pas la nuit.

Le cœur d'une Ferrari, mais pas les jambes

I l y a quelques années, Maserati se résumait à peu près... à rien. Aujourd'hui, sous l'impulsion de son nouveau propriétaire, Ferrari, la marque au Trident revient à l'avant-scène. Avant d'aller plus loin, disons-le tout de suite, le Spyder Maserati n'est pas qu'une simple version « plein air » du coupé. Stricte deux-places (quatre pour le coupé), châssis avec empattement raccourci, répartition des masses différente en raison du renvoi de la boîte de vitesses vers l'arrière, cette voiture repose sur des bases suffisamment différentes pour justifier une présentation distincte. Belle comme un cœur, cette italienne a le sang chaud puisque l'essence de son réservoir coule dans les cylindres d'un V8 signé Ferrari accouplé à une boîte à six rapports robotisée, reprise de l'actuelle 360 Modena, avec commande séquentielle au volant. Rebaptisée « Camiocorsa », cette boîte propose, comme sur la Ferrari, trois modes de fonctionnement : tout automatique, normal et sport (sélection manuelle).

Même si elle a le cœur d'une Ferrari, cette Maserati n'en a, hélas ! pas les jambes. En d'autres mots, son comportement n'est pas (et ne prétend pas être) aussi sportif que les créations de Maranello. Cette Maserati, c'est autre chose, comme toutes les créations de ce petit constructeur qui a toujours privilégié les valeurs de Grand Tourisme. Cela dit, le moteur est fabuleux. Souple, progressif et puissant à souhait, il ne rechigne jamais à monter jusqu'à ce que l'aiguille du compte-tours pointe le coffre à gants. Pour ajouter à l'agrément, la boîte Camiocorsa (chantez-le, c'est plus facile : « cam-io-corsa ») s'avère plus douce que la boîte « F-1 » de la Ferrari, sans être cependant plus fluide en mode « tout automatique ». Il faut savoir soulager l'accélérateur pour éviter les à-coups. On pourrait vivre avec cet inconvénient, mais il y a pire : le châssis se tord. Dès que la chaussée n'est pas aussi lisse qu'une table de billard, volant et rétroviseur intérieur tremblent à l'unisson. Ça énerve, et surtout ça ne donne pas envie d'attaquer à son volant, d'autant plus que l'assistance de la direction n'est pas al dente et que le roulis est somme toute assez prononcé. Alors, on lève sagement le pied et on adopte de facto la conduite au rythme de la promenade, prenant le temps de humer l'air du temps et de regarder les têtes qui se tournent sur notre passage comme autant de tournesols...

Le plaisir chaque fois retrouvé

Des pneus élargis, des jantes au dessin spécifique, une carrosserie couleur titane métallique et un déflecteur (aux bienfaits aérodynamiques douteux) sur le couvercle de malle : voilà la Miata à la sauce Mazdaspeed. Standard ou musclée, cette Miata laisse entrer le soleil en moins de deux : une paire de crochets et hop ! on escamote le toit à la main. Toutefois, les baquets offrent une palette réduite de mouvements et la commande d'inclinaison des dossiers est coincée entre l'assise et le panneau de contre-portes. Dans le même registre, on déplore la rigidité de la colonne de direction et la fragilité apparente du couvre-capote — sans oublier la dextérité que son maniement exige pour les gros doigts.

Trente-six chevaux. Voilà tout ce que les ingénieurs ont réussi à gagner en suralimentant le quatre-cylindres de 1,8 litre à l'aide d'un turbocompresseur. Pas plus pressée qu'il ne le faut, cette mécanique ne s'anime véritablement que lorsque l'aiguille du compte-tours atteint les 3400 tr/min. À partir de là, le turbocompresseur entre en action et crache le morceau, avant d'être stoppé par le rupteur... à 7000 tr/min. La liaison aux roues arrière motrices est assurée par une boîte manuelle à six rapports dont la manœuvre se révèle docile à la condition de ne pas trop lui « brasser la cage ». En d'autres mots, la commande gagnerait à être plus précise quand vient le moment de jouer les coursiers. Sur la route, il ne faut pas se gêner pour élever le ton ou encore le volume de la radio pour entendre autre chose que les bruits mécaniques. Autre irritant : le confort pâtit de la présence de pneumatiques à la semelle aussi agressive et d'éléments suspenseurs encore plus fermes que sur les versions standards. Outre la joie de se faire caresser par les rayons du soleil, la Miata procure un plaisir de conduite stimulant, spécialement dans les enchaînements de virages serrés, où elle se laisse savourer pleinement. En fait, seules les courbes à haute vitesse font perdre un peu de sa superbe à ce cabriolet, mais beaucoup moins, doit-on dire, qu'avec la version « atmosphérique ». Attention aussi sur route glissante, car le train arrière peut décrocher à l'accélération.

Séduisante de simplicité, amusante à conduire, performante, la Miata dans sa forme Mazdaspeed procure des sensations devenues rares dans la production actuelle. Mais les versions plus sages en procurent aussi, et à meilleur prix.

ON AIME

> Le comportement amusant
> Le tonus du moteur suralimenté de la version Speed
> Le prix attrayant

ON AIME MOINS

> Le volant qui vous râpe les cuisses
> L'habitacle étriqué et le peu de rangement
> Les performances à peine satisfaisantes (sauf Mazdaspeed)

À RETENIR

Fourchette de prix :
27 895$ à 34 150$

Marge bénéficiaire : **n.d.**

Ventes : ↓

Indice de fiabilité :
★★★★★

Consommation d'essence :
10,7 L/100 km

CO_2 sur une base annuelle :
6,8

Valeur résiduelle au terme de 48 mois : **40 à 41 %**

Cote de sécurité en cas d'impact : ★★★★☆

NOUVEAUTÉS

> Des peccadilles

LE MOT DE LA FIN

Idéal pour profiter du beau temps sans casser sa tirelire.

MERCEDES **CLK**

Pour les beaux quartiers

Mercedes n'a pas toujours eu le coup de crayon facile lorsqu'il s'agissait de dessiner un cabriolet. Alors que ce type de carrosserie fait normalement appel à l'émotion et à la créativité, ses créations ressemblaient davantage à des berlines amputées de deux portières. Cela dit, la CLK déroge joyeusement à cette tradition en révélant un curieux métissage entre une Classe E (esthétique) et une Classe C (châssis).

Les portières s'ouvrent sur un environnement envoûtant et lumineux. De discrets appliqués de bois cohabitent avec le cuir sur la console et les panneaux de contre-portes. La liste des accessoires et des innovations intégrés à la cabine semble aussi interminable que cette clef électronique qui permet, l'été, d'aérer la voiture à distance en abaissant automatiquement les glaces et en rétractant le toit. On est en plein haut de gamme. Les baquets vous accueillent fermement, mais se révèlent, au fil des kilomètres, d'excellents orthopédistes en vous offrant un confort et un maintien de tout premier ordre. Des bras de plastique rapprochent automatiquement les ceintures de l'épaule pour faciliter leur prise en main. Ceux ou celles qui prendront place à l'arrière seront aussi confortablement accueillis. Et, bonne nouvelle, l'accès est aisé, même quand la capote est en place.

Cette Mercedes est avant tout faite pour flâner. Dans cette situation, le moteur s'entend à peine, la boîte de vitesses passant les rapports au bon moment et en douceur. Par contre, dès que le rythme s'accélère, cette même boîte perd les pédales, perturbée par de nombreux changements de rapports. Alors, le moteur hurle ou s'endort. Sur le plan de la tenue de route, le cabriolet témoigne d'un solide tempérament de routière. Cette Mercedes affectionne tout particulièrement les courbes rapides à grand rayon, dans lesquelles elle semble imperturbable. La direction est précise et permet d'enchaîner les virages avec facilité. La suspension encaisse fermement les imperfections de la chaussée, mais jamais au point de rendre la conduite inconfortable. Seules quelques trépidations à basse vitesse se font parfois sentir. Soulignons enfin que le faible diamètre de braquage contribue à la maniabilité. Plus bourgeois que sportif, ce cabriolet n'en possède pas moins plusieurs qualités, dont celles d'être plus raffiné et plus exclusif que ses rivaux. Et (beaucoup) plus cher aussi. Mercedes ne sait-elle pas que la générosité est aussi une forme d'élégance ?

Pour dorer lentement au soleil

C'est un fait, la Mini remporte, sur le plan commercial, un succès indéniable. Jugez-en : 500 000 exemplaires produits en trois ans, soit 200 000 de plus que ce que projetait BMW. Soucieux de surfer encore longtemps sur la vague de sympathie que ce modèle déclenche sur son passage, le constructeur en remet en proposant cette fois une version cabriolet. Esthétiquement, le cabriolet ne manque pas d'air et attire les regards. Plus lourde que le coupé dont elle dérive, cette Mini décapsulée est dotée d'un coffre (on dirait plutôt une boîte à gants) qui a pour seul mérite d'être modulable. Si vous comptez plus de trois sacs d'épicerie, il suffit, comme sur le coupé, de rabattre en tout ou en partie les dossiers des sièges arrière. Tant mieux, puisque, à part de très jeunes enfants, personne n'aura le courage de faire 10 kilomètres assis derrière.

Avec ou sans toit, les manœuvres en marche arrière posent problème : on ne voit absolument rien. Par chance, le pare-chocs arrière est tatoué de capteurs visant à nous prévenir avant que ça ne fasse « boum » ! Et, bonne nouvelle, ce dispositif ne vous coûtera pas un sou de plus, puisqu'il est de série. Le moteur souffreteux de quatre cylindres de 1,6 litre fait ce qu'il peut pour remuer le châssis renforcé de la Mini, dans sa version de base. Comble de malheur, la boîte manuelle qui l'accompagne « tire » trop long et oblige à rétrograder au moindre ralentissement ou à chaque ascension de côte. La version S, avec son moteur suralimenté par compresseur, mettra un peu plus de vent dans les cheveux.

Dès les premiers tours de roue, on constate d'emblée que le confort n'est pas la qualité première de la Mini. Seuls les habitués de la version originale noteront de sensibles progrès. Les autres regretteront la sécheresse des suspensions à faible débattement et l'amortissement trop juste en détente. La direction se montre précise et permet de placer l'auto au millimètre. Seule ombre au tableau, cette direction transmet avec beaucoup d'acuité certaines vibrations, signes d'une rigidité un brin perfectible malgré l'usage des renforts. Vendue 5 000 $ de plus que la version fermée, la Mini Cooper Cabriolet est assez chère. Dans la même fourchette de prix, elle fait mieux qu'une New Beetle, mais on lui préfère tout de même le PT Cruiser Cabrio. Moins sexy, certes, mais beaucoup plus fonctionnel.

ON AIME

> Se faire croquer des yeux à son volant

> Le comportement digne d'un kart

> La valeur de revente élevée

ON AIME MOINS

> Les piètres performances du modèle de base

> L'idée de voyager très léger

> La liste et le prix des options

À RETENIR

Fourchette de prix :
31 500 $ à 36 500 $

Marge bénéficiaire : **9,8 %**

Ventes : **n.d.**

Indice de fiabilité :
★★★★☆

Consommation d'essence :
10,4 L/100 km

CO_2 sur une base annuelle :
n.d.

Valeur résiduelle au terme de 48 mois : **54 à 55 %**

Cote de sécurité en cas d'impact : **n.d.**

NOUVEAUTÉS

> Nouveau modèle

LE MOT DE LA FIN

Nous recommandons la S. Reste à trouver une autre voiture pour faire l'épicerie.

ON AIME

> L'idée que ce modèle sera remplacé l'an prochain
> La souplesse du moteur V6
> La finition correcte, mais sans plus

ON AIME MOINS

> La présentation intérieure tristounette
> Le manque de rigidité de la caisse
> La faible valeur de revente

À RETENIR

Fourchette de prix :
34 998 $ à 41 098 $

Marge bénéficiaire : **10,5 %**

Ventes : **n.d.**

Indice de fiabilité :
★★★☆☆

Consommation d'essence :
10,2 L/100 km

CO_2 sur une base annuelle :
 6,7

Valeur résiduelle au terme de 48 mois : **32 à 35 %**

Cote de sécurité en cas d'impact : **n.d.**

NOUVEAUTÉS

> Des teintes et rien

LE MOT DE LA FIN

Patience, la nouvelle s'en vient!

Du rêve à la réalité

Dites Mitsubishi au premier ado que vous croiserez sur la rue et il vous répondra tout de go Eclipse. Pour les jeunes, cette vedette mécanique de la série cinématographique *The Fast and the Furious* est LA référence en matière de cabriolet. Seulement voilà, ils risquent de déchanter (et pas à peu près) lorsqu'ils obtiendront un permis de conduire et auront les moyens de se le procurer. Aussi bien le dire tout de suite, on s'attendait à beaucoup mieux. Par chance, Mitsubishi corrigera la situation dès l'an prochain en proposant une nouvelle version de son modèle-vedette. D'ici là, on doit composer avec le modèle existant, qui n'a pour tout charme que son profil envoûtant. À bord, la finition est correcte, mais l'ambiance reste tiède. Les harmonies ne connaissent que deux couleurs : le beige et le noir (« sable ou minuit », dit Mitsubishi). Déprimant ! La présentation est banale et gagnerait notamment à recevoir des matériaux de meilleure facture.

On se glisse aisément à bord de l'Eclipse. Les baquets sont confortables mais, réaliserez-vous à l'usage, ils ne font guère d'efforts pour vous maintenir en place. Toutefois, n'accède pas qui veut aux places arrière, on s'en doute. De plus, le niveau acoustique à l'arrière est particulièrement élevé, les puits de roues étant mal insonorisés. Les prestations dynamiques de ce cabriolet n'ont pas rapport avec son image. Mollement amorties, les suspensions de cette japonaise se dandinent sur chaque bosse et lui font prendre plus de roulis qu'il n'en faut. Par chance, les énormes pneumatiques sauvent la mise et cachent tant bien que mal l'attitude nettement survireuse de la voiture. Ajoutons aussi qu'elle manque de précision en conduite rapide, surtout dans les courbes négociées rapidement. En outre, sur le véhicule mis à l'essai, la pédale de freins, molle, n'inspirait pas confiance et les distances de freinage étaient plutôt longuettes. On peste également contre l'énorme diamètre de braquage de l'Eclipse, qui rend les manœuvres de stationnement bien pénibles. Assez souple, surtout très élastique, le V6 de 3 litres gratifie le conducteur d'une sympathique sonorité rauque à l'accélération. Affichant une cylindrée plus que confortable, ses 200 chevaux tiennent davantage de l'écurie de braves percherons que de la horde de fougueux étalons. Bilan plutôt négatif pour cette Mitsubishi, qui devrait savoir que l'élégance ultime, même pour un cabriolet, c'est de ne pas surestimer ses talents. Et en matière de prix, franchement, elle exagère !

Les apparences sont parfois trompeuses

Si elle en avait, on lui croquerait assurément les joues, à cette 350Z cabrio-let. Belle comme un cœur, on ne se lasse jamais de la voir se découvrir, tellement le ballet exécuté par son toit impressionne. Pourtant, et au risque d'en décevoir plus d'un, cette Nissan n'est, à l'usage, pas aussi exal-tante qu'elle n'en a l'air. Nos récriminations débutent dès qu'on pose les fesses à bord. On s'y sent mal et, immédiatement, on montre du doigt la ceinture de caisse anormalement haute et la visibilité pratiquement nulle vers l'arrière. Rien à redire toutefois sur les baquets : ils sont généreusement galbés et offrent un maintien latéral irréprochable. L'ambiance à bord ne manque pas d'attraits : petits clins d'œil ici et là, comme les trois compteurs ronds grimpés au sommet de la partie centrale du tableau de bord ou le volant à trois branches, l'habitacle de la Z s'abandonne à la modernité. Le bloc d'instrumentation principal (indicateurs de vitesse, compte-tours, voyants lumineux et autres jauges) est d'une lecture toujours aisée quelle que soit la position choisie. En revanche, on se désole à la vue de cette avalanche de plastique et de l'absence d'espaces de rangement pratiques et verrouillables — un *must* pour éloigner les cambrioleurs. Imposante et lourde, cette Nissan est plus à l'aise en utilisation non sportive : il s'agit en fait d'un roadster agréable au quoti-dien. Les 287 chevaux du moteur V6 masquent efficacement sa prise de poids, conséquence de la solidification du châssis qui, au demeurant, n'apparaît pas aussi rigide que souhaité. Pour gâter la sauce, la boîte de vitesses manuelle est une véri-table plaie : elle gêne quand vient le moment de jouer les lévriers, et le manque de progressivité de l'embrayage nous fait parfois passer pour des débutants. Ajoutons à cela des distances de freinage plutôt longuettes, et nous en concluons que nous sommes aux commandes d'un cabriolet bien plus que d'un roadster pur jus. D'ailleurs, c'est au fil des kilomètres que la Z sait se faire apprécier. Silencieuse, elle permet d'engager la conversation sans trop hausser le ton ou de tirer pleine-ment profit de l'excellente chaîne audio montée à bord. Et même si son V6 de 3,5 litres aime se faire conduire à la pompe, il peut compter sur un réservoir d'es-sence suffisamment grand pour lui assurer une bonne autonomie.

ON AIME

> La chorégraphie du toit lorsqu'il s'escamote
> Le muscle du V6
> L'équipement complet

ON AIME MOINS

> La ceinture de caisse haute
> La piètre qualité des matériaux qui habillent l'habitacle
> La boîte manuelle accrocheuse

À RETENIR

Prix : **52 900 $**

Marge bénéficiaire : **10,5 %**

Indice de fiabilité :
★★★★☆

Consommation d'essence :
11,9 L/100 km

CO_2 sur une base annuelle :
▬▬▬▭▭ **7,8**

Valeur résiduelle au terme de 48 mois : **52 %**

Cote de sécurité en cas d'impact : **n.d.**

NOUVEAUTÉS

> Modèle reconduit

LE MOT DE LA FIN

Plus craquant à regarder qu'à conduire.

PORSCHE 911 CABRIOLET

ON AIME

- › La possibilité de la conduire tous les jours de l'année
- › La souplesse et la puissance des moteurs
- › Le raffinement constant dont elle fait l'objet

ON AIME MOINS

- › La boîte Tiptronic, dépassée
- › Le coût des options chez Porsche
- › La conduite délicate pour qui ne connaît pas le mode d'emploi

À RETENIR

Prix :
206 800 $

Marge bénéficiaire : **n.d.**

Ventes : ↓

Indice de fiabilité :
★★★★☆

Consommation d'essence :
n.d.

CO_2 sur une base annuelle :
n.d.

Valeur résiduelle au terme de 48 mois : **n.d.**

Cote de sécurité en cas d'impact : **n.d.**

NOUVEAUTÉS

- › Modèle partiellement refondu

LE MOT DE LA FIN

Un classique.

Douce sauvageonne

L a plus célèbre et sans doute la plus mythique des voitures sport entretient la forme et ce, avec ou sans toit. Dans sa version la plus attachante, c'est-à-dire, moteur suralimenté par turbocompresseur, la 911 promet des sensations exaltantes. Imaginez un peu lorsqu'elle retire le haut et met du vent dans vos cheveux. Avec une vitesse de pointe de l'ordre de plus de 300 km/h (capote fermée), la 911 Turbo cabriolet n'a rien à envier au coupé éponyme. En fait, seuls les temps d'accélération sont légèrement en retrait en raison du poids additionnel de renforts additionnels, absence de toit oblige. Collés façon aéronautique en plus d'être soudés, ces renforts procurent le résultat attendu : peu de tremblote dans le volant, absence quasi total de bruits parasites et pas la moindre dégradation du comportement routier, même en usage sportif.

Non seulement cette 911 Turbo cabriolet, nous fait-elle jouir de l'été, mais en plus elle ne craint pas d'affronter nos hivers (et les chaussées à faible cœfficient d'adhérence) grâce à son rouage à quatre roues motrices sans craindre la sortie de route à tous moments. C'est d'autant plus vrai qu'en dépit de sa poussée phénoménale, le turbocompresseur n'a rien de brutal, sa montée étant plutôt très progressive, et la commande de boîte permet d'enfiler les rapports avec une étonnante douceur.

D'accord, on s'amuse ferme au volant, mais encore faut-il être sûr de ses habiletés. En d'autres mots : cette 911 ne se livre pas aisément et ne se laisse pas conduire à la limite avec facilité. Il faut des mains expérimentées pour en tirer le plein potentiel. Son moteur monté à l'arrière en porte-à-faux et son avant peu chargé font que la répartition de masses est loin d'être idéale et peut causer de biens désagréables surprises à la limite tant elle peut être pointue. En revanche, dès qu'on en connaît le mode d'emploi, la conduite de cette 911 est pour le moins exaltante.

S'il fait trop chaud, suffit de ralentir, de fixer le compteur à 50 km/h pour retirer le toit. Pour ce faire, il n'y a qu'à appuyer d'une simple impulsion sur la commande électrique, et la capote se replie en 20 secondes derrière les deux « symboliques » places arrière. La capote met cependant 6 secondes de plus pour se refermer complètement. Elle n'est pas donnée certes, mais la 911 cabriolet demeure sans doute la sportive la plus authentique de sa catégorie. Et dans sa version Turbo, difficile de rester insensible à ses charmes.

Une aubaine qui n'en est pas une

Puisque toute bonne chose a une fin, la Boxster parcourt ses derniers kilomètres dans sa forme actuelle. Sa remplaçante est attendue au printemps prochain. Même si elle a encore le cœur et les jambes pour intimider la concurrence, cette Porsche dissimule de plus en plus mal son âge. Le discret « restylage » d'il y a deux ans semble aujourd'hui bien lointain.

Fidèle à la tradition, Porsche décore l'habitacle de la Boxster avec austérité. C'est proprement fini, mais bon Dieu que c'est triste ! Les baquets, partiellement recouverts de cuir, proposent une multitude de réglages pour faciliter la recherche d'une bonne position de conduite. Malheureusement, le volant, pourtant inclinable et télescopique, vous laboure les cuisses. Plus regrettables encore sont les touches lisses et brillantes de la radio (réception très moyenne) et de la climatisation, à l'ergonomie douteuse. En revanche, contrairement à ses rivales, cette Porsche, avec ses deux coffres à bagages, n'excuse pas votre désir de faire seul vos emplettes. Dix-sept minutes : c'est le temps nécessaire pour débusquer le moteur, caché entre l'habitacle et l'essieu arrière. Porsche se fait rassurante en soulignant qu'aucun technicien ne partira à la recherche du moteur avant 100 000 kilomètres. Ouf ! Comme les chances d'apercevoir ce moteur à six cylindres à plat sont presque nulles pour le commun des mortels, voici sa fiche signalétique en bref. Soulignons tout d'abord qu'il dérive étroitement du bon vieux Boxer de la 911, à la différence près qu'il est refroidi à l'eau. En arrimage, Porsche propose l'incontournable boîte à cinq rapports ou, moyennant supplément, une étonnante Tiptronic S. Qu'importe votre religion (manuelle ou automatique), la Boxster promet de vous faire connaître l'ivresse sans le flacon, de faire grimper l'aiguille rouge du compteur dans des zones totalement interdites. Dans sa version S — plus chère, il va sans dire — c'est encore plus délirant. Stable et équilibrée, elle pardonne l'inexpérience et l'audace. Et si les choses se gâtent, on peut toujours compter sur des freins hyper puissants et des béquilles électroniques aussi alertes qu'efficaces. Malheureusement, Porsche nous fait payer cher, très cher, le « privilège » de se retrouver aux commandes de la Boxster. Souhaitons que le constructeur allemand profite de la refonte du modèle pour revoir à la baisse le nombre et le prix des accessoires. On peut toujours rêver...

ON AIME

> Données insuffisantes

ON AIME MOINS

> Données insuffisantes

À RETENIR

Fourchette de prix :
62 650$ à 73 450$ (2004)

Marge bénéficiaire : **n.d.**

Ventes : ↓

Indice de fiabilité : **n.d.**

Consommation d'essence :
n.d.

CO_2 sur une base annuelle :
n.d.

Valeur résiduelle au terme
de 48 mois : **n.d.**

Cote de sécurité en cas
d'impact : **n.d.**

NOUVEAUTÉS

> Nouveau modèle présenté
  au Mondial de l'Auto à Paris

LE MOT DE LA FIN

On vous en reparle
l'an prochain.

SAAB **9-3 CABRIOLET**

ON AIME

> Les fonctionnalités
de ce cabriolet

> La silhouette craquante

> Le souffle des mécaniques

ON AIME MOINS

> La valeur de revente

> Le prix des pièces
de remplacement

> Favorise le confort au détriment du côté sportif

À RETENIR

Fourchette de prix :
56 300 $ à 59 800 $

Marge bénéficiaire : **10,8 %**

Ventes : **n.d.**

Indice de fiabilité :
★★★★☆

Consommation d'essence :
10,9 L/100 km

CO_2 sur une base annuelle :
 7,1

Valeur résiduelle au terme
de 48 mois : **39 à 42 %**

Cote de sécurité en cas
d'impact : **n.d.**

NOUVEAUTÉS

> Système de navigation

LE MOT DE LA FIN

Enfin un cabriolet
quatre saisons!

Y'a plus de saison

Faut-il s'étonner que la plus bradée des Saab soit celle qui retire le haut ? Cette nouvelle venue, qui vient de passer son premier été chez nous, entend bien s'y établir, même si elle est moins charismatique et moins insolite que les générations précédentes. À bord, les quatre occupants, environnés de cuir, cheveux à peine balayés par le vent, peuvent pleinement apprécier le paysage et écouter leur symphonie préférée. Cette suédoise est assurément faite pour flâner. Dans cette situation, le quatre-cylindres suralimenté de la 9-3 apparaît souple et progressif. Toutefois, une simple caresse du pied droit réveille la mécanique, prête à bondir à l'heure du dépassement. Une efficacité réelle, même si les sensations restent diluées.

Trois fois plus rigide que son prédécesseur, le châssis ne vibre plus dès que la chaussée se détériore. La caisse paraît solide, le mobilier demeure en place sans grincer, mais en matière de rigueur, on a déjà vu mieux du côté de l'Allemagne... Sur une route qui se met à faire des lacets, même s'il est en mesure d'accepter un rythme assez soutenu, le cabriolet abdique assez vite. Le tempérament n'est guère dynamique, même en optant pour la livrée sportive Aero, qui bénéficie pourtant d'espadrilles plus adhérentes et d'un châssis réglé expressément, dit-on, pour transposer à la route vos habiletés de pilotage. Le cabriolet suédois montre pourtant rapidement ses limites. Rigide en utilisation normale, le châssis devient plus « vague » en usage intensif, l'amortissement manque de rigueur, la direction s'allège et les freins accusent vite le coup.

Et comme l'été est si court, la bonne nouvelle est que ce cabriolet ne craint pas la saison froide. La capote, triple épaisseur, est parfaitement étanche et tendue. Elle aligne même sur ses flancs de petites gouttières pour éviter que vous ou votre siège ne soyez arrosé quand vous ouvrez la portière sous la pluie.

Le coffre modulable permet d'obtenir un volume utilitaire pouvant varier entre 235 et 328 litres, suffisant pour voyager avec plus que « mon bikini, ma brosse à dents... » Mais l'élément le plus *cool* demeure l'aileron posé sur le couvercle de malle. Mobile, il permet de transporter skis et planche à neige.

Qui a dit qu'un cabriolet n'était fait que pour les beaux jours ?

TOYOTA **CAMRY SOLARA CABRIOLET**

Pour un bain de soleil, rien de plus

L e coupé Solara ne court pas les rues, imaginez donc la version cabriolet ! Pourtant, les deux ont eu une descendance : la seconde génération du coupé Solara est arrivée à l'automne 2003 et le cabriolet lui a emboîté le pas au printemps. Pour des raisons de coût, ce cabriolet est pourvu d'un toit souple et non métallique comme sur la SC430. Interrogés à savoir comment les constructeurs européens parvenaient à intégrer cette avancée technique sur des modèles abordables (façon Peugeot 307CC), les ingénieurs japonais n'avaient pas d'explication qui tienne la route. Cela dit, les longues portières s'ouvrent sur un habitacle dont toutes les dimensions ont été rehaussées. Davantage d'espace, et des baquets suffisamment confortables pour y demeurer des heures. Deux adultes s'installent confortablement, mais non sans effort, à l'arrière. Ils profitent chacun d'un appuie-tête réglable et d'un porte-gobelet moulé à même le panneau intérieur ; l'espace aux jambes est aussi satisfaisant. Mais la Camry Solara a aussi ses petits travers, comme le voile que le soleil jette sur les trois indicateurs de la partie centrale du tableau de bord. Que dire aussi de l'absence d'une tirette qui permettrait au conducteur de rabattre, sans quitter son siège, le baquet de droite pour faire monter une personne à l'arrière... Enfin, notons l'impossibilité de rabattre de l'intérieur du coffre le ou les dossiers de la banquette.

Inutile de revenir en détail sur l'aspect technique de ce coupé qui partage le châssis de la Camry et, à peu de choses près, les mêmes mécaniques. Le quatre-cylindres de 2,4 litres n'est pas du voyage, seul le V6 de 3,3 litres prend place sous le capot. On a déjà vu 220 chevaux plus fringants que ceux qui prétendent galoper à l'intérieur de ce moteur. Il faut dire que le gain de puissance est amoindri par la prise de poids de ce nouveau modèle. En dépit d'une monte pneumatique généreuse en gomme, la direction, un brin légère, guide un train avant peu incisif qui incite à lever et non à enfoncer l'accélérateur dans les courbes. En gros, ce cabriolet tolère d'être brutalisé, mais pas trop, son châssis étant insuffisamment rigide. En revanche, il se fera apprécier pour le confort, le silence de roulement et, surtout, un habitacle qui baigne dans le soleil dès que celui-ci pointe ses rayons.

ON AIME

> Prendre du soleil avec les copains
> L'idée qu'il y ait un seul modèle et pas trop d'options
> La fiabilité et la valeur de revente

ON AIME MOINS

> Les contorsions nécessaires pour atteindre la banquette arrière
> Le train avant peu incisif
> Le poids en hausse

À RETENIR

Prix : **39 100 $**

Marge bénéficiaire : **10,1 %**

Ventes : **n.d.**

Indice de fiabilité :
★★★★★

Consommation d'essence :
11,7 L/100 km

CO$_2$ sur une base annuelle :
7,4

Valeur résiduelle au terme de 48 mois : **52 %**

Cote de sécurité en cas d'impact : **n.d.**

NOUVEAUTÉS

> Nouveau modèle apparu au printemps 2004

LE MOT DE LA FIN

Le soufflé risque de retomber bien vite.

Char de filles

Avec ses flancs galbés et ses roues géantes, elle est inimitable. Et comment ne pas arborer un large sourire face à la palette de couleurs extérieures qui rivalise avec celle des Smarties ? C'est un fait, la New Beetle plaît beaucoup aux filles : 85 % des propriétaires appartiennent à la gent féminine. Plutôt que de se lancer dans un débat genre « un gars, une fille », entrons dans le vif du sujet. Tout d'abord, les baquets fermes mais confortables proposent une multitude d'ajustements qui favorisent la recherche d'une position de conduite harmonieuse, aidés en cela par une colonne de direction à la fois télescopique et inclinable. Toute petite, et pourtant on peine à voir l'extrémité avant du véhicule, en raison de la stupéfiante profondeur du tableau de bord. Bien que cela puisse gêner l'exécution de certaines manœuvres, il serait toutefois malvenu d'accorder une importance démesurée à ce défaut, puisqu'on finit malgré tout par trouver des repères. Il est cent fois plus périlleux de changer de voie en raison de l'épaisseur des montants de toit. Mais là où le bât blesse, c'est lorsqu'on établit le rapport poids-puissance de l'auto. Ce cabriolet n'est point un modèle de légèreté. Un handicap, nous dit-on, délibérément consenti pour renforcer la structure, fragilisée par l'absence de toit. Cet embonpoint a évidemment de fâcheuses répercussions sur les performances générales du véhicule.

Des solutions de rechange ? Volkswagen en propose deux. D'abord, une mécanique turbodiesel à injection directe (TDI), nettement plus sobre et presque aussi performante, en accélération du moins, grâce à un formidable couple à faible régime. Ensuite, un moteur suralimenté (1,8 litre Turbo) qui retranche instantanément trois secondes au meilleur temps réalisé au volant d'une New Beetle à moteur atmosphérique. La New Beetle vire relativement plat et affiche un comportement routier très prévisible. De plus, son court rayon de braquage lui confère une belle agilité, accrue grâce à l'assistance d'une direction correctement dosée. Mais ne vous fiez pas aux apparences : la New Beetle manifeste une certaine réticence à être traitée comme un jouet, et en témoigne par une paresse perceptible lors des changements de cap. La suspension se veut assez ferme, mais pas au point d'être inconfortable, quoiqu'on note quelques trépidations du train arrière sur revêtements abîmés. En somme, la New Beetle ne peut se prétendre tout à fait fonctionnelle. Et puis après ? Tant que le soleil brille...

Vivement le printemps...

Porsche Boxster

Le marché des cabriolets se porte très bien. De nouveaux cabriolets fleuriront au printemps 2005, et l'un d'entre eux suscite beaucoup d'intérêt : le Solstice de Pontiac. Pourquoi lui ? Parce que ce petit roadster, né sous la gouverne de Bob Lutz, sera vendu à des prix abordables, dit-on, soit environ 20 000 $ US. Reposant sur une plateforme inédite à roues arrière motrices, le Solstice sera le premier cabriolet d'une longue lignée. Saturn et Saab commercialiseront également leur propre version.

L'autre événement attendu est le lancement de la version « tête nue » de la Mustang, qui promet cette fois un châssis beaucoup plus rigide pour enrayer les secousses et autres tremblements ressentis au volant de la version précédente.

Même si nous ne pouvons que le présumer, Mitsubishi devrait logiquement assurer une descendance à son actuelle Eclipse Cabriolet. La version coupé, qui visuellement aura plusieurs atomes crochus avec la version conceptuelle présentée dans certains salons de l'automobile en 2004, est attendue dans le chaud de l'été. Le cabriolet aussi ?

Pour ceux qui préfèrent les promenades à ciel ouvert sans suer à grosses gouttes, Pontiac entend décliner sa berline G6 en cabriolet d'ici peu. La version définitive de ce nouveau modèle fera vraisemblablement sa première sortie publique à l'occasion du Salon de Detroit en janvier 2005. Ce cabriolet viendra concurrencer les Sebring Cabriolet et Toyota Camry Solara Cabriolet.

Dans le haut de gamme, Volkswagen a d'ores et déjà annoncé la mise en chantier d'un roadster à toit rigide escamotable. Ce nouveau modèle sera inspiré des deux études conceptuelles réalisées ces dernières années par le constructeur allemand.

En Allemagne toujours, Porsche prépare la commercialisation de la nouvelle Boxster apparue en septembre dernier dans la Ville Lumière. De son côté, Ferrari prépare assurément une version Spyder de sa future F430. Demeurons en Italie pour souligner que Lamborghini n'a toujours pas précisé si elle entend faire perdre la tête ou pas à sa Murciélago.

Pontiac Solstice

CE QU'IL FAUT RETENIR

	Lieu d'assemblage	Mode	Aides à la conduite (antipatinage/ antidérapage)	Capacité du réservoir de carburant (L)	Essence recommandée
Audi A4 Cabriolet	Allemagne	Traction	Oui/oui	70	Super
Audi TTS	Hongrie	Intégral	Oui/oui	62	Super
BMW Série 3	Allemagne	Propulsion	Oui/oui	63	Super
BMW Série 6	Allemagne	Propulsion	Oui/oui	70	Super
BMW Z4	États-Unis	Propulsion	Oui/oui	55	Super
Chevrolet Corvette	États-Unis	Propulsion	Oui/oui	68	Super
Chevrolet SSR	États-Unis	Propulsion	Oui/non	94,6	Super
Chrysler Crossfire	Allemagne	Propulsion	Oui/oui	60	Super
Chrysler PT Cruiser Cab.	Mexique	Traction	Oui/non	57	Ordinaire
Chrysler Sebring Cabriolet	États-Unis	Traction	Oui/non	61	Ordinaire
Ferrari 360 Spyder	Italie	Propulsion	Oui/oui	95	Super
Fort Thunderbird	États-Unis	Propulsion	Oui/oui	68	Super
Honda S2000	Japon	Propulsion	Non/non	50	Super
Jaguar XK	Angleterre	Propulsion	Oui/oui	75	Super
Lotus Elise	Angleterre	Propulsion	Non/non	n.d.	Super
Maserati Spyder	Italie	Propulsion	Oui/oui	88	Super
Mazda Miata	Japon	Propulsion	Non/non	48	Ordinaire
Mercedes CLK	Allemagne	Propulsion	Oui/oui	n.d.	Super
Mercedes SLK	Allemagne	Propulsion	Oui/oui	79	Super
Mini Cooper Cabriolet	Angleterre	Traction	Oui/oui	50	Super
Mitsubishi Eclipse	États-Unis	Traction	Oui/non	62	Ordinaire
Nissan 350Z	Japon	Propulsion	Oui/oui	76	Super
Porsche 911	Allemagne	Intégral	Oui/oui	63	Super
Porsche Boxster	All./Finlande	Propulsion	Oui/oui	64	Super
Saab 9-3	Autriche	Traction	Oui/oui	62	Super
Toyota Camry Solara	États-Unis	Traction	Oui/oui	70	Ordinaire
Volkswagen New Beetle	Mexique	Traction	Oui/non	55	Ordinaire

Empattement (mm)	Longueur (mm)	Largeur (mm)	Hauteur (mm)	Volume du coffre (L)	Toit à commande électrique
2650	4570	1780	1390	245/315	De série
2420	4040	1765	1345	220	De série
2725	4488	1757	1372	260/300	De série
2780	4831	1855	1373	300/350	De série
2495	4090	1780	1290	260	De série
2686	4435	1844	1246	144/295	De série
2946	4862	1996	1631	671	De série
2400	4058	1766	1315	190	De série
2616	4288	1704	1539	209	De série
2692	4921	1763	1398	320	De série
2600	4480	1920	1210	n.d.	De série
2720	4730	1830	1320	190/240	De série
2400	4120	1750	1270	152	n.d.
2590	4760	1830	1295	305	De série
2298	3784	1719	1115	n.d.	n.d.
2440	4300	1820	1310	300	De série
2265	3945	1680	1230	144	n.d.
2715	4640	1740	1415	251/370	De série
2430	4082	1788	1298	300/n.d.	De série
2467	3655	1458	1418	165/605	De série
2560	4490	1750	1340	204	De série
2715	4640	1740	1415	193	De série
2350	4435	1830	1295	100	De série
2415	4329	1801	1295	280	De série
2680	4640	2040	1430	240/328	De série
2720	4890	1820	1435	331	De série
2510	4080	1720	1500	201	De série

SURVOL TECHNIQUE

	Moteur	Puissance (hp à tr/mn)	Couple (lb-pi à tr/m)	Poids (kg)	Autre(s)moteur(s)	Boîte de vitesses de série
Audi A4 Cabriolet	L4 DACT 1,8 T	170 à 5900	166 à 1950	1730	V6 DACT 3,0	Auto
Audi TTS	L4 DACT 1,8 T	225 à 5900	207 à 2200	1575	V6 DACT 3,2	Man. 6 rapports
BMW Série 3	L6 DACT 2,5	184 à 6000	175 à 3500	1615	L6 DACT 3,0 - 3,3	Man. 5 rapports
BMW Série 6	V8 DACT 4,4	325 à 6100	330 à 3600	1895	Aucun	Man. 6 rapports
BMW Z4	L6 DACT 2,5	184 à 6000	175 à 3500	1330	L6 DACT 3,0	Man. 5 rapports
Chevrolet Corvette	V8 ACC 6,0	400 à 6000	400 à 4400	1451	Aucun	Man. 6 rapports
Chevrolet SSR	V8 ACC 6,0	390 à 5400	405 à 4400	2159	Aucun	Auto. 4 rapports
Chrysler Crossfire	V6 SACT 3,2	215 à 5700	229 à 3000	1424	V6 SACT 3,2 SC	Man. 6 rapports
Chrysler PT Cruiser Cab.	L4 DACT 2,0	150 à 5100	165 à 4000	n.d.	L4 DACT 2,4 T	Man. 5 rapports
Chrysler Sebring Cabriolet	V6 DACt 2,7	200 à 5800	190 à 4850	1522	Aucun	Auto. 4 rapports
Ferrari 360 Spyder	V8 DACT 3,6	400 à 8500	275 à 4750	1350	Aucun	Man. 6 rapports
Fort Thunderbird	V8 DACT 3,9	280 à 6000	286 à 4000	1699	Aucun	Auto. 5 rapports
Honda S2000	L4 DACT 2,2	240 à 7800	161 à 6500	1290	Aucun	Man. 6 rapports
Jaguar XK	V8 DACT 4,2	294 à 6000	303 à 4100	1805	V8 DACT 4,2 SC	Auto. 6 rapports
Lotus Elise	L4 DACT 1,8	190 à 7800	138 à 6800	879	Aucun	Man. 6 rapports
Maserati Spyder	V8 DACT 4,2	390 à 7000	333 à 4500	1720	Aucun	Séq. 6 rapports
Mazda Miata	L4 DACT 1,8	142 à 7000	125 à 5000	1113	L4 DACT 1,8 T	Man. 5 rapports
Mercedes CLK	V6 SACT 3,2	215 à 5700	229 à 3000	1710	V8 5,0 - 5,5 SC	Auto. 5 rapports
Mercedes SLK	V6 DACT 3,5	268 à 6000	258 à 2400	1465	V8 5,5 SC	Man. 6 rapports
Mini Cooper Cabriolet	L4 DACT 1,6	115 à 6000	110 à 4500	1575	L4 DACT 1,6 SC	Man. 5 rapports
Mitsubishi Eclipse	L4 SACT 2,4	147 à 5500	158 à 4000	1405	V6 SACT 3,0	Man. 5 rapports
Nissan 350Z	V6 DACT 3,5	287 à 5200	274 à 4800	n.d.	Aucun	Man. 6 rapports
Porsche 911	H6 DACT 3,6 T	444 à 5700	457 à 3500	1630	Aucun	Man. 6 rapports
Porsche Boxster	H6 DACT 2,7	240 à 6400	199 à 4700	1295	H6 DACT 3,2 [1]	Man. 5 rapports
Saab 9-3	L4 DACT 2,0 T	175 à 5500	195 à 2500	1578	L4 DACT 2,0 T [2]	Man. 5 rapports
Toyota Camry Solara	V6 DACT 3,3	225 à 5600	240 à 3600	1625	Aucun	Auto. 5 rapports
Volkswagen New Beetle	L4 SACT 2,0	115 à 5400	122 à 2600	1398	L4 1,8 T,L4 1,9 Tdi	Man. 5 rapports

1 280 hp

2 210 hp

3 Man. 6 rapports sur certaines versions

Boîte de vitesses optionnelle	Direction	Rayon de braquage (m)	Suspension avant/arrière	Freins avant/arrière	Pneus de série avant	Pneus de série arrière
Auto. 5 rapports	Crémaillère	11,1	Ind./ind.	Disque/disque	215/55R16	215/55R16
Auto. 5 rapports[1]	Crémaillère	10,45	Ind./ind.	Disque/disque	225/45R17	225/45R17
Auto. 5 rapports	Crémaillère	10,5	Ind./ind.	Disque/disque	205/55R16	205/55R16
Auto. 6 rapports	Crémaillère	11,4	Ind./ind.	Disque/disque	245/45R18	245/45R18
Auto. 5 rapports	Crémaillère	9,8	Ind./ind.	Disque/disque	225/50R16	225/50R16
Auto. 4 rapports	Crémaillère	12	Ind./ind.	Disque/disque	245/40ZR18	245/40ZR19
Man. 6 rapports	Crémaillère	11,6	Ind./ess. rig.	Disque/disque	255/45R19	295/40R20
Auto. 5 rapports	Crémaillère	10,6	Ind./ind.	Disque/disque	225/40ZR18	255/35ZR19
Auto. 4 rapports	Crémaillère	n.d.	Ind./ind.	Disque/disque	205/55R16	205/55R16
Aucune	Crémaillère	11	Ind./ind.	Disque/disque	205/60R16	205/60R16
Séquentielle F1	Crémaillère	n.d.	Ind./ind.	Disque/disque	215/45ZR18	215/45ZR18
Aucune	Crémaillère	11,4	Ind./ind.	Disque/disque	245/70R17	245/70R17
Aucune	Crémaillère	10,8	Ind./ind.	Disque/disque	215/45R17	215/40R17
Aucune	Crémaillère	11	Ind./ind.	Disque/disque	245/45ZR18	255/45ZR18
Aucune	Crémaillère	n.d.	Ind./ind.	Disque/disque	195/50R16	225/45R17
Aucune	Crémaillère	n.d.	Ind./ind.	Disque/disque	235/40ZR18	235/40ZR18
Auto. 4 rapports	Crémaillère	9,2	Ind./ind.	Disque/disque	205/45R16	205/45R16
Aucune	Crémaillère	10,8	Ind./ind.	Disque/disque	225/45ZR17	245/40ZR17
Auto. 7 rapports	Crémaillère	10,5	Ind./ind.	Disque/disque	225/45ZR17	245/40ZR17
Auto. CVT	Crémaillère	10,7	Ind./ind.	Disque/disque	175/65R15	175/65R15
Auto. 4 rapports	Crémaillère	11,1	Ind./ind.	Disque/disque	195/65R15	195/65R15
Auto. 5 rapports	Crémaillère	10,8	Ind./ind.	Disque/disque	225/45R18	245/45R18
Auto. 5 rapports	Crémaillère	n.d.	Ind./ind.	Disque/disque	225/40ZR18	295/30ZR18
Auto. 5 rapports	Crémaillère	n.d.	Ind./ind.	Disque/disque	205/55R17	205/55R17
Auto. 5 rapports	Crémaillère	10,8	Ind./ind.	Disque/disque	205/50R17	205/50R17
Aucune	Crémaillère	11,1	Ind./ind.	Disque/disque	215/55R17	215/55R17
Auto. 4 rapports	Crémaillère	10,9	Ind./ind.	Disque/disque	205/55R16	205/55R16

DE LUXE

Acura RL **Audi A6** BMW Série 5 **Buick Park Avenue** Cadillac De Ville **Cadillac STS** Jaguar S-Type **Lexus ES330** Lexus GS **Lincoln Town Car** Mercedes Classe E **Mercedes-Benz CLS** Saab 9-5 **Volvo S80**

TEXTES, RECHERCHES ET ESSAIS : **ÉRIC LEFRANÇOIS**

DES DÉTAILS QUI COMPTENT

IL Y A TOUT LIEU DE SE DEMANDER QUELLE EST LA DIFFÉRENCE ENTRE LUXE ET PRESTIGE DE NOS JOURS. LES MAUVAISES LANGUES RÉPONDRONT : LES PROBLÈMES. CE QUI EST DE MOINS EN MOINS VRAI, DANS LA MESURE OÙ LES VOITURES DE LUXE PROPOSENT PRATIQUEMENT TOUTES, EN OPTION, LES MÊMES RAFFINEMENTS QUE LA CATÉGORIE SUPÉRIEURE : PHARES BI-XÉNON, BAQUETS CLIMATISÉS, RÉGULATEUR DE VITESSE INTELLIGENT (CELUI-LÀ MÊME QUI PERMET DE MAINTENIR UNE DISTANCE SÉCURITAIRE AVEC LE VÉHICULE QUI PRÉCÈDE), ETC.

À quoi bon alors s'offrir une Classe S, une Série 7 ou encore une A8 ? Pour un peu plus d'espace. Pour un peu plus de rafFInement. Pour un peu plus de noblesse sur le plan technique. Tous ces motifs sont bons.

Alors, qu'est-ce que le luxe ? De pouvoir appuyer sur la commande des glaces pour qu'elles s'ouvrent et se referment d'un trait ? De pouvoir démarrer le véhicule sans l'aide d'une clef ? De pouvoir compter sur un dispositif électrique pour refermer le coffre ? En fait, ce sont dans les détails que ces voitures se démarquent des berlines de prolétaires. Attention : tous ces dispositifs conçus pour simplifier la vie ne sont pas infaillibles et entraînent, en cas de panne, un déboursé important.

« La plus chic n'est pas forcément la bonne version à s'offrir », direz-vous en consultant les valeurs résiduelles de chacune des versions. Les plus coûteuses ne sont en effet pas nécessairement les plus avantageuses quand vient le moment de la revente. À vérifier ! Tout comme le service après-vente.

Dans cette catégorie, la garantie étalon est de quatre ans/80 000 km. Seule la marque de luxe de Honda, Acura, fait exception à la règle. Plusieurs marques proposent des petits services attentionnés (lavage de l'auto au moment des révisions, par exemple), et certaines vont même jusqu'à défrayer les entretiens réguliers (vidange d'huile, remplacement du filtre, etc.). À considérer aussi avant d'apposer votre signature au bas du contrat de vente (ou de location).

Six ou huit ?

À l'exception de la RL, toutes les berlines de luxe proposent un moteur à huit cylindres. Même si l'option existe, il faut savoir que la majorité des consommateurs ne la saisissent pas systématiquement.

Ce sont plutôt les versions équipées d'un six-cylindres qui obtiennent la faveur populaire. À quoi bon s'offrir un V8 alors ? Juste pour faire rêver.

Les forces en présence

Cette année, avec l'arrivée de la nouvelle A6, les constructeurs germaniques bouclent la boucle. Mercedes et BMW ayant déjà procédé à la refonte de leur modèle (Classe E et Série 5), il ne manque plus qu'à Volkswagen de confirmer si elle assurera une descendance à la Passat W8 qui, à l'origine, devait servir de pont entre la Passat et la Phæton. Rien n'est moins sûr.

De ce côté de l'Atlantique, pendant que les têtes bien pensantes de Lincoln se disputent encore sur l'orientation future à donner à leurs produits, Cadillac poursuit sur sa lancée en nous offrant la STS, dont le contenu technologique et les avancées techniques sont désormais au diapason des européens.

Plus à l'ouest, de l'autre côté du Pacifique, Acura est la première à dégainer, avec la RL qui défend toujours une approche somme toute assez rationnelle de la voiture de luxe. Mais Acura ne sera pas la seule à porter le sceau de la nou-

veauté dans l'Archipel. Lexus et Infiniti fourbissent leurs armes et attendent le retour du printemps pour envoyer leurs nouvelles recrues dans la mêlée (que nous vous invitons à découvrir à la conclusion de cette section). C'est sans doute à ce moment, après avoir passé en revue cette catégorie, que vous saurez à quel nom vous libellerez votre chèque.

Le discours de la rationalité

Jusqu'ici, pour vendre sa 3.5 RL, Acura parlait volontiers de prix et de consommation d'essence, deux thèmes que les concurrents préféraient ignorer. Le discours rationnel d'Acura se voulait en quelque sorte une réflexion sur le prix que nous payons et sur l'avantage réel que nous retirons parfois de la surenchère technologique à laquelle se livrent les constructeurs engagés dans ce créneau de marché.

Avec son précédent véhicule haut de gamme, Acura avait fait le pari d'imposer des solutions techniques diamétralement opposées à celles de ses rivales, sans soustraire une once d'onctuosité, de raffinement et de confort. Cette approche a laissé les consommateurs de marbre, comme en font foi les faibles résultats commerciaux obtenus par ce modèle. En sera-t-il de même avec la nouvelle version, qui fait son apparition cette année ? Le doute est permis, dans la mesure où cette nouvelle RL demeure toujours attachée aux valeurs défendues jusqu'ici par Acura. Le discours est conséquent, mais est-ce vraiment ce que les acheteurs veulent entendre ? Rien n'est moins sûr. Les concepteurs de la RL ont fait la sourde oreille aux revendications des consommateurs et des concessionnaires qui réclamaient un moteur V8 (même s'il est vrai que cette mécanique n'est pas privilégiée par la masse) et qu'on déplace les roues motrices de l'avant à l'arrière. Sous le capot, on trouve toujours un six-cylindres (de 300 chevaux, tout de même) et un rouage à quatre roues motrices pour le moins sophistiqué. Mais les ingénieurs ne sont pas les seuls à avoir la tête dure. Les responsables de la mise en marché aussi, en cherchant à vendre une automobile de près de 70 000 $ avec une garantie aussi pingre que trois ans/60 000 km, équivalente à celle d'une Civic. On fait dans le haut de gamme ou pas ?

À bord de la 3.5 RL, le luxe ne laisse planer aucun doute sur les ambitions d'Acura. Le cuir tapisse fauteuils et contre-portes, alors que des boiseries réchauffent l'ambiance. Les options ? Quelles options ? Tout est de série ! Le tableau de bord comporte quant à lui une instrumentation logée au fond de trois cylindres de dimensions inégales, une présentation qui n'est pas sans rappeler celle des voitures japonaises au début des années 1970. Les principales commandes campent à proximité du conducteur, mais quelques-unes sont difficiles à débusquer. Le véhicule convient très bien à quatre adultes, mais pour jouir pleinement de l'espace

disponible, les occupants des places arrière devront prendre garde à la chute du pavillon qui menace de leur arracher quelques cheveux à leur entrée.

À ce stade, la 3.5 RL déçoit plus qu'elle n'enthousiasme. Peut-être demande-t-elle à être jugée sur l'efficacité de son comportement? Ses prestations sont effectivement parfois sidérantes. La mécanique est si discrète qu'elle semble faire la sieste, mais elle rue dans les brancards dès qu'on enfonce l'accélérateur. Les accélérations sont solides et les reprises, énergiques. Bref, la RL file à vive allure sans manifester le moindre signe d'essoufflement.

La suspension absorbe bien les inégalités du revêtement, à la condition que celui-ci ne soit pas trop abîmé, sans quoi elle perd de sa superbe. Un peu plus de fermeté serait bienvenue pour mieux contenir les mouvements de caisse en appui. Le freinage est d'une rassurante stabilité, et la direction un brin trop légère ne permet pas de découper les virages avec la plus grande précision. Dans les courbes négociées à vitesse grand V, le train avant manifeste clairement son désir de tirer tout droit (sous-virage), forçant le conducteur à lever le pied, comme sur une traction. Pas étonnant, dans la mesure où le dispositif SH-AWD (SH = Super Handling) à transmission intégrale de la RL achemine, dans des conditions normales, 70 % de la puissance aux roues avant. Toutefois, dès que la conduite commence à se faire plus musclée, une partie du couple va aux roues arrière. Classique. En fait, l'originalité de ce dispositif est qu'il permet de scinder le train arrière en deux — c'est-à-dire qu'il est en mesure d'acheminer jusqu'à 100 % de la puissance à une seule des roues arrière pour accroître l'agilité et bonifier la tenue de route.

Bilan donc fort mitigé pour cette nouvelle cuvée de RL qui, cette fois, ne parvient même pas à se justifier en présentant un prix moindre que celui de la compétition.

ON AIME

> La sécurité que procurent les quatre roues motrices
> La consommation modérée du moteur
> L'équilibre général

ON AIME MOINS

> La garantie de base
> Le prix élevé
> L'absence d'un moteur V8

À RETENIR

Prix : **69 500 $**

Marge bénéficiaire : **n.d.**

Ventes : ↓

Indice de fiabilité : **n.d.**

Consommation d'essence : **12,7 L/100 km**

CO_2 sur une base annuelle : **n.d.**

Valeur résiduelle au terme de 48 mois : **n.d.**

Cote de sécurité en cas d'impact : **n.d.**

NOUVEAUTÉS

> Nouveau modèle pour 2005

LE MOT DE LA FIN

Les consommateurs écouteront-ils le discours rationnel d'Acura ?

En quête d'un premier rôle

L' événement de la rentrée chez Audi, c'est le renouvellement de la A6. Plus athlétique qu'elle ne l'a jamais été, cette nouvelle version arbore une calandre béante, inspirée des voitures de course Auto-Union d'avant-guerre. Mais derrière cette nouvelle calandre se cache de nombreuses innovations techniques et une multitude d'accessoires de luxe qui, hélas, sont souvent proposés moyennant supplément.

Malgré d'évidentes qualités, la précédente génération de la A6, née en 1996, n'a jamais réussi à dominer sa catégorie. Sur papier, elle avait tout, mais elle avait du mal à respirer aux côtés de Mercedes et de BMW, les étoiles de ce groupe. Cette fois pourrait être la bonne, sommes-nous en droit de penser en songeant aux qualités dynamiques dont a fait preuve la A8 face à la Série 7 (BMW) et la Classe S (Mercedes). L'affaire n'est pas gagnée d'avance, si ce n'est sans doute sur le plan esthétique. Face à une Classe E bien ordinaire et à une Série 5 un peu (trop) excentrique, le style de la A6 se démarque. Élégante et un brin agressive, la silhouette de cette berline teutonne ne manquera pas de flatter l'œil et l'ego de son propriétaire. Pour apprécier pleinement la solidité de ses tôles et pour bien palper la qualité de sa fabrication, il faut laver une A6 à la main. Solide en dehors, mais aussi en dedans. D'ailleurs, venez voir cet habitacle lumineux, vaste et superbement fini. Le souci du détail se sent, se palpe et se voit à bord de cette autre Audi. Et que dire de cette instrumentation complète, claire et lisible qui, à la tombée de la nuit, s'illumine d'un rouge toujours aussi doux pour les yeux. Ou des ingénieux espaces de rangement aussi pratiques que nombreux, du dégagement appréciable pour les occupants des places avant et arrière, et du volume du coffre. Que dire enfin de la richesse de l'équipement qui, comme c'est courant dans cette catégorie, comporte hélas plusieurs options — comme les phares directionnels, un régulateur « intelligent » ou encore l'accès « mains libres ».

Sur le plan technique, la A6 étrenne une toute nouvelle plateforme qui, à l'instar de la Série 5 de BMW, est composée d'un heureux mélange d'acier et d'aluminium. Les voies sont plus larges, l'essieu arrière de la version Quattro cède sa place à un train multibras. Une suspension pneumatique issue de la A8 sera éventuellement proposée. Celle-ci est « pilotée » par la molette du système MMI de la A6. Cela dit, on a beau détester l'hiver, force est de reconnaître qu'à bord d'une Audi Quattro,

on finit par trouver bien sympathique la saison blanche. En fait, l'excellente motricité que procure le système Quattro confère à la A6 un avantage indéniable face à ses rivales propulsées, trop souvent maladroites sur une chaussée à faible cœfficient d'adhérence. Un avantage à considérer vu notre climat.

Pour entraîner cette Audi, les motoristes ont boulonné un V6 de 3,2 litres (255 chevaux). Celui-ci succède au V6 de 3 litres (220 chevaux). Plus puissant, ce moteur permet à la A6 de ne plus se traîner les sabots et de faire preuve de plus de vélocité à bas et à moyen régimes, mais on est encore loin du rendement et de l'onctuosité d'un moteur BMW. Pour plus d'émotions, c'est du côté de la version 4,2 animée d'un huit-cylindres de 335 chevaux qu'il faut regarder.

À défaut de pouvoir encore s'offrir la direction à démultiplication variable de la Série 5 (elle sera proposée l'an prochain, dit-on), la A6 compte sur une direction asservie à la vitesse du véhicule. Celle-ci manque de rappel à basse vitesse et devient étonnamment ferme en appui. Rien à voir avec la précision et les sensations au volant d'une BMW. C'est toujours mieux qu'une Classe E, toutefois. Malgré de louables efforts, comme celui de réduire les masses non suspendues, la A6 ne procure toujours pas un grand agrément de conduite sur une chaussée sèche. Dans la neige, c'est une toute autre histoire.

Sur le plan du confort, on a longtemps reproché à la A6 la trop grande souplesse de ses suspensions. À notre avis, un peu plus de fermeté contiendrait mieux les mouvements de la caisse et permettrait également d'enrayer le phénomène de pompage observé lors de freinages intensifs. Les concepteurs de la nouvelle A6 partagent visiblement le même point de vue. Mieux suspendue, la A6 lisse parfaitement les saignées et les petites bosses qui se trouvent sous ses roues. On regrette seulement que cette Audi se fasse malmener aussi sévèrement par les nids-de-poule. Quant au freinage, mentionnons que les étriers mordent à pleines dents dans des disques de taille importante et qu'un amplificateur de freinage (*brake assist system*) vient mettre plus de pression sur la pédale lors des freinages appuyés. Pour sa qualité, son habitabilité et son rouage intégral, la A6 mérite toute votre considération, pour peu qu'elle se révèle fiable. Même si elle doit s'incliner face à la Série 5 dans plusieurs domaines de comparaison, il reste que lorsque la gadoue, la neige et la glace couvrent la chaussée, c'est elle la reine.

ON AIME

> La calandre majestueuse
> Les nombreuses innovations
> Le système Quattro

ON AIME MOINS

> Les éléments suspenseurs qui manquent de fermeté
> Les performances moyennes du V6
> La direction bizarrement calibrée

À RETENIR

Fourchette de prix :
60 100 $ à 73 100 $

Marge bénéficiaire : **n.d.**

Ventes : ↓

Indice de fiabilité : **n.d.**

Consommation d'essence : **n.d.**

CO_2 sur une base annuelle : **n.d.**

Valeur résiduelle au terme de 48 mois : **n.d.**

Cote de sécurité en cas d'impact : **n.d.**

NOUVEAUTÉS

> Nouveau modèle pour 2005

LE MOT DE LA FIN

Elle pourrait très bien jouer les trouble-fêtes.

Des ambitions renouvelées

L a Seville n'est plus, vive la STS. Cette dernière adopte non seulement la signature esthétique des autres Cadillac (exception faite de la DeVille), mais aussi une architecture à roues arrière motrices. Mieux encore, pour nous qui connaissons la neige et la gadoue, une version à quatre roues motrices est proposée, mais uniquement avec le moteur V8 au cours de la première année.

La STS est plus courte que le modèle qu'elle remplace, mais repose néanmoins sur un empattement allongé de quelque 100 mm. Ce tour de force a été rendu possible en réduisant les porte-à-faux avant et arrière. Arrière surtout, puisque le volume du coffre n'est plus ce qu'il était. Pour compliquer encore davantage la tâche de lui faire avaler nos valises et sacs d'épicerie, l'ouverture est particulièrement étroite. Si l'on prête foi aux chiffres avancés par le constructeur, le volume intérieur a tout de même progressé. Des gains partout à l'avant, mais seulement deux millimètres de plus pour nos jambes et nos épaules à l'arrière et — aïe ! — 48 mm de moins pour les hanches. Et avec la grosse bosse (le tunnel de transmission, si vous préférez) qui a tant gêné des générations d'amoureux, au centre de l'habitacle, difficile d'inviter une troisième personne à prendre place à l'arrière. Deux c'est mieux, et surtout plus confortable, même si on ne sait trop où caser nos orteils (la quincaillerie qui loge sous les sièges prend toute la place) et que nos genoux flirtent avec nos oreilles *because* le coussin ancré trop bas.

Le plastique de certaines pièces paraît moins vulgaire, plus chic que dans la CTS. C'est bien la moindre des choses, considérant que cette STS, une fois équipée de tous les accessoires disponibles, coûte plus de 80 000 $ — mais les véhicules concurrents coûtent autant sinon plus cher. On regrette par ailleurs que l'accoudoir central gêne le mouvement de va-et-vient nécessaire pour qui souhaite sélectionner manuellement les rapports de la boîte semi-automatique. Enfin, on s'inquiète de l'absence de clef pour démarrer le moteur, remplacée par un bouton-poussoir, comme sur la XLR. Pourvu que cette technologie soit fiable, car aucune autre option n'est proposée à part attendre la remorqueuse. Est-ce bien prudent ?

À tout seigneur, tout honneur, intéressons-nous en premier lieu au cœur même de cette berline de luxe : le moteur V8 Northstar, dont les fleurs lancées à ses pieds

refusent de se faner. Alors que celui qui animait autrefois la Seville produisait 280 chevaux, le moteur V8 Northstar en produit désormais 320. Une hausse appréciable qui, malheureusement, est en partie annihilée par le gain de poids de la nouvelle mouture, lequel frise les 2000 kilos. Important de retenir aussi que le V6 de 3,6 litres (255 chevaux) équipe le modèle d'entrée de gamme qui comptera pour près de 60 % des ventes, selon Cadillac.

Cela dit, sur la route, la STS surprend agréablement. Les mouvements de caisse sont parfaitement maîtrisés et le train avant fait preuve de ténacité dans les enchaînements de lacets. Bien sûr, en poussant un peu, un zeste de sous-virage apparaît, mais rien d'inquiétant. La direction précise permet de découper les virages avec assurance.

La douceur constitue également l'une des qualités premières de cette voiture. Cela tient tout d'abord au silence de marche avec cette boîte automatique à cinq rapports qui enfile ses rapports dans un fondu enchaîné très délicat, mais aussi, et surtout, à la qualité des éléments suspenseurs. De toute évidence, la STS profite pleinement du dispositif Magnetic Ride, en option. On constate par ailleurs une faible prise de roulis, un bon équilibre et une motricité pratiquement infaillible sur sol sec (l'antidérapage et l'antipatinage livrés de série veillent au grain). Bref, la STS brille par sa tenue de route et son homogénéité. En revanche, les nids-de-poule assèchent fortement les suspensions qui réagissent alors assez durement, comme sur une bonne berline européenne. De plus, en dépit de son format plus compact, l'agilité n'est pas le fort de cette STS, et la direction est affectée, en position centrale surtout, d'un flou agaçant. Le freinage est toutefois magistralement amélioré. La pédale est facile à moduler et les étriers embrassent les plaquettes sans les faire rougir.

Certains diront que la barre n'était pas très haute, mais il reste que la STS surclasse la Seville dans pratiquement tous les domaines. Plus puissante, plus économique, plus silencieuse et surtout plus dynamique, cette nouvelle venue pèche cependant par ses places arrière un peu justes et son coffre qui affiche complet en très peu de temps.

ON AIME

> Le souffle du moteur Northstar
> La suspension pilotée
> Le souci du détail

ON AIME MOINS

> Les nouveaux gadgets qui pourraient compromettre la fiabilité
> La stratégie étapiste de Cadillac (V6 et intégrale seulement l'an prochain)
> L'espace réservé aux bagages

À RETENIR

Fourchette de prix :
55 996 $ à 68 725 $

Marge bénéficiaire : **10,4 %**

Ventes : ↓

Indice de fiabilité : **n.d.**

Consommation d'essence :
13,1 L/100 km

CO_2 sur une base annuelle :
n.d.

Valeur résiduelle au terme de 48 mois : **n.d.**

Cote de sécurité en cas d'impact : **n.d.**

NOUVEAUTÉS

> Modèle refondu au complet.

LE MOT DE LA FIN

Cette fois, est-ce la bonne ?

Coupez !

BMW parlait de relancer la Série 6, un coupé haut de gamme à la clientèle pour le moins limitée. Il n'en fallait pas plus pour que Mercedes-Benz rétorque avec un véhicule à l'image de sa conception du coupé haut de gamme : la Classe CLS. Offrant le CLS350 et le CLS500 en Europe, le fabricant allemand a cru bon de ne faire traverser l'océan qu'à l'édition V8 de son coupé. Pour le moment. Le CLS500, un coupé à quatre portes constituant une solution de rechange plus pratique que son rival bavarois, sera secondé du CLS55 AMG plus tard en 2005. Ça, ça promet. Mais ne nous égarons pas.

Les plus perspicaces auront reconnu, à l'appellation, la présence du V8 de 306 chevaux qui équipe aussi les modèles de la Classe S et du roadster de Classe SL. Grâce à son couple généreux, il est en mesure de propulser le nouveau coupé de 0 à 100 km/h en un peu plus de six secondes.

Pour l'aider à accomplir ce petit exploit, il est secondé par la boîte automatique « 7G-Tronic » de DaimlerChrysler, qui ne compte pas moins de sept rapports. Sept ! À moins d'utiliser le mode semi-manuel (dont les commandes ont été logées derrière les rayons du volant, rendant leur utilisation à l'aveuglette délicate les premières fois), on s'y perd un peu. À cela s'ajoute toute la quincaillerie électronique que Mercedes-Benz aime mettre en vitrine : régulateur de vitesse à sonar avant (« Speedtronic »), antipatinage, antidérapage, freins à antiblocage, système de freinage électronique (« Sensotronic », c'est pittoresque, vous ne trouvez pas ?)

Les freins s'actionnent bien, mais encore faut-il s'habituer au fait que le temps de réaction est un peu délayé par moments. Toutefois, quand les étriers finissent par mordre dans les disques, ça freine sec. Et tant qu'à verser dans le « psychotronique », voici quelques options au menu du CLS500 : sonars de proximité « Distronic », commandes vocales « Linguatronic », assistant de stationnement « Parktronic » et contrôle de température « Thermotronic ». Un système de déverrouillage et de démarrage sans clef, celui-là inspiré de la Maybach, est une option intéressante sur une voiture aussi poussée au chapitre de la technologie. Côté suspension, la Classe CLS a droit à un ensemble d'amortisseurs à air également modifiés électroniquement, ce qui permet d'ajuster leur comportement en fonction de l'humeur du moment. Dans la configuration sportive, la suspension demeure

ON AIME

> La finition de l'habitacle
> Le volume du coffre et des places arrière
> Le duo suspension-freins

ON AIME MOINS

> La boîte automatique à sept rapports
> L'absence d'une CLS350 plus abordable

À RETENIR

Fourchette de prix : **n.d.**

Marge bénéficiaire : **n.d.**

Indice de fiabilité : **n.d.**

Consommation d'essence : **n.d.**

CO_2 sur une base annuelle : **n.d.**

Valeur résiduelle au terme de 48 mois : **n.d.**

Cote de sécurité en cas d'impact : **n.d.**

NOUVEAUTÉS

> Nouveau modèle pour 2005

LE MOT DE LA FIN

Un coupé dynamique qui mise sur les avantages pratiques d'une configuration à quatre portes plus confortable et plus spacieuse.

tout de même assez douce pour ne pas verser dans la performance brutale. Son débattement est un peu plus court, mais le roulis reste présent et la voiture demeure, avant tout, une Classe E « survitaminée ».

D'ailleurs, puisqu'on en parle, le principal défaut (ou qualité ?) du coupé CLS est que, de l'intérieur, on le confond immédiatement avec la Classe E. Le tableau de bord est identique, et les dimensions de l'habitacle sont à peu près les mêmes (bien que le CLS500 soit plus spacieux sous tous les angles que la Série 6 de BMW). Les sièges avant sont chauffés et climatisés et, à l'arrière, la banquette est divisée au centre par une étroite console de rangement. Les deux places ainsi créées sont spacieuses à souhait et très confortables.

C'est donc de l'extérieur que le coupé CLS se distingue du reste de la gamme Mercedes-Benz. Ses phares n'ont pas les rondeurs auxquelles nous ont habitués les autres modèles au sceau étoilé. Tout en courbe, le coupé se termine par des feux arrière eux aussi originaux. Il n'est pas impossible que ce nouveau design dicte une nouvelle tendance pour les prochains modèles de la société automobile allemande. D'élégantes roues de 18 pouces en alliage léger chaussaient les CLS500 mises à l'essai lors du lancement. Espérons qu'elles feront le voyage en terre canadienne !

Côté sécurité, en plus de l'électronique embarquée, plusieurs éléments de sécurité passive sont offerts de série. Ainsi, les coussins gonflables frontaux à déploiement progressif sont secondés par des coussins latéraux pour les places avant, et les deux rangées de sièges sont équipées de ceintures de sécurité à pré-tendeurs retenant leurs occupants en cas de collision frontale.

L'introduction d'un coupé à quatre portes signifie qu'il n'est pas question d'en faire une version décapotable. Le prix de détail, qui se situera quelque part entre 90 000 et 100 000 $, selon les porte-parole de Mercedes-Benz Canada, en fait une voiture intermédiaire à situer entre la Classe E et la Classe S. Grâce à un judicieux mélange de confort, de caractère et de technologie, le coupé CLS500 qui se vendra au Canada pourrait intéresser une clientèle qui n'a pas tout à fait les moyens de s'offrir un coupé CL, ou qui lorgne présentement du côté de BMW, ou même de Jaguar.

BMW **SÉRIE 5**

ON AIME

> La direction à démultiplication variable

> Le comportement routier sportif et équilibré

> Le système I-Drive plus convivial

ON AIME MOINS

> Les lignes « Bangalesques »

> Les options coûteuses

> La qualité de certains matériaux

À RETENIR

Fourchette de prix :
66 500 $ à **77 700 $**

Marge bénéficiaire : **9,9 %**

Ventes : ↑

Indice de fiabilité :
★★★★☆

Consommation d'essence :
11,9 L/100 km

CO_2 sur une base annuelle :
 7,8

Valeur résiduelle au terme de 48 mois : **48** à **49 %**

Cote de sécurité en cas d'impact : **n.d.**

NOUVEAUTÉS

> L'arrivée de la redoutable M5 et de la familiale Touring

LE MOT DE LA FIN

Comme quoi il faut parfois aller au-delà des apparences.

Le fond avant la forme

Inutile de poser la question : juste à voir le dessin de sa robe, il est possible d'affirmer que la Série 5 est bien une création de Chris Bangle, le designer que bien des amateurs de la firme bavaroise souhaiteraient voir congédier. Par chance, il a fait preuve d'une certaine retenue en dessinant la poupe somme toute assez classique de la version familiale qui débarque cette année.

Que vous optiez pour la berline ou la familiale, beaucoup d'efforts ont été accomplis pour rendre vos séjours à bord des plus agréables. Mais il y a un mais : les concepteurs semblent avoir perdu de vue l'essentiel. Pas grand-chose, des petits détails de rien du tout, comme des espaces de rangement plus accueillants, un changeur de disques compacts intégré à même le panneau de la chaîne audio plutôt que dissimulé dans le minuscule coffre à gants, dont le couvercle a la fâcheuse manie de vous tomber directement sur les tibias en s'ouvrant. Un impair que même une modeste Corolla ne commet pas. Ajoutons également que la qualité de certains plastiques détonne pour une voiture de cette catégorie, et que la qualité de l'assemblage, même si elle demeure sérieuse, n'atteint pas le niveau de la version antérieure. L'équipement de série est très complet, mais BMW trouve encore le moyen, comme Mercedes d'ailleurs, de nous faire dépenser avec une liste d'options longue comme ça.

Il y a peu à redire sur la vitalité, la souplesse et l'onctuosité des moteurs proposés pour propulser cette Série 5. En fait, l'originalité réside dans la direction active (AFS), une première dans l'industrie — une direction à gestion électronique dont la démultiplication et l'assistance varient en fonction de la situation de conduite. Résultats : la sensation de piloter une automobile extrêmement maniable et agile à faible vitesse et une stabilité accrue sur autoroute. Un vrai régal. À haute vitesse, en revanche, la démultiplication de la direction augmente pour privilégier la stabilité, et comme elle dialogue avec l'antidérapage, ce dernier corrige parfois de lui-même la trajectoire pour éviter les mouvements de lacet. Le conducteur a alors la très nette impression de ne plus être aux commandes, mais le phénomène s'avère plus désagréable que réellement gênant. Plus caractérielle qu'une Mercedes Classe E, la Série 5 s'adresse à ceux qui prennent encore plaisir à piloter. Regrettons seulement que, pour bénéficier de toutes les avancées technologiques qui contribuent à ce surcroît d'agrément de conduite, il faille largement recourir aux options.

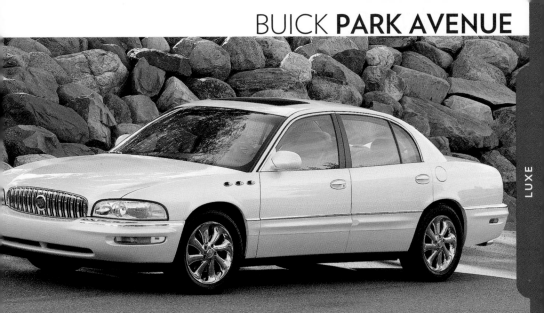

Dernière chance

Au risque de vous étonner, la Park Avenue de Buick a déjà figuré parmi mes coups de cœur de la dernière décennie. Surpris ? Sans doute pas autant que moi, persuadé que j'étais à l'époque que cette immense berline allait se conduire comme un navire de croisière dirigé par un gouvernail de chaloupe. Mais, les années passent, les qualités se fanent et la Park Avenue entame cette année son dernier tour de piste. Après, c'est fini.

Derrière les immenses portières, on a vu et revu ce tableau de bord mille et une fois dans les américaines dites cossues. Il ne révolutionne rien, bien au contraire, mais semble réconforter quelques tenants de la tradition. L'important est que les passagers ont l'impression de séjourner dans une limousine, et que les bagages ont plein d'espace dans la caverne qui sert de coffre. Seuls hic : la finition de certains détails, des espaces de rangement à peu près inexistants, des commandes pas toujours très accessibles et des sièges qui manquent cruellement de soutien.

Si la Park Avenue de base, nantie du V6 de 3,8 litres, continue d'offrir un confort sain, à cheval entre une suspension permissive et des performances honnêtes, la version Ultra est totalement différente. Le 3,8 litres suralimenté par un compresseur volumétrique, qui produit 240 chevaux, emporte les occupants avec une force irrésistible tout en consommant avec modération les 70 litres d'essence super de son réservoir. L'Ultra fait tout mieux, et avec arrogance. Plus fournie en accessoires, elle survole les aberrations de la route avec aplomb. Les virages la font moins chavirer et les reprises du moteur garantissent des dépassements sans danger. La suspension « Grand Touring » et les pneus de 17 pouces procurent assurément à la version Ultra une plus grande neutralité encore, sans pour autant sacrifier le confort. L'équilibre et l'assurance avec lesquels elle négocie les virages surprennent agréablement, et la suspension, malgré son débattement encore important par rapport aux réalisations européennes voire nipponnes, n'est sans aucun doute pas étrangère au comportement rassurant de cette Buick. Il va sans dire que l'on apprécie encore plus ses qualités sur l'autoroute. En fait, hormis des chuintements dûs aux remous d'air et au bruit de roulement des pneus, le silence à bord, confié aux soins des sous-châssis et du triple joint d'étanchéité des portières, incite à la méditation... Pour plusieurs automobilistes, ces seules qualités suffisent. Respect !

ON AIME

> Le sentiment d'espace
> Avoir l'impression que les nids-de-poule n'existent pas
> Les performances du V6 suralimenté

ON AIME MOINS

> La présentation vieillotte
> L'idée que ce modèle sera prochainement orphelin
> La finition un peu légère

À RETENIR

Fourchette de prix :
47 610 $ à 53 210 $

Marge bénéficiaire : **9,8 %**

Ventes : ↓

Indice de fiabilité :
★★★★☆

Consommation d'essence :
12,3 L/100 km

CO_2 sur une base annuelle :
7,9

Valeur résiduelle au terme de 48 mois : **27 à 28 %**

Cote de sécurité en cas d'impact : **★★★★☆**

NOUVEAUTÉS

> Des nouvelles teintes extérieures pour rafraîchir ses tôles

LE MOT DE LA FIN

Les funérailles seront célébrées l'an prochain.

CADILLAC **DE VILLE**

ON AIME

> Le silence de cathédrale qui règne à l'intérieur

> Le comportement routier étonnant vu les dimensions

> «Le confort de roulement; on se croit sur un nuage»

ON AIME MOINS

> Passer pour un entrepreneur de pompes funèbres

> Qu'elle soit vouée à disparaître prochainement

> La valeur de revente peu élevée

À RETENIR

Fourchette de prix :
56 800 $ à 68 500 $

Marge bénéficiaire :
9,5 à 10,7 %

Ventes : ↓

Indice de fiabilité :
★★★★☆

Consommation d'essence :
12,7 L/100 km

CO$_2$ sur une base annuelle :
▬▬▬▬ **8,3**

Valeur résiduelle au terme
de 48 mois : **32 à 33 %**

Cote de sécurité en cas
d'impact : ★★★★☆

NOUVEAUTÉS

> Nouvelle génération OnStar

> Nouvelles teintes extérieures

LE MOT DE LA FIN

Oui, c'est toujours possible de
lui greffer un toit en vinyle.

Prière de ne pas rire

Mon oncle Charlemagne est déçu, lui qui appréciait tant les De Ville « de son temps », celles qui, d'ailleurs, ne lui ont jamais transmis le goût de la conduite, tellement leurs suspensions flasques donnaient le mal des transports. Pauvre Charlemagne ! La De Ville actuelle n'est plus à proprement parler un somnifère sur roues. Adieu, les pitons chromés, la moquette touffue et la banquette de peluche : la De Ville n'est plus un sujet de moqueries. Si elle n'a visuellement rien d'extraordinaire, sa robe se veut à la fois élégante et contemporaine. Chose certaine, le dessin du toit n'élimine pas du tout la possibilité de le coiffer de la couverture de vinyle matelassé à gros boutons qu'affectionnait tant Charlemagne. Cependant, la couronne chromée qui trônait autrefois à l'extrémité du capot, et permettait à mon oncle de bien évaluer ses distances avant d'emboutir le pare-chocs de la voiture qui le précédait, a été éliminée. (Ne t'en fais pas, Charlemagne, on trouvera bien le moyen d'en installer une quand même.) À une certaine époque, il est vrai que, pour vraiment apprécier une balade à bord d'une De Ville, il fallait carrément opter pour la banquette arrière.

Cela étant écrit, vous comprendrez mon appréhension à emprunter un itinéraire comportant une escapade sur routes tortueuses. Au volant d'une Corvette, d'accord, mais d'une De Ville ? Surprise, la De Ville, dans sa livrée DTS à tout le moins, m'oblige à me récuser. L'équilibre et l'assurance avec lesquels elle négocie les virages surprennent agréablement. La tenue de cap est sans histoire, et si la De Ville affiche certaines prédispositions à prendre du roulis, cela n'a rien d'excessif. La suspension Touring et les pneus de 16 pouces de la LHS lui procurent une plus grande neutralité encore, sans pour autant sacrifier le confort.

Il va sans dire que c'est sur l'autoroute que l'on apprécie le plus ses qualités. Le silence de roulement est seulement perturbé par des chuintements attribuables aux remous d'air et au bruit de roulement des pneus — surtout sur la DTS, en raison de pneumatiques plus performants. De manière éclatante, Cadillac a gagné le pari qui consistait à rendre cette opulente berline agréable à conduire. À l'heure des choix, la De Ville a de beaux atouts à faire valoir. Même que mon oncle Charlemagne pourrait se laisser tenter à goûter aux joies de la conduite en dépit de ses 85 ans.

Le cœur a ses raisons que la raison ignore

D ieu qu'elles sont belles, les Jaguar ! Et la S-Type a le regard de ses ancêtres, sans pour autant verser dans la nostalgie larmoyante. La calandre en hauteur, inspirée du modèle des années 1960, et les quatre phares ronds soulignés de jolis joncs chromés ne manquent pas de charme. La partie arrière est moins réussie, même si le dessin des feux, maintes fois copié, demeure un attribut de Jaguar. C'est bien connu, chez Jaguar, l'esthé-tique prime, fût-ce au détriment de la fonctionnalité. Et la S-Type ne déroge pas à la tradition. À preuve, regardez la ligne on ne peut plus fuyante du toit : élégante, sensuelle, rétro... Mais lorsqu'elle vous aura limé le cuir chevelu au moment de prendre place sur la banquette arrière, la trouverez-vous toujours aussi belle ? Et le coffre ! Peu profond, il ne doit son salut qu'au dossier de la banquette qui se rabat en deux, ce qui permet d'accroître le coffre dans le sens de la longueur — mais pas dans sa hauteur, hélas ! bien réduite.

Avec six ou huit cylindres ? That's the question ! Même si elle ne correspond pas tout à fait à l'image que certains lecteurs se font d'une Jaguar, la V6 est la livrée avec laquelle prendre rendez-vous si votre préoccupation première n'est pas d'arri-ver au prochain feu rouge en tête du peloton. Plus légère et comptant sur une dis-tribution légèrement mieux équilibrée de ses masses, la V6 est en effet plus vive, plus neutre et surtout plus agréable que la V8. Les valeurs de couple ne sont pas exceptionnelles, mais la puissance respectable donne une certaine aisance à cette anglaise qui reste pourtant lourde et volumineuse. Quoique sensible et précise, la direction n'expédie pas, comme le ferait celle d'une BMW par exemple, toutes les sensations qu'elle ressent aux mains du conducteur ; elle préfère plutôt rassurer son pilote et le détendre, ce qui est, il faut le dire, conforme à l'image de cette voiture. Pour plus de sensations et pour enrayer le phénomène de pompage observé lors de cet essai, tournez-vous vers le groupe sport, qui propose des éléments suspen-seurs plus rigides et une monte pneumatique plus consistante (des pneus de 17 pouces au lieu de 16). Les amateurs de sensations opteront pour la version R dont le V8 de 4,2 litres est doté d'un compresseur qui lui permet de pousser la cavalerie à quelque 400 chevaux. Mais ça, c'est une toute autre histoire.

ON AIME
> La version R
> La silhouette sensuelle
> Le V6 homogène

ON AIME MOINS
> Se faire scalper en prenant place à l'arrière
> Devoir laisser certains bagages sur le trottoir
> Sa préférence pour la marche et non la course

À RETENIR
Fourchette de prix :
62 795 $ à 84 995 $

Marge bénéficiaire : **11,1 %**

Ventes : ↓

Indice de fiabilité :
★★★★☆

Consommation d'essence :
n.d.

CO_2 sur une base annuelle :
n.d.

Valeur résiduelle au terme de 48 mois : **40 à 44 %**

Cote de sécurité en cas d'impact : **n.d.**

NOUVEAUTÉS
> Modèle partiellement retouché au cours de la dernière année

LE MOT DE LA FIN
Vous avez raison d'avoir un faible pour la version R.

LEXUS **ES330**

ON AIME

> La qualité de la fabrication et la finition

> La valeur de revente élevée

> Le nombre des accessoires

ON AIME MOINS

> L'idée qu'il s'agit d'une Camry endimanchée

> Les groupes d'options coûteux

> Le comportement routier sans saveur

À RETENIR

Prix : **39 900 $**

Marge bénéficiaire : **8,2 %**

Ventes : ↓

Indice de fiabilité :
★★★★★

Consommation d'essence :
11,4 L/100 km

CO_2 sur une base annuelle :
⊃ **7,3**

Valeur résiduelle au terme de 48 mois : **49 %**

Cote de sécurité en cas d'impact : **n.d.**

NOUVEAUTÉS

> Nouveau modèle d'entrée de gamme

> Nomenclature des options révisée

LE MOT DE LA FIN

Une Lexus qui préférerait cacher ses origines roturières.

Pourquoi payer plus ?

Ce n'est plus un secret pour personne : sous les dorures et le cuir d'une Lexus ES330 se cache une Toyota Camry. Mais lors du renouvellement de la ES330 (qui a d'ailleurs coïncidé avec celui de la Camry), le lien de parenté entre ces deux modèles s'est fait un peu moins évident, quoique toujours bien présent — plateforme unique, moteurs jumeaux (mais davantage de chevaux pour la ES300) et dimensions semblables. Pour 2005, la ES330 arbore une calandre différente, intègre avec plus d'harmonie ses phares antibrouillard à son carénage avant et retouche ses feux arrière. Au chapitre des accessoires, la liste des caractéristiques de série s'enrichit notamment de commandes audio montées au volant et de baquets avant qui vous ventilent ou vous réchauffent l'arrière-train. Cette année toujours, l'acheteur aura le choix « d'habiller » sa ES330 de l'un des quatre groupes d'options — toujours coûteux et souvent hétéroclites — inscrits au catalogue du concessionnaire. Et la facture grimpe vite. Les portières de cette Lexus s'ouvrent sur un habitacle richement équipé et soigneusement assemblé. Instrumentation claire et joliment éclairée, commandes agréables et accessibles, la ES330 ne prête pas facilement flanc à la critique. Mais comme pour ses rivales les plus directes, la banquette arrière de la ES330 n'accueille confortablement que deux adultes. Au risque de m'attirer les foudres de Lexus, le comportement routier de la ES330 ne diffère pas tellement de celui d'une Camry XLE V6. Mieux insonorisée que sa cadette, sans l'ombre d'un doute, mais les grands traits de caractère censés distinguer la Lexus ne sont pas aussi importants que le constructeur aimerait nous le faire croire. Résultat : un moteur onctueux et discret, une direction légère, des freins doublés d'un ABS sensible, un antipatinage redoutable et une boîte de vitesses soumise aux caprices et habitudes du conducteur. On peut même, en sélectionnant le groupe d'options « Luxe Premium », modifier le degré d'amortissement de la suspension, mais plusieurs des combinaisons possibles n'ont que peu ou pas d'effet sur le comportement du véhicule, sans compter qu'il s'agit là d'un mécanisme particulièrement coûteux à réparer ou à remplacer. Somme toute, la ES300 paraîtrait sûrement meilleure si nous ne connaissions pas déjà la Camry XLE V6. Mais si vous tenez mordicus à cette Lexus, prenez rendez-vous avec l'édition spéciale. Elle réunit toutes les caractéristiques propres à Lexus (garantie quatre ans/80 000 km, finition minutieuse, etc.) sans tous les artifices qui catapultent le prix à des sommets injustifiés.

LUXE

En roues libres...

En voilà une qui commence sérieusement à flageoler sur ses vieux os. Pourtant, la moins populaire des Lexus persiste et signe pour encore quelques mois, d'ici à ce qu'une nouvelle mouture soit proposée. Wait and see ! Dans sa forme actuelle, la série GS a peu à offrir pour détourner nos regards des Série 5, Classe E et autres S-Type. Son développement est suspendu depuis longtemps. Qu'à cela ne tienne, la présentation intérieure des GS ne fait toujours pas manquer d'encre à ceux et celles qui veulent la décrire. Ainsi, cuir et bois s'unissent pour créer une ambiance chaleureuse, confortable, discrète et raffinée. Le tableau de bord rompt toutefois le charme par sa présentation digne d'un vaisseau spatial. L'éclairage « Opti-tron » élaboré par Lexus neutralise les reflets gênants de la lumière pour faciliter la lecture des trois cadrans enfoncés dans des cylindres. Enfin, à votre droite, la trop large console, incapable d'accueillir le frein à main, abrite les commandes de la radio, de la climatisation et du système de navigation. Les trois appuie-tête montés sur le dossier de la banquette arrière ne laissent planer aucun doute sur l'intention de cette banquette d'accueillir trois personnes. Seulement voilà, cette troisième personne devra composer avec un dossier multifonctions peu confortable (il dissimule un large accoudoir et un jeu de porte-tasses) et une gênante bosse au plancher. Sur le plan technique, deux mécaniques sont offertes. La plus prisée demeure le V8 de 4,3 litres également adopté par la berline LS et le coupé-cabriolet SC. Un moteur capable de fournir 80 % de son couple à 1800 tr/min, permettant ainsi des accélérations toniques et des reprises franches. À ce moteur se greffe une boîte automatique à cinq rapports qui, à bord de la GS430, est doublée d'un mécanisme permettant d'engager les rapports manuellement à l'aide de boutons-poussoirs montés sur les branches horizontales du volant. Notez d'ailleurs que ce système, contrairement à presque tous les autres du même genre, se révèle amusant. La GS aura permis de nous convaincre que Lexus sait faire autre chose que des automobiles ennuyantes. Si elle talonne les meilleures sur le plan dynamique, il se trouvera toujours des esprits critiques pour vous faire remarquer que ses performances sont artificiellement atteintes. De même pour son équilibre routier, qu'elle doit à ses nombreuses béquilles électroniques. Toutefois, à moins de vouloir à tout prix vous démarquer au volant d'une berline à la diffusion confidentielle ou de bénéficier d'une grosse remise du concessionnaire, on vous invite à passer votre tour.

ON AIME

> La boîte semi-automatique
> L'onctuosité du moteur V8
> Les importantes remises à l'achat

ON AIME MOINS

> Que le châssis repose autant sur les béquilles électroniques
> La présentation vieillotte
> Les places arrière étriquées

À RETENIR

Fourchette de prix :
61 690 $ à 69 500 $

Marge bénéficiaire : **9,9 %**

Ventes : ↓

Indice de fiabilité :
★★★★★

Consommation d'essence :
13,9 L/100 km

CO_2 sur une base annuelle :
▬▬▬▬▬ **8,4**

Valeur résiduelle au terme de 48 mois : **n.d.**

Cote de sécurité en cas d'impact : **n.d.**

NOUVEAUTÉS

> Modèle en sursis

LE MOT DE LA FIN

À moins d'une offre mirobolante du concessionnaire, attendez!

LINCOLN **TOWN CAR**

La banquette arrière ou rien

Cartier, Signature et Executive ont tous disparu du catalogue. Désormais, les trois saveurs se nomment Signature, Signature L et Signature Limited. Pour l'originalité, on repassera. La Town Car, avec ses 5623 mm de longueur, est dépossédée de son titre de « berline de série la plus longue d'Amérique » depuis l'arrivée de la Maybach de Mercedes. Les dimensions extérieures ont tout de même d'heureuses répercussions à l'intérieur, avec cinq places spacieuses et confortables. Sur une courte distance, une personne additionnelle peut se joindre à vous (oui, ça fait six) en sacrifiant l'accoudoir du sofa boulonné à l'avant. Mais revenons aux places arrière qui, sur la version allongée, sont non seulement faciles d'accès (les portières sont néanmoins assez lourdes), mais aussi spacieuses que celles d'une limousine. Tous vos accessoires et autres babioles indispensables à la vie quotidienne (disques compacts, téléphone portable, monnaie, etc.) trouveront aussi leur place dans les nombreux nouveaux espaces aménagés dans l'habitacle. Besoin de plus d'espace ? Le coffre offre un espace de chargement fort appréciable, modulable de surcroît. En effet, moyennant supplément sur certaines versions, on peut obtenir un bac de rangement « secret » pour y déposer vos objets précieux ou fragiles.

Par ailleurs, on regrette que le constructeur ait lésiné sur le choix des textures et des matériaux qui parent ce palace roulant. Les appliques de bois (fausses, naturellement) et la moquette qui ne recouvre pas complètement les points d'ancrage des sièges ne sont que quelques-uns des éléments qui choquent dans une voiture de ce prix. Toutefois, le jour où ces détails seront corrigés, il ne restera plus qu'à offrir le téléviseur et le flacon de bourbon. Et le tableau de bord, demanderez-vous ? Il fait tout, et avec succès, pour ne pas attirer l'attention sur son instrumentation presque aussi dépouillée qu'un sapin de Noël le 26 décembre au matin.

Il faut toujours prévoir un port d'attache à l'arrivée de cette gigantesque berline, car la rue lui convient peu. Elle est capable de certaines prouesses, mais son poids et son manque d'agilité incitent tout de même le conducteur à respecter les lois de la physique. Cependant, force est de reconnaître que cette Lincoln se fait d'abord et avant tout apprécier sur un long ruban d'asphalte. Terrain sur lequel la Town Car file en silence, malgré quelques bruits d'air qui nous rappellent, Dieu merci, que nous sommes en mouvement.

Le bonheur
ne vient pas gratuitement

Presque tout le savoir-faire technologique de Mercedes est réuni sous le manteau de cette Classe E. Il faudrait des pages et des pages pour disséquer la liste des équipements qui font de la Classe E une berline extraordinaire. Toutefois, pour bénéficier de cette débauche de technologie, il faut mettre le prix, car la liste d'options n'en finit plus de finir. À l'intérieur, on retient d'abord les lignes fluides et l'aspect enfin chaleureux du tableau de bord. Parmi les compteurs, on note une classique horloge analogique et un ordinateur de bord très complet. Même si les dimensions intérieures ont été quelque peu accrues depuis la dernière refonte, la banquette arrière ne peut accueillir confortablement que deux personnes. Parlons boulons, maintenant. La Classe E bat au rythme d'un moteur V6 de 3,2 litres qui lui procure des accélérations franches et des reprises volontaires, mais sans plus. D'accord, il est souple, discret et ne manque pas de ressources pour les dépassements. Toutefois, pour davantage de sensations, regardez du côté de la E500, qui dispose d'un puissant moteur V8. C'est mieux, mais évidemment plus cher. Autre choix des plus intéressants : le moteur diesel, qui permet à cette opulente berline de consommer l'essence « à la petite cuillère ». Mais ne soyons pas trop sévère à l'égard du V6, dont les prestations seraient sans doute plus étincelantes si la gestion électronique de la boîte automatique qui l'accompagne n'était pas aussi hésitante, surtout lorsqu'il faut rétrograder.

Les bruits de roulement sont parfaitement maîtrisés, et les sifflements d'air sont présents mais peu dérangeants. Mais le mécanisme d'assistance de la direction souffre d'étourderie. En effet, il impose, d'une part, un peu trop d'efforts au volant pour maintenir la trajectoire et, d'autre part, il comporte, à faible vitesse, plusieurs points durs qui nuisent bêtement à l'agrément de conduite. Confortable et facile à conduire, cette Mercedes rassure d'ailleurs plus son conducteur qu'elle ne procure un réel plaisir de conduite. En effet, dès qu'on accélère la cadence, la Classe E devient lourde à manier et transmet avec peu d'empressement les directives du pilote. Pataude sans doute, cette allemande ne dévie toutefois jamais de sa trajectoire. Pour la classe qu'elle dégage et le luxe qu'elle offre, cette Mercedes impressionnera l'automobiliste le plus blasé : À ce prix, c'est le moindre des choses.

ON AIME

> Le choix de modèles
> L'impression de solidité qu'elle dégage
> Le moteur diesel

ON AIME MOINS

> D'entendre le représentant nous rappeler que tel accessoire est en option
> Les étourderies de la direction
> La lenteur de la boîte de vitesses

À RETENIR

Fourchette de prix :
73 000 $ à 115 650 $

Marge bénéficiaire : **9,8 %**

Ventes : ↑

Indice de fiabilité :
★★★★☆

Consommation d'essence :
12,1 L/100 km

CO_2 sur une base annuelle :
7,8

Valeur résiduelle au terme de 48 mois : **46 à 51 %**

Cote de sécurité en cas d'impact : **n.d.**

NOUVEAUTÉS

> De nouvelles options...

LE MOT DE LA FIN

Une valeur sûre.

SAAB 9-5

> La familiale
> La fiabilité éprouvée
> Les lubies de ce constructeur

ON AIME MOINS

> La valeur de revente et le coût des pièces de remplacement
> Le style vieillot (ou conservateur?)
> Le vent qui fait siffler les montants du pare-brise

À RETENIR

Fourchette de prix :
41 000 $ à 55 500 $

Marge bénéficiaire : **9,5 %**

Ventes : ↓

Indice de fiabilité :
★★★★☆

Consommation d'essence :
11,2 L/100 km

CO_2 sur une base annuelle :
7,4

Valeur résiduelle au terme de 48 mois : **32 à 35 %**

Cote de sécurité en cas d'impact : ★★★★★

NOUVEAUTÉS

> Système de navigation

LE MOT DE LA FIN

La version de base (familiale) représente la meilleure affaire.

Le luxe sens dessus dessous

Même si elle cherche à séduire à tout prix, la 9-5 embrasse les lubies de son constructeur — parfois déroutantes, j'en conviens. Par exemple, que dire de la décision de loger la clef de contact entre les baquets avant et de l'obligation, avant de la retirer de son écrin, de mettre le levier de vitesses de la boîte manuelle en marche arrière ? Mentionnons également la fonction Night Panel, qui permet d'éteindre tous les instruments de bord à l'exception de l'indicateur de vitesse pour assurer une concentration optimale sur la conduite la nuit venue. Toutes ces « bizarreries » (et il y en a d'autres) contribuent assurément à rendre attachantes les automobiles produites par ce constructeur suédois. Solide, impeccablement finie, la 9-5 dégage une robustesse germanique. Position de conduite irréprochable, instrumentation claire et lisible... la 9-5 séduit immédiatement. Les détails de cette Saab impressionnent aussi. On songe par exemple aux baquets de cuir réfrigérés qui, à l'aide de (bruyants) petits ventilateurs, chassent la chaleur et aspirent toute trace de transpiration. Et que dire des rails de sécurité dans le coffre de la familiale, qui permettent d'ancrer solidement les objets que l'on y dépose ? En 2005, le tableau de bord s'enrichit, moyennant supplément bien sûr, d'un système de navigation qui, comme tous les autres, a du mal à trouver la rue des Lilas à Cowansville (au fait, elle existe vraiment, cette rue ?)

Même si, esthétiquement, elle ne fait chavirer aucun cœur, la 9-5 est une Saab pur sirop, c'est-à-dire qu'elle mise sur la sécurité, l'ingéniosité et, plus important encore, sur l'individualisme. On l'excusera alors de ne pas se montrer aussi exaltante à conduire qu'une Série 5 de BMW ou encore aussi douée qu'une Audi A6 sur des surfaces à faible cœfficient d'adhérence. Le côté anticonformiste de cette Saab, ses fougueuses mécaniques suralimentées et son remarquable confort de roulement séduisent encore et toujours. On lui reproche néanmoins de laisser siffler le vent au pied de son pare-brise, et ce, en dépit de son remarquable cœfficient aérodynamique, et de proposer une commande de boîte manuelle toujours aussi lente et caoutchouteuse. L'automatique lui va tellement mieux.

Hormis l'Aero, beaucoup trop chère (près de 60 000 $), la meilleure 9-5 est sans doute la version Linear. Plus abordable qu'une livrée Arc, la 9-5 Linear (uniquement offerte en version familiale, youppi !) est assurément celle qui, aujourd'hui encore, correspond le mieux à l'image des Saab, les vraies.

À quand une réVOLVOlution ?

On se souviendra qu'à ses débuts, la S80 représentait un écart de style passablement considérable pour Volvo. La S80 confirmait, la première, que l'équerre avait définitivement quitté la table à dessin des designers de la firme suédoise. Son design reposait sur une calandre en porte-à-faux au-dessus du pare-chocs, point de départ d'un relief en V qui parcourt le capot jusqu'au fondement du pare-brise avant de former une paire de rives coulant jusqu'à l'arrière de la carrosserie. C'est la base de la nouvelle signature esthétique de la marque. Les fauteuils de la S80 sont parmi les plus confortables de l'industrie automobile, et aussi parmi les plus sécuritaires. Contrairement à bien des allemandes auxquelles elle se frotte, la S80 offre des places arrière vraiment accueillantes. On ne peut en dire autant du coffre, qui peut honorablement remplir ses fonctions, mais sans plus. Toutefois, trappe à ski et banquette rabattable le rendent modulaire.

Deux moteurs sont offerts. Un moteur V6 de 2,9 litres à aspiration normale est destiné à la livrée de base, alors que le modèle haut de gamme T6, le plus sportif, adopte un moteur d'une cylindrée inférieure (2,8 litres) avec une paire de turbocompresseurs. Il faut bien l'avouer, la version à moteur atmosphérique (2,9 litres) semble carrément endormie à côté de cette bête survoltée qu'est la T6. Cela dit, le moteur standard s'avérera suffisamment énergique pour plusieurs acheteurs, qui le trouveront par ailleurs plus économique.

Sur un long ruban d'asphalte, la S80 assure un confort de roulement onctueux et sans surprise, soit exactement ce que l'on demande à une voiture de grand tourisme : abattre les kilomètres. Ça se corse un peu lorsque la route se met à dessiner des courbes. Dès lors, la plus cossue des Volvo perd un peu de sa superbe. La direction trop assistée ne permet pas de ciseler les virages avec précision, la caisse prend un peu de roulis et, surtout, les éléments suspenseurs ont du mal à filtrer les irrégularités de la chaussée, les saignées surtout. Spacieuse, invitante, confortable, solide et rapide (la T6 à tout le moins), la S80 masque difficilement son âge sur le plan technologique, ce qui l'empêche de prendre une « calandre d'avance » face à une concurrence qui, elle, ne cesse de s'améliorer. À quand une réVOLVOlution ?

ON AIME
> L'habitabilité
> Le confort des sièges
> L'énergie de la version T6

ON AIME MOINS
> La légèreté de la direction
> Que les éléments suspenseurs s'assèchent sur les petites ondulations
> Le moteur de base qui s'essouffle

À RETENIR
Fourchette de prix :
54 995 $ à 62 895 $

Marge bénéficiaire : **8,7 %**

Ventes : ↓

Indice de fiabilité :
★★★★☆

Consommation d'essence :
35 à 37 L/100 km

CO_2 sur une base annuelle :
11,6

Valeur résiduelle au terme de 48 mois : **7,4 %**

Cote de sécurité en cas d'impact : **n.d.**

NOUVEAUTÉS
> Des petits détails

LE MOT DE LA FIN
À quand la refonte ?

CE QU'IL FAUT RETENIR

	Lieu d'assemblage	Type de carrosseries	Garantie de base (années/km)	Mode	Rouage à quatre roues motrices
Acura RL	Japon	Berline	3/60 000	Intégral	De série
Audi A6	Allemagne	Berline	4/80 000	Intégral	De série
BMW Série 5	Allemagne	Berline et familiale	4/80 000	Propulsion	n.d.
Buick Park Avenue	États-Unis	Berline	3/60 000	Traction	n.d.
Cadillac DeVille	États-Unis	Berline	4/80 000	Traction	n.d.
Cadillac STS	États-Unis	Berline	4/80 000	Propulsion	Disponible
Jaguar S-Type	Angleterre	Berline	4/80 000	Propulsion	n.d.
Lexus ES330	Japon	Berline	4/80 000	Propulsion	n.d.
Lexus GS	Japon	Berline	4/80 000	Propulsion	n.d.
Lincoln Town Car	États-Unis	Berline	4/80 000	Propulsion	n.d.
Mercedes Classe E	Allemagne	Berline et familiale	4/80 000	Propulsion	Disponible
Mercedes CLS	Allemagne	Berline	4/80 000	Propulsion	n.d.
Saab 9-5	Suède	Berline et familiale	4/80 000	Traction	n.d.
Volvo S80	Suède	Berline	4/80 000	Traction	Disponible

SURVOL TECHNIQUE

	Moteur de série	Puissance (hp à tr/mn)	Autre(s) moteur(s)	Couple (lb-pi à tr/mn)	Transmission de série
Acura RL	V6 SACT 3,5	300 à 6200	Aucun	260 à 5000	Auto. 5 rapports
Audi A6	V6 DACT 3,2	255 à 6300	V8 DACT 4,2 (325 hp)	244 à 3200	Auto. 6 rapports
BMW Série 5	L6 DACT 3,0	225 à 4900	V8 DACT 4,4 (325 hp)	214 à 3500	Man. 6 rapports
Buick Park Avenue	V6 ACC 3,8	205 à 5200	V6 ACC 3,8 SC (240 hp)	230 à 4000	Auto. 4 rapports
Cadillac DeVille	V8 DACT 4,6	275 à 5600	V8 DACT 4,6 (290 hp)	300 à 4000	Auto. 4 rapports
Cadillac STS	V6 DACT 3,6	255 à 5500	V8 DACT 4,6(320 hp)	252 à 3200	Auto. 5 rapports
Jaguar S-Type	V6 DACT 3,0	235 à 6800	V8 DACT 4,0 (294 hp)	216 à 4100	Auto. 6 rapports
Lexus ES330	V6 DACT 3,3	225 à 5600	Aucun	240 à 3600	Auto. 5 rapports
Lexus GS	L6 DACT 3,0	220 à 5800	V8 DACT 4,3 (300 hp)	220 à 3800	Auto. 5 rapports
Lincoln Town Car	V8 DACT 4,6	239 à 4900	Aucun	287 à 4100	Auto. 4 rapports
Mercedes Classe E	V6 SACT 3,2	221 à 5600	V8 SACT 5,0 (302), L6 3,2 (201 hp)	232 à 3000	Auto. 5 rapports
Mercedes CLS	V6 DACT 3,5	272 à 2400	V8 SACT 5,0 (306 hp)	258 à 2400	Auto. 7 rapports
Saab 9-5 (berline)	L4 DACT 2,3 T	220 à 5500	L4 2DACT 2,3 T (250 hp)	228 à 1800	Auto. 5 rapports
Volvo S80	L6 DACT 2,9	194 à 5200	L6 2,9 T (268 hp), L5 2,5 (208 hp)	207 à 3900	Auto. 4 rapports

Empattement (mm)	Longueur (mm)	Largeur (mm)	Hauteur (mm)	Volume du coffre (L)	Capacité du réservoir de carburant (L)	Essence recommandée
2800	4917	1847	1452	371	73,3	Super
2843	4916	n.d.	1459	n.d.	n.d.	Super
n.d.	n.d.	n.d.	n.d.	n.d.	n.d.	Super
2891	5253	1897	1458	541	68	Ordinaire
2929	5258	1891	1439	541	70	Super
2956	4986	1844	1463	391	66,2	Super
2910	4880	1820	1420	398	57	Super
2720	4866	1810	1455	517	70	Super
2800	4805	1800	1440	418	75	Super
2990	5470	1990	1500	583	72	Ordinaire
2850	4820	1820	1450	450	80	Super
2854	4913	1873	1403	505	89	Super
2703	4827	1792	1449	450	70	Super
2790	4820	1830	1450	403	80	Super

Transmission optionnelle	Poids (kg)	Rapport poids-puissance	Répartition du poids avant/arrière	Direction	Rayon de braquage (m)	Freins avant/arrière	Pneus de série avant/arrière
Aucune	1815	6,05	58/42	Crémaillère	n.d.	D/d	245/50R17
Aucune	n.d.	n.d.	n.d.	Crémaillère	n.d.	D/d	n.d.
Auto. 5 rapports	n.d.	n.d.	n.d.	Crémaillère	n.d.	D/d	225/60R16
Aucune	1714	8,3	61,4/38,6	Crémaillère	12,2	D/d	225/60R16
Aucune	1807	6,5	53/47	Crémaillère	12,3	D/d	225/60R16
Aucune	1750	6,8	52/48	Crémaillère	11,5	D/d	255/45R17
Aucune	1711	7,2	n.d.	Crémaillère	11,5	D/d	235/50R17
Aucune	1575	7	n.d.	Crémaillère	11,2	D/d	215/60R16
Aucune	1670	7,5	n.d.	Crémaillère	11,3	D/d	225/55VR16
Aucune	1974	8,2	n.d.	Crémaillère	12,2	D/d	225/60R17
Aucune	1675	7,5	n.d.	Crémaillère	11,4	D/d	225155R16
Aucune	1730	6,3	n.d.	Crémaillère	11,2	D/d	245/45R17
Man. 5 rapports	1318	5,9	60/40	Crémaillère	11,3	D/d	215/55VR16
Auto. 5 rapports (AWD)	1584	8,1	n.d.	Crémaillère	12	D/d	225/55R16

**Lexus GS430
2006**

L'Asie prépare
une contre-attaque

Chez les Allemandes, la boucle est bouclée avec l'avènement de la A6 d'Audi et le retrait (temporaire ?) de Volkswagen du créneau des véhicules de luxe.

Pour les futures nouveautés, c'est du côté du pays du Soleil levant qu'il faut regarder. D'abord chez Lexus, qui a d'ores et déjà confirmé qu'elle inscrirait une nouvelle GS à son catalogue. Celle-ci ne reprend rien de la physionomie frappante du modèle actuel. Elle abandonnera aussi le six-cylindres en ligne au profit d'un nouveau moteur V6 de 245 chevaux. Le V8 de

4,3 litres, lui, demeure au catalogue. Pas de boîte manuelle, mais une boîte semi-automatique à six rapports, qui se chargera d'acheminer puissance et couple aux quatre roues motrices. Une première pour cette marque de prestige de Toyota.

Infiniti ne traîne pas non plus. Ce constructeur affilié à Nissan a déjà commencé à faire circuler les premiers clichés de sa future M pour susciter l'intérêt des consommateurs. Cette nouvelle venue prendra le relais de la M45, une berline adaptée à la sauvette pour le marché nord-américain il y a deux ans, dans le but de faire le pont entre la G35 et la Q45. Dans sa forme nouvelle, cette berline proposera un V6 (3,5 litres), en plus du V8 (4,5 litres). Une boîte semi-automatique à cinq rapports sera jumelée à l'une ou l'autre de ces mécaniques. Parmi les multiples innovations de ce modèle, soulignons le dispositif de roues arrière directrices (un concept apparu dans les années 80 chez Mazda et Honda). Enfin, tout laisse croire qu'une version à rouage intégral sera proposée (de série, il s'agit d'une propulsion).

Infiniti «M»

AUTOMOBILES

DE PRESTIGE

Audi A8 **Bentley Arnage** Bentley Continental GT **BMW Série 7** Infiniti Q45 **Jaguar XJ** Lexus LS 430 **Maserati Quattroporte** Maybach 57-62 **Mercedes-Benz Classe S** Rolls-Royce Phantom **Volkswagen Phaeton**

TEXTES, RECHERCHES ET ESSAIS : **ALAIN RAYMOND**

Le prototype de Rolls-Royce Phantom décapotable.

OBJET DE SÉDUCTION

SELON LE PETIT ROBERT, LE PRESTIGE EST « LE FAIT DE FRAPPER L'IMAGINATION, D'IMPOSER LE RESPECT, L'ADMIRATION ». LA NOTORIÉTÉ, L'ÉCLAT, L'EXCELLENCE, LA SPLENDEUR, LA MAJESTÉ, LA RARETÉ, LA GLOIRE. AUTANT DE QUALITÉS QUE DOIT ÉVOQUER L'OBJET DE PRESTIGE POUR MÉRITER SON TITRE.

Pour accéder à cette catégorie très sélecte, l'automobile doit afficher un passé glorieux, une image de marque solidement établie et une excellence technique évidente. Avec la disparition des grandes marques de luxe comme Duesenberg, Bugatti, Delahaye, Hispano-Suiza et Packard, ainsi que des grands « couturiers de l'automobile » que furent Letourneur & Marchand, Figoni & Falaschi, Murphy et Gangloff, le sort de la voiture de prestige repose pendant plus d'un demi-siècle entre les mains raffinées de la très vénérable et très britannique Rolls-Royce, qui cache sous les ailes de sa célèbre mascotte l'autre marque de prestige, Bentley.

Dès les années 1980, cependant, l'industrie automobile commence à changer de visage. Les barrières nationales tombent, certains constructeurs disparaissent, notamment en Grande-Bretagne, certaines marques aussi, de nouveaux venus se lancent dans la partie, tandis que s'amorce un jeu de chaises musicales qui se traduit par un bal étourdissant de fusions. Nous sommes à l'ère de la mondialisation ! À l'issue de nombreuses sagas, dont certaines fort rocambolesques, « la grande dame anglaise » prend époux allemand, en l'occurrence BMW, tandis que « la petite sœur pauvre », Bentley, s'allie avec « la voiture du peuple », Volkswagen. Quant à Mercedes-Benz, qui vient d'absorber Chrysler, le plus petit des trois Grands américains, il se retrouve sur le carreau, ayant perdu la bataille que lui ont menée BMW et VW pour l'acquisition des joyaux de l'automobile britannique. Qu'à cela ne tienne — et pour ne pas lâcher prise sur le créneau de l'automobile de prestige, DaimlerChrysler ressuscite Maybach, la grande marque fondée au début du siècle dernier par Wilhelm Maybach, le père des premières Daimler.

Ailleurs dans le monde, rien de palpitant à signaler, puisque l'Amérique a réussi, sans le vouloir, à massacrer Cadillac, sa seule marque de prestige toujours en vie, et que le Japon, le nouveau venu dans le cercle jusqu'alors fermé de l'automobile haut de gamme, s'efforce encore d'acquérir ses lettres de noblesse. Reste la France, pauvre France automobile, terre de prédilection de l'automobile classique des années 1930, une école qui a hélas! perdu ses grands maîtres à l'issue du dernier conflit mondial. Et l'Italie. Oui, en effet, l'Italie où s'épanouissent sans cesse des carrossiers et des marques mythiques. L'Italie, terre bénie des voitures d'exception vouées à la gloire du sport automobile qui, pour ne pas se laisser trop distancer par l'Allemagne, a jugé bon de pratiquer le bouche-à-bouche sur sa grande marque moribonde, Maserati. À l'ombre du Cavalino

Rampante, Maserati renaît donc de ses cendres et rejoint, à la grande joie des amateurs de belles italiennes, le cercle des voitures de prestige en nous proposant une version moderne de la célèbre Quattroporte.

Voilà pour l'Histoire, avec un grand H. Reste à savoir comment tout ce beau monde réussit à se conformer à notre définition d'automobile de prestige. Car, vous en conviendrez, il ne suffit pas d'aligner les zéros sur la note à payer pour accéder à ce club ultradistingué. En effet, outre sa richesse, l'acheteur de la voiture de prestige, un marché que l'on estimait à 8000 voitures à l'échelle mondiale mais qui ne cesse de croître, cherche avant tout à se distinguer par le biais de l'exclusivité.

L'exclusivité de l'automobile d'exception conçue comme une œuvre d'art, exécutée comme un bijou rare, produite en série très limitée et « offerte » à un prix qui ne se discute pas. Une exclusivité qui, dans les hautes sphères, n'a pratiquement pas de prix même si, pour plusieurs « fusionneurs » et « fusionnés », le jeu consiste à cacher sous une robe tantôt majestueuse, tantôt sexy, des éléments issus de la plèbe automobile mais qui restent invisibles à l'œil non initié. Ainsi, si Bentley réussit avec sa magnifique Continental GT à séduire les sens, elle dissimule — fort habilement d'ailleurs — des entrailles empruntées à des créations plus bourgeoises appartenant à l'empire Volkswagen. Idem pour Rolls-Royce avec sa mécanique BMW, et pour les japonaises qui cachent sous leurs beaux jupons des dessous signés Toyota ou Nissan.

Et pour « mesurer » ce prestige, cette exclusivité, outre les critères habituels, *L'Auto 2005* attribue à ces quelques voitures une note de un à cinq en fonction du degré d'élitisme que chacune réussit à conquérir. Pour mieux séduire.

MASERATI **QUATTROPORTE**

Renaissance italienne

Il était un temps où Maserati jouissait du même prestige et du même palmarès sportif que Ferrari. Mais contrairement à Ferrari, la marque au trident n'a pas réussi à conserver cette réputation. Après de longues années d'errance, Maserati est revenue dans le giron de Fiat pour être sauvée par Ferrari, son éternel rival, qui en prend possession en 1999 et lance aussitôt un Coupé et un Spider, suivis, au Salon de Francfort 2003, de la très attendue limousine Quattroporte. La première Quattroporte (la « quatre portes ») est née en 1963, un modèle alors unique en son genre, car Maserati était le seul constructeur de sportives d'exception à proposer une limousine sport. Dessinée par Frua, cette première Quattroporte est suivie en 1976 par la Quattroporte de Bertone, puis, en 1978, par celle de Giugiaro. Première Maserati habillée par Pininfarina depuis 1954, la nouvelle Quattroporte reprend certains éléments de style propres à des modèles antérieurs, notamment le capot long, la grande calandre en gueule de requin frappée du fameux trident et les trois ouïes latérales, un clin d'œil à la Berlinetta, première création de Pininfarina pour Maserati. Classique, élancé et racé, le style de l'italienne ne laisse pas indifférent et ses proportions rappellent celles d'une certaine Jaguar XJR. Très loin du style torturé de BMW et plus fine que la Mercedes Classe S, la Maserati Quattroporte reste fidèle au concept du Grand Tourisme à l'italienne. Seul bémol à ce tableau flatteur, le dessin plutôt anonyme de l'arrière.

Sur le plan mécanique, Maserati a opté pour un V8 de 4,2 litres dérivé du merveilleux V8 de la Ferrari 360 Modena. Accroissement de la cylindrée (de 3,6 à 4,2 litres) et modifications diverses se traduisent par l'augmentation du couple et l'amélioration de la souplesse, conditions essentielles dans le créneau de l'automobile de prestige. Quant aux performances, avec 400 chevaux et 333 livres-pied de couple sous le pied droit, le conducteur de la Maserati a droit à des prestations fort convenables malgré un poids en marche frisant les 2000 kilos.

Si le moteur ne soulève aucune critique, la boîte de vitesses robotisée laisse franchement à désirer. Actionnés par des palettes logées derrière le volant, les changements de vitesses nécessitent un apprentissage qui ne plaira pas à une clientèle habituée à un automatisme sans faille. La boîte séquentielle à six vitesses de la

Quattroporte est largement inspirée de la boîte F1 qui anime la Ferrari 360 Modena. En mode Normal et en mode Sport, son maniement ne pose pas de problème, mais en mode Automatique, les choses se gâtent : à-coups et hésitations en feront sourciller plusieurs.

Cette déficience risque-t-elle de compromettre le succès de la belle italienne en terre d'Amérique ? Si l'on en croit les chiffres avancés par Maserati, le lot de 600 voitures destinées à l'Amérique du Nord est déjà pré-vendu. En outre, Maserati prévoit construire quelque 4000 Quattroporte en 2005, dont près de 2000 seront destinées à notre continent, ce qui représente moins de 5 % du marché de la voiture de luxe. Le pari de Maserati : compte tenu de la faible production prévue, il existe suffisamment de fervents de la marque et d'amateurs de limousines sport pour qui la boîte séquentielle ne posera pas de problème. Les autres — les inconditionnels de l'onctuosité parfaite — devront tout simplement aller ailleurs ! Pour le reste des considérations mécaniques, précisons que la Quattroporte fait encore confiance à l'acier, contrairement à sa rivale, la Jaguar XJR à structure en aluminium. La caisse d'une rigidité exemplaire est dotée d'une suspension adaptative en continu (Skyhook) à doubles bras transversaux, favorisant la conduite sportive. Comptant sur l'expérience de Ferrari en la matière, les concepteurs de la Quattroporte ont choisi une répartition inégale du poids entre les essieux avant et arrière avec la formule 47/53, soit légèrement plus sur l'arrière que sur l'avant, ce qui procure à la voiture l'agilité d'une berline sport. Pour obtenir un tel résultat, le moteur est très reculé et la boîte de vitesses est accolée au pont arrière, à la manière de la Corvette. Passons à présent à l'intérieur pour remarquer une belle sellerie en cuir livrable en trois couleurs, assortie de bois précieux offert aussi en trois essences. Mais là où le bât blesse, c'est ce volant tout de noir vêtu, ce tableau de bord sans charme portant de vulgaires aérateurs en plastique et une ergonomie parfois douteuse. Heureusement que la belle montre en forme d'amande vient enrichir cet ensemble peu digne du design italien ! En outre, le généreux empattement de plus de trois mètres permet de loger à l'arrière deux superbes fauteuils inclinables qui procurent une ambiance raffinée.

Ligne séduisante, curriculum enviable, motorisation noble et comportement routier d'une véritable GT témoignent de la renaissance d'une grande marque italienne. Reste à régler cette boîte récalcitrante et à enjoliver cette planche de bord pour permettre à la Maserati de rejoindre et même de dépasser la plupart de ses rivales.

ON AIME

> L'évocation de la gloire passée de la marque

> Le comportement dynamique

> La noblesse du moteur

ON AIME MOINS

> La boîte de vitesses inappropriée

> L'aménagement triste de l'habitacle

> La finition parfois douteuse

À RETENIR

Fourchette de prix :
138 000 $

Marge bénéficiaire : **n.d.**

Indice de fiabilité : **n.d.**

Consommation d'essence : **n.d.**

CO_2 sur une base annuelle : **n.d.**

Valeur résiduelle au terme de 48 mois : **n.d.**

Cote de sécurité en cas d'impact : **n.d.**

NOUVEAUTÉS

> Nouveau modèle

LE MOT DE LA FIN

Espérons pour Maserati que cette fois-ci, ce sera la bonne.

Cote de prestige :
★★★☆☆

Haute technologie et W12

Première grande berline entièrement en aluminium, l'Audi A8, lancée en 2004, est fidèle à la tradition d'Audi en matière de technologie. Lancée depuis plusieurs années à l'assaut des BMW Série 7 et des Mercedes-Benz Classe S, l'Audi A8 réussit à allier le caractère sportif des premières au « sérieux » des deuxièmes. Livrable pour 2005 en deux versions et deux motorisations, la grande Audi se distingue par un splendide habitacle où règnent le cuir de bonne qualité, les bois fins, les assistances de toutes sortes, des équipements très complets mais souvent complexes et un confort princier. Une suggestion au sujet de l'équipement : si la majorité des utilisateurs ne se servent pas d'un équipement donné, ne serait-il pas préférable de l'éliminer, réduisant ainsi la complexité des systèmes et les risques toujours présents de défaillance ?

Cette question mise à part, les grandes nouveautés pour 2005 seront donc l'arrivée du remarquable moteur 12 cylindres en W (deux V6 accolés) de 6 litres, livrable sur la version L à empattement long, tandis que le V8 de 4,2 litres anime la nouvelle version à empattement court. Ce même W12, qui produit plus de 400 chevaux, anime d'ailleurs la VW Phæton et, en version suralimentée, la Bentley Continental GT. En outre, l'A8 L W12 se distingue par la nouvelle et massive calandre Audi, s'inspirant du dessin du récent concept Nuvolari, et par la possibilité de commander un habitacle aménagé pour quatre ou pour cinq occupants.

Outre le supplément de puissance et de couple par rapport au V8, le 12 cylindres procure à Audi un atout de plus dans la course au prestige. Châssis et carrosserie en aluminium, moteur noble, boîte automatique à six rapports, transmission intégrale Quattro, suspension pneumatique réglable et à assiette variable (pneus de 19 pouces à éviter), habitacle somptueux. Que faut-il de plus ?

Le curriculum ? Descendante d'Auto Union, Audi peut évoquer un passé glorieux et une excellence technique, sans oublier les récentes victoires aux 24 Heures du Mans. En somme, de quoi rehausser dans l'esprit du public la perception de prestige et mieux concurrencer l'image de marque enviable de la majestueuse Rolls-Royce, de la divine Bentley (cousine d'Audi) et, dans une certaine mesure, de Mercedes-Benz. Notre verdict : cote de prestige en hausse, mais il reste du travail à faire en matière de perception du public.

L'authentique

Contrairement à la Continental GT, dans laquelle bat un cœur Volkswagen-Audi, nous sommes ici en présence d'une Bentley authentique, proche parente de la Rolls-Royce Silver Seraph et animée par un fabuleux V8 dont les origines remontent à la Bentley Mulsanne de 1982. L'Arnage est la première Bentley présentée après la prise de contrôle par le Groupe Volkswagen. Bien décidée à ressusciter le passé sportif de Bentley, VW ordonne la modernisation du vénérable V8 de 6,75 litres. Révisé de fond en comble, gonflé par deux turbocompresseurs et accolé à une boîte automatique (d'origine GM) passablement renforcée, il permet à la Bentley de prendre les allures d'un muscle car à l'anglaise, surtout en sa version la plus musclée, l'Arnage T. Jugez-en par vous-même : 450 chevaux, un couple de 645 livres-pied (du jamais vu sur une voiture de route), 0 à 100 km/h en 5,5 secondes, 270 km/h en vitesse de pointe. Avec un poids de 2585 kilos !

Pour accompagner ces chiffres déments, Bentley a bien veillé à revoir les suspensions et les freins, tout en peaufinant l'aérodynamique dans la soufflerie d'Audi, comme en témoigne la fine arête ornant le bord du coffre et qui vise à assurer à la majestueuse anglaise une belle tenue de cap quand vous « cruisez » à 250 km/h...

Une authentique Bentley disions-nous, l'authenticité étant nulle part plus évidente qu'à l'intérieur des trois modèles qui constituent la gamme Arnage : R (empattement court), RL (empattement long) et T (moteur de 450 chevaux), les deux premières étant animées par une version moins musclée du V8 (400 chevaux). Bois de noyer et cuir Connolly évoquent l'ambiance du gentlemen's club, tandis que les superbes placages d'aluminium de la version T nous rappellent le cockpit des bolides du Mans, une sorte de « Prince Charles en running Adidas », comme le disait si bien un collègue américain. Un tel étalage de performances est-il de mise dans une voiture de prestige ? Pourquoi pas, même si la majorité des heureux propriétaires de l'Arnage T ne se serviront sans doute jamais de cette débauche de puissance. Une débauche d'ailleurs fort bien maîtrisée par une panoplie complète d'assistances électroniques qui permettent au conducteur de jouer au pilote même s'il n'en a pas les compétences. Question de rester civilized, mon cher. Puis, si vous êtes du genre timide, vous pouvez toujours opter pour la R ou la RL.

ON AIME
> L'authenticité Bentley
> Le moteur fabuleux de l'Arnage T
> La beauté classique de l'habitacle

ON AIME MOINS
> La consommation indécente
> Le poids
> La boîte à quatre vitesses seulement

À RETENIR
Prix : **230 990$**

Marge bénéficiaire : **n.d.**

Ventes : **n.d.**

Indice de fiabilité : **n.d.**

Consommation d'essence : **n.d.**

CO_2 sur une base annuelle : **n.d.**

Valeur résiduelle au terme de 48 mois : **n.d.**

Cote de sécurité en cas d'impact : **n.d.**

NOUVEAUTÉS
> Aucun changement

LE MOT DE LA FIN
Pour tenir tête à une Porsche 911 dans une limousine de 2500 kg !

Cote de prestige :
★★★★★

BENTLEY **CONTINENTAL GT**

ON AIME

> Le moteur titanesque

> La superbe silhouette

> Les performances remarquables

ON AIME MOINS

> Les places arrière restreintes

> La mécanique partagée avec VW

> La finition perfectible

À RETENIR

Prix : **345 000 $**

Marge bénéficiaire : **n.d.**

Indice de fiabilité : **n.d.**

Consommation d'essence : **n.d.**

CO_2 sur une base annuelle : **n.d.**

Valeur résiduelle au terme de 48 mois : **n.d.**

Cote de sécurité en cas d'impact : **n.d.**

NOUVEAUTÉS

> Aucun changement

LE MOT DE LA FIN

Malgré l'ombre de VW, la Continental GT est une belle réussite.

Cote de prestige :
★★★★☆

Beauté mobile

Cachée depuis 1931 sous l'aile dominatrice de la « grande dame » anglaise, la marque Bentley s'est récemment libérée de la tutelle de Rolls-Royce en passant sous la houlette de... Volkswagen. Sans perdre une minute, VW renoue avec le passé sportif de la marque et nous concocte un cocktail aussi savoureux qu'explosif avec la Bentley Continental GT. Ce sublime coupé deux portes à quatre places, élaboré sur la plateforme de la VW Phæton, reprend aussi le système de transmission intégrale de l'allemande et de nombreux autres éléments, y compris le magnifique moteur W12 de 6 litres. Non satisfaite des quelque 400 chevaux de ce moteur, Bentley lui accole deux turbocompresseurs et une boîte automatique à six rapports à commande séquentielle, le tout installé dans une caisse d'une rigidité exemplaire. Ainsi vitaminée, la belle anglo-allemande revendique plus de 550 chevaux et le couple phénoménal de 480 livres-pied, de quoi faire décoller un 747. En effet, malgré ses 2400 kilos, la Bentley vous catapulte de 0 à 100 km/h en 4,8 secondes, bondit de 80 à 120 km/h en 3,3 secondes et dépasse allègrement les 300 km/h en vitesse de pointe. Idéale pour le Québec ! Trêve de sarcasme. Avouons que le mariage de la princesse anglaise et de la très prolétaire VW donne quand même de beaux rejetons. Massive sur ses énormes roues de 19 pouces, l'œuvre du styliste belge Dirk Van Bræckel, qui allie classicisme et allure sportive, se traduit par une ligne qui semble déplaire à certains — qui lui reprochent notamment le copieux porte-à-faux avant — mais qui ne manque pas d'attirer l'attention. D'autres y voient l'influence de la remarquable Audi TT. Fort possible, puisqu'il s'agit maintenant de la même famille. Quant à l'habitacle, il respecte les canons d'opulence de la marque anglaise. L'amalgame de cuir souple et d'aluminium brossé est particulièrement réussi et l'équipement répond aux attentes, jusqu'à la montre Breitling qui orne la console centrale. Mais — car il y a un mais — cette voiture n'invite pas les occupants des places arrière au voyage, surtout si les magnifiques fauteuils avant sont reculés. Donc, quoiqu'en dise Bentley, la GT est un « 2+2 ». Sur route, la suspension pneumatique isole convenablement l'habitacle malgré les gros pneus à profil bas. Quant aux freins, ils ralentissent les deux tonnes et demie mieux qu'une Porsche Boxster. Luxe, excellence technique, style imposant, curriculum enviable. Que lui manque-t-il pour dominer notre classement prestige ? Si on veut être élitiste (et à ce prix, on y a droit) : une mécanique distincte, très distincte, d'une Volkswagen.

Mécanique d'art

Nous ne nous prononcerons pas sur le nouveau style BMW qui a déjà fait couler beaucoup trop d'encre. Si on aime, tant mieux. Si on n'aime pas, tant pis. Point à la ligne. La Série 7 se décline en trois versions : 745i, 745Li et 760Li. Les Li sont montées sur un empattement long, et les 745 reçoivent le V8 de 4,4 litres, remplacé par le superbe V12 de 6 litres sur la 760. C'est de cette dernière version dont il sera principalement question dans ce qui suit. Une BMW, c'est surtout une mécanique d'exception, et la 760Li ne fait que confirmer cette réalité. Avec 438 chevaux et 444 livres-pied de couple, ce moteur (qui propulse aussi la magistrale Rolls-Royce Phantom) est une merveille de technologie : quatre arbres à cames en tête, 48 soupapes, injection directe, distribution infiniment variable, tubulure d'admission variable, le tout allié à une superbe boîte automatique à six vitesses. Pour faire honneur à cette noble mécanique, BMW l'accompagne d'un châssis tout aussi exceptionnel : éléments de suspension en aluminium, barres antiroulis actives, direction à rapport variable (une première mondiale), amortisseurs à pilotage électronique, suspension arrière pneumatique à assiette constante, ainsi que toute la panoplie des « anti », sans oublier des freins capables de ralentir une locomotive. Résultat : une routière d'une compétence remarquable qui séduira les plus blasés et les plus exigeants.

À l'intérieur, l'excellence est aussi au rendez-vous, tant sur le plan de l'habitabilité que du confort. Quant à la qualité des matériaux et de la finition, on se croirait dans un salon du meuble de grand luxe. Jusqu'ici donc, rien que des louanges, accompagnées d'une bonne dose d'émerveillement.

Mais — car il y a un mais — les concepteurs de cette voiture, ayant sans doute travaillé très fort à sa réalisation, ont décidé de vous faire payer la note. Non seulement sur le plan financier, mais aussi sur le plan du mérite. Oui, vous devez mériter la Série 7. La mériter en consacrant des heures, des jours et des semaines à l'apprentissage d'une masse incroyable de fonctions afin de pouvoir exploiter l'exceptionnel système de divertissement, le système de navigation, la climatisation, les moyens de communication, les programmes d'entretien et d'assistance et les nombreuses configurations. Le tout à partir de la seule molette iDrive perchée sur la console centrale. Même le démarrage du moteur et la mise en route nécessitent des explications... Époustouflant ? Oui. Essoufflant ? Hélas ! oui.

ON AIME
> La splendeur du moteur V12
> Le comportement routier remarquable
> Le confort de haut niveau

ON AIME MOINS
> L'horrible complexité des accessoires électroniques
> La silhouette controversée
> Le prix de la voiture et celui des options

À RETENIR
Fourchette de prix :
96 800 $ à 160 900 $

Marge bénéficiaire : **9,8 %**

Ventes : ↓

Indice de fiabilité :
★★★☆☆

Consommation d'essence :
12,7 L/100 km

CO_2 sur une base annuelle :
▬▬▬▬▭ **8,2**

Valeur résiduelle au terme de 48 mois : **40 à 46 %**

Cote de sécurité en cas d'impact : **n.d.**

NOUVEAUTÉS
> Aucun changement

LE MOT DE LA FIN
De la haute voltige sur quatre roues.

Cote de prestige :
★★★⯪☆

INFINITI Q45

ON AIME

> Le moteur en verve
> La finition remarquable
> Le niveau d'équipement

ON AIME MOINS

> L'esthétique désolante
> La direction imprécise
> Le manque de prestige

À RETENIR

Prix : **88 000 $**

Marge bénéficiaire : **13,2 %**

Ventes : ↓

Indice de fiabilité : **n.d.**

Consommation d'essence :
13,6 L/100 km

CO_2 sur une base annuelle :
8,7

Valeur résiduelle au terme
de 48 mois : **41 %**

Cote de sécurité en cas
d'impact : **n.d.**

NOUVEAUTÉS

> Révisions esthétiques
> Nouveaux sièges
> Retrait de la version Sport

LE MOT DE LA FIN

Une bonne voiture de luxe en
mal d'allure accrocheuse.

Cote de prestige :
★★☆☆☆

Haut de gamme : oui.
Prestige : non.

Pour le millésime 2005, le fleuron de la gamme Infiniti s'est payé une petite visite au salon de beauté, question de revoir ici et là quelques détails de carrosserie et d'aménagement. En outre, la version Sport est retirée du catalogue au profit de la seule livrée Premium, dotée du système de navigation de série. Tout d'abord, le programme de gestion de la boîte automatique a été révisé afin de favoriser la souplesse et la rapidité des passages des cinq vitesses. À l'intérieur, la Q45 reçoit de nouveaux sièges de type sport et un garnissage révisé, tandis que le dessin des faces avant et arrière fait l'objet de quelques retouches. Le superbe moteur de 4,5 litres poursuit sa carrière, à la grande satisfaction des fervents de mécanique musclée et raffinée. Malgré un poids respectable, la Q45 bondit à la moindre sollicitation de l'accélérateur, grâce aux 340 chevaux et au couple élevé du V8 ; elle s'offre même le luxe de montrer le derrière à de bonnes voitures sport. Quant au freinage doublé de l'ABS, il est à la hauteur des attentes. Si le brio du moteur promet des performances intéressantes, le reste de la voiture ne suit pas nécessairement. Certes, les sièges du modèle 2005 offrent davantage de soutien, mais la direction demeure imprécise, et les dandinements de la caisse vous empêchent d'exploiter les 340 chevaux du brillant V8. Pour corriger le tir à ce chapitre, Infiniti a bien fait d'inclure la suspension réglable dans l'équipement de série. Évidemment, la Q45 n'est pas conçue pour une clientèle sportive, mais pour des automobilistes friands de confort et d'accessoires de luxe. Sur ce dernier point, la Q45 ne déçoit pas : chaîne audio haute fidélité avec lecteur à six CD, sièges climatisés, système de navigation par satellite (avec instructions vocales en français), reconnaissance vocale pour une multitude de réglages, caméra de recul permettant de voir juste derrière la voiture et, à l'arrière, de superbes fauteuils inclinables pour dorloter les heureux occupants, qui disposent en outre de leurs propres commandes de climatisation et d'audio. Le tout livré dans un habitacle ultra-insonorisé et doté d'une finition impeccable. Et le prestige ? Non, nous n'y sommes pas. Que manque-t-il ? Une image de marque solidement établie, l'esthétique (pourtant le design Nissan se porte bien ces jours-ci...) et un passé évocateur. Nous lui accordons donc un 2 sur 5 pour la cote de prestige.

Le charme fou de l'aristocratie

La Jaguar XJ lancée en 2004 se distingue par sa structure en aluminium. L'économie de poids et le gain de rigidité enregistrés par l'adoption de l'alliage léger a permis à Jaguar de corriger l'une des plus importantes lacunes de l'ancienne version : l'habitabilité restreinte. Plus large, plus haute, montée sur un empattement plus important, tout en étant plus courte, la Jag peut à présent recevoir quatre occupants sans rougir, même si, à l'avant, certaines rivales offrent encore plus de place. Si la structure en aluminium et les techniques d'assemblage empruntées à l'aéronautique marquent un important progrès technologique, la ligne, elle, n'a pratiquement pas changé. Certes, la série XJ lancée en 1968 a toujours été l'une des plus belles voitures du plateau et l'une des plus typées, mais les stylistes de Coventry auraient pu profiter du renouveau technologique inauguré par cette sixième génération pour conférer à la nouvelle XJ un dessin plus marquant. Même commentaire pour l'intérieur où la tradition Jaguar se poursuit avec une rigueur qui frise le manque d'imagination ou la peur de se tromper. Ce traditionalisme pourrait aussi être l'une des raisons pour lesquelles Jaguar ne parvient pas à attirer une clientèle en quête de renouveau, ce qui semble d'ailleurs se confirmer par la mollesse des ventes. N'empêche que l'habitacle, aussi traditionnel soit-il, présente une belle finition, un confort douillet et de nombreux équipements. Il se distingue en outre par une excellente insonorisation, due en partie à la rigidité remarquable du fameux châssis en aluminium. Sur route, la grande Jag présente une allure magistrale. Le V8 de 4,2 litres allié à une boîte automatique à six rapports procure des performances convenables, sans plus, tandis que le comportement routier constitue un compromis entre la rigueur allemande et la souplesse américaine. C'est sur la version XJR animée par le V8 de 390 chevaux que le félin de Coventry se manifeste vraiment, accompagné du rugissement feutré du compresseur de suralimentation. Montée sur des suspensions pneumatiques plus fermes à correcteur d'assiette assorties de roues de 19 pouces, la XJR rivalise avec des berlines sport de luxe concurrentes sans toutefois les surpasser. Quant à la version Vanden Plas, elle propose un équipement plus luxueux mais le supplément de prix demandé semble un peu corsé, et la version à empattement allongé qui nous est promise pour bientôt, devrait contribuer à relancer les ventes, du moins en Amérique du Nord. Certes, les récents déboires de Jaguar occasionnés, entre autres, par le fiasco de la Type X, dérivée de la Ford Mondeo, ne font rien pour remonter la cote de la vieille anglaise. Il est à souhaiter que le reste de cette marque jadis prestigieuse survivra aux déboires de Ford.

ON AIME

> Le raffinement de la structure en aluminium

> Le moteur performant de la XJR

> La silhouette séduisante

ON AIME MOINS

> Le manque d'originalité dans le design

> Le sélecteur de vitesse malcommode

> La faible valeur de revente

À RETENIR

Fourchette de prix :
87 500 $ à 105 000 $

Marge bénéficiaire : **11,1 %**

Ventes : ↓

Indice de fiabilité :
★★★☆☆

Consommation d'essence :
12,3 L/100 km

CO$_2$ sur une base annuelle :
▬▬▬▬▬▬◗ **7,9**

Valeur résiduelle au terme de 48 mois : **36 à 39 %**

Cote de sécurité en cas d'impact : **n.d.**

NOUVEAUTÉS

> Aucun changement

LE MOT DE LA FIN

Il est encore bon de rouler en Jaguar!

Cote de prestige : XJ8
★★½☆☆

Cote de prestige : XJR
★★★☆☆

LEXUS **LS 430**

Froide perfection

Si Lincoln n'avait pas sombré dans l'oubli, si Packard vivait encore, si Cadillac n'avait pas perdu le nord, Lexus n'aurait sans doute jamais vu le jour, car le marché appartiendrait encore à celles qu'on appelait jadis les « belles américaines ». Aussi japonaise soit-elle, la grande Lexus est américaine dans l'âme, car elle répond parfaitement aux critères de l'automobiliste qui privilégie le confort moelleux, la direction copieusement assistée, les gadgets électroniques et le silence total, tout en se préoccupant peu des performances, du plaisir de conduire et du concept de sécurité active. Quant au style, encore une fois pour plaire au plus grand nombre, Lexus a opté pour l'anonymat, pour la ligne passe-partout, celle qui ne prend aucun risque, celle qui ne surprend pas.

Mais si l'imagination et l'originalité ne figurent pas au catalogue, la qualité, elle, est omniprésente. Peinture impeccable, panneaux de carrosserie finement ajustés, finition sans faille, matériaux de grande qualité. Bref, la perfection. Même constat pour les parties invisibles, que ce soit l'excellent V8 de 4,3 litres, la boîte automatique à six vitesses, la suspension axée sur le confort et cette incroyable insonorisation dont Toyota et Lexus maîtrisent si bien le secret.

Pour 2005, Lexus annonce un système de « précollision » qui anticipe le « boum » fatidique en serrant les ceintures de sécurité et en livrant la puissance maximale de freinage dès que le conducteur appuie sur la pédale. En option, la Lexus peut recevoir une suspension pneumatique et un groupe Sport offrant « une suspension à calibrage européen » avec pneus à profil bas de 18 pouces, question de se rapprocher de Mercedes et de BMW. Et puisque l'automobile est devenue bureau et salle de divertissement, la LS 430 est livrable avec un système de navigation à DVD, doublé d'une caméra de recul et du système de communication sans fil avec technologie « Bluetooth », qui vous permet de relier votre Lexus non pas à un mais à quatre téléphones cellulaires. En outre, le système de climatisation « intelligent » compense automatiquement l'excès de chaleur du côté exposé au soleil pour éviter que ses malheureux occupants ne soient importunés ou — horreur — n'aient à lever le petit doigt pour ajuster l'aérateur. N'oublions pas non plus que ce même système de climatisation et le système audio haut de gamme obéissent à la « voix de leur maître » (ou de leur maîtresse, of course).

Aux trousses de Rolls-Royce

L oin de s'avouer vaincue dans la course à la voiture de prestige, DaimlerChrysler fait renaître SA propre marque d'exception : Maybach. Rappelons que c'est au brillant ingénieur Wilhelm Maybach (1846-1929), créateur des dirigeables Zeppelin, que l'on doit la première Daimler. Entre 1921 et 1939, son fils Karl produit une série impressionnante de voitures de très haut de gamme. À la mort de Karl Maybach en 1960, Daimler-Benz absorbe la prestigieuse marque.

Ressuscitée pour donner la réplique aux vénérables anglaises, la nouvelle Maybach, livrable en versions 57 et 62 (5,7 et 6,2 mètres de long), représente la synthèse de la technologie Mercedes. En effet, le moteur V12, les suspensions pneumatiques, les freins et de nombreux autres éléments « invisibles » sont issus de Mercedes, le tout agencé avec brio dans une carrosserie distinctive, sans être particulièrement jolie. Ce brio, on le remarque d'abord en visitant l'habitacle, qui réserve aux occupants des places arrière une panoplie époustouflante d'équipements : deux écrans de télévision, climatisation totalement indépendante de l'avant, système de divertissement complet avec lecteurs de CD et de DVD, réfrigérateur à champagne et... des porte-flûtes à champagne qui resteront bien en place même à 250 km/h ! Ajoutez des fauteuils inclinables sur la 57 et, sur la 62, des couchettes qui permettent de s'étendre de tout son long, sans doute pour mieux contempler le toit panoramique translucide à base de cristaux liquides alimentés par 30 cellules solaires photoélectriques. Vous en voulez plus ? Que diriez-vous de performances dignes d'une Porsche 911 ? Oui, une Porsche, malgré un poids titanesque de plus de 2700 kilos. C'est simple : les 550 chevaux et 663 livres-pied de couple du V12 biturbo se traduisent, entre autres, par des reprises de 3,7 secondes pour passer de 80 à 120 km/h ! Quant à la « petite » Maybach 57, elle est aussi agile qu'une bonne berline sport. L'explication : les suspensions pneumatiques pilotées, une direction extrêmement précise et des freins, mes amis, des freins ! Deux ÉNORMES étriers qui pincent un disque de 37,6 cm de diamètre sur chacune des grosses roues avant de 19 pouces. Terminons ce tour d'horizon en comparant la Maybach à sa rivale naturelle, la Rolls-Royce Phantom. Technologiquement, l'allemande remporte le match, mais la vieille anglaise, riche de ses 100 ans au sommet de la hiérarchie des voitures de prestige, conserve une aura encore inégalée.

ON AIME
> L'habitacle somptueux
> Les performances enlevantes
> Le niveau d'équipement exceptionnel

ON AIME MOINS
> La silhouette discutable
> Le prix stratosphérique
> La marque encore inconnue chez nous

À RETENIR
Prix : **330 000$ (US)**

Marge bénéficiaire : **n.d.**

Ventes : ↑

Indice de fiabilité : **n.d.**

Consommation d'essence : **n.d.**

CO_2 sur une base annuelle : **n.d.**

Valeur résiduelle au terme de 48 mois : **n.d.**

Cote de sécurité en cas d'impact : **n.d.**

NOUVEAUTÉS
> Rien de nouveau

LE MOT DE LA FIN
La Rolls made in Germany. La royauté en moins.

Cote de prestige :
★★★★★

ON AIME

> L'excellence des moteurs
> La solidité de la structure
> Le confort princier

ON AIME MOINS

> La lourdeur de la direction
> La complexité de certaines
  fonctions
> La fiabilité en baisse

À RETENIR

Fourchette de prix :
104 600 $ à 187 900 $

Marge bénéficiaire : **9,9 %**

Ventes : ↑

Indice de fiabilité :
★★★☆☆

Consommation d'essence :
12,7 L/100 km

CO_2 sur une base annuelle :
▬▬▬▬▬ **8,3**

Valeur résiduelle au terme
de 48 mois : **35 à 45 %**

Cote de sécurité en cas
d'impact : **n.d.**

NOUVEAUTÉS

> Aucun changement

LE MOT DE LA FIN

Auguste Mercedes !

Cote de prestige :
★★★½☆

Par où l'autobahn ?

Perchés au sommet de l'étoile à trois branches, les modèles de la Classe S respirent le luxe et le raffinement. Cette gamme variée, de la berline S430 à deux ou quatre roues motrices à la limousine S600 à moteur V12, propose aussi la redoutable S55 AMG et son V8 suralimenté affichant près de 500 chevaux et plus de 500 livres-pied de couple. En somme, une gamme très... haut de gamme et très complète, qui saura satisfaire autant les paisibles banquiers que les bouillants boomers bien nantis. La S430 4Matic à l'essai, dotée d'un système de transmission intégrale d'une très grande efficacité, convient fort bien à notre climat nordique. Sûre, solidement campée sur ses roues de 18 pouces (une option), la grande Mercedes est d'une sérénité imperturbable, notamment sur autoroute, son terrain de prédilection. Silencieuse et confortable à souhait, la S430 est tellement rassurante qu'on en vient à souhaiter que les panneaux annonçant la vitesse maximale de 100 km/h ajoutent : « Sauf pour Classe S ». En effet, il est évident que sur notre réseau routier, cette voiture faite pour rouler à 200 km/h est nettement sous-utilisée. Toute cette technologie (suspension réglable, superbes freins, caisse rigide, V8 puissant, boîte à sept vitesses) et tous ces dispositifs de sécurité active (antiblocage, antipatinage, antidérapage) pour ne rouler qu'à 100 km/h, comme une Toyota Echo... Ô frustration ! Heureusement qu'il reste le luxe : systèmes de navigation et d'assistance, audio de luxe, cuirs de qualité, climatisation automatique et une kyrielle de machins réglables dans tous les sens, sans oublier les sièges avant avec fonction « massage »... Néanmoins, tous ces « machins », d'une part, ne sont pas toujours évidents à utiliser et, d'autre part, nuisent par leur complexité à la fiabilité jusqu'alors légendaire des Mercedes, notamment en haut de gamme, là où justement le client ne pardonne pas. Au point que les dirigeants de l'auguste constructeur ont décidé de « dé-séquiper » certains modèles trop lourdement chargés d'électronique capricieuse dans l'espoir de rehausser la fiabilité. Décision sage à notre humble avis, car l'excès de bidules électroniques finit par distraire et, de toute façon, la plupart des automobilistes de s'en servent tout simplement pas. Autre reproche que l'on pourrait faire à la belle allemande : à basse vitesse, le rappel de la direction est insuffisant, ce qui nuit à la maniabilité, déjà « alourdie » par une masse assez imposante. Il n'en demeure pas moins que la Classe S, dans toutes ses variantes, constitue, en matière de luxe et de technologie automobile, une référence inéluctable.

England forever

Lorsque le joyau de l'automobile anglaise est passé aux mains de la bavaroise BMW, la question était de savoir si les nouveaux maîtres sauraient en conserver le prestige centenaire. La réponse nous vient par la très imposante calandre aux formes de temple grec qui orne l'interminable capot de la Rolls-Royce Phantom. Un oui incontestable ! Hâtivement condamnée par certains pour son style massif lors de son récent dévoilement, la nouvelle et colossale Rolls-Royce, lorsqu'on l'observe suffisamment, finit par séduire par sa prestance et son indéniable élégance. Faisant amplement référence au passé en matière de style, la majestueuse Phantom repose néanmoins sur une structure moderne en aluminium et cache sous son capot un trésor de mécanique : un V12 d'origine BMW mais porté à une cylindrée de 6,75 litres, soit exactement la même cylindrée que l'ancien V8 signé Rolls-Royce. Entièrement en aluminium, ce moteur atmosphérique (contrairement au moteur suralimenté de la rivale Maybach) produit 453 chevaux et un couple fabuleux de 531 livres-pied, ce qui permet d'en propulser les deux tonnes et demie à 100 km/h en moins de 5,5 secondes. Outre cette concession mécanique à la modernité, la Rolls respire le passé à pleins poumons. À commencer par le Spirit of Ecstasy qui trône sur la traditionnelle calandre, en passant par les fauteuils massifs, les tirettes à l'ancienne qui commandent le système de ventilation et la jante mince du volant, vestige d'une époque ailleurs révolue. Il règne dans la Rolls une ambiance irrémédiablement anglaise.

Même les massives portes arrière font un clin d'œil au passé en s'ouvrant vers l'arrière, libérant ainsi complètement le montant central. Notons que ces portes s'ouvrent à 90 degrés et que, pour les fermer, nul besoin d'étendre le bras car il suffit d'agir sur une commande pour actionner le mécanisme de fermeture automatique. S'il est fidèle aux valeurs du passé, ce carrosse du 21e siècle se comporte néanmoins de façon tout à fait digne des temps modernes. Perchée sur une suspension pneumatique à pilotage automatique, la Phantom conserve une assiette constante, question de ne pas secouer ses augustes occupants, tandis que la boîte automatique à six rapports démarre normalement en deuxième pour assurer un maximum de progressivité. Silencieuse, feutrée, souple et rassurante, la grande dame anglaise roule comme si elle flottait sur une mer d'huile. Il ne vous reste plus qu'à dire : Home, Charles !

ON AIME

> Le prestige assuré
> La mécanique impressionnante
> L'aménagement somptueux

ON AIME MOINS

> L'esthétique controversée
> Le prix faramineux
> La suspension non réglable

À RETENIR

Prix : **470 000$**

Marge bénéficiaire : **n.d.**

Ventes : **n.d.**

Indice de fiabilité : **n.d.**

Consommation d'essence : **17,5 L/100 km**

CO$_2$ sur une base annuelle : **11,6**

Valeur résiduelle au terme de 48 mois : **n.d.**

Cote de sécurité en cas d'impact : **n.d.**

NOUVEAUTÉS

> Aucun changement

LE MOT DE LA FIN

Encore et toujours, le symbole du prestige automobile.

Cote de prestige :
★★★★★

ON AIME

> Le superbe moteur W12

> L'habitacle somptueux

> L'excellent comportement routier

ON AIME MOINS

> La contradiction entre la marque et les ambitions de la voiture

> La silhouette trop anonyme

> Le poids imposant

À RETENIR

Fourchette de prix :
96 500 $ à 134 800 $

Marge bénéficiaire : **11,2 %**

Ventes : ↑

Indice de fiabilité : **n.d.**

Consommation d'essence :
15,1 L/100 km

CO_2 sur une base annuelle :
⬤⬤⬤⬤⬤ **9,7**

Valeur résiduelle au terme de 48 mois : **31 à 37 %**

Cote de sécurité en cas d'impact : **n.d.**

NOUVEAUTÉS

> Aucun changement

LE MOT DE LA FIN

Rose, elle vivra ce que vivent les roses, l'espace d'un matin.

Cote de prestige :
★☆☆☆☆

L'Edsel de VW ?

Les moins jeunes se souviennent peut-être de la Ford Edsel (1954-1959), symbole absolu de l'échec commercial et monument à la démesure de l'Amérique des années 1950. À la même époque, arrivait discrètement en Amérique une certaine Volkswagen, marquant de son allure de coccinelle le début d'une révolution dans les mœurs automobiles nord-américaines, une révolution qui fit du logo VW l'emblème de l'automobile raisonnable et bien pensée.

Cinquante ans plus tard, la « voiture du peuple » propose la Phæton, sa propre version de monument à la démesure, rêve grandiose de certains dirigeants ayant perdu le contact avec la réalité. Une Volkswagen de plus de 100 000 $. Autant dire que vous venez d'acheter un diamant de 100 000 $ chez Wal-Mart.

Construite sur une nouvelle plateforme qu'elle partage avec l'Audi A8 et la superbe Bentley Continental GT, cette Volkswagen « de prestige » est tout de même une berline remarquable. Animée par un V8 de 4,2 litres ou le W12 de 6 litres produisant 420 chevaux et 406 livres-pied de couple — allié à l'excellent système de transmission intégrale 4Motion (identique au Quattro d'Audi) —, la Volks se mesure sur le plan technique aux meilleures productions du moment. Habitabilité de limousine, habitacle d'une finition et d'un luxe consommés, superbe comportement routier malgré un poids important, sécurité active et passive remarquables sont les atouts de cette voiture à l'allure plutôt effacée. L'allure d'une grosse Passat, selon certains. Vraiment pas de quoi vous « péter les bretelles » si vous êtes à la recherche de l'exclusivité, condition essentielle pour accéder au club sélect de l'automobile de prestige. Non, cette voiture est inutile. Quand on sait que le groupe Volkswagen occupe déjà une place honorable au royaume de la voiture de prestige avec l'Audi et, surtout, avec la Bentley, comment peut-on justifier une copie siglée VW ? Sont-ils nombreux les acheteurs qui accepteront de dépenser une telle somme pour une Volkswagen, quand ils peuvent rouler en Mercedes ? Qu'allez-vous dire au valet du Ritz ? Pouvez-vous sortir ma Volkswagen du garage ? Voyons donc ! L'erreur est flagrante. Même Bernd Pischetsrieder, président du conseil du Groupe VW, l'admet. « La Phæton ne se vend pas car elle n'est pas suffisamment distinctive », a-t-il déclaré au magazine britannique CAR. Pouf ! Plus de 200 millions d'euros qui s'envolent en fumée.

Sans noblesse, s'abstenir

Il était un temps pas trop lointain où l'on ne comptait qu'une petite poignée de voitures de prestige. Construites à la main par des artisans à l'ancienne dans des ateliers datant de Mathusalem, ces voitures vendues à prix d'or et dont il fallait attendre la livraison pendant des mois, sinon des années, respiraient l'opulence de bon goût qui était le propre de l'aristocratie.

Mais l'aristocratie a cédé la place au capitalisme, qui enfante sans cesse de nouveaux millionnaires souhaitant se donner, avec leurs poignées de dollars, l'exclusivité de l'aristocratie d'antan. Des millionnaires par centaines, puis par milliers. « Ah, la bonne affaire ! » se disent alors les constructeurs d'automobiles. Et si nous proposions à cette nouvelle caste des produits automobiles dignes de leurs ambitions ? Il suffirait d'insuffler un peu de vigueur et de l'argent frais dans les grandes marques de prestige — en ayant bien pris soin de les mettre auparavant sous notre aile — ou tout simplement de créer ou de recréer quelques marques de prestige, question de bien profiter de cette manne.

C'est ainsi que viennent jouer dans les plates-bandes de Rolls-Royce et de Bentley de jeunes nouveaux qui s'appellent Lexus, Infiniti, Audi, BMW, Jaguar et même — Ô sacrilège — Volkswagen, tandis que Maybach et Maserati renaissent de leurs cendres. Réussiront-ils tous à se tailler une part du gâteau ? Pas certain, car qui dit prestige, dit curriculum, ce qui ne se crée pas du jour au lendemain, même avec

beaucoup de dollars. Quelles seront les victimes ? Sans doute Volkswagen, mais aussi Infiniti et Lexus qui, s'ils réussissent merveilleusement à occuper une place au soleil de la voiture de luxe, pourraient avoir de la difficulté à s'imposer dans le créneau nécessairement snob de la voiture de prestige.

Il reste les européennes. Rien à craindre pour Rolls-Royce et Maybach. Bentley se doit de ne pas bâtardiser sa production par le recours exagéré aux éléments Audi, tandis que BMW doit veiller à ne pas concurrencer Rolls-Royce, qui lui appartient. Quant à Jaguar, elle pourrait, si Ford ne trébuche pas, remplacer le prestige perdu de Lincoln, alors que Maserati s'efforce de se tailler une petite — toute petite - place dans le monde restreint de l'automobile de prestige en s'accaparant le créneau de la limousine sport.

Comme jadis dans les autres segments de ce marché planétaire, la partie s'avère serrée pour les prétendants au royaume de l'automobile de prestige.

Volkswagen Phaeton

CE QU'IL FAUT RETENIR

	Lieu d'assemblage	Disponibilité d'une version allongée	Garantie de base (années/km)	Mode	Rouage à quatre roues motrices
Audi A8	Allemagne	De série	4/80 000	Intégral	De série
Bentley Arnage	Angleterre	n.d.	3/km ill.	Propulsion	n.d.
Bentley Continental GT	Angleterre	n.d.	3/km ill.	Intégral	n.d.
BMW Série 7	Allemagne	Oui	4/80 000	Propulsion	n.d.
Infiniti Q45	Japon	n.d.	4/80 000	Propulsion	n.d.
Jaguar XJ	Angleterre	Oui	4/80 000	Propulsion	n.d.
Lexus LS430	Japon	n.d.	4/80 000	Propulsion	n.d.
Maserati Quattroporte	Italie	n.d.	3/80 000	Propulsion	n.d.
Maybach 57/62	Allemagne	Oui	4/80 000	Propulsion	n.d.
Mercedes Classe S	Allemagne	Oui	4/80 000	Propulsion	Oui
Rolls-Royce Phantom	Angleterre	n.d.	4/km ill.	Propulsion	n.d.
Volkswagen Phaeton	Allemagne	n.d.	4/80 000	Intégral	n.d.

SURVOL TECHNIQUE

	Moteur de série	Puissance (hp à tr/mn)	Couple (lb-pi à tr/mn)	Autre(s) moteur(s)	Transmission de série
Audi A8	V8 DACT 4,2	330 à 6 500	317 à 3500	W12 DACT 6,0	Aut. 6 rapports
Bentley Arnage	V8 ACC 6,75	406 à 4 000	612 à 2150	V8 ACC 6,75 T	Aut. 4 rapports
Bentley Continental GT	W12 DACT 6,0	552 à 6 250	479 à 1600	Aucun	Aut. 6 rapports
BMW Série 7	V8 DACT 4,4	325 à 6 100	330 à 3600	V12 DACT 6,0	Aut. 6 rapports
Infiniti Q45	V8 DACT 4,5	340 à 6 400	333 à 4000	Aucun	Aut. 5 rapports
Jaguar XJ	V8 DACT 4,2	294 à 6 000	303 à 4100	V8 DACT 4,2 SC	Aut. 6 rapports
Lexus LS430	V8 DACT 4,3	290 à 5 600	320 à 3400	Aucun	Aut. 5 rapports
Maserati Quattroporte	V8 DACT 4,2	400 à 7 000	333 à 4500	Aucun	Aut. 6 rapports
Maybach 57/62	V12 DACT 6,0 T	550 à 5 250	663 à 2300	Aucun	Aut. 5 rapports
Mercedes Classe S	V8 SACT 4,3	275 à 5 750	295 à 3000	V8 5,0 [1]	Aut. 5 rapports
Rolls-Royce Phantom	V12 DACT 6,8	453 à 5 350	531 à 3500	Aucun	Aut. 6 rapports
Volkswagen Phaeton	V8 DACT 4,2	335 à 6 500	317 à 3500	V12 DACT 6,0	Aut. 5 rapports

[1] Aussi disponible : V8 5,5 SC – V12 6,0

Empattement (mm)	Longueur (mm)	Largeur (mm)	Hauteur (mm)	Volume du coffre (L)	Capacité du réservoir d'essence (L)	Essence recommandée
3075	5180	1890	1455	500	92	Super
3120	5390	2120	1520	374	100	Super
2760	4810	1920	1390	370	90	Super
2990	5029	1902	1492	500	88	Super
2870	5070	1840	1490	385	81	Super
3030	5080	1870	1450	470	88	Super
2920	4990	1830	1490	453	84	Super
3060	5050	1890	1440	450	90	Super
3380	5730	1980	1570	605	124	Super
3050	5160	1855	1450	500	88	Super
3570	5830	1990	1630	460	100	Super
2880	5055	1800	1450	500	90	Super

Transmission optionnelle	Poids (kg)	Rapport poids-puissance	Direction	Rayon de braquage (m)	Freins avant/arrière	Pneus de série avant/arrière
Aucune	1995	6	Crémaillère	12,1	Disque/disque	235/55R17
Aucune	2520	4,1	Crémaillère	n.d.	Disque/disque	255/50WR18
Aucune	2300	4,1	Crémaillère	11,4	Disque/disque	275/40ZR19
Aucune	1985	6,1	Crémaillère	12,1	Disque/disque	245/45ZR18
Aucune	1744	5,1	Crémaillère	11	Disque/disque	245/45R18
Aucune	1708	5,8	Crémaillère	11,7	Disque/disque	235/55R17
Aucune	1795	6,1	Crémaillère	10,6	Disque/disque	215/45R17
Aucune	1930	4,8	Crémaillère	n.d.	Disque/disque	245/45ZR18
Aucune	2735	4,9	Crémaillère	13,4	Disque/disque	275/50R19
Aucune	1970	7,1	Crémaillère	12,1	Disque/disque	225/55R17
Aucune	2485	5,4	Crémaillère	13,8	Disque/disque	PAX 265/790R540
Aucune	2319	6,9	Crémaillère	12	Disque/disque	235/50R18

COMPACTS

Chevrolet Equinox **Ford Escape** Honda CR-V **Hyundai Santa Fe** Hyundai Tucson **Jeep Liberty** Jeep TJ **Land Rover Freelander** Mazda Tribute **Mitsubishi Outlander** Nissan X-Trail **Saturn Vue** Subaru Forester **Suzuki Grand Vitara** Toyota RAV-4

TEXTES, RECHERCHES ET ESSAIS : **ÉRIC DESCARRIES**

LE MEILLEUR RESTE À VENIR

LE CRÉNEAU DES UTILITAIRES COMPACTS N'A PAS FINI D'ÉTONNER PAR SES CRÉATIONS ORIGINALES, CERTAINES REPOSANT SUR UNE PLATEFORME DE PETITE VOITURE ET D'AUTRES, SUR UN CHÂSSIS DE CAMIONNETTE. DANS L'ENSEMBLE, LE SUJET EST LOIN D'ÊTRE ÉPUISÉ.

Les experts s'entendent pour dire que le premier petit utilitaire a été le Jeep dans son plus simple format, qui correspondait au TJ actuel. Ont suivi une succession de produits Suzuki, qui allaient déboucher sur le tout récent Vitara, un modèle déjà en voie de disparition. Les Toyota RAV4 et Honda CRV allaient paver la voie à venir, celle des tractions combinées à la transmission intégrale.

Aujourd'hui, plusieurs constructeurs se lancent dans ce segment de marché. Ford tient le haut du pavé grâce au spectaculaire succès commercial de l'Escape (qui sera commercialisé sous peu sous le nom de Mercury Mariner aux États-Unis, mais pas au Canada). La riposte de Chevrolet, son éternel adversaire, a été tardive, mais depuis que le constructeur a abandonné le petit Tracker basé sur le Suzuki Vitara, le nouvel Equinox connaît déjà un grand succès.

Il est facile de voir que les plateformes à traction s'imposent dans l'industrie des utilitaires compacts. En effet, ces plateformes se prêtent facilement à la transformation en transmission intégrale. Les constructeurs lui accordent une confiance aveugle ; seuls Jeep avec son légendaire TJ et Suzuki avec le Grand Vitara font encore exception. Et avant longtemps, il ne restera plus que Jeep, Suzuki préparant un véhicule plus moderne fort probablement inspiré de l'Equinox de Chevrolet. Et la boucle sera bouclée.

Land Rover Freelander

Où sont les aventuriers ?

Selon différentes sources, seulement 5 à 7 % des propriétaires d'utilitaires effectuent réellement des excursions hors route. On ne parle pas ici de conduite sur routes de gravier ou chemins enneigés, mais bien de véritables excursions en sentier.

Les utilitaires compacts ont généralement les capacités d'attaquer des sentiers plus ou moins difficiles. On retrouve d'ailleurs dans cette catégorie de véritables tout-terrains, comme le Jeep TJ ou même le Jeep Liberty, ainsi que le petit Land Rover Freelander, capable de prouesses incroyables. Le nouveau X-Trail de Nissan se débrouille aussi en sentier malgré sa petite taille, tout comme le surprenant Grand Vitara.

Les constructeurs offrent également une foule d'accessoires pour les excursions hors route dans cette catégorie de véhicules, comme les barres de protection de la calandre,

les phares haute portée, les jantes spéciales et les plaques de protection pour protéger les organes mécaniques.

Néanmoins, pourquoi en faire tant pour un maigre 5 à 7 % d'acheteurs potentiels ?

Parce que 5 à 7 % des acheteurs de petits utilitaires, ça représente tout de même plusieurs milliers de propriétaires nord-américains qui utilisent tout le potentiel de leur petit véhicule. Les autres aimeraient bien les imiter, mais ils n'osent pas — ou préfèrent acheter un véhicule qui représente l'aventure sans la tenter.

Mercury Mariner

CHEVROLET **EQUINOX**

L'utilitaire automobile de Chevrolet

À la suite du succès de Ford avec le petit Escape, il fallait s'attendre à une réplique de Chevrolet. C'est l'éternel duel Ford-Chevrolet. Dans ce cas, Chevrolet détient un petit avantage, étant donné que l'Equinox est lancé plus tard : ses concepteurs ont le temps d'observer le marché. Mais Chevrolet saura-t-elle rattraper, voire même dépasser Ford ?

Le premier Equinox remplaçait le sympathique Tracker. Cette fois, l'approche est différente. Au lieu d'un châssis cadre rigide, l'Equinox repose d'abord sur une plateforme autoporteuse semblable à celle du Saturn Vue. Construit à l'usine canadienne CAMI d'Ingersol en Ontario, l'Equinox diffère tout de même du Vue, ne serait-ce que par son empattement plus long et par son moteur Chevrolet V6 de 3,4 litres, qui produit 185 chevaux.

Bien que ce moteur soit à la hauteur de la situation, on se demande si l'Equinox n'aurait pas été plus doux et plus performant avec le moteur Honda V6 qui anime le Vue. Après tout, l'Equinox est davantage une automobile qu'une camionnette. Par ailleurs, contrairement à la concurrence, aucun quatre-cylindres de base ne figure au catalogue de l'Equinox, et une seule boîte de vitesses est offerte, soit une automatique à cinq rapports.

Ce Chevrolet est disponible en finition LS ou LT à traction ou transmission intégrale. Dans ce dernier cas, il s'agit d'une traction dont la puissance est transmise aux roues arrière quand celles d'avant perdent de leur adhérence. Dans tous les cas, les pneus d'hiver sont indispensables durant la saison froide, même si le vendeur vous assure que les pneus neufs d'origine suffiront à la tâche.

Les observateurs les plus perspicaces verront quelques ressemblances entre le tableau de bord de l'Equinox et celui du Vue. Ce tableau de bord présente des commandes facilement manipulables et une instrumentation clairement lisible. La communication électronique On Star est également disponible. Toutefois, la visibi-

lité n'est pas toujours bonne, à cause de la largeur des montants du pare-brise, mais les grands rétroviseurs facilitent tout de même les changements de voie.

Si l'Equinox semble plus luxueux que le Vue, il se distingue surtout par un intérieur vaste et accueillant, particulièrement au niveau des places arrière, qui laissent beaucoup d'espace pour les jambes. Les sièges sont aussi relativement confortables.

Quant à l'aire de chargement, elle demeure très efficace : une fois les dossiers des sièges arrière abaissés, on jouit de 69 pieds cubes d'espace cargo (32 lorsque les dossiers sont relevés). Le hayon arrière se relève et se rabat très facilement, avec peu d'effort, et le seuil de chargement est raisonnable. Une tablette réversible, qui peut servir de table à pique-nique, permet même de glisser des objets sales (l'envers devient un plateau de plastique).

L'Equinox n'est certes pas un véhicule tout-terrain. C'est un utilitaire sport compact des plus logeables. La suspension indépendante aux quatre roues donne d'ailleurs à ce véhicule un comportement routier d'automobile. Rien d'extraordinaire, mais rien d'une camionnette non plus. La direction à crémaillère facilite la tâche du conducteur, mais le freinage est perfectible (en arrivera-t-on un jour à un freinage satisfaisant qui ne serait pas dispendieux ?).

L'Equinox, il faut l'admettre, a une belle gueule : même ceux qui n'aiment pas les VUS ne sont pas indifférents à son allure. Chevrolet a décidément bien réussi la conception, même si la calandre est affublée de cette grosse moulure chromée en plein centre. En ce qui concerne la finition, elle apparaît de prime abord impeccable. Malheureusement, le modèle d'essai mis à notre disposition émettait une foule de bruits suspects, surtout au niveau du tableau de bord.

Dommage que Chevrolet n'offre plus de petit utilitaire à prix abordable ! Le prix du nouvel Equinox n'est pas démesuré, mais il est certes plus élevé que celui du Tracker qu'il remplace. Si vous tenez à un véhicule du genre à prix raisonnable, offrant des caractéristiques semblables mais avec des dimensions réduites, optez plutôt pour le Vue (dont les côtés sont en plastique malléable et le moteur V6 plus impressionnant) de Saturn. Mais si vous désirez un véhicule frappé de l'emblème Chevrolet, proposant davantage d'espace et de panache, l'Equinox n'est certes pas un mauvais choix.

ON AIME
> Le vaste espace intérieur
> Le bon aménagement de l'espace cargo
> La transmission intégrale optionnelle

ON AIME MOINS
> Les bruits de finition intérieurs
> La visibilité obstruée par les montants de pare-brise
> Le moteur vieillot

À RETENIR
Fourchette de prix :
26 560 $ à 31 275 $

Marge bénéficiaire : **9,8 %**

Indice de fiabilité : **n.d.**

Consommation d'essence :
11,6 L/100 km

CO_2 sur une base annuelle :
n.d.

Valeur résiduelle au terme de 48 mois : **40 à 43 %**

Cote de sécurité en cas d'impact : ★★★★★

NOUVEAUTÉS
> Tout nouveau véhicule

LE MOT DE LA FIN
Belle réussite esthétique, mais il manque la qualité de construction.

Le petit Hyundai
arrive juste à temps

L e constructeur sud-coréen Hyundai a réussi tout un exploit en commercialisant un populaire utilitaire sport il y a quatre ans, le Santa Fe. En 2005, il récidive avec le Tucson, un véhicule légèrement plus petit et axé sur une utilisation urbaine, concurrent direct des Honda CRV, Toyota RAV4 et Nissan X-Trail.

Corrigeons immédiatement la tendance que nous aurions à prononcer ce nom à la québécoise : non, on ne dit pas « TOK-SON » mais plutôt « TOU-SSÔNN », du nom d'une ville de l'Arizona.

La silhouette du Tucson est, avouons-le, plus agréable à l'œil que celle du Santa Fe, tout en demeurant moderne et unique. Le gros pare-chocs avant relevé se marie bien aux contours des ailes, les gros blocs optiques forment avec élégance les coins d'aile avant et un chic carénage épouse le bas de la caisse et le contour des puits d'aile. Le pavillon rappelle même la Porsche Cayenne. Le tout est proposé dans un ensemble plutôt athlétique qui n'a rien de banal malgré la vocation modérée du Tucson.

Évidemment, avec des dimensions aussi réduites, on comprendra que Hyundai vise surtout une clientèle urbaine. Le Tucson peut accueillir quatre personnes à son bord, cinq à la rigueur. L'espace de chargement est de 22,7 pieds cubes avec les sièges arrière en place et de 65,5 pieds cubes si on en replie les dossiers (les mesures sont respectivement de 31 et 78 pieds cubes pour le Santa Fe). Le siège du passager avant peut également se replier pour permettre d'utiliser la pleine longueur de l'habitacle. Côté pratique, le tapis du compartiment de cargo s'enlève et dévoile un plancher recouvert d'une carpette de plastique pour un entretien facile. On y a même inclus des points d'ancrage pour arrimer les objets.

Surprise ! Hyundai propose un choix de deux moteurs sous le capot du Tucson, un avantage sur ses concurrents directs, Honda, Toyota et Nissan, qui n'ont qu'un

quatre-cylindres au catalogue. Le moulin de base est un quatre-cylindres DACT de 2 litres avec calage de soupapes constamment variable. Il est de série dans la version GL de base, où il est combiné à une boîte manuelle à cinq vitesses ou à une automatique « Shiftronic » à quatre rapports. Les versions GLS et LX viennent avec un V6 de 2,7 litres, semblable à celui des Santa Fe, combiné à la boîte automatique Shiftronic.

Tous ces éléments mécaniques sont boulonnés à un système de transmission intégrale Borg-Warner, qui transmet d'abord 99 % de la puissance aux roues avant. Il peut aussi relancer près de 50 % de cette puissance aux roues arrière si les roues avant se mettent à patiner. En cas de besoin pressant, le conducteur n'a qu'à appuyer sur un commutateur au tableau de bord pour verrouiller le différentiel central et obtenir une motricité 50/50 aux quatre roues.

Parmi les autres caractéristiques, mentionnons le freinage aux quatre disques, les jantes de 16 pouces, l'antiblocage appuyé de la distribution électronique de la puissance aux freins, l'antipatinage et l'antidérapage.

Évidemment, Hyundai propose des accessoires à la fois utiles et sécuritaires pour le Tucson. Le catalogue inclut un toit ouvrant, des phares antibrouillard, divers types de radios (AM/FM/Cassette/CD/MP3) avec six haut-parleurs et des glaces latérales opaques.

Connaîtra-t-il un grand succès ? Fort probablement. Il a en effet su attirer l'attention des visiteurs des grands salons automobiles, en plus d'arriver au moment où les acheteurs apprécient l'économie de carburant (surtout avec la version à quatre cylindres). Enfin, le Tucson tombe dans un créneau en pleine effervescence. Tout est en place pour la grande rentrée : ne manque qu'une version hybride.

Si le Tucson sera à l'aise en situation urbaine, il devrait aussi se débrouiller sur grand-route, surtout avec le V6. On se doute néanmoins qu'il sera moins à l'aise pour les excursions en sentier. Cependant, pour la saison froide, il pourrait être le véhicule idéal — une fois équipé de bons pneus d'hiver.

ON AIME

> La silhouette sympathique
> Les dimensions raisonnables
> Le choix de moteurs

ON AIME MOINS

> Données insuffisantes

À RETENIR

Fourchette de prix :
19 995 à 28 725 $

Marge bénéficiaire : **n.d.**

Indice de fiabilité : **n.d.**

Consommation d'essence :
n.d.

CO_2 sur une base annuelle :
n.d.

Valeur résiduelle au terme de 48 mois : **n.d.**

Cote de sécurité en cas d'impact : **n.d.**

NOUVEAUTÉS

> Tout nouveau véhicule

LE MOT DE LA FIN

Le look y est. Le véhicule devrait réussir sur le marché.

Nissan entre dans la danse

C urieusement, l'important constructeur japonais Nissan n'avait pas encore réagi au récent engouement pour les utilitaires compacts. Pourtant, il disposait au Japon d'un véhicule tout indiqué pour entrer dans la danse. En pressant l'arrivée du X-Trail chez nous, Nissan Canada n'a jamais fait un aussi bon coup.

Il faut avouer que la conception du X-Trail date déjà de quelques années. Sa silhouette n'est peut-être pas aussi stylisée que celle de ses concurrents directs, mais elle dégage une image de robustesse — et bien des automobilistes recherchent un petit utilitaire aux airs de camionnette.

Il s'agit évidemment d'un format de style « familiale » à quatre portes, avec un compartiment de chargement arrière auquel on accède par un hayon relevable, et non par une portière comme sur les CR-V et compagnie.

L'un des aspects les plus intéressants du X-Trail est cette portion de toit en verre offerte sur les versions SE et LE (la version de base est identifiée par le sigle XE). Par ailleurs, les grandes glaces assurent une vue presque panoramique.

Comme la plupart des petits utilitaires typiquement japonais, un seul moteur figure au catalogue, soit un quatre-cylindres de 2,5 litres générique (on le retrouve sous le capot de bien des Nissan, dont l'Altima). Avec 165 chevaux, il est à l'aise dans presque toutes les circonstances, que ce soit avec la boîte manuelle à cinq vitesses ou avec l'automatique à quatre rapports. De série, le X-Trail est livré en version traction, mais la plupart des automobilistes opteront évidemment pour la transmission intégrale optionnelle. Celle-ci permet de choisir la traction, le mode intégral automatique ou le verrouillage du différentiel central, qui peut s'avérer pratique lorsqu'on est pris dans la neige. Ce dernier est également approprié lors des petites excursions hors route (la vitesse est limitée à 30 km/h ; au delà, il se désactive).

L'aménagement intérieur du X-Trail peut surprendre. Il accueille facilement quatre personnes à son bord, une cinquième si celle-ci accepte le petit inconfort

qu'apporte l'accoudoir central arrière lorsqu'il est relevé. Le tableau de bord est très original, car il présente l'instrumentation centrale à la manière des Toyota Echo et Saturn Ion. Quant au compartiment cargo à l'arrière, il présente un seuil de chargement élevé, et les tourelles de suspension diminuent les possibilités d'y glisser des objets larges. Toutefois, la soute arrière a été conçue de façon à être modulable (25 configurations possibles). Pour ce faire, il faut cependant rabattre les dossiers des sièges arrière — en commençant par en retirer les appuie-tête, une opération de trop. Le volume de chargement est d'un peu plus de 29 pieds cubes (ce qui n'est pas remarquable) avec les dossiers en place et de presque 73 pieds cubes une fois les dossiers rabattus (ce qui est beaucoup mieux).

Le comportement routier du « nouveau » Nissan X-Trail assure des performances dans la bonne moyenne. On sent un peu d'effet de couple dans la direction lorsqu'on accélère brusquement, un défaut que l'on retrouve sur d'autres produits Nissan. La version à traction peut également souffrir d'un léger effet de sousvirage, ce qui n'est pas le cas avec la transmission intégrale en fonction Auto. Peut-on blâmer le manque de précision de la direction ?

Il est possible de faire de petites excursions hors route avec le X-Trail, surtout que l'on peut en verrouiller le différentiel central. Toutefois, les pneus d'origine en limiteront les capacités. Par ailleurs, les capacités de remorquage sont légèrement supérieures à celles de ses concurrentes les plus directes : le X-Trail peut tirer jusqu'à 2000 livres, contre à peine 1500 livres pour les autres.

Nissan écoulera certainement les quelques milliers de X-Trail qui arriveront au Canada. Cependant, il faut s'attendre à un nouveau design au cours des années à venir, remodelage qui pourrait survenir plus tôt que prévu, car nos voisins du Sud attendent impatiemment le X-Trail. En attendant, il nous appartient... et c'est tant mieux !

ON AIME

> L'habitacle original
> La bonne visibilité
> Les capacités hors route

ON AIME MOINS

> L'espace de chargement arrière (dossiers relevés)
> L'effet de couple dans la direction
> La direction peu précise

À RETENIR

Fourchette de prix :
25 900 $ à 33 000 $

Marge bénéficiaire : **8,6 %**

Indice de fiabilité : **n.d.**

Consommation d'essence : **n.d.**

CO_2 sur une base annuelle : **n.d.**

Valeur résiduelle au terme de 48 mois : **n.d.**

Cote de sécurité en cas d'impact : **n.d.**

NOUVEAUTÉS

> Nouveau modèle, pas même disponible aux États-Unis

LE MOT DE LA FIN

Malgré son succès, ce véhicule devrait être révisé sous peu.

FORD **ESCAPE**

ON AIME

> L'habitacle révisé
> La version hybride écologique
> Le levier de vitesses maintenant au plancher

ON AIME MOINS

> L'étroitesse de l'habitacle
> La consommation du V6
> Les bruits suspects à l'intérieur

À RETENIR

Fourchette de prix :
22 995 $ à 35 925 $

Marge bénéficiaire :
4,6 à 6 %

Ventes : ↑

Indice de fiabilité :
★★★★☆

Consommation d'essence :
10,7 L/100 km

CO_2 sur une base annuelle :
⬛⬛⬛⬛⬛⬛⬛◯ **7**

Valeur résiduelle au terme
de 48 mois : **37 à 41 %**

Cote de sécurité en cas
d'impact : ★★★★☆

NOUVEAUTÉS

> Avant redessiné
> Nouveau quatre-cylindres
> Version hybride disponible

LE MOT DE LA FIN

Le petit VUS le plus vendu
est également le plus
polyvalent.

Une longueur d'avance

L'Escape, le plus populaire des petits utilitaires sport, revient en 2005 — il est déjà sur le marché depuis le début de l'été — avec un avant retouché, un intérieur revu, un moteur de base plus puissant et, surtout, la possibilité d'une configuration mécanique différente faisant appel à un moteur électrique d'appoint.

Ford devient ainsi le premier constructeur à offrir un petit VUS à moteur hybride. Le nouveau quatre-cylindres de base Duratec 23 de 2,3 litres (de Mazda) combiné à un moteur électrique procure des performances semblables à celles du V6 Duratec de 3 litres, tout en permettant de réduire la consommation de carburant. Lors d'un essai à New York, l'Escape a fonctionné avec le moteur électrique à très basse vitesse, le moteur à essence n'entrant en action qu'à plus de 20 mph (35 km/h).

Néanmoins, peu de ces véhicules hybrides seront mis sur le marché. On se doute également que la plupart des consommateurs choisiront la version à moteur V6 de 200 chevaux, plus rapide et plus puissante. Par ailleurs, les capacités de remorquage ne sont pas des plus impressionnantes (3500 livres), mais suffisent amplement pour un véhicule de cette taille. Tous les Escape sont offerts avec la traction ou la transmission intégrale, mais seul le quatre-cylindres peut être combiné à la boîte manuelle — les autres modèles bénéficient d'une boîte automatique à quatre rapports.

Le principal défaut de ce véhicule serait l'étroitesse de l'habitacle ; rappelons-nous cependant qu'il s'agit bien d'un utilitaire compact. Le tableau de bord est toutefois bien aménagé, celui de l'hybride différant de celui de la version courante (une prise de courant de 110 volts est même incluse dans la console). Notons enfin que le levier de vitesses se retrouve maintenant au plancher.

Devrait-on se ruer sur la version hybride dès son lancement ? Pas nécessairement. Le prix sera plus élevé au début de la production, et le V6 demeure plus approprié aux longues routes et au remorquage. Enfin, les performances du nouveau moteur à quatre cylindres sont nettement améliorées.

Le CR-V se refait une beauté

L e CR-V n'a pas besoin de présentation. Ce petit utilitaire abordable et pratique occupe déjà une place de choix dans le cœur de bien des Québécois. Même s'il s'est refait une beauté en 2005, vous le reconnaîtrez facilement. Ainsi, l'avant et l'arrière du « nouveau » CR-V ont été légèrement retouchés. Les designers ont revu plusieurs composantes, dont les phares, la calandre, les pare-chocs, les feux arrière et même le couvercle rigide du pneu de secours. La caisse demeure cependant la même, à peine modifiée avec un nouveau découpage des passages de roue et des protections latérales refaites. Cette petite camionnette d'origine japonaise conserve donc ses dimensions raisonnables, qui en font un excellent véhicule pour les déplacements urbains.

Aucune surprise du côté de la mécanique. Honda ramène le fiable quatre-cylindres de 2,4 litres que l'on trouvait l'année dernière sous le capot de ce petit véhicule. Toutefois, pas de V6 au catalogue, et Honda n'a montré aucune intention d'en offrir un. Combiné à la boîte manuelle à cinq vitesses, le quatre-cylindres se montre à la hauteur de la situation. Par le passé, il peinait avec l'automatique à quatre rapports, de sorte qu'en 2005, la boîte optionnelle est désormais à cinq rapports, ce qui aide énormément. Évidemment, on peut obtenir le CR-V avec la traction ou la transmission intégrale. Cette dernière est très utile en hiver, même si le CR-V ne prétend pas être un tout-terrain agile dans le pur sens du mot.

L'une des plus belles qualités du CR-V (outre sa fiabilité mécanique) est l'intérieur vaste et accueillant. Le volume intérieur est même semblable à celui de l'Element (du même constructeur). Le compartiment cargo est moins impressionnant avec ses 32 pieds cubes, les dossiers de banquette arrière relevés, mais fait tout de même 72 pieds cubes une fois les dossiers rabattus — ce qui est mieux que la plupart de ses concurrents directs. Les passagers avant jouiront d'un bon débattement pour les jambes et les bras, et deux personnes (trois à la rigueur) peuvent prendre aisément place à l'arrière. Même s'il semble haut sur pattes, le CR-V a un comportement routier appréciable. La suspension est tendre, mais non molle, la direction est précise et l'habitacle est relativement confortable. De plus, la NHTSA (National Highway Traffic Safety Administration) lui a accordé cinq étoiles pour la protection de ses occupants en cas d'accident. Malgré tout, on lui a ajouté l'antidérapage en 2005. Pas mal, n'est-ce pas ?

ON AIME

> L'espace intérieur
> La fiabilité reconnue
> La nouvelle boîte automatique

ON AIME MOINS

> L'absence de V6 optionnel
> La capacité limitée de remorquage
> Le pneu de secours embarrassant (pourquoi pas un mini ?)

À RETENIR

Fourchette de prix :
28 200 $ à 33 600 $

Marge bénéficiaire : **n.d.**

Ventes : ↓

Indice de fiabilité :
★★★★★

Consommation d'essence :
11,5 L/100 km

CO$_2$ sur une base annuelle :
◼◼◼◼◼◼◼◻◻◻ 6,9

Valeur résiduelle au terme de 48 mois : **46 à 50 %**

Cote de sécurité en cas d'impact : ★★★★★

NOUVEAUTÉS

> Retouches aux finitions extérieures
> Jantes de 16 pouces
> Antidérapage

LE MOT DE LA FIN

Un choix intéressant pour un petit VUS de ville.

HYUNDAI **SANTA FE**

ON AIME

> L'habitacle vaste et
  accueillant

> L'espace de chargement

> Le puissant moteur 3,5 L

ON AIME MOINS

> La direction tendre

> L'obstruction du tableau
  de bord à l'accès

> La silhouette torturée qui
  commence à dater

À RETENIR

Fourchette de prix :
21 395$ à 34 295$

Marge bénéficiaire : **n.d.**

Ventes : ↑

Indice de fiabilité :
★★★★☆

Consommation d'essence :
11,8 L/100 km

CO_2 sur une base annuelle :
 7,6

Valeur résiduelle au terme
de 48 mois : **39 à 42 %**

Cote de sécurité en cas
d'impact : **n.d.**

NOUVEAUTÉS

> Modèle reconduit

LE MOT DE LA FIN

On aime ou on n'aime pas.

Un VUS
pour toutes les bourses

Le petit utilitaire Santa Fe de Hyundai a vraiment pris le marché par surprise lorsqu'il est apparu il y a déjà quatre ans. On ne s'attendait pas à ce que les Coréens réussissent aussi bien un véhicule de ce type, qui présentait par ailleurs un design si original qu'on ne pouvait l'ignorer... ni le confondre avec une autre marque. Avouons-le, le Santa Fe est unique, ne serait-ce que par cette silhouette que l'on peut considérer comme moderne ou torturée, selon le goût de chacun. Le prix est également si concurrentiel qu'il attire même les acheteurs au budget plutôt limité. Hyundai propose cet utilitaire (à base d'automobile) en version traction animée par un moteur à quatre cylindres — presque dénudée, mais intéressante. Le Santa Fe peut aussi être livré avec un moteur V6, que ce soit le vénérable 2,7 Delta de 173 chevaux ou encore le plus puissant Sigma de 3,5 litres et 200 chevaux, le même moulin que l'on trouve dans les berlines de luxe du constructeur. Si le quatre-cylindres est offert avec la boîte manuelle et la traction, les V6 sont livrables avec une boîte automatique (à quatre rapports avec le 2,7 L et à cinq avec le 3,5 L) et le système de transmission intégrale. Le premier moteur a droit à un système « Steyr-Puch », qui envoie automatiquement 60 % de la puissance aux roues avant et 40 % à l'arrière, alors que le gros six-cylindres fait appel à un système électronique « Borg-Warner », combiné à la boîte automatique Shiftronic à cinq rapports. À l'intérieur, tout est très précis et bien disposé. Le tableau de bord fait un peu générique, mais l'instrumentation est très lisible et les commandes sont judicieusement placées au centre de la planche de bord. Seul point négatif : la planche de bord pointe fortement dans le cadre de porte, de sorte qu'on peut s'y cogner le genou en montant à bord. L'habitacle est vaste, mais les matériaux font trop « plastique ». Cinq personnes peuvent prendre place très confortablement à bord, et il reste 31 pieds cubes d'espace cargo à l'arrière. Rabattez les dossiers des sièges arrière et vous disposerez de 78 pieds cubes de chargement, ce qui est très bien pour un véhicule de cette catégorie. Et la conduite ? Elle est semblable à celle des autres utilitaires de ce gabarit. La direction est un peu tendre, mais le puissant V6 est vraiment à la hauteur de la situation. La version munie d'un moteur à quatre cylindres est à considérer si l'on cherche un véhicule urbain pratique.

Maintenant offert avec un moteur diesel

L e Jeep Liberty n'a plus besoin de présentation. Lancé il y a trois ans, il a rapidement gagné le cœur des amateurs qui désiraient un Jeep, mais sans l'inconfort généralement associé à cette marque. Le Liberty est non seulement moderne, mais possède une suspension avant indépendante qui procure davantage de confort. Et les éloges ne s'arrêtent pas là. Le Liberty remplace avec brio les anciens Cherokee (il porte d'ailleurs ce nom en Europe et en Asie). Il garde l'apparence traditionnelle d'un Jeep avec sa calandre à sept orifices et ses phares ronds. Alors que le Cherokee a déjà été disponible en version à deux portes, le Liberty ne vient qu'en quatre-portes. Il est par ailleurs proposé en trois versions, Sport (de base), Limited (maintenant reconnaissable à sa calandre chromée) et Renegade, un peu surchargée d'accessoires, incluant des phares de conduite hors route nocturne qui sont, en vérité, peu utiles à la plupart des acheteurs de Liberty.

Jeep prend toute l'industrie de court en offrant un quatre-cylindres turbodiesel de 2,8 litres à son catalogue. Il produit 160 chevaux, mais son couple est assez impressionnant à 295 livres-pied. Très peu de véhicules nord-américains proposent un moteur diesel en option, à l'exception des grandes camionnettes. Pour sa part, le V6 de 3,7 litres optionnel produit un couple de 235 livres-pied. L'autre moteur au catalogue est un quatre-cylindres de 2,4 litres, peu populaire et peu recommandable à moins que vous ne désiriez demeurer qu'en ville, et à basse vitesse. Le moteur diesel vient avec une boîte automatique à cinq rapports. Le quatre à essence n'est offert qu'avec la boîte manuelle à cinq rapports — cette boîte est aussi livrable avec le V6, mais on lui préférera alors l'automatique à quatre rapports. Tous les Liberty vendus au Canada sont à quatre roues motrices sur commande. Le Liberty au diesel a montré des performances intéressantes lors d'un essai rapide. Le moteur est un peu bruyant, mais pas désagréable, et c'est à peine si on décèle une légère odeur de diesel. Des essais antérieurs ont prouvé que le Liberty est un véritable Jeep, avec des capacités hors route impressionnantes malgré la suspension avant indépendante qui aura tendance à être plus « accrochante » que l'essieu rigide avant du TJ.

ON AIME

> Le moteur diesel convaincant
> Les capacités hors route indéniables
> Les dimensions raisonnables

ON AIME MOINS

> Le quatre-cylindres anémique
> L'accès arrière étroit
> Les phares hors route inutiles (Renegade)

À RETENIR

Fourchette de prix :
27 360 $ à 32 340 $

Marge bénéficiaire :
5,9 à 6,7 %

Ventes : ↓

Indice de fiabilité :
★★★☆☆

Consommation d'essence :
12,8 L/100 km

CO_2 sur une base annuelle :
 8,1

Valeur résiduelle au terme de 48 mois : **38 à 44 %**

Cote de sécurité en cas d'impact : ★★★★★

NOUVEAUTÉS

> Moteur turbodiesel optionnel
> Nouvelle calandre pour Renegade
> Calandre chromée pour Limited

LE MOT DE LA FIN

Le Liberty annonce le renouveau technologique de Jeep.

JEEP TJ

La légende grandit

Tout le monde reconnaît aisément le légendaire Jeep TJ sur la route : sa silhouette est tout simplement unique. Le TJ est d'ailleurs le plus authentique « utilitaire sport » sur le marché. Pour être utile, il l'est. Pour être sport, il n'y a qu'à lui enlever sa capote, et il devient l'un des cabriolets les plus abordables du marché. La version de base du TJ (qui s'appelle Wrangler aux États-Unis, un nom qui appartient à GM au Canada) est la SE, relativement dénudée mais très pratique. Le TJ de base est toujours livrable avec le quatre-cylindres Chrysler de 2,4 litres. Le boîtier de transfert est manuel, et il fonctionne avec un levier au plancher.

Le TJ est également disponible en d'autres versions, dont la Sport et la Rubicon, cette dernière se voulant le véhicule tout-terrain le plus agile jamais construit. Le Jeep Rubicon arrive avec le gros six-cylindres en ligne de 4 litres combiné à une boîte manuelle ou automatique et un boîtier de transfert avec rapport inférieur que l'on ne trouvait autrefois que chez les modificateurs. Les ponts avant et arrière sont verrouillables par un commutateur au tableau de bord. Le Rubicon possède également des jantes de 16 pouces et d'énormes pneus Goodyear Wrangler M/TR pour les excursions hors route. Curieusement, alors que Jeep s'attendait à seulement quelques milliers d'intéressés, il lui a fallu accélérer la production, car on s'arrachait les Rubicon.

Autrefois offert avec une seule carrosserie, le TJ présente un deuxième style en 2005 : l'Unlimited, avec empattement allongé. Le compartiment arrière est allongé de deux pouces et le compartiment de cargo gagne 13 pouces en longueur. L'Unlimited n'est disponible qu'avec le six-cylindres, mais on a droit à la boîte mécanique à six rapports ou à l'automatique à quatre rapports. Mieux encore, il est livrable en version Rubicon. Conduire un Jeep demande un certain discernement : ce n'est pas une voiture sport. La direction est lente et la suspension est ferme (n'oubliez pas qu'il y a un pont avant rigide), et la tenue de route peut être précaire. On peut équiper le TJ d'une capote démontable en été et d'un toit rigide en hiver (sauf pour l'Unlimited, qui ne vient qu'avec l'un ou l'autre). Pratique en hiver (surtout avec les pneus d'hiver appropriés), il est d'une grande agilité comme tout-terrain. Pas surprenant qu'il y a tant de clubs de Jeep en Amérique.

LAND ROVER **FREELANDER**

Le petit européen au gros ego

Véritable sensation en Europe, où il a été lancé en 1997, le Freelander a connu un départ plus ou moins glorieux en Amérique. Il faut dire qu'il arrivait un peu tard, les autres constructeurs ayant déjà envahi le marché, et qu'il atterrissait en affichant un prix exorbitant.

L'année dernière, Land Rover a redessiné l'avant et, surtout, le tableau de bord. Présentant un pare-chocs et des phares semblables à ceux du grand Range Rover, le petit frère a gagné une personnalité plus attirante.

Le Freelander est désormais offert en version à trois portes ou à cinq portes. La première possède un toit amovible, alors que la deuxième est disponible dans une version HSE luxueuse.

Du côté de la mécanique, signalons d'abord qu'un petit V6 de 2,5 litres produisant 174 chevaux, issu de l'aventure BMW, se cache sous le capot du Freelander. Il vient avec une boîte de vitesses automatique à cinq rapports. L'ensemble ne permet que des performances plutôt modestes. Évidemment, il s'agit d'un véhicule à quatre roues motrices ou plutôt à transmission intégrale.

La tenue de route est remarquable sur autoroute, mais Land Rover souhaite qu'on en considère les capacités hors route. Toutefois, même si le Freelander était le petit utilitaire le plus agile en sentier, ce n'est pas nécessairement ce qui importe dans ce marché, puisque peu de propriétaires de tels véhicules feront des excursions hors route. Néanmoins, ce Land Rover « pur-sang » sera capable non seulement de prouesses en sentier, mais aussi de stabilité et d'adhérence sur la neige ou la glace (en autant que les pneus appropriés y soient installés !).

Confortable ? Oui. Pratique ? Un peu moins. À considérer ? Peut-être, si vous voulez vous distinguer. Mais vous en payerez le prix.

ON AIME

> Un look unique
> Les capacités hors route
> La robustesse du châssis

ON AIME MOINS

> Juste assez de puissance
> Le prix élevé
> La version à trois portes inutile

À RETENIR

Fourchette de prix :
35 500 $ à 39 500$

Marge bénéficiaire : **n.d.**

Ventes : ↓

Indice de fiabilité :
★★★☆☆

Consommation d'essence :
14 L/100 km

CO_2 sur une base annuelle :
▬▬▬▬▬▬▭ **9,1**

Valeur résiduelle au terme de 48 mois : **37 à 38 %**

Cote de sécurité en cas d'impact : **n.d.**

NOUVEAUTÉS

> Modèle reconduit

LE MOT DE LA FIN

Trop peu, trop tard.

MAZDA **TRIBUTE**

ON AIME

> L'allure moderne

> La motricité utile en hiver

> Le format urbain idéal

ON AIME MOINS

> Le moteur à quatre cylindres moins approprié

> La consommation élevée (V6)

> L'espace arrière restreint

À RETENIR

Fourchette de prix :
24 395 $ à **34 895 $**

Marge bénéficiaire : **10,1 %**

Ventes : ↓

Indice de fiabilité :
★★★★☆

Consommation d'essence :
10,7 L/100 km

CO₂ sur une base annuelle :
▭▭▭▭▭ **7**

Valeur résiduelle au terme
de 48 mois : **36** à **41 %**

Cote de sécurité en cas
d'impact : ★★★★★

NOUVEAUTÉS

> Le moteur à quatre cylindres disponible avec la transmission intégrale

> Avant retouché

LE MOT DE LA FIN

Excellent achat, mais le V6 est indispensable même s'il consomme beaucoup.

Le jumeau de l'Escape

L e Mazda Tribute est le jumeau du Ford Escape. Un jumeau presque identique, sauf pour l'allure extérieure et quelques autres détails. L'Escape et le Tribute partagent les mêmes composantes mécaniques, dont le moteur Mazda 2,3 litres à quatre cylindres ainsi que le V6 optionnel de 3 litres Duratec de Ford. L'ensemble hybride électrique de l'Escape est la seule caractéristique non disponible sur le Tribute — pour le moment, du moins. La version de base du Tribute est une traction, mais la plupart des acheteurs opteront pour la transmission intégrale optionnelle, surtout avec le V6. Par ailleurs, étant donné que le Tribute (comme l'Escape) n'est pas destiné aux excursions en sentier, on n'y trouve pas de fonction à rapport inférieur (Low-4).

L'Escape a une allure plutôt robuste, alors que le Tribute adopte une attitude « touriste » se rapprochant davantage de l'automobile, notamment en offrant une suspension plus souple. Un Tribute à moteur V6 peut tout de même tirer jusqu'à 3500 livres, ce qui plaira aux amateurs de caravaning.

L'intérieur du Tribute est presque identique à celui de l'Escape. Il accepte donc quatre à cinq personnes à bord. L'espace de chargement intérieur est également identique : un total de 34 pieds cubes avec les sièges arrière en place, et 74 pieds cubes avec les dossiers rabattus, un volume intéressant pour ceux qui souhaitent l'utiliser pour le transport léger.

Évidemment, le Tribute n'est pas un véhicule tout-terrain. Cependant, il est tout à fait approprié aux déplacements quotidiens. Il est également très efficace sur la neige ou la glace, puisque la puissance est transmise aux roues arrière si celles d'avant perdent l'adhérence. Pour en tirer le maximum, il faut toutefois opter pour des pneus d'hiver, malgré toutes les recommandations du vendeur qui vous vantera les vertus des pneus toutes-saisons.

Pas encore à la hauteur de la situation

Mitsubishi avait certes eu une bonne idée en lançant le petit utilitaire Outlander sur le marché lors de son arrivée au Canada il y a quelques années. Toutefois, le constructeur japonais s'est rapidement aperçu que son moteur à quatre cylindres manquait de puissance par rapport à ceux de la concurrence. L'année dernière, Mitsubishi a donc remplacé ce moteur anémique par un nouveau quatre-cylindres permettant de passer de 140 à 160 chevaux, tout en gagnant cinq livres-pied de couple.

L'Outlander doit se défendre dans un créneau parmi les plus actifs en Amérique, soit celui des utilitaires compacts. Le Ford Escape, le Mazda Tribute, le Jeep Liberty et le Saturn Vue offrent tous un V6. Le Chevrolet Equinox et le Hyundai Tucson s'apprêtent aussi à faire de même. L'Outlander, quant à lui, ne possède qu'un quatre-cylindres, tout comme le Honda CRV et le Toyota RAV4.

Par ailleurs, la boîte automatique à quatre rapports est la seule disponible, et la transmission intégrale est de série — c'est ce que plusieurs acheteurs semblent demander. Mais ça pourrait ne pas être suffisant : avec un poids dépassant les 3400 livres, l'Outlander est plus lourd que le Honda CRV (moins de 3300 livres) et que le Toyota RAV 4 (moins de 3200 livres), ce qui nuit à ses performances. La possibilité de traction, établie à 1500 livres, semble ainsi peu élevée.

Le comportement routier plaide toutefois en faveur de ce Mitsubishi. Malgré la transmission intégrale, il demeure un bon routier, mais peu de gens feront appel à ses capacités de tout-terrain. En fait, il ne s'agit pas réellement d'un tout-terrain, mais plutôt d'un véhicule qui saura se débrouiller dans des sentiers abordables et, surtout, sur la neige ou la glace (s'il est équipé des pneus appropriés). Enfin, l'habitacle accepte facilement cinq personnes, mais la capacité du compartiment à bagages (de 24 à 60 pieds cubes) est inférieure à celle de la concurrence.

ON AIME

> L'allure moderne
> Le toit surbaissé aérodynamique
> Le bon accès intérieur

ON AIME MOINS

> Le moteur peu convaincant
> L'espace de chargement limité
> Les capacités hors route peu utiles

À RETENIR

Fourchette de prix :
23 198 $ à 32 846 $

Marge bénéficiaire :
9,3 à 9,9 %

Ventes : ↑

Indice de fiabilité :
★★★☆☆

Consommation d'essence :
11,4 L/100 km

CO$_2$ sur une base annuelle :
▬▬▬▬▬ **7,3**

Valeur résiduelle au terme de 48 mois : **34 %**

Cote de sécurité en cas d'impact : **n.d.**

NOUVEAUTÉS

> Modèle essentiellement reconduit

LE MOT DE LA FIN

Un peu plus de puissance, s.v.p.!

ON AIME

> Le V6 Honda optionnel

> L'espace intérieur arrière

> Le prix abordable

ON AIME MOINS

> La finition de l'assemblage

> Le manque d'intérêt de GM

> La direction légère

À RETENIR

Fourchette de prix :
22 995 $ à 30 770 $

Marge bénéficiaire : **8,5 %**

Ventes : ↑

Indice de fiabilité :
★★★☆☆

Consommation d'essence :
10,3 L/100 km

CO$_2$ sur une base annuelle :
▰▰▰▱▱ **6,7**

Valeur résiduelle au terme
de 48 mois : **32 à 37 %**

Cote de sécurité en cas
d'impact : **★★★★★**

NOUVEAUTÉS

> Ornementation chromée
  à l'extérieur

> Nouvelles roues de
  16 pouces pour
  quatre-cylindres

> Nouvelles couleurs

LE MOT DE LA FIN

Un bon achat, mais la valeur
de revente n'y est pas.

L'incompris de GM

Lorsque Saturn a lancé son petit utilitaire Vue en 2002, les consommateurs nord-américains n'étaient pas nécessairement prêts à l'accueillir. D'abord, on préférait les grands utilitaires, puis on remarquait que Saturn semblait « expérimenter » des éléments mécaniques auprès des automobilistes. Il devenait alors difficile d'établir un climat de confiance.

En 2005, Saturn a corrigé la situation. Le moteur de base du Vue est toujours l'étonnant quatre-cylindres Ecotec de 2,2 litres qui produit 143 chevaux, livrable avec une boîte mécanique à cinq rapports ou une automatique à quatre rapports. GM a finalement abandonné le projet de boîte variable dans ce véhicule. La disponibilité d'un V6 Honda de 3,5 litres (et 250 chevaux) en équipement optionnel est plus surprenante. Ce moteur ne vient qu'avec la boîte automatique à cinq vitesses. Par ailleurs, le Vue est offert en version traction ou transmission intégrale.

Le Vue n'est pas un utilitaire tout-terrain, mais plutôt un petit véhicule urbain polyvalent. Le Vue Red Line est une version sportive plus qu'intéressante. Avec des pneus performants, la tenue de route impressionne.

Saviez-vous que la plateforme du Vue a servi de base au nouveau Chevrolet Equinox ? Cette plateforme, bien dessinée, permet au Vue d'offrir un espace intérieur pratique incluant beaucoup de dégagement pour les jambes des passagers arrière. Le plancher est également suffisamment abaissé pour permettre un chargement facile par le hayon arrière. La capacité de chargement (de 31 à 63 pieds cubes) est un peu limitée, mais tout de même plus imposante que celle de certains véhicules concurrents.

Seule note négative au tableau, Saturn devrait porter un peu plus d'attention à la finition de la carrosserie (dont les panneaux verticaux sont en plastique malléable, rappelons-le) et de l'intérieur. Les concessionnaires Saturn, parmi les plus professionnels du métier, fournissent un excellent soutien à leurs produits. Vous aurez par ailleurs un choix à faire dans le cas du Vue : si le Red Line vous semble un peu cher, toute version à moteur Honda est à considérer. Elle sera puissante, confortable et silencieuse. Si au moins GM accordait plus d'importance au marketing de Saturn...

La grande familiale qui se prend pour un utilitaire

S i une marque connaît une grande popularité auprès des Québécois, c'est bien Subaru. Pourquoi ? Parce que tous les produits de ce sympathique constructeur japonais présentent la transmission intégrale, ce qui en fait des véhicules performants sur la neige et la glace.

Les Forester, qui reposent par ailleurs sur une plateforme d'Impreza, sont donc à transmission intégrale, mais ne sont pas tous mus par le même moteur. Le moteur de base est un quatre-cylindres à plat de 2,5 litres qui, dans sa forme standard, produit 165 chevaux. Quoique suffisant pour un usage normal, il manque un peu de puissance quand vient le temps de dépasser. Pour pallier cette lacune, Subaru propose une version turbocompressée dans la livrée 2.5 XT du Forester. Le moteur fait alors 210 chevaux ; disponible avec la boîte manuelle à cinq vitesses ou automatique à quatre rapports, c'est une véritable petite bombe. La boîte manuelle est offerte avec un différentiel central à verrouillage visqueux pour transmettre le couple aux roues qui ont la meilleure prise. Avec l'automatique, un embrayage constamment variable s'acquitte de cette tâche.

Si les dimensions extérieures du Forester ne vous impressionnent pas outre mesure, jetez un coup d'œil à l'intérieur. Capable de recevoir cinq personnes à son bord, le Forester possède des sièges suffisamment relevés pour donner l'impression de conduire un VUS. L'espace cargo à l'arrière peut recevoir 34 pieds cubes de matériel avec la banquette relevée, 64 en y abaissant les dossiers 60/40. Si vous cherchez un petit utilitaire pratique, mais que vous aimeriez en même temps une voiture sportive, considérez le Forester 2.5 XT, qui bénéficie d'un moteur fringuant et d'une conduite appropriée — c'est presque une voiture de rallye. La version de base est aussi intéressante à conduire, mais on sent qu'il lui manque un peu de puissance. Dans les deux cas, la visibilité au volant est bonne, mais ne vous attardez pas trop à surveiller l'aiguille de la jauge d'essence : vous pourriez en avoir le vertige. Les Subaru, voyez-vous, ne sont pas économiques — et c'est encore plus notable avec le moteur turbo. C'est la faute de la transmission intégrale...

ON AIME

> La bonne motricité en hiver
> La puissance du turbo
> L'espace intérieur

ON AIME MOINS

> La consommation du moteur turbo
> La suspension qui talonne
> Le moteur de base anémique avec la boîte automatique

À RETENIR

Fourchette de prix :
27 995 $ à 37 995 $

Marge bénéficiaire :
7,6 à 9,2 %

Ventes : ↑

Indice de fiabilité :
★★★★★

Consommation d'essence :
11,3 L/100 km

CO_2 sur une base annuelle :
7,2

Valeur résiduelle au terme de 48 mois : **39 à 42 %**

Cote de sécurité en cas d'impact : ★★★★★

NOUVEAUTÉS

> Modèle essentiellement reconduit

LE MOT DE LA FIN

Ce véhicule est à la fois un utilitaire et une sportive.

SUZUKI **GRAND VITARA**

Trois petits tours et puis s'en vont...

Tout indique qu'il s'agit de la dernière année pour le Grand Vitara. Ce modèle à quatre portes, qui partageait autrefois la carrosserie du Chevrolet Tracker, est en effet destiné à être remplacé l'année prochaine. On dira alors adieu à un charmant petit véhicule demeuré fidèle à l'ancienne configuration du châssis cadre, du moteur à l'avant et de la motricité aux quatre roues sur commande.

Pour terminer sa carrière en beauté, l'utilitaire renonce à l'ancien petit quatre-cylindres des versions de base. Il n'était pas si mauvais, mais le marché commençait à le bouder. Il ne reste donc plus que le V6 de 2,5 litres produisant 165 chevaux, accompagné par la boîte manuelle à cinq vitesses ou l'automatique à quatre rapports. Le conducteur peut actionner la motricité aux quatre roues. De plus, comme le boîtier de transfert possède deux rapports, ce Suzuki peut se débrouiller en situation hors route, et cela, même dans des conditions parfois difficiles... en autant qu'il soit correctement chaussé ! La suspension des Grand Vitara est par ailleurs très conventionnelle, incluant des jambes MacPherson à l'avant et un pont rigide à l'arrière.

L'intérieur du Grand Vitara accueille quatre passagers, cinq à la limite. Mais on ne peut pas dire que ce soit très vaste : les occupants à l'avant seront à l'aise, mais ceux à l'arrière manqueront d'espace pour les jambes. Le compartiment de chargement est également l'un des plus petits du créneau. Avec la banquette arrière bien en place, c'est tout juste si on obtient 23 pieds cubes d'espace, et lorsqu'on abaisse les dossiers, c'est à peine 50 pieds cubes. Quant à la capacité de traction, elle est limitée à 1500 livres. La conduite du Grand Vitara est agréable, mais on sent bien qu'on est au volant d'un véhicule léger d'ancienne technologie. La direction est tendre, et le pont arrière a tendance à sautiller sur les pavés inégaux. Le pire défaut est toutefois cette sensibilité aux vents latéraux. Néanmoins, le petit V6 est fringant et procure de bonnes performances. Somme toute, si le prix est intéressant, le Grand Vitara peut tout de même constituer un excellent choix, surtout en contexte urbain.

Dans les petits pots, les meilleurs onguents

Toyota a été l'un des premiers constructeurs à proposer un petit utilitaire à traction également offert avec la transmission intégrale. Depuis ce temps, ce véhicule, le RAV4, a évolué au point de devenir l'un des produits vedettes de Toyota au pays. Avant de discuter des qualités mécaniques du RAV4, soulignons-en le look moderne et audacieux — les designers l'ont même retouché pour qu'il soit encore plus évident. Depuis l'année dernière, on peut en effet voir une prise d'air sur le capot ainsi qu'une calandre plus représentative de la marque. Le RAV4 n'est par ailleurs offert qu'en version familiale à quatre portes, mais on peut obtenir la livrée Chili de luxe, aussi révisée avec une nouvelle grille et des décalques redessinés.

Un seul moteur figure au catalogue du RAV4 : le quatre-cylindres de 2,4 litres remplace ainsi le 2 litres. Il passe de 148 à 161 chevaux, alors que le couple grimpe de 161 à 165 livres-pied. Deux boîtes sont disponibles : une boîte mécanique à cinq vitesses ou une boîte automatique à quatre rapports, le tout combiné à une transmission intégrale. Du côté de la conduite, notons que les accélérations sont plus intéressantes, correspondant davantage à l'image « macho » du nouveau RAV4. Parallèlement, le freinage s'appuie maintenant sur des disques aux quatre roues.

L'étroitesse de l'habitacle du RAV4 est toutefois une note négative à son dossier. Il accueille facilement quatre personnes, mais il est un peu difficile d'en ajouter une cinquième. Le tableau de bord et le volant ont par ailleurs été revus l'année dernière. La version Chili de 2005 pourra être équipée d'un toit ouvrant vitré optionnel et d'un pédalier sport en aluminium ; la sellerie de cuir est aussi livrable en option. En ce qui concerne l'espace de chargement, il demeure étonnant compte tenu des dimensions réduites du RAV4. Les chiffres parlent d'eux-mêmes : 29 pieds cubes avec les dossiers arrière relevés, mais 68 pieds cubes si on les rabat. Pas nécessairement un véhicule tout-terrain, le RV4 est tout de même très agile dans la neige ou sur la glace. Sur la route, il est relativement confortable, et on apprécie rapidement le nouveau quatre-cylindres lors des dépassements.

ON AIME

> Les dimensions agréables en situation urbaine
> Le moteur plus fringant
> Le look plus agressif

ON AIME MOINS

> La portière arrière qui ouvre vers la droite
> L'habitacle un peu serré
> La protection arrière en cas d'impact

À RETENIR

Prix : **24 585 $**

Marge bénéficiaire : **8,6 %**

Ventes : ↓

Indice de fiabilité :
★★★★★

Consommation d'essence :
11,2 L/100 km

CO_2 sur une base annuelle :
7,2

Valeur résiduelle au terme de 48 mois : **48 à 51 %**

Cote de sécurité en cas d'impact : ★★★★☆

NOUVEAUTÉS

> Version Chili révisée

LE MOT DE LA FIN

Conception remarquable et fiabilité Toyota est à considérer.

CE QU'IL FAUT RETENIR

	Lieu d'assemblage	Mode	Rouage intégral	Poids (kg)
Chevrolet Equinox	Canada	Traction	Optionnel	1660 à 1713
Ford Escape	États-Unis	Traction	Optionnel	1440 à 1571
Honda CR-V	Japon	Intégral	De série	1491
Hyundai Santa Fe	Corée du Sud	Traction	Optionnel	1585 à 1790
Hyundai Tucson	Corée du Sud	Traction	Optionnel	1469 à 1609
Jeep Liberty	États-Unis	Propulsion	Sur commande	1747 à 1953
Jeep TJ	États-Unis	Propulsion	Sur commande	1467 à 1689
Land Rover Freelander	Angleterre	Intégral	De série	1563
Mazda Tribute	États-Unis	Traction	Optionnel	1449 à 1584
Mitsubishi Outlander	Japon	Traction	Optionnel	1470 à 1569
Nissan X-Trail	Japon	Traction	Optionnel	1416 à 1528
Saturn Vue	États-Unis	Traction	Optionnel	1455 à 1647
Subaru Forester	Japon	Intégral	De série	1402 à 1497
Suzuki Grand Vitara	Canada	Propulsion	Sur commande	1465
Toyota RAV4	Japon	Intégral	De série	1314 à 1445

SURVOL TECHNIQUE

	Moteur de série	Puissance (hp à tr/mn)	Couple (lb-pi à tr/mn)	Autre(s) moteur (1/2)
Chevrolet Equinox	V6 3,4 L	185 à 5200	210 à 3800	n.d.
Ford Escape	L4 2,3L	153 à 5800	152 à 4250	Hybride-elec/V6 3,0 L
Honda CR-V	L4 2,4 L	160 à 6000	162 à 3600	n.d.
Hyundai Santa Fe	L4 2,4 L	138 à 5500	147 à 3000	V6 2,7 /3,5 (173-200 h
Hyundai Tucson	L4 2,0 L	140 à 6000	136 à 4500	V6 2,7 (173 hp)
Jeep Liberty	L4 2,4 L	150 à 5200	165 à 4000	L4 diesel 2,8L/V6 3,7L
Jeep TJ	L4 2,4 L	147 à 5200	165 à 4000	L6 4,0L (190 hp)
Land Rover Freelander	V6 2,5L	174 à 6250	177 à 4000	n.d.
Mazda Tribute	L4 2,3 L	153 à 5800	152 à 4250	V6 3,0 L (200 hp)
Mitsubishi Outlander	L4 2,4 L	160 à 5000	157 à 2500	n.d.
Nissan X-Trail	L4 2,5 L	165 à 6000	170 à 4000	n.d.
Saturn Vue	L4 2,2 L	143 à 5400	152 à 4000	V6 3,5 (250 hp)
Subaru Forester	H4 2,2 L	165 à 5600	166 à 4000	H4 2,5 turbo (210 hp)
Suzuki Grand Vitara	V6 2,5 L	165 à 6500	162 à 4000	n.d.
Toyota RAV4	L4 2,4 L	161 à 5700	165 à 4000	n.d.

Empattement (mm)	Longueur (mm)	Largeur (mm)	Hauteur (mm)	Volume max de chargement, banquettes baissées (L)	Capacité maximale de remorquage (kg)
2857	4795	1814	1703	1943	1588
2619	4442	1780	1770	1877	1588
2618	4536	1782	1682	2039	680
2618	4500	1820	1676	2209	1497
2630	4325	1795	1680	1129	n.d.
2649	4430	1819	1784	1954	2250
2373 à 2626	3947 à 4242	1693	1802	1337/1792	1587
2557	4447	1809	1828	1320	1133
2620	4429	1828	1720	1892	1588
2625	4546	1750	1684	1700	680
2624	4455	1765	1674	2061	' 907
2707	4605	1817	1689	1784	1587
2525	4450	1735	1595	1812	907
2479	4178	1779	1722	1416	680
2489	4254	1735	1678	1925	680

Transmission de série	Transmission optionnelle	Direction	Freins avant/arrière	Monte pneumatique d'origine avant/arrière
Auto à 5 rapports	n.d.	Crémaillère	Disques/tambours	P235/65R16
Manuelle à 5 rapports	Auto à 4 rapports	Crémaillère	Disques/tamb(disque)	P225/75R15
Manuelle à 5 rapports	Auto à 5 rapports	Crémaillère	Disques/disques	P205/70R15
Manuelle à 5 rapports	Auto à 4 ou 5 rapports	Crémaillère	Disques/disques	P225/70R16
Manuelle à 5 rapports	Auto à 4 rapports	Crémaillère	Disques/disques	P215/65R16
Manuelle à 6 rapports	Auto à 4/5 rapports	Crémaillère	Disques/disques	P225/75R16
Manuelle à 6 rapports	Auto à 4 rapports	Ë billes	Disques/tamb(disque)	P215/75R15
Auto à 5 rapports	n.d.	Crémaillère	Disques/tambours	P225/55R17
Manuelle à 5 rapports	Auto à 4 rapports	Crémaillère	Disques/tam(disque)	P235/70R16
Auto à 4 rapports	n.d.	Crémaillère	Disques/tambours	P225/60R16
Manuelle à 5 rapports	Auto à 4 rapports	Crémaillère	Disques/disques	P215/65R16
Manuelle à 5 rapports	Auto à 4/5 rapports	Crémaillère	Disques/tamb(disque)	P215/70SR16
Manuelle à 5 rapports	Auto à 4 rapports	Crémaillère	Disques/disques	P215/60R16
Manuelle à 5 rapports	Auto à 4 rapports	Crémaillère	Disques/tambours	P215/65R16
Manuelle à 5 rapports	Auto à 4 rapports	Crémaillère	Disques/tambours	P215-70R16

Kia Sportage

Encore plusieurs autres à venir...

Si vous pensez avoir tout vu dans le créneau des utilitaires compacts, détrompez-vous : plusieurs autres modèles sont encore à venir. Le problème est que ce segment n'est pas encore parfaitement bien défini.

Première constatation : les petits utilitaires semblent adopter la voie des plateformes d'automobile à traction transformées en transmission intégrale. Ce n'est tout de même pas la formule définitive. La preuve, c'est que deux véhicules à propulsion, les Jeep TJ et Liberty, qui représentent l'image même du véritable tout-terrain, continuent dans une certaine mesure de s'imposer. Curieusement, le TJ bénéficie d'un châssis-cadre, ce qui n'est pas le cas du Liberty. Et cette configuration plaît à bien des consommateurs. Ford a également présenté un prototype du Bronco au récent Salon de l'auto de Détroit. Semblable au Bronco original de 1966, ce petit véhicule repose sur un châssis rigide, comme le TJ. La réaction du public fut telle que Ford pourrait très bien construire cette camionnette.

Par ailleurs, le constructeur sud-coréen Kia compte revenir dans ce créneau avec le remplaçant de l'ancien Sportage. Dans ce cas, il pourrait s'agir d'une base de traction, avec la transmission intégrale en option, bien entendu. Et les rumeurs veulent que Jeep suive éventuellement cette tendance avec un produit reposant sur la plate-forme de la future PT Cruiser. Les mêmes rumeurs font également état d'un petit utilitaire du genre signé Mazda, et un autre de Pontiac. Tous des tractions au départ. Parmi les rumeurs les plus fondées, mentionnons que Chevrolet produira vraisemblablement le HHR, un petit utilitaire rétro au look semblable à celui de la SSR (en fait une réplique de Suburban des années 1950), en version traction pour mieux concurrencer la Chrysler PT Cruiser. Parions qu'une version à transmission intégrale suivra.

Reste à connaître le prix du baril de pétrole, facteur déterminant pour le marché des utilitaires compacts, tant en Amériques qu'en Europe et en Asie.

Ne manquez pas le cahier
L'AUTO

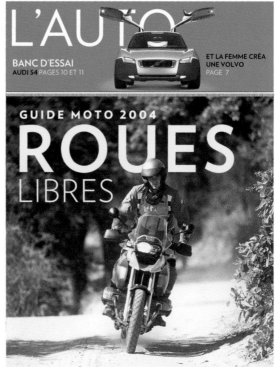

INTERMÉDIAIRES

Acura MDX **Audi allroad quattro** BMW X3 **BMW X5** Buick Rainier **Buick Rendezvous** Chevrolet Trailblazer **Dodge Durango** Envoy XUV **Ford Explorer** GMC Envoy **Grand Cherokee** Honda Pilot **Kia Sorento** Land Rover LR3 **Lexus GX 470** Lexus RX 330 **Lincoln Aviator** Mercedes-Benz Classe M **Mitsubishi Endeavor** Mitsubishi Montero **Nissan Pathfinder** Nissan Xterra **Suzuki XL-7** Toyota 4Runner **Toyota Highlander** Volkswagen Touareg **Volvo XC70** Volvo XC90

TEXTES, RECHERCHES ET ESSAIS : **ÉRIC DESCARRIES**

Lincoln Aviator

EN ACTION

LE CRÉNEAU DES UTILITAIRES SPORT INTERMÉDIAIRES PEUT ÊTRE
CONSIDÉRÉ COMME UN SEGMENT DES PLUS ACTIFS : LES
CONSTRUCTEURS AMÉRICAINS Y SONT EN EFFET TRÈS PRÉSENTS,
LES JAPONAIS DES PLUS INTÉRESSÉS, ET CERTAINS
CONSTRUCTEURS EUROPÉENS S'Y LANCENT AVEC AGRESSIVITÉ.

Évidemment, la présence de nos amis américains est la plus notable dans
cette catégorie. La plupart de leurs véhicules reposent sur des châssis
rigides semblables à ceux des camionnettes pick-up. Depuis des années,
Ford mène le bal avec son très populaire Explorer, maintenant offert avec
un puissant V8 et une suspension arrière indépendante. Ford en propose
même une version de grand luxe sous la bannière Lincoln, l'Aviator. GM
suit de près avec une gamme connue dans le métier sous le nom de code
GMT 360. On trouve au sein de cette dernière de nombreux véhicules,
des Chevrolet Trailblazer aux récents Buick Rainier, en passant par les
GMC Envoy avec un empattement court ou allongé. Oh ! il y a également
le Saab 9-7X à venir. Buick offre également une sorte d'utilitaire intermédiaire difficile à cataloguer, le Rendezvous, qui joue plusieurs rôles à la fois
(utilitaire, fourgonnette, hybride). DaimlerChrysler vient quant à elle de
lancer un tout nouveau Dakota, qui se veut le champion de la catégorie
pour tirer des remorques grâce à son puissant V8 Hemi. Ce constructeur
se voit également, avec ses Jeep, comme le plus important producteur
d'utilitaires sport pouvant attaquer un sentier inhospitalier sans difficulté.

Il faut évidemment compter sur la présence des constructeurs japonais, eux qui aiment bien imiter tout ce qui se fait en Amérique. Toyota est ainsi très actif : son puissant 4Runner (lui aussi disponible avec un V8) en est un bon exemple, alors que le populaire Highlander tombe plutôt dans une catégorie « apprivoisée », imitant les capacités d'un robuste utilitaire mais reposant sur une plateforme d'automobile. C'est le cas également pour le fameux Lexus RX300, alors que le nouveau GX470 est plutôt une version glorifiée du 4Runner. Nissan pénètre ce marché cette année avec un Pathfinder et un Xterra plus volumineux, tous deux basés sur l'architecture Alpha du constructeur dont le premier produit a été la grande camionnette Titan.

Parmi les autres constructeurs nippons, mentionnons le travail de Honda avec son utilitaire Pilot, qui se veut une réplique aux grands utilitaires mais qui, avec sa plateforme de type automobile, tombe dans la catégorie des intermédiaires. C'est aussi le cas pour Mitsubishi avec l'Endeavor — mais pas le Montero, qui est plus robuste. Suzuki y est de justesse avec le XL-7, qui est en fait une version allongée du Grand Vitara. Enfin, du côté des Coréens, Kia réussit très bien avec le Sorento, qui représente vraiment le véhicule typique de ce créneau.

Après avoir boudé le segment pendant un long moment, les constructeurs européens ont commencé à s'intéresser aux utilitaires sport en proposant des modèles intermédiaires plus luxueux. Évidemment, Mercedes-Benz a été le précurseur avec le ML, construit aux États-Unis. BMW lui a emboîté le pas avec le X5, lui aussi assemblé chez l'Oncle Sam, et le plus petit X3. Volkswagen a proposé le sympathique Touareg, un véritable tout-terrain, alors que le Britannique Land Rover (une filiale de Ford) présente le remplaçant du Discovery, le tout nouveau LR3. Audi vient mêler un peu les cartes avec son Allroad, qui ressemble davantage à une familiale

qu'à un utilitaire (malgré les publicités de la firme). On pourrait accuser Volvo de faire de même avec son XC70, mais le constructeur suédois — encore un autre partenaire de Ford — se reprend avec le XC90, nommé camionnette de l'année par nos confrères américains l'an dernier.

Confus ? On le serait à moins. Qui plus est, les utilitaires sport étant critiqués pour leur consommation disproportionnée d'essence et leur propension à se renverser, il faut s'attendre à d'importants changements dans ce créneau avant longtemps. Les gros châssis de camionnettes feront certainement place à des plateformes plus flexibles, mais les utilitaires de moindre gabarit risquent alors de perdre leur capacité de remorquage, si importante pour plusieurs acheteurs. On ne peut prédire jusqu'où iront les changements, mais une chose est certaine, ce segment n'a pas fini d'être en ébullition.

Volkswagen Touareg

Suzuki XL-7

GRAND **CHEROKEE**

Plus civilisé et plus agile que jamais

L e Jeep Grand Cherokee est complètement refait pour 2005. Et quand on dit complètement, c'est qu'il ne reste presque rien de l'ancien Grand Cherokee dans cette troisième génération. Les ingénieurs avaient pour mandat de conserver l'image « Jeep » du Grand Cherokee, avec ses superbes capacités hors route, tout en améliorant le comportement routier. La majorité des propriétaires de Grand Cherokee n'utilisent en effet leur véhicule que sur route : pour eux, une excursion hors route correspond à une ballade sur une chaussée enneigée des Laurentides. Il reste tout de même quelques braves qui mettront vraiment leur Grand à l'épreuve — certains participeront même à un Jamboree Jeep.

Les ingénieurs de Jeep ont donc revu la plateforme du véhicule. D'abord, le Grand Cherokee n'est pas monté sur un châssis cadre comme la plupart des utilitaires, mais bénéficie plutôt d'une caisse monocoque avec des sous-cadres à l'avant et à l'arrière. Le berceau d'avant retient une nouvelle suspension indépendante remplaçant l'ancien pont rigide, si souvent critiqué. Le berceau d'arrière répond aux normes supérieures de sécurité à venir (FMDSS 301). Le pont demeure rigide, mais la suspension compte maintenant cinq bras rigides.

Le vénérable moteur à six cylindres a cédé la place au V6 de 3,7 litres et 210 chevaux. Ce moulin est de série avec la livrée Laredo. Le deuxième moteur est le tout récent V8 de 4,7 litres, la seule composante reconduite ; c'est le moteur de base de la version Limited. Enfin, et c'est la gloire de DaimlerChrysler, le fameux V8 Hemi (à cylindrée variable) de 5,7 litres et 330 chevaux figure au catalogue des options, et permet au véhicule de tirer jusqu'à 7200 livres.

Du côté de la boîte de vitesses, les acheteurs doivent obligatoirement opter pour une automatique à cinq rapports — trois boîtiers de transfert sont tout de même proposés en 2005. Le premier, le Quadra-Trac I, est un système très simple de transmission intégrale qui ne comporte pas de rapport inférieur : le conducteur n'a ainsi aucun contrôle. Le Quadra-Trac II, une nouveauté, a deux vitesses

(avec commande électrique à la console) et est combiné à un système d'antipatinage pour une meilleure traction en situation hors route. L'ultime option est le Quadra-Drive II, qui inclut trois ponts (avant, centre et arrière) à glissement limité contrôlé par ordinateur. Tout simplement ce qu'il y a de plus sophistiqué pour les excursions en sentier.

Le nouveau Grand Cherokee a été complètement redessiné, mais conserve sa silhouette originale. L'adoption de phares avant ronds, comme pour les deux autres modèles de Jeep, Liberty et TJ, constitue d'ailleurs une importante retouche.

L'habitacle du grand Jeep accepte cinq personnes à son bord. Il n'y a toujours pas de version à sept passagers, mais un plus grand Jeep pourrait arriver sur le marché dans un avenir plus ou moins rapproché. L'intérieur est à la fois plus moderne, plus pratique et, surtout, plus ergonomique. Ainsi, les sièges redessinés sont mieux adaptés à de longs voyages, et l'espace de chargement arrière est amélioré. Le pneu de rechange se trouve désormais sous le véhicule, et une toile cache-bagages repose sur des tablettes latérales pour une sécurité accrue (elle ne pend pas à ses rebords).

Les ingénieurs de Jeep ont tenu leurs promesses : le nouveau Grand Cherokee est tout simplement meilleur que jamais sur la route. Confort amélioré, tenue de route supérieure : l'ancienne sensation de roulis est même disparue. Le V6 de base est un peu juste, mais il réussit quand même à tirer son épingle du jeu. Le V8 de 4,7 litres est le plus approprié : rapide et agile, sa consommation — il ne faut tout de même pas s'attendre à des miracles — tombe dans la moyenne pour un tel véhicule. Quant au fameux Hemi, sa grande puissance devient utile lorsque le Grand Cherokee tire une caravane. Par ailleurs, les freins (quatre disques) sont plus gros, mais la pédale est spongieuse, ce qui donne la sensation que le système manque d'efficacité. La direction à billes est néanmoins plus précise.

Hors route, c'est la surprise, surtout avec le système Quadra-Drive II. Malgré ses dimensions plus importantes que celles du TJ, le Grand peut non seulement suivre ce dernier, mais aussi le devancer.

Le verdict ? Ce Grand Cherokee est une belle surprise, même un véritable succès. Il ne reste plus qu'à espérer une baisse du prix de l'essence.

ON AIME

> La meilleure tenue de route
> Les moteurs V8 puissants
> Les capacités hors route surprenantes

ON AIME MOINS

> La consommation du Hemi
> L'accès arrière un peu étroit
> Les dimensions encombrantes en ville

À RETENIR

Fourchette de prix :
38 990 $ à 48 595 $

Marge bénéficiaire :
7,6 à 8,5 %

Ventes : ↓

Indice de fiabilité : **n.d.**

Consommation d'essence :
14,5 L/100 km

CO_2 sur une base annuelle :
n.d.

Valeur résiduelle au terme de 48 mois : **n.d.**

Cote de sécurité en cas d'impact : **n.d.**

NOUVEAUTÉS

> Tout nouvel utilitaire

LE MOT DE LA FIN

Les amateurs de la marque ne seront pas déçus.

Le premier
Land Rover de Ford

ord, qui a racheté Land Rover de BMW, a mis du sien dans le remplacement de l'intermédiaire Discovery, qui devient le LR3 en Amérique. Le LR3 ressemble un peu au Range Rover et un peu au Freelander, tout en conservant certains éléments de design originaux du Discovery, comme les glaces arrière qui remontent dans le toit. Autrement, tout a été redessiné, avec comme résultat un look très contemporain. Cependant, les designers de la marque ont privilégié le côté pratique à la forme, par exemple en prévoyant un toit surélevé et de grandes portières. Même la version à sept passagers offre un débattement pour la tête convenable pour 95 % de la population masculine.

Quant à la structure du Land Rover LR3, elle adopte une toute nouvelle configuration : les ingénieurs ont intégré le châssis dans la construction de la caisse. L'acier Boron, l'aluminium et le magnésium entrent dans la conception du véhicule. Évidemment, on a fait appel au principe d'hydroformage pour donner vie au LR3. Du côté mécanique, dites adieu à l'ancien moteur V8 de 4,6 litres utilisé depuis 1970. Le LR3 fait appel à un nouveau produit de la famille Ford, le V8 de 4,4 litres DACT fabriqué par Jaguar, qui produit 300 chevaux. Il est combiné à une boîte automatique à six rapports avec « Command Shift », qui permet au conducteur de contrôler le passage des vitesses. Évidemment, il s'agit d'un véhicule à transmission intégrale qui devrait servir aux excursions hors route. Par ailleurs, grâce à une commande rotative au tableau de bord, le conducteur peut opter pour l'une des cinq fonctions : conduite régulière, surfaces glissantes (herbages, gravier, neige) ou l'une des trois situations hors route (boue et sillons, sable, roches). Ce système, appelé « Terrain Response », ajuste le véhicule automatiquement pour répondre à la situation choisie, en réglant notamment la garde au sol, la réponse du moteur, le contrôle de la descente, l'antipatinage et les ajustements de la boîte. Imaginez, le LR3 peut même traverser un cours d'eau de 24 pouces de profondeur ! Incidemment, la suspension pneumatique sophistiquée équilibre les pressions d'une roue à l'autre selon les réactions à la route.

Étant donné l'importance accordée à l'aspect humain, l'habitacle du LR3 est des plus fonctionnels. Les sièges baquets sont ajustables électriquement, et la banquette arrière peut accueillir trois personnes dans une position surélevée du style « théâtre ». De plus, les deux sièges optionnels de la troisième rangée sont également surélevés afin d'assurer aux passagers une bonne vision de l'avant. Lorsque les sièges sont repliés, on obtient un plancher de chargement de six pieds. Par ailleurs, même un « grand six pieds » est à l'aise dans ce véhicule.

À l'avant, le tableau de bord fait très « industriel » avec une instrumentation circulaire devant le conducteur et une console centrale verticale retenant l'écran du système de navigation et la console audio AM-FM stéréo, avec lecteur CD et amplificateur harman/kardon LOGIC7 de 550 watts. La télé est disponible pour les passagers d'arrière, qui jouissent également d'un toit vitré.

Le comportement routier de ce Land Rover est totalement différent de celui du Discovery. D'abord, le tangage caractéristique de cet utilitaire a été éliminé. La suspension indépendante aux quatre roues avec la fameuse suspension pneumatique électronique contribue également au grand confort du véhicule, en plus d'assurer une tenue de route remarquable. On peut négocier les courbes à une certaine vitesse sans craindre de perdre la maîtrise de la camionnette, et ce, malgré sa grande taille. Le moteur de 300 chevaux répond très bien aux accélérations, mais on sent que le véhicule est lourd au départ. Les reprises sont toutefois rassurantes. La boîte automatique fonctionne quant à elle tout en souplesse. Par ailleurs, le freinage est puissant, et la direction demeure plus précise qu'auparavant.

C'est à peine si l'on entend les bruits ambiants lorsque les glaces sont fermées, et la climatisation (dont les commandes sont plus claires) fonctionne en douceur. Les passagers arrière bénéficient même de leur propre commande pour la « clim ». Malheureusement, nous avons noté quelques bruits suspects à l'intérieur de nos véhicules d'essais, des exemplaires américains de la première production. La visibilité, vous vous en doutez, était cependant très bonne. Enfin, nous n'avons pu vérifier la consommation du gros V8 qui, on s'en doute, ne figurera pas parmi les grands exploits de l'année.

On pourrait consacrer plusieurs pages aux capacités incroyables du LR3 est situation hors route. Cependant, très peu d'acheteurs oseront le conduire dans des situations extrêmes. Nous l'avons fait sur le circuit de Land Rover à Montebello. Tous les véhicules du groupe ont passé le test avec succès, grimpant le terrain boueux et rocailleux avec facilité malgré les pneus d'origine (toutes saisons) du véhicule. Grâce au système avancé d'antipatinage, le LR3 ne manque jamais de motricité — on se doute que ce sera aussi efficace en hiver. La suspension s'adapte facilement aux difficultés du terrain et la garde au sol est excellente (les éléments mécaniques sont dans une position relativement élevée). Passer des amas de roches est un jeu d'enfant !

Cependant, comme si peu de proprios utiliseront leur LR3 à de telles fins, pourquoi en avoir fait un tout-terrain sophistiqué ? « Parce que si nous n'offrions pas cette caractéristique unique, cela ne serait plus un Land Rover, non ? » de répondre Bruce Rosen, directeur du marketing de la marque au Canada.

ON AIME

> Le comportement routier nettement supérieur à celui du Discovery
> La douceur de roulement
> Les incroyables capacités hors route

ON AIME MOINS

> La sensation de lourdeur en accélération
> La commande de la fonction 4X4 compliquée
> Une finition perfectible

À RETENIR

Fourchette de prix :
61 900 $ à 67 900 $

Marge bénéficiaire : **n.d.**

Ventes : ↓

Indice de fiabilité : **n.d.**

Consommation d'essence : **n.d.**

CO_2 sur une base annuelle : **n.d.**

Valeur résiduelle au terme de 48 mois : **n.d.**

Cote de sécurité en cas d'impact : **n.d.**

NOUVEAUTÉS

> Tout nouveau véhicule
> Nouveau V8 de 300 chevaux
> Boîtier de transfert à multiples fonctions

LE MOT DE LA FIN

Un peu plus cher que les autres VUS de luxe, mais il en vaut le coût !

NISSAN **PATHFINDER**

Plus gros, plus grand, plus...

L'utilitaire sport Pathfinder a toujours été un modèle fétiche pour le constructeur japonais Nissan. Depuis sa deuxième génération, il est devenu un véhicule un peu plus luxueux, très recherché par une clientèle qui apprécie le confort et qui ne veut pas d'un monstre énergivore. Toutefois, le Pathfinder était bel et bien parvenu à la fin de son cycle, et il était temps de le revoir.

L'ancien Pathfinder devait se mesurer aux Ford Explorer, Chevrolet TrailBlazer et GMC Envoy, Toyota 4Runner et Dodge Durango, tous offerts avec une configuration à sept passagers et un puissant V8. Les concepteurs de Nissan ont donc fait en sorte que le nouveau Pathfinder puisse se défendre à armes égales : ils ont opté pour la toute récente plateforme Alpha, celle-là même qui a mené à la production des Titan et Armada, ainsi que de la nouvelle Infiniti QX56. Par conséquent, le Pathfinder 2005 repose désormais sur un châssis de camionnette beaucoup plus robuste que la configuration monocoque de la version précédente.

De plus, la carrosserie, toujours à quatre portes, est plus grande, et le design reprend le même thème que celui du Titan et de l'Armada. L'avant est nettement plus agressif que dans la précédente version et les portières arrière ont la même forme inversée que celles de l'Armada.

Pour le moment, le Pathfinder n'est offert qu'avec le nouveau V6 de 4 litres spécialement adapté aux camionnettes. La plus longue course de ses pistons procure un couple plus élevé à bas régime, ce qui est très utile pour tirer de lourdes charges. En ce qui concerne la boîte de vitesses, seule une automatique à cinq rapports figure désormais au catalogue. Au Canada, tous les Pathfinder bénéficient de la motricité aux quatre roues sur commande, réglée par une commande rotative au tableau de bord, tandis que nos amis américains ont aussi droit à une version à propulsion seulement. Outre le robuste châssis, le Pathfinder 2005 possède une suspension arrière indépendante qui en améliore grandement le comportement routier, ce que nous avons pu constater au volant.

ON AIME

> Le nouveau look
plus agressif

> Le nouveau châssis
plus robuste

> Le nouvel habitacle
plus pratique

ON AIME MOINS

> L'absence de V8

> La pédale de freins
spongieuse

> Les places de troisième ban-
quette plus ou moins utiles

À RETENIR

Fourchette de prix : **n.d.**

Marge bénéficiaire : **n.d.**

Ventes : ↓

Indice de fiabilité : **n.d.**

Consommation d'essence :
n.d.

CO$_2$ sur une base annuelle :
n.d.

Valeur résiduelle au terme
de 48 mois : **n.d.**

Cote de sécurité en cas
d'impact : **n.d.**

NOUVEAUTÉS

> Véhicule entièrement
nouveau

> Dimensions plus imposantes

LE MOT DE LA FIN

On a remplacé le Pathfinder
par un véhicule beaucoup
plus gros.

Plus grand, le Pathfinder offre un espace intérieur accru, incluant deux places supplémentaires à l'arrière. Méfiez-vous cependant, puisque ces places sont à peine suffisantes pour deux petits enfants ; les adultes n'y seront pas à l'aise, même pour une courte ballade, et l'accès est plutôt difficile. Toutefois, ces sièges se rabattent à plat — ainsi que leur appuie-tête — pour dégager un bon espace de chargement. En repliant également les deux demi-banquettes du centre et le siège du passager avant, il est même possible d'y glisser de grands objets mesurant jusqu'à 10 pieds de longueur. Par ailleurs, le tableau de bord est bien conçu mais d'un look assez banal.

Avouons-le, peu de propriétaires d'utilitaires sport utilisent vraiment leur 4X4 en situation hors route (à moins qu'ils ne considèrent la conduite sur la neige ou le chemin de terre du chalet comme une aventure hors route). Pourtant, le nouveau Pathfinder a des capacités de tout-terrain assez exceptionnelles. Outre les versions LE, XE et SE, on retrouve au catalogue une configuration « Off Road » incluant des pneus plus mordants et des amortisseurs Rancho à fermeté accrue. Nous avons pu tester cette configuration dans un sentier assez exigeant et, à l'exception des marchepieds parfois embarrassants, le Pathfinder 2005 nous a vraiment impressionnés dans des situations relativement difficiles.

Sur la route, ce nouveau Nissan promet des accélérations intéressantes et des reprises rassurantes. La direction est précise, mais le freinage (avec assistance électronique) nous a semblé moins puissant à cause d'une pédale spongieuse. Nous n'avons cependant que peu d'observations sur la consommation d'essence, étant donné la courte durée du premier essai. On ne s'attend pas à des miracles, mais il n'y aura certes pas d'histoires d'horreur à raconter.

Que les amateurs de Pathfinder se rassurent, le véhicule est peut-être totalement différent, il n'en conserve pas moins ses belles qualités d'autrefois, dont le confort et l'agrément de conduite. Il en gagne également d'autres, comme un intérieur plus accueillant et une capacité de remorquage intéressante. Quant à la possibilité d'un V8 dans le futur, elle semble très bonne...voire excellente.

AUDI **ALLROAD QUATTRO**

ON AIME

> La tenue de route rassurante

> Des possibilités modérées
  d'excursions hors route

> La suspension
  pneumatique utile

ON AIME MOINS

> Le poids relativement élevé

> Les performances moyennes

> Le délai de réaction
  du turbo

À RETENIR

Prix : **58 800 $**

Marge bénéficiaire : **9,3 %**

Ventes : ↑

Indice de fiabilité :
★★★★☆

Consommation d'essence :
14,3 L/100 km

CO2 sur une base annuelle :
⬤ 9,3

Valeur résiduelle au terme
de 48 mois : **47 à 49 %**

Cote de sécurité en cas
d'impact : **n.d.**

NOUVEAUTÉS

> Modèle essentiellement
  reconduit

LE MOT DE LA FIN

Généralement utilisé comme
une automobile, il est aussi
bon hors route.

Presque un utilitaire sport

L e constructeur allemand Audi ne propose aucun utilitaire sport dans sa gamme, ce qui constitue tout un désavantage face à la concurrence, qui en offre parfois plus d'un. Cependant, Audi possède une familiale tout à fait spéciale, l'allroad quattro 2.7 T.

Prêtez attention. L'allroad est équipée de gros pare-chocs de camionnette, d'imposantes extensions d'ailes qui lui donnent un air très robuste et, surtout, d'une suspension pneumatique réglable électroniquement pouvant abaisser le véhicule à moins de 15 centimètres du sol pour en faire une grande routière, ou encore le remonter à plus de 20 centimètres pour lui permettre d'attaquer des sentiers d'une difficulté modérée. La voiture ne doit alors pas excéder les 35 km/h. Évidemment, le mouvement est transmis automatiquement aux quatre roues par le légendaire système « quattro » du même constructeur.

En position élevée, l'allroad a vraiment des airs d'utilitaire, ce qui nous autorise à la classer dans cette catégorie. Les puristes réfuteront peut-être cet argument, car l'allroad roule en position basse la plupart du temps.

Si les excursions en sentier sont effectivement rares, les utilisateurs d'allroad profiteront de la position abaissée pour mettre à l'épreuve le V6 bi-turbo de 2,7 litres et 250 chevaux. Ils jouiront alors d'une excellente tenue de route. Par contre, les performances sont un peu timides pour une voiture dite de performance (le 0 à 100 km/h s'effectue en quelque 7 secondes), même avec la boîte manuelle à six vitesses — une automatique à cinq rapports avec principe « Tiptronic » est aussi offerte en option.

L'intérieur est par ailleurs spectaculaire. Les sièges offrent un bon support et les occupants jouissent d'un excellent dégagement pour la tête et les membres. De plus, on trouve un bon compartiment à bagages dans la plus pure tradition « station-wagon ». Alors, pourquoi n'en voit-on pas davantage sur les routes ?
À près de 60 000 $ l'unité, cela s'explique un peu.

L'utilitaire sophistiqué

Il est difficile de passer outre l'Acura MDX lorsqu'on parle d'utilitaires sport intermédiaires. Avec une silhouette plus ou moins inspirante, moins agressive que celle de ses concurrents, cet utilitaire japonais demeure tout de même bien reconnaissable. Des Acura MDX, on en voit partout. Et leurs conducteurs semblent en être fiers.

Le raffinement de la mécanique du MDX est remarquable. Le moteur V6 de 3,5 litres et 265 chevaux se fait à peine entendre, et la boîte automatique à cinq rapports fonctionne tout en douceur. On ne perçoit même pas le travail de la transmission intégrale. Par ailleurs, pour procurer un air de robustesse au véhicule, on lui a ajouté un système d'échappement double bien visible de l'arrière.

Respectant la tradition des constructeurs japonais, Acura a porté une attention particulière à la finition intérieure du MDX, surtout au niveau du tableau de bord. Cette finition démontre une grande sobriété, ce qui pourrait plaire à certains acheteurs, mais moins à d'autres. Sept personnes peuvent monter à bord, mais si on abaisse les deux dernières rangées de sièges, on obtient environ 82 pieds cubes d'espace de chargement, ce qui devrait être largement suffisant pour le commun des automobilistes. Quant à la capacité de traction, le constructeur a une drôle de façon de l'évaluer : selon Acura, elle est de 3500 livres si le véhicule tire une caravane, mais peut atteindre 4500 livres pour un bateau (qui serait plus aérodynamique).

Le MDX ne peut être qu'un choix recommandé... si l'on ne tient pas à un utilitaire dont on abusera. Il s'agit d'un bon véhicule d'autoroute, qui saura se débrouiller en situation hivernale (n'oubliez pas les pneus appropriés !) et qui sera doux, confortable et accueillant. Ses capacités hors route sont limitées, mais on ne s'en fait pas avec cela, peu d'acheteurs d'Acura MDX mettront leur véhicule à rude épreuve.

ON AIME

> La douceur de roulement
> La construction exemplaire
> La mécanique moderne

ON AIME MOINS

> La silhouette trop modeste
> Les capacités de remorquage limitées
> L'habitacle très sobre

À RETENIR

Prix : **50 000$**

Marge bénéficiaire : **n.d.**

Ventes : ↓

Indice de fiabilité :
★★★★★

Consommation d'essence : **13,8 L/100 km**

CO_2 sur une base annuelle :
■■■■■□□□ **9**

Valeur résiduelle au terme de 48 mois : **49 à 52 %**

Cote de sécurité en cas d'impact : **n.d.**

NOUVEAUTÉS

> Véhicule essentiellement reconduit

LE MOT DE LA FIN

On se doute bien que le MDX connaîtra quelques transformations bientôt.

À la fois plus petit et plus spacieux

À la suite du succès de l'utilitaire sport X5, le constructeur allemand BMW récidive avec une version légèrement plus petite, le X3. Si le petit utilitaire X3 présente des airs de famille avec le X5, la ressemblance s'arrête là. En effet, ce nouveau véhicule n'est pas construit aux États-Unis comme le X5, mais plutôt en Autriche, aux usines Steyr-Puch. De plus, le X3 repose sur une plateforme issue de la gamme de voitures de la Série 3.

Sous le capot de cette intégrale, on trouve un six-cylindres en ligne de 2,5 litres faisant 184 chevaux. En option, on peut obtenir le six-cylindres de 3 litres produisant 225 chevaux.

L'acheteur a le choix entre une boîte manuelle à six vitesses ou une automatique à cinq rapports. La seule configuration mécanique possible est le système « xDrive », adopté l'année dernière par le X5, qui transmet la puissance entre les ponts arrière et avant selon les besoins.

La grande surprise, c'est que le X3 affiche un espace intérieur utilisable et un espace de chargement supérieurs à ceux du X5. En effet, le petit utilitaire propose de 55 à 71 pieds cubes de chargement, contre 24 à 54 pieds cubes pour le X5.

Côté aménagement intérieur, le tableau de bord a toutefois semblé plutôt décevant : l'instrumentation est regroupée dans un petit nid devant le conducteur, et est à peine lisible.

Comme le X5, le X3 répondra davantage aux exigences des amateurs de 4X4 « urbains », tout en demeurant moins énergivore que son frère aîné. Il peut tout même se débrouiller hors route, mais sa capacité de remorquage est un peu faible (3000 livres contre 6000 livres pour la X5).

Mais l'agrément de conduite y est : c'est là que le X3 affiche fièrement son emblème BMW.

Une familiale gonflée aux stéroïdes

D ans le monde de l'automobile, où les choses bougent à une vitesse folle, le BMW X5 pourrait commencer à faire figure de dinosaure. Pourtant, on s'arrête toujours pour le regarder passer. Il n'est donc pas si démodé, même si les rumeurs veulent que BMW pense à le modifier sous peu.

L'utilitaire sport X5 n'a plus besoin de présentation. Tout le monde en vante les mérites, en particulier du côté des performances. N'a-t-il pas de défauts ? En ne s'arrêtant qu'à l'apparence extérieure et aux éléments mécaniques, on ne trouve en effet rien à redire. Mais, hélas ! il y a du travail à faire à l'intérieur, surtout au niveau de l'espace disponible : même si l'assemblage et la finition sont sans reproche, on ne dispose pas de beaucoup d'espace comparativement à la concurrence. C'est encore plus évident lorsqu'on veut y charger des bagages.

Le X5 n'est pas un utilitaire typique. En fait, il n'entre pas vraiment dans cette catégorie : on dirait plutôt une familiale gonflée aux stéroïdes. Sous le capot se cache un puissant V8 de 4,4 litres (315 chevaux), ou encore de 3,8 litres (360 chevaux), qui perpétuent la réputation de performance de BMW. Un plus modeste six-cylindres en ligne de 3 litres et 225 chevaux figure également au catalogue. Ne doutez pas de ses performances, il fait bien dans cette grande caisse ; moins gourmand que les V8, il produit également un son typique des produits BMW.

Bref, le X5 est un utilitaire à transmission intégrale qu'envient bien des gens. Pour la prochaine génération, espérons toutefois que le constructeur allemand accordera autant d'importance à l'espace intérieur qu'aux performances. L'exercice sera alors plus complet.

ON AIME

> La performance indéniable (4,8i)
> Le châssis bien étudié
> La bonne réputation

ON AIME MOINS

> L'habitacle moins réussi
> L'espace de chargement réduit
> Un modèle en fin de carrière ?

À RETENIR

Fourchette de prix : **58 500 $** à **96 500 $**

Marge bénéficiaire : **9,8 %**

Ventes : ↑

Indice de fiabilité : ★★★★☆

Consommation d'essence : **14,6 L/100 km**

CO_2 sur une base annuelle : **9,4**

Valeur résiduelle au terme de 48 mois : **47 à 49 %**

Cote de sécurité en cas d'impact : ★★★★★

NOUVEAUTÉS

> Modèle essentiellement reconduit
> Remplacement à l'étude

LE MOT DE LA FIN

L'éventuel remplaçant du X5 connaîtra-t-il le même succès ?

BUICK **RAINIER**

L'utilitaire intermédiaire à la sauce Buick

Pour la première fois de son histoire, la légendaire marque Buick propose son propre utilitaire sport, le Rainier. Outre une calandre typiquement Buick, l'allure générale du Rainier est cependant semblable à celle des autres véhicules construits sur la plateforme GMT 360.

Le Rainier emprunte ainsi la mécanique traditionnelle du groupe GMT 360, incluant le six-cylindres Vortec de 4,2 litres (285 chevaux) ou, mieux encore, le V8 de 5,3 litres (290 chevaux), plus approprié à ce type de véhicule. Seule une boîte automatique à quatre rapports figure au catalogue. Il est également possible de choisir entre la propulsion ou la transmission intégrale.

Il est important de souligner que le Rainier n'est disponible qu'avec l'empattement court, c'est donc dire qu'il ne peut accepter plus de cinq personnes à son bord. Incidemment, le Rainier est le seul produit GMT 360 à être livrable avec la combinaison V8-transmission intégrale et l'empattement court.

À l'intérieur, la finition est poussée, avec des instruments de bord dans des cercles chromés et une illumination verdâtre des cadrans pour la conduite nocturne.

On sent par ailleurs l'ascendance de Buick dès qu'on prend le volant. Silencieux, puissant et confortable, le Rainier est un grand routier, à défaut d'être un véhicule sportif ou un tout-terrain. D'ailleurs, Buick ne s'attend pas à des exploits avec le Rainier ; en fait, il ne dispose ni d'un boîtier de transfert avec une gamme inférieure ni du verrouillage de pont central. En revanche, la capacité de remorquage y est intéressante, soit 2767 kilos (6100 livres), ce qui pourrait attirer plus d'un amateur de caravaning. Attention, cependant, si le modèle à transmission intégrale peut s'avérer intéressant lors de la saison froide, il faudra l'équiper de pneus d'hiver adéquats pour rouler en toute sécurité.

La fourgonnette qui se prend pour un utilitaire sport

Difficile de classer le Rendezvous. Est-ce une fourgonnette ? Un utilitaire sport ? Ou encore un véhicule multi-segments ? Le Rendezvous a bel et bien débuté sa carrière sur une base de petite fourgonnette, mais les concepteurs de GM lui ont donné non seulement une allure d'utilitaire sport, mais aussi les éléments mécaniques appropriés à ce genre. Plusieurs observateurs remarquent d'abord une ressemblance entre l'Aztek de Pontiac et le Rendezvous de Buick. En vérité, mis à part quelques éléments de la caisse, il n'en est (presque) rien. D'ailleurs, le Rendezvous a connu beaucoup plus de succès que son supposé jumeau.

Le moteur V6 de base (3,4 litres et 185 chevaux) est le même que celui de l'Aztek, mais un V6 plus puissant est également offert en option. Avec ses 3,6 litres et ses 245 chevaux, ce deuxième moteur, standard avec la finition « Ultra », fait assurément mieux que l'anémique V6 de base. Le Rendezvous est disponible en version traction ou intégrale. Dans les deux cas, il bénéficie d'une suspension indépendante aux quatre roues (l'Aztek en version traction possède quant à lui un essieu semi-rigide à l'arrière).

L'empattement du Rendezvous est plus long que celui de l'Aztek, et le véhicule peut accueillir jusqu'à sept passagers selon la configuration choisie. Évidemment, l'intérieur est moins exubérant et plus luxueux que celui de la Pontiac. Les sièges à l'avant et au centre sont confortables, mais on ne peut en dire autant de la troisième banquette : il faut soit être tout petit, soit acrobate pour réussir à s'y installer. Et gare aux claustrophobes ! Par ailleurs, les rideaux latéraux gonflables et le système de navigation sont optionnels. Enfin, la finition Ultra ajoute plusieurs dollars à la note, mais on en profitera, surtout pour le luxe intérieur.

Quant à la tenue de route, digne d'une Buick, elle relève davantage de la fourgonnette que de l'utilitaire. Le Rendezvous n'a d'ailleurs rien d'un tout-terrain, mais la version à transmission intégrale demeure très agile sur la neige et la glace lorsqu'elle est équipée de pneus adéquats.

ON AIME
> Le moteur V6 optionnel enfin disponible
> La transmission intégrale utile en hiver
> La finition intérieure intéressante

ON AIME MOINS
> Les places arrière trop restreintes
> Le moteur de base anémique
> Le look plus ou moins réussi

À RETENIR
Fourchette de prix :
32 750 $ à 46 316 $

Marge bénéficiaire : **13,5 %**

Ventes : ↓

Indice de fiabilité :
★★★★☆

Consommation d'essence :
12,3 L/100 km

CO_2 sur une base annuelle :
▬▬▬▭ **7,9**

Valeur résiduelle au terme de 48 mois : **28 à 33 %**

Cote de sécurité en cas d'impact : ★★★☆☆

NOUVEAUTÉS
> Livrée Ultra enfin disponible
> Ornementation intérieure de luxe
> Nouvelles couleurs

LE MOT DE LA FIN
Le véhicule le plus surprenant jamais construit par Buick.

INTERMÉDIAIRES

ON AIME

> La capacité de remorquage
> L'espace de chargement utile (EXT et XL)
> Le moteur V8 adapté au remorquage

ON AIME MOINS

> Le grand rayon de braquage (version allongée)
> L'accès arrière serré (version courte)
> La consommation élevée (V8)

À RETENIR

Fourchette de prix :
38 540 $ à 46 055 $

Marge bénéficiaire : **13,5 %**

Ventes : ↓

Indice de fiabilité :
★★★★☆

Consommation d'essence :
15,5 L/100 km

CO_2 sur une base annuelle :

Valeur résiduelle au terme de 48 mois : **37 à 42 %**

Cote de sécurité en cas d'impact : ★★★☆☆

NOUVEAUTÉS

> Nouvelle version Denali à venir pour l'Envoy
> Nouveaux sièges plus confortables
> Moteur V8 à cylindrée variable pour les versions allongées

LE MOT DE LA FIN

Cette gamme d'utilitaires vaut vraiment la peine d'être considérée.

Des jumelles en vogue

Alors que l'attention se tourne de plus en plus vers les utilitaires compacts, General Motors obtient toujours un grand succès avec ses utilitaires intermédiaires reposant sur la plateforme GMT 360. Les Chevrolet Trailblazer et GMC Envoy sont les deux véhicules de cette famille obtenant le plus grand nombre de ventes.

Ces utilitaires sont tous deux offerts en version standard ou allongée reposant sur un châssis-cadre. La version allongée peut accepter deux passagers supplémentaires à l'arrière. Cependant, une fois les sièges (d'arrière et du centre) repliés, on obtient une capacité de chargement d'environ 100 pieds cubes.

Les deux véhicules sont offerts en version propulsion ou quatre roues motrices avec le principe « Autotrac », et livrables avec un intéressant six-cylindres de 4,2 litres (275 chevaux) ou un plus puissant V8 de 5,3 litres (290 chevaux), dont le couple est plus imposant, ce qui en fait un bon tracteur de caravane. Une version à cylindrée variable sera bientôt proposée — bien des acheteurs potentiels recherchent cette caractéristique.

La seule différence technique entre les deux véhicules concerne la suspension arrière : en effet, l'Envoy est disponible avec une suspension arrière pneumatique optionnelle. Par ailleurs, seule l'Envoy est livrable en version XUV transformable en camionnette.

Les autres distinctions sont d'ordre esthétique : on dirait que GMC a voulu donner un peu plus de panache à la finition intérieure de l'Envoy. Le tableau de bord de l'Envoy est ainsi plus agréable à l'œil — des cercles argentés entourent les cadrans de l'instrumentation. Les acheteurs de Trailblazer et d'Envoy ne sont pas nécessairement des amateurs de vitesse ou de prouesses au volant. Ils en apprécieront cependant le confort et surtout la puissance de remorquage. Par ailleurs, inutile de mentionner leurs capacités hors route : ce ne sont pas des tout-terrains hors pair, mais ils se débrouillent très bien dans les sentiers abordables. Ils sont également très recherchés pour leur motricité aux quatre roues en hiver ; toutefois, comme pour tous les véhicules du même segment, les pneus d'hiver s'imposent.

Imposant !

L e Durango original était basé sur la camionnette Dakota, ce que trahissait son comportement routier. La nouvelle génération de Durango possède une technologie bien à elle qui lui donne des caractéristiques nettement plus satisfaisantes.

Évidemment, succès oblige, le nouveau Durango laisse entrevoir un air de famille avec la grande camionnette Ram. Conscients de la popularité des véhicules multi-segments basés sur des plateformes d'automobile, les ingénieurs de Dodge ont doté le Durango d'un châssis plus confortable, mais toujours aussi robuste. Le Durango affiche, par rapport au modèle précédent, une longueur accrue de 18 cm, alors que la largeur et la hauteur sont augmentées respectivement de 5 cm et de 7,6 cm. Avec des dimensions se rapprochant de celles des grands utilitaires, le Durango constitue en fait le plus imposant de tous les utilitaires intermédiaires. Il peut ainsi accueillir sept passagers et offre plus de 100 pieds cubes d'espace de chargement si l'on replie les sièges de la dernière rangée et ceux du centre.

En ce qui concerne la mécanique, ne cherchez plus l'archaïque V8 de 5,9 litres sous le capot du Durango : il a été remplacé par d'autres moulins plus efficaces. Un V6 figure au catalogue aux États-Unis, mais seuls les V8 sont livrables chez nous. Le moteur de base est le fiable 4,7 litres, à simple arbre à cames en tête, qui produit 230 chevaux. Toutefois, le moteur optionnel est le plus spectaculaire, puisqu'il s'agit du fameux Hemi à culbuteurs de 5,7 litres et 345 chevaux. Il faut cependant en payer le prix, et sa consommation d'essence est élevée, même s'il permet au Durango de tirer d'imposantes remorques — jusqu'à 4036 kilos (8900 livres). Tous viennent avec la boîte automatique à cinq rapports et la motricité aux quatre roues sur commande. Quant à la suspension, elle fait maintenant appel à des ressorts hélicoïdaux au lieu des lames d'autrefois. Il en résulte un comportement routier adouci et une maîtrise accrue, presque comparable à ceux d'une voiture.

Enfin, il faut bien sûr considérer les désavantages des imposantes dimensions de ce véhicule en ville...

ON AIME

> La douceur de roulement
> La grande puissance des moteurs
> Le bon espace intérieur

ON AIME MOINS

> La consommation importante du Hemi
> Les dimensions encombrantes en ville
> L'intérieur un peu « plastique »

À RETENIR

Fourchette de prix :
42 650 $ à 49 045 $

Marge bénéficiaire :
9,3 à 9,8 %

Ventes : ↓

Indice de fiabilité :
★★★★☆

Consommation d'essence :
14,9 L/100 km

CO_2 sur une base annuelle : **9,6**

Valeur résiduelle au terme de 48 mois : **35 à 42 %**

Cote de sécurité en cas d'impact : ★★★★★

NOUVEAUTÉS

> Modèle Adventurer mieux équipé

LE MOT DE LA FIN

Ce Durango est nettement plus moderne que son prédécesseur.

FORD **EXPLORER**

Toujours en tête

Voilà déjà plusieurs années que l'Explorer de Ford figure en tête des ventes dans la catégorie des utilitaires intermédiaires. Il doit bien y avoir une explication, mais elle n'est certainement pas reliée au choix : en effet, contrairement à ses rivaux les plus importants, l'Explorer n'est disponible qu'en un seul format, qu'on opte pour la version à cinq ou à sept passagers.

L'Explorer, offert en quatre livrées (XLS, XLT, Eddie Bauer et Limited), se veut un grand routier et un bon tracteur de remorques, avec des capacités variant de 2630 à 3238 kilos (de 5800 à 7140 livres). Deux moteurs sont proposés : un V6 « économique » de 4,0 litres qui produit 210 chevaux et un V8 optionnel à simple arbre à cames en tête de 4,6 litres, qui fait 239 chevaux. Le moteur V6 est nettement suffisant pour les versions les moins équipées, surtout en situation urbaine, mais le V8 optionnel devient un outil indispensable pour tirer de grosses caravanes. Seule une boîte automatique à cinq rapports est offerte. De plus, comme tous les Explorer sont à quatre roues motrices, Ford a intégré le système automatisé « 4X4 Control Trac » à toute la gamme.

Malgré son allure de camion, l'Explorer repose sur un châssis moderne qui lui procure à la fois une bonne tenue de route et une douceur de roulement, et ce, grâce à la suspension arrière indépendante et aux ressorts hélicoïdaux aux quatre coins. De plus, la direction à crémaillère ne peut qu'aider à la conduite de ce véhicule. L'antidérapage « Roll Stability » avec l'AdvanceTrac corrige la trajectoire du véhicule (jusqu'à une certaine limite) en cas de perte de maîtrise légère. D'ailleurs, l'Explorer a plutôt bien fait lors des derniers tests de risques de renversement de la National Highway Traffic Safety Administration.

On appréciera également la capacité de chargement de 82 pieds cubes, même si elle est moins importante que celle de la concurrence. Il suffit d'abaisser la dernière banquette (qui se cache complètement dans le plancher) et les sièges du centre pour obtenir l'espace maximal.

Enfin, le point négatif le plus important concerne la consommation d'essence élevée du moteur V8. Toutefois, il est toujours possible de se rabattre sur la version Sport Trac (voir le chapitre sur les camionnettes compactes).

Totalement différent

L'Envoy XUV est un véhicule complètement différent, voire unique dans son créneau. De prime abord, il ressemble étrangement à l'Envoy XL, mais il suffit de regarder de plus près à l'arrière pour constater la différence.

L'Envoy XUV est l'un de ces véhicules fabriqués par GM pouvant se transformer en camionnette pick-up sur commande : la portion arrière du toit glisse vers l'avant, découvrant une petite caisse pratique qui peut s'agrandir lorsqu'on abaisse la glace électrique et le panneau « Midgate ». On obtient alors une caisse agrandie, utile pour transporter de longs objets, voire le traditionnel panneau de contrepla- qué de quatre pieds sur huit. Lorsqu'on referme le Midgate et relève la lunette, on isole le compartiment des passagers de la caisse.

Le plus remarquable, c'est que la caisse peut recevoir plus de 1350 livres (616 kilos) de charge, ou encore 2697 litres (95,2 pieds cubes) de cargo. La por- tière arrière peut basculer alors que la lunette est abaissée, ou encore s'ouvrir vers la droite avec la lunette en place pour faciliter le chargement. Par ailleurs, la caisse se nettoie à grande eau grâce à deux petits orifices au plancher permettant l'éva- cuation du liquide et des déchets.

GM a conservé la mécanique du châssis GMT 360, incluant le six-cylindres de 4,2 litres et le V8 de 5,3 litres optionnel. La seule boîte offerte demeure l'automa- tique à quatre rapports, et le véhicule est livrable en version propulsion ou quatre roues motrices, avec le principe « Autotrac ». Parmi les options intéressantes au catalogue des accessoires, mentionnons le groupe de camping.

Par ailleurs, l'Envoy perd un peu de sa capacité de remorquage, à peine quelques centaines de livres, face à la version allongée. Néanmoins, il peut tirer des remorques de 6400 à 6500 livres, ce qui n'est pas négligeable.

Bref, l'Envoy XUV est particulièrement recommandable aux bricoleurs ou aux ouvriers qui doivent transporter des objets encombrants.

ON AIME

> La polyvalence évidente
> Le confort routier
> La capacité de charge

ON AIME MOINS

> Le rayon de braquage
> La consommation urbaine (V8)
> La vue arrière difficile

À RETENIR

Fourchette de prix :
42 700 $ à 51 090 $

Marge bénéficiaire : **13,5 %**

Indice de fiabilité :
★★★★☆

Consommation d'essence :
16,6 L/100 km

CO_2 sur une base annuelle : **10,7**

Valeur résiduelle au terme de 48 mois : **36 à 40 %**

Cote de sécurité en cas d'impact : **n.d.**

NOUVEAUTÉS

> Possibilité de moteur V8 à cylindrée variable

LE MOT DE LA FIN

Une version miniaturisée de l'Avalanche.

HONDA **PILOT**

ON AIME

> La douceur de roulement
> Le bon espace intérieur
> Certaines capacités
  hors route

ON AIME MOINS

> L'apparence anonyme
> Des capacités de
  remorquage faibles
> La transmission intégrale
  difficile à évaluer

À RETENIR

Fourchette de prix :
39 000 $ à 44 000 $

Marge bénéficiaire : **9,2 %**

Ventes : ↑

Indice de fiabilité :
★★★★★

Consommation d'essence :
13,8 L/100 km

CO_2 sur une base annuelle :
▬▬▬▬◯ **9**

Valeur résiduelle au terme
de 48 mois : **51 à 55 %**

Cote de sécurité en cas
d'impact : ★★★★★

NOUVEAUTÉS

> Moteur plus puissant
> Nouvelle version LX
> Moniteur de pression
  des pneus

LE MOT DE LA FIN

Difficilement identifiable
comme VUS, il manque de
personnalité.

Il en manque un peu...

L orsque les dirigeants de Honda ont lancé l'utilitaire sport Pilot, il y a deux ans, ils promettaient une chaude lutte aux grands utilitaires américains. Toutefois, après deux années d'observation, nous l'avons plutôt classé dans le segment des utilitaires intermédiaires, ne serait-ce que pour ses dimensions relativement modestes. Bref, il n'est pas à la hauteur des grands utilitaires américains. En fait, le Pilot n'est pas tant un utilitaire qu'un véhicule familial... utilitaire. Il repose en fait sur une plateforme qui tient d'avantage de l'automobile, ce qui constitue par ailleurs une autre raison pour ne pas l'inclure dans les grands utilitaires. Cela ne lui enlève néanmoins aucune qualité... sauf en ce qui concerne la robustesse et les capacités de traction.

Le Pilot est une camionnette à transmission intégrale à commande électronique (qui transmet la puissance aux roues arrière si les roues d'avant patinent), mue par un merveilleux V6 de 255 chevaux combiné à une boîte automatique à cinq rapports. Quant à l'intérieur, accueillant et surtout bien fini, il permet de loger jusqu'à huit personnes. Mais n'oublions pas que le Pilot n'a rien d'un grand utilitaire : sa capacité de remorquage ne dépasse pas les 4500 livres (2041 kilos), ce qui n'attirera certes pas les propriétaires de grandes roulottes, et on ne peut mettre plus de 90 pieds cubes de cargo dans l'habitacle si l'on en rabat les sièges centraux et arrière.

La tendance « automobile » du Pilot est également apparente sur la route. Le comportement routier est bon, la direction, précise, et le freinage, rassurant. Il y a même trop de douceur pour ce type de véhicule ! Une excursion hors route nous a convaincus que le Pilot pouvait tout de même attaquer des sentiers plus ou moins difficiles : dans ce cas, les performances sont intéressantes, sans plus.

Enfin, l'avant est si peu inspirant que Honda en modifiera vraisemblablement la calandre dans un avenir rapproché.

En résumé, le Pilot est un excellent véhicule si on le considère comme une familiale gonflée aux stéroïdes. Il n'est pas nécessairement un grand utilitaire... mais ce n'est pas là un défaut.

Plus près du but

À son arrivée au pays, le constructeur sud-coréen Kia a proposé un petit utilitaire sport, le Sportage. Malheureusement, la colonie journalistique a mal accueilli le véhicule, forçant Kia à retourner à la table à dessin. Le résultat ? Le Sorento, une véritable réussite.

Sans tomber dans l'excès, Kia a créé un utilitaire intermédiaire aux dimensions justes, avec un air à la fois moderne et noble. Le Sorento, sensiblement de la même taille que les Ford Explorer, Jeep Grand Cherokee et autres champions de cette catégorie, présente une ligne aux influences à la fois américaines, japonaises et européennes.

Point important, il ne s'agit pas d'un véhicule monocoque : le Sorento fait appel à la bonne vieille formule de la caisse sur châssis rigide, qui fait la réussite de la plupart des camionnettes américaines.

Encore une fois, Kia n'a pas modifié l'ordre des choses : elle propose une mécanique fiable et, surtout, traditionnelle. Le seul moteur disponible pour la familiale à quatre portes est un V6 de 196 chevaux. Il peut paraître un peu anémique par rapport à ce qu'offre la concurrence, mais il suffit à la tâche. Par ailleurs, Kia demeure l'un des rares constructeurs de petits utilitaires à proposer une boîte manuelle à cinq vitesses, en plus de l'automatique à quatre rapports.

Quant à la suspension à ressorts hélicoïdaux, elle est assurément trop douce pour un tel véhicule. De plus, la direction est trop tendre pour les amateurs de conduite sur sentier. Cependant, pour les consommateurs qui souhaitent posséder ce type de véhicule sans en subir les inconvénients, le Sorento a toutes les qualités voulues ; son comportement routier est bon et elle est très confortable sur pavé inégal en situation urbaine.

Un véhicule recommandable ? Pourquoi pas ? Surtout que Kia fait des efforts remarquables pour augmenter sa cote de qualité, que J.D. Powers classe en bas de sa liste. Et si vous devez faire quelques petites excursions hors route, le Sorento en est capable, croyez-nous.

ON AIME
> Les dimensions respectables
> La belle apparence
> La garantie intéressante

ON AIME MOINS
> La capacité de remorquage limitée
> La souplesse de la suspension
> La direction trop assistée

À RETENIR
Fourchette de prix :
29 995 $ à 37 595 $

Marge bénéficiaire : **n.d.**

Ventes : ↑

Indice de fiabilité :
★★★★☆

Consommation d'essence :
15,6 L/100 km

CO$_2$ sur une base annuelle :
◼◼◼◻ **9,9**

Valeur résiduelle au terme de 48 mois : **37 à 39 %**

Cote de sécurité en cas d'impact : **n.d.**

NOUVEAUTÉS
> Modèle essentiellement reconduit

LE MOT DE LA FIN
Le Sorento est l'une des réussites de Kia.

LEXUS **RX 330**

ON AIME

> Le silence et la douceur de roulement

> Le grand confort

> L'assemblage irréprochable

ON AIME MOINS

> Le petit réseau de concessionnaires

> Le manque de communication physique avec le véhicule

> Des pneus de base peu efficaces en hiver

À RETENIR

Prix : **49 900 $**

Marge bénéficiaire : **10 %**

Ventes : ↑

Indice de fiabilité :
★★★★☆

Consommation d'essence :
12 L/100 km

CO_2 sur une base annuelle :
⬤▬▬▬▬▬▬ **7,8**

Valeur résiduelle au terme de 48 mois : **48 à 49 %**

Cote de sécurité en cas d'impact : **n.d.**

NOUVEAUTÉS

> Possibilité de compatibilité Bluetooth

> Activation instantanée des rideaux gonflables en cas de renversement

LE MOT DE LA FIN

Pas tout à fait un VUS, mais un croisement presque parfait.

Véhicule multifonctionnel

L e RX 330 est indéniablement un véhicule très populaire. En plus de porter fièrement l'emblème de prestige Lexus, il transporte avec lui la légendaire fiabilité des produits Toyota (la société-mère). Cela dit, il ne devrait plus y avoir grand-chose à ajouter... Enfin, presque.

En toute honnêteté, il est difficile de considérer le RX 330 comme un utilitaire au même tire qu'un Ford Explorer, qu'un Chevrolet Trailblazer ou qu'un Jeep Grand Cherokee. Il affiche en effet une silhouette qui tient davantage de la familiale, en plus de reposer sur une plateforme d'automobile (celle de la Toyota Camry/Highlander) plutôt que sur un cadre de camionnette.

Par ailleurs, étant donné que la plateforme de cette deuxième génération (la première étant la RX 300) est légèrement plus grande, l'intérieur est agrandi par rapport à la première génération, et l'espace cargo est même plus généreux.

Si le Lexus RX 330 n'affiche pas un look robuste, on peut se consoler en admirant son intérieur très bien aménagé. Qui plus est, il renferme plusieurs éléments dits high-tech qui satisferont les acheteurs friands de haute technologie. Côté sécurité, Toyota a ajouté pour 2005 un mécanisme qui fait déployer les rideaux gonflables latéraux en cas de renversement. De plus, la technologie Bluetooth permet l'utilisation mains libres du téléphone, combiné à l'écran tactile du véhicule.

Ne cherchez pas dans les catalogues, il n'y a qu'une seule configuration mécanique possible pour le RX 330, soit un moteur V6 de 3,3 litres produisant 230 chevaux, combiné à une boîte automatique à cinq rapports et à la transmission intégrale (la traction est disponible seulement aux États-Unis). Le RX 330 n'est ni un véhicule tout-terrain ni un grand tracteur de caravane (malgré une capacité de traction maximale de 2267 kilos ou 5000 livres), mais un excellent compromis pour ceux qui cherchent un semblant d'utilitaire offrant à la fois confort et... fiabilité.

Bref, on devrait en fait le décrire davantage comme un utilitaire multifonctionnel de l'ère moderne. Par ailleurs, Toyota travaille à une version hybride de ce véhicule, le RX400h, mais on ne le verra pas sur le marché avant quelques mois.

Un Lexus tout-terrain

O utre l'impopulaire LX 470, le GX 470 est le véhicule le plus « tout-terrain » de la prestigieuse marque Lexus. En observant attentivement, on peut y reconnaître la caisse du plus récent 4Runner de Toyota. Croyant avoir créé son ultime tout-terrain, Lexus a ajouté au système de transmission intégrale différentes aides à la conduite hors route, dont l'antipatinage TRAC, le système de contrôle en descente DAC, le système d'aide pour démarrage en pente HAC, l'antidérapage VSC et la suspension AVS, dont la fermeté est contrôlée électroniquement. Et alors, est-ce que quelqu'un la conduit vraiment, cette camionnette ? Ah oui ! On trouve aussi le KDSS, un système de suspension dynamique qui fait varier la résistance des barres anti roulis avant et arrière.

Et dire que cela peut être un bon véhicule tout-terrain. Son espace cargo est relativement généreux (un maximum de 78 pieds cubes) et sa capacité de remorquage demeure tout de même intéressante (un maximum de 6500 livres ou 2948 kilos). Dans ce cas, le puissant V8 devrait être à la hauteur de la tâche. En ville, il est un peu moins utile... surtout au prix actuel de l'essence ! La puissance de ce moteur de 4,7 litres, le seul offert, passe par ailleurs de 235 à 275 chevaux en 2005. La seule boîte de vitesses offerte est une automatique à cinq rapports.

Bref, avec tout cet équipement et à ce prix, qui le conduira réellement dans un sentier étroit ? Le GX 470 est un 4X4 urbain, avouons-le. D'autant plus que son gabarit raisonnable le rend facile à conduire en ville.

ON AIME
> La capacité de remorquage
> Le gabarit raisonnable en ville
> Le luxe évident

ON AIME MOINS
> La consommation de carburant
> Trop d'assistance à la conduite
> Le prix élevé

À RETENIR
Prix : **66 800 $**

Marge bénéficiaire : **9,9 %**

Indice de fiabilité :
★★★★★

Consommation d'essence : **16,2 L/100 km**

CO_2 sur une base annuelle : **10,4**

Valeur résiduelle au terme de 48 mois : **51 %**

Cote de sécurité en cas d'impact : **n.d.**

NOUVEAUTÉS
> Moteur V8 plus puissant
> Coussin gonflable du passager activé selon son poids

LE MOT DE LA FIN
Est-ce vraiment le concurrent idéal aux BMW X5 et Lincoln Aviator ?

LINCOLN **AVIATOR**

ON AIME

> La silhouette noble

> Les performances du V8

> Le comportement
routier sain

ON AIME MOINS

> La ressemblance avec le
Navigator

> L'accès difficile à la
troisième banquette

> Le prix élevé

À RETENIR

Prix : **59 895 $**

Marge bénéficiaire : **7,6 %**

Ventes : ↑

Indice de fiabilité :
★★★★☆

Consommation d'essence :
17,9 L/100 km

CO_2 sur une base annuelle :
▭ **11,4**

Valeur résiduelle au terme
de 48 mois : **37 %**

Cote de sécurité en cas
d'impact : **n.d.**

NOUVEAUTÉS

> Nouveau contour de
calandre chromé

> Jantes de 17 pouces
de série

> AdvanceTrac standard avec
contrôle de renversement

LE MOT DE LA FIN

Excellent véhicule,
malheureusement trop
confondu avec le Navigator.

Le petit jumeau de l'autre

Ford a lancé il y a quelques années l'Aviator, un petit utilitaire de luxe intermédiaire, en reproduisant le grand utilitaire Navigator — un important succès sur le marché — sur une base d'Explorer. Celui qui aurait dû devenir un succès instantané aura pris du temps à se faire reconnaître, et sera par ailleurs complètement modifié sous peu.

Du côté de la mécanique, notons d'abord que la suspension arrière indépendante aide énormément l'Aviator au niveau de la tenue de route. Un V8 de 4,6 litres à double arbre à cames en tête de 302 chevaux lui permet également des accélérations et des reprises impressionnantes, capables de rivaliser avec celles de camionnettes plus coûteuses. Tous les Aviator vendus au Canada sont à transmission intégrale et disposent d'une boîte automatique à cinq rapports. Le système « AdvanceTrac » avec antidérapage y est standard.

À bord, on dirait une version miniaturisée du Navigator. Le tableau de bord — totalement différent de celui de l'Explorer — est semblable à celui du Navigator, tout en imitant le design de celui des Lincoln Continental des années 1960. L'aménagement des sièges inclut une banquette arrière rabattable à plat dans le plancher. Par ailleurs, en rabattant les deux dernières rangées de sièges, il devient possible de charger jusqu'à 78,3 pieds cubes de cargo dans le compartiment intérieur. Mais qui voudra risquer d'endommager un si bel intérieur ?

La silhouette est typiquement « Lincoln ». Malheureusement, l'Aviator ressemble tellement au Navigator qu'il est difficile de le distinguer de son grand frère à une certaine distance ; même son prix est très proche de celui du Navigator. Au tout récent Salon de l'auto de Detroit, Ford a dévoilé un prototype qui pourrait remplacer le modèle actuel : il s'agit d'une sorte de familiale de style hybride multi-segments. Est-ce vraiment ce qu'on attend de l'Aviator ?

En fin de carrière

L e premier utilitaire sport de Mercedes-Benz, apparu sur le marché il y a cinq ans, a immédiatement connu un grand succès. Toutefois, la finition et la qualité de construction n'étaient pas toujours au rendez-vous. Heureusement, la situation a été corrigée, et les ML actuels sont presque sans reproche. Mais comme toute bonne chose doit avoir une fin, la marque à l'étoile d'argent prépare une version révisée de ses véhicules de la Classe M dans un avenir plus ou moins rapproché. Verra-t-on un châssis rigide de camionnette comme pour l'actuel ML, ou la caisse monocoque tant désirée ? Nous ne le saurons que plus tard.

La Classe M se décline en versions ML 350 à moteur V6 de 3,7 litres et 232 chevaux, et ML 500 à moteur V8 de 5 litres et 288 chevaux — oubliez l'intimidante version ML55 AMG, beaucoup trop chère. Les deux moteurs sont associés à une boîte automatique à cinq rapports et à un système de transmission intégrale qui fournit un peu plus de puissance aux roues arrière. Si l'idée vous prend de faire une excursion hors route, le boîtier de transfert du ML inclut un rapport inférieur qui s'enclenche grâce à un bouton au tableau de bord. Par ailleurs, si le ML peut se débrouiller en sentier, son antipatinage lui nuit plus qu'il ne l'aide. Mais si peu de proprios en testeront les capacités sur sentier...

La plupart des acheteurs choisiront la Mercedes de Classe M pour la sécurité qu'elle peut assurer sur la neige ou la glace (encore une fois, il faut l'équiper de bons pneus d'hiver !). Sur l'autoroute, le ML se comporte comme une voiture, malgré son châssis rigide, et son intérieur est des plus cossus. On risque de s'impatienter lorsqu'on tente d'abaisser les sièges du centre, mais l'espace de chargement demeure suffisant (de 35 à 81 pieds cubes).

Un bon choix ? Peut-être. Son prix de base se rapproche du prix le plus élevé d'un Ford Explorer, mais vous pourrez vous vanter de conduire une Mercedes. Le jeu en vaut la chandelle. Mais n'oubliez pas qu'un nouveau modèle s'annonce...

ON AIME

> Le gabarit raisonnable
> La belle présentation intérieure
> La silhouette unique et distinctive

ON AIME MOINS

> L'accès laborieux à la troisième banquette
> Un modèle en fin de carrière
> Le moteur V8 peu économique

À RETENIR

Fourchette de prix :
51 800 $ à 69 190 $

Marge bénéficiaire : **9,8 %**

Ventes : ↓

Indice de fiabilité :
★★★★☆

Consommation d'essence :
16,6 L/100 km

CO_2 sur une base annuelle :
▭▭▭▭▭▭▭▭ **10,5**

Valeur résiduelle au terme de 48 mois : **43 %**

Cote de sécurité en cas d'impact : **n.d.**

NOUVEAUTÉS

> Modèle reconduit

LE MOT DE LA FIN

Son remplaçant est déjà à l'étude.

MITSUBISHI **ENDEAVOR**

ON AIME

> La belle silhouette

> Le comportement
  routier sain

> L'habitacle accueillant

ON AIME MOINS

> La calandre moins jolie que
  le reste du véhicule

> Le manque de puissance à
  certains régimes

> Le tableau de bord aux
  lignes torturées

À RETENIR

Fourchette de prix :
33 998 $ à 42 698 $

Marge bénéficiaire : **11,2 %**

Ventes : ↑

Indice de fiabilité :
★★★★☆

Consommation d'essence :
13,8 L/100 km

CO_2 sur une base annuelle :
⬤━━━━⬤ **8,8**

Valeur résiduelle au terme
de 48 mois : **33 à 36 %**

Cote de sécurité en cas
d'impact : ★★★★★

NOUVEAUTÉS

> Modèle essentiellement
  reconduit

LE MOT DE LA FIN

L'Endeavor devrait aider
Mitsubishi à remonter la
pente.

Le succès se fait attendre

Malgré tous les efforts déployés, les acheteurs nord-américains continuent de bouder la marque japonaise Mitsubishi, même si elle propose un intéressant utilitaire sport depuis l'année dernière, l'Endeavor. Ce véhicule tout récent affiche certes un air de grand utilitaire, mais il ne s'agit pas d'un véhicule tout-terrain dans le sens strict du terme. En effet, ce bel intermédiaire repose sur une plateforme modifiée de Galant, ce qui est excellent, car le public en est friand.

Ses dimensions sont raisonnables ; au sein de la gamme Mitsubishi, l'Endeavor se situe entre le petit Outlander et le grand Montero. On y assoit cinq passagers (il n'y a pas de version à sept places) en tout confort, et il reste un bon espace de chargement de 41 pieds cubes à l'arrière. Par ailleurs, le dessin du tableau de bord nous laisse un peu perplexe, mais l'instrumentation y est facilement lisible.

Du côté de la mécanique, mentionnons qu'un seul moteur est disponible, soit un V6 de 3,8 litres produisant 215 chevaux, le même que l'on retrouve dans le vénérable Montero. Combiné à une boîte automatique à quatre rapports (qui peuvent être manipulés manuellement), il transmet sa puissance aux roues avant ou aux quatre roues selon la configuration choisie. N'étant pas destiné aux excursions hors route, l'Endeavor ne propose pas de boîtier de transfert à deux rapports, mais sa capacité de remorquage de 2000 à 3500 livres pourrait tout de même satisfaire les propriétaires de caravanes légères.

L'Endeavor est encore plus intéressant lorsqu'il est équipé des multiples accessoires optionnels, dont les systèmes d'antidérapage et d'antipatinage. Seule ombre au tableau, les déboires financiers de la compagnie ne sont pas sans effrayer la clientèle potentielle. Pourtant, les produits Mitsubishi sont relativement robustes et fiables. Bizarrement, ce n'est qu'en Amérique que cette situation perdure — il faut dire que le marché est très concurrentiel.

Une réputation internationale, et puis après ?

Le Montero bénéficie en Afrique et dans d'autres pays d'une solide réputation de tout-terrain champion de courses hors route. Vendu dans plus de 170 pays, le plus souvent sous le nom de Pajero, il ne semble toutefois pas plaire à la faune urbaine d'Amérique du Nord.

Ce véhicule solide et robuste a pourtant beaucoup à offrir. D'abord, la technologie utilisée dans la construction inclut une caisse monocoque et une suspension arrière indépendante. De plus, le grand débattement des suspensions avant et arrière procure une douceur de roulement remarquable.

Par ailleurs, le boîtier de transfert permet au conducteur de passer de la propulsion à la motricité aux quatre roues, ou même à la transmission intégrale. Les systèmes « Active Skid » et « Traction Control (M-ASTC) » de Mitsubishi remplacent les anciens ponts autobloquants du passé. Utiles en hiver.

De son côté, le V6 de 3,8 litres est un peu anémique pour cette grande caisse, mais il permet quand même des performances respectables. Notons que plusieurs concurrents font appel à un moteur V8 pour une caisse de ce gabarit.

Le Montero devrait marquer des points avec son intérieur vaste et bien aménagé. Sept personnes peuvent prendre place à bord dans un environnement luxueux, mais ceux de la troisième rangée se sentiront à l'étroit, comme dans la plupart des véhicules du genre. Le tableau de bord, quoiqu'un peu chargé, est agréable à l'œil. On peut également obtenir un téléviseur DCL combiné à un lecteur de DVD pour les passagers arrière.

Mais alors, pourquoi n'en voit-on pas davantage sur nos routes ? Toutes les explications sont bonnes, en débutant par une concurrence de plus en plus vive. Est-ce que le Montero serait arrivé trop tard dans un marché déjà saturé ? Peut-être. Et les difficultés tant médiatisées de Mitsubishi nuisent aux ventes de ses produits. Dommage.

ON AIME
> Les généreuses places intérieures
> L'allure robuste
> La réputation internationale

ON AIME MOINS
> Le moteur V6
> La faible diffusion
> L'avenir incertain

À RETENIR
Prix : **48 558 $**

Marge bénéficiaire : **11,2 %**

Ventes : ↑

Indice de fiabilité :
★★★☆☆

Consommation d'essence :
14,7 L/100 km

CO_2 sur une base annuelle :
9,4

Valeur résiduelle au terme de 48 mois : **31 à 36 %**

Cote de sécurité en cas d'impact : **n.d.**

NOUVEAUTÉS
> Modèle essentiellement reconduit

LE MOT DE LA FIN
Restera, restera pas ?

NISSAN **XTERRA**

ON AIME

> L'allure plus robuste

> Le choix de châssis plus rigide

ON AIME MOINS

> Données insuffisantes

À RETENIR

Fourchette de prix :
29 995$ à 39 195$

Marge bénéficiaire : **n.d.**

Ventes : ↓

Indice de fiabilité : **n.d.**

Consommation d'essence :
n.d.

CO_2 sur une base annuelle :
n.d.

Valeur résiduelle au terme de 48 mois : **n.d.**

Cote de sécurité en cas d'impact : **n.d.**

NOUVEAUTÉS

> Nouveau modèle entièrement refait

> Moteur plus puissant

> Châssis plus robuste

LE MOT DE LA FIN

Différent du Pathfinder, le Xterra aura une mécanique plus simple.

Encore plus imposant

Avec un véritable châssis rigide sous la carrosserie, le Xterra est rapidement devenu un tout-terrain recherché. Nissan a tenté d'étirer la sauce en redessinant l'avant et en ajoutant un compresseur mécanique sur le V6 de 3,3 litres pour améliorer les performances, mais ce n'était pas ce que les amateurs souhaitaient.

Le tout nouveau Xterra 2005 a déjà été dévoilé au Salon de l'auto de New York. Toutefois, au moment d'écrire ces lignes, il était encore inaccessible aux journalistes pour un essai complet. On sait néanmoins que le Xterra 2005 sera plus grand, plus long, plus large et plus haut que son prédécesseur. Rien d'étonnant à cela, puisqu'il repose sur la plateforme de la grande camionnette Titan — la calandre du Xterra n'est d'ailleurs pas sans rappeler celle de la Titan.

Du côté mécanique, on devrait voir un V6 de 4 litres (plus de 250 chevaux et quelque 270 livres-pied de couple) dans un châssis rigide à section fermée, semblable à celle du Pathfinder. De plus, le pont arrière sera rigide, comme pour le pick-up Frontier à venir, et on bénéficiera d'une suspension à lames. Le catalogue de l'Xterra comprendra par ailleurs une boîte de vitesses automatique à cinq rapports ou manuelle à six vitesses.

L'intérieur est également redessiné, avec un tableau de bord modernisé. Cinq personnes peuvent prendre place à bord, le compartiment arrière étant plus spacieux qu'auparavant. L'espace réservé aux bagages ou au cargo a été conçu de façon à pouvoir être facilement nettoyé.

Le nouveau Xterra sera produit à l'usine américaine de Nissan à Smyrna, au Tennessee, tout comme la camionnette Frontier. Il conservera ses caractéristiques de tout-terrain en plus d'accéder au créneau d'utilitaire intermédiaire. Bref, si le prix demeure raisonnable, Nissan connaîtra assurément un grand succès avec le nouveau Xterra.

À la fois petit et grand

D e prime abord, on classerait ce véhicule dans la catégorie des petits utilitaires sport. Néanmoins, étant donné qu'il s'agit de la version XL-7 du Grand Vitara et qu'il présente un intérieur spacieux, il devient concurrent direct des autres utilitaires intermédiaires.

L'apparence générale du XL-7, avec nous depuis déjà plusieurs années, est familière. Il entreprend l'année 2005 avec peu de modifications, si ce n'est une calandre récemment retouchée. La rumeur veut toutefois qu'il soit remplacé dans un avenir plus ou moins rapproché.

Le véhicule revient donc avec deux configurations, à sept ou à cinq passagers. Si le XL-7 à sept passagers (le nom XL-7 ne réfère pas au nombre de passagers mais bien au fait qu'il s'agirait de la septième génération de cet utilitaire) peut sembler intéressant, la dernière banquette demeure plus ou moins invitante à cause des prouesses acrobatiques qu'il faut effectuer pour s'y rendre. De plus, une fois cette banquette en place, l'espace pour les bagages devient restreint (à peine sept pieds cubes). Une fois la banquette rabattue, toutefois, on dispose de 43 pieds cubes (même chose que pour le modèle à cinq passagers), et si on fait en plus basculer les sièges du centre, on obtient 75 pieds cubes d'espace. Pas si mal !

Un seul moteur est offert, soit un agréable petit V6 de 2,7 litres qui produit 185 chevaux. Il vient avec la boîte manuelle à cinq vitesses ou une très douce boîte automatique à cinq rapports. Le mouvement est par ailleurs transmis aux roues arrière, alors que la motricité aux quatre roues est obtenue grâce à un commutateur au tableau de bord.

Bref, malgré son châssis traditionnel à longerons, le Suzuki XL-7 demeure agréable à conduire sur la route. Par contre, l'étroitesse de l'habitacle peut sembler un défaut, et on note une grande sensibilité aux vents latéraux sur autoroute. Sans être un tout-terrain hors pair, il se débrouille tout de même mieux que bien des concurrents dans les sentiers. En saison froide, il est préférable de l'équiper de bons pneus d'hiver, et de faire appel à la motricité aux quatre roues sur la neige ou la glace. Enfin, la consommation générale de ce petit (grand ?) véhicule n'est certes pas excessive.

ON AIME

> La polyvalence du véhicule
> L'agilité en ville
> La consommation raisonnable

ON AIME MOINS

> La sensibilité aux vents latéraux
> La faible capacité de remorquage
> Un modèle en fin de carrière

À RETENIR

Fourchette de prix :
29 495 $ à 33 495 $

Marge bénéficiaire : **n.d.**

Ventes : ↓

Indice de fiabilité :
★★★★☆

Consommation d'essence :
13,8 L/100 km

CO$_2$ sur une base annuelle : **9**

Valeur résiduelle au terme de 48 mois : **31 à 34 %**

Cote de sécurité en cas d'impact : ★★★★★

NOUVEAUTÉS

> Sellerie de cuir disponible

LE MOT DE LA FIN

Derniers vestiges de l'ère Suzuki, son remplaçant sera-t-il un GM ?

ON AIME

> La puissance du V8
> La finition remarquable
> Les appuis électroniques
  (BA, VSC, TRAC, HAC)

ON AIME MOINS

> La consommation du V8
> La suspension sèche
> La décoration intérieure
  surchargée

À RETENIR

Fourchette de prix :
39 620 $ à 48 935 $

Marge bénéficiaire : **10,7 %**

Ventes : ↑

Indice de fiabilité :
★★★★★

Consommation d'essence :
14 L/100 km

CO_2 sur une base annuelle :
▬▬▬▬▬▭ 8,8

Valeur résiduelle au terme
de 48 mois : **49 à 52 %**

Cote de sécurité en cas
d'impact : ★★★★☆

NOUVEAUTÉS

> Moteur V8 de
  270 chevaux
> Boîte automatique à
  cinq rapports pour le V6
> Troisième banquette
  éliminée du catalogue

LE MOT DE LA FIN

Un excellent choix parmi les
VUS de ce créneau.

Ce que Toyota fait de mieux

Pour les amateurs d'utilitaires, le 4Runner est le nec plus ultra de Toyota. Lancé sur notre marché l'année dernière, ce robuste véhicule est le résultat d'une évolution lente mais réussie. Souvenez-vous que Toyota a lancé ce modèle il y a plus de 10 ans — il n'était alors qu'une version familiale de sa populaire camionnette d'alors. Le toit en était même détachable.

Le tout récent 4Runner est un véhicule des plus modernes. Malgré une configuration de caisse sur châssis rigide, il procure à la fois puissance, douceur de roulement et sécurité. Il est offert avec l'assistance électronique au freinage, l'antidérapage, l'antipatinage, l'assistance de démarrage en pente — décrits respectivement par les acronymes BA, VSC, TRAC et HAC.

Et il y a un V8 ! Quel amateur n'en rêve pas ? Le moteur produit maintenant 270 chevaux (35 de plus que l'année dernière), et vient avec une boîte automatique à cinq rapports. Pour ceux qui se soucient du prix de l'essence, il est toujours possible de se rabattre sur le V6 de base, un moulin de 4 litres produisant 245 chevaux. Avec sa nouvelle boîte automatique à cinq rapports, il peut même tirer jusqu'à 7000 livres.

Parmi les qualités premières du 4Runner, notons qu'il est relativement confortable sur la route. Agile hors route ? Certainement ! C'est d'ailleurs un autre de ses points forts. Par ailleurs, tous les 4Runner ne sont livrables au Canada qu'avec la motricité aux quatre roues sur commande.

Trois livrées sont proposées : SR5, Sport et Limited. L'intérieur est vaste et accueillant mais, curieusement, Toyota Canada ne propose plus la troisième banquette arrière optionnelle. On reconnaîtra par ailleurs le plus récent SR5 V6 à sa nouvelle calandre chromée.

Un achat recommandé ? You bet ! Cependant, attendez-vous à une consommation d'essence relativement élevée avec le moteur V8. Mais c'est peut-être là le prix à payer pour l'un des meilleurs utilitaires sport sur le marché.

Le parfait compromis

Si certains éprouvent de la difficulté à considérer des véhicules comme l'Audi allroad ou le Volvo XC70 comme de véritables utilitaires sport, d'autres ne veulent rien savoir de modèles comme l'Explorer ou le 4Runner, qui font trop « camion ». Alors, où se trouve le juste milieu pour ces consommateurs ? Serait-ce le Highlander de Toyota ?

Lancé en 2001, le Highlander donne l'image d'un véritable utilitaire sport. Construit à partir de la plateforme de la très populaire berline Camry, il ne bénéficie toutefois ni du gros châssis robuste ni de la suspension parfois trop sèche caractéristiques de bien des utilitaires. Disponible depuis peu en version à sept passagers, il présente en général un intérieur vaste et pratique. Récemment retouché au niveau de la calandre, des phares et du pare-chocs arrière, le Highlander attaque l'année 2005 avec la possibilité de rideaux latéraux gonflables en cas d'impact. Qui plus est, Toyota promet une version hybride électrique au cours de l'année. Dans ce cas, il faudra que ce soit une version Limited à transmission intégrale et moteur V6 pour cinq passagers seulement.

Pour ceux dont le budget est limité, notons que le Highlander est livrable en version de base avec un quatre-cylindres de 2,4 litres et 160 chevaux, traction et boîte automatique à quatre rapports. L'autre moteur figurant au catalogue est un puissant V6 de 3,3 litres de 230 chevaux et 242 livres-pied de couple, offert avec boîte automatique à cinq rapports. Cependant, il est à peine suffisant pour tirer de petites remorques n'excédant pas 2500 livres. Par ailleurs, précisons que le quatre-cylindres n'est disponible qu'avec la traction, tandis que le V6 n'est livrable qu'avec la transmission intégrale. Enfin, l'ABS, le freinage assisté, l'antipatinage et l'antidérapage font également partie de l'équipement de base. Le Highlander n'est certainement pas un véhicule tout-terrain. Néanmoins, avec la transmission intégrale, il demeure un excellent véhicule en toutes circonstances, y compris en hiver (en autant qu'on l'équipe des pneus appropriés). Bref, le Highlander est un choix très recommandable autant pour la fiabilité (une caractéristique de Toyota) que pour la polyvalence. L'intérieur est très bien aménagé et, au besoin, on y trouve un espace de chargement imposant. La plateforme d'automobile apporte également douceur et confort. Si seulement Toyota lui donnait un peu plus de gueule...

ON AIME

> La polyvalence
> La finition et la fiabilité
> Le moteur V6 plus puissant

ON AIME MOINS

> Le quatre-cylindres peu animé
> La silhouette un peu trop anonyme
> La capacité limitée de remorquage pour un utilitaire

À RETENIR

Fourchette de prix :
32 900 $ à **37 950 $**

Marge bénéficiaire : **10 %**

Ventes : ↓

Indice de fiabilité :
★★★★★

Consommation d'essence :
11,2 L/100 km

CO₂ sur une base annuelle :
 7,2

Valeur résiduelle au terme de 48 mois : **48 à 50 %**

Cote de sécurité en cas d'impact : ★★★★★

NOUVEAUTÉS

> Rideaux gonflables en cas de renversement
> Version hybride électrique à venir

LE MOT DE LA FIN

Excellent choix si l'on ne recherche pas la robustesse d'un VUS.

ON AIME

> La superbe finition intérieure

> Les performances notables

> Un excellent véhicule tout-terrain

ON AIME MOINS

> Le V6 moins fringant

> Le V8 énergivore

> Le prix trop élevé

À RETENIR

Fourchette de prix :
53 520 $ à 85 400 $

Marge bénéficiaire : **11,2 %**

Ventes : ↑

Indice de fiabilité :
★★★☆☆

Consommation d'essence :
15,8 L/100 km

CO_2 sur une base annuelle :
 10,1

Valeur résiduelle au terme
de 48 mois : **39-48 %**

Cote de sécurité en cas
d'impact : ★★★★☆

NOUVEAUTÉS

> L'arrivée du moteur V10 turbodiesel

LE MOT DE LA FIN

Plus intéressant que son
presque jumeau Cayenne,
non ?

La formule idéale

L e constructeur européen Volkswagen a surpris l'année dernière en présentant son magnifique Touareg, un bel utilitaire sport conçu avec l'aide de Porsche. Décrire le Touareg est un vrai plaisir pour qui aime les belles mécaniques. Tous les modèles sont livrés avec une boîte automatique Tiptronic à six rapports, en plus de l'ABS, de l'antipatinage, du verrouillage électronique des ponts, du frein-moteur, de la distribution électronique du freinage, d'un antidérapage, d'un programme de contrôle de la descente en plus de celui de rétention en pente. On arrête ? Non ? Alors sachez que le Touareg est disponible avec un V6 de base de 220 chevaux ou un V8 de 310 chevaux. Récemment, VW annonçait également l'arrivée du V10 turbodiesel de 310 chevaux pour ce véhicule en Amérique du Nord.

Évidemment, la caisse est celle d'un utilitaire standard, mais on y reconnaît la calandre distinctive de Volkswagen. Cette caisse est par ailleurs monocoque, et il n'y a pas de châssis rigide à longerons sous la voiture.

Un seul coup d'œil à l'intérieur suffira à vous convaincre de toute l'attention portée non seulement au design, mais également à la finition. La version de base dispose d'une sellerie de cuirette, alors que les autres bénéficient de vrai cuir. Cinq personnes peuvent s'asseoir confortablement à bord du Touareg, et il reste suffisamment d'espace à l'arrière pour les bagages.

Le Touareg est assurément le plus polyvalent des utilitaires sport. Il procure une tenue de route impressionnante sur pavé sec et, si l'on opte pour la suspension pneumatique optionnelle, on dispose d'un véritable tout-terrain aux capacités indéniables. Le V6 et le V8 se débrouillent très bien, et même le V10 diesel semble intéressant au point de vue consommation. Qui plus est, la capacité de remorquage atteint plus de 7715 livres avec le V10. Le paradis ? Non, pas nécessairement. Le Touareg n'est pas donné : son prix est très élevé, trop élevé pour bousculer qui que ce soit dans ce segment de marché.

Un utilitaire modéré mais efficace

L e Volvo XC70, un peu comme l'Audi allroad quattro, est plutôt une voiture familiale que le constructeur a transformée en utilitaire, en ajoutant quelques équipements. En fin de compte, l'idée n'est peut-être pas si mauvaise ! Le XC70 est l'une des nombreuses versions de la familiale V70 de Volvo. Cette dernière se décline aussi en familiale à traction et en véhicule de performance, la V70R à transmission intégrale, mue par un moteur à cinq cylindres turbocompressé de 300 chevaux.

Le XC70 est donc une familiale à transmission intégrale dont la suspension est suffisamment relevée et les pneus suffisamment grands pour qu'on la considère comme un utilitaire sport... Enfin, presque. Le moteur à cinq cylindres de 2,5 litres, avec son turbocompresseur à basse pression, produit 208 chevaux. Combiné à une boîte automatique à cinq rapports, il est suffisant pour la conduite de tous les jours, mais sans plus. Quant à la transmission intégrale, elle semble mieux adaptée à la conduite hivernale qu'à de véritables travaux hors route. Remarquez que le XC70 peut se déplacer aisément sur des routes un peu moins carrossables, mais ce n'est pas une bête de somme.

Par ailleurs, l'aménagement intérieur est un point fort de ces Volvo. Il est invitant, confortable et surtout spacieux. Le compartiment arrière est vraiment celui d'une familiale, avec toutes ses qualités. Il inclut même une toile cache-bagages, utile en situation urbaine.

Parmi les autres qualités de ce véhicule, mentionnons la douceur de roulement et une tenue de route rassurante, des éléments qu'on ne retrouve pas sur tous les utilitaires. Cependant, quelques défauts agaçants ont été notés. Signalons la capacité de remorquage modeste, et la présence d'un rayon de braquage qui agace lorsque vient le temps d'effectuer un stationnement en parallèle. Sans oublier la puissance à peine suffisante, combinée au grondement du moteur à l'effort. On sent que ça veut... mais que ça ne peut pas toujours. Se pourrait-il que Volvo soit obligée de retourner à la table à dessin avant longtemps ?

ON AIME
> Le bel habitacle
> L'espace de chargement utile
> La belle apparence

ON AIME MOINS
> Le rayon de braquage trop grand
> Le manque de sensations
> Un modèle qui commence à vieillir

À RETENIR
Fourchette de prix :
38 100$ à 60 000$

Marge bénéficiaire : **n.d.**

Ventes : ↑

Indice de fiabilité :
★★★★☆

Consommation d'essence :
12,8 L/100 km

CO_2 sur une base annuelle :
8,2

Valeur résiduelle au terme de 48 mois : **n.d.** %

Cote de sécurité en cas d'impact : **n.d.**

NOUVEAUTÉS
> Garantie de dépannage de quatre ans ou 80 000 km

LE MOT DE LA FIN
Agréable à conduire, le XC70 tient plus de l'auto que du VUS.

VOLVO **XC90**

ON AIME

> La tenue de route
> Le confort
> La finition intéressante

ON AIME MOINS

> Le grand rayon de braquage
> Les capacités hors route peu convaincantes
> La puissance à peine suffisante du cinq-cylindres

À RETENIR

Fourchette de prix :
49 995 $ à 54 995 $

Marge bénéficiaire : **8,1 %**

Ventes : **↑**

Indice de fiabilité :
★★★★☆

Consommation d'essence :
13,2 L/100 km

CO_2 sur une base annuelle :
8,3

Valeur résiduelle au terme
de 48 mois : **50 à 52 %**

Cote de sécurité en cas
d'impact : **n.d.**

NOUVEAUTÉS

> Nouveau moteur V8 enfin annoncé au cours de l'année

LE MOT DE LA FIN

Déjà consacrée « camionnette de l'année », mais le V8 sera bienvenu.

La grande surprise du constructeur suédois

Volvo a réussi un tour de force en 2003 en concevant son utilitaire sport intermédiaire XC90. La firme suédoise, maintenant propriété de Ford, n'a même pas utilisé les composantes de son partenaire, pourtant passé maître dans l'art de construire ce type de véhicule. En effet, les ingénieurs de Volvo sont partis d'une feuille blanche et ont réussi à tout réunir dans un ensemble très compact. D'ailleurs, la plateforme du XC90 sert de base aux nouvelles Ford Five Hundred et Freestyle.

Les deux moteurs offerts, un cinq-cylindres avec boîte automatique à cinq rapports et un six-cylindres en ligne optionnel avec boîte à quatre vitesses, sont minutieusement placés dans une position transversale avant. Le premier (à un seul turbo) fait 208 chevaux, le deuxième (à deux turbos), 268 chevaux. Un V8 est également en préparation. Avec l'équipement approprié, un XC90 peut tirer jusqu'à 5000 livres. Par ailleurs, tous les XC90 bénéficient d'un système de transmission intégrale. La majorité de la puissance passe aux roues avant (95 %), mais elle est graduellement transférée à l'arrière lorsque les roues avant se mettent à patiner, le tout grâce à un différentiel Haldex électronique. Les XC90 sont livrées avec l'anti-patinage et l'antidérapage (très efficace). Évidemment, qui dit Volvo dit sécurité. Ainsi, cinq passagers peuvent prendre place à bord de ce véhicule en tout confort et en toute sécurité. Ils peuvent compter sur des coussins de sécurité avant et latéraux, des protections latérales et une coque très rigide résistante au renversement. La finition est par ailleurs exemplaire. Quant à l'espace de chargement, il est bien acceptable, variant entre 43 et 93 pieds cubes selon que l'on abaisse ou non les sièges arrière.

Bref, le Volvo XC90 est un excellent routier. La tenue de route est rassurante et le freinage est bon, mais la direction demeure un peu floue et le rayon de braquage est trop grand. Toutefois, il ne constitue pas un excellent véhicule tout-terrain, malgré un système de motricité aux quatre roues bien conçu. Il s'agit plutôt d'une grande familiale bien faite, qui imite à merveille un utilitaire sport — d'où la surprise lorsque ce véhicule a été élu « camionnette de l'année » il y a deux ans aux États-Unis.

Place aux nouveautés

Le segment des utilitaires sport est actuellement l'un des plus populaires du marché de l'automobile, particulièrement en Amérique. Ces véhicules ont-ils détrôné à la fois les familiales et les fourgonnettes ? On ne sait trop. Mais une chose est certaine : les acheteurs sont attirés par l'espace intérieur ainsi que par la motricité aux quatre roues — même si plusieurs utilisateurs ne se servent pratiquement jamais de cette dernière fonctionnalité...

Les utilitaires intermédiaires comprennent un grand nombre de véhicules énergivores, en particulier ceux qui sont mus par un V8. Malgré tout, on risque de voir apparaître avant longtemps de nouveaux modèles ainsi équipés : Volvo ajoutera un V8 à sa gamme XC90 et Saab présentera sous peu son 9-7X reposant sur la plateforme du XC90.

On pourrait même assister à la naissance d'une nouvelle génération de véhicules à caractère sportif. Chevrolet a en effet déjà présenté une version SS du Trailblazer. Et si Dodge lançait une toute nouvelle gamme SR/T de ses Durango ?

En vérité, nous aurions un besoin pressant de véhicules hybrides. Il faudra toutefois patienter, les ingénieurs s'affairant en priorité à améliorer la consommation des petits utilitaires, davantage utilisés en ville.

Chose certaine, les capacités de remorquage retiendront l'attention des acheteurs pendant encore un certain temps, même s'ils ne les utilisent pas davantage pour cela.

À venir ? Peut-être une version Audi du Touareg ? Et si Mazda présentait avec une version vraiment « japonaise » d'un utilitaire de ce format ? Du côté des Européens, il faut s'attendre à une révision complète du ML. Quant à Mitsubishi, il lancera une version révisée du Montero, s'il surmonte ses difficultés financières.

Comme on le voit, le marché semble déjà saturé : cette fois, il serait menacé par les plus petits utilitaires. Pourtant, il n'y a pas si longtemps, le segment était des plus prometteurs. Mais ne paniquons pas, le marché des « intermédiaires » est toujours vivant, chiffres à l'appui. Reste à voir ce qu'il en adviendra !

Saab 9-7X

CE QU'IL FAUT RETENIR

	Lieu d'assemblage	Mode à quatre roues motrices / permanent ou temporaire	Capacité du réservoir de carburant (L)	Essence recommandée
Acura MDX	Canada	De série/permanent	73	Super
Audi Allroad	Allemagne	De série/permanent	70	Super
BMW X3	Autriche	De série/permanent	67	Super
BMW X5	États-Unis	De série/permanent	93	Super
Buick Rainier	États-Unis	De série/temporaire	83,3	Ordinaire
Buicl RendezVous	Mexique	Optionnelle/temporaire	70	Ordinaire
Chevrolet Trailblazer	États-Unis	Optionnelle/temporaire	83,3	Ordinaire
Dodge Durango	États-Unis	Optionnelle/temporaire	102	Ordinaire
Ford Explorer	États-Unis	Optionnelle/temporaire	85	Ordinaire
GMC Envoy	États-Unis	Optionnelle/temporaire	83,3	Ordinaire
GMC Envoy XUV	États-Unis	De série/temporaire	96,1	Ordinaire
Honda Pilot	Canada	De série/permanent	73	Ordinaire
Jeep Grand Cherokee	États-Unis	De série/permanent	77,6	Ordinaire
Kia Sorento	Corée du Sud	De série/temporaire	80	Ordinaire
Land Rover LR3	Angleterre	De série/permanent	86,3	Super
Lexus GX470	Japon	De série/temporaire	87	Super
Lexus RX	Canada	De série/permanent	72	Super
Lincoln Aviator	États-Unis	De série/permanent	85	Ordinaire
Mercedes Classe M	États-Unis	De série/permanent	83	Super
Mitsubishi Endeavor	États-Unis	De série/temporaire	81	Ordinaire
Mitsubishi Montero	Japon	De série/temporaire	90	Ordinaire
Nissan Pathfinder	États-Unis	De série/temporaire	80	Ordinaire
Nissan Xterra	États-Unis	De série/temporaire	nd	Ordinaire
Suzuki XL-7	Japon	De série/temporaire	64	Ordinaire
Toyota 4Runner	États-Unis	De série/temporaire	87	Ordinaire
Toyota Highlander	Japon	Optiennelle/permanent	75	Ordinaire
Volkswagen Touareg	Allemagne	De série/permanent	100	Super
Volvo XC70	Suède	De série/permanent	70	Super
Volvo XC90	Suède	De série/permanent	70	Super

Empattement (mm)	Longueur (mm)	Largeur (mm)	Hauteur (mm)	Volume du coffre min/max (L)
2700	4790	1950	1810	419/1406
2760	4810	1930	1580	1030/2073
2795	4565	1853	1674	480/1560
2820	4670	1870	1700	465/1550
2869	4912	1915	1826	943/2268
2851	4738	1871	1750	513/3084
2870	4872	1895	1892	1162/2268
3027	5101	1930	1887	n.d.
2890	4810	1830	1810	n.d.
2870	4872	1895	1892	1162/2268
3725	5293	1897	1844	1390/3081
2700	4770	1960	1790	461/2557
2781	4740	1862	1720	976/1904
2710	4570	1860	1810	889/1880
2885	4848	1915	1891	280/2555
2790	4780	1880	1895	1238/2513
2710	4730	1850	1680	490/2130
2890	4810	1830	1810	572/3126
2820	4640	1840	1820	982/2300
2750	4830	1870	1770	1152/2163
2780	4830	1895	1815	1127/2730
2850	4765	1849	1839	466/2241
2700	4538	1849	1813	n.d.
2800	4660	1780	1730	n.d.
2790	4800	1870	1740	n.d.
2710	4660	1820	1680	909/2304
2855	4750	1930	1730	878/2010
2760	4710	1800	1530	1061/2023
2860	4800	1890	1740	1178/2403

SURVOL TECHNIQUE

	Moteur	Puissance (hp à tr/mn)	Couple (lb-pi à tr/mn)	Poids (kg)	Autre(s) moteur(s)
Acura MDX	V6 SACT 3,5	265 à 5800	253 à 3500	2028	Aucun
Audi Allroad	V6 DACT 2,7	250 à 5800	258 à 3600	n.d.	Aucun
BMW X3	L6 DACT 2,5	184 à 6000	175 à 3500	1815	L6 DACT 3,0
BMW X5	L6 DACT 3,0	225 à 5900	n.d.	2110	V8 4,4 / V8 4,8
Buick Rainier	V8 ACC 5,3	290 à 5200	330 à 4000	n.d.	Aucun
Buicl RendezVous	V6 ACC 3,4	185 à 5200	210 à 4000	n.d.	V6 DACT 3,6
Chevrolet Trailblazer	L6 DACT 4,2	275 à 6000	275 à 3600	2004	V8 ACC 5,3
Dodge Durango	V6 SACT 3,7	210 à 5200	235 à 4000	2137	V8 ACC 5,7
Ford Explorer	V6 SACT 4,0	210 à 5000	254 à 3700	1954	V8 DACT 4,6
GMC Envoy	L6 DACT 4,2	275 à 6000	275 à 3600	2004	V8 ACC 5,3
GMC Envoy XUV	L6 DACT 4,2	275 à 6000	275 à 3600	2243	V8 ACC 5,3
Honda Pilot	V6 SACT 3,5	255 à 5400	250 à 4500	2002	Aucun
Jeep Grand Cherokee	V6 SACT 3,7	210 à 5200	235 à 4000	2014	V8 4,7 / V8 5,7
Kia Sorento	V6 DACT 3,5	195 à 5500	218 à 3000	1950	Aucun
Land Rover LR3	V8 DACT 4,4	300 à 5500	315 à 4000	n.d.	Aucun
Lexus GX470	V8 DACT 4,7	235 à 4800	320 à 3400	2150	Aucun
Lexus RX	V6 DACT 3,3	230 à 5600	242 à 3600	1844	n.d.
Lincoln Aviator	V8 DACT 4,6	302 à 5750	300 à 3250	2256	Aucun
Mercedes Classe M	V6 SACT 3,5	232 à 5750	254 à 3000	2185	V8 SACT 5,0
Mitsubishi Endeavor	V6 SACT 3,8	215 à 5000	250 à 3750	1885	Aucun
Mitsubishi Montero	V6 SACT 3,8	215 à 5000	248 à 3250	2170	Aucun
Nissan Pathfinder	V6 DACT 4,0	270 à 5600	291 à 4000	2080	Aucun
Nissan Xterra	V6 DACT 4,0	n.d.	n.d.	n.d.	Aucun
Suzuki XL-7	V6 SACT 2,7	185 à 6000	180 à 4000	1680	Aucun
Toyota 4Runner	V6 DACT 4,0	245 à 5200	283 à 3400	1940	V8 DACT 4,7
Toyota Highlander	L4 DACT 2,4	160 à 5700	165 à 4000	1580	V6 DACT 3,3
Volkswagen Touareg	V6 DACT 3,2	220 à 5400	225 à 3200	2307	V8 4,2 / V10 Tdi
Volvo XC70	L5 DACT 2,5	208 à 5000	236 à 1500	1630	Aucun
Volvo XC90	L5 DACT 2,5	208 à 5000	236 à 1500	n.d.	L6 2,9T, V8 4,4

Transmission de série	Transmission optionnelle	Direction	Diamètre de braquage (m)	Freins avant/arrière	Monte pneumatique d'origine avant/arrière
Auto. 5 rapports	Aucune	Crémaillère	11,6	Disque/disque	235/65R17
Man. 6 rapports	Auto. 5 rapports	Crémaillère	11,7	Disque/disque	225/55R17
Man. 6 rapports	Auto. 5 rapports	Crémaillère	11,7	Disque/disque	235/55R17
Man. 6 rapports	Auto. 5 rapports	Crémaillère	12,1	Disque/disque	255/55R18
Auto. 4 rapports	Aucune	Crémaillère	11,1	Disque/disque	245/65R17
Auto. 4 rapports	Aucune	Crémaillère	11,4	Disque/disque	215/70R16
Auto. 4 rapports	Aucune	Crémaillère	11	Disque/disque	235/75R16
Auto. 4 rapports	Auto. 5 rapports	Crémaillère	12,2	Disque/disque	235/75R16
Auto. 5 rapports	Aucune	Crémaillère	11,2	Disque/disque	255/70R16
Auto. 4 rapports	Aucune	Crémaillère	11	Disque/disque	235/75R16
Auto. 4 rapports	Aucune	Crémaillère	12,45	Disque/disque	245/65R17
Auto. 5 rapports	Aucune	Crémaillère	11,6	Disque/disque	235/70R16
Auto. 5 rapports	Aucune	Crémaillère	11,3	Disque/disque	235/65R17
Auto. 4 rapports	Aucune	Crémaillère	11	Disque/disque	245/70R16
Auto. 6 rapports	Aucune	Crémaillère	11,4	Disque/disque	255/60R18
Auto. 5 rapports	Aucune	Crémaillère	11,7	Disque/disque	265/65R17
Auto. 5 rapports	Aucune	Crémaillère	11,4	Disque/disque	225/65R17
Auto. 5 rapports	Aucune	Crémaillère	12,3	Disque/disque	245/65R17
Auto. 5 rapports	Aucune	Crémaillère	11,9	Disque/disque	255/60R17
Auto. 4 rapports	Aucune	Crémaillère	12,5	Disque/disque	235/65R17
Auto. 4 rapports	Aucune	Crémaillère	11,4	Disque/disque	265/70R16
Auto. 5 rapports	Aucune	Crémaillère	12,1	Disque/disque	265/65R17
Man. 6 rapports	Auto. 5 rapports	Crémaillère	n.d.	Disque/disque	265/65R17
Auto. 4 rapports	Aucune	Crémaillère	11,8	Disque/disque	235/60R16
Auto. 5 rapports	Aucune	Crémaillère	11,7	Disque/disque	265/70R17
Auto. 5 rapports	Aucune	Crémaillère	12,6	Disque/disque	225/70R16
Auto. 6 rapports	Aucune	Crémaillère	11,6	Disque/disque	255/55R18
Auto. 5 rapports	Aucune	Crémaillère	11,9	Disque/disque	215/65R16
Auto. 5 rapports	Aucune	Crémaillère	11,9	Disque/disque	225/70R16

GRAND FORMAT

Cadillac Escalade **Chevrolet Suburban** Chevrolet Tahoe **Ford Excursion** Ford Expedition **GMC Yukon** GMC Yukon XL **Hummer H1** Hummer H2 **Infiniti QX56** Land Rover Range Rover **Lexus LX 470** Lincoln Navigator **Mercedes-Benz Classe G** Nissan Armada **Toyota Sequoia**

TEXTES, RECHERCHES ET ESSAIS : **ÉRIC DESCARRIES**

LES PAQUEBOTS DE L'AUTOROUTE

LA PLUPART DES OBSERVATEURS CROIENT QUE LE PRIX DU CARBURANT ÉLOIGNE LES ACHETEURS QUÉBÉCOIS DES UTILITAIRES DE GRAND FORMAT. CE N'EST TOUTEFOIS PAS TOUJOURS LE CAS.

Nos voisins américains apprécient particulièrement ces grands utilitaires, qui correspondent à leur image et à leurs besoins. Les conductrices sont également ciblées par les constructeurs, les soccer moms (ces mamans qui conduisent leurs enfants et ceux des voisins aux parties de soccer) étant très nombreuses aux États-Unis.

Néanmoins, chez nous comme aux États-Unis, ce genre d'utilitaire sert le plus souvent de tracteur de caravane, une tâche dont la plupart des modèles offerts peuvent s'acquitter facilement grâce à leur configuration très robuste. D'ailleurs, la majorité de ces véhicules sont basés sur un châssis de grande camionnette. Les grands utilitaires sont également appréciés comme véhicules commerciaux et même, dans certains cas, comme véhicules permettant d'afficher opulence et richesse.

La première question qui vient à l'esprit concerne le coût d'exploitation de tels monstres de la route. De tous les véhicules mentionnés dans ce chapitre, un seul (le Ford Excursion) propose un moteur diesel dans son catalogue. Les autres n'offrent que des V8 à essence. Avec des poids dépassant les 5000 livres, ces véhicules deviennent en quelque sorte complices des pétrolières.

Cependant, avant de condamner trop rapidement ces gros véhicules dits polluants, n'oublions pas que beaucoup de gens en ont vraiment besoin.

La menace

Plusieurs conducteurs de petites voitures craignent les grands utilitaires sport, dont l'énorme masse et les pare-chocs élevés constituent une réelle menace. Les constructeurs font toutefois leur part pour corriger la situation.

Malheureusement, ils ne peuvent pas faire grand-chose si le grand utilitaire frappe une petite voiture dans les portières, le point le plus vulnérable de toute automobile. En ce qui a trait aux pare-chocs, cependant, une solution est possible : en effet, plusieurs utilitaires sont pourvus d'un second pare-chocs dissimulé sous la valence avant pour être à la même hauteur que celui des autres voitures — c'est notamment le cas du grand Ford Excursion. Par ailleurs, Ford compte

sur l'attache de remorque à l'arrière de l'Excursion pour empêcher un plus petit véhicule de glisser sous le châssis en cas de collision.

Évidemment, plusieurs automobilistes se sentent davantage en sécurité à bord d'un grand utilitaire, car ils ont une vue imprenable sur la route et peuvent compter sur la robustesse du gros véhicule en cas d'accident. D'ailleurs, selon les études menées par des organismes de sécurité et d'assurance, ces grands utilitaires sont impliqués dans beaucoup moins d'accidents mortels que les petites voitures.

Ford Excursion

CADILLAC **ESCALADE**

ON AIME

> L'habitacle spacieux

> L'espace de chargement
  important (ESV)

> Les capacités de traction

ON AIME MOINS

> La consommation élevée

> L'encombrement en
  situation urbaine

> L'accès difficile aux
  dernières places arrière

À RETENIR

Prix : **77 600 $**

Marge bénéficiaire : **15,5 %**

Ventes : ↓

Indice de fiabilité :
★★★★☆

Consommation d'essence :
17,2 L/100 km

CO_2 sur une base annuelle :
▱ **10,8**

Valeur résiduelle au terme
de 48 mois : **39 %**

Cote de sécurité en cas
d'impact : ★★★★☆

NOUVEAUTÉS

> Nouvelles roues de
  20 pouces en aluminium
  chromé

LE MOT DE LA FIN

Idéal pour voyager dans le
grand luxe, moins agréable
en ville.

Toute une famille

Lorsque Lincoln a lancé le grand utilitaire de luxe Navigator, en 1998, certains ingénieurs de Cadillac ont affirmé vouloir laisser l'éternel rival se casser la gueule. Le reste est de l'histoire : Cadillac s'est rapidement aperçue que ce segment de marché était en pleine croissance. Après avoir lancé un Escalade qui n'était qu'un GMC Yukon à peine déguisé, la grande marque américaine a rapidement redessiné le véhicule pour présenter un premier Escalade authentique, le même que nous connaissons aujourd'hui. Toutefois, les dirigeants de Cadillac ne se sont pas contentés d'une seule version : ils ont également commandé la camionnette transformable EXT (dont il est question dans la section Camionnettes plein format), puis la version allongée ESV, qui partage la caisse du Chevrolet Suburban

Oui, l'Escalade est toujours basé sur la caisse du Tahœ-Yukon, mais la plupart des éléments mécaniques et de la technologie électronique lui sont exclusifs. Un seul moteur est offert pour ce véhicule, soit le V8 Vortec de 6 litres qui produit 345 chevaux et 380 livres-pied de couple — ce qui est amplement suffisant pour mouvoir adéquatement n'importe quelle version. La boîte automatique à quatre rapports fait partie de l'équipement standard, tout comme la transmission intégrale, le freinage à quatre disques avec ABS et le système d'antidérapage « Stabilitrak ». Le marché canadien n'a cependant pas droit à la version de base à propulsion.

À l'intérieur, le mot clé est l'opulence, signée Cadillac. L'Escalade standard peut accueillir jusqu'à sept personnes, alors que la ESV peut en recevoir huit. La finition est spectaculaire, et on peut même y installer la télé. Toutefois, ce véhicule se distingue surtout en tant que tracteur de caravane : il peut tirer jusqu'à 8100 livres ! La tenue de route, au demeurant bonne, est tout de même celle d'une grande camionnette, avec les désavantages que cela peut comporter. Les accélérations sont remarquables, mais avec tout ce poids (de 5300 à plus de 5500 livres), il faut s'attendre à consommer du carburant. Un beau moteur diesel moderne serait le bienvenu dans une telle caisse.

En tête du marché

On ne relève pas de changements importants dans les Chevrolet Tahoe et GMC Yukon en 2005, puisque GM prépare une nouvelle version pour l'an prochain. Il en va de même pour les impressionnants Suburban et Yukon XL, les versions allongées de ces grands utilitaires. Toutefois, ne vous attendez pas à une grande révolution, car les acheteurs nord-américains apprécient ces camionnettes telles qu'elles sont — statistiques de ventes à l'appui. Les Chevrolet Tahoe et GMC Yukon semblent de prime abord identiques, mais certaines différences valent néanmoins la peine d'être mentionnées. Par exemple, chez GMC, il existe une livrée Denali de grand luxe, autant pour le Yukon que pour le XL, qui n'est pas disponible chez Chevrolet.

En ce qui concerne l'habitacle, mentionnons d'abord que le Tahoe et le Yukon peuvent accueillir au moins six personnes à leur bord, alors que les versions Suburban et XL peuvent asseoir jusqu'à neuf personnes. Le volume de chargement de ces grands véhicules peut atteindre 105 pieds cubes une fois tous les sièges rabattables repliés. Par ailleurs, la capacité maximale en poids dépasse les 1700 livres seulement pour le Yukon.

Question mécanique, le moteur de base des versions les plus courtes est un V8 de 4,8 litres et 285 chevaux. La plupart des acheteurs opteront cependant pour le plus puissant 5,3 litres de 295 chevaux, qui n'est guère plus gourmand — il constitue par ailleurs le moteur de base des Suburban et XL. Le catalogue de ces derniers inclut également deux autres V8, soit le 6 litres de 325 chevaux, plus approprié, et le 8,1 litres de 320 chevaux — qui n'est toutefois offert que dans la version 2500, encore plus robuste. Par contre, un moteur diesel serait le bienvenu dans les versions Suburban et XL, une caractéristique pourtant très en demande. Du côté de la boîte de vitesses, notons que seule la boîte automatique à quatre rapports est disponible. Par ailleurs, tous ces véhicules sont à propulsion ou à quatre roues motrices sur commande ; les Denali viennent quant à eux avec la transmission intégrale. Bref, rendons à César ce qui appartient à César : ces véhicules, surtout les Suburban et XL, sont d'excellents tracteurs de caravanes. Si les Tahoe et Yukon ont une limite (déjà impressionnante) de 7700 livres, les versions allongées peuvent tirer jusqu'à 12 000 livres (25 000 avec le 8,1 litres). Mais ne me demandez pas de commentaire sur la consommation d'essence !

ON AIME

> Le système de stabilisation (optionnel)
> Les capacités de traction
> Les moteurs puissants

ON AIME MOINS

> Toujours pas de diesel
> La consommation élevée
> L'encombrement urbain (surtout Suburban et XL !)

À RETENIR

Fourchette de prix :
45 380 $ à 69 105 $

Marge bénéficiaire : **13,5 %**

Ventes : ↓

Indice de fiabilité :
★★★★☆

Consommation d'essence :
15,6 L/100 km

CO₂ sur une base annuelle :
⬛⬛⬛⬛⬛ 10,1

Valeur résiduelle au terme de 48 mois : **37 à 38 %**

Cote de sécurité en cas d'impact : ★★★★☆

NOUVEAUTÉS

> Système de navigation sur DVD avec écran tactile
> OnStar de série
> Nouveaux rapports de pont arrière

LE MOT DE LA FIN

Exclusifs au marché nord-américain, ce sont de véritables icônes.

FORD **EXPEDITION**

ON AIME

> Le grand habitacle
> Replier facilement la dernière banquette
> La suspension arrière indépendante

ON AIME MOINS

> La consommation de carburant
> L'encombrement en ville
> L'accès ardu aux places arrière (troisième banquette)

À RETENIR

Fourchette de prix :
48 245 $ à 58 315 $

Marge bénéficiaire :
11 à 12 %

Ventes : ↑

Indice de fiabilité :
★★★★☆

Consommation d'essence :
16,2 L/100 km

CO_2 sur une base annuelle :
 10,3

Valeur résiduelle au terme de 48 mois : **35 à 40 %**

Cote de sécurité en cas d'impact : ★★★★★

NOUVEAUTÉS

> Moteur plus puissant
> AdvanceTrac disponible avec l'antirenversement
> Nouvelle version Limited

LE MOT DE LA FIN

Parfait pour les amateurs de caravaning.

Toujours parmi les favoris

Ford a lancé l'Expedition en 1997 en riposte au populaire Chevrolet Tahœ. Dès le départ, ce grand utilitaire a connu un énorme succès. Redessiné il y a quelques années, il continue de dominer le palmarès des ventes aux États-Unis, et réussit également très bien au Canada. Au Québec, où le prix de l'essence est parmi les plus élevés sur le continent, l'Expedition est surtout prisé par les amateurs de caravaning. En 2005, l'Expedition revient avec peu de modifications extérieures. Il est ainsi reconduit dans toute sa splendeur en version à quatre portes dans les livrées XLT et Eddie Bauer, ainsi que dans la toute nouvelle Limited. On note cependant des différences notables sous le capot. D'abord, le V8 de 4,6 litres ne figure plus au catalogue ; seul le moteur de 5,4 litres demeure disponible. Ce dernier a été revu : il compte désormais trois soupapes par cylindre, et il produit 300 chevaux et 365 livres-pied de couple. Évidemment, seule la boîte automatique à quatre rapports demeure offerte. Par ailleurs, tous les Expedition vendus au Canada présentent la motricité aux quatre roues, incluant le système de répartition automatique. L'une des options les plus intéressantes est le système « AdvanTrac » avec antidérapage ; la suspension pneumatique facultative est également un atout important. Enfin, la suspension arrière indépendante donne à l'Expedition une tenue de route supérieure à celle de ses concurrentes.

Évidemment, l'habitacle de ce grand utilitaire est vaste et accueillant à souhait : on peut y asseoir jusqu'à sept personnes grâce à une troisième banquette, repliable grâce à un mécanisme électrique actionné par deux petits commutateurs à l'arrière. Croyez-le ou non, une fois les sièges arrière et centraux repliés, on dispose de 111 pieds cubes d'espace de chargement ! Enfin, des retouches ont été apportées au tableau de bord. Quant à la capacité de traction, elle est, tenez-vous bien, de 8950 livres !

Que peut-on faire d'autre que voyager avec un tel véhicule ? Il aime surtout la grand-route, même s'il possède certaines capacités hors route. Toutefois, malgré de bonnes accélérations, il n'est pas des plus agiles. Une fois lancé, sa consommation n'est cependant pas si importante... compte tenu de ses dimensions, évidemment. Bref, si vous êtes amateur de caravaning, c'est peut-être le véhicule qui répondra le mieux à vos besoins.

Toujours vivant

Lorsque Ford a lancé son très grand utilitaire Excursion pour concurrencer le Chevrolet Suburban, en 1999, il s'est attiré les foudres des environnementalistes, qui voyaient là un autre gros véhicule énergivore. Les ventes avaient bien démarré malgré tout, mais elles ont diminué jusqu'à ce que Ford annonce qu'elle abandonnait cet utilitaire. Devinez quoi? Les ventes ont repris et l'Excursion est toujours là... au moins pour 2005.

On chuchote dans le milieu qu'une nouvelle version de l'Expedition serait à venir (probablement basée sur la toute récente F-150), et qu'une version allongée remplacerait l'Excursion. En attendant, le plus gros utilitaire d'Amérique du Nord revient avec une calandre et un pare-chocs modifiés (semblables à ceux des nouveaux Ford F-Super Duty), ainsi que des phares plus brillants. De plus, la belle livrée Eddie Bauer se distinguera encore plus grâce à un intérieur à deux teintes. Sinon, il s'agit toujours du même monstre à quatre portes pouvant accueillir jusqu'à neuf personnes selon la configuration choisie.

Du côté de la mécanique, l'Excursion demeure disponible avec un V8 de 5,4 litres peu puissant ou un V10 de 310 chevaux et 425 livres-pied de couple, mais la majorité des acheteurs québécois choisiront le fameux V8 turbodiesel Power Stroke de 6 litres, qui produit 325 chevaux et assure 560 livres-pied de couple. Ford est d'ailleurs le seul constructeur à offrir ce type de moteur dans le créneau des grands utilitaires. Combiné à la boîte automatique à cinq rapports — les moteurs à essence conservent la boîte à quatre rapports —, c'est le moulin idéal pour tirer toutes sortes de caravanes. Que diriez-vous de 11 000 livres de capacité? Par ailleurs, tous les Excursion canadiens présentent la motricité aux quatre roues. Si les dimensions de l'Excursion vous effraient, sachez que le véhicule est facile à conduire... sur la grand-route, bien entendu. Les accélérations sont impressionnantes avec le moteur diesel, et les reprises demeurent des plus rassurantes. Le moteur V10 est aussi très performant, mais il consomme nettement plus que le moteur diesel. Cependant, en tenant compte du prix de l'option diesel, les dépenses peuvent s'équilibrer si on n'utilise le camion que très occasionnellement. Néanmoins, la valeur de revente de la version à moteur diesel pourrait être supérieure à celle du V10.

ON AIME

> Les capacités de traction
> La disponibilité d'un moteur diesel
> L'énorme espace intérieur

ON AIME MOINS

> La consommation importante du V10
> La faiblesse du V8 de base
> L'encombrement urbain

À RETENIR

Fourchette de prix :
48 725 $ à 66 915 $

Marge bénéficiaire :
11,3 à 12,2 %

Ventes : ↓

Indice de fiabilité :
★★★★☆

Consommation d'essence :
19,5 L/100 km

CO_2 sur une base annuelle :
n.d.

Valeur résiduelle au terme de 48 mois : **32 à 36 %**

Cote de sécurité en cas d'impact : **n.d.**

NOUVEAUTÉS

> Calandre révisée
> Nouvelles jantes
> Sellerie revue

LE MOT DE LA FIN

Même si ses propriétaires l'apprécient, il est en fin de carrière.

HUMMER **H1**

ON AIME

> Les capacités hors route

> Le style unique

> La conduite fascinante

ON AIME MOINS

> L'incroyable encombrement
  en toutes circonstances

> L'habitacle étroit

> Le peu d'espace de
  rangement

À RETENIR

Fourchette de prix :
117 000 $ US

Marge bénéficiaire : **n.d.**

Ventes : ↓

Indice de fiabilité :
★★☆☆☆

Consommation d'essence :
n.d.

CO_2 sur une base annuelle :
n.d.

Valeur résiduelle au terme
de 48 mois : **n.d.**

Cote de sécurité en cas
d'impact : **n.d.**

NOUVEAUTÉS

> Nouvelle finition intérieure

> Plus de puissance
  (440 livres-pied de couple)

LE MOT DE LA FIN

Le tape-à-l'œil prévaut sur le
côté pratique.

En avez-vous vraiment besoin ?

L e Hummer H1 est unique. Tellement unique qu'il ne s'en est vendu que
trois au Canada l'année dernière. Encore au printemps dernier, GM n'avait
trouvé qu'un seul preneur pour ce gros camion. Il est en fait tellement gros
qu'il pourrait facilement être classé parmi les camions de classe 3, avec un
poids de plus de 7000 livres et une masse totale avec charge de 10 300 livres
(les camions de classe 3 comme les Ford F-350 et Dodge Ram 3500 affichent
un poids total avec charge de 10 001 à 14 000 livres).

Si le look extérieur typiquement militaire fait tourner bien des têtes, peu de gens
peuvent s'imaginer que l'habitacle est des plus exigus. En effet, comme la mécanique est placée au-dessus du châssis, elle envahit l'habitacle, ce qui oblige à séparer les sièges avant et arrière par un imposant tunnel. Quant au compartiment à
bagages, il plutôt limité : il ne fait que 58 pieds cubes, soit moins que celui de
l'Escalade de Cadillac. Le tableau de bord est aussi très rudimentaire et, malgré les
améliorations apportées à l'intérieur l'année dernière, l'environnement demeure
toujours austère. Le H1 utilise l'ancien moteur V8 turbodiesel de 6,5 litres
construit par AM General pour GM. La boîte automatique à quatre rapports
transmet cette puissance aux quatre roues par l'entremise d'un boîtier de transfert
qui offre également un rapport de bas de gamme pour les excursions hors route.
Incidemment, les ponts avant et arrière relancent cette même puissance aux roues
par des engrenages de réduction aux roues.

Sur la route, le H1 a de sérieuses limites : il dépasse difficilement les 120 km/h, les
dépassements sont laborieux et les accélérations, peu convaincantes. Cependant,
comme outil de travail, ce Hummer est capable de prouesses incomparables en
sentier — mais sa largeur importante peut l'empêcher de passer dans des endroits
étroits. Par ailleurs, le Hummer H1 offre aux habitués des excursions hors route un
système de gonflage des pneus par l'intérieur. Le Hummer H1 est un véhicule
unique sur le marché, mais ce n'est pas un jouet. Il peut tirer des remorques d'un
poids atteignant près de 8000 livres, mais pas sur de longues distances. En fait, il
constitue davantage un outil de travail spécifique qu'un utilitaire sport.

La gloire peut être éphémère

C'est incroyable comme la gloire peut être éphémère. L'incroyable Hummer H2 est rapidement devenu une véritable icône dans le monde de l'automobile. Toutefois, on dirait que tous ceux qui rêvaient de cette camionnette l'ont achetée, et puis que le marché s'est est ensuite complètement désintéressé. La magie du début a disparu. Il faut dire que le véhicule a été fortement critiqué... par ceux qui n'en possédaient pas !

Aussi énorme soit-il, le H2 force à certains sacrifices. D'abord, l'habitacle ne correspond pas du tout aux exigences modernes. On acceptera le seuil de portes élevé et le look plutôt militaire, mais les glaces latérales trop basses et la configuration intérieure étroite figurent parmi les points les plus négatifs de cet utilitaire. Pire encore, l'espace réservé aux bagages est nettement trop petit — à peine 40 pieds cubes.

Le H2 repose sur un châssis de Silverado 2500 avec une suspension arrière de Tahœ : exactement ce dont un véhicule robuste a besoin. Mais voilà, très peu d'utilisateurs mettent cette robustesse à profit.

Le seul moteur disponible est un V8 de 6 litres à essence. Il produit 325 chevaux et ne peut être combiné qu'à une boîte automatique à quatre rapports, ainsi qu'à une transmission intégrale permettant le verrouillage du différentiel central ou le rapport réduit (LO4) pour les excursions hors route. À ce chapitre, le H2 est très compétent, mais qui s'aventurera dans des sentiers difficiles avec un bahut de 6 400 livres (2909 kilos) ? Enfin, vous vous doutez que la consommation de ce Hummer dépasse tout entendement...

En 2005, Hummer propose une version pick-up transformable de son H2 (voir le chapitre des camionnettes plein format), ce qui pourrait attirer de nouveaux acheteurs. Toutefois, seul un moteur turbodiesel optionnel comme le Duramax pourrait aider ce véhicule à vraiment remonter la pente. Hélas ! GM n'arrive pas à en produire assez. Par ailleurs, outre le fait que les déplacements en ville sont plutôt pénibles, le H2 est agréable à conduire. Et attendez-vous à vous faire remarquer à son volant !

ON AIME

> La silhouette unique
> Les possibilités hors route intéressantes
> Les capacités de remorquage (6700 livres)

ON AIME MOINS

> La consommation importante
> L'habitacle étroit
> L'espace de chargement limité

À RETENIR

Fourchette de prix :
71 400 $ à 72 695 $

Marge bénéficiaire : **14,2 %**

Ventes : ↑

Indice de fiabilité :
★★★☆☆

Consommation d'essence :
18,3 L/100 km

CO_2 sur une base annuelle :
▬▬▬▬▭ **11,6**

Valeur résiduelle au terme de 48 mois : **40 à 42 %**

Cote de sécurité en cas d'impact : **n.d.**

NOUVEAUTÉS

> Moteur Vortec un peu plus puissant
> Nouvelles couleurs

LE MOT DE LA FIN

Idéal pour attirer l'attention, mais il faut en payer le prix.

Ne manquez pas le cahier
L'AUTO

TOUS LES **LUNDIS** DANS

LA PRESSE

Le « gros » remplaçant du QX4

Il fut un temps où Infiniti, la division de luxe de Nissan, n'en menait pas large. La gamme comportait peu de modèles, et l'utilitaire QX4 était celui qui connaissait le plus grand succès. Depuis l'année dernière, Nissan propose son tout nouveau porte-étendard dans le domaine des utilitaires de luxe, le QX56, basé sur le très gros Nissan Armada.

Si le « 4 » de l'ancien QX4 pouvait signifier qu'il s'agissait d'un véhicule à quatre roues motrices, la nouvelle dénomination QX56 renvoie plutôt au moteur V8 de 5,6 litres de ce paquebot de la route. Ce moteur est une version encore plus puissante du nouveau V8 « tout alu » qui propulse les grandes camionnettes Titan de Nissan. Il fait 315 chevaux et produit 390 livres de couple au très bas régime de 3900 tr/min.

Conçu et assemblé aux États-Unis, ce véhicule présente des dimensions disproportionnées. Imaginez, il est au moins 60 cm plus long que le QX4 qu'il « remplace », ce qui en fait assurément le plus grand véhicule jamais construit par Infiniti. Il peut d'ailleurs accueillir de sept à huit personnes à son bord (suivant si l'on choisit une banquette au lieu des baquets au centre).

L'écran du système de navigation occupe le centre du tableau de bord, par ailleurs très luxueux et très bien disposé. Il sert aussi à voir où l'on recule grâce à la mini-caméra vidéo placée à l'arrière. Quant à l'espace de chargement, il passe de 39 pieds cubes avec les sièges en place à 97 pieds cubes une fois les dossiers d'arrière et du centre repliés. Et Dieu soit loué pour le hayon arrière à commande électrique ! Vous ne le croirez peut-être pas, mais ce grand QX56 est un superbe routier. De plus, grâce au bouton rotatif du tableau de bord, le conducteur peut passer de la propulsion à la transmission intégrale, puis aux quatre roues motrices de bas rapport (LO4). Ce véhicule est même capable d'emprunter les sentiers, en autant qu'ils ne soient pas trop étroits. Enfin, il peut tirer des caravanes de 8900 livres, mais avec un poids de plus de 5600 livres (2550 kilos) et 315 chevaux, il n'est pas le roi de l'économie de carburant !

ON AIME

> La grande douceur de roulement
> L'espace intérieur généreux
> Un bon tracteur de caravane

ON AIME MOINS

> La consommation élevée
> L'encombrement en ville
> Les petits bruits

À RETENIR

Prix : **73 800$**

Marge bénéficiaire : **n.d.**

Indice de fiabilité :
★★★☆☆

Consommation d'essence :
17,5 L/100 km

CO_2 sur une base annuelle :
11,1

Valeur résiduelle au terme de 48 mois : **44 %**

Cote de sécurité en cas d'impact : **n.d.**

NOUVEAUTÉS

> Nouvel utilitaire basé sur l'Armada

LE MOT DE LA FIN

Opulence évidente, mais un peu gros pour remplacer l'ancien QX4.

ON AIME

> La belle tenue de route
> L'habitacle très élégant
> Un excellent tout-terrain

ON AIME MOINS

> La consommation élevée
> Le prix exhorbitant
> La faible diffusion

À RETENIR

Prix : **99 400 $**

Marge bénéficiaire : **11,1 %**

Ventes : ↑

Indice de fiabilité :
★★★☆☆

Consommation d'essence :
19,7 L/100 km

CO_2 sur une base annuelle :
▬▬▬▬▭ **12,8**

Valeur résiduelle au terme
de 48 mois : **39 à 45 %**

Cote de sécurité en cas
d'impact : **n.d.**

NOUVEAUTÉS

> Véhicule reconduit

LE MOT DE LA FIN

L'un des utilitaires les plus
prestigieux sur le marché.

La « Rolls » des utilitaires

L e superbe Range Rover de Land Rover (une autre filiale de la Ford Motor Company) a été complètement refait tout récemment. Ironiquement, cette nouvelle version avait été entièrement conçue alors que Land Rover appartenait à BMW ; il ne faut donc pas s'étonner d'y trouver des composantes de l'ancien proprio.

La silhouette Range Rover demeure familière. Cet utilitaire repose sur une plateforme monocoque en acier, alors que les ailes, les portières et le capot sont tous en alliage d'aluminium. Le châssis fait appel à des suspensions indépendantes à l'avant comme à l'arrière — fini les ponts rigides ! Le Range retient cependant les ressorts pneumatiques qui permettent d'en varier la garde au sol. Quant à la direction, elle est à assistance variable. Par ailleurs, on trouve sous le capot un V8 en aluminium de 4,4 litres (de BMW) qui produit 282 chevaux, jumelé à une boîte automatique à cinq rapports et, naturellement, à un système de transmission intégrale.

Un seul coup d'œil à l'intérieur du Range Rover suffit pour nous convaincre qu'il s'agit là d'un véhicule des plus luxueux. Qui plus est, pour un peu plus de 4 000 $ supplémentaires, on peut obtenir une version encore plus chic, avec des garnitures de cuir un peu partout (volant, sièges, poignées de portières, tableau de bord).

Le Range n'accepte toutefois que cinq personnes à son bord, et l'espace de chargement n'est pas des plus impressionnants — il ne fait que 19 pieds cubes les dossiers en place, et 62 pieds cubes une fois les dossiers repliés.

Voyager à bord du Range Rover est un vrai charme. Le moteur est puissant à souhait, le véhicule est confortable et stable, et le freinage en surprendra plus d'un. Mais croiriez-vous qu'il s'agit d'un véritable véhicule tout-terrain ? Le système de transmission intégrale combiné à l'antipatinage et la rétention en pente lui donnent des habilités hors pair. Petite question en passant : iriez-vous faire du sentier avec un véhicule de plus de 100 000 $? Ce véhicule peut enfin tirer jusqu'à 7700 livres, ce qui en fait un bon compagnon de caravaning, ce qui n'est toutefois pas nécessairement l'activité préférée des proprios de Range Rover.

Un gros utilitaire japonais à la sauce américaine

L e Lexus LX 470 ne court pas les rues, surtout au Québec. Il faut dire que son prix élevé — autour de 100 000 $ — le rend inaccessible à la majorité des consommateurs. Même si le Lexus LX 470 affiche une silhouette originale, il ne faut pas oublier qu'il est basé sur l'utilitaire Toyota Land Cruiser, un véhicule qui n'est pas commercialisé au Canada (faute de demande, nous a-t-on déjà dit).

Le fait que Lexus utilise une caisse traditionnelle, voire un peu vieillotte, a ses bons côtés. En effet, celle-ci, moins aérodynamique, demeure toutefois vaste et accorde beaucoup de débattement pour la tête. Sept personnes peuvent prendre place dans ce véhicule, mais les passagers de la dernière banquette ne seront pas des mieux logés. Quant à l'espace de chargement, il va de 19 à 90 pieds cubes, cette dernière mesure étant valable lorsque les banquettes sont repliées. Enfin, le tableau de bord est bien exécuté et propose des commandes faciles à manipuler, ce qui est typiquement japonais.

Le moteur offert est un bon vieux V8 avec une boîte automatique à cinq rapports. Ce moteur de 4,7 litres produisant 235 chevaux n'est pas des plus puissants, mais il se débrouille en accélérations et en reprises. Le véhicule est également pourvu d'un système de transmission intégrale, incluant l'antidérapage « A-TRAC ».

Curieusement, malgré sa vétusté, ce Lexus est l'un des utilitaires les plus agréables à conduire. Le véhicule se débrouille très bien en toutes circonstances, même hors route (mais oseriez-vous y aller, à ce prix ?). S'il y a un point où le Lexus LX470 est vraiment moins compétent que ses rivaux, c'est toutefois au niveau du remorquage : la capacité maximale n'est que de 5000 livres. Le temps d'une révision serait-il venu ?

ON AIME
> Le grand confort
> La finition impeccable
> L'intérieur invitant

ON AIME MOINS
> La faible capacité de remorquage
> Le prix trop élevé
> Le pont arrière rigide (ancienne technologie)

À RETENIR
Prix : **100 400 $**

Marge bénéficiaire : **9,9 %**

Ventes : ↓

Indice de fiabilité :
★★★★★

Consommation d'essence :
18,3 L/100 km

CO_2 sur une base annuelle :
11,8

Valeur résiduelle au terme de 48 mois : **45 %**

Cote de sécurité en cas d'impact : **n.d.**

NOUVEAUTÉS
> Technologie téléphonique Bluetooth

LE MOT DE LA FIN
À ce prix, malgré la belle finition, on préfère les concurrents.

LINCOLN **NAVIGATOR**

ON AIME

> L'habitacle unique
> La puissance du V8
> Le hayon électrique utile

ON AIME MOINS

> Le poids imposant
> La consommation élevée
> Les manoeuvres difficiles en ville

À RETENIR

Prix : **73 195 $**

Marge bénéficiaire : **7,7 %**

Ventes : ↑

Indice de fiabilité :
★★★★☆

Consommation d'essence :
17,9 L/100 km

CO$_2$ sur une base annuelle :
⬤▬▬▬▬◯ **11,7**

Valeur résiduelle au terme
de 48 mois : **36 à 37 %**

Cote de sécurité en cas
d'impact : ★★★★★

NOUVEAUTÉS

> Nouvelle boîte automatique à six rapports
> AdvanceTrac avec antidérapage
> Nouvelles jantes

LE MOT DE LA FIN

Le Navigator demeure l'un des plus beaux véhicules de cette catégorie.

Puissance et grâce à l'américaine

E n 1999, le Lincoln Navigator n'avait que le Range Rover et le Lexus LX470 pour lui faire concurrence. Depuis, le Navigator a pavé la voie à bien des gros utilitaires de luxe en Amérique. Récemment redessiné, il revient en 2005 avec toute sa grâce et sa puissance.

Le look original du Navigator continue de faire tourner les têtes. L'avant de cette grande camionnette, dont la caisse provient de la dernière Ford Expedition, est remarquable avec la grande calandre chromée unique. Le Navigator est également pourvu de ces marchepieds amovibles que l'on ne voit sur aucune autre marque — ils sortent automatiquement lorsqu'on ouvre les portières. Par ailleurs, notons que le pare-chocs a été redessiné.

Sous le capot se cache un puissant V8 de 5,4 litres à trois soupapes par cylindre. Produisant 300 chevaux, il est jumelé à une boîte automatique à six rapports — la même que l'on retrouve sur les Jaguar XJ. Au Canada, les Navigator sont vendus avec la transmission intégrale. Cette mécanique assure par ailleurs de belles accélérations et des reprises rassurantes. La suspension arrière indépendante procure une bonne tenue de route et une stabilité accrue. Cette année, le système « Advance Trac » inclut justement l'antidérapage.

L'habitacle du Navigator calque lui aussi l'Expedition. Le tableau de bord est cependant bien distinct, rappelant celui des Lincoln Continental des années 1960. L'effet est très élégant. On peut asseoir jusqu'à sept ou huit personnes à bord — il ne reste alors que 18 pieds cubes de chargement. Cependant, en faisant basculer les dossiers arrière (par une commande électrique) et en repliant ceux du centre, on obtient un impressionnant 105 pieds cubes d'espace cargo.

Malgré ses dimensions impressionnantes, le Navigator est facile (et agréable) à conduire. Ce n'est toutefois pas un véhicule hors route, même s'il est capable de certaines prouesses modérées. Cependant, question remorquage, il en montre à certains de ses concurrents avec une capacité de traction de 8300 livres.

GRAND FORMAT

Machine à remonter dans le temps

Si vous apercevez l'un de ces gros bahuts sur la route, ne vous surprenez pas de son air vieillot. En effet, le (très) grand utilitaire Mercedes-Benz de Classe G est basé sur un véhicule militaire qui date de plus de 25 ans. Même si les ingénieurs de Mercedes lui ont donné des caractéristiques modernes, on ne peut s'empêcher de souhaiter un renouvellement prochain. Reste que son look est sympathique, non ?

Mercedes-Benz produit en 2005 une version AMG très rapide. Sous le capot de ce gros camion, on trouve un V8 de 5,5 litres avec compresseur mécanique produisant 476 chevaux et 516 livres-pied de couple, le tout combiné à une boîte automatique et à la transmission intégrale dans une configuration conventionnelle. Mercedes-Benz promet une accélération de 0 à 100 km/h en 5,7 secondes. Imaginez ! Toutefois, on ne comprend pas pourquoi les ingénieurs tiennent tant à la direction à billes, moins précise. Quant à la version courante du G500, elle est pourvue d'un V8 de 5 litres produisant 292 chevaux et 336 livres-pied de couple, ce qui est suffisant pour déplacer avec aisance ce gros camion.

Évidemment, Mercedes a ajouté du luxe à outrance dans la Classe G — par exemple, le mot Mercedes-Benz s'illumine au marchepied lorsqu'on ouvre la porte le soir. Cinq personnes peuvent par ailleurs prendre place à bord. Quant à l'espace arrière pour les bagages, il fait 45 pieds cubes ; le volume passe à plus de 79 pieds cubes si l'on rabat le dossier des sièges arrière. Enfin, le tableau de bord est un peu plus moderne, mais il aurait également besoin d'être revu.

À plus de 100 000 $, le comportement routier de ce véhicule devrait être plus raffiné. Il n'est pas si mal, mais la direction à billes manque de précision et le V8 courant assure des performances respectables, sans plus. Cependant, il faut avouer qu'en situation hors route, il est l'un des véhicules les plus agiles de son créneau. Par ailleurs, les photos espion ont révélé que Mercedes travaille sur un véhicule qui devrait remplacer l'actuelle Classe G... et le prototype affiche une ligne plus moderne. Vivement !

ON AIME

> La finition intérieure admirable

> Les capacités hors route indéniables

> Les capacités de remorquage (plus de 7500 livres)

ON AIME MOINS

> La direction à billes imprécise

> Les prix exhorbitants

> La silhouette à moderniser

À RETENIR

Fourchette de prix : **111 900 $ à 152 450 $**

Marge bénéficiaire : **9,8 %**

Ventes : ↓

Indice de fiabilité : **n.d.**

Consommation d'essence : **18,7 L/100 km**

CO_2 sur une base annuelle : **12**

Valeur résiduelle au terme de 48 mois : **42 à 44 %**

Cote de sécurité en cas d'impact : **n.d.**

NOUVEAUTÉS

> Version de performance AMG incroyable

LE MOT DE LA FIN

La vieille caisse fera bientôt place à une version plus moderne.

NISSAN **ARMADA**

GRAND FORMAT

ON AIME

> La puissance du V8
(surtout pour remorquage)

> Le grand habitacle
accueillant

> L'espace de chargement
important

ON AIME MOINS

> La consommation
de carburant

> Le gabarit (en ville)

> La qualité d'assemblage
à l'intérieur

À RETENIR

Fourchette de prix :
53 495$ à 64 455$

Marge bénéficiaire : **n.d.**

Ventes : ↑

Indice de fiabilité :
★★★☆☆

Consommation d'essence :
17,5 L/100 km

CO_2 sur une base annuelle :
 11

Valeur résiduelle au terme
de 48 mois : **41 à 43 %**

Cote de sécurité en cas
d'impact : **n.d.**

NOUVEAUTÉS

> Modèle essentiellement
reconduit

LE MOT DE LA FIN

Cet utilitaire est un bon
tracteur de caravane.

Bigger is better?

D ans le monde de l'automobile américaine, la philosophie du *bigger is better* — plus c'est gros, mieux c'est — prévaut bien souvent. Nissan a adopté cette philosophie dans ses nouvelles usines d'assemblage en Louisiane, en créant un nouvel utilitaire sport plus gros, mieux adapté aux besoins (?) du marché nord-américain : l'Armada (notez qu'il portait d'abord le nom de Pathfinder).

Nissan a également adopté la technique américaine consistant à baser un gros utilitaire sur une grande camionnette, de sorte que l'Armada repose sur la même plateforme que le Titan, également construit en Louisiane. L'avant est semblable, mais le constructeur a ajouté une caisse de familiale à quatre portes. On reconnaîtra par ailleurs la poignée de portière, dans le pilier C d'arrière, qui est semblable à celle des anciens Pathfinder.

L'habitacle de l'Armada peut recevoir jusqu'à huit personnes ou avaler jusqu'à 97 pieds cubes de cargo une fois les dossiers rabattus. Le volume minimal est de 20 pieds cubes lorsque tous les dossiers sont en place. Quant au tableau de bord, il est d'une conception très originale. Un système de navigation optionnel peut également se retrouver au milieu de la planche de bord. Enfin, les passagers à l'arrière peuvent disposer d'une télévision installée au plafond (moyennant supplément, bien sûr). Nissan a compris qu'on n'arrive pas dans le marché nord-américain des grands utilitaires avec une mécanique exotique. L'Armada est donc mu par le V8 du Titan (5,6 litres et 305 chevaux), qui est combiné à une boîte automatique à cinq rapports. Le boîtier de transfert permet la propulsion, la transmission intégrale ou la motricité aux quatre roues incluant le mode inférieur (LO4) pour les excursions hors route ou pour se sortir d'un bourbier. L'imposante capacité de remorquage de plus de 9000 livres est également un grand avantage.

Sur la route, il n'est ni mieux ni pire que les autres véhicules de la catégorie. Le V8 procure de bonnes accélérations et des reprises satisfaisantes, mais on en paiera le prix à la pompe. Si l'on tient compte du gabarit de l'Armada, on le respectera dans les courbes et l'exercice sera satisfaisant. Enfin, il faut avouer que la suspension est relativement douce sur cette grosse bagnole.

Tundra version familiale

I l n'est pas si difficile de créer un gros utilitaire sport : il suffit d'ajouter une carrosserie de familiale à une grande camionnette. C'est ainsi que les constructeurs américains ont débuté dans ce créneau, et c'est ainsi que les constructeurs japonais leur ont emboîté le pas. Par conséquent, il n'est pas surprenant de constater que le grand Toyota Sequoia ressemble à la camionnette Tundra, de la même marque.

Sans surprise, nous constatons d'abord que le nouveau V8 de 4,7 litres du Tundra se retrouve sous le capot du Sequoia. Il produit maintenant 282 chevaux et 328 livres-pied de couple, ce qui suffit amplement à déplacer cette grande masse de plus de 5000 livres. La seule boîte de vitesses disponible est la toute nouvelle boîte automatique à cinq rapports, dont le boîtier de transfert permet de passer de la propulsion aux quatre roues motrices à la volée. Mieux encore, il est possible de passer en mode de rapport inférieur (4LO) grâce à un commutateur au tableau de bord, ce qui permet d'utiliser le Sequoia en tout-terrain... pour qui en a le courage, car il demeure très gros à manipuler en sentier. Par ailleurs, il est possible d'obtenir en option une suspension arrière avec correcteur d'assiette hydraulique, utile lorsqu'on fait appel à la capacité maximale de remorquage du véhicule, soit 6500 livres.

Évidemment, le vaste habitacle est l'une des principales caractéristiques de tout gros utilitaire. À ce chapitre, le Sequoia ne déçoit pas. Selon la configuration choisie, il peut accueillir jusqu'à huit passagers (avec une dizaine de porte-gobelets à leur disposition). Cependant, en utilisant toutes les places disponibles, il ne restera plus beaucoup d'espace pour les bagages, soit à peine 26 pieds cubes. En revanche, le bricoleur appréciera les 128 pieds cubes d'espace de chargement lorsqu'il aura rabattu tous les dossiers. Quant au tableau de bord, il est presque identique à celui du Tundra : pas désagréable, mais présentant quelques petits défauts, comme une montre trop basse pour être lue facilement.

Le Sequoia est basé sur une camionnette, mais sa suspension est mieux équilibrée et surtout plus douce, ce qui en rend la conduite très agréable. Il suffit de se rappeler qu'il s'agit d'une camionnette et non d'une voiture sport.

ON AIME

> Les éléments mécaniques robustes
> L'espace de chargement important (sièges rabattus)
> La fiabilité reconnue

ON AIME MOINS

> Le look un peu trop sobre
> La consommation élevée
> La capacité de remorquage restreinte

À RETENIR

Fourchette de prix :
59 530 $ à 65 855 $

Marge bénéficiaire :
11,4 à 11,8 %

Ventes : ↓

Indice de fiabilité :
★★★★★

Consommation d'essence :
17,2 L/100 km

CO_2 sur une base annuelle :
▬▬▬▬▬▬▭ **11**

Valeur résiduelle au terme de 48 mois : **48 à 53 %**

Cote de sécurité en cas d'impact : **n.d.**

NOUVEAUTÉS

> Moteur plus puissant
> Boîte de vitesses à cinq rapports

LE MOT DE LA FIN

Dommage, ce véhicule manque de personnalité face à la concurrence.

CE QU'IL FAUT RETENIR

	Lieu d'assemblage	Mode	Rouage intégral	Poids (kg)
Cadillac Escalade/ESV	États-Unis/Mexique	Intrégrale	Permanent	2519/2691
Chevrolet Tahoe/GMC Yukon	États-Unis	Propulsion	Optionnel	2190/2629
Ford Expedition	États-Unis	Propulsion	Sur commande	2542
Ford Excursion	États-Unis	Propulsion	Sur commande	3248 à 3524
Hummer H2	États-Unis	Intégrale	De série	2909
Hummer H1	États-Unis	Intégrale	De série	3271
Infiniti QX56	États-Unis	Intégrale	Sur commande	2554
Land Rover Range Rover	Angleterre	Intégrale	De série	2440
Lexus LX 470	Japon	Propulsion	Sur commande	2536
Lincoln Navigator	États-Unis	Propulsion	Sur commande	2650
Mercedes Classe G	Autriche	Intégrale	De série	2462
Nissan Armada	États-Unis	Propulsion	Sur commande	2274 à 2416
Toyota Sequoia	États-Unis	Propulsion	Sur commande	2402

SURVOL TECHNIQUE

	Moteur de série	Puissance (hp à tr/mn)	Couple (lb-pi à tr/mn)	Autre(s) moteur (1/2)	Capacité de remorquage maximal (kg)
Cadillac Escalade/ESV	V8 6,0 L	345 à 5200	380 à 4000	n.d.	3674
Chevrolet Tahoe/GMC Yukon	V8 4,8 L	285 à 5600	295 à 4000	V8 5,3 et 6,0 L	3493 à 5443 (2500)
Ford Expedition	V8 5,4 L	300 à 5000	365 à 3750	n.d.	3900
Ford Excursion	V8 5,4 L	255 à 4500	350 à 2500	V10 6,8L/V8 dies. 6,0	3266 à 4990
Hummer H2	V8 6,0 L	325 à 5200	365 à 4000	n.d.	3039
Hummer H1	V8 6,5 L T-D	205 à 3200	440 à 1800	n.d.	7409
Infiniti QX56	V8 5,6 L	315 à 4900	390 à 3600	n.d.	4037
Land Rover Range Rover	V8 4,4 L	282 à 5400	325 à 3600	n.d.	3500
Lexus LX 470	V8 4,7 L	235 à 4800	320 à 3400	n.d.	2267
Lincoln Navigator	V8 5,4 L	300 à 5000	365 à 3750	n.d.	3764
Mercedes Classe G	V8 5,0 L	292 à 550	336 à 2800	5,0 L AMG	3500
Nissan Armada	V8 5,6 L	305 à 4900	379 à 3200	n.d.	4125
Toyota Sequoia	V8 4,7 L	282 à 5400	325 à 3400	n.d.	2812

Empattement régulier/allongé (mm)	Longueur régulier/allongé (mm)	Largeur régulier/allongé (mm)	Hauteur régulier/allongé (mm)
2946/3302	5052/5570	2004/2019	1895/1923
2946 (3302 Sub/XL)	5001/5570(Sub./XL)	2004	1900/1953
3022	5227	1998	1948
3480	5750	2629	2042
3118	5170	2063	1977 à 2080
3302	4686	2565	1905
3129	5255	2001	1999
2880	4951	1924	1863
2850	4890	1940	1849
3017	5271	1999	1976
2851	4662	1761	1977
3129	5255	2002	1918
3000	5179	1981	1935

Rayon de braquage (m)	Transmission de série	Transmission optionnelle	Direction	Freins avant/arrière	Monte pneumatique d'origine (avant/arrière)
11,9	Auto. à 4 rapports	n.d.	À billes	Disque/disque	P265/70/R17
11,7 à 13,5	Auto. à 4 rapports	n.d.	À billes	Disque/disque	P265/70/R16
11,9	Auto. à 4 rapports	n.d.	Crémaillère	Disque/disque	P265/70R17
15,36	Auto. à 4 rapports	Auto. à 5 rapports	À billes	Disque/disque	LT265/75R16
13,2	Auto. à 4 rapports	n.d.	À billes	Disque/disque	Lt315/70R17
7,6	Auto. à 4 rapports	n.d.	À billes	Disque/disque	37 x 12.50R17LT
12,49	Auto. à 5 rapports	n.d.	Crémaillère	Disque/disque	P265/70R18
11,6	Auto. à 5 rapports	n.d.	Crémaillère	Disque/disque	P255/55HR19
12,1	Auto. à 5 rapports	n.d.	Crémaillère	Disque/disque	P275/60R18
11,8	Auto. à 6 rapports	n.d.	Crémaillère	Disque/disque	P255/70R18
13,2	Auto. à 5 rapports	n.d.	À billes	Disque/disque	P265/60R18
14,0 app.	Auto. à 5 rapports	n.d.	Crémaillère	Disque/disque	P265/70R18
12,9	Auto. à 5 rapports	n.d.	Crémaillère	Disque/disque	P265/70R16

Le prototype Jeep Commander

Vers la saturation

Le marché des grands utilitaires est-il saturé? General Motors polarise d'abord une grande partie du marché avec les dédoublements de modèles (un Tahœ de Chevrolet devient un Yukon chez GMC et un Escalade chez Cadillac). Ajoutons-y les Hummer qui, avouons-le, commencent déjà à perdre de leur popularité. Ford y met aussi du sien, avec les Expedition devenus Lincoln Navigator et les Excursion. Le reste du marché est morcelé entre quelques « petits » joueurs européens et les deux constructeurs japonais installés en Amérique. D'ailleurs, on se demande bien ce que ceux-ci sont venus chercher dans un créneau déjà surchargé.

Ce genre de véhicule est évidemment plus populaire aux États-Unis que chez nous, le prix de l'essence n'y étant pas encore aussi élevé. De plus, les Américains, et en particulier les habitants du sud-ouest du pays, sont des fervents du caravaning, ce qui les amène à rechercher les gros V8 de ces camions. Curieusement, seul l'Excursion propose un moteur diesel dans ce segment de marché. Et s'il venait à disparaître l'an prochain? Espérons que ce type de moteur se retrouve sous le capot d'autres camions avant longtemps.

Néanmoins, même si aucun nouvel arrivant n'est prévu dans ce créneau (avez-vous noté que Dodge n'en est pas?) on pourrait y observer d'importants changements au cours des prochains mois. Par exemple, GM travaillerait à une version rajeunie de ses Tahœ, Yukon, Suburban et XL — auquel cas les Cadillac Escalade devraient suivre. Et si le fameux Jeep Commander tant attendu (sept passagers) devenait suffisamment gros pour faire partie de ce segment? Par ailleurs, une chose est certaine, nous avons vu des photos de gros utilitaires Mercedes-Benz à l'état de prototype : une nouvelle Classe G serait donc à prévoir. Enfin, les rumeurs veulent que le Range Rover hérite d'un nouveau moteur V8, mais du groupe Ford (un V8 Jaguar?).

Qui a dit que les gros utilitaires étaient ennuyants?

Le moteur diesel de l'Excursion, de Ford.

VÉHICULES

MULTI-SEGMENTS

Cadillac SRX **Chrysler Pacifica** Ford Freestyle **Honda Element** Infiniti FX35 **Infiniti FX45** Nissan Murano **Pontiac Aztek** Porsche Cayenne

TEXTES, RECHERCHES ET ESSAIS : **ÉRIC DESCARRIES, ÉRIC LEFRANÇOIS**

RENCONTRE DU TROISIÈME TYPE

LE MONDE DE L'AUTOMOBILE ÉVOLUE À GRANDE VITESSE. APRÈS UNE PÉRIODE DE STAGNATION AU DÉBUT DES ANNÉES 1990, PLUSIEURS NOUVEAUX STYLES SONT APPARUS, TANT DU CÔTÉ DES VOITURES QUE DES CAMIONNETTES. LES DEUX TYPES DE VÉHICULES SE SONT MÊME « CROISÉS » POUR DONNER NAISSANCE AUX FOURGONNETTES ET AUX PETITS UTILITAIRES COMPACTS.

En même temps sont apparus de nouveaux grands utilitaires de luxe reposant sur des châssis de grandes camionnettes. Toutefois, de nombreux propriétaires de gros utilitaires en ont vite eu assez de dépenser une fortune en carburant et de se battre littéralement avec le volant pour garer leur « paquebot ». Ces consommateurs ne voulaient pas plus d'une fourgonnette, et l'image des anciennes familiales ne leur plaisait surtout pas — à moins que ces dernières ne soient modifiées pour prendre l'apparence d'un croisement entre une voiture, une familiale et un véhicule utilitaire sport. Ainsi est né un tout nouveau type de voiture, le véhicule multi-segments.

Les Américains les ont baptisés « crossover », terme qui signifie littéralement qu'on « traverse d'un camp à l'autre ». Certains voudraient qu'on les appelle « véhicules multi-fonctionnels », d'autres « hybrides », alors que d'autres les considèrent enfin comme des « véhicules génétiquement modifiés ». Pour le moment, ces véhicules ressemblent à des grandes familiales (un style presque disparu de l'industrie automobile nord-américaine) gonflées aux stéroïdes.

Le prototype Nissan Qarshai

Au moment d'écrire ces lignes, peu de modèles sont encore offerts, mais plusieurs constructeurs gardent l'œil ouvert et observent l'évolution de ce segment.

Comme le créneau est toujours désorganisé, il est difficile d'identifier une configuration mécanique commune. Par exemple, selon les marques, on peut obtenir un véhicule à traction ou à propulsion, ou encore à transmission intégrale. Cependant, une chose est certaine, aucun de ces véhicules, même s'ils ont l'apparence d'une camionnette, ne peut s'aventurer dans un sentier le moindrement exigeant. D'ailleurs, il est encore une fois recommandé d'équiper ces véhicules de pneus d'hiver lors de la saison froide, même si on choisit la transmission intégrale.

FORD **FREESTYLE**

Un croisement entre Freestar et Taurus familiale

F ord se lance dans le créneau des véhicules multi-segments avec le tout nouveau Freestyle — ne confondons pas les marques (Freestyle, Freestar...). D'ailleurs, on pourrait remettre en question la nomenclature de Ford, qui donne des noms commençant par la lettre F (Focus, F-Series, Freestar, Freestyle, Fustang... oups !). Ce n'est pas toujours glorieux, et ça se continuera avec Fusion. Mais ça, c'est une autre histoire.

Ford a utilisé pour le Freestyle une plateforme de la société-mère Volvo, soit celle de l'utilitaire XC90. Ce châssis est reconnu non seulement pour sa bonne tenue de route, mais aussi pour sa sécurité. Le Freestyle vient par ailleurs en trois versions, la SE, la SEL et la Limited.

Un seul moteur figure au catalogue du Freestyle, le même que celui de la Five Hundred, soit la toute dernière version du V6 Duratec de 3 litres, qui fait maintenant 203 chevaux et 207 livres-pied de couple. On serait porté à croire qu'avec les 1796 kilos (3959 livres) de la caisse, il ne suffira pas à la tâche. Erreur : il se débrouille très bien, surtout grâce à la nouvelle boîte automatique ZF-Batavia constamment variable qui transmet la puissance aux roues avant ou à un système de transmission intégrale selon la version choisie. Si GM n'a pas réussi avec ce type de boîte, Ford a fait appel à un système à chaîne plus fiable que celui à courroies choisi par sa rivale. Par ailleurs, les roues sont de 17 pouces sur les versions de base, et de 18 pouces sur la Limited.

Le design du Freestyle rappelle celui de la Cadillac SRX : c'est une caisse de familiale gonflée, avec de grandes glaces panoramiques. L'avant reprend un thème partagé par plusieurs autres véhicules de Ford, incluant la calandre à grillage oblique qui ne fait pas toujours l'unanimité. Les extensions d'ailes donnent néanmoins au véhicule un look plus « macho ». Quant à l'arrière du Freestyle, on peut affirmer qu'il est vraiment caractéristique d'un VUS. Les glaces latérales qui se marient à la lunette arrière sont par ailleurs une vraie réussite.

Ford a toujours dessiné de beaux tableaux de bord, exception faite de celui de la première Focus. Celui du Freestyle n'est pas mal non plus, quoiqu'un peu tradi-

tionnel ; l'instrumentation aux cadrans ronds est toutefois bien située devant le conducteur (elle est à fond blanc dans la Limited). L'acheteur a également le choix entre des baquets ou une banquette pour la rangée centrale, comme pour la troi-sième. Dans ce dernier cas, la banquette peut se rabattre tout au fond du plancher dans un trou spécialement aménagé. Si tous les sièges sont utilisés, il reste 22,5 pieds cubes d'espace disponible ; cependant, en rabattant tout ce qui peut l'être, incluant le dossier du siège du passager d'avant, on dispose de 154,2 pieds cubes d'espace cargo.

Le comportement routier du Freestyle est étonnant : il n'a pas ce « moelleux » auquel on pourrait s'attendre. Après tout, il provient de Volvo ! La suspension n'est pas trop ferme, l'avant du véhicule ne plonge pas sous un freinage brusque et la tenue de route est plus précise que prévue. Gageons que les pneus Pirelli de nos véhicules d'essai ne sont pas étrangers à cet exploit... Quant au moteur V6, il suffit à la tâche, et ses reprises sont honnêtes, sans plus. Ford croit qu'on fera encore mieux que 30 mpg (9,4 L/100 km) avec la traction ou 27 mpg (10,5 L/100 km) avec la transmission intégrale. Incidemment, même si le Freestyle n'est pas un véhicule tout-terrain, le système de transmission intégrale Haldex lui permet de grimper des côtes de sable avec facilité, ce qui promet en situation hivernale.

Les consommateurs souhaitant passer d'une fourgonnette à un véhicule plus modéré mais tout aussi polyvalent peuvent regarder du côté du Freestyle. Ce n'est pas une voiture, ce n'est pas une fourgonnette, ce n'est pas un utilitaire sport : c'est tout simplement le parfait mélange des trois.

ON AIME

> La configuration intérieure

> L'espace de chargement intéressant

> La transmission intégrale optionnelle performante

ON AIME MOINS

> Le moteur à peine satisfaisant

> La calandre banale

> Le prix un peu élevé

À RETENIR

Fourchette de prix :
33 295 $ à 43 195 $

Marge bénéficiaire :
7,4 à 8,3 %

Indice de fiabilité : **n.d.**

Consommation d'essence :
10,5 L/100 km

CO_2 sur une base annuelle :
n.d.

Valeur résiduelle au terme de 48 mois : **27 à 34 %**

Cote de sécurité en cas d'impact : **n.d.**

NOUVEAUTÉS

> Toute nouvelle voiture (camionnette?)

LE MOT DE LA FIN

Plus intéressant en vrai que sur photo, ce véhicule devrait connaître le succès.

CADILLAC **SRX**

Le luxe à l'américaine dans un nouveau format

La SRX est l'exemple typique du véhicule multi-segments. Elle partage en effet la plateforme Sigma avec quelques autres Cadillac, dont la berline CTS et la nouvelle STS. Forcément, Cadillac a dû lui donner l'allure d'une grande familiale pour ne pas tomber dans le style des camionnettes Escalade. Pas facile de dessiner un tout nouveau véhicule aux lignes originales mais belles. Les dessinateurs de Cadillac ont toutefois relevé le défi. L'avant de la SRX ressemble beaucoup à celui des berlines de la marque : il rejoint gracieusement une carrosserie de familiale très contemporaine. Les grandes glaces offrent une bonne visibilité et on reconnaît une certaine influence suédoise dans les feux arrière. Enfin, même si les panneaux latéraux semblent plutôt hauts, les designers ont apporté une certaine grâce à la grande caisse. En ce qui concerne l'habitacle, mentionnons que la SRX reprend le tableau de bord de la CTS. Quoiqu'un peu torturé, il demeure moderne et pratique. On peut par ailleurs opter pour deux ou trois rangées de sièges — dans le cas de la deuxième option, soulignons que les derniers sièges ne sont pas si faciles à atteindre. Une fois rabattus, ils donnent toutefois une bonne capacité de charge, soit 70 pieds cubes, si on replie également ceux du centre. Par contre, on ne dispose plus que de huit pieds cubes lorsque tous les sièges sont en place. Enfin, notons la disponibilité d'une télé avec lecteur de DVD pour les passagers arrière, ainsi qu'un grand toit vitré panoramique ouvrant en option. Cadillac propose diverses configurations mécaniques. La SRX peut être livrée avec un V6 de 3,6 litres de 255 chevaux avec boîte automatique et propulsion ou transmission intégrale. Le V8 Northstar de 320 chevaux, toujours à propulsion ou à transmission intégrale, figure également au catalogue. Les modèles à moteur V6 n'ont droit qu'à des roues de 16 pouces, ceux pourvus du V8 jouissant de jantes de 18 pouces et de pneus plus performants. Certains acheteurs croient qu'ils hériteront d'un véhicule plus performant en hiver en optant pour la SRX à transmission intégrale. Erreur ! Il faut changer les pneus de performance pour des pneus d'hiver si l'on veut vraiment profiter du véhicule sur la neige ou la glace. Toutefois, sur pavé sec, la SRX est si facile à conduire ! Ne reste plus qu'à payer l'essence... Qu'importe, c'est une Cadillac !

Déception ?

Lors du lancement de la Pacifica, il y a déjà quelques années, DaimlerChrysler affirmait qu'il s'agissait de la prochaine révolution dans le domaine de l'automobile, après la fourgonnette. Peut-être avait-elle raison, mais la réaction des journalistes a été mitigée. Et elle le demeure.

La Chrysler Pacifica présente, avouons-le, une superbe silhouette. L'avant est très somptueux, avec une grande calandre chromée qui lui va très bien. La ligne de ceinture de la caisse est cependant un peu haute, ce qui lui vaut des glaces trop petites. Heureusement, le pavillon se termine en angle, ce qui permet d'éviter un look de familiale trop marqué.

La Pacifica est davantage une voiture qu'une camionnette — en fait un véritable véhicule de tourisme —, de sorte que DaimlerChrysler l'a équipée d'une mécanique relativement modérée. Ainsi, le V6 de base de 3,5 litres et 250 chevaux, livrable avec la transmission intégrale, suffit tout juste à la tâche. La version à traction est maintenant mue par un V6 de 3,8 litres de 215 chevaux. Si le premier moteur est plus économique à l'achat et à la consommation, le deuxième est plus intéressant pour exploiter les caractéristiques du véhicule.

La Pacifica est offerte en deux configurations, celle à cinq passagers (avec une banquette au centre) étant plus pratique que la configuration originale à six passagers (six sièges baquets), qui laisse peu d'espace pour les bagages à l'arrière — même si on annonce 79 pieds cubes d'espace cargo. De plus, pour voyager dans l'un des deux derniers sièges, il ne faut pas souffrir de claustrophobie. La version à cinq passagers a donc l'avantage d'offrir plus de 92 pieds cubes de rangement lorsqu'on rabat le dossier des sièges arrière. Beaucoup mieux !

Malgré toutes les critiques, la Pacifica, par ailleurs assemblée au Canada, demeure très agréable à conduire. Elle propose beaucoup de confort et de douceur de roulement, mais manque assurément de puissance. On la sent lourde (de 1988 à 2165 kilos), mais elle conserve malgré tout une certaine prestance sur la route. Une grande voiture de tourisme ? Oui. Elle est toutefois beaucoup moins à l'aise lorsqu'on la sollicite, et la configuration de ses glaces la rend difficile à garer.

ON AIME

> L'allure luxueuse
> La motricité sur la neige (AWD)
> Une belle présentation intérieure

ON AIME MOINS

> L'impression de lourdeur
> Des moteurs anémiques
> Les places de la troisième rangée peu invitantes

À RETENIR

Fourchette de prix :
35 965 $ à 48 550 $

Marge bénéficiaire :
6,2 à 7,4 %

Ventes : ↑

Indice de fiabilité :
★★★★☆

Consommation d'essence :
13,8 L/100 km

CO_2 sur une base annuelle :
▰▰▰▰▱▱ **9**

Valeur résiduelle au terme de 48 mois : **43 à 45 %**

Cote de sécurité en cas d'impact : ★★★★★

NOUVEAUTÉS

> Nouvelle version à cinq passagers
> Nouveau moteur de base
> Nouvelles jantes de 19 pouces pour la Limited

LE MOT DE LA FIN

Belle voiture de tourisme, mais il faudrait en augmenter la puissance.

HONDA **ELEMENT**

On aime ou on n'aime pas

Honda destinait l'Element à une clientèle jeune, mais ce sont surtout des automobilistes plus âgés qui l'ont achetée. Cette situation n'est pas causée seulement par le prix, au départ un peu trop élevé pour les jeunes, mais aussi par la configuration « auto-camionnette ».

Ce véhicule ne laisse personne indifférent : son style plaît à certains, déplaît à d'autres. La silhouette de boîte carrée aux ailes de plastique lui donne assurément un style unique ; même les glaces latérales ne sont pas conformes à la tendance habituelle. L'Element est en fait un véhicule à deux portes avec deux battants latéraux qui permettent de mieux accéder à l'arrière. Le seul inconvénient, c'est qu'il faut ouvrir les portières avant (et détacher la ceinture des occupants) avant d'ouvrir ces battants. Le hayon arrière donne quant à lui accès à l'espace de chargement.

L'habitacle de l'Element est tout aussi unique. Le tableau de bord présente d'abord un design un peu fantaisiste, mais néanmoins plaisant. Les sièges sont tout aussi uniques. Les deux sièges arrière se relèvent latéralement pour dévoiler un plancher au tapis de caoutchouc qui permet de loger deux vélos ou d'autres articles de sport, et de nettoyer l'habitacle à grande eau au besoin. On peut même charger de gros objets par les côtés, car les portières ouvertes découvrent un espace libre de pilier central. Les sièges peuvent également se replier vers l'arrière pour former une couchette... plus ou moins confortable.

Un seul moteur figure au catalogue du Honda Element, soit le quatre-cylindres de 2,4 litres à boîte manuelle ou automatique combinée à la traction ou à la transmission intégrale. Rien de très spectaculaire de ce côté, l'Element n'ayant rien de sportif — il est même sensible aux vents latéraux. Les performances sont honnêtes, sans plus, mais le petit Honda demeure agréable à conduire. La visibilité y est bonne, mais il est difficile de rejoindre les pare-soleil, le pare-brise étant trop loin du conducteur. Si vous considérez le Honda Element, c'est que vous cherchez la polyvalence. Ce n'est pas un véhicule rapide, mais il est agréable à conduire, se manipule bien en ville et se tient facilement parmi la circulation sur autoroute. Il demeure cependant un peu cher, surtout pour des jeunes, et on se demande s'il conservera une bonne valeur de revente.

La plus osée de sa catégorie

On pourrait qualifier les Infiniti FX 35 et FX 45 de « véhicules génétiquement modifiés ». En effet, Nissan a utilisé la plateforme de la G35 pour créer ce drôle de véhicule. Drôle ? Assurément, car il est très difficile de l'associer à une catégorie particulière. Est-ce une voiture, un utilitaire ou un véritable mutant ?

D'abord, l'aspect extérieur de la FX ne suit pas la tendance courante : sa silhouette est tout simplement unique. On dirait une voiture des années 1940 (une Nash ; vous ne connaissez pas ?) montée sur un châssis de tout-terrain. Le toit stylisé semble écrasé sur l'imposante caisse, et les puits d'aile sont tellement grands... Mais l'ensemble n'est pas de mauvais goût, bien au contraire.

Sous le capot se trouve un V6 de 3,5 litres (pour la FX 35) ou un V8 de 4,5 litres (FX 45). La différence ? Trente-cinq chevaux (280 versus 315). Peut-être pas si important sur papier, mais plus notable sur la route — surtout qu'au niveau du couple, on parle de 60 livres-pied de différence. La version à moteur V6 se reconnaît à ses jantes de 18 pouces, alors que la version pourvue d'un V8 est montée sur des roues de 20 pouces. Par ailleurs, la seule boîte au catalogue est une automatique à cinq rapports combinée à une transmission intégrale.

Étant donné que cette Infiniti fait partie du monde des véhicules de luxe, Nissan y a mis le paquet. Des sièges merveilleusement bien élaborés au tableau de bord high-tech, incluant un écran de navigation qui se transforme en écran de télé pour la caméra arrière (qui aide à reculer), rien n'a été négligé. Les deux places arrière sont tout autant élaborées, mais l'espace cargo est plutôt limité (à peine 27 pieds cubes), à moins qu'on ne rabaisse le dossier des baquets arrière. Et là encore, on ne dispose que de 65 pieds cubes, ce qui est loin d'être considérable pour un si gros véhicule.

Là où cette Infiniti se distingue, c'est pourtant au niveau de la tenue de route : il s'agit d'une véritable voiture sport rapide et racée. Mais pour en exploiter tout le potentiel en hiver (surtout la transmission intégrale), devons-nous vraiment répéter qu'il faudra y installer des pneus appropriés ? Avec les jantes, ça peut faire une jolie dépense !

ON AIME
> La puissance du V8
> La tenue de route
> La silhouette unique

ON AIME MOINS
> La consommation du V8
> L'espace de chargement restreint
> La visibilité arrière réduite

À RETENIR
Fourchette de prix :
52 700 $ à **67 700 $**

Marge bénéficiaire : **n.d.**

Ventes : ↑

Indice de fiabilité :
★★★★★

Consommation d'essence :
13,8 L/100 km

CO_2 sur une base annuelle :
▬▬▬▬ 8,9

Valeur résiduelle au terme de 48 mois : **47** à **49 %**

Cote de sécurité en cas d'impact : ★★★★★

NOUVEAUTÉS
> Alarme de déviation de trajectoire disponible
> Système de protection latérale en cas de renversement

LE MOT DE LA FIN
Look du tonnerre plutôt rétro.

NISSAN **MURANO**

À RETENIR

Fourchette de prix :
37 700 $ à 46 900 $

Marge bénéficiaire :
9,8 à 10,5 %

Ventes : ↑

Indice de fiabilité :
★★★★☆

Consommation d'essence :
12,2 L/100 km

CO$_2$ sur une base annuelle : **7,8**

Valeur résiduelle au terme
de 48 mois : **46 à 49 %**

Cote de sécurité en cas
d'impact : **n.d.**

NOUVEAUTÉS

> Nouveau modèle S

> Rideaux gonflables de série

> Groupes d'options révisés

LE MOT DE LA FIN

Et si le coup de cœur
s'estompait ?

Sexy et stylisé

L e style du Murano en a surpris plus d'un lors de sa présentation, au point même que la plupart des observateurs refusèrent de le considérer comme un utilitaire sport. En effet, ce n'en est pas un : il s'agit plutôt d'un autre exemple typique de véhicule multi segments.

On croyait avoir tout vu, mais Nissan a bouleversé l'ordre établi en donnant au Murano des airs de véhicule conceptuel. Il s'agit presque d'une voiture futuriste avec son avant pointu frappé d'une calandre chromée se mariant à des phares stylisés. La ligne de la caisse est quant à elle simple, sobre mais élancée. Et que dire du hayon arrière d'un dessin si complexe que les ingénieurs ont dû user de trésors d'imagination pour le produire ? L'ensemble a néanmoins une configuration digne d'un « utilitaire sport ».

L'extraordinaire travail des designers de Nissan se poursuit à l'intérieur. Le tableau de bord est futuriste, avec une instrumentation qui semble se détacher de la planche. Deux passagers peuvent prendre place dans des sièges baquets moulants à l'avant, trois autres à l'arrière. Si l'on replie le dossier de la banquette, on obtient un bon espace de chargement de 82 pieds cubes, ce qui justifie le rôle d'utilitaire attribué au Murano.

Saviez-vous que le Murano repose sur la plateforme FF-L de Nissan, celle-là même qui a servi à l'Altima ? On y retrouve d'ailleurs le même moteur V6 de 3,5 litres (et 245 chevaux), qui transmet sa puissance aux quatre roues par l'entremise d'une boîte automatique constamment variable et d'un boîtier de transfert automatique. Le système d'antidérapage optionnel est très efficace pour ceux qui veulent exploiter un peu ce châssis.

Le Murano est un choix intéressant pour ceux qui recherchent l'originalité, à moins que sa prolifération ne vienne gâcher la sauce. Quant à ceux qui cherchent un véhicule tout-terrain... le Murano n'en est pas vraiment un, malgré le système de transmission intégrale.

Le ridicule ne tue pas

Même si les lignes de l'Aztek de Pontiac semblent avoir été réalisées à la tronçonneuse, on ne devrait pas s'arrêter à la seule silhouette : c'est du moins l'avis des quelques milliers de propriétaires de ce véhicule. L'extérieur est bizarre, vous dites ? Attendez de voir l'habitacle, tout aussi extravagant, du tissu des sièges aux poignées montoirs (dont la forme rappelle le manche du couteau de Rambo), en passant par les garnitures de plastique qui singent l'aluminium. Et que dire de cette console centrale amovible qui peut recevoir le traditionnel six-pack de bière...

Les baquets avant procurent un confort des plus acceptables, et les nombreux ajustements facilitent grandement la recherche d'une position de conduite confortable. À l'arrière, c'est bien aussi pour deux adultes, mais on retient surtout que la banquette se rabat en sections pour accroître la capacité. Elles s'enlèvent aussi complètement pour procurer une surface de chargement pratiquement plane.

Pour profiter du volume de 2669 litres, il faut au préalable soulever le hayon, plutôt lourd à manipuler même s'il s'ouvre en deux sections. Et, pour nous donner un peu plus de fil à retordre, la partie inférieure s'ouvre vers nous, compliquant ainsi l'accès au compartiment à bagages. L'élément le plus inusité demeure toutefois la possibilité de passer confortablement la nuit à bord de l'Aztek en fixant une tente (une autre option) pour transformer aisément (à condition de laisser tomber le manuel d'instruction au profit de son intuition) la soute en chambre à coucher.

En dépit d'une jante généreusement rembourrée, le volant trahit une certaine imprécision en position centrale, et les changements de trajectoires s'effectuent plutôt paresseusement. Les éléments suspenseurs maîtrisent avec un certain succès les mouvements de caisse, mais au prix d'un roulement assez sec, notamment sur des routes mal pavées. Ce n'est pas inconfortable pour autant.

Peu importe le mode de transmission retenue (traction ou intégrale), l'Aztek compte sur l'indéfectible V6 de 3,4 litres à poussoirs. Ses 185 chevaux s'acquittent fort bien à mouvoir la lourde carcasse de cette Pontiac. Mieux encore, ils n'utilisent qu'une quantité raisonnable d'essence. S'il avait fallu que l'Aztek soit ivrogne en plus...

ON AIME

> La possibilité de faire des dodos à l'intérieur
> La possibilité d'en négocier le prix
> Les petites astuces

ON AIME MOINS

> Ce que les autres en pensent
> Le hayon peu pratique et la visibilité vers l'arrière
> La valeur de revente

À RETENIR

Fourchette de prix :
28 555 $ à 35 895 $

Marge bénéficiaire : **13,5 %**

Ventes : ↓

Indice de fiabilité :
★★★★☆

Consommation d'essence :
12,3 L/100 km

CO_2 sur une base annuelle :
7,9

Valeur résiduelle au terme de 48 mois : **28 à 29 %**

Cote de sécurité en cas d'impact : **n.d.**

NOUVEAUTÉS

> De petits détails anodins

LE MOT DE LA FIN

Non, le ridicule ne tue pas !

Porsche aurait pu faire mieux

Beaucoup de gens étaient fébriles à l'idée que Porsche produise un utilitaire sport. Le modèle a été attendu pendant des mois, tous les journalistes spéculant à quel Salon de l'auto il allait se pointer. Il en est résulté le Cayenne, qui ne constitue pas un utilitaire, mais bien un autre véhicule multi-segments.

On s'attendait à mieux de Porsche : l'enthousiasme est vite retombé lorsque le Cayenne a enfin été dévoilé. Pire encore, le Touareg, élaboré par Volkswagen à partir du même principe, était bien plus excitant. Ironiquement, certaines finitions du Cayenne sont moins coûteuses que celles d'un Touareg.

Du côté du design, l'avant du Cayenne n'est pas si mal, puisqu'il reprend le thème original des sportives de Porsche. Mais le reste de la caisse est banal, au point où on confond le Cayenne avec le Santa Fe (si ce n'est que ce dernier est plus agréable à regarder).

Comparé à celui du Touareg, l'habitacle du Cayenne est un peu fade, même si le tableau de bord (typiquement Porsche) est bien exécuté. Serait-ce le choix des matériaux ?

En ce qui concerne la mécanique, notons que le Cayenne est d'abord arrivé au pays avec un V8 atmosphérique de 340 chevaux. Nous avons ensuite eu droit à la version à deux turbos de 450 chevaux. Plus récemment, Porsche « revenait sur terre » et proposait un nouveau V6 plus modéré de 250 chevaux. Si ce dernier est plus civilisé, le V8 de base est préférable si l'on tient à une certaine valeur de revente. Par ailleurs, la seule boîte disponible est une automatique à six rapports, accompagnée d'un système de transmission intégrale.

Cette Porsche est une véritable sportive sur la route, la plus agile de la catégorie. Il est aussi à l'aise en sentier... en autant que ce ne soit pas extrême. La suspension ajustable (optionnelle sur certaines versions) lui permet également de franchir des obstacles d'importance. Mais connaissez-vous beaucoup de gens qui se baladeront dans les champs et dans les bois avec une telle Porsche ?

Ce n'est qu'un début

Le créneau des véhicules multi-fonctions est encore tout nouveau et sans traits dominants. On y trouve des véhicules de luxe, des voitures courantes, des modèles économiques et même de grandes sportives. Nous n'avons pour l'instant dénombré que 10 véhicules dans cette catégorie, mais d'autres viendront certainement s'y ajouter.

Parmi les véhicules susceptibles de voir le jour dans un avenir plus ou moins lointain, on trouve un petit Jeep reposant sur une plateforme d'auto qu'elle partagera avec le futur PT Cruiser. Parmi les arrivées plus probables, mentionnons le remplaçant du Lincoln Aviator, qui partagera des composantes avec le Ford Freestyle. Mercedes-Benz présentera quant à elle sous peu la version finale de son VGM basé sur le véhicule conceptuel Vision GST.

Qui d'autre serait intéressé par ce créneau? Pourquoi pas Mazda, avec un VGM dont la plateforme serait dérivée de la toute récente 6? Ou encore Volkswagen, avec un produit que les spéculateurs ont déjà nommé Marrakesh? Nissan irait aussi dans une telle direction si l'on en croit l'étude de style Qashqai. Quant à la pauvre Pontiac Aztek, plusieurs observateurs la voient remplacée par un véhicule jumeau de la Chevrolet Equinox, un « presque » VGM.

Par ailleurs, on se doute que ce nouveau type de véhicules pourrait servir de banc d'essai technique aux constructeurs. Prenons pour exemple Ford, qui a ajouté au Freestyle une boîte automatique constamment variable. De plus, le futur produit de Mercedes-Benz pourrait très bien être à propulsion hybride-électrique — du moins, c'est ainsi qu'on nous l'a présenté, sous forme de prototype, au dernier Salon de l'auto de Detroit. Ce sera donc à surveiller de près.

Le prototype Lincoln Aviator

CE QU'IL FAUT RETENIR

	Lieu d'assemblage	Cycle de remplacement	Garantie de base (années/km)	Mode	Rouage à quatre roues motrices	Capacité de remorquage min/max (kg)
Cadillac SRX	États-Unis	2008	4/80 000	Propulsion	Disponible	907/1928
Chrysler Pacifica	Canada	2007-2008	3/60 000	Traction	Disponible	n.d./1600
Ford Freestyle	États-Unis	Nouveau 2005	3/60 000	Traction	Disponible	n.d./910
Honda Element	Japon	Inconnu	3/60 000	Traction	Disponible	455
Infiniti FX35/FX45	Japon	2007-2008	4/80 000	Intégral	De série	1588
Nissan Murano	Japon	2007-2008	3/60 000	Intégral	De série	1588
Pontiac Aztek	Mexique	Inconnu	3/60 000	Traction	Disponible	n.d./1588
Porsche Cayenne	Allemagne	Inconnu	4/80 000	Intégral	De série	n.d./3500

SURVOL TECHNIQUE

	Moteur de série	Puissance (hp à tr/mn)	Couple (lb-pi à tr/mn)	Rapport poids/puissance	Accélération 0 à 100 km/h (sec)	Autre(s) moteur(s)	Transmission de série
Cadillac SRX	V6 DACT 3,6	255 à 6500	254 à 3200	7,52	n.d.	V8 DACT 4,6[1]	Auto. 5 rapports
Chrysler Pacifica	V6 SACT 3,5	250 à 6400	250 à 3950	8,56	10,78	Aucun	Auto. 4 rapports
Ford Freestyle	V6 DACT 3,0	203 à 5750	207 à 4500	8,84	n.d.	Aucun	Auto. CVT
Honda Element	L4 DACT 2,0	160 à 5500	159 à 4500	10,1	11,8	Aucun	Man. 5 rapports
Infiniti FX35/FX45	V6 DACT 3,5	280 à 6200	270 à 4800	6,9	7,45	V8 DACT 4,5[2]	Auto. 5 rapports
Nissan Murano	V6 DACT 3,5	245 à 5800	246 à 4400	7,3	8,97	Aucun	Auto. CVT
Pontiac Aztek	V6 ACC 3,4	185 à 5200	210 à 4000	9,26	11,67	Aucun	Auto. 4 rapports
Porsche Cayenne	V6 DACT 3,2	247 à 6000	229 à 2500	8,7	8,91	V8 DACT 4,5[3]	Man. 6 rapports

1 320 hp

2 315 hp

3 Atmosphérique ou suralimenté

Empattement (mm)	Longueur (mm)	Largeur (mm)	Hauteur (mm)	Volume du coffre min/max (L)	Capacité du réservoir de carburant (L)
2957	4950	1844	1722	238/1968	75,7
2950	5050	2010	1690	369/2250	87
2867	5075	1891	1649	n.d./4367	72
2570	4320	1810	1880	691/2888	60
2850	4800	1920	1670	776/1710	90
2820	4760	1880	1700	923/2005	82
2751	4629	1870	1699	1282/2692	68,1
2860	4790	1920	1700	540/1770	100

Transmission optionnelle	Direction	Rayon de braquage (m)	Suspension avant/arrière	Freins avnat/arrière	ABS	Distance de freinage 100 à 0 km/h (m)	Pneus de série
Aucune	Crémaillère	12,1	Ind./multibras	Disque/disque	De série	43,8	225/60R17
Aucune	Crémaillère	12,1	Ind./multibras	Disque/disque	De série	44,5	235/65R17
Aucune	Crémaillère	12,2	Ind./multibras	Disque/disque	ABS	n.d.	215/60R17
Auto. 4 rapports	Crémaillère	10,4	Ind./multibras	Disque/disque	De série	45,3	215/70R16
Aucune	Crémaillère	11,8	Ind./multibras	Disque/disque	De série	40,4	265/60R18
Aucune	Crémaillère	11,4	Ind./multibras	Disque/disque	De série	41,9	245/55R18
Aucune	Crémaillère	11,1	Ind./Ind.	Disque/disque	De Série	44,3	215/70R16
Auto. 6 rapports	Crémaillère	11,8	Ind./multibras	Disque/disque	De série	39,2	255/55R18

FOURGONNETTES

Buick Terraza **Chevrolet Uplander** Chevrolet Venture **Chrysler Town & Country** Dodge Caravan **Ford Freestar** Honda Odyssey **Kia Sedona** Mazda MPV **Nissan Quest** Pontiac Montana **Pontiac SV6** Saturn Relay **Toyota Sienna**

TEXTES, RECHERCHES ET ESSAIS : **ÉRIC LEFRANÇOIS**

Saturn Relay

TOUT LE MONDE À BORD!

SELON PLUSIEURS ANALYSTES, LES MEILLEURES ANNÉES DE LA FOURGONNETTE SONT SANS DOUTE DERRIÈRE ELLE. LES BOOMERS REPRÉSENTENT TOUJOURS SA CLIENTÈLE LA PLUS LOYALE, MAIS LES CONSTRUCTEURS TABLENT SUR LES GÉNÉRATIONS MONTANTES (X ET Y) POUR ASSURER LA PÉRENNITÉ DE CE SEGMENT DE MARCHÉ D'ICI 2010.

Cette année encore, de nouvelles recrues joignent cette catégorie. General Motors mène l'offensive la plus spectaculaire (en nombre, du moins). Le constructeur américain aligne en effet quatre nouvelles fourgonnettes, tout en maintenant en poste — pour une courte période de temps — ses vieillissantes Venture (Chevrolet) et Montana (Pontiac). Ces dernières partageront le plancher avec les Uplander et SV6. Les dépositaires Buick et Saturn auront eux aussi, pour la première fois, droit à une version dérivée de ces fourgonnettes pour garnir leur gamme et, surtout, augmenter leurs parts de marché. Pour ce faire, le géant de l'industrie automobile américaine mise énormément sur le style « plus SUV » (dixit GM) de ses nouvelles fourgonnettes pour s'éloigner de l'image « soccer mom » associée à ce type de véhicule. Honda vise le même objectif avec l'Odyssey, troisième du nom, mais en employant une méthode différente. La fourgonnette japonaise entend ainsi démontrer que sophistication, performance et agrément de conduite sont des qualités conciliables. Enfin, puisque la mémoire est une faculté qui oublie, il est nécessaire de rappeler que DaimlerChrysler a, la première, équipé ses fourgonnettes 2005 (Caravan et Town & Country) du dispositif *Stow & Go*, lequel permet de camoufler tous les sièges des deuxième et troisième rangées sous le plancher.

En avez-vous vraiment besoin?

Constaterez-vous dans quelques mois que votre nouvelle fourgonnette est démesurée par rapport à vos besoins? Mieux vaut bien réfléchir avant de conclure un achat. Peut-être vaut-il mieux la louer seulement pour la période des vacances? Pour la vie quotidienne, une familiale ou un petit utilitaire à roues avant motrices ferait peut-être l'affaire, et sans doute l'aurez-vous à meilleur prix.

Après mûre réflexion, vous voulez quand même une fourgonnette? Alors, soyez critique!

Faites votre propre essai. Une fourgonnette est un compromis: véhicule plus haut, plus encombrant (lire moins agile), plus lourd (freinage plus délicat), plus gourmand en essence, etc. La bonne nouvelle: son coût d'entretien se compare à celui d'une voiture ordinaire. À la pompe, c'est une autre histoire: c'est assurément plus cher.

Jugez également la polyvalence offerte. Ce modèle dont les sièges sont lourds à manipuler découra-

Honda Odyssey

gera le bricoleur la première feuille de contreplaqué venue. Cet autre véhicule, acheté pour les voyages de ski en famille, accueillera sans doute tout le monde, mais où ranger les skis? Et les baquets de celui-ci? Ils s'enlevaient si facilement dans la publicité télévisée!

Accueillante, spacieuse et pratique, la fourgonnette? Oui, mais seulement si elle répond réellement à vos besoins!

Innovation: *Stow & Go*

Il y a quelques années, les ingénieurs de DaimlerChrysler ne voyaient pas le jour où la banquette arrière de leurs fourgonnettes se glisserait sous le plancher, même si la tendance allait dans ce sens. Il n'y a que les fous qui ne changent pas d'idée! Le concept *Stow & Go*, inventé par le constructeur germano-américain, permet non seulement de dissimuler sous le plancher la troisième banquette en un tournemain (sans avoir à retirer les appuie-tête), mais également de faire disparaître les baquets montés dans la section médiane. Une innovation qui fera école et qui ajoute à la modularité de l'habitacle.

Le système *Stow & Go* du groupe Chrysler.

FOURGONNETTES

Toute la famiglia

L a Silhouette d'Oldsmobile est tombée au combat (la marque aussi d'ailleurs), et les Venture et Montana font ce qu'elles peuvent pour faire oublier qu'elles ne sont plus très jeunes. Il était grand temps que General Motors renouvelle son offre, et c'est exactement ce qu'elle entend faire plus tard à l'automne avec la mise en service de non pas deux, mais bien quatre nouvelles fourgonnettes.

Les Uplander et SV6 prendront respectivement le relais des Venture et Montana, alors que Buick, avec la Terraza, aura pour mandat de rivaliser avec les collets montés de la catégorie. La quatrième addition arrivera dans les salles d'exposition Saturn sous l'appellation de Relay, et visera surtout à appâter les acheteurs de fourgonnettes japonaises. Seul ennui, nous n'avons pu essayer aucune de ces nouveautés avant d'aller sous presse.

Quatre marques, quatre modèles, mais une base commune qui ne semble pas aussi fraîche. Bien sûr, sous le capot, le V6 de 3,4 litres est remplacé par un V6 de 3,5 litres, plus puissant (15 chevaux de plus) et offrant un couple légèrement plus élevé (220 livres-pied contre 210). La boîte de vitesses qui accompagne cette nouvelle motorisation compte toujours quatre rapports (l'étagement est pratiquement identique). L'éventuel acheteur aura toujours l'occasion de s'offrir le dispositif « Versatrak » (quatre roues motrices non permanentes), qui ne pourra toutefois être jumelé au système antidérapage (« StabiliTrak »), une autre aide à la conduite. Il faudra choisir. Conseil d'ami : optez pour l'antidérapage et un jeu complet de pneus d'hiver. Incidemment, la monte pneumatique passe de 15 (16 pouces en option) à 17 pouces. La direction demeure à pignon et crémaillère, mais elle a été revisitée comme en fait foi son rapport plus élevé (17.6 :1 contre 16,8 :1). Le diamètre de braquage n'a pas été communiqué. Sur le plan du freinage, des disques remplacent les tambours à l'arrière, et l'ABS est livré de série. La capacité de remorquage est demeurée la même, soit 1588 kg.

Physiquement, ces « nouvelles venues » jouent les dures en reprenant plusieurs codes esthétiques propres aux utilitaires. Par rapport à la génération antérieure, toutes les dimensions extérieures ont été rehaussées. Le poids aussi, présume-t-on. Mentionnons par ailleurs que seules les Uplander et SV6 proposeront à l'acheteur

éventuel le choix entre un empattement standard (2870 mm) ou long (3077 mm). Buick et Saturn se limitent à la version « longue ».

Quel que soit l'empattement choisi, retenons que les dimensions intérieures de cette fourgonnette ont diminué. Ouch ! En fait, seul le dégagement des épaules des occupants des places avant s'est amélioré par rapport à la génération précédente. Même vos bagages voyageront plus à l'étroit, c'est tout dire. Au chapitre de la modularité, GM ne réinvente rien. La troisième banquette se rabat à plat, en tout ou en partie (50/50), mais les baquets posés dans la partie médiane du véhicule se révèlent toujours aussi lourds à manipuler. Seule consolation : les espaces de rangement gagnent en nombre. De petits casiers ont ainsi été aménagés sous le plancher de la soute à bagages (derrière la troisième rangée de sièges) et un convoi de compartiments, suspendu au pavillon, permet de ranger d'autres babioles. Prêts pour une chasse aux trésors ? Pour tenir les enfants occupés, ce quatuor de fourgonnettes propose un système de divertissement avec lecteur de DVD, mais aussi un « Mobile Digital Media » qui permet d'emmagasiner plus de 10 000 chansons (formats MP3, WAV ou WMA) ou 40 films (format MPEG), et de visionner vos photos numériques à bord. Ah, la technologie ! Reste maintenant à absorber le mode d'emploi !

Plus sécuritaires, ces fourgonnettes adoptent — enfin — des ceintures à trois points pour toutes les places, et le coussin gonflable avant du passager est doté de capteurs déterminant s'il doit ou non se déployer en cas d'impact. Malheureusement, des rideaux gonflables latéraux ne figurent pas sur la liste des accessoires.

À l'exception de quelques — rares — trouvailles, ce quatuor de fourgonnettes déçoit plus qu'il n'enthousiasme. Bien que nous nous gardions de tirer des conclusions trop hâtives, il émane tout de même de ces fourgonnettes une forte odeur de réchauffé.

ON AIME

> Données insuffisantes

ON AIME MOINS

> Données insuffisantes

À RETENIR

Fourchette de prix :
33 745 $ à 42 810 $

Marge bénéficiaire : **n.d.**

Indice de fiabilité : **n.d.**

Consommation d'essence :
n.d.

CO_2 sur une base annuelle :
n.d.

Valeur résiduelle au terme de 48 mois : **n.d.**

Cote de sécurité en cas d'impact : **n.d.**

NOUVEAUTÉS

> Nouveaux modèles pour 2005.

LE MOT DE LA FIN

On demande à la conduire avant de porter un jugement définitif.

HONDA **ODYSSEY**

La synthèse parfaite ?

Avec la venue de la troisième génération de l'Odyssey, Honda rêve de reprendre la position de tête au palmarès des ventes de fourgonnettes dites « importées ». Pour tout dire, cette nouvelle génération présente des qualités routières inédites et un fort contenu high-tech. Sa plus grande force est de toute évidence son homogénéité.

Pour séduire une clientèle jeune qui aime bouger, la nouvelle Odyssey se veut plus sophistiquée, plus performante et plus sécuritaire que la génération précédente. Le refrain habituel, quoi ! Plus longue et plus large qu'elle ne l'a jamais été, elle conserve somme toute une silhouette assez conventionnelle. Les dimensions extérieures accrues profitent presque essentiellement aux occupants de la troisième banquette, qui disposent désormais de 50 mm de plus pour se dégourdir les jambes. En fait, par rapport à une Sienna, l'Odyssey offre un habitacle plus spacieux dans pratiquement tous les domaines de comparaison.

Si la qualité des matériaux de l'habitacle (sellerie, plastiques, etc.) n'est pas critiquable, pas plus que l'assemblage soigné du tableau de bord, les stylistes japonais sont manifestement en panne d'inspiration : aucune originalité dans le dessin, pas de véritables astuces, à l'exception peut-être d'un réceptacle logé sous le plancher où se terrait auparavant l'inaccessible roue de secours. En ce qui concerne la qualité des sièges et banquette, disons que cela respire le solide et le sérieux des véhicules nippons ! La banquette se dissimule sous le plancher, mais pas les baquets de deuxième rangée. Par contre, celui de droite se déplace longitudinalement pour faciliter l'accès à la banquette arrière.

La nomenclature de la gamme d'accessoires a été révisée. Honda porte de quatre à cinq le nombre de livrées offertes en ajoutant la version Touring qui, selon les stratèges de la compagnie, représentera 10 % des ventes de ce modèle. La plus populaire, mais parmi les plus chères, demeurera cependant la EX (45 % des ventes) qui, comme toutes les autres livrées, offre un excellent rapport prix-équipements. Ainsi, toutes les Odyssey accrochent une paire de rideaux gonflables, en plus d'offrir des dispositifs antipatinage et antidérapage, ainsi que des portes coulissantes dans lesquelles glissent les glaces au seul toucher d'un bouton.

Sous le capot, on retrouve une version revue et corrigée du V6 de 3,5 litres. La puissance est donc suffisante avec 255 chevaux et le couple, très correct avec 250 livres-pied à 4500 tr/min. Une mécanique qui, à l'usage, se révèle très douce et très silencieuse, et parfaitement adaptée à ce type de véhicule. Le groupe motopropulseur est bien servi par une commande de boîte de vitesses précise et correctement étagée, montée sur un petit promontoire.

On appréciera ce vaisseau au long cours sur les routes dégagées ou les autoroutes, où ses capacités de relance et sa vitesse maximale assureront de bonnes moyennes, tout en faisant preuve d'une soif modérée en hydrocarbures. D'ailleurs, la version Touring offre en exclusivité un dispositif de désactivation des cylindres. C'est-à-dire ? Selon les conditions de conduite (à vitesse stabilisée), trois des six cylindres prennent congé pour réduire la consommation.

L'Odyssey prend l'ascendant sur ses rivales côté comportement dynamique et confort de roulement. Certes moins agile qu'une MPV, l'Odyssey fait tout de même preuve d'un dynamisme étonnant. Roulis limité, train avant incisif, direction précise, dispositifs d'aide à la conduite affûtés, l'Odyssey se conduit comme une très bonne berline. Volumineuse, d'accord, mais sans cette lourdeur propre aux autres fourgonnettes. Sans être aussi confortables que ceux d'une Sienna, les éléments suspenseurs filtrent correctement les petits défauts de la chaussée et veillent à ne pas vous secouer comme la Quest se plaît à le faire en raison de ses suspensions en béton. On s'étonne par ailleurs du refus d'équiper les versions canadiennes de pneus de 17 pouces, comme c'est le cas au sud de nos frontières. En lieu et place, nous avons droit à une paire de garde-boue...

En ville, l'Odyssey tourne plus court qu'avant et dispose même de capteurs pour vous aider à ne rien accrocher. Gorgée de qualités, la nouvelle Odyssey risque de causer pas mal de soucis à la concurrence. Reste maintenant à convaincre les consommateurs de débourser autant pour une fourgonnette bien motorisée et correctement équipée : son prix est en effet élevé, mais sa valeur de revente l'est aussi. Oui, « c'est plus cher, mais c'est mieux que du bonbon », nous rappellerait sans doute Albert Millaire.

ON AIME

> L'homogénéité du comportement routier

> Le souci apporté aux détails

> Le groupe motopropulseur bien adapté

ON AIME MOINS

> Être privé de certaines innovations sur les modèles d'entrée

> La somme exigée, qui a place hors de portée de la famille moyenne

> Le peu de modularité de l'habitacle

À RETENIR

Fourchette de prix :
32 700 $ à 46 900 $

Marge bénéficiaire : **n.d.**

Ventes : ↓

Indice de fiabilité : **n.d.**

Consommation d'essence : **n.d.**

CO_2 sur une base annuelle : **n.d.**

Valeur résiduelle au terme de 48 mois : **n.d.**

Cote de sécurité en cas d'impact : **n.d.**

NOUVEAUTÉS

> Nouveau modèle

LE MOT DE LA FIN

La meilleure offre sur le marché.

ON AIME

> Le dispositif « Stow n Go »
> Les petites douceurs et dorures
> La qualité de l'assemblage

ON AIME MOINS

> La consommation d'essence importante
> Les minces bénéfices de cette refonte
> Le comportement routier correct, mais sans plus

À RETENIR

Fourchette de prix :
43 895 $ à 46 875 $

Marge bénéficiaire :
8,2 à 8,5 %

Ventes : ↓

Indice de fiabilité :
★★★★☆

Consommation d'essence :
12,3 L/100 km

CO_2 sur une base annuelle :
▬▬▬▬▬▬ **8,1**

Valeur résiduelle au terme
de 48 mois : **36 à 41 %**

Cote de sécurité en cas
d'impact : **n.d.**

NOUVEAUTÉS

> Modèle partiellement refondu

LE MOT DE LA FIN

Pourquoi payer plus ?
Pour les dorures ?

Les beaux vêtements

La Town & Country assure à Chrysler une présence dans le créneau haut de gamme des fourgonnettes. Mais sous les chromes rutilants et le cuir odorant, on ne retrouve qu'un spécimen fiable, agréable à conduire et polyvalent, comme l'est sa cousine, la Caravan. Alors pourquoi payer plus ?

La Town & Country est assemblée au Canada, comme la Caravan. Elle s'enorgueillit toutefois d'offrir un habitacle soigné et richement décoré. L'apparence bon marché de certains plastiques agace l'œil, à l'instar de quelques détails de finition ; mais, dans l'ensemble, ce véhicule figure parmi ce que DaimlerChrysler fait de mieux. En dépit de son capot plongeant et de l'excellente vision panoramique, la Town & Country demeure encombrante à garer. Par chance, des capteurs (de série) logés dans le pare-chocs arrière nous préviennent avant d'entendre la tôle se froisser. Le dégagement intérieur est impressionnant, et l'espace prévu pour les bagages est tout à fait acceptable, voire appréciable, même lorsque tous les sièges sont en place. Tout comme la Grand Caravan, la Town & Country bénéficie du nouveau système de rangement « Stow n Go », qui permet « d'effacer » la banquette arrière et les baquets montés en position médiane en un tournemain pour obtenir une surface de chargement complètement plane.

Seul le V6 de 3,8 litres plonge sous le capot de la Town & Country. Tant mieux, puisqu'il est le plus apte à mouvoir cette fourgonnette. En revanche, ce moteur n'est pas aussi puissant que ceux des fourgonnettes concurrentes et ronchonne un peu quand on le sollicite trop durement. Il ne ménage pas l'essence mais, par chance, carbure à l'ordinaire. La tenue de route est banale. La direction est imprécise et la Town & Country peine à reprendre son souffle dès que la route se met à zigzaguer. Autre déception : le système antipatinage, bruyant et d'une efficacité réduite, cesse de fonctionner dès que la vitesse atteint plus de 40 km/h. Le freinage, même doublé de l'ABS, résiste mal à l'échauffement, en dépit des efforts de Chrysler. Mentionnons par ailleurs que la version à transmission intégrale a été supprimée du catalogue.

À moins que vous n'ayez beaucoup d'argent à gaspiller (sachez que nous acceptons les dons), nous vous suggérons d'aller voir du côté de la Dodge Grand Caravan.

Si la tendance se maintient...

Vingt ans au pouvoir, ça épuise, diraient les chroniqueurs parlementaires. Il n'en est rien dans le secteur de l'automobile, où la Dodge Caravan remporte chacune de ses campagnes électorales. Et ce n'est pas faute d'opposition ! Au tour maintenant de cette cinquième génération (ça ne paraît pas, mais DaimlerChrysler a tout de même injecté 400 millions de dollars dans cette refonte) de solliciter un nouveau mandat. Victoire ou pas, elle promet d'être plus sûre, plus polyvalente et mieux équipée que l'année dernière.

La nouveauté est sans contredit le système « Stow n Go », qui permet de faire disparaître complètement, comme par magie, deux rangées de sièges sous le plancher pour dégager une surface de chargement parfaitement plane. Qui dit mieux ? Personne. Cependant, pour en bénéficier, il faut opter pour la Grand Caravan, plus lourde et moins agile à manœuvrer. C'est le prix (ou le sacrifice, c'est selon) à payer pour profiter de cette bonne idée qui sera, soyez assuré, reprise par les autres candidates dans les prochaines années. L'habitacle de cette nouvelle version est fort bien décoré, les commandes sont correctement disposées et les espaces de rangement sont suffisants. Par contre, les baquets avant sont sculptés un peu grossièrement, les plastiques font un peu bon marché, les glaces refusent de couler dans les portières coulissantes et les rétroviseurs extérieurs sont étrangement menus pour un véhicule de cette taille.

DaimlerChrysler prétend avoir renouvelé la plateforme de sa fourgonnette. Pourtant, sous le capot, que de vieilles connaissances. Le meilleur choix demeure le V6 de 3,8 litres. Vrai, il boit comme un trou, chiale dès qu'on le sollicite, mais il demeure néanmoins le mieux adapté à la vocation du véhicule. L'autre V6, un 3,3 litres, offert de série sur les versions de base et SE Plus, n'est pas mal non plus, à condition de ne pas trop le solliciter. Seule une boîte automatique à quatre rapports est proposée pour ce véhicule aux roues avant motrices. Tenue de route banale, direction molle et éléments suspenseurs flasques, la Caravan préfère être jugée sur d'autres critères, comme celui du confort de roulement.

Son prix attirant en fait un choix à considérer et une solution de rechange intéressante aux « coûteuses » japonaises. À moins que le futur quatuor de General Motors se révèle plus talentueux qu'il ne paraît.

ON AIME

> Le dispositif « Stow n Go »
> Le choix de modèles et de mécaniques
> La modularité de l'habitacle

ON AIME MOINS

> Les performances et la consommation du V6 3,8 litres
> Le comportement routier
> Le volume intérieur par rapport aux dimensions extérieures

À RETENIR

Fourchette de prix :
28 105 $ à 35 305 $

Marge bénéficiaire :
7,9 à 8,2 %

Ventes : ↓

Indice de fiabilité :
★★★★☆

Consommation d'essence :
11,9 L/100 km

CO_2 sur une base annuelle :
7,8

Valeur résiduelle au terme de 48 mois : **31 à 33 %**

Cote de sécurité en cas d'impact : **n.d.**

NOUVEAUTÉS

> Modèle profondément refondu

LE MOT DE LA FIN

La solution de rechange américaine par excellence.

FORD **FREESTAR**

L'art de passer incognito

On a connu l'Ærostar, puis la Windstar et, tout récemment, la Freestar. Toutes des fourgonnettes étoiles ? Disons que la dernière en lice ne scintille pas fort... Les consommateurs ne sont pas dupes : cette nouvelle génération représente une (trop) discrète évolution. La ceinture de caisse plutôt basse rend l'habitacle très lumineux, mais les décorateurs n'ont pas su en tirer profit. Un brin vieillot avec ses appliques insérées dans du gros plastique, qui nous rappellent vaguement les années 1960, le tableau de bord est surmonté d'une arche. L'instrumentation est complète.

L'ennui avec cette fourgonnette Ford, c'est qu'elle ne réinvente pas le genre et n'a ni la convivialité ni la modularité des concurrentes. Étroitement dérivée de la Windstar, elle fait la part belle aux aides à la conduite, comme l'antipatinage et l'antidérapage — à l'exception de la version de base, qui ne propose même pas ces équipements en option. En revanche, peu importe la livrée retenue, des capteurs montés sur les roues surveillent en continu la pression des pneus. La Freestar possède le plus gros moteur de sa catégorie, un V6 de 4,2 litres. Mais sachez qu'il vous faudra acquitter annuellement la taxe gouvernementale imposée par Québec aux cylindrées supérieures à 4 litres, sans oublier les notes des pétrolières, car ce V6 ne ménage pas l'essence.

Dans la circulation ou pis encore dans les espaces réduits, on trouve difficilement son rythme au volant de cette fourgonnette. Le rayon de braquage est carrément atroce et rend les manœuvres ennuyantes. Rien pour écrire à sa mère, donc, mais une bonne note toutefois pour le sentiment de sécurité que dégage cette fourgonnette. Sans faire preuve de beaucoup d'adresse, la Freestar prend peu de roulis dans les changements de direction (au demeurant correctement assistée) et ne tangue pas lors de freinage appuyé. Par contre, même avec quatre disques à pincer, les étriers résistent difficilement à l'échauffement et la pédale est difficile à moduler. Conçu en fonction des familles, on s'étonne que l'amortissement soit si ferme (moins que la Quest cependant) et entraîne autant de vibrations et de bruits de roulement. Malgré ses dimensions extérieures généreuses, le volume intérieur est peu impressionnant et l'habitacle ne nous met aucune paillette dans les yeux en matière de modularité. À moins de bénéficier d'une grosse remise, vous n'avez aucune autre excuse pour l'acheter.

La séduction n'a pas de prix ?

L e soufflé est retombé. La Sedona, première fourgonnette sud-coréenne commercialisée sur nos terres, ne fait plus courir les foules. Il faut dire que depuis son lancement, la concurrence n'a cessé de renouveler son offre, plus attrayante et surtout plus polyvalente.

Si l'on fait abstraction des rabais promotionnels offerts par d'autres constructeurs, le rapport qualité/prix/équipements de la Sedona est particulièrement alléchant, tout comme la garantie. Bien que ces deux éléments pèsent de tout leur poids, reste que l'acheteur d'une fourgonnette considère également d'autres besoins (flexibilité, fonctionnalité, etc.) que la sud-coréenne a du mal à satisfaire.

L'habitacle, pourtant riche en accessoires de toutes sortes, n'est pas plus modulable qu'il ne le faut (de gros bras sont nécessaires pour sortir fauteuils et banquette). En revanche, les espaces de rangement sont suffisamment nombreux, mais les matériaux qui les décorent se détériorent rapidement.

Les trois livrées au catalogue sont pourvues d'un moteur V6 de 3,5 litres avec une boîte à cinq rapports (en fait quatre, plus une surmultipliée). Incroyablement lourde considérant ses dimensions extérieures, la Sedona peine à se mouvoir et, malgré la timidité de ses performances, impose de fréquents arrêts à la pompe. Seule consolation : la transmission effectue correctement son travail.

Sur la route, le vent contrarie non seulement la tenue de cap, mais fait également siffler la carrosserie, ce qui se traduit par une augmentation notable du niveau sonore dans l'habitacle. Pour gâcher davantage l'agrément de conduite, la suspension encaisse sèchement les imperfections de la chaussée. La direction manque de précision et la Sedona peine à s'inscrire dans les virages ; pas la peine d'insister ou de la violenter, elle ne s'exécutera pas plus rapidement. Bref, ce n'est pas la joie, surtout en ville où le manque d'agilité finit par peser sur les bras.

Habillée comme une reine, mais offerte au prix d'une roturière, la Sedona présente jusqu'ici un dossier de fiabilité pratiquement vierge (que des peccadilles). Trois arguments de taille, il est vrai, mais incapables de faire contrepoids aux lacunes relevées, qui nous rappellent que la conception remonte à plusieurs années.

ON AIME
> Le prix attractif
> La garantie alléchante
> La fiabilité

ON AIME MOINS
> La sensibilité aux vents latéraux
> La consommation d'essence
> Le vieillissement prématuré des matériaux

À RETENIR
Fourchette de prix :
26 995 $ à **31 695 $**

Marge bénéficiaire : **n.d.**

Ventes : ↑

Indice de fiabilité :
★★★★☆

Consommation d'essence :
14,6 L/100 km

CO_2 sur une base annuelle :
▬▬▬▷ **9,5**

Valeur résiduelle au terme de 48 mois : **34 %**

Cote de sécurité en cas d'impact : ★★★★★

NOUVEAUTÉS
> Modèle reconduit presque sans changement

LE MOT DE LA FIN
Vous payez moins, vous en avez moins.

MAZDA **MPV**

ON AIME

> L'agilité que lui procure son petit format

> Le comportement plus berline que fourgonnette

> La fourchette de prix intéressante

ON AIME MOINS

> La consommation importante du moteur

> Le volume intérieur inférieur aux autres

> L'absence de plusieurs dispositifs d'aide à la conduite

À RETENIR

Fourchette de prix (2004) :
26 595 à 35 995 $

Marge bénéficiaire : **n.d.**

Ventes : ↓

Indice de fiabilité :
★★★★☆

Consommation d'essence :
12,9 L/100 km

CO_2 sur une base annuelle :
8,4

Valeur résiduelle au terme de 48 mois : **36 à 39 %**

Cote de sécurité en cas d'impact : **n.d.**

NOUVEAUTÉS

> Nouvelle clef

LE MOT DE LA FIN

Dans les petits pots, les meilleurs onguents.

Dans les petits pots...

Inutile de sortir le ruban à mesurer : la MPV occupe nettement moins d'espace sur la route que les autres fourgonnettes. Elle peut accueillir confortablement six passagers à son bord, et les occupants des places médianes pourront, s'ils le désirent, fraterniser à souhait puisque l'un des baquets se déplace longitudinalement, même lorsque l'occupant est assis. Comme le veut la tendance dans cette catégorie, la banquette arrière s'efface complètement sous le plancher pour offrir un espace de chargement complètement plat ; mieux encore, elle bascule vers l'arrière pour laisser deux places de choix lors de votre prochain pique-nique.

Habitacle polyvalent, mais aussi présentation soignée : tableau de bord complet, volant à la jante bien enveloppée, frein d'urgence à portée de la main droite. Bref, la MPV ne donne pas, contrairement à certaines de ses concurrentes, l'impression que l'on se retrouve aux commandes d'un autobus scolaire. On regrettra cependant l'absence d'éléments chauffants pour se réchauffer durant la saison froide (re : sellerie de cuir), que les commandes de la climatisation arrière soient si inaccessibles (troisième rangée) et que certains espaces de rangement soient proposés en option sur la version DX — que nous vous recommandons d'oublier, sa grille d'accessoires étant trop chiche. Peut-être reconnaîtrez-vous l'origine du moteur V6 de la MPV ? Il s'agit en effet du V6 Duratec de Ford, qui se charge de transmettre, par l'entremise d'une boîte automatique à cinq rapports, la puissance aux roues avant motrices. Silencieux, onctueux et suffisamment puissant, ce trois-litres se montre cependant glouton à la pompe. Vive, agile, la MPV éprouve bien du mal à cacher les sautillements de sa suspension arrière lorsque la chaussée se dégrade. La caisse prend toutefois peu de roulis et fait preuve d'une rassurante stabilité, même contre le vent. Bien que la pédale de frein se montre toujours aussi facile à moduler, il aurait été pleinement justifié d'offrir autre chose que le classique combiné disques/tambours, même si elle s'enorgueillit d'un répartiteur électronique de freinage. Malheureusement, ce dernier, tout comme les dispositifs antiblocage et antipatinage, sont à l'usage exclusif des livrées plus coûteuses.

La MPV demeure sans équivoque la fourgonnette la plus agile de sa catégorie. Mais certains trouveront à redire sur son format et sa faible capacité de remorquage, qui la font mal paraître face à la concurrence, et sur l'essence qu'elle consomme.

Originale, mais encore ?

Pour sortir de l'ombre, la Quest de Nissan avance des arguments très haut de gamme empruntés à l'univers des berlines, et met un peu de passion dans une catégorie où l'enfant est roi. À en juger par ses ventes décevantes, la Quest n'a pas pour autant la cote auprès des familles. La Quest se décline en trois finitions. La SE, la plus chère, fait évidemment rêver (tant que vous n'avez pas à la payer), mais la S (modèle d'entrée) offre le meilleur rapport prix/équipements/valeur de revente, même si certains accessoires refusent de monter à son bord. Même si les baquets de la section médiane se laissent aisément coller face contre terre, la surface n'est pas plus plane pour autant. La lourde banquette arrière se rabat — et c'est dommage — d'une seule traite sous le plancher à la condition de retirer les appuie-tête (qu'on ne sait pas toujours où remiser), sans quoi le hayon est prêt à les raccourcir.

Une fois installé aux commandes, on ne peut qu'être étonné par le design du tableau de bord. Qu'on aime ou pas, force est de reconnaître que cela ne manque pas d'originalité. La qualité de fabrication, elle, mériterait en revanche certains ajustements pour éviter que les plastiques se mettent à en découdre et que les glaces vibrent à la moindre imperfection de la chaussée. De plus, les commandes de climatisation et d'audio ne sont pas toutes aisément accessibles. Sans être la « Z » des fourgonnettes, la Quest fait la part belle aux qualités dynamiques. Équilibrée, facile à prendre en main, cette Nissan se laisse conduire à des limites que refusent d'atteindre plusieurs de ses concurrentes. La direction permet d'attaquer les grandes courbes avec précision, surtout lorsque la Quest chausse des pneus de 17 pouces. Les éléments suspenseurs maîtrisent les mouvements de caisse avec autorité, mais dès que la chaussée se dégrade, ils sautillent et répliquent sèchement aux crocs-en-jambe que lui tendent les trous et les bosses.

En revanche, on ne peut à peu près rien reprocher au V6 de 3,5 litres. Robuste, assez musclé pour assurer des reprises rapides et franches, cette mécanique pêche par une consommation d'essence élevée. Même la boîte automatique à cinq rapports exclusive à la SE ne parvient à calmer sa soif d'hydrocarbures. Originale dans sa présentation, athlétique sur le plan du comportement routier, la Quest est non seulement chère, mais souffre aussi d'une qualité de fabrication douteuse.

ON AIME

> La présentation originale
> Le moteur robuste et fiable
> L'équipement relevé

ON AIME MOINS

> La qualité de fabrication
> La suspension ferme
> Le prix élevé

À RETENIR

Fourchette de prix :
32 900 $ à 43 400 $

Marge bénéficiaire :
8,6 à 9 %

Ventes : ↑

Indice de fiabilité :
★★★☆☆

Consommation d'essence :
12,3 L/100 km

CO_2 sur une base annuelle :
■■■■■□□□□ **8,1**

Valeur résiduelle au terme
de 48 mois : **41 à 43 %**

Cote de sécurité en cas
d'impact : **n.d.**

NOUVEAUTÉS

> Remaniement de la grille d'options
> Boîte de vitesses à cinq rapports de série sur la SL
> Système de divertissement DVD de série sur la SE

LE MOT DE LA FIN

Ici, originalité ne rime pas avec fiabilité.

ON AIME

> Le prix attractif

> L'équipement
  relativement complet

> Un modèle éprouvé
  et fiable

ON AIME MOINS

> Les lourds baquets de la
  rangée médiane

> Le manque de modularité
  de l'habitacle

> Le freinage peu endurant

À RETENIR

Fourchette de prix :
32 840 $ à 38 705 $

Marge bénéficiaire : **11 %**

Ventes : ↓

Indice de fiabilité :
★★★★☆

Consommation d'essence :
12,3 L/100 km

CO_2 sur une base annuelle :
7,9

Valeur résiduelle au terme
de 48 mois : **28 à 30 %**

Cote de sécurité en cas
d'impact : **n.d.**

NOUVEAUTÉS

> Reconduit dans son
  intégralité

LE MOT DE LA FIN

Profitez des remises !

Vente de fermeture

Ne faites pas cette tête ! Les Montana (Pontiac) et Venture (Chevrolet) ne font que passer. Leur dernier mandat (quelques mois à peine) consiste seulement à « chauffer la salle » d'ici à ce que le quatuor de fourgonnettes (Terraza, Uplander, MV6 et Relay) ne monte sur scène. D'abord, soulignons que seule la version à empattement long est du voyage pour 2005. Juchées sur un châssis vieillot et des suspensions mal accordées, ces fourgonnettes ne sont pas très « hop la vie » question agrément de conduite. Lourdes, pataudes, elles manquent d'agilité, mais se révèlent faciles à garer en ville en raison d'un bon diamètre de braquage et d'une caisse assez étroite.

Une monte pneumatique de meilleure qualité permet assurément à ce duo de faire meilleure figure, tellement celle d'origine est médiocre. En revanche, vous ne pourrez rien changer au système de freinage qui « bouffe » littéralement ses plaquettes en moins de 20 000 kilomètres. Le moteur V6 de 3,4 litres, l'un des groupes motopropulseurs les moins sophistiqués de la planète, s'acquitte de sa tâche honorablement, à défaut d'enthousiasme. De plus, il consomme l'essence avec modération. Au chapitre de la polyvalence et de la convivialité, ces deux fourgonnettes pèchent dans plusieurs domaines. Le tableau de bord massif loge une instrumentation incomplète (sur la Venture à tout le moins), le son en provenance des haut-parleurs arrière, toujours situés dans la partie basse du hayon, est inaudible lorsque le coffre est le moindrement chargé ; et que dire des essuie-glace, qui entassent la neige, la gadoue et la pluie à plusieurs centimètres des montants du pare-brise. Ajoutons aussi qu'elles sont les seules à ne proposer qu'une simple boucle ventrale pour la place du milieu contre de vraies ceintures trois points pour ses rivales. On regrette également que les baquets ancrés dans la portion médiane du véhicule soient aussi lourds et difficiles à remettre en place. Sortez les gros bras. Par chance, la troisième banquette se dissimule sous le plancher.

On peut reprocher bien des choses à ces fourgonnettes, mais certaines nuances s'imposent aussi. Grâce à un rayon d'accessoires complet, toutes deux permettent une grande latitude à l'acheteur quand vient le temps de les décorer. Et, dans un deuxième temps, elles bénéficieront, à coup sûr, de remises ($ $ $) importantes. Chasseurs d'aubaines, voilà l'occasion que vous attendiez ! Les quantités sont limitées.

L'aimerez-vous autant ?

Irrésistible, la nouvelle Sienna ? En haut de gamme, très certainement. Dans sa version XLE Limited, par exemple, cette Toyota propose des phares au xénon, un régulateur de vitesse au laser, un système de divertissement DVD, une paire de rideaux gonflables et un antidérapage, pour ne nommer que quelques gâteries. En revanche, en livrées moins luxueuses (lire plus abordables), la Sienna est dépouillée de plusieurs de ses attraits : pas de système de divertissement, pas de commandes dupliquées au volant pour la radio, pas de portières coulissantes assistées.

Position de conduite agréable, repose-pied, colonne de direction à la fois inclinable et télescopique, la Sienna séduit toutefois bien vite. Pour ajouter au charme, mentionnons l'instrumentation facile à consulter et le confort des sièges, à l'avant surtout. Cela dit, inutile de sortir le ruban à mesurer, la Toyota figure parmi les voitures les plus accueillantes de sa catégorie. Seuls les occupants de la troisième rangée ont matière à râler : la troisième banquette est en effet taillée sur mesure pour de jeunes enfants et non pour des adultes, qui la jugeront inconfortable. Le coffre, cependant, fait la part belle aux bagages et autres marchandises. De plus, les dossiers de la banquette arrière se rabattent en tout ou en partie. On regrette seulement que le hayon soit aussi lourd à manipuler.

En ce qui a trait aux fonctionnalités, la Sienna se montre pleine de bonnes intentions, mais n'invente (presque) rien. Ainsi, les glaces des portes coulissantes s'abaissent, et le second rétroviseur central permet de garder un œil sur les places arrière sans avoir à tourner la tête. À défaut d'être enthousiaste, le V6 de 3,3 litres de la Toyota s'avère économique et silencieux. Étonnamment agile compte tenu de sa taille, la Sienna est néanmoins encombrante quand vient le moment de se garer. Une fois sortie des méandres de la ville, la Sienna calque son comportement sur celui d'une berline, avec juste un peu plus de roulis, une suspension arrière un brin sautillante à vide et une direction qui taille les virages au couteau plutôt qu'au scalpel.

À ces qualités, ajoutons une fiabilité au-dessus de tout soupçon, une bonne valeur de revente et une qualité de fabrication irréprochable. Une seule réserve : l'Odyssey fait mieux.

ON AIME

> La rigueur de la conception
> La valeur de revente et la fiabilité
> Le V6 silencieux et économique

ON AIME MOINS

> Le hayon lourd
> La liste des groupes d'options
> La modularité de l'habitacle

À RETENIR

Fourchette de prix :
30 000 $ à 46 700 $

Marge bénéficiaire : **8,2 %**

Ventes : ↑

Indice de fiabilité :
★★★★★

Consommation d'essence :
12,2 L/100 km

CO_2 sur une base annuelle :
▬▬▬▬▭ **7,8**

Valeur résiduelle au terme de 48 mois : **44 à 50 %**

Cote de sécurité en cas d'impact : ★★★★★

NOUVEAUTÉS

> Rouage intégral disponible sur la version CE

LE MOT DE LA FIN

La version de base est à privilégier.

CE QU'IL FAUT RETENIR

	Lieu d'assemblage	Cycle de remplacement	Garantie de base (années/km)	Disponibilité d'un rouage à quatre roues motrices	Configuration de l'habitacle (avant/median/arrière)	Volume du coffre min/max (L)
Buick Terraza	États-Unis	Nouveau modèle	3/60 000	Non	2/2/3	762/3865
Chevrolet Uplander	États-Unis	Nouveau modèle	3/60 000	Non	2/2/3	501/3398
Chrysler Town & Country	Canada	2007-2008	3/60 000	Non	2/2/3	1087/417
Dodge Caravan	États-Unis	2007-2008	3/60 000	Non	2/2/3	617/3610
Ford Freestar	Canada	2007	3/60 000	Non	2/2/3	926/4211
Honda Odyssey	États-Unis	Nouveau modèle	3/60 000	Non	2/2/3	892/3984
Kia Sedona	Corée du Sud	2006	5/100 000	Non	2/2/3	501/3398
Mazda MPV	Japon	2007	3/80 000	Non	2/2/3	762/3865
Nissan Quest	États-Unis	2007-2008	3/60 000	Non	2/2/3	762/3865
Pontiac Montana	États-Unis	Modèle en sursis	3/60 000	n.d.	2/2/3 ou 3/3/3	1235/421
Pontiac SV6	États-Unis	Nouveau modèle	3/60 000	n.d.	2/2/3	n.d./907
Saturn Relay	États-Unis	Nouveau modèle	3/60 000	Non	2/2/3	762/3865
Toyota Sienna	États-Unis	2007-2008	3/60 000	Oui	2/2/3	n.d./1587

SURVOL TECHNIQUE

	Moteur de série	Puissance (hp à tr/mn)	Couple (lb-pi à tr/mn)	Rapport poids-puissance	Boîte de vitesses de série	Accélération 0 à 100 km/h (sec)
Buick Terraza	V6 ACC 3,5	200 à 5200	220 à 4400	n.d.	Auto. 4 rapports	Non testé
Chevrolet Uplander	V6 ACC 3,5	200 à 5200	220 à 4400	n.d.	Auto. 4 rapports	Non testé
Chrysler Town & Country	V6 SACT 3,5	255 à 5750	245 à 4000	8,74	Auto. 4 rapports	9,98
Dodge Caravan	V6 DACT 3,5	195 à 5500	210 à 4000	10,04	Auto. 4 rapports	9,98
Ford Freestar	V6 DACT 3,5	240 à 5800	263 à 4250	(13)-9	Auto. 4 rapports	8,93
Honda Odyssey	V6 ACC 3,4	185 à 5200	250 à 5000	7,78	Auto. 5 rapports	7,8
Kia Sedona	V6 ACC 3,5	200 à 5200	218 à 3500	10,95	Auto. 5 rapports	11,25
Mazda MPV	V6 ACC 3,5	200 à 5200	200 à 3000	8,45	Auto. 5 rapports	9,67
Nissan Quest	V6 ACC 3,5	200 à 5200	242 à 4200	7,59	Auto. 4 rapports	8,21
Pontiac Montana	V6 DACT 3,3	230 à 5600	210 à 4000	9,41	Auto. 4 rapports	10,76
Pontiac SV6	V6 ACC 3,5	200 à 5200	220 à 4400	n.d.	Auto. 4 rapports	Non testé
Saturn Relay	V6 ACC 3,5	200 à 5200	220 à 4400	n.d.	Auto. 4 rapports	Non testé
Toyota Sienna	V6 DACT 3,3	230 à 5600	242 à 3600	n.d.	Auto. 5 rapports	8,81

Capacité du réservoir (L)	Essence recommandée	Capacité de remorquage min/max (kg)	Empattement (mm)	Longueur (mm)	Largeur (mm)	Hauteur (mm)	Voies avant/arrière (mm)
94,6	Ordinaire	n.d./1588	3077	5207	1890	1830	1586/1590
75,7	Ordinaire	n.d./907	2870	4849	1830	1790	1586/1592
75	Ordinaire	900/1723	3030	5093	1996	1748	1600/1626
75	Ordinaire	900/1600	2878	4808	1997	1748	1600/1626
98	Ordinaire	n.d./1588	3068	5105	1946	1748	1633/1600
n.d.	Ordinaire	n.d./1588	2997	5105	1958	1746	1694/1697
75	Ordinaire	n.d./1587	2910	4930	1895	1730	n.d./n.d.
75	Ordinaire	907 / 1361	2840	4809	1832	1755	1540/1545
76	Ordinaire	n.d./1558	3150	5185	1971	1778	1709/1709
94,6	Ordinaire	n.d./1588	3073	5103	1829	1730	1562/1607
75,7	Ordinaire	n.d./907	2870	4867	1818	1790	1586/1592
94,6	Ordinaire	n.d./1588	3077	5207	1890	1830	1586/1590
79	Ordinaire	n.d./1587	3030	5080	1965	1750	1665/1700

Moteur optionnel	Mode	Suspension avant/arrière	Direction	Diamètre de braquage (m)	Freins avant/arrière	Distance de freinage 100 à 0 km/h (m)	Pneus de série avant/arrière
Aucun	Traction	Ind./ind.	Crémaillère	n.d.	Disque/disque	Non testé	225/60R17
Aucun	Traction	Ind./ind.	Crémaillère	n.d.	Disque/disque	Non testé	225/70R16
Aucun	Traction	Ind./essieu rigide	Crémaillère	12,0	Disque/disque	43,8	215/65R16
Aucun	Traction	Ind./essieu rigide	Crémaillère	12,0	Disque/disque	43,8	215/70R15
Aucun	Traction	Ind./essieu rigide	Crémaillère	12,0	Disque/disque	41,7	225/60R16
Aucun	Traction	Ind./multibras	Crémaillère	11,1	Disque/disque	Non testé	235/65R16
Aucun	Traction	Ind./essieu rigide	Crémaillère	12,6	Disque/tambour	n.d.	215/70R15
Aucun	Traction	Ind./ind.	Crémaillère	11,4	D/t (GX) D/d (GS-GT)	(24)-12	205/65R15
Aucun	Traction	Ind./multibras	Crémaillère	12,1	Disque/disque	43,2	225/60H16
Aucun	Traction	Ind./semi-ind.	Crémaillère	12,1	Disque/tambour	(24)-2	215/70R15
Aucun	Traction	Ind./ind.	Crémaillère	n.d.	Disque/disque	Non testé	225/70R16
Aucun	Traction	Ind./ind.	Crémaillère	11,2	Disque/disque	42,9	215/60R16
Aucun	Traction	Ind./ind.	Crémaillère	n.d.	Disque/disque	Non testé	225/60R17

Volkswagen Microbus

Dans les petits pots...

En Amérique du Nord, le marché des fourgonnettes est divisé en deux : les grosses d'un côté (Ford Econoline, Dodge Sprinter et autres) les petites de l'autre. Un troisième segment existe en Europe : les « monospaces compacts » (ou minifourgonnettes), c'est-à-dire des fourgonnettes aux dimensions lilliputiennes, selon nos standards.

Ce segment pourrait, selon toute vraisemblance, renaître chez nous d'ici un an avec le lancement de la

Mazda 5, présentée au Mondial de l'Automobile de Paris en septembre dernier. Renaître, dis-je bien, car des monospaces compacts ont déjà usé leurs gommes sur nos routes il y a une quinzaine, voire même une vingtaine d'années. Rappelez-vous la Nissan Multi ou encore la Dodge Vista, deux véritables pionnières.

Avec la 5, Mazda vise les consommateurs qui cherchent un habitacle convivial et accueillant sans compromettre les qualités dynamiques

Mazda5

d'une automobile. Reposant sur l'actuelle plateforme de la Mazda 3, la 5 s'animera d'un moteur quatre-cylindres et sera vraisemblablement à quatre roues motrices.

L'initiative de Mazda fera-t-elle boule de neige ? Réponse dans un an. D'ici là, Kia et son partenaire Hyundai auront sans doute levé un pan du voile qui recouvre leur future fourgonnette, et Volkswagen apportera sans doute davantage de précisions sur le concept Microbus, dont la commercialisation semble

de plus en plus hypothétique. Si elle devait voir le jour, cette interprétation moderne de la fourgonnette peace and love des années 60 ne sera plus la coqueluche des chercheurs d'horizons lointains, mais bien des familles huppées, les seules qui seront probablement en mesure de régler la note.

COMPACTES

Chevrolet Colorado **GMC Canyon** Dodge Dakota **Ford Explorer Sport Trac** Ford Ranger **Mazda Série B** Nissan Frontier **Toyota Tacoma**

TEXTES, RECHERCHES ET ESSAIS : **ÉRIC DESCARRIES**

Chevrolet Colorado

LE MARCHÉ N'EST PLUS CE QU'IL ÉTAIT

IL Y A UNE TRENTAINE D'ANNÉES, LES NORD-AMÉRICAINS VIVAIENT LEUR PREMIÈRE CRISE PÉTROLIÈRE D'IMPORTANCE. AU MÊME MOMENT, LA FOLIE DES PETITES VOITURES JAPONAISES GAGNAIT NOS CÔTES.

Parmi les produits offerts par les constructeurs nippons figuraient les mini-camionnettes compactes, plus amusantes que les grosses camionnettes américaines, et surtout plus économiques. Les Datsun (par la suite des Nissan), Toyota et Mazda connurent alors un grand succès. Ford allait modifier une Mazda en Courrier avant d'y aller de son propre succès, le Ranger, et GM allait se fier à son partenaire Isuzu pour offrir le LUV aux Etats-Unis, juste avant de créer ses Chevrolet S-10 et GMC S-15. Depuis ce temps, bien des choses ont changé.

La nouvelle camionette Tacoma de Toyota.

Aussi curieux que cela puisse paraître, les grandes camionnettes ont fini par écraser les petites. Les deux principaux constructeurs japonais se sont eux-mêmes tournés vers les grandes camionnettes, et d'autres sont sur le point de leur emboîter le pas.

Aujourd'hui, il ne reste pas beaucoup de « petites-camionnettes ». La plupart sont devenues des camionnettes intermédiaires. Ford est le plus important vendeur avec les différentes versions du Ranger. D'ailleurs, on retrouve certains dérivés de cette camionnette dans plusieurs parties du monde, surtout en Amérique du Sud. L'Explorer Sport Trac de Ford peut aussi figurer dans ce créneau. La Série B de Mazda (maintenant dans le giron de Ford) en est une variante. Chez GM, on pousse surtout les récents

Chevrolet Colorado et leurs jumeaux les GMC Canyon, désormais presque considérés comme des intermédiaires, étant donné leur gabarit plus imposant. Chez DaimlerChrysler, il y a belle lurette que l'on ne construit plus de mini-camionnettes pour ce segment.

Enfin, du côté nippon, les Frontier de Nissan font aussi peau neuve en 2005 adoptant non seulement la plateforme Alpha de la grande camionnette Titan, mais aussi son look. Évidemment, le Frontier grossit aussi. Toyota lui emboîte le pas en redessinant le petit Tacoma. Mais ces deux véhicules ont du chemin à faire pour retrouver leur gloire d'antan. Toutefois, en passant au stade d'intermédiaire, ils augmentent d'autant leurs chances d'y parvenir.

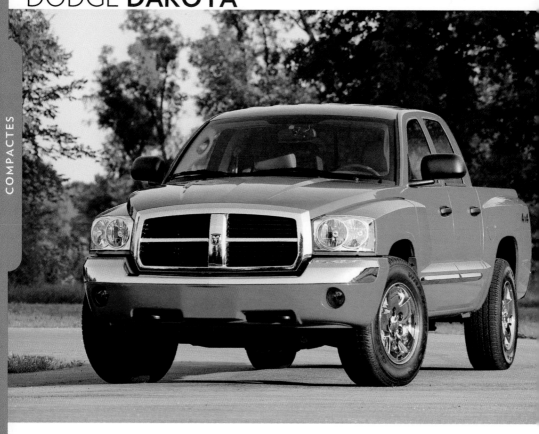

Pour tirer de gros jouets

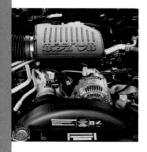

Au début, il y avait les grandes camionnettes. Puis les constructeurs japonais ont introduit les petites camionnettes. Cependant, plusieurs conducteurs trouvaient les camionnettes compactes trop petites et les grandes...
trop grosses. Dodge a alors eu une idée fantastique : le pick-up intermédiaire. Ainsi est né le Dakota au milieu des années 1980. Pour 2005, Dodge présente la troisième génération du Dakota. Mais devinez quoi ? Il a grandi, rejoignant
presque les dimensions des camionnettes des années 1960. Néanmoins, ce qui
importe ici, c'est qu'il est plus puissant que jamais.

Si vous trouvez que le nouveau Dakota ressemble au tout récent utilitaire sport
Durango, regardez de plus près : les deux véhicules partagent peu d'éléments.
Même les ailes et les phares avant sont différents.

Le nouveau Dakota est maintenant offert de série avec la cabine allongée « Club
Cab » dont les panneaux arrière s'ouvrent (enfin !) à 90 degrés. Bien des acheteurs
opteront toutefois pour la version « Quad Cab » à quatre portes dont l'intérieur est
nettement plus spacieux. Le Dakota est offert en version de base, SLT et Laramie
de luxe.

Les ingénieurs de Dodge voulaient donner des capacités uniques au Dakota, surtout au niveau du remorquage (bien des propriétaires s'en servent à cet effet).
Beaucoup de travail a donc été accompli au point de vue mécanique. Le moteur
V6 de base est le tout récent 3,7 litres de 210 chevaux, mais Dodge insiste sur la
disponibilité de deux moteurs V8 de 4,7 litres, l'un produisant 230 chevaux et
l'autre, plus de 250. Une nouvelle boîte manuelle à six rapports figure également
au catalogue, mais les automatiques à quatre rapports pour le V6 et à cinq rapports pour le V8 seront les préférées. Incidemment, il n'y a pas de V8 Hemi au
catalogue (pour le moment) ni de version sportive R/T. Mais on ne perd rien pour
attendre.

La motricité aux quatre roues sur commande (par commutateur électronique) ou
la transmission intégrale optionnelles seront très prisées. Parmi les caractéristiques
mécaniques les plus notables, mentionnons un châssis beaucoup plus rigide, com-

plètement caissonné, qui donnera au nouveau Dakota toute la robustesse nécessaire au remorquage.

L'intérieur du nouveau Dakota est presque copié sur celui des autres camionnettes Dodge. Confortable, on y sent néanmoins une tendance « utilitaire ». La cabine allongée « Club Cab » n'offre qu'un espace restreint aux passagers arrière. La version « Quad Cab » est beaucoup plus spacieuse, mais il ne faut pas que les passagers arrière soient trop grands. Le tableau de bord renferme de grands instruments facilement lisibles. Sur la route, l'habitacle est suffisamment isolé pour être silencieux. Enfin, la nouvelle suspension avant redessinée procure une grande douceur de roulement.

Nous avons eu l'occasion d'essayer tous les modèles de Dakota et de tester leur capacité de remorquage. La version de base avec le V6 et la boîte manuelle est intéressante. Elle se débrouille même très bien en montagne avec une remorque (nous l'avons testée avec une remorque sur laquelle il y avait un canot à moteur). Si le V8 High Output semble plus puissant sur papier, il n'est pas aussi impressionnant sur la route. Par contre, les deux V8 sont efficaces pour tirer des roulottes, même les plus imposantes de 7000 livres.

Une rapide randonnée hors route nous a prouvé qu'un Dakota 4X4 peut être très agile sur un chantier ou un terrain moins hospitalier. Cependant, ce n'est pas un véhicule tout-terrain de situations extrêmes. Quant à la caisse, elle est pratique jusqu'à un certain point. Le Dakota « Quad Cab » n'offre pas une caisse très longue, à peine suffisante pour y faire monter un petit quad-VTT. Les concepteurs de Dodge affirment néanmoins que ce genre de caisse est très prisé par les sportifs.

Les prix des nouveaux Dakota sont relativement semblables à ceux de leurs prédécesseurs, et le catalogue des options regorge d'accessoires tous plus intéressants les uns que les autres, incluant des éléments de sécurité importants. La consommation est notre seul point d'interrogation. Malgré les chiffres prometteurs annoncés par Dodge, il faudra attendre quelques mois avant d'obtenir des statistiques plus officielles. En effet, dans le passé, le prédécesseur du moteur V8 du Dakota ne s'est pas avéré des plus économiques.

ON AIME

- > La silhouette moderne
- > La cabine Quad Cab accueillante
- > Les capacités de remorquage

ON AIME MOINS

- > La consommation avec V8
- > L'espace arrière restreint (Club Cab)
- > L'intérieur austère

À RETENIR

Fourchette de prix :
24 505 $ à 39 215 $

Marge bénéficiaire :
8,3 à 10,2 %

Ventes : ↓

Indice de fiabilité : **n.d.**

Consommation d'essence : **n.d.**

CO_2 sur une base annuelle :
n.d.

Valeur résiduelle au terme de 48 mois : **34 à 45 %**

Cote de sécurité en cas d'impact : **n.d.**

NOUVEAUTÉS

- > Véhicule tout nouveau
- > Transmission intégrale offerte

LE MOT DE LA FIN

Beau redesign, mais saura-t-il faire face à la concurrence ?

Plus gros, plus grand
et prêt pour l'affrontement

Si vous ne connaissez pas trop l'histoire de l'automobile, sachez que Toyota a été l'un des premiers constructeurs à importer des camionnettes miniatures en Amérique du Nord vers la fin des années 1960. Celles-ci ont fait tout un malheur lors de leur débarquement en Californie, forçant les constructeurs américains à se lancer dans la bataille. Curieusement, les Ford et GM ont réussi à battre les Japonais à leur propre jeu. Avec le temps, leurs mini-camionnettes ont pris du poids et de l'ampleur. En 2005, Toyota réagit avec une nouvelle version plus imposante de sa Tacoma, made in USA.

Dévoilée au Salon de l'auto de Chicago l'hiver dernier, la nouvelle Tacoma présente une ligne beaucoup plus agressive qui n'est pas sans rappeler celle des « grandes » Tundra. Une certaine version de la Tacoma est même plus longue que la Tundra de base.

La gamme Tacoma de 2005 propose une version à cabine d'accès (chez Toyota, ça veut dire une cabine allongée avec deux portillons arrière permettant un accès facile aux places arrière) ou une cabine « Double Cab » (ça, c'est celle avec quatre vraies portes), livrable avec la propulsion ou la motricité aux quatre roues.

C'est dire que cette fois, la Tacoma a presque toutes les armes (il lui manque encore un V8) pour enfin concurrencer les constructeurs américains, sans oublier cette fameuse réputation de fiabilité et de construction exemplaire des produits Toyota.

La livrée de base de la Tacoma à propulsion avec cabine d'accès sera disponible avec le quatre-cylindres de 2,7 litres qui produit 164 chevaux et 183 livres-pied de couple. Ce petit moulin aura droit à une boîte manuelle à cinq vitesses ou à une automatique à quatre rapports. Les autres véhicules de la gamme, dont la version sportive PreRunner, seront propulsés par un tout nouveau moteur V6 de 4 litres

qui produit 240 chevaux et 282 livres-pied de couple. C'est le seul moteur disponible avec la motricité aux quatre roues sur commande (une option au catalogue), et il peut venir avec une nouvelle boîte manuelle à six vitesses ou une autre nouvelle boîte, automatique cette fois, à six rapports.

Évidemment, si la camionnette est plus grosse, la robustesse du châssis doit être augmentée. Combiné à une mécanique plus puissante, ce châssis permet une capacité de remorquage accrue : 1587 kilos (3500 livres) pour le PreRunner et 2268 kilos (5000 livres) pour le 4X4. Cette capacité est supérieure à celle des Chevrolet Colorado et GMC Canyon, mais inférieure à celle de la nouvelle Dodge Dakota à moteur V8.

De plus, le nouveau châssis accepte facilement la grande caisse de 188 cm (6 pi 2 po). Soulignons que les « Double Cab » 4X4 à boîte manuelle reçoivent une caisse de 155 cm (5 pi 1 po). Au moment d'écrire ces lignes, Toyota n'avait pas encore déterminé la capacité de charge de ces deux caisses, mais nous avons pu voir que la partie intérieure était faite d'un matériau composite beaucoup plus léger que l'acier et certes plus durable. De plus, le panneau arrière est démontable.

On pouvait critiquer l'aspect tristounet de l'intérieur de l'ancienne génération des Tacoma. La version 2005 présente un tableau de bord modernisé et plus ergonomique. Quant à l'aménagement des sièges, la version « Double Cab » propose un espace arrière nettement supérieur à celui des « Access Cab », tout juste utile pour entreposer des outils ou du matériel.

Il faudra prendre ce véhicule au sérieux dans son nouveau monde des camionnettes intermédiaires. Une rapide ballade au volant de la version luxueuse « Double Cab » à moteur V6 et boîte automatique nous a prouvé que la Tacoma sera à la hauteur de la situation. Le V6 est puissant à souhait, le comportement routier plus confortable et l'intérieur plus ergonomique. Il ne reste plus qu'au service du marketing de Toyota à bien jouer son jeu.

ON AIME

> Le moteur V6 puissant
> L'apparence moderne
> Le comportement routier intéressant

ON AIME MOINS

> Les places arrière Access Cab
> Les dimensions encombrantes en ville
> Une diffusion à revoir

À RETENIR

Fourchette de prix (2004) :
22 570 à 36 520 $

Marge bénéficiaire : **n.d.**

Ventes : ↓

Indice de fiabilité : **n.d.**

Consommation d'essence : **n.d.**

CO_2 sur une base annuelle : **n.d.**

Valeur résiduelle au terme de 48 mois : **n.d.**

Cote de sécurité en cas d'impact : **n.d.**

NOUVEAUTÉS

> Tout nouveau véhicule

LE MOT DE LA FIN

La Tacoma trouvera-t-elle enfin sa place dans ce créneau ?

ON AIME

> Le look moderne

> Le cinq-cylindres surprenant

> Les dimensions raisonnables

ON AIME MOINS

> Le quatre-cylindres anémique

> La caisse trop étroite pour des 4' x 8'

> Les capacités de remorquage limitées

À RETENIR

Fourchette de prix :
24 505 $ à 39 215 $

Marge bénéficiaire :
8,3 à 10,2 %

Ventes : ↓

Indice de fiabilité :
★★★★☆

Consommation d'essence :
11,4 L/100 km

CO₂ sur une base annuelle :
7,5

Valeur résiduelle au terme de 48 mois : **29 à 44 %**

Cote de sécurité en cas d'impact : **n.d.**

NOUVEAUTÉS

> Version Xtreme

> Nouvelles couleurs

> Marchepieds optionnels

LE MOT DE LA FIN

Cette nouvelle camionnette remplace avec brio l'ancienne S-10/Sonoma.

Très agiles même en ville

General Motors a présenté l'année dernière une toute nouvelle génération de camionnettes compactes pour remplacer les Chevrolet S-10 et GMC Sonoma, vieilles de 10 ans. Contrairement à la concurrence, qui propose des camionnettes intermédiaires dont les dimensions se rapprochent de celles des versions pleine grandeur, les concepteurs de GM ont préféré offrir des camionnettes légèrement plus grandes que les anciennes mais de dimensions raisonnables. Ils ont également donné un style unique, agressif et impressionnant à ces véhicules, et en ont profité pour les rebaptiser.

Ainsi, GM n'a pas agrandi démesurément ces camionnettes, et a n'a pas ajouté de gros moteur V8. On y trouve plutôt un économique quatre-cylindres et un étonnant cinq-cylindres en ligne plus puissant que l'on imagine de prime abord. La boîte manuelle ou automatique demeure au catalogue, ainsi que la motricité aux quatre roues sur commande (électronique, il va sans dire). Cependant, GM n'a pas cru important de donner une capacité de remorquage exagérée à ces véhicules, laissant cette possibilité aux acheteurs de grosses camionnettes. Par conséquent, avec le cinq-cylindres Vortec (issu de la même famille que le six-cylindres des utilitaires intermédiaires du même constructeur), une Colorado ou une Canyon peut tirer jusqu'à 4000 livres (1800 kilos), ce que nous avons pu vérifier récemment avec satisfaction. Évidemment, ces camionnettes sont disponibles dans un grand choix de configurations, qui incluent la cabine standard ou allongée à quatre portes, dont les places arrière font désormais face à l'avant (au lieu des face à face des anciennes versions). La cabine standard permet une caisse de six pieds, mais il faut se contenter d'une caisse au plancher d'un peu plus de cinq pieds avec la cabine multiplace.

Les jumelles Colorado et Canyon sont agréables à conduire et surtout très agiles en situation urbaine. La version équipée du quatre-cylindres et de la boîte manuelle devrait être celle de base. Quant au cinq-cylindres, il est plus polyvalent que l'on croit. Il émet un son qui n'est pas sans rappeler celui de certaines voitures européennes et sa consommation est plus raisonnable que celle des V8 qui lui sont concurrentiels.

Une version de luxe du Ranger

Lorsque Ford a proposé sa plus récente version de l'utilitaire sport Explorer, la très populaire version Sport Trac est demeurée inchangée, et est également reconduite pour 2005. En fait, c'est à se demander pourquoi Ford continue de l'appeler Explorer, alors qu'il s'agit en vérité d'un Ranger à quatre portes — et vous n'êtes pas sans savoir que le Ranger ne propose pas de cabine pleine grandeur à quatre portes.

Le Sport Trac continue d'obtenir un certain succès malgré son aspect de plus en plus vieillot. L'appellation Explorer n'est certes pas étrangère à ce phénomène.

En attendant que Ford révise en profondeur sa gamme Ranger, le petit véhicule est reconduit avec le puissant V6 de 4 litres, la boîte automatique à cinq rapports et la transmission intégrale au différentiel verrouillable par une clé rotative au tableau de bord. Évidemment, le Sport Trac reprend certains des défauts du Ranger, incluant une cabine un peu étroite. Quant à sa courte caisse, elle n'est pas pratique pour un utilisateur commercial, mais elle sert bien l'amateur de sports extérieurs. On peut d'ailleurs l'équiper de divisions démontables et de couvercles étanches verrouillables.

La conduite du Sport Trac n'est pas désagréable pour une camionnette. Elle a beau s'appeler Explorer, elle ne possède pas la suspension arrière indépendante des utilitaires sport du même nom ; son comportement routier est donc moins précis que celui des autres Explorer. Par ailleurs, selon la National Highway Traffic Safety Administration, un organisme américain, le Sport Trac en version propulsion est davantage susceptible de se renverser lors d'un accident ou lors d'une manœuvre brusque. Toutefois, cette configuration n'est pas disponible au Canada, où seuls les Sport Trac à transmission intégrale sont vendus.

Bref, le Sport Trac n'est pas un mauvais achat, et d'intéressants rabais du constructeur sont à prévoir si celui-ci décide de l'écouler avant un remplacement.

ON AIME

> L'accès arrière facile
> Les capacités hors route intéressantes
> L'aménagement optionnel de la caisse

ON AIME MOINS

> Un modèle désuet
> La suspension arrière sèche
> L'habitacle étroit

À RETENIR

Fourchette de prix :
35 195 $ à 39 495 $

Marge bénéficiaire :
8,8 à 9,2 %

Ventes : ↓

Indice de fiabilité :
★★★☆☆

Consommation d'essence :
15 L/100 km

CO_2 sur une base annuelle :
▬▬▬▬▬▬ **9,6**

Valeur résiduelle au terme de 48 mois : **41 à 43 %**

Cote de sécurité en cas d'impact : **n.d.**

NOUVEAUTÉS

> Nouvelles couleurs
> Toit de verre ouvrant avec XLT

LE MOT DE LA FIN

Une (belle) version de luxe de Ranger à quatre portes.

FORD **RANGER**

Rien de nouveau sous le soleil

Si vous cherchez du nouveau à propos du Ford Ranger de 2005, vous perdez votre temps, puisque le véhicule est reconduit presque intégralement. En effet, à l'exception de la calandre modifiée l'année dernière pour ressembler à celle d'un F-150, le Ranger est le même depuis plusieurs années. Et pourquoi pas ? rappellent les dirigeants de Ford, puisque le Ranger demeure la mini-camionnette la plus vendue.

Ce succès est attribuable aux nombreuses versions au catalogue. Qui plus est, alors que la majorité de ses concurrents prennent du volume, le Ranger demeure une mini-camionnette.

La version de base, une propulsion équipée d'un quatre-cylindres, attire d'abord une clientèle plutôt jeune, surtout que son prix est intéressant. Beaucoup d'acheteurs optent toutefois pour les versions plus élaborées, avec ce bon vieux V6 de 4 litres qui leur procure suffisamment de puissance. Combiné à la boîte automatique et à la motricité aux quatre roues sur commande (avec commutateur électrique au tableau de bord), il donne un style sportif attirant.

Mais qu'on le veuille ou non, le Ranger commence à montrer des signes de vieillesse. L'intérieur est vieillot et surtout peu pratique : de petite dimension, on s'y sent un peu à l'étroit. Dans le cas de la version allongée (« Club Cab »), les panneaux arrière ouvrants permettent un accès facile, mais les petits sièges repliables ne présentent aucun confort pour un adulte, à peine plus pour les enfants, et il est difficile d'y installer un siège de bébé. Incidemment, il n'y pas de version à quatre portes. Qu'importe, puisque l'Explorer Sport Trac lui ressemble beaucoup.

Équipé du V6 le plus puissant, le Ranger offre des capacités de remorquage intéressantes (plus de 5800 livres). Quant à la caisse, elle est ni meilleure ni pire que celle des véhicules concurrents ; par contre, elle suffit à peine pour une utilisation commerciale. Le Ranger demeure un bon achat : c'est un véhicule fiable et agréable à conduire, peu encombrant en ville. Il est évident que Ford devra le réviser un jour, mais plus d'un amateur doit souhaiter qu'il ne devienne pas aussi gros que ses concurrents.

Le succès le moins connu de Mazda

D ans le passé, Mazda importait en Amérique ses propres camionnettes construites au Japon. Certains d'entre vous se souviendront des versions à moteur rotatif Wankel. Mais après sa mainmise sur Mazda, Ford a jugé qu'il serait plus pratique et plus rentable de créer une version locale basée sur un produit déjà existant pour desservir et satisfaire la clientèle nord-américaine. Alors, pourquoi ne pas choisir le populaire Ford Ranger et le revêtir d'une robe unique qui le transformerait en petit pick-up Mazda ? L'idée a été retenue, et les résultats parlent d'eux-mêmes. Les Mazda de la Série B connaissent un bon succès sur le marché.

Même si on peut reconnaître de loin la silhouette du Ranger dans la Mazda B et que les configurations sont les mêmes, notez que seul le toit et quelques pièces sont interchangeables. Au point de vue mécanique, les Ranger et les Mazda B sont aussi identiques. La majeure partie des composantes motrices des Mazda B sont issues du Ranger. De plus, les deux produits sont assemblés dans la même usine, à Louisville au Kentucky.

Quant à l'intérieur, vous aurez deviné que les deux marques en proposent des semblables, sauf pour certains tissus et certaines couleurs. D'où les mêmes qualités... et les mêmes défauts, comme un habitacle un peu serré et des places arrière peu accueillantes dans le cas de la cabine allongée. La caisse un peu courte est surtout utile pour le transport de petits objets.

La popularité de la camionnette Mazda repose sur la grande variété de modèles et de configurations à son catalogue. La livrée de base inclut le moteur à quatre cylindres, la boîte mécanique « fn1 »et la propulsion. Elle est aussi livrable avec un puissant V6, la cabine allongée, la motricité aux quatre roues et les roues en alliage. La version la plus intéressante devrait inclure la motricité aux quatre roues sur commande disponible avec la fonction de transmission intégrale. Cette configuration assurera un meilleur contrôle sur la neige ou la glace.

ON AIME

> Le vaste choix de modèles
> Les prix de base abordables
> Le moteur V6 (optionnel) puissant

ON AIME MOINS

> La cabine étroite
> La silhouette qui commence à dater
> Les places arrière plus ou moins pratiques (cabine allongée)

À RETENIR

Fourchette de prix :
17 395 $ à 28 495 $

Marge bénéficiaire : **n.d.**

Ventes : ↓

Indice de fiabilité :
★★★★☆

Consommation d'essence :
10,3 L/100 km

CO_2 sur une base annuelle :
▬▬▬▬▬▭ **6,7**

Valeur résiduelle au terme de 48 mois : **21 à 38 %**

Cote de sécurité en cas d'impact : **n.d.**

LE MOT DE LA FIN

Cette jumelle de la Ranger réussit tout de même bien dans le marché.

NISSAN **FRONTIER**

À la conquête d'un nouveau marché

Avouons-le, le succès de la dernière version du Frontier n'a pas été convaincant malgré les efforts de Nissan pour mieux l'intégrer au marché des mini-camionnettes. Pourtant, Nissan a été l'un des pionniers de cette configuration durant les années 1960 et 1970. La raison de ce succès mitigé? La tendance vers la camionnette intermédiaire.

Par conséquent, Nissan remplacera le Frontier par une toute nouvelle version en décembre prochain. Cette fois, le constructeur japonais (qui connaît une lancée exceptionnelle avec ses autres produits) a compris : le nouveau Frontier sera une camionnette intermédiaire basée, croyez-le ou non, sur la plateforme F-Alpha, la même qui aura servi à la création du gros Titan. La troisième génération du Frontier ressemblera au Titan, même si elle ne sera pas aussi grosse. Le nouveau Nissan sera livrable avec la cabine allongée « King Cab » ou la cabine multiplace « Crew Cab », le tout reposant sur un châssis de 125,9 pouces d'empattement. L'intérieur de la caisse sera recouvert d'un matériau protecteur. Le système « Utili-track » de Nissan permettra également d'y amarrer le cargo.

Il semble maintenant évident qu'un nouveau V6 de 4 litres équipera cette camion-nette. Fort probablement semblable à celui qui anime le nouveau Pathfinder, ce V6 produira au-delà de 250 chevaux et plus de 270 livres-pied de couple. Nissan indique qu'il s'agit d'une version « camion » du moteur VQ utilisé dans les Z, les Maxima, les Altima, les Murano et les Quest. Évidemment, on aura droit à la ver-sion propulsion ou à la motricité aux quatre roues sur commande (version Off-Road tout-terrain), alors qu'une boîte manuelle à six vitesses et une boîte automatique à cinq rapports figureront au catalogue. On annonce déjà que la capacité de remorquage du nouveau Frontier dépassera les 5500 livres.

Le Frontier sera commercialisé dès les débuts de 2005 sous les dénominations CC et KC. On suppose qu'une version plus modeste équipée d'un moteur à quatre cylindres viendra se joindre à la gamme au cours de l'année. Ce sera à surveiller.

ON AIME

> Le nouveau look agressif
> L'habitacle plus spacieux
> Les dimensions respectables

ON AIME MOINS

> Données insuffisantes

À RETENIR

Fourchette de prix (2004) :
23 488 à **28 498 $**

Ventes : ↓

Indice de fiabilité : **n.d.**

Consommation d'essence :
n.d. L/100 km

CO_2 sur une base annuelle :
n.d.

Valeur résiduelle au terme
de 48 mois : **n.d.**

Cote de sécurité en cas
d'impact : **n.d.**

NOUVEAUTÉS

> Toute nouvelle camionnette

LE MOT DE LA FIN

Cette fois, est-ce la bonne
solution?

Un avenir encore incertain

La tendance dans le marché des petites camionnettes demeure bien incertaine. Ainsi, la Ranger de Ford est plus petite, mais la gamme est très variée avec plusieurs configurations et finitions. La prochaine génération (rien n'est encore décidé) sera-t-elle plus imposante, ou conservera-t-elle des dimensions raisonnables ?

Les autres constructeurs ont, en général, adopté un format agrandi que l'on considère présentement comme « intermédiaire ». Les « intermédiaires » actuelles sont presque aussi imposantes que les camionnettes pleine grandeur des années 1960... sauf qu'aucune n'accepte un panneau de quatre pieds sur huit à plat dans la caisse, entre les puits d'aile.

Mais une chose est certaine : tous les constructeurs, Ford y compris, devront suivre la mode des grandes cabines à quatre portes. Si on lance une nouvelle Ranger, on trouvera assurément une telle version, et cela signifiera probablement la disparition de l'Explorer Sport Trac.

Quelques autres constructeurs pourraient venir se greffer au créneau, dépendamment des dimensions de leurs prototypes. C'est le cas de Honda, dont la camionnette basée sur l'utilitaire Pilot pourrait devenir un pick-up.

Pour le moment, aucun projet de véhicules hybrides électriques dans ce segment de marché — même si on a déjà vu des Ranger complètement électriques —, ni de moteur diesel à l'horizon. Mais il y a fort à parier que tous les constructeurs devront éventuellement se pencher sur la question.

Le prototype de camionette Honda.

CE QU'IL FAUT RETENIR

	Lieu d'assemblage	Mode	Rouage intégral
Chevrolet Colorado/ GMC Canyon	États-Unis	Propulsion	Optionnel
Dodge Dakota	États-Unis	Propulsion	Optionnel
Ford Explorer Sport Trac	États-Unis	Propulsion	Sur commande
Ford Ranger	États-Unis	Propulsion	Optionnel
Mazda Série B	États-Unis	Propulsion	Optionnel
Nissan Frontier	États-Unis	Propulsion	Optionnel
Toyota Tacoma	États-Unis	Propulsion	Optionnel

SURVOL TECHNIQUE

	Moteur de série	Puissance (hp à tr/mn)	Couple (lb-pi à tr/mn)	Autre(s) moteur(s) (1/2)	Charge utile (kg)	Capacité de remorquage maximum (kg)
Chevrolet Colorado/ GMC Canyon	L4 2,8 L	175 à 5600	185 à 2800	L5 3,5 L (220 ch)	672 à 957	862 à 1814
Dodge Dakota	V6 3,7 L	210 à 5200	235 à 4000	V8 4,7 L (230 ch)	739 à 784	1474 à 3175
Ford Explorer Sport Trac	V6 4,0 L	205 à 5500	242 à 3000	n.d.	n.d.	1927
Ford Ranger	L4 2,3 L	148 à 5250	154 à 3750	V6 3,0/4,0 (148/207 ch)	572	726 à 2658
Mazda Série B	L4 2,3 L	143 à 5250	154 à 3750	V6 3,0/4,0 (148/207 ch)	572	726 à 2622
Nissan Frontier	L4 2,5 L	n.d.	n.d.	V6 4,0 L	n.d.	n.d.
Toyota Tacoma	L4 2,7 L	164 à 5200	183 à 3800	V6 4,0 L (240 ch)	n.d.	2268

Empattement régulier/allongé (mm)	Longueur régulier/allongé (mm)	Largeur régulier/allongé (mm)	Hauteur régulier/allongé (mm)
2825/3198	4897/5260	1717	1613/1702
3335	5558	1822	1744
3198	5229	1824	1791
2832/2984/3192	4788/5093/5149	1763	1681/1763
2835/3198	4762 à 5154	1763/1786	1648/1715
3198	5220	n.d.	1849
3235 à 3595	5289 à 5560	1895	1740

Rayon de braquage (m)	Transmission de série	Transmission optionnelle	Direction	Freins avant/arrière	Monte pneumatique d'origine avant/arrière
12 à 13,5	Manuelle 5 rapports	Auto. 4 rapports	Crémaillère	Disque/tambour	205/75R15
13,4	Manuelle 6 rapports	Auto. 4 ou 5 rapports	Crémaillère	Disque/tambour	245/70R16
13,1	Auto. 5 rapports	n.d.	Crémaillère	Disque/disque	235/70R16
11,5 à 13	Manuelle 5 rapports	Auto. 5 rapports	Crémaillère	Disque/tambour	225/70R15
11,5 à 13,1	Manuelle 5 rapports	Auto. 5 rapports	Crémaillère	Disque/tambour	225/70R15
n.d.	Manuelle 6 rapports	Auto. 5 rapports	Crémaillère	n.d.	n.d.
n.d.	Manuelle 5 rapports	Auto. 4/5, manuelle 6	Crémaillère	Disque/tambour	215/70R15

PLEIN FORMAT

Cadillac Escalade EXT **Chevrolet Avalanche** Chevrolet Silverado **GMC Sierra** Dodge Ram **Ford Série F** Hummer H2 SUT **Nissan Titan** Toyota Tundra

TEXTES, RECHERCHES ET ESSAIS : **ÉRIC DESCARRIES**

Le prototype de Ford SVT Lightning.

UN MARCHÉ TOUJOURS EN ÉBULLITION

MALGRÉ LE PRIX ÉLEVÉ DE L'ESSENCE, LES VENTES DES GRANDES CAMIONNETTES CONTINUENT DE CROÎTRE. CURIEUSEMENT, CES VÉHICULES SONT RAREMENT LA CIBLE DES DÉFENSEURS DE L'ENVIRONNEMENT, QUI FUSTIGENT PLUTÔT LES GRANDS UTILITAIRES SPORT (VUS). POURTANT, LA PLUPART DES VUS SONT ISSUS DES GRANDES CAMIONNETTES, QU'ILS SOIENT AMÉRICAINS OU JAPONAIS. PEUT-ÊTRE RESPECTE-T-ON LA VOCATION UTILITAIRE TRADITIONNELLE DE CES VÉHICULES... MÊME S'ILS SERVENT PLUS SOUVENT QU'AUTREMENT À LA PROMENADE.

En Amérique du Nord, le Ford de la Série F est le véhicule le plus vendu, toutes catégories confondues (incluant les automobiles), avec des ventes frôlant le million de véhicules. Le Silverado de Chevrolet vient au deuxième rang, suivi par le Dodge Ram. Vient ensuite la Toyota Camry, la première automobile de la série.

Pourquoi les grands *pick-ups* sont-ils si populaires en Amérique ? Bien des propriétaires les utilisent en partie pour leur petite entreprise, alors que d'autres en profitent pour transporter leurs « jouets mécaniques », comme les quads-VTT, les motoneiges et même les caravanes.

Certains constructeurs offrent un moteur à six cylindres d'entrée de jeu mais, dans la plupart des cas, il est ignoré au profit d'un V8. Les cabines allongées à quatre portes sont préférées aux autres, même si l'on perd un peu de la longueur de la caisse. En fait, ce que l'on cherche surtout, c'est une bonne largeur. À cet effet, le traditionnel test de la planche de contreplaqué de quatre pieds sur huit tient toujours lieu de gabarit à respecter : elle doit faire à plat entre les ailes.

Les constructeurs travaillent néanmoins d'arrache-pied pour rendre ces véhicules moins énergivores, tout en conservant leurs capacités de travail. GM met déjà sur le marché une version presque hybride de ses Silverado et GMC Sierra. Toyota a quant à lui présenté un prototype de son futur Tundra en précisant qu'il sera disponible avec la technologie hybride (mi-essence, mi-electricité). La rumeur veut que Ford propose un petit V6 turbo-diesel pour ses F-150, et Nissan nous a confié qu'un V6 était à l'étude pour le grand Titan.

Les grandes camionnettes, c'est encore l'apanage des constructeurs américains. Pour le moment, seuls Toyota et Nissan osent s'y aventurer en tant que constructeurs étrangers (avec des véhicules construits aux États-Unis). Honda les rejoindra bientôt, suivi peut-être de Mitsubishi. Du côté des Coréens, Kia a fait connaître son prototype de *pick-up*, qui ressemble étrangement à un prototype de Chevrolet. La production n'a toutefois pas été décidée.

La folie furieuse

Le créneau des grandes camionnettes est le plus lucratif pour les constructeurs américains. On n'a qu'à observer les chiffres de vente pour s'en convaincre : Ford écoule quelque 900 000 camionnettes de la Série F par année, GM vend plus d'un million de Chevrolet Silverado et GMC Sierra (ventes combinées) et Dodge a réussi à placer la Ram au troisième rang du palmarès des ventes, dépassant même Toyota et la populaire Camry. Toutefois, avec le prix élevé de l'essence, on se pose de sérieuses questions.

Il faut expliquer que le centre de l'Amérique est toujours agricole, et que les gens de ces régions ont besoin d'un véhicule robuste, pratique et polyvalent, et non d'une petite voiture économique. C'est ce qui explique l'évolution de cette catégorie de véhicules vers le luxe et même la performance. Mais on n'a encore rien vu. Si les Japonais se lancent dans le marché, c'est parce qu'ils y voient eux aussi un potentiel important. Et si des marques comme Cadillac et bientôt Lincoln s'y aventurent, c'est pour en exploiter le côté luxueux.

Maintenant, c'est au tour des ateliers de performance d'exploiter ce marché. Jusqu'à tout récemment, Ford faisait cavalier seul avec sa fameuse F-150 Lightning. Celle-ci doit d'ailleurs être révisée sous peu pour porter sa puissance à 500 chevaux tout en conservant une tenue de route exceptionnelle, question de concurrencer la nouvelle Ram SRT-10 à moteur de Viper. Quant à la Silverado SS, elle n'est pas encore de taille, mais gageons que Chevrolet nous prépare une bonne surprise.

Étude conceptuelle de la future Tundra.

CADILLAC **ESCALADE EXT**

ON AIME

> La puissance et le luxe
> La polyvalence de la caisse
> Le système Stabilitrak

ON AIME MOINS

> La consommation évidente
> L'important gabarit en ville
> L'opulence trop évidente

À RETENIR

Prix : **71 405 $**

Marge bénéficiaire : **12,9 %**

Ventes : ↓

Indice de fiabilité :
★★★★☆

Consommation d'essence :
18,3 L/100 km

CO_2 sur une base annuelle :
▬▬▬▬▬▬◯ **11,6**

Valeur résiduelle au terme
de 48 mois : **36 à 40 %**

Cote de sécurité en cas
d'impact : ★★★☆☆

NOUVEAUTÉS

> Toit ouvrant à commande
électrique
> Système de navigation
sur DVD
> Jantes de 17 pouces
chromées

LE MOT DE LA FIN

On n'a plus les camionnettes
qu'on avait !

Polyvalence et luxe à l'américaine

En observant le Cadillac Escalade EXT, sa parenté avec le populaire Chevrolet Avalanche semble évidente. Mais ce qui est vrai pour la ligne ne l'est plus pour la finition et surtout la mécanique. La configuration de l'Escalade EXT est en tous points semblable à celle de l'Avalanche, ce qui inclut la lunette démontable et la partition rabattable. Toutefois, l'intérieur est beaucoup plus somptueux et la finition, plus luxueuse.

L'Escalade de base et le ESV ont le même intérieur que le EXT, en plus de partager la même mécanique — puissant V8 de 6 litres, boîte automatique, système de transmission intégrale (au lieu de la transmission aux quatre roues sur commande) — ainsi que divers éléments de sécurité comme l'antiblocage et l'antidérapage.

Évidemment, le conducteur d'Escalade EXT jouira d'une puissance accrue, de plus de silence et de douceur de roulement, mais il devra en payer le prix à l'achat et à la pompe à essence. C'est ici que l'on est en droit de se demander la véritable utilité d'un tel véhicule. Rappelons à cet effet que bien des gens, surtout les Américains, aiment profiter d'une puissance importante pour tirer ce que l'on pourrait appeler leurs « jouets » ; ajoutons à cette exigence le petit caprice de posséder une Cadillac, et l'explication est complète.

Par ailleurs, le véhicule commence déjà à dater, et il ne serait pas surprenant d'en voir une version révisée dans un avenir plus ou moins rapproché.

À un prix semblable, l'acheteur intéressé pourrait obtenir le nouveau Hummer H2 SUT, mais il ne pourrait alors bénéficier des ajouts technologiques, comme le système de stabilisation Stabilitrac. De plus, l'Escalade offre beaucoup plus de confort et d'espace intérieur. Ses capacités hors route sont plus limitées que celles du Hummer, mais on doute fort que ni l'un ni l'autre ne soit utilisé à ces fins.

De surprise en surprise

Lorsque Chevrolet a mis sur le marché le gros Avalanche, équipé d'un glouton V8, le véhicule a connu un grand succès, même chez nous, où le prix de l'essence aurait pu ternir ce lancement. Il faut dire que ce fiable moteur Vortec 5300 est légèrement moins énergivore que ses concurrents et demeure très performant malgré la grosse caisse du véhicule.

Le Chevrolet Avalanche a débuté sa carrière sur une base de Suburban. Une bonne partie de la carrosserie a été conservée, mais l'arrière a été transformé en camionnette *pick-up*. La caisse vient avec trois panneaux amovibles et verrouillables, chacun pouvant supporter un homme. Les ingénieurs ont également conçu une partition amovible derrière l'habitacle. On peut déverrouiller ce panneau et le rabattre pour obtenir une caisse pleine longueur ; il suffit de faire basculer les coussins de la banquette, de rabattre le dossier du siège arrière et de démonter la lunette.

Les flancs vides de la caisse en matériaux composites sont pourvus de compartiments de rangement verrouillables. Plusieurs acheteurs n'aiment tout simplement pas les nombreux ajouts de plastique au bas de la caisse et à l'avant. Pour les satisfaire, Chevrolet propose une deuxième finition, ressemblant davantage à la carrosserie conventionnelle du Silverado. Cette version compte maintenant pour plus de 60 % des ventes de l'Avalanche au pays.

Le seul moteur livrable dans la version 1500 est le Vortec 5300 avec la boîte automatique à quatre rapports (traction ou propulsion). Chevrolet commercialise également une version 2500 plus robuste, équipée du Vortec 8100. Presque identique au 1500, à l'exception des éléments mécaniques, il peut tirer des remorques encore plus imposantes.

Somme toute, pour ceux qui cherchent un gros véhicule très polyvalent, voire même l'utilitaire sport par excellence ou l'outil de travail de tourisme, le Chevrolet Avalanche est un choix unique sur le marché, d'autant plus qu'il n'a pas encore vraiment de concurrents. En ce qui concerne la consommation, si Chevrolet peut inclure le turbodiesel Duramax au catalogue de l'Avalanche un jour, le camion gagnera encore plus en popularité.

ON AIME

> L'incroyable polyvalence
> Un excellent tracteur de caravane
> L'élégante version sans carénage

ON AIME MOINS

> La consommation évidente
> L'ajout de plastiques peu élégants
> L'absence de moteur diesel

À RETENIR

Fourchette de prix :
42 900 $ à 48 930 $

Marge bénéficiaire : **13,5 %**

Ventes : ↑

Indice de fiabilité :
★★★★☆

Consommation d'essence :
15,8 L/100 km

CO_2 sur une base annuelle :
 10,1

Valeur résiduelle au terme de 48 mois : **38 à 40 %**

Cote de sécurité en cas d'impact : ★★★★☆

NOUVEAUTÉS

> Système de navigation avec DVD
> Nouvelles garnitures
> Sièges redessinés

LE MOT DE LA FIN

La plus polyvalente de toutes les camionnettes.

ON AIME

> Le grand choix de modèles et de versions

> Les moteurs remarquables

> Le moteur diesel (option) robuste et impressionnant

ON AIME MOINS

> Le design de la calandre

> La version SS peu convaincante

> Le design de tableau de bord qui commence à dater

À RETENIR

Fourchette de prix :
24 475 $ à 56 145 $

Marge bénéficiaire : **13,5 %**

Ventes : ↓

Indice de fiabilité :
★★★★☆

Consommation d'essence :
15,6 L/100 km

CO_2 sur une base annuelle :

 10

Valeur résiduelle au terme de 48 mois : **29 à 44 %**

Cote de sécurité en cas d'impact : **n.d.**

NOUVEAUTÉS

> Moteur 5,3 litres de 310 chevaux pour 4X4 à cabine allongée

> Version 1500 hybride (limitée et à vocation commerciale)

> Freins arrière à tambour pour versions de base

LE MOT DE LA FIN

Il serait temps de réviser l'avant de la Silverado.

Le numéro deux et son jumeau

La grande camionnette Chevrolet Silverado est le principal adversaire du Ford de la Série F. Dans les livres, il est classé deuxième au chapitre des ventes ; mais en vérité, si l'on combine ses ventes à celles de son jumeau presque identique, le GMC Sierra, il passe au premier rang. Depuis des années, Chevrolet fait des efforts presque désespérés pour augmenter les ventes du Silverado, mais chaque fois, un pépin survient. Cette fois, c'est le style plutôt controversé de l'avant des Chevrolet qui repousse certains acheteurs potentiels, selon les commentaires que nous avons pu entendre. Tout comme Ford, GM propose plusieurs versions de ses grandes camionnettes, celle de base présentant le chiffre 1500. Dans le cas des 2500 et 3500, attendez-vous à un avant retouché au cours des prochains mois, question de mieux concurrencer Ford et ses nouveaux F-Super Duty et de donner une image plus robuste. Le Silverado est disponible en plusieurs configurations, incluant une cabine allongée et une cabine d'équipe à quatre portes. Les caisses longue et courte figurent toujours au catalogue. Côté motorisation, l'acheteur aura le choix entre un V6 de base (peu recommandé), un V8 Vortec de 4,8 litres et 285 chevaux ou un V8 de 5,3 litres de 295 à 310 chevaux. Ce dernier est très performant, et légèrement moins glouton que les concurrents. La boîte automatique à quatre rapports est de rigueur. La motricité aux quatre roues (avec commande électronique) est aussi disponible moyennant supplément. Une version hybride (presque) électrique sera par ailleurs importée en petit nombre pour une clientèle ciblée.

Chevrolet propose une version sportive, le Silverado SS à moteur V8 de 6 litres et transmission intégrale, mais ses performances sont décevantes. GMC en présente une version luxueuse, Denali, qui utilise la même configuration mécanique mais qui n'est pas plus performante. Les versions 2500 plus robustes peuvent être équipées du moteur turbodiesel Duramax, un très bon choix, surtout combiné à l'excellente boîte automatique Allison avec le principe de remorquage « Tow/Haul ». L'option (très coûteuse) QuadraSteer à quatre roues directrices n'a pas encore convaincu les consommateurs ; elle est surtout utile pour tirer des remorques de fort gabarit. Enfin, attendez-vous à certaines retouches au niveau du design avant de la camionnette. En autant que l'on n'adopte pas le style de certaines études... pas toujours réussies.

Encore plus de puissance

I l y a une dizaine d'années, on ne considérait même pas le Dodge Ram comme un concurrent sérieux des grandes camionnettes de Ford et de Chevrolet. Aujourd'hui, le Ram est troisième au niveau des ventes de véhicules — toutes catégories confondues — aux États-Unis. Il ne menace pas encore la deuxième position de Chevrolet, mais c'est de mieux en mieux. Et l'arrivée de nouvelles livrées en 2005 viendra renforcer sa position sur le marché. Le Ram est disponible avec la cabine courte ou allongée « Quad Cab » à quatre portes, avec une caisse longue ou courte selon le cas. Son allure à la fois robuste et moderne lui vaut plusieurs admirateurs. Certaines livrées sont tout simplement impressionnantes. Si le modèle Laramie représente le luxe, les deux versions du SRT-10 sont synonymes de puissance, voire même de puissance extrême. En effet, le SRT-10, apparu à l'automne dernier sous le format d'un Ram 1500 à cabine simple et caisse courte, est mû par l'incroyable V10 de la Viper avec sa boîte manuelle à six rapports. Chaussé d'imposantes jantes de 22 pouces et de pneus Pirelli Scorpion, ce camion sport est capable de prouesses jusqu'alors impossibles pour ce type de véhicule. En 2005, le SRT-10 sera également disponible en version « Quad Cab », et avec une boîte automatique à quatre rapports qui lui permettra de tirer jusqu'à 7000 livres.

Les Ram sont toujours disponibles en versions plus civilisées. Le moteur de base est désormais le V8 de 4,7 litres avec la boîte automatique. En option, il est possible de commander le fameux V8 Hemi de 5,7 litres, mais attendez-vous à d'imposantes notes de carburant. Les versions 2500, plus robustes, proposent le fameux six-cylindres turbodiesel Cummins qui affiche maintenant un couple de 600 livres-pied, le plus puissant de sa catégorie. Incidemment, Dodge ramène en 2005 le légendaire Power Wagon, un 2500 à quatre roues motrices avec le V8 Hemi, pneus surdimensionnés, treuil avant, suspension hors route et finition unique. Le Dodge Ram peut asseoir de deux à six personnes (selon la version choisie), et sa finition intérieure, quoique peu élaborée, est agréable. On y trouve plusieurs espaces de rangement (toujours selon les options choisies) et des équipements de sécurité intéressants comme les rideaux de sécurité latéraux. Le Ram est disponible en configuration 1500, 2500 et 3500, cette dernière généralement à roues doubles. Contrairement à Ford et GM, Dodge n'offre pas de versions 4500 et 5500 commerciales.

ON AIME

> L'allure robuste
> La version SRT-10 excitante
> Le moteur diesel (optionnel) des plus puissants

ON AIME MOINS

> La consommation évidente, surtout avec Hemi
> Les places arrière un peu étroites (Quad Cab)
> L'encombrement en situation urbaine

À RETENIR

Fourchette de prix :
25 530 $ à 66 025 $

Marge bénéficiaire :
7,1 à 11 %

Ventes : ↑

Indice de fiabilité :
★★★★☆

Consommation d'essence :
16,8 L/100 km

CO$_2$ sur une base annuelle :
10,9

Valeur résiduelle au terme de 48 mois : **30 à 41 %**

Cote de sécurité en cas d'impact : **n.d.**

NOUVEAUTÉS

> Toit ouvrant disponible avec la cabine Quad Cab
> Nouvelle version SRT-10 automatique à quatre portes
> Nouvelle boîte manuelle à six vitesses (V6 et V8 de base)

LE MOT DE LA FIN

Une version avec cabine à quatre portes plus grande est à l'étude.

Le king en Amérique

Avec près d'un million d'exemplaires vendus en 2003, le Ford de la Série F est incontestablement le roi, non seulement dans le créneau des camionnettes, mais aussi toutes catégories confondues. Complètement redessiné en 2004, ce camion a surpassé les espérances de son constructeur, même si certains critiques prédisaient que le look moins robuste décevrait certains consommateurs.

Les Ford de la Série F sont d'immenses véhicules confortables et faciles à conduire. Cependant, ils représentent un encombrement important en ville. La consommation ? Prévoyez une centaine de dollars (parfois même plus) à chaque ravitaillement. La version à propulsion peut présenter des désagréments de conduite en hiver, même avec des pneus appropriés ; la version à quatre roues motrices est donc préférable. Mais encore une fois, vous participerez activement aux profits record des pétrolières.

Diverses finitions intérieures sont possibles avec un F-150, certaines plus luxueuses, surtout la Lariat. Le succès du produit repose en partie sur cet éventail de choix. La caisse bénéficie de deux pouces de profondeur supplémentaires, et le panneau arrière avec contrepoids en facilite la manipulation. On peut également y charger le traditionnel contreplaqué de quatre pieds sur huit à plat entre les ailes.

Du côté des performances du F-150, notons que le V8 de base de 4,6 litres est insuffisant ; le moteur de 5,4 litres est préférable. La boîte automatique fonctionne tout en douceur, et passer en mode 4X4 (si le véhicule en est équipé) est d'une facilité déconcertante : il suffit de tourner le bouton du tableau de bord. La direction est par ailleurs relativement précise. Quant au freinage, heureusement qu'il y a l'ABS standard aux roues arrière (optionnel aux quatre roues sur les modèles de base) : avec tout son poids, le gros F en a besoin.

Un bon choix, le Ford F-150 ? Certainement... si vous en avez besoin. Le prix d'achat est élevé, surtout dans les versions de luxe, et la consommation, on n'en parle même plus. Toutefois, pour son côté pratique et sa beauté d'exécution, surtout à l'intérieur, c'est difficile à battre.

En format camionnette, maintenant

Le spectaculaire utilitaire sport Hummer H2 est en perte de vitesse. Pour tenter d'inverser la tendance, GM a décidé de commercialiser sur notre marché le prototype pick-up transformable H2 SUT ou CUS (camionnette utilitaire sport) en français (sic !).

On reconnaît d'abord le camion à son toit tronqué et à sa courte caisse — c'est à peine si elle peut accomoder quelques vélos. Heureusement (ce véhicule n'est-il pas basé sur des composantes de camionnette Chevrolet ?), le siège arrière se replie sur lui-même, la lunette arrière s'abaisse (par commande électrique) dans la cloison, et celle-ci se rabat à plat pour allonger le plancher.

Si le H2 SUT devient une camionnette plus pratique (l'espace de chargement est nettement supérieur à celui de la version « familiale »), il n'affiche cependant pas les mêmes caractéristiques intéressantes qu'un « vrai » pick-up. C'est un outil utile, mais sans plus. Les courts essais effectués ont démontré une certaine facilité d'opération de la cloison, mais les autres caractéristiques sont en tous points semblables à celles du H2 « régulier », incluant un appétit insatiable pour le carburant.

On sait que GM travaille à rendre le H2 plus attirant (surtout en ce qui concerne le prix !). Un V8 turbodiesel Duramax figure parmi les projets les plus plausibles. C'est peut-être la meilleure idée... sauf qu'il faudra augmenter la production de ce moteur, ce que GM a de la difficulté à faire. Et si l'on essayait une version hybride électrique ?

ON AIME

> Le look original
> La mécanique robuste
> La caisse pratique

ON AIME MOINS

> La consommation exagérée
> L'encombrement urbain
> L'espace intérieur restreint

À RETENIR

Prix : **71 400 $**

Marge bénéficiaire : **14,2 %**

Ventes : ↑

Indice de fiabilité :
★★★☆☆

Consommation d'essence :
16,8 L/100 km

CO_2 sur une base annuelle :
n.d.

Valeur résiduelle au terme de 48 mois : **42 %**

Cote de sécurité en cas d'impact : **n.d.**

NOUVEAUTÉS

> Nouvelle version plus polyvalente
> Nouvelles couleurs
> Système de navigation avec DVD

LE MOT DE LA FIN

Bonne idée, mais ce serait encore mieux avec un moteur diesel.

ON AIME

> Le moteur V8 puissant
> Les dimensions concurren-
tielles aux camionnettes
américaines
> L'habitacle accueillant

ON AIME MOINS

> La consommation élevée
> La finition inégale
> Le manque d'innovation

À RETENIR

Fourchette de prix :
31 900 $ à **47 500 $**

Marge bénéficiaire : **9,8 %**

Ventes : ↑

Indice de fiabilité :
★★★☆☆

Consommation d'essence :
16,8 L/100 km

CO_2 sur une base annuelle :
 10,9

Valeur résiduelle au terme
de 48 mois : **43** à **47 %**

Cote de sécurité en cas
d'impact : **n.d.**

NOUVEAUTÉS

> Possibilité d'un moteur V6
> Versions commerciales
possibles
> Assistance hydraulique de la
fermeture du panneau
arrière à venir

LE MOT DE LA FIN

Beau camion, mais il faudra
en parfaire la finition.

Pas facile de réussir
quand on est le dernier arrivé

Nissan est le dernier arrivé dans le créneau des grandes camionnettes. Lancée l'année dernière, la camionnette pleine grandeur Titan a été vantée par la plupart des chroniqueurs automobiles. Cependant, le véritable succès se fait toujours attendre chez nous. Il n'est pourtant pas si mal, ce Titan avec sa sa ligne moderne. Le Titan est d'abord arrivé avec une cabine allongée, puis avec la cabine à quatre portes. Le grand Titan est une véritable camionnette pick-up à l'américaine, équipée d'un puissant V8 de 4,7 litres dont le son (étudié par des ingénieurs américains) n'est pas sans rappeler celui des Dodge Ram. La boîte automatique à quatre rapports est la plus en demande, et le Titan est livrable avec la propulsion ou la traction. Il comporte une imposante caisse, au bas de laquelle Nissan a même cru bon d'ajouter un petit espace de rangement verrouillable. Le Titan offre beaucoup d'espace intérieur, comme le désirent les amateurs de pick-up. Quant au tableau de bord, il est simple et bien aménagé. Les sièges avant sont confortables, sans plus, et l'espace arrière est suffisant, surtout dans la version à quatre portes. La caisse accepte facilement le traditionnel panneau de contreplaqué, de quatre pieds sur huit, entre les puits d'aile.

Alors, comment se comporte cette « menace japonaise » face aux traditionnels produits américains ? D'abord, précisons que le Titan n'est pas un véhicule importé du Japon, mais bien un produit construit en Amérique, à la toute nouvelle usine Nissan de Canton au Mississippi. Le Titan est une copie presque conforme des grandes camionnettes américaines. Sa consommation également, ce qui n'est pas toujours apprécié des consommateurs québécois.

En outre, on pourrait reprocher un certain manque de rigueur dans la finition. Certains exemplaires présentent en effet des bruits de caisse, alors que d'autres non. Mais alors, qu'est-ce qui pourrait nuire au succès de ce Nissan ? Un manque de variété dans la gamme ? Des versions de base plus « utilitaires » pourraient certainement intéresser les acheteurs commerciaux. Bref, le Titan demeure un bon choix à l'achat, mais Nissan devra redoubler d'ardeur pour le prouver : le véhicule est trop semblable à ceux de la concurrence.

Une lente évolution

Avouons-le, la grande camionnette Tundra de Toyota pourrait connaître un plus grand succès. En effet, le modèle actuel, qui serait remplacé d'ici un an ou deux, possède presque tous les ingrédients nécessaires pour concurrencer les traditionnelles camionnettes américaines, sans négliger la réputation de fiabilité de Toyota.

Les plus récentes versions du Tundra se présentent avec la cabine à quatre portes et une caisse arrière plus profonde et plus pratique. La « Double Cab » (c'est le nom de cette version à quatre portes) est nettement supérieure à la version à cabine allongée qui n'offre pas beaucoup de confort à l'arrière. La caisse de la nouvelle version présente également deux pouces de profondeur supplémentaires. Le traditionnel contreplaqué de quatre pieds sur huit trouve sa place entre les puits d'aile, mais il dépasse le panneau arrière.

Le V8 de 4,7 litres fait maintenant 282 chevaux. Il est bien à la hauteur de la situation, mais il n'est pas plus économique que le V8 des concurrents. Le nouveau V6 de 245 chevaux est quant à lui peu diffusé. La nouvelle boîte automatique à cinq rapports fonctionne tout en douceur. L'engagement du pont avant de la version à quatre roues motrices se fait par un commutateur électrique au tableau de bord.

Le style peu accrocheur de la camionnette se reflète dans son intérieur, plutôt conventionnel même s'il est bien réalisé. Le tableau de bord ressemble à celui d'une voiture des années 1990, mais certaines commandes comme celle de la radio ne sont pas facilement atteignables, et l'horloge demeure difficile à lire tant elle est basse. Oui, la finition du Tundra est digne de Toyota. Mais les consommateurs veulent davantage de choix : des versions plus robustes aideraient à augmenter sa popularité. Toyota a récemment présenté un prototype de ce que pourrait être la prochaine génération de Tundra, incluant une version hybride électrique. Ici encore, le style peut être discutable et il n'est pas sûr que la configuration hybride électrique en assurera le succès.

Oui, le Tundra est un excellent véhicule, mais la concurrence est encore trop vive. Dans ce créneau, la bataille est féroce...

ON AIME
> La fiabilité reconnue
> La cabine à quatre portes plus accueillante
> La caisse plus profonde et plus pratique

ON AIME MOINS
> La silhouette peu inspirante
> La gamme limitée
> La consommation notable (V8)

À RETENIR
Fourchette de prix :
25 580 $ à 47 600 $

Marge bénéficiaire :
9,2 à 9,5 %

Ventes : ↑

Indice de fiabilité :
★★★★★

Consommation d'essence :
15,2 L/100 km

CO_2 sur une base annuelle :
◖━━━━━━━◗ **9,7**

Valeur résiduelle au terme de 48 mois : **40 à 53 %**

Cote de sécurité en cas d'impact : ★★★★☆

NOUVEAUTÉS
> Avant retouché
> Nouveaux V6 et V8 plus puissants
> Boîte automatique maintenant à cinq rapports

LE MOT DE LA FIN
La fiabilité suffit-elle pour concurrencer les américaines?

CE QU'IL FAUT RETENIR

	Lieu d'assemblage	Cabine régulière	Cabine allongée	Mode
Cadillac Escalade EXT	Mexique	n.d.	De série	Intégral
Chevrolet Avalanche 1500	Mexique	n.d.	De série	Propulsion
Chevrolet Silverado 1500	États-Unis et Canada	De série	Allongée/d'équipe	Propulsion
Dodge Ram 1500	États-Unis et Mexique	De série	Allongée	Propulsion
Ford F150	États-Unis	De série	Allongée/d'équipe	Propulsion
GMC Sierra 1500	États-Unis et Canada	De série	Allongée/d'équipe	Propulsion
Hummer H2 SUT	États-Unis	n.d.	D'équipe	Intégral
Nissan Titan	États-Unis	n.d.	Allongée/d'équipe	4 x 4
Toyota Tundra	États-Unis	De série	D'équipe	Propulsion

SURVOL TECHNIQUE

	Moteur de série	Puissance (hp à tr/min)	Couple (lb-pi à tr/min)	Autre(s) moteur (1/2)	Charge utile (kg)	Capacité de remorquage maximale (kg)
Cadillac Escalade EXT	V8 6,0 L	345 à 5200	380 à 4000	n.d.	505	3311
Chevrolet Avalanche 1500	V8 5,3 L	295 à 5200	330 à 4000	8,1 L (2500) 320 ch.	612 à 917	3583 à 5443
Chevrolet Silverado 1500	V6 4,3 L	195 à 4600	260 à 2800	V8 4,8/5,3/6,0 L	850 à 1394	1800 à 4627
Dodge Ram 1500	V6 3,7 L	215 à 5200	235 à 4000	V8 4,7/5,7/V10 8,3	544 à 794	1673 à 4037
Ford F150	V8 4,6 L	231 à 4750	293 à 3500	V6 4,2/V8 5,4 L	617 à 1370	997 à 4490
GMC Sierra 1500	V6 4,3 L	195 à 4600	260 à 2800	V8 4,8/5,3/6,0 L	850 à 1394	1860 à 4627
Hummer H2 SUT	V6 6,0 L	325 à 5200	365 à 4000	n.d.	n.d.	3039
Nissan Titan	V8 5,6 L	305 à 4900	379 à 3600	n.d.	n.d.	4263
Toyota Tundra	V6 3,4 L	190 à 4800	220 à 3600	V8 4,7 L	708 à 844	2358 à 3311

1 Trois empattements différents

Rouage intégral	Empattement régulier/allongé (mm)	Longueur régulier/allongé (mm)	Largeur régulier/allongé (mm)	Hauteur régulier/allongé (mm)
Permanent	3302	5623	2019	1921
Optionnel	3302	5631	2027	1869
Optionnel	3023/3644/4000[1]	5161 à 6264	1994	1808 à 1877
Optionnel	3568/4076	5784 à 6342	2019	1874 à 1879
Optionnel	3210 à 4140	5364 à 6309	2004	1864 à 1943
Optionnel	3023 à 4000	5225 à 6325	1994	1808 à 1956
Permanent	3118	5170	2063	1977 à 2080
De série	3551	5694	2001	1915
Optionnel	3260 à 3570	5405 à 5845	1910 à 2025	1800 à 1905

Rayon de braquage (m)	Transmission de série	Transmission optionnelle	Direction	Freins avant/arrière	Monte pneumatique d'origine avant/arrière
13,2	Auto. à 4 rapports	n.d.	À billes	Disque/disque	P265/70R17
13,2 à 13,4	Auto. à 4 rapports	n.d.	À billes	Disque/disque	P265/70R16
11,4 à 15,1	Man. à 5 rapports	Auto. à 4 rapports	Crémaillère/billes 4RM	Disque/disque	P245/70R17
11,97 à 14,02	Man. à 6 rapports	Auto. à 4/5 rapports	Crémaillère	Disque/disque	P245/70R17
12,74 à 15,60	Auto. à 4 rapports	Man. à 5 rapports (V6)	Crémaillère	Disque/disque	P235/70R17
11,4 à 15,1	Man. à 5 rapports	Auto. à 4 rapports	Crémaillère/billes 4RM	Disque/disque	P245/70R17
13,2	Auto. à 4 rapports	n.d.	À billes	Disque/disque	LT315/70R17
14,1	Auto. à 5 rapports	n.d.	Crémaillère	Disque/disque	P245/75R17
13,6	Auto. à 4 rapports	n.d.	Crémaillère	Disque/tambour	P245/70R16

Lincoln Mark LT

Encore des surprises à venir

Le segment des grandes camion-nettes n'est peut-être pas aussi captivant que celui des voitures exotiques, mais il est en constante ébullition.

Ce type de véhicule a certes besoin de moteurs puissants, mais on verra de plus en plus de versions hybrides. Certains constructeurs lorgneront aussi du côté des moteurs diesel, aussitôt que les nouvelles normes de 2007 seront apprivoisées.

Tout d'abord, attendez-vous à une version redessinée des Chevrolet Silverado : une photo publiée par le constructeur montre une calandre davantage « camion ». Par ailleurs, une version véritablement hybride électrique des Silverado et Sierra serait à l'étude. Chez Ford, on attend toujours la nouvelle version du puissant Lightning, tandis qu'on pourrait voir un V6 diesel appa-raître dans le F-150. La division Lincoln de ce grand constructeur nous a déjà fait connaître sa réplique aux Cadillac Escalade EXT, le Mark LT, basé sur une F-150 Super Crew, et qui sera sur le marché d'ici un an ou deux. Quant à Dodge, elle en serait à créer une version encore plus longue de sa cabine « Quad Cab », en plus d'une véritable version hybride électrique du Ram.

Il sera également intéressant de voir si Nissan continuera d'agrandir sa gamme Titan. On pourrait voir une version V6 de cette camion-nette, et peut-être des modèles 2500 et 3500 plus robustes. Toyota a de son côté fait connaître le prototype du prochain Tundra, version hybride électrique incluse.

Si Mitsubishi réussit à passer au tra-vers la présente tempête, il pourrait proposer une camionnette pleine grandeur (ou intermédiaire) basée sur le Dakota américain. Le Coréen Kia a aussi dévoilé le Mojave, un prototype de camionnette pleine grandeur qui ressemblait étrange-ment à une étude de style que Chevrolet a élaborée il y a deux ans. Enfin, la camionnette proto-type de Honda pourrait être une réplique du Chevrolet Avalanche, si bien entendu on la considère comme une camionnette pleine grandeur, ses dimensions la plaçant plutôt, pour l'instant, parmi les intermédiaires.

Ne manquez pas le cahier
L'AUTO

DETROIT
TOKYO
PARIS
TORONTO
MONTRÉAL

TOUS LES **LUNDIS** DANS

LA PRESSE

PRÉSENT DANS TOUS LES SALONS AUTOMOBILES

AUTOMOBILES

EXOTIQUES

Acura NSX **Aston Martin DB9** BMW 645Ci **Cadillac XLR** Chevrolet Corvette **Dodge Viper** Ferrari 360 Modena **Ferrari 550 Maranello** Ferrari 612 Scaglietti **Ford GT** Jaguar XK **Lamborghini Gallardo** Lamborghini Murciélago **Lexus SC430** Maserati Coupé GT **Mercedes CL** Mercedes SL **Mercedes-McLaren SLR** Porsche 911 **Porsche Carrera GT**

TEXTES, RECHERCHES ET ESSAIS : **ÉRIC LEFRANÇOIS**

LA CAVERNE
D'ALI BABA

POUR 99,9 % D'ENTRE NOUS, LES PAGES QUI SUIVENT NE SONT
BONNES QU'À FAIRE RÊVER. À NOUS QUESTIONNER, AUSSI :
QUELLE PROFESSION DEVRIONS-NOUS EXERCER POUR POUVOIR
NOUS OFFRIR L'UNE DE CES VOITURES EXOTIQUES ?

À défaut de pouvoir se les offrir, le chroniqueur automobile a au moins le privilège de les conduire un peu. En toute franchise, l'exercice est parfois frustrant et ce, pour plusieurs raisons. D'abord, l'essai de ces voitures rares est souvent réalisé dans des conditions très contraignantes où il est à peu près impossible d'effectuer les tests auxquels tous les autres véhicules de cet ouvrage sont soumis. On ne vous tend pas les clefs de ces merveilles comme ça. Certains constructeurs exigeront au préalable que vous soyez détenteur d'une licence de pilote (exige-t-on la même chose des consommateurs ?), sans quoi les portes de leur « chef-d'œuvre » resteront verrouillées. À quoi bon pareille exigence si le baquet de droite est occupé par un représentant de la compagnie qui veillera à dicter votre rythme, à vous avertir de ne pas faire si, ou de ne pas faire ça « sinon on arrête tout » ? Comment faire une analyse objective dans ces conditions ? Surtout que bien souvent, l'exercice, généralement réalisé sur un circuit fermé, se limite à trois petits tours... Trois tours d'un circuit inconnu au volant d'une automobile dont on ne connaît rien avec un passager qui menace de stopper votre tour de manège à tout moment, disons que ce n'est pas toujours jojo. Mais qu'est-ce qu'on ne ferait pas pour la conduire, la « posséder » ne serait-ce que quelques instants ? À vrai dire, rien.

Le marché de la voiture exotique est spécialisé, vous l'aurez deviné. Très peu d'exemplaires trouvent preneurs chaque année, et les clients sont, à l'exception de certains hockeyeurs et gagnants de Loto-Québec, des habitués de la maison. Puisqu'elles ne se vendent pas 13 à la douzaine, les réseaux de concessionnaires sont généralement épars, et le délai d'attente avant la livraison peut parfois s'avérer long

Enfin, aussi avancées soient-elles sur le plan technique, ces exotiques ne sont plus fragiles comme du verre et ne requièrent plus une révision technique à chacune de leur sortie.

La Ferrari F430, dévoilée au Salon de Paris à l'automne 2004.

L'enfer

Objectivement, la possession de l'un de ces monstres sacrés est loin d'être une sinécure. Ils coûtent une petite fortune à entretenir, à assurer et à remiser (la grange de l'oncle Paul ne peut ici convenir). Pis encore, ils déclenchent chez certains de leurs propriétaires (les moins nantis, sans doute) une véritable paranoïa : impossible de confier la clef à un valet pour la garer, ou même de dormir la nuit si la belle ne se trouve pas en cage. L'enfer. Sans compter ces badauds qui questionnent des heures durant sur la puissance du moteur, la vitesse maximale, etc. Tellement agaçant qu'il faut pratiquement songer à embaucher un attaché de presse.

On n'est guère plus en paix sur la route. La force policière se réjouit à l'avance de nous épingler, et les « p'tits jeunes avec la casquette vissée à l'envers » ne rêvent que de se mesurer à nous pour nous humilier. Et que dire des dos d'âne qui menacent d'érafler le fond plat de l'auto, des limites de vitesse qu'on atteint sur le premier rapport, des nids-de-poule qui détruisent les jantes, etc ?

Objectivement, il n'y a aucune raison de se procurer une telle voiture. Par contre, ces monstres sacrés sauvegardent la magie que l'automobile comporte encore... Plus important encore, ils continuent de nourrir nos rêves, à nous qui l'avons dans la peau.

BMW **645CI**

De retour après la pause

U ne pause. Voilà ce dont BMW avait besoin après l'échec essuyé par la Série 8, un coupé qui, en dépit de sa rare beauté, s'est avéré incapable de faire oublier la première Série 6 (1977-1989), considérée à son époque comme LA référence dans la catégorie des coupés Grand Tourisme. Si la Série 6 est, dans l'esprit, assez proche de la Série 8, elle n'en demeure pas moins plus performante, plus spacieuse et surtout moins chère.

Il y a des coupés chauds, comme la Jaguar XK8, qui au premier regard inspire des sentiments brûlants et vous rend tout feu tout flamme. Et il y a des coupés froids, comme la Série 6, qui suscite le respect, l'admiration même. On se sent impressionné, voire intimidé par son aspect monolithique, dense et massif, par sa silhouette athlétique d'une perfection glacée, par ses passages de roue et ses boucliers musclés. Tout cela laisse deviner un caractère inflexible et un tempérament brutal. Une fausse impression, puisque la Série 6 est beaucoup plus docile qu'elle ne paraît.

La Série 6 s'habille de matériaux de qualité et réhabilite (un clin d'œil au passé?) la console centrale légèrement inclinée vers le conducteur, malheureusement disparue des récentes créations de Munich (Z4, Série 5 et 7). Tout comme la Série 5, ce coupé adopte, pour notre plus grande joie, la version simplifiée du controversé système « I-Drive », lequel permet de régler la climatisation, la chaîne audio et de profiter des multiples informations colligées par l'ordinateur de bord. De plus, à l'instar de la Série 5 toujours, la Série 6 offre également le dispositif à affichage tête haute, moyennant supplément, naturellement.

À l'arrière, on s'en doute, le dégagement est compté. Certes, c'est mieux que dans une XK8, mais il est tout de même difficile de convaincre deux adultes de tenir là plus de 100 kilomètres. Le coffre, en revanche, est nettement plus accueillant et permet, une fois les beaux jours revenus, de caser deux sacs de golf sans problème.

En ce qui concerne le comportement routier à proprement parler, la Série 6 ne prête pas flanc à des critiques sévères. La qualité du châssis ne fait qu'exalter les exceptionnelles qualités de stabilité et d'équilibre de la voiture. Au volant d'une voiture comme celle-ci, les limites de vitesse sur les autoroutes paraissent

absurdes. Même à plus de 225 km/h, votre attention n'est requise que pour surveiller le paysage. La 645CI file vite et bien, en plus de vous procurer une sensation d'absolue sécurité.

Sur un parcours sinueux, l'équilibre des masses, combiné à la précision et au judicieux temps de réponse de la direction — dotée du génial dispositif AFS à démultiplication variable — ainsi qu'à la qualité de l'équipement pneumatique, détermine un comportement sinon agile, du moins complètement sain. À l'opposé d'une Jaguar XK8, la Série 6 réagit avec une rassurante progressivité. Elle ne surprend jamais son conducteur, les multiples aides à la conduite veillant à maintenir la trajectoire idéale. Évidemment, à l'attaque, on ne retrouve pas la merveilleuse vélocité ni l'efficacité d'une voiture sport pur jus, ni les frissons ressentis au volant de la première Série 6. En revanche, nul besoin d'être un expert de la conduite automobile pour tirer un excellent parti de cette grande routière aux manières (trop) exemplaires. Le moteur se met en branle au quart de tour, mais son grondement sourd et étouffé ressemble à celui entendu sur le pont d'un gros yacht dont le moteur est enfoui au fond de la cale. Impression de puissance certes, mais feutrée, filtrée. Et pourtant, ce gros V8 respire, là devant vous, avec la calme assurance d'un fauve au repos. Dès que le pied droit lèche l'accélérateur, la Série 6 bondit d'un trait, le système antipatinage veillant à ce que le transfert de puissance ne fasse cirer les roues arrière. À défaut de vous plaquer sauvagement au dossier de votre baquet, ce V8 a de quoi vous étonner par sa souplesse et sa disponibilité. Malheureusement, on tirerait meilleur parti de la générosité de cette mécanique si celle-ci était jumelée à une boîte manuelle plus rapide et à une grille de sélection plus serrée. Mais ne soyons pas trop sévère, puisque dans sa catégorie, ce coupé Grand Tourisme est le seul à proposer autre chose qu'une boîte automatique. Cette dernière, offerte moyennant supplément, fonctionne admirablement bien et enfile ses six rapports avec justesse et précision. C'est d'ailleurs elle qui sied le mieux au tempérament de la voiture.

Le « B-èmiste » sportif, naturellement, attendra non sans raison la sortie d'une version M, promise avec un moteur V10 5,5 litres de 500 chevaux, pour connaître l'ivresse sans le flacon. Mais le grand voyageur trouvera dans la 645 une machine presque idéale : la voiture de grand tourisme moderne par excellence, en tout cas la plus homogène. Rien de moins.

ON AIME

> Le sentiment de sécurité qu'elle procure
> L'équilibre et la stabilité
> La direction à démultiplication variable

ON AIME MOINS

> Le manque de rapidité de la boîte manuelle
> Le bruit étouffé du moteur
> Les places arrière étriquées

À RETENIR

Prix : **98 500 $**

Marge bénéficiaire : **9,8 %**

Indice de fiabilité : **n.d.**

Consommation d'essence : **14,7 L/100 km**

CO_2 sur une base annuelle : **9,7**

Valeur résiduelle au terme de 48 mois : **50 %**

Cote de sécurité en cas d'impact : **n.d.**

NOUVEAUTÉS

> Nouveau modèle

LE MOT DE LA FIN

Sans doute le meilleur rapport qualité/prix/performances de sa catégorie.

Ce que GM fait de mieux

Rien à faire. Quoi qu'il advienne, pour les « petits nez retroussés », la Corvette sera toujours une éternelle caricature de la voiture sport. Pourtant, cette Corvette de sixième génération est une véritable sportive, du calibre des meilleures réalisations, et ce, au tiers du prix...

Physiquement, aucun risque de se méprendre, il s'agit bien d'une Corvette. La partie avant, fluide, toute en rondeurs, rappelle vaguement celle d'une Ferrari ou encore d'une Viper avec ses lentilles transparentes. La partie arrière est moins réussie, trop empesée et trop ramassée. Il faut dire que cette nouvelle génération est plus courte (-132 mm) et plus étroite (-25 mm) que la précédente. Elle est aussi — par chance — plus légère.

Résumons : plus racée, plus pure, plus aérodynamique (ses paupières ne battent plus une fois la nuit venue), la nouvelle Corvette arbore également une rigidité et une fonctionnalité accrues. Elle est cependant moins spacieuse pour les passagers comme pour les bagages. Toujours affligé d'un seuil de chargement élevé et d'un hayon difficile à agripper, le coffre du coupé a vu sa capacité réduite de 702 à 634 litres. Les espaces de rangement ne sont pas légions non plus, et les concepteurs ne se sont visiblement pas creusés les méninges bien longtemps pour essayer d'innover dans ce domaine. Les sièges joliment sculptés maintiennent confortablement en place. Le tableau de bord aligne une instrumentation complète, visuellement intéressante et facile à consulter, de même que des commandes disposées en toute logique. Détail : il n'est plus nécessaire d'enfiler un gant de baseball pour recouvrir le pommeau du levier de vitesse.

Malgré la voix caverneuse que font entendre les échappements du ralenti aux 6000 tours de la zone rouge, cette sixième génération est de loin la plus civilisée, la plus agréable et la plus facile à conduire. Solidement ancrée au sol (l'antipatinage lui évite de cirer sur place), la Corvette procure un sentiment — bien réel — de sécurité et de stabilité. Par contre, on peut s'interroger sur la pertinence d'offrir trois degrés d'amortissement, vu les maigres différences observées entre eux. De plus, le déflecteur avant subit toute une raclée à la moindre ondulation du terrain. La Corvette retient toujours les services du dispositif antidérapage « Active Handling », qui s'ajoute à l'antipatinage et à l'antiblocage standard. Ce système

peut actionner individuellement chacun des quatre freins à disque, voire réduire le couple du moteur pour éliminer tout dérapage. Il possède même un mode « performance », qui désactive seulement l'antipatinage. Le système fonctionne à merveille, et il est fortement conseillé pour la conduite sur chaussée détrempée ou glissante. Trois suspensions sont proposées à l'éventuel acheteur : base, F55 et Z51. La F55 paraît le meilleur compromis, étant donné l'état de notre réseau routier. Si vous ne craignez pas de vous tordre les vertèbres, alors la Z51, avec ses pneumatiques plus performants et ses combinés ressorts-amortisseurs plus rigides, représente le nec plus ultra pour tirer toute la quintessence de la machine. Surtout que vous obtiendrez en prime des freins surdimensionnés et une boîte manuelle à l'étagement plus court encore.

Précis, le châssis de la Corvette demande tout de même un temps d'adaptation. Long et lourd museau, large croupe bien posée au sol, la Corvette envoie au train arrière de quoi « dialoguer » avec l'asphalte. Une fois qu'on a compris que cette propulsion sait se caler franchement et progressivement — même en cas de débordement de puissance et en désactivant son antipatinage — la confiance s'instaure entre la bête et son pilote. On profite alors de cette brutalité, pour apprécier la bestialité empreinte de précision de la belle. Car elle sait ciseler savamment la trajectoire, plaçant, sur un filet de gaz, ses hanches avec une étonnante finesse. Le moteur de 6 litres à culbuteurs, tout en aluminium, est presque aussi performant qu'un V8 à arbre à cames en tête de conception récente. Il produit 400 chevaux et déploie sa puissance avec aisance tout en demeurant alerte à très faible régime. Qu'il soit assisté d'une boîte manuelle à six vitesses (étonnamment souple) ou de l'automatique à quatre rapports, il se plaît à plisser les deux gros Good Year montés à l'arrière. La Corvette nous fait changer de monde, ouvre les portes du rêve et apporte un « méchant » plaisir de conduire avec un naturel déconcertant. En contrepartie, elle n'aime toujours pas la ville, à cause de son encombrement important, de son diamètre de braquage de camion (on le dirait pourtant plus court) et par peur d'une vilaine rayure de citoyen malveillant. Cette sixième génération démontre la fabuleuse somme de passion, d'acharnement et de talent de l'équipe de concepteurs. Ils ont réalisé une voiture sport remarquablement complète et raffinée, qui offre sans doute le meilleur rapport qualité/prix/performance que l'on puisse trouver actuellement sur cette planète.

ON AIME

> L'ergonomie du levier de vitesses (manuelle)

> Qu'elle adhère à la chaussée comme du velcro

> La suspension magnétique

ON AIME MOINS

> La présence accrue d'éléments électroniques

> Le dessin bien lourd de la partie arrière

> L'idée de devoir attacher une petite remorque pour les bagages

À RETENIR

Prix : **67 395 $**

Marge bénéficiaire : **17,5 %**

Ventes : ↓

Indice de fiabilité : **n.d.**

Consommation d'essence : **n.d.**

CO_2 sur une base annuelle : **n.d.**

Valeur résiduelle au terme de 48 mois : **n.d.**

Cote de sécurité en cas d'impact : **n.d.**

NOUVEAUTÉ

> Nouveau modèle pour 2005

LE MOT DE LA FIN

Si seulement GM faisait preuve d'autant de passion pour tous ces véhicules.

Exclusive, mais encore...

Le renouveau de Maserati a débuté par ce très joli coupé lancé en 1999 — en Europe d'abord, puis quelques années plus tard sur le continent nord-américain où la marque italienne n'avait plus mis les roues depuis plus de 10 ans. Ce coupé était la première pierre sur laquelle Ferrari, le proprié-taire de Maserati depuis 1997, allait bâtir la nouvelle gamme du constructeur qui, jadis, lui faisait concurrence sur les circuits de Formule 1. On connaît aussi la ver-sion Spyder, et plus récemment la Quattroporte. Un quatrième modèle, un utili-taire sport, étudié en collaboration avec Audi, complètera l'offre incessamment.

Revenons à ce coupé dessiné par la maison Giugiaro, qui adopte une silhouette très originale dans sa partie arrière. Le dessin du profil et de l'avant est toutefois beaucoup plus classique. À l'intérieur, difficile de ne pas s'extasier. Couvert de cuir, l'habitacle à la fois sportif et luxueux pêche cependant par une finition assez légère pour une automobile de ce prix. Contrairement à son effeuilleuse de sœur, le coupé est un 2+2, c'est-à-dire qu'il compte deux places arrière tout juste décentes pour des enfants.

Mais l'intérêt de cette Maserati se trouve sous son capot. Animée par un V8 de conception Ferrari, la belle italienne nous fait connaître le grand frisson. Le moteur émet d'abord une sonorité grave, caverneuse et surtout changeante à mesure que l'aiguille du compte-tours grimpe. Solide à bas régimes, il se déchaîne passé les 5000 tr/min pour terminer sa chevauchée à 2500 tr/min plus tard.

Malgré cette débauche de puissance aux roues arrière, ce coupé GT reste assez docile sur chaussée sèche. Les distances d'arrêt mériteraient cependant d'être plus courtes au vu des performances, avec une meilleure attaque à la pédale et un frei-nage plus endurant. Dans la même veine, on aurait également souhaité une direc-

tion moins légère pour pouvoir mieux anticiper les réactions de l'auto dans les virages. Quant au châssis, même s'il est plus solide que celui du cabriolet, il n'est pas d'une rigidité exemplaire. Dès que la qualité du bitume se dégrade, le mobilier intérieur se met à grincer, faisant craindre ce qu'il adviendra lorsque le compteur kilométrique aura beaucoup tourné.

Exclusif, envoûtant à plusieurs égards, le coupé Maserati peut très bien soutenir la comparaison face à la très belle Jaguar XK qui, elle aussi, est davantage portée sur le Grand Tourisme que sur le sport. Mais pour une somme équivalente, et parfois moindre (la Série 6 de BMW), on trouve mieux ailleurs — comme quoi le gazon est parfois réellement plus vert chez le voisin.

ON AIME

> Le moteur Ferrari

> Les regards qui se posent sur elle

> La boîte séquentielle

ON AIME MOINS

> Les places arrière étriquées

> Le châssis qui manque de rigidité

> Le tempérament pas aussi sportif que la silhouette

À RETENIR

Prix :
113 500 $ à 119 400 $

Marge bénéficiaire : **n.d.**

Ventes : **n.d.**

Indice de fiabilité : **n.d.**

Consommation d'essence :
19,8 L/100 km

CO_2 sur une base annuelle :
12,7

Valeur résiduelle au terme de 48 mois : **n.d.**

Cote de sécurité en cas d'impact : **n.d.**

NOUVEAUTÉ

> Modèle reconduit

LE MOT DE LA FIN

Belle à regarder, ordinaire à conduire.

Étoile filante

L e Taureau Furieux de Sant'Agata n'est pas le seul à voir rouge : Mercedes aussi. Pas satisfaite de frotter ses roues à la puissante Scuderia Ferrari sur les circuits du championnat du monde de Formule 1, la compagnie à l'étoile entend maintenant lui livrer bataille sur les routes du monde avec la SLR-McLaren. Réincarnation d'un mythe d'hier et star d'aujourd'hui, la SLR se réclame autant de la SLR de 1955 que de la McLaren de Hakkinen.

Avance conique sur double aileron, la proue, façon monoplace de F1, saute aux yeux. Elle est d'ailleurs assemblée dans les ateliers de McLaren à Woking en Angleterre. Les quatre phares ronds qui l'encadrent évoquent pour leur part la SLR des années 1950, tout comme les barrettes d'ouïes latérales sous lesquelles les sorties d'échappement émergent. À défaut d'être « papillon », les portes sont en élytre, comme sur une Lamborghini Murciélago. Ce n'est toutefois pas cette dernière que la SLR vise, mais plutôt une autre diva italienne : la 575 Maranello qui, force est de l'admettre, commence à dater sur le plan technique, malgré les attentions dont elle fait l'objet depuis sa mise en service.

Le châssis est conçu comme une coque de F1 avec des zones à déformation contrôlée en aluminium autour d'une cellule en matériaux composites. Il est 40 % moins lourd qu'en acier. Les éléments suspenseurs sont également en aluminium. Même l'habitacle privilégie les matériaux high-tech : carbone, aluminium, polycarbonate, pour que l'équipement luxueux ne nuise pas (trop) à la légèreté — car la SLR n'est pas un monstre de légèreté.

On soulève le cran de sécurité, on presse sur le bouton engine start monté sur le levier de vitesse (on croirait actionner un lance-missile) et le moteur suralimenté par compresseur est lancé. Le moteur est signé au sens propre (l'ouvrier chargé de son assemblage y pose sa griffe) et au sens figuré (par l'antenne sportive de Mercedes : AMG). Dérivé du moteur de la Classe S, ce V8 est monté à l'avant, comme sur la 575, et transmet plus de 600 chevaux aux roues arrière par l'entremise... d'une boîte automatique à cinq rapports. Snif ! Peut-être en est-il mieux ainsi pour garder les deux mains sur le volant (pas très joli d'ailleurs). Par chance, pour les amateurs de sport, cette boîte de vitesses, la seule capable dit-on d'encaisser le couple-moteur sans s'émietter, permet de passer manuellement les

rapports grâce aux palettes montées sur le volant. Comme sur une F1. Même l'aileron prend l'air lorsque la voiture atteint 95 km/h. Fait à noter, cet aileron prend encore plus d'altitude pour jouer le rôle d'aérofrein lors des freinages appuyés. Par ailleurs, le coffre est assez grand pour accueillir un sac de golf.

Hormis le dessin raté du volant, on ne peut pas dire que l'habitacle de la SLR vous chavire l'eau du ventre. C'est propre, bien fini, mais plusieurs commandes proviennent du dépôt de pièces de Mercedes, comme le commutateur des phares, les commandes de la climatisation et même le détestable et inélégant levier permettant d'actionner le régulateur de vitesse. En revanche, l'habitacle n'est pas aussi étriqué qu'il n'en a l'air (contrairement à celui de ses rivales) ; par conséquent, pas besoin d'avoir la taille d'un pilote de F1 pour s'y sentir à l'aise.

Il n'est pas surprenant que les concepteurs de cette Formule 1 de la route, capable d'atteindre une vitesse de pointe de 334 km/h, n'aient pas lésiné sur la qualité du freinage. Jugez-en : les disques sont en céramique, et encaissent deux fois plus de chaleur que ceux en fonte. Les étriers avant comptent huit pistons pour actionner les étriers, et le dispositif SBC élaboré par Mercedes figure bien entendu de série. On trouve bien sûr des options au catalogue. Quoi, nous sommes chez Mercedes ! Par chance, la SLR débarque avec l'essentiel : chaque voiture est équipée de phares bi-xénon, d'un volant multifonctions, d'un climatiseur (pratique pour chasser les grosses chaleurs que sa conduite cause) et d'un changeur de disques compacts.

Pour obtenir le privilège de poser ses fesses sur une SLR, il faut non seulement être riche (mais vous le saviez déjà) mais aussi patient, puisque les livraisons s'effectuent au compte-gouttes (3500 exemplaires seront produits). Exclusive, ça oui. Inaccessible ? Bien sûr que non... Pour preuve, on murmure qu'au Québec, l'un des futurs propriétaires est allé jusqu'à s'offrir une Maybach en prime.

ON AIME

> L'idée qu'elle soit assemblée chez McLaren

> Le contenu technologique

> L'habitacle étonnamment confortable

ON AIME MOINS

> La boîte automatique

> Que l'habitacle soit décoré avec des composantes de grande série

> Qu'elle ne soit pas aussi extrémiste qu'une Carrera GT

À RETENIR

Prix : **575 000$**

Marge bénéficiaire : **n.d.**

Indice de fiabilité : **n.d.**

Consommation d'essence : **n.d.**

CO_2 sur une base annuelle : **n.d.**

Valeur résiduelle au terme de 48 mois : **n.d.**

Cote de sécurité en cas d'impact : **n.d.**

NOUVEAUTÉ

> Nouveau modèle pour 2005

LE MOT DE LA FIN

Serez-vous parmi les 3500 chanceux ?

Ne manquez pas le cahier
L'AUTO

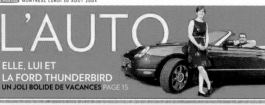

Avant de te dire adieu...

L es récents succès de BAR en Formule 1 ont contribué à braquer de nouveau les projecteurs sur la NSX, le modèle-phare d'Acura. Cependant, force est de reconnaître que celle que l'on surnommait jadis la « Ferrari japonaise » attire aujourd'hui les regards davantage par sa rareté que par sa beauté. On s'en doute, Acura planche déjà sur une nouvelle génération, plus sophistiquée et plus performante. Celle-ci, présentée sous une forme conceptuelle lors du salon de Tokyo 2003, entrera sous peu en production. D'ici là, la NSX actuelle a droit à un dernier tour de piste.

Stricte deux-places, la NSX comporte un cockpit étonnamment douillet pour un véhicule de cette catégorie. Ses sièges bas, gracieusement sculptés suivant la tradition ergonomique des vraies sportives, sont conçus pour assurer un bon maintien, ce qui n'empêche toutefois pas les personnes légèrement corpulentes de s'y sentir tout à fait à l'aise. Par contre, la visibilité n'est pas parfaite — mais sur quelle voiture sport l'est-elle ? — et la climatisation doit fonctionner à plein régime pour chasser la chaleur qui règne dans l'habitacle.

On disait de la NSX qu'elle était une sportive docile et facile. À une époque, elle avait, il est vrai, des manières civilisées comparativement à bon nombre de ses rivales, avec qui les échanges étaient plus « physiques ».

En apparence soumise, la NSX placera tout de même rapidement le conducteur face à ses propres limites. C'est que, extrêmement rapide, la NSX demeure toujours aussi délicate à piloter à haute vitesse. D'ailleurs, inutile de rouler à plus de 200 km/h pour réaliser que le train avant perd de son aplomb et exige par conséquent une vigilance de tous les instants. À l'attaque d'un virage, par exemple, la direction se durcit, et apparaît floue et trop inerte au point milieu.

Même s'il ne livre pas une cavalerie très impressionnante, le V6 de cette anti-Ferrari demeure encore et toujours une envoûtante mécanique. Docile, volontaire à bas régime et, surtout, explosif quand on allume la mèche. Et quelle musique ! Un félin qui miaule à moins de 3000 tr/min et rugit entre 6000 et 8000 tr/min. À vous donner des petits frissons. Les gros, c'est votre banquier qui vous les réserve, car, à ce prix, les fins de mois arrivent vite !

ON AIME

> Une sportive authentique
> La tenue de route saine
> Des sensations garanties

ON AIME MOINS

> Un modèle en fin de carrière
> Le comportement pointu
> L'habitacle étriqué

À RETENIR

Prix : **142 000 $**

Marge bénéficiaire : **13,6 %**

Ventes : ↓

Indice de fiabilité : **n.d.**

Consommation d'essence :
13,5 L/100 km

CO_2 sur une base annuelle :
8,6

Valeur résiduelle au terme
de 48 mois : **54 %**

Cote de sécurité en cas
d'impact : **n.d.**

NOUVEAUTÉS

> Modèle reconduit

LE MOT DE LA FIN

La prochaine, c'est pour
quand ?

> L'élégance des lignes
> L'habitacle décoré comme un salon anglais
> L'exclusivité

ON AIME MOINS

> Les plaintes des enfants assis derrière
> Le confort approximatif des sièges
> Que peu de techniciens soient suffisamment spécialisés pour l'entretenir

À RETENIR

Fourchette de prix :
190 000$

Marge bénéficiaire : **n.d.**

Ventes : **n.d.**

Indice de fiabilité : **n.d.**

Consommation d'essence :
22,8 L/100 km

CO₂ sur une base annuelle :
11,7

Valeur résiduelle au terme de 48 mois : **n.d.**

Cote de sécurité en cas d'impact : **n.d.**

NOUVEAUTÉ

> Nouveau modèle

LE MOT DE LA FIN

James Bond en veut une aussi.

Relève de la garde

Après avoir constamment changé de mains pendant des décennies, Aston Martin semble avoir enfin trouvé en Ford le partenaire rêvé. L'issue heureuse de cette union se reflétait on ne peut mieux dans la DB7, le modèle du renouveau. Puisque seuls les diamants sont éternels, la DB7 fait place à la DB9, largement inspirée de la Vanquish. Aston Martin ambitionne d'en assembler 2000 par année dans la nouvelle usine de Gaydon, en Angleterre.

Proposée en coupé ou en cabriolet, la DB9 a le même moteur à 12 cylindres de 5,9 litres que la Vanquish, mais avec 10 chevaux de moins (mais plus de couple, cependant). Derrière ses jantes de 19 pouces, se trouvent d'immenses disques de freins, et une carrosserie entièrement en aluminium contient mieux le poids de l'auto.

Les deux versions proposées sont de type 2+2, mais les passagers arrière ont tout intérêt à laisser leurs jambes au vestiaire. Les sièges avant, à réglages électriques, ont beau se parer de cuir Connolly à passepoil contrastant, ils demeurent peu confortables sur de longues distances. Ils s'insèrent de part et d'autre entre un large rebord de glace latérale et une haute console centrale qui peut aussi bien accueillir la boîte automatique que le levier de vitesses de la manuelle à six rapports. D'épais tapis bouclés et des appliques de bois précieux témoignent de la traditionnelle finition de luxe et de confort si chère aux Britanniques. L'instrumentation se veut sobre même si analogique et numérique se disputent certains indicateurs, et le volant est ample et offre une prise pleine. Quant à la vue au-dessus du long capot, on peut aisément la qualifier de grisante. Les agencements deux tons offerts au choix tendent enfin vers l'extravagance. Bref, ce genre de véhicule convient parfaitement aux épicuriens.

Sérieux, le constructeur britannique ne s'est pas limité à déposer son monstrueux V12 dans le compartiment moteur de la DB9. Le châssis, né d'une feuille blanche, n'a aucune peine à exploiter les chevaux disponibles et à faire de la DB9 une « Grand Tourisme » exemplaire. Concrètement, cela nous vaut une automobile énergique et racée, mais à la consommation d'essence importante (vous avez bien raison : quelle importance ?). Les accélérations sont tout simplement foudroyantes et les reprises le sont tout autant. De quoi virer capot face à une Ferrari 612 Scaglietti ? Sais pas... C'est vous qui payez, non ?

La Cadillac des Corvettes

Avec un fuselage qui l'apparente davantage à un avion de chasse qu'à une automobile, la XLR dévisse bien des cous sur son passage. Ses lignes brutales et brisées rehaussent son caractère délibérément choquant, excentrique plutôt qu'élégant, flamboyant plutôt que sobre. Et ce pouvoir de fascination ne s'arrête pas à la longue porte dépourvue de poignée de la XLR. Contrairement à la Corvette, dont elle dérive étroitement, nul besoin de talents de contorsionniste pour s'enfoncer dans les deux baquets dont les paumes en cuir vous accueillent avec la chaleur d'une poignée de main. Derrière le (trop) grand volant réglable en hauteur comme en profondeur, on surveille une instrumentation complète et lisible. La présentation est dépouillée de toute afféterie et présente un cachet plus luxueux que sportif avec ses appliques de bois et d'aluminium.

Pour démarrer, il suffit d'avoir la télécommande sur soi et d'appuyer sur le cercle vert qui se trouve à la droite du volant. Le V8 s'anime avec discrétion. Une pression sur l'un des boutons montés sur la console centrale et le toit fait alors sa chorégraphie. Extraordinaire ! On se régale à tout coup de voir cette danse de glaces et de panneaux se pliant savamment pour se glisser comme une feuille sous une porte dans le coffre — ce dernier ne pouvant dès lors vous inviter qu'à voyager très léger. Cela donne sur la route un roadster performant, efficace en reprises. Si le V8 possède une sonorité agréable (grave et caverneuse), sa poussée n'est pas démoniaque. Avec 1654 kilogrammes à pousser pour 320 chevaux, le rapport poids-puissance de la XLR ne permet pas de faire des étincelles. La XLR est facile à conduire et parvient à faire oublier ses dimensions extérieures imposantes. Toutefois, la conduite musclée n'est pas son exercice favori — preuve que cette XLR a l'âme d'une Grand Tourisme. Outre l'antidérapage (Stabilitrak), qui bride ses élans, la monte pneumatique privilégie le confort de roulement à l'adhérence à tout crin. Du même souffle, on regrette que la direction ne communique pas toutes les sensations de la route et que la distance nécessaire pour immobiliser l'engin soit aussi longue. On a déjà vu mieux.

Plutôt extrovertie, cette Cadillac signale cependant clairement les intentions de son constructeur de retrouver sa place au sein de l'élite automobile. Souhaitons seulement que la fiabilité soit au rendez-vous (nous avons quelques réserves à ce sujet), sans quoi l'exercice serait futile.

ON AIME

> La silhouette époustouflante
> L'impressionnante cinématique du toit
> La rigidité du châssis

ON AIME MOINS

> La fiabilité incertaine de certaines composantes (toit, verrouillage, etc.)
> La direction peu communicative
> Le rapport poids-puissance

À RETENIR

Prix : **103 000 $**

Marge bénéficiaire : **10,4 %**

Indice de fiabilité :
★★★☆☆

Consommation d'essence :
13,3 L/100 km

CO$_2$ sur une base annuelle :
▰▰▰▰▱▱▱▱ **8,8**

Valeur résiduelle au terme de 48 mois : **49 %**

Cote de sécurité en cas d'impact : **n.d.**

NOUVEAUTÉS

> Nouvelles « boiseries » pour décorer l'habitacle
> Palette de couleurs extérieures enrichie

LE MOT DE LA FIN

On vous félicite, mais on veut tout de même attendre la Série V.

DODGE **VIPER**

ON AIME

> Les coups de pied aux fesses lors des accélérations et des reprises

> La phénoménale adhérence

> Le moteur rugissant

ON AIME MOINS

> Devoir faire attention de ne pas se brûler sur les sorties d'échappement

> Le pédalier décalé

> La conduite délicate sur une chaussée à faible coefficient d'adhérence

À RETENIR

Prix : **127 000 $**

Marge bénéficiaire : **14 %**

Ventes : ↑

Indice de fiabilité : **n.d.**

Consommation d'essence : **18,3 L/100 km**

CO_2 sur une base annuelle : ▬▬▬▬▬ **11,6**

Valeur résiduelle au terme de 48 mois : **56 %**

Cote de sécurité en cas d'impact : **n.d.**

NOUVEAUTÉ

> Des petits détails

LE MOT DE LA FIN

Difficile à domestiquer. Coeur solide requis.

Bête et méchante

L a route fonce droit vers la montagne sur laquelle se dessinent des courbes ondoyantes et de (trop) courtes lignes droites. Parcours inquiétant s'il en est pour qui ignore, au volant de la Viper SRT/10 surtout, la limite de vitesse imposée par les panneaux plantés en bordure de la route. Nous voilà au pied de la montagne, prêts à nous élancer. Le timbre du V10 qui envahit l'habitacle n'a rien de musical, mais son grondement rauque et assourdi est loin de laisser indifférent. Au-delà du son, il y a les sensations que procure cette Viper. Le couple formidable de la mécanique vous catapulte hors des virages serrés à la vitesse de l'éclair, la rapidité de la direction vous permet de corriger aussitôt le moindre travers. On s'amuse ferme, on se fait peur un peu.

Ce V10 de 8,3 litres est un véritable baril de poudre prêt à exploser dès que le pied droit se pose sur l'accélérateur. À 1000 tr/min en quatrième, accélérateur au plancher, le V10 reprend sans hésitation aucune et le déferlement de couple vous arracherait un kilomètre d'asphalte, clouerait sur place tout ce qui roule autour. Mais les chiffres, si impressionnants soient-ils, ne peuvent rendre compte du plaisir que l'on éprouve au volant de la Viper. Non qu'il s'agisse d'une voiture parfaite, loin de là, mais, dans sa forme actuelle, la tenue de cap et l'efficacité globale sont nettement supérieures à celles des premiers modèles. L'équilibre, l'adhérence sont impressionnants, mais il ne faut pas avoir froid aux yeux pour aller chercher la limite. À vitesse grand V, en entrée de virage, par exemple, on discerne bien un zeste de sous-virage.

Même si les portières sont plus longues, se glisser à bord de ce roadster demeure, pour un contorsionniste, le moyen idéal de conserver la forme, et encore plus pour s'en extraire puisqu'il faut faire le grand écart pour ne pas se brûler les mollets sur les échappements qui longent la caisse (le port de la minijupe est proscrit). La recherche d'une position de conduite convenable exige d'ailleurs tout autant d'élasticité. Le pédalier, ajustable mais toujours décalé vers la gauche, et le siège, aux possibilités de réglage limitées, contribuent à l'inconfort du pilote. Il n'y a toujours pas de porte-gobelets ni de régulateur de vitesse — les amateurs n'en veulent pas, nous dit-on. Racée, rapide, cette Viper n'en demeure pas moins une automobile à ne pas laisser aux mains d'un néophyte, surtout sous la pluie.

Trop belle pour moi ?
Trop chère, surtout !

C omme pour plusieurs, sans doute, la 456 GT figurait au sommet de mon palmarès des plus belles automobiles de tous les temps. La pureté de son profil, surtout quand elle était peinte de bleu, avait de quoi vous chavirer l'eau du ventre, vous mettre le cœur sur trampoline. Élégante comme pas une, jamais Ferrari ne sera aussi belle et sensuelle que celle-là. C'était avant que le voile ne se lève sur la 612 Scaglietti, qui a non seulement la tâche de succéder à la 456 GT, mais aussi de perpétuer la gamme des Ferrari quatre-places à moteur V12 — une tradition initiée en 1948 avec le coupé 166 Sport Touring. Le dessin, œuvre d'un Japonais à l'emploi de Pinin Farina, est d'une très grande pureté et ne manque pas de faire quelques clins d'œil au passé, par exemple en reprenant les flancs creusés de la 375 MM dessinée en 1963 par Scaglietti pour l'actrice suédoise Ingrid Bergman. Reposant sur un empattement beaucoup plus long que celui de la 456, la 612 Scaglietti promet des cotes inté-rieures à la hausse. Les passagers arrière apprécieront. Elle est également plus haute et plus large, mais rassurez-vous, le poids a été contenu (elle est de 60 kg plus légère que sa devancière) grâce à un châssis-carrosserie tout en aluminium. À l'intérieur, on est tantôt flatté par la qualité des cuirs et le soin apporté aux détails, tantôt découragé par le petit côté kitch de l'écran multifonctionnel qui dépare un tel écrin. Animée par un moteur V12 de 5,7 litres, la 612 Scaglietti promet d'être plus performante en raison de son poids moindre et du nombre accru de chevaux qui galopent dans son bloc-moteur (540 chevaux contre 515). Elle jure aussi que la boîte F1 à commande séquentielle enfilera les rapports avec beaucoup plus de douceur qu'elle ne le fait à bord des actuelles 360 et 575. Fait à souligner, la 612 Scaglietti est la première Ferrari pourvue d'un dispositif d'antidérapage (CST), en plus du traditionnel antipatinage. Êtes-vous soulagé ? Rouler en 612 Scaglietti, c'est possible, mais il faut respecter deux conditions. La première : avoir un compte en banque fort bien garni, car la nouvelle madone de Modène commande un prix qui la place hors d'atteinte du *vulgum pecus*, c'est-à-dire vous et moi. La seconde : faire preuve de patience, puisque vous ne serez assurément pas les premiers terriens à vous faire voir à son volant. Consolez-vous, nous ne l'avons pas été non plus !

ON AIME

> Ou plutôt : on aimerait... pouvoir la conduire
> Les lignes envoûtantes
> La finition impeccable

ON AIME MOINS

> Notre banquier qui refuse de nous la financer

À RETENIR

Fourchette de prix :
374 981 $ à 392 910 $

Marge bénéficiaire : **n.d.**

Indice de fiabilité : **n.d.**

Consommation d'essence : **n.d.**

CO_2 sur une base annuelle : **n.d.**

Valeur résiduelle au terme de 48 mois : **n.d.**

Cote de sécurité en cas d'impact : **n.d.**

NOUVEAUTÉS

> Nouveau modèle succédant à la 456

LE MOT DE LA FIN

Si vous en avez une, je vous laisse mon numéro de téléphone.

FERRARI **360 MODENA**

Rideau !

La plus attachante mais aussi la moins chère des Ferrari reprend la route pour une dernière fois cette année. Ainsi en a décidé la Scuderia, qui profitait de son passage au dernier Mondial de l'Auto de Paris pour révéler les formes et couleurs de sa nouvelle muse, la F430, qui porte, cela va de soi, une robe griffée Pininfarina. Encore plus puissante, plus racée, plus sophistiquée, la F430 n'aura aucun mal à faire oublier tout le bien que nous pensons encore du modèle actuel.

Mais à défaut de pouvoir chevaucher la nouvelle monture de la Scuderia, nous devons faire avec la « vieille » 360 Modena.

À la vue des deux baquets de la 360, on se demande bien comment, même après un régime rigoureux, on pourra y caler son postérieur, tant ils sont étroits et taillés pour des passagers ô combien sveltes. Heureusement, l'importateur consciencieux prendra soin de noter vos mensurations au moment de commander des sièges « taille forte ». La finition demeure toujours assez légère, l'ergonomie encore une science inexacte (pour Ferrari, s'entend), mais à quoi bon rouspéter ? N'est-ce pas ces petits travers qui rendent cette automobile si exceptionnelle ?

Plus légère que la version découvrable, cette berlinetta partage le même V8 de 3,5 litres coiffé d'une culasse à cinq soupapes par cylindre, déléguant volontiers au pilote la responsabilité de mater la cavalerie. La cavalerie est transmise aux roues arrière par une boîte transversale à six rapports au fonctionnement étonnamment civilisé. Et la F1 ? Un pur régal. À son volant, le pilote n'a nul besoin de lever le pied de l'accélérateur, les changements de rapports s'effectuant avec autant de rapidité qu'avec une boîte manuelle conventionnelle. Les commandes de vitesses se trouvent derrière le volant, tout comme sur les monoplaces de Grand Prix, de sorte qu'il n'y a pas de pédale d'embrayage ; on se retrouve donc avec seulement deux pédales en aluminium, qu'il suffit d'enfoncer simultanément pour passer au point mort. Cela dit, pour ne pas trop souffrir des à-coups, nous vous recommandons tout de même de détendre l'accélérateur au passage des vitesses. Seul véritable hic : la marche arrière est aussi lente qu'une tortue et émet des grincements pour le moins inquiétants. Des irritants que les ingénieurs auront — c'est sûr — étouffé sur la F430. Nous rêvons déjà d'en juger par nous-même !

Un V12 juste pour nous deux

Dès ses premiers tours de roues, à l'automne 1996, la Ferrari 550 Maranello a fait couler beaucoup d'encre et de salive. À cette époque, rappelez-vous, Ferrari abandonnait la technologie du moteur central, spectaculaire et directement héritée de la compétition automobile, pour revenir à une implantation plus conventionnelle à l'avant. La Ferrari 550 Maranello n'en présentait pas moins une grande finesse de conception, mais les plus purs tenants de la marque n'ont pas manqué d'y voir un sérieux retour en arrière. Certes, avant la 550 Maranello, Ferrari avait déjà démontré tout son savoir-faire autour de cette architecture frontale sur la superbe 456 GT, maintenant remplacée par la 612 Scaglietti. Mais celle-ci étant une véritable 2+2, l'habitabilité recherchée interdisait d'emblée le montage central du moteur, alors que la 550 Maranello est une stricte deux-places. Même si elle n'est qu'une biplace, cette 550 Maranello propose une habitabilité tout à fait correcte. Ses sièges larges et profonds offrent un confort exceptionnel. En revanche, il suffit d'examiner les plus récentes créations de la marque pour constater les progrès réalisés aux chapitres de la qualité de la construction et de la finition des détails. D'entrée de jeu, l'accès, la visibilité et la lisibilité exemplaires d'une instrumentation riche rendent la conduite agréable. La portière à peine refermée, on se sent prêt à partir au bout du monde au volant de ce pur-sang.

Ce qui surprend, au premier abord, c'est la docilité des commandes, la progressivité de l'embrayage et la douceur du levier de boîte de vitesses. Malgré son âge (n'oublions pas qu'elle aura 10 ans l'an prochain), cette Ferrari demeure une voiture moderne qui n'a toujours rien à envier aux meilleures références dans le domaine, qu'elles se nomment Lamborghini ou Aston Martin, sans oublier toute la spécificité et toute la rage qui sied aux mécaniques frappées du Cavallino. Le V12, qui ronronne à ses premières révolutions, devient vite un fauve affectionnant les hauts régimes. À bord, les aiguilles des compteurs s'affolent vite, mais la 550 Maranello présente un comportement si équilibré que la domestication de la puissance n'est jamais un problème. Cependant, la boîte à six rapports s'avère plus difficile à mater et requiert une poigne de fer pour guider le levier à l'intérieur de la grille de sélection nickelée. À défaut de pouvoir vous offrir l'une des 399 Enzo produites, sans doute trouverez-vous une source de consolation dans la Ferrari 550 Maranell.

ON AIME

> Les performances électrisantes
> L'idée de se prendre pour Schumacher
> Le timbre du moteur

ON AIME MOINS

> La finition légère
> Le prix astronomique (snif!)
> Le mal qu'elle fait à la planète (voir CO2)

À RETENIR

Prix :
356 365 $ à 373 105 $

Marge bénéficiaire : **n.d.**

Ventes : **n.d.**

Indice de fiabilité : **n.d.**

Consommation d'essence :
21,4 L/100 km

CO_2 sur une base annuelle :
13,9

Valeur résiduelle au terme de 48 mois : **n.d.**

Cote de sécurité en cas d'impact : **n.d.**

NOUVEAUTÉS

> Modèle reconduit

LE MOT DE LA FIN

Si vous n'avez pu obtenir une Enzo, voilà le prix de consolation.

ON AIME

> L'idée de faire ainsi un clin d'œil au passé

> Qu'elle colle comme une ventouse à l'asphalte

> Les frissons que nous procure le moteur

ON AIME MOINS

> Devoir s'entraîner physiquement pour la conduire

> La conduite sur chaussée mouillée

> L'idée de côtoyer des propriétaires de Focus au moment du service

À RETENIR

Prix : **140 000$**

Marge bénéficiaire : **n.d.**

Indice de fiabilité : **n.d.**

Consommation d'essence : **n.d.**

CO_2 sur une base annuelle : **n.d.**

Valeur résiduelle au terme de 48 mois : **n.d.**

Cote de sécurité en cas d'impact : **n.d.**

NOUVEAUTÉ

> Nouveau modèle

> En attente de pouvoir être vendue au Canada

LE MOT DE LA FIN

Faites pression auprès de votre concessionnaire, de votre député s'il le faut!

Bloquée à la frontière

Il y a plusieurs façons d'aborder ce modèle. On peut se réjouir de sa résurrection (en son temps, cette automobile était un mythe, l'égale des Ferrari). On peut également questionner la vision de Ford, qui ne cesse de remâcher ses vieux succès (Thunderbird, Mustang, Bronco? Shelby?) On peut aussi se désoler que l'attention médiatique que suscite ce modèle ne rejaillisse pas comme il se devrait sur l'ensemble de la gamme du géant américain qui, comme on le sait, se trouve actuellement en pleine reconstruction. N'aurait-il pas mieux valu attendre que celle-ci soit d'abord complétée? À quoi bon philosopher sur cette voiture qui, au moment d'écrire ces lignes, ne sera vraisemblablement pas commercialisée au Canada dans la prochaine année en raison des pare-chocs qui ne rencontrent pas les normes édictées par Transports Canada. Pourquoi la société Ford puiserait-elle dans ses goussets pour redessiner les pare-chocs et satisfaire les normes d'un marché aussi petit que le nôtre? Peut-être consentira-t-elle à le faire si elle éprouve des difficultés à écouler les quelque 4500 exemplaires qu'elle entend produire au cours des trois prochaines années.

Présentée sous une forme conceptuelle au Salon de Detroit, la Ford GT (GT40 en fait, mais Ford a omis de déposer le nom détenu aujourd'hui par un fabricant de répliques) est beaucoup plus civilisée que la version originale qui remporta, au nez et à la barbe des Ferrari, les 24 Heures du Mans entre 1966 et 1972. Pour preuve, elle débarque chez le concessionnaire équipée de coussins gonflables, de la climatisation et d'un lecteur de disques compacts. Positionné à l'arrière, le moteur V8 de 5,4 litres opte pour la suralimentation par compresseur pour produire 500 chevaux. La puissance est transmise aux roues arrière motrices par l'entremise d'une boîte manuelle à six rapports qui nécessite une main de fer et une semelle de plomb. Non, il n'y a aucune boîte automatique au catalogue, désolé! Selon le constructeur, la GT met moins de quatre secondes pour atteindre les 100 km/h et atteint une vitesse de pointe de l'ordre de 310 km/h. Comme la Viper, un autre monstre de 500 chevaux, la Ford GT refuse d'adopter des dispositifs d'aide à la conduite. Avez-vous le talent nécessaire pour maîtriser cette brute? Pas d'antipatinage, pas d'antidérapage, mais vous pouvez par contre compter sur l'antiblocage. C'est toujours cela de pris, car si la GT est très progressive dans ses réactions, sachez que lorsqu'elle décroche, elle décroche. Vous avez du talent, m'avez-vous dit?

Quand on aime

I l y a de ces voitures qu'on a peine à ranger sous ce dénominatif, tellement usuel et impropre qu'il ne convient plus à des créations magistrales proches du chef-d'œuvre. Le coupé XKR de Jaguar est l'un de ces véhicules. Le XK cultive la tradition et préfère moderniser discrètement ses dessous plutôt que de céder aux modes éphémères. D'ailleurs, huit ans après son lancement, pénétrer dans l'habitacle de cette voiture anglaise est toujours un enchantement. On ne s'assoit pas dans cette Jaguar, on s'y glisse, car l'intérieur exigu et la faible garde au toit créent un univers intimiste. Le tableau de bord tatoué en loupe de noyer et l'odeur du cuir pleine fleur flattent les sens. Cependant, l'ergonomie, toujours approximative, rappelle l'origine britannique de la belle. De plus, l'assise des baquets avant demeure toujours aussi courte, alors que le volant, bien que réglable en profondeur, reste *scotché* au tableau de bord. Il n'y a pas lieu de se plaindre, direz-vous en jetant un œil sur les baquets qui se trouvent derrière. Ils sont en effet si exigus que mes deux petits voisins (cinq et huit ans) n'ont pas voulu se porter volontaires.

Souple, mordant à tous les régimes, le V8 suralimenté par compresseur de la version R chante faux. Les miaulements du V8 sont en effet couverts par le bruit d'aspirateur du compresseur, et le moteur engloutit aisément plus de 23 litres aux 100 km en conduite soutenue. Au diable la dépense et les arrêts à la pompe (on vous remarquera, c'est sûr), puisqu'on se réjouit à l'avance de sa poussée franche et linéaire. Sur une route correctement pavée, le XKR demeure étonnamment digne. Avec ses bottes de sept lieues (de superbes roues de 20 pouces), il est vrai que l'anglaise a ce qu'il faut pour mordre le bitume. D'ailleurs, si vous en avez le courage (et de bonnes assurances!), vous constaterez qu'avant de déclencher le dispositif d'antidérapage, il y a une marge... Le confort est honorable, mais les bruits aérodynamiques agacent. Neutre, capable de virer plat, ce coupé perd de sa superbe dès que la chaussée se dégrade. Le train avant se met à regimber et incite les plus nerveux à lever le pied, surtout s'il pleut.

Le XK ne traverse pas les années sans prendre de rides. D'accord, à sa vue, le cœur bat la chamade et les yeux s'écarquillent, mais force est de reconnaître que la concurrence fait mieux (Lexus SC430, Cadillac XLR), même beaucoup mieux (BMW Série 6, Mercedes SL).

ON AIME
> La version R
> La beauté des lignes
> La force pas du tout tranquille du V8 suralimenté

ON AIME MOINS
> Se sentir aussi à l'étroit
> Devoir conduire sur la pointe des fesses
> Les précautions à prendre lorsqu'il pleut

À RETENIR
Fourchette de prix :
96 350 $ à 108 350 $

Marge bénéficiaire : **11,1 %**

Ventes : ↓

Indice de fiabilité :
★★★☆☆

Consommation d'essence :
12,7 L/100 km

CO_2 sur une base annuelle :
 8,4

Valeur résiduelle au terme de 48 mois : **39 %**

Cote de sécurité en cas d'impact : **n.d.**

NOUVEAUTÉS
> Modèle reconduit sans pratiquement aucun changement

LE MOT DE LA FIN
Quand on aime, peut-on tout pardonner?

LAMBORGHINI **GALLARDO**

ON AIME

- > La finition intérieure
- > Le rouage intégral
- > Se faire plaquer contre le baquet à chaque accélération

ON AIME MOINS

- > La position de conduite
- > La perspective de l'amener en ville
- > Le timbre du moteur V10 — un peu plus de virilité serait apprécié

À RETENIR

Fourchette de prix :
412 860 $ à 427 360 $

Marge bénéficiaire : **n.d.**

Ventes : **n.d.**

Indice de fiabilité : **n.d.**

Consommation d'essence :
23,8 L/100 km

CO_2 sur une base annuelle :
14,3

Valeur résiduelle au terme de 48 mois : **n.d.**

Cote de sécurité en cas d'impact : **n.d.**

NOUVEAUTÉ

- > Modèle reconduit

LE MOT DE LA FIN

Ça donne envie de s'enrôler dans la police italienne.

L'Impala italienne

« **G**ang de chanceux », s'écriront sans doute nos amis de la Sûreté du Québec en apprenant que leurs collègues italiens roulent en Lamborghini Gallardo... Pas tous, bien sûr, mais c'est quand même bien mieux qu'une Impala. La plus petite et la plus abordable des Lamborghini ne satisfait pas que la force constabulaire italienne, mais aussi les amateurs de voitures exotiques. Créée sous l'impulsion d'Audi, son actuel propriétaire, la Gallardo confirme que le temps des vaches (ou des taureaux ?) maigres est bel et bien révolu à Sant'Agata Bolognese, fief de la marque italienne. Les prochaines années s'annoncent tout de même difficiles. D'une part, Ferrari s'apprête à faire « rouler » une nouvelle F430 et, d'autre part, Aston Martin peaufine son futur modèle d'entrée de gamme (concept AMV8). Beaucoup d'action dans ce créneau où les clients ne courent pas les rues.

Avec ses faux airs de Countach, la Gallardo, adopte contrairement à celle-ci, des portières à ouverture classique (et non en élytre). À l'arrière, juste derrière le capot-moteur, un aileron émerge entre les feux pour améliorer l'appui aérodynamique. À l'intérieur, l'habitacle se pare de cuir surpiqué, de commandes bien disposées dans une finition presque irréprochable. Merci, Audi ! Après les fleurs, le pot : les baquets ne sont guère confortables (certains ont peine à trouver une position de conduite convenable), l'espace à bord est compté et le volant manque d'élégance. Sur la route, la Gallardo en met bien sûr plein la vue. Aidée par un rouage à quatre roues motrices efficace, la Gallardo fonce dans les courbes à vitesse grand V, sans jamais dévier de sa trajectoire. La direction, très incisive, permet de l'inscrire au point de corde au millimètre près ou de changer de trajectoire en un battement de cils. Imperturbable peu importe le temps qu'il fait, et surtout très sécurisante à conduire. En fait, c'est sans doute ce qui étonne le plus. Le néophyte s'en réjouira, dans la mesure où la Gallardo est facile à prendre en main, tandis qu'un pilote chevronné regrettera l'époque où Lamborghini élevait des taureaux plus sauvages que celui-là. Le cœur de cette mécanique d'exception bat au rythme d'un moteur à dix cylindres dont le timbre n'est, hélas, pas aussi caverneux que le douze-cylindres de la Murciélago. À défaut du son, il y a l'image, et dans ce domaine, la Gallardo ne manque pas d'impressionner. Elle vous plaque contre votre baquet à la moindre accélération, au moindre changement de vitesse. Ça pousse, et fort à part ça. Bien assez pour semer une Impala...

LAMBORGHINI **MURCIÉLAGO**

Sauvage et fière de l'être

Autrefois, pour apprécier une Lamborghini Diablo, il fallait vraiment avoir la capacité et l'envie de la dominer. En effet, pour exploiter le plein potentiel de cette voiture, le pilote devait entretenir avec elle des échanges pour le moins vigoureux. Sans quoi, point de plaisir ! Or, depuis la Murciélago, jamais Lamborghini n'a été aussi performante et aussi civilisée.

Sous les portières en aile de mouette, la Murciélago offre un cockpit soigné, moderne et ergonomique. Cela dit, on s'étonne d'entendre les dirigeants de la petite firme italienne attirer tant l'attention sur le système de climatisation plus raffiné, sur le changeur de disques compacts, sur les espaces de rangement, sur le dégagement intérieur accru et sur l'insonorisation améliorée de la cabine de pilotage. Rassurez-vous, même si l'habitacle est insonorisé, il est toujours possible d'entendre les rugissements courroucés du V12, qui vous remuent les tripes. Pour mieux l'entendre, Lamborghini proposera bientôt une version Barchetta, c'est-à-dire à toit amovible. Parlons-en, de cette mécanique. Il suffit de savoir que le moteur de 12 cylindres produit 580 chevaux pour comprendre que les accélérations comme les reprises vous plaqueront indubitablement contre le dossier. Moins de quatre secondes suffisent pour la propulser de 0 à 100 km/h, et la vitesse de pointe est, dit-on, supérieure à 330 km/h. Et, surprise, ce déferlement de puissance n'est pas interrompu par les changements de rapports ! La boîte à six rapports est parfaitement synchronisée, et son levier se laisse guider avec une déconcertante facilité. Châssis plus rigide, rouage intégral, aérodynamique plus soignée (l'aileron arrière se déploie en fonction de la vitesse), éléments suspenseurs (et pneus) optimisés et centre de gravité abaissé, tout concourt à rendre la conduite de la Murciélago moins exténuante sur route ouverte. En ville, c'est une toute autre histoire. La visibilité est presque nulle, le moindre dos d'âne nous fait craindre d'abîmer le carénage inférieur de l'auto et son rayon de braquage ne lui permet pas de tourner « sur un 10 cents ». Son plus grand défaut est regrettablement le freinage, qui ne se révèle pas à la hauteur des performances de la bête.

Chose certaine, Ferrucio Lamborghini doit, là où il est, se réjouir de la bataille qui fait rage entre le groupe Volkswagen (auquel appartient désormais Lamborghini) et la maison Fiat (propriétaire de Ferrari), bataille qui, de son vivant, n'a pu être menée à terme, faute non pas d'idées mais de moyens.

ON AIME

> Le courroux du moteur
> Les performances pures
> Les têtes qui se dévissent sur son passage

ON AIME MOINS

> La visibilité presque nulle
> Le freinage, qui manque un peu de mordant
> L'idée de la sortir en ville

À RETENIR

Prix :
250 860 $ à 265 360 $

Marge bénéficiaire : **n.d.**

Ventes : **n.d.**

Indice de fiabilité : **n.d.**

Consommation d'essence : **n.d.**

CO_2 sur une base annuelle : **n.d.**

Valeur résiduelle au terme de 48 mois : **n.d.**

Cote de sécurité en cas d'impact : **n.d.**

NOUVEAUTÉ

> Modèle reconduit
> Modèle raodster en préparation

LE MOT DE LA FIN

Entendre encore une fois le son du moteur. Humm !

LEXUS **SC430**

ON AIME

> Le rapport prix/équipements
> La douceur de roulement
> La qualité de fabrication

ON AIME MOINS

> Les lignes inspirées d'un yacht, dit-on
> Se faire un tour de reins pour empoigner les ceintures de sécurité
> Le manque d'entrain quand vient le temps de la conduire de façon sportive

À RETENIR

Prix : 89 770 $

Marge bénéficiaire : 9,9 %

Ventes : ↓

Indice de fiabilité :
★★★★★

Consommation d'essence :
13,3 L/100 km

CO_2 sur une base annuelle :
 8,7

Valeur résiduelle au terme de 48 mois : 51 %

Cote de sécurité en cas d'impact : n.d.

NOUVEAUTÉ

> De nouveaux accessoires

LE MOT DE LA FIN

Idéale pour une balade sur la rue Crescent un jeudi soir.

Émotion, es-tu là ?

Aussi rationnel que les autres membres de la famille, le coupé/cabriolet SC430, le « joyau » de Lexus, évolue dans un segment de marché où l'émotion et l'image de marque font foi de tout. Pour séduire, la SC430 est prête à tout, même à enlever le haut...

Même avec un remarquable cœfficient de traînée aérodynamique (Cx 0,30), et aussi distinctive soit-elle, la SC430 ne me chavire point l'eau du ventre. Ses étranges proportions, son disgracieux béquet posé sur le couvercle du coffre et ses jantes qui ressemblent aux couvercles de mes casseroles sont autant d'éléments qui font tiquer. Après s'être tordu les vertèbres à vouloir empoigner cette foutue ceinture de sécurité, on peut finalement apprécier les baquets avant, à réglages électriques, vêtus de cuir Baden d'Allemagne (vous ne connaissez pas, ah bon !), lesquels se révèlent particulièrement confortables, peu importe la distance à parcourir. Outre le cuir, qui rend les places éthérées, la cabine incorpore le summum des gâteries : aucune option au programme à l'exception du chauffe-moteur. Un seul bouton suffit pour replier la capote métallique de cette Lexus dans une soute aménagée à l'arrière, réduisant ainsi (par chance, il n'y a pas de roue de secours) le volume utile du coffre à 266 litres. Juste assez pour loger un sac de golf. La puissance de la SC430 s'exprime à travers un huit-cylindres en V de 4,3 litres. Souple et fort en couple, ce moteur assure une conduite douce et agréable en ville tout en permettant, au besoin, de solides accélérations.

Comprenons-nous bien, la SC430 n'est pas une sportive, mais plutôt une Grand Tourisme qui saura plaire aux amateurs de bronzette. Sa prise en main est remarquablement aisée et elle donne, en tout lieu, l'impression que tout est parfaitement maîtrisé. Le contraire aurait été étonnant, considérant la ribambelle de gadgets électroniques qui la protègent. La SC430 vous convie donc à une expérience de conduite sécurisante, mais un brin tristounette pour celui ou celle qui aime conduire. Poussez-là vers la limite et la SC430 vous fera voir (et entendre, par les lamentations de ses pneumatiques) sa nature survireuse. Exclusive (par le prix et la quantité produite), raffinée, magnifiquement assemblée, la SC430, comme bien des Lexus, oublie que le cœur a parfois ses raisons que la raison ignore. Et, à ce chapitre, il lui manque encore cette âme, cette perfectibilité qui rend certaines automobiles si attachantes.

Incontournable classique

« **L**'été est fini et nos poches sont vides », me direz-vous en voyant cette rutilante Mercedes SL. Seulement voilà, ce cabriolet est un incontournable, un classique. Et, contrairement à bon nombre de ses concurrentes, la SL n'a pas à retirer le haut pour vous mettre les poils des avant-bras au garde-à-vous. À bord, Mercedes a su créer une ambiance chaleureuse, enveloppante. Le poste de pilotage est très flatteur et d'une qualité remarquable. Les accessoires impressionnent tant par leur nombre que par leur accessibilité. Dressez l'inventaire, et vous constaterez que pratiquement rien n'y manque. Sous le long capot, se cache un costaud V8 de 5 litres dont la puissance peut sembler un peu juste sur papier. Tantôt grave et sourd, tantôt rauque et caverneux, ce moteur joue son concert en direct. Un vrai bonheur, d'autant plus appréciable lorsque le décor défile à toute vitesse. La SL revendique 250 km/h en vitesse de pointe et 6,3 secondes pour atteindre 100 km/h — des performances intéressantes, mais sans plus. Il faut dire que la boîte de vitesses, une semi-automatique à cinq rapports, n'est pas apparue comme un modèle de rapidité. On peut toujours pallier ce défaut en secouant de gauche à droite le levier de vitesse pour engager les rapports manuellement, mais au mouvement déjà inhabituel s'ajoute l'inconfort de l'avant-bras qui doit composer avec un accoudoir central étonnamment haut. Pour se faire plaisir (ou peur, c'est selon), les versions AMG ou 600 avec leur puissant moteur V12 sont à privilégier.

Un encombrement important (heureusement qu'il y a un radar pour détecter les extrémités de l'auto) rend ce coupé/cabriolet peu agréable à conduire en milieu urbain. En revanche, sur voies rapides, c'est un véritable régal de se retrouver en appui au cœur d'une grande courbe. Qualifier la SL de stable est un euphémisme : une fois placée, elle ne déviera pas de sa trajectoire, quelle que soit la route. Elle se place facilement sur la trajectoire et aime passer d'une courbe à une autre, mais encore faut-il lui laisser le temps de le faire. La brusquer ne sert à rien. Destinée aux amateurs de bronzette fortunés, la SL impose sa classe, offre une belle efficacité au quotidien et une puissance contenue qui peuvent effectivement charmer. Dommage encore une fois que son prix ait toujours la tête dans les étoiles.

Oui, l'été est fini et vos poches sont vides, mais auriez-vous oublié que c'est bientôt Noël ?

ON AIME

> Le toit panoramique
> Le concert des moteurs
> La très grande facilité de conduite

ON AIME MOINS

> Les lignes « caricaturales »
> La boîte automatique un peu lente
> Les options coûteuses

À RETENIR

Fourchette de prix :
131 300 $ à 259 950 $

Marge bénéficiaire : **9,8 %**

Ventes : ↑

Indice de fiabilité :
★★★★☆

Consommation d'essence :
14,3 L/100 km

CO_2 sur une base annuelle :
◖▬▬▬▬▬◗ **9,4**

Valeur résiduelle au terme de 48 mois : **41 à 54 %**

Cote de sécurité en cas d'impact : **n.d.**

NOUVEAUTÉS

> AMG déballe de nouvelles versions encore plus explosives

LE MOT DE LA FIN

Une SLR, est-ce beaucoup plus cher ?

MERCEDES **CL**

ON AIME

> L'idée d'appartenir à un club sélect

> Le choix de modèles et de garnitures

> L'équilibre

ON AIME MOINS

> Que les enfants aient à souffrir un peu pour nous accompagner

> Que la silhouette soit si discrète, si austère

> Le nombre d'options, même à ce niveau de prix

À RETENIR

Fourchette de prix :
138 750 $ à 192 450 $

Marge bénéficiaire : **9,9 %**

Ventes : **n.d.**

Indice de fiabilité :
★★★★☆

Consommation d'essence :
14 L/100 km

CO_2 sur une base annuelle :
 9,1

Valeur résiduelle au terme de 48 mois : **41 à 50 %**

Cote de sécurité en cas d'impact : **n.d.**

NOUVEAUTÉ

> Version AMG

LE MOT DE LA FIN

Plus coûteux qu'un abonnement au Club Saint-Denis.

Pour initiés seulement

Voilà une (autre) analyse qui n'intéressera probablement personne. Non pas que ce majestueux coupé soit dépourvu de charme ou d'intérêt, mais plutôt parce que la clientèle de cette Mercedes est composée d'inconditionnels, de personnes (fortunées, évidemment) qui n'ont rien à cirer de ce qu'un chroniqueur automobile, comme votre humble serviteur, pourrait écrire ou dire. Tout comme les propriétaires de Porsche 911 ou encore de Ferrari, les propriétaires de CL sont des habitués de la maison, des clients fidèles qui ont le profond sentiment d'appartenir à un caste unique. Sans y consacrer des efforts colossaux, la firme de Stuttgart s'assure bon an, mal an de parfaire la mise au point de son coupé, de l'enjoliver de nouveaux accessoires, de gonfler les muscles de son moteur, de le peaufiner, quoi. Pour faire mieux que la Série 6 de BMW introduite au cours de la dernière année ? Non, la CL, c'est autre chose. Plus statutaire, plus noble, plus imposante et surtout beaucoup plus chère que la BMW, la CL aime se frotter aux Ferrari 612 Scaglietti et autres voitures Grand Tourisme d'exception, aux côtés desquelles elle fait figure d'aubaine.

Reposant sur la même plateforme que la Classe S, la CL bénéficie bien entendu des mêmes raffinements que la berline, à savoir la suspension à amortissement piloté et le régulateur de vitesse « intelligent ». Bref, tout le savoir-faire de Mercedes est réuni à l'intérieur de ce coupé de cinq mètres de longueur. L'acheteur (ou est-ce son banquier ?) aura à choisir le moteur. Bien entendu, si l'argent ne pose pas problème, le choix se porte sur le V12 de plus de 600 chevaux de la version AMG. Mécanique souveraine, prête à bondir dès que le gros orteil presse l'accélérateur, elle a pour seul défaut d'ingurgiter le contenu du réservoir d'essence comme un ivrogne vide un 40 onces de gin. En adoptant la version ultime, la CL65 AMG, vous aurez également droit à un châssis finement réglé qui permet non seulement d'entreprendre des voyages au long cours, mais aussi de jouer les coursiers pour peu que le parcours ne soit pas trop sinueux. Souple et relativement agile, compte tenu de sa taille, ce coupé avale les kilomètres sans effort et sans les faire subir à ses occupants — surtout ceux qui prendront place à l'avant, où de très confortables baquets les attendent. À l'arrière, c'est une autre histoire, l'espace étant compté. Outre le confort des accessoires, on apprécie la qualité des matériaux et le sérieux de la finition. À ce prix-là, c'est bien la moindre des choses !

Immortelle...

Couverte d'une poussière de légende, la Porsche 911 se refait — de nouveau — une santé. Originalement présentée en 1963, elle fait depuis l'objet de constante évolution. Après la 996, voici la génération 997, qui se reconnaît à ses feux arrière débordant sur les flancs et à ses phares ronds originels — à la différence qu'ils sont cette fois orientables pour « mieux voir dans les coins ». Comme en font foi les photos, la prudence a guidé le crayon des designers, qui s'éloignent très peu de la silhouette de l'actuelle 911. L'habitacle de cette nouvelle venue conserve sensiblement les mêmes cotes de dégagement que la version antérieure, c'est-à-dire qu'il assure un meilleur dégagement aux occupants des places avant qu'aux passagers à l'arrière. Seuls les enfants (ou les bagages, puisque les dossiers se rabattent) peuvent aspirer à un certain confort sur la banquette. Porsche a également profité de cette refonte pour donner un coup de plumeau à la planche de bord, dont la qualité d'assemblage n'est jamais apparue aussi bonne. Les amateurs se réjouiront d'y trouver un chronographe pour mesurer leurs temps, et les nostalgiques seront heureux d'apprendre que le barillet de la clef de contact demeure solidement ancré dans la partie gauche (tradition oblige). Refonte ou pas, Porsche n'en conserve pas moins l'architecture qui a fait la notoriété de ce modèle (moteur à plat monté en porte-à-faux à l'arrière). Le six-cylindres à plat de 3,6 litres est reconduit avec quelques modifications dans la Carrera, alors que la S adopte un 3,8 litres. Ces ébouriffantes mécaniques se jumellent à une boîte manuelle à six rapports plus compacte (et plus précise, aussi) ou à une semi-automatique à cinq rapports, plutôt que quatre comme par le passé. Mais c'est au rayon de la facilité de conduite que la nouvelle 911 prend ses distances vis-à-vis de sa devancière. Autant l'ancienne version punissait sévèrement les hésitations des néophytes, autant la nouvelle pourrait se retrouver dans le parc d'une école de conduite. L'adhérence encore plus phénoménale sur chaussée sèche rehausse d'ailleurs la confiance du conducteur. Et, pour compléter le tableau, la direction ne télégraphie plus avec autant d'exactitude les irrégularités du revêtement, ce qui permet de souffler un peu lorsque le compteur franchit les 200 km/h... Encore moins typée que la version 2004, la nouvelle 911 s'impose comme une automobile nettement plus agréable à vivre au quotidien, ce qui lui permettra de recruter une clientèle qui, hier encore, la jugeait impossible à domestiquer. Quant aux initiés, ils seront sans doute un peu déçus des nouvelles concessions faites par la firme allemande au nom du modernisme.

ON AIME

> Le raffinement constant dont elle fait l'objet

> La possibilité de ne pas avoir à la remiser l'hiver (C4)

> Les performances étincelantes

ON AIME MOINS

> L'idée de ne pouvoir transporter qu'un bikini et une brosse à dents

> De constater que tout n'est pas inclus dans le prix

> La boîte Tiptronic qui commence à dater

À RETENIR

Fourchette de prix :
101 400 $ à 192 400 $

Marge bénéficiaire : **n.d.**

Ventes : ↓

Indice de fiabilité :
★★★★★

Consommation d'essence :
12,7 L/100 km

CO_2 sur une base annuelle :
8,2

Valeur résiduelle au terme de 48 mois : **46 à 52 %**

Cote de sécurité en cas d'impact : **n.d.**

NOUVEAUTÉS

> Refonte importante du modèle

LE MOT DE LA FIN

Un classique.

PORSCHE **CARRERA GT**

- > Les performances hallucinantes
- > La technologie de pointe
- > Le freinage

ON AIME MOINS

- > L'idée qu'on ne pourra jamais véritablement l'exploiter
- > Le prix hors de portée
- > Le sourire de notre courtier d'assurances

À RETENIR

Prix :
440 000 $

Marge bénéficiaire : **n.d.**

Indice de fiabilité : **n.d.**

Consommation d'essence :
24,8 L/100 km

CO_2 sur une base annuelle :
━━━━━━━━━━ **13,9**

Valeur résiduelle au terme de 48 mois : **n.d.**

Cote de sécurité en cas d'impact : **n.d.**

NOUVEAUTÉ

> Nouveau modèle

LE MOT DE LA FIN

Reste plus qu'à convaincre notre banquier ou le conseil d'administration.

Prétentieuse, et avec raison

Ferrari et Mercedes (McLaren) ont tous deux une voiture d'exception. Cette perspective n'inquiète pas Porsche, habitué à ce type de routière hors norme (rappelez-vous de la 959), qui prétend par ailleurs ne pas répliquer à la concurrence, mais bien la surpasser. Ça peut paraître prétentieux, mais disons que le constructeur allemand a mis tout en œuvre pour faire rougir d'envie la compétition.

Supersonique de la production automobile, la Carrera GT se décrit à coups de superlatifs : ultra-profilée, hyper puissante, etc. Rien n'a été négligé pour en faire LA voiture sport de ce début de siècle. Châssis et carrosserie en carbone, structure porteuse en aluminium, freins en céramique, cette Porsche offre ce qu'il y a de mieux. Et que dire de l'épicentre de ce monstre : un moteur V10 monté en position centrale arrière. Une architecture digne de la compétition, qui s'oppose à celle à moteur avant des SLR et autres Vanquish. Ce moteur de 5,5 litres, inédit chez Porsche, compte 40 soupapes, quatre arbres à cames, des cylindres enduits au Nakasil, des bielles en titane, et son embrayage recourt au carbone. Sa seule description donne des frissons dans le dos. En admirant le moteur, on ne peut s'empêcher de s'émouvoir à la vue des amortisseurs montés à plat qui renvoient aux triangles arrière superposés. Derrière les immenses roues avant, huit pistons se chargent « d'écraser » les étriers sur les disques. Incroyable !

Pour la scotcher à la route, Porsche fait évidemment appel à une monte pneumatique hyper performante (encore un superlatif !) mais aussi à un aileron qui se soulève automatiquement et accroît l'appui sur les roues arrière à mesure que la vitesse augmente. Pas très esthétique, mais efficace. Outre cet aileron, les concepteurs de la Carrera GT lui ont taillé un fond pratiquement plat pour augmenter l'effet de sol. Stricte deux-places, la Carrera GT habille son habitacle de nobles matériaux dans lesquels plusieurs commandes semblent avoir été sculptées, dont le levier de la boîte de vitesses à six rapports. Elle a beau jouer les sportives à tout crin, la Carrera GT n'en demeure pas moins civilisée et adaptée à la conduite de tous les jours. Une mise en garde, une seule : le coffre peut à peine contenir un sac d'épicerie si les panneaux de toit y sont remisés. Mais, vous avez raison, on s'en fiche, à moins bien entendu que votre supermarché n'impose ni limite de vitesse ni dos d'âne pour vous ralentir...

Toujours plus

La surenchère se poursuit et chaque marque veille à ce que le moteur de sa monture exotique produise plus de chevaux que celui du voisin, colle mieux à la route et freine comme une Formule 1. La démesure.

Dans l'attente de voir peut-être un jour débarquer une Bugatti dans les parages, les constructeurs veillent à entretenir nos rêves. C'est le cas de Ferrari, qui proposera la remplaçante de sa « populaire » 360 Modena, la F430. Cette dernière veillera à combattre la Gallardo de Lamborghini, son ennemie naturelle, mais aussi la future AMV8 (nom de code) qu'Aston Martin promet d'inscrire à son catalogue. Ce nouveau modèle d'entrée de gamme permettrait à la petite firme anglaise d'augmenter sa production annuelle et ainsi ses revenus, ce qui ne sera pas sans déplaire à Ford, son propriétaire.

Même si plusieurs informations contradictoires ont circulé à son sujet, tout indique qu'Acura planche sur une nouvelle NSX. Les succès de l'écurie BAR-Honda au cours de la dernière saison de Formule 1 auront sans doute incité les dirigeants de Honda à s'offrir une vitrine technologique plus moderne.

Même raisonnement chez Mercedes, qui laisse planer la rumeur selon laquelle on pourrait donner le feu vert à la création de nouveaux modèles réalisés en collaboration avec son « antenne sportive » McLaren. BMW ne demeurera vraisemblablement pas les bras croisés et concocte une version M de son coupé de Série 6, animée par le moteur V10 (oui, comme sur une Formule 1) étrenné par la toute fraîche M5 (berline).

Le prototype HSC d'Acura servira de base pour la remplaçante de la NSX.

Le prototype Aston Martin AMV8.

CE QU'IL FAUT RETENIR

	Type de carrosserie	Lieu d'assemblage	Cycle de remplacement	Mode	Vitesse de pointe (km/h)
Acura NSX-T	Coupé	Japon	2006-2007	Propulsion	280
Aston-Martin DB9	Coupé 2+2	Angleterre	Nouveau modèle 2005	Propulsion	300
Aston-Martin DB9 Volante	Cabriolet	Angleterre	Nouveau modèle 2005	Propulsion	n.d.
BMW Série 6	Coupé	Allemagne	Nouveau modèle 2005	Propulsion	250 [1]
Chevrolet Corvette	Coupé	États-Unis	Nouveau modèle 2005	Propulsion	285
Dodge Viper	Cabriolet	États-Unis	Inconnu	Propulsion	310
Ferrari 360 Modena	Coupé	Italie	2005	Propulsion	295
Ferrari 575 Maranello	Coupé	Italie	2006-2007	Propulsion	325
Ferrari 612 Scaglietti	Coupé 2+2	Italie	Nouveau modèle 2005	Propulsion	320
Ford GT	Coupé	États-Unis	Nouveau modèle 2005	Propulsion	n.d.
Jaguar XK	Coupé 2+2	Angleterre	2006-2007	Propulsion	250 [1]
Lamborghini Gallardo	Coupé	Italie	Inconnu	Intégral	309
Lamborghini Murciélago	Coupé	Italie	Inconnu	Intégral	330
Lexus SC430	Coupé/cabriolet	Japon	2007-2008	Propulsion	250 [1]
Maserati Coupe	Coupé	Italie	2007	Propulsion	285
Mercedes CL	Coupé	Allemagne	2007-2008	Propulsion	250 [1]
Mercedes SL	Coupé/cabriolet	Allemagne	2009	Propulsion	250 [1]
Mercedes SLR	Coupé	Angleterre	Inconnu	Propulsion	334
Porsche 911	Coupé	Allemagne	Refondu pour 2005	Prop./intégral	285
Porsche Carrera GT	Coupé	Allemagne	Nouveau modèle 2005	Propulsion	330

1 Limitée électroniquement

Aides à la conduite (antipatinage/ antidérapage)	Empattement (mm)	Longueur (mm)	Largeur (mm)	Hauteur (mm)	Volume du coffre (L)	Capacité du réservoir de carburant (L)	Essence recommandée
Oui/oui	2530	4425	1810	1170	153	70	Super
Oui/oui	2740	4697	1875	1318	n.d.	85	Super
Oui/oui	2740	4697	1875	n.d.	n.d.	85	Super
Oui/oui	2780	4820	1855	1373	450	70	Super
Oui/oui	2686	4435	1844	1246	634	68,1	Super
Non/non	2510	4460	1940	1210	239	70	Super
Oui/oui	2600	4480	1920	1210	220	95	Super
Oui/oui	2500	4550	1935	1270	1085	105	Super
Oui/oui	2950	4900	1960	1340	240	110	Super
Non/non	2710	4643	1953	1092	45	66,2	Super
Oui/oui	2590	4760	1830	1280	310	75	Super
Oui/oui	2560	4300	1900	1165	n.d.	90	Super
Oui/oui	2665	4580	2045	1135	n.d.	100	Super
Oui/oui	2620	4510	1820	1350	249	75	Super
Oui/oui	2660	4520	1820	1310	315	88	Super
Oui/oui	2880	4990	1860	1400	450	88	Super
Oui/oui	2560	4535	1830	1295	235/317	80	Super
Oui/oui	2700	4660	1900	1260	n.d.	n.d.	Super
Oui/oui	2350	4435	1770	1275	110	89	Super
Oui/oui	2730	4610	1820	1170	76	92	Super

SURVOL TECHNIQUE

	Moteur	Puissance (hp à tr/mn)	Couple (lb-pi à tr/m)	Poids (kg)	Rapport poids-puissance	Autre(s)moteur(s)	Direction
Acura NSX-T	V6 3,2	290 à 7100	224 à 5500	1431	4,9	Aucun	Crémaillère
Aston-Martin DB9	V12 5,9	450 à 6000	420 à 5000	1710	3,8	Aucun	Crémaillère
Aston-Martin DB9 Volante	V12 5,9	450 à 6000	420 à 5000	n.d.	n.d.	Aucun	Crémaillère
BMW Série 6	V8 4,4	325 à 6100	n.d.	1715	5,2	Aucun	Crémaillère
Chevrolet Corvette	V8 6,0	400 à 6000	400 à 4400	1442	3,6	Aucun	Crémaillère
Dodge Viper	V10 8,3	500 à 6000	525 à 4200	1536	3,07	Aucun	Crémaillère
Ferrari 360 Modena	V8 3,6	400 à 8500	275 à 4750	1290	3,2	V8 3,6 [1]	Crémaillère
Ferrari 575 Maranello	V12 5,75	515 à 7250	434 à 5200	1730	3,35	Aucun	Crémaillère
Ferrari 612 Scaglietti	V12 5,75	540 à 7250	435 à 5250	1840	3,47	Aucun	Crémaillère
Ford GT	V8 5,4 SC	550 à 6500	500 à 3750	1581	2,9	Aucun	Crémaillère
Jaguar XK	V8 4,2	294 à 6000	303 à 4100	1714	5,8	V8 4,2 SC [2]	Crémaillère
Lamborghini Gallardo	V10 5,0	500 à 7800	376 à 4500	1430	2,9	Aucun	Crémaillère
Lamborghini Murciélago	V12 6,2	580 à 7500	480 à 5400	1650	2,9	Aucun	Crémaillère
Lexus SC430	V8 4,3	300 à 5600	325 à 3400	1745	5,8	Aucun	Crémaillère
Maserati Coupe	V8 4,2	390 à 7000	333 à 4500	1590	4	Aucun	Crémaillère
Mercedes CL	V8 5,0	306 à 5600	339 à 3000	1885	6,1	V8 5,5 SC [3]	Crémaillère
Mercedes SL	V8 5,0	306 à 5600	339 à 3000	1920	6,2	V8 5,5 SC [3]	Crémaillère
Mercedes SLR	V8 5,5 SC	626 à 6500	575 à 3350	n.d.	n.d.	Aucun	Crémaillère
Porsche 911	H6 3,6	325 à 6800	273 à 4250	1395	4,2	H6 3,6 T [4]	Crémaillère
Porsche Carrera GT	V10 5,7	605 à 6000	435 à 5750	1380	2,3	Aucun	Crémaillère

1 425 hp
2 390 hp
3 V12 offert sur la version AMG
4 444 hp
5 Boîte séquentielle (SMG) 6 rapports disponible

Boîte de vitesses de série	Boîte de vitesses optionnelle	Rayon de braquage (m)	Suspension avant/arrière	Freins avant/arrière	Pneus de série avant	Pneus de série arrière
Man. 6 rapports	Auto. 4 rapports	11,6	Ind./ind.	D/d	215/40ZR17	255/40ZR17
Man. 6 rapports	Séq. 6 rapports	11,5	Ind./ind.	D/d	235/40ZR19	275/35ZR19
Man. 6 rapports	Séq. 6 rapports	11,5	Ind./ind.	D/d	235/40ZR19	275/35ZR19
Man. 6 rapports	Auto. 5 rapports[5]	11,4	Ind./ind.	D/d	245/45R18	275/40R18
Man. 6 rapports	Auto. 4 rapports	12	Ind./ind.	D/d	245/40ZR18	285/35ZR19
Man. 6 rapports	Aucune	12,3	Ind./ind.	D/d	275/35ZR18	345/30ZR19
Man. 6 rapports	Séq. 6 rapports	n.d.	Ind./ind.	D/d	215/45ZR18	215/45ZR18
Man. 6 rapports	Séq. 6 rapports	11,6	Ind./ind.	D/d	255/40ZRR18	295/35ZR18
Séq. 6 rapports	Aucune	n.d.	Ind./ind.	D/d	245/45ZR18	285/40zr19
Man. 6 rapports	Aucune	12,1	Ind./ind.	D/d	235/45ZR18	315/40ZR19
Auto. 5 rapports	Aucune	11,5	Ind./ind.	D/d	245/45ZR18	255/45ZR18
Man. 6 rapports	Séq. 6 rapports	11,5	Ind./ind.	D/d	235/35ZR19	295/30ZR19
Man. 6 rapports	Séq. 6 rapports	12,5	Ind./ind.	D/d	245/35ZR19	335/30ZR18
Auto. 5 rapports	Aucune	10,8	Ind./ind.	D/d	245/40ZR18	245/40ZR18
Séq. 6 rapports	Aucune	n.d.	Ind./ind.	D/d	235/40ZR18	235/40ZR18
Auto. 5 rapports	Aucune	11,5	Ind./ind.	D/d	225/50ZR17	225/50ZR17
Auto. 5 rapports	Aucune	11	Ind./ind.	D/d	255/40R18	285/35R18
Auto. 5 rapports	Aucune	n.d.	Ind./ind.	D/d	245/35ZR19	295/30ZR19
Man. 6 rapports	Auto. 5 rapports	n.d.	Ind./ind.	D/d	235/40ZR18	265/40ZR18
Man. 6 rapports	Aucune	n.d.	Ind./ind.	D/d	265/35ZR19	335/30ZR20

Les meilleurs achats en 2005 par catégorie

SI VOUS MAGASINEZ UNE VOITURE NEUVE EN 2005, VOICI LES VÉHICULES QUE LES CHRONIQUEURS DE *LA PRESSE* VOUS SUGGÈRENT DE CONSIDÉRER AVANT D'EFFECTUER UN CHOIX.

VOITURES SOUS-COMPACTES

VOITURES COMPACTES

VOITURES COMPACTES HORS-SÉRIE

Toyota Echo

La petite japonaise est la voiture à essence la plus économique sur le marché canadien. C'est aussi l'une des sous-compactes les plus attrayantes visuellement (la Hatchback, en tout cas), tout juste derrière la Smart.

Mazda3

La Mazda3 a reçu le prix de Voiture de l'année de l'AJAC l'an dernier et n'a rien perdu de sa superbe depuis. Les deux versions sont amusantes, pratiques et élégantes.

Acura RSX Type S

Malgré quelques imperfections, le nouveau coupé Type S d'Acura est l'une des voitures les plus agréables à conduire. Même le coupé de base fait oublier son prix de détail par un comportement relevé.

Mini Cooper

Malgré un prix de détail élevé, la Mini est un exemple de petite sportive à l'européenne. Agile et amusante, elle peut aussi s'avérer efficace côté consommation d'essence, à moins d'opter pour la Cooper S, plus énergivore.

Toyota Corolla

Économique et confortable, la Corolla se mérite des éloges qui sonnent comme un vieux refrain, ce qui ne l'empêche pas de demeurer parmi les meilleurs achats de sa catégorie.

Mini Cooper S

La version John Cooper Works mérite tout particulièrement le détour. Cela dit, la Cooper S illustre bien pourquoi les petites sportives à moteur suralimenté ont la cote.

Mercedes-Benz SLK

VOITURES INTERMÉDIAIRES

Honda Accord

L'Accord est l'une des voitures les plus complètes du marché. Les nombreuses versions en font aussi l'une des plus polyvalentes, et l'Accord Hybrid devrait mériter le titre de berline la plus économique sur le marché. Que demander de plus ?

COUPÉS

Mazda RX-8

Le marché des coupés est hétérogène, mais le coupé RX-8 se distingue par une maniabilité exemplaire, un design original et un prix de détail un peu plus intéressant que certains concurrents immédiats.

Ford Mustang

Difficile de prévoir l'accueil que les amateurs réserveront à la nouvelle Mustang, mais les données présentées sont très intéressantes. Si Ford tient ses promesses, ce coupé devrait faire des flammèches !

BERLINES SPORT

Acura TSX

Un prix de détail compétitif, un agrément de conduite supérieur et une liste d'accessoires complète font de la TSX une berline sportive qui en offre un peu plus.

CABRIOLETS

Mercedes-Benz SLK

Les innovations introduites sur le cabriolet SLK de Mercedes-Benz et l'homogénéité du véhicule en font une voiture décapotable qui se distingue du lot en 2005.

Subaru Forester

LUXE

Audi A6
L'A6 d'Audi se démarque dans la catégorie des voitures de luxe grâce à la qualité de la fabrication, au rouage intégral et au comportement routier sportif.

PRESTIGE

Maybach
Les qualités intrinsèques de la Maybach en font une voiture agréable, que l'on soit l'heureux passager ou le non moins béat conducteur. La souplesse de la grosse berline et le confort de l'habitacle parlent d'eux-mêmes.

UTILITAIRES COMPACTS

Ford Escape
L'Escape propose un choix intéressant de moteurs et de configurations mécaniques, surtout avec l'arrivée de la version hybride. La clientèle s'est également montrée satisfaite de ce véhicule.

Subaru Forester
Un habitacle surprenant, un système de transmission intégrale et un moteur turbo performant : voilà les ingrédients d'une recette gagnante.

UTILITAIRES INTERMÉDIAIRES

Jeep Grand Cherokee
Excellent tracteur de caravane, le Grand Cherokee présente une silhouette classique et choix de moteurs intéressant. La nouvelle suspension améliore la tenue de route, et le véhicule demeure très à l'aise en situation hors route, en plus d'être vendu à un prix relativement abordable.

Toyota Highlander
La fiabilité reconnue et la bonne valeur de revente du Highlander sont de bons atouts. Il constitue aussi un VUS polyvalent et abordable.

Ford Freestyle

UTILITAIRES GRAND FORMAT

Chevrolet Tahoe/GMC Yukon

Une fiabilité reconnue et une polyvalence hors pair font du duo Tahoe et Yukon de bons choix dans cette catégorie. Leurs moteurs sont puissants, ce qui en fait d'excellents tracteurs de caravane.

Nissan Armada et Ford Expedition *(ex-æquo)*

L'Armada mérite une mention pour son style audacieux et son puissant moteur. Pour sa part, l'Expedition est primé pour son style élégant et pour sa suspension arrière indépendante qui lui donne une bonne tenue de route.

VÉHICULES MULTI-SEGMENT

Ford Freestyle

L'approche universelle et la grande habitabilité sont appuyées par une consommation raisonnable et un prix abordable. Sans parler de l'intéressante transmission intégrale (en option).

Honda Element

Un véhicule économique, polyvalent et pourvu (en option) d'un système de transmission intégrale. Malheureusement, l'Element est trop cher pour la clientèle visée (les jeunes).

FOURGONNETTES

Honda Odyssey

La fourgonnette de Honda a toujours été l'une des plus agréables à utiliser. Avec un tout nouveau design, l'Odyssey poursuit sur sa lancée.

Chrysler Town & Country

Avec un nouveau système de rangement des sièges sous le plancher, la fourgonnette de Chrysler devient l'une des plus polyvalentes du marché.

Ford Ranger

CAMIONNETTES COMPACTES

Chevrolet Colorado/GMC Canyon

Enfin du nouveau dans cette catégorie! Le moteur à cinq cylindres est surprenant, le look est accrocheur et plusieurs versions sont disponibles à des prix raisonnables.

Ford Ranger

La réputation du Ranger est établie : un grand choix de modèles et une certaine fiabilité. Son seul défaut est une silhouette qui date de plus en plus.

CAMIONNETTES PLEIN FORMAT

Ford F-150

Le F-150 a fait ses preuves. Un choix très varié de modèles et une satisfaction toujours constante des acheteurs parlent d'eux-mêmes.

Dodge Ram

L'allure robuste du Ram le distingue de ses concurrents, tout comme le grand choix de moteurs et de modèles. Il s'agit d'un véhicule impressionnant, surtout le SRT-10 et le Power Wagon.

VOITURES EXOTIQUES

Chevrolet Corvette

La Corvette se passe de présentation, mais dans le marché des sportives exotiques, c'est encore l'américaine qui propose le meilleur rapport prix/performance.

TOUS LES VÉHICULES par ordre alphabétique

Alain Lévesque

Alain Lévesque

Alain Lévesque

INDEX

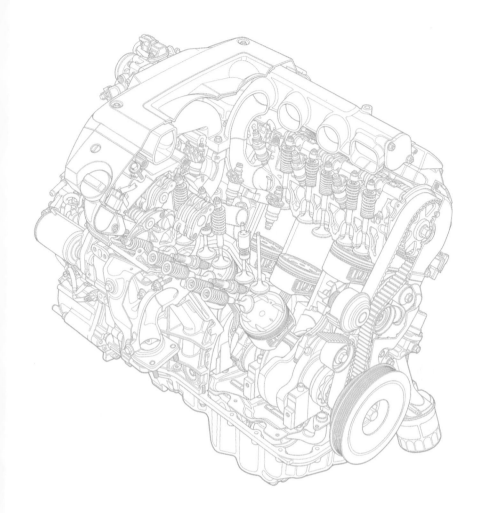

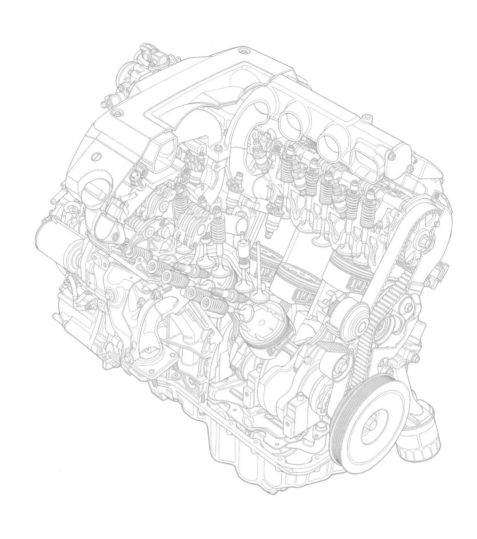

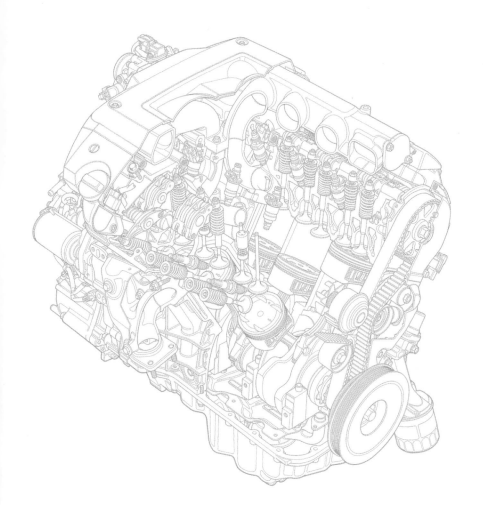

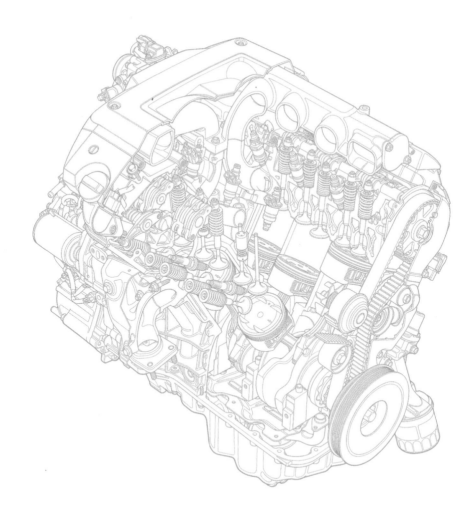